宜宾县政协志

YIBIN XIAN ZHENGXIE ZHI

（1949—2018）

宜宾县政协志编纂委员会　编

方志出版社
Publishing House of Local Records

图书在版编目（CIP）数据

宜宾县政协志：1949—2018 / 宜宾县政协志编纂委员会编 .—北京：方志出版社，2022.12

ISBN 978-7-5144-5629-5

Ⅰ . ①宜… Ⅱ . ①宜… Ⅲ . ①中国人民政治协商会议–地方委员会–概况–宜宾县– 1949–20218 Ⅳ . ① D628.714

中国版本图书馆 CIP 数据核字（2022）第 256616 号

责任编辑 范 静
责任校对 刘玉霞
责任印制 梅中英
出 版 者 方志出版社
地 址 北京市朝阳区潘家园东里 9 号（国家方志馆 4 层）
邮 编 100021
网 址 http://www.zgfzcb.cn
发 行 方志出版社图书营销中心（010–67110500）
印 刷 重庆长虹印务有限公司
设 计 重庆市新亚文化艺术有限公司
开 本 889 毫米 ×1194 毫米 1/16
印 张 52.25
字 数 1188 千字
版 次 2022 年 12 月第 1 版
印 次 2022 年 12 月第 1 次印刷
定 价 680.00 元

1997 年 4 月，省政协主席聂荣贵（左二）到宜宾县视察

2007 年 1 月 28 日，省政协主席秦玉琴（前排左七）与四川省先进政协组织代表合影。第八届县政协主席陶天华（二排左三）参加

2017 年 5 月 6 日，全国政协常委、提案委员会主任孙淦（中）到向家坝水电站开展重点提案督办，市政协主席吕晓莉（前左一）陪同

2006 年 10 月 27 日，民盟中央副主席、省政协副主席吴正德（右三），在宜宾县调研人口计生工作

2004 年 3 月 30 日，省政协常务副主席冯崇泰（右三）到宜宾县视察调研

2007 年 6 月 6 日，省政协副主席杨海清（前排右一）在宜宾县视察调研喜捷镇新联村新农村建设

2008 年 3 月 18 日，省政协原副主席王恒丰（前右三）率省政协调研组到宜宾县喜捷镇现代农业科技示范园调研

2014 年 2 月 26 日，省政协副主席、省工商联主席陈放（中）到县调研非公企业

2014 年 4 月 23 日，省政协原副主席解洪（左三）到县调研沿长江经济带

2016 年 12 月 6 日，省政协副主席高峰（前右三）到宜宾县调研“我为扶贫攻坚做件事”活动开展情况，市政协主席葛燎原（前右二）陪同调研

2009 年 8 月 21 日，省政协社会法制委副主任张仕福（左三）等调研复龙换流站工程

2009 年 8 月 26 日，《四川政协报》总编聂卉（中）在向家坝水电站了解金沙江水电开发

2003 年 6 月，宜宾市第二届政协主席魏在禄（前排右三）到联系点横江镇厚石村视察扶贫工作

2007 年 3 月 27 日，市政协主席尹德宏（后排中）到横江镇黄沙村视察产业结构调整

第六届宜宾县政协获省政协表彰

第七届宜宾县政协获省政协表彰

1950年2月5日，宜宾县第一次各界人民代表会议工商界出席代表合影

1951年3月14日，宜宾县二届三次各代会苗族代表与宜宾专区、县领导合影

1980 年 11 月 30 日，中国人民政治协商会议四川省宜宾县第一届委员会第一次全体会议开幕式

1980 年 12 月，宜宾县委副书记、组织部部长、第一届宜宾县政协主席古远友在县政协一届一次会议上作报告

1980 年 12 月，中国人民政治协商会议四川省宜宾县第一届委员会第一次全体会议委员合影

1980 年 12 月，县政协一届一次会议委员小组讨论会

1980 年 12 月，县政协委员在一届一次会议上听取报告

1983 年 3 月 20 日，县政协一届三次会议补选县政协副主席

1984 年 6 月 22 日，中国人民政治协商会议宜宾县第二届委员会第一次会议委员合影

1985 年 4 月，宜宾县政协二届二次会议小组讨论

1986 年 4 月，县政协主席彭铁肩（中）在中国人民政治协商会议宜宾县第二届委员会第三次会议上作报告

1987 年 2 月，中国人民政治协商会议宜宾县第三届委员会第一次会议会场

1987 年 2 月 23 日，中国人民政治协商会议宜宾县第三届委员会第一次会议委员合影

1987 年 2 月，县政协三届一次会议小组讨论

1990 年 3 月 7 日，中国人民政治协商会议宜宾县第四届委员会第一次会议委员合影

1994 年 7 月 1 日，第五届宜宾县政协主席何世春（前排中）与县政协部分副主席、常委、政协工作者合影

2000 年 1 月 20 日，县政协六届三次会议上新当选的县政协主席杨济凯（前排中）与部分委员合影

2002 年 3 月，中国人民政治协商会议宜宾县第六届委员会第五次会议会场

2003 年 1 月，中国人民政治协商会议宜宾县第七届委员会第一次会议召开

2003 年 1 月，县政协七届一次会议上委员投票

2005 年 3 月，县政协七届三次会议委员论坛发言

2006 年 2 月，县政协七届四次会议委员认真阅读文件

2007 年 1 月，中国人民政治协商会议第八届宜宾县委员会第一次会议会场

2007 年 8 月 23 日，县政协召开八届三次常委会议

2008 年 2 月，宜宾县政协八届二次会议小组讨论

2011 年 12 月，中国人民政治协商会议第九届宜宾县委员会第一次会议召开

2011 年 12 月 29 日，政协第九届宜宾县委员会常务委员会组成人员合影

2011 年 12 月 29 日，政协第九届宜宾县委员会主席会议组成人员合影

2016 年 12 月，政协第十届宜宾县委员会第一次会议召开

2016 年 12 月 15 日，政协第十届宜宾县委员会常务委员会组成人员合影

2016 年 12 月 15 日，政协第十届宜宾县委员会主席会议成员合影

2018 年 8 月 31 日，县政协召开“我为叙州发展献良策”专题协商议政会

2018 年 12 月，中国人民政治协商会议第一届宜宾市叙州区委员会第一次会议召开

1952 年 12 月，宜宾县各代会邀请访苏回国代表龙海来、罗芝煜作报告

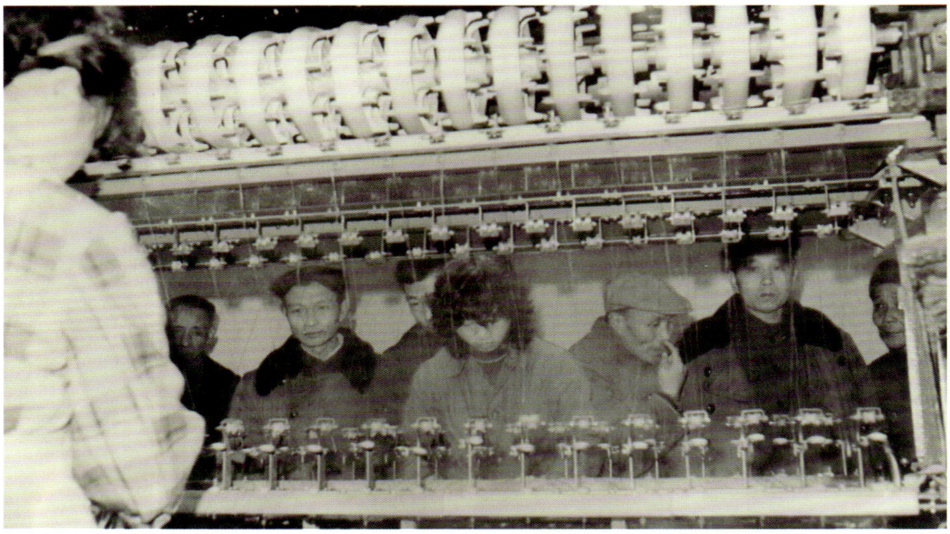

1982 年 2 月，第一届宜宾县政协委员参观县丝厂

1990 年 5 月，民盟宜宾县直属小组成立

1992年11月16日，第四届宜宾县政协委员调研活动

2003年11月，第七届宜宾县政协文卫科教委视察蕨溪中学

2005年5月，县政协视察农贸市场

2006 年 4 月，第七届宜宾县政协委员视察张窝水电站

2006 年 4 月，第七届宜宾县政协委员调研农业龙头企业

2006 年 5 月，第七届宜宾县政协开展文史研究工作

2006 年 5 月 11 日，第七届宜宾县政协对农行系统开展民主评议

2009 年 9 月 21 日，县委召开庆祝人民政协成立六十周年暨县政协成立三十年大会

2011 年 10 月 10 日，宜宾县政协召开纪念辛亥革命 100 周年大会

2007 年 3 月 30 日，宜宾县政协召开工业发展软环境调研动员大会

2007 年 8 月，第八届宜宾县政协视察 1 号提案工作座谈会

2007 年 9 月，县政协医卫计生界别委员视察新农合和三级卫生网络工作汇报会

2007 年 10 月 24 日，县政协农业、经济界别委员到复龙视察蚕桑产业发展

2008 年 9 月 24 日，第八届宜宾县政协委员视察 110 指挥中心

2009 年 9 月 28 日，县政协主席会议督办县政协八届三次会议第 2 号提案

2009 年 10 月 30 日，宜宾县政协召开对口协商计生服务工作座谈会

2012 年 7 月 30 日，宜宾县政协主席会议听取法检两院工作通报

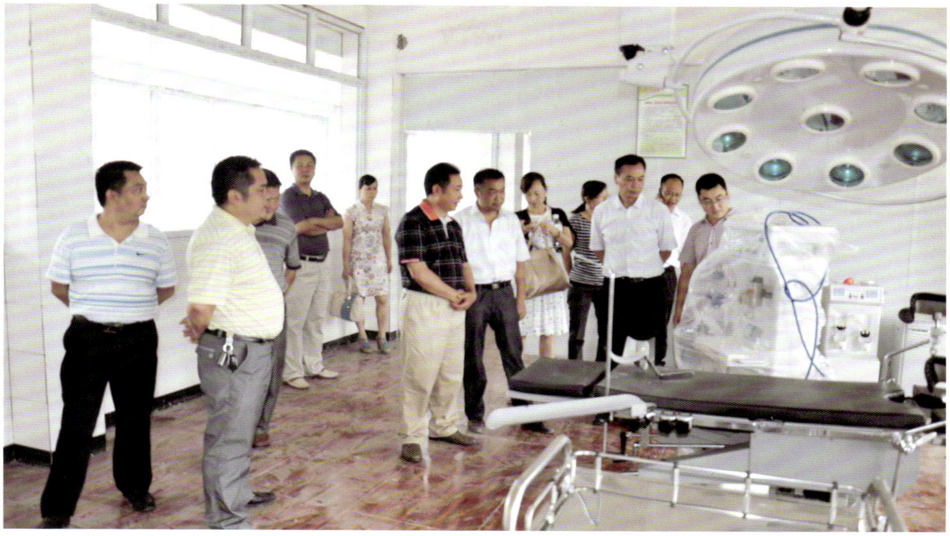

2012 年 8 月 24 日，委员视察民营医院

2013 年 10 月 15 日，县政协提案委联系县级部门情况通报会

2014 年 9 月 19 日，县委政协工作会议暨纪念人民政协成立 65 周年大会召开

2014 年 10 月 16 日，县政协法群委对口协商消防工作

2015 年 11 月 6 日，宜宾县政协协商宜宾县“十三五”规划编制座谈会

2017年6月，第十届宜宾县政协主席钟建华（右三）到古罗镇督导易地搬迁工作

2018年8月23日，县政协委员视察李场镇畜牧水产业

2018年8月30日，县政协农业界别委员在永兴镇开展履职活动

县政协 1982 年迎春茶话会

1996 年 5 月，宜宾地区十县（市）政协第十三次工作联系会在南溪召开。第五届县政协主席何世春（前排右四）参加

2000 年 10 月，第六届宜宾县政协主席杨济凯（中）会见台湾高雄四川同乡会理事、高雄师范大学教授宋川琦先生（左一）

2002 年 6 月 19 日，县政协联系组组长暨柏溪地区委员学习培训会

2005 年 5 月，县政协主席陶天华（后二排右六）参加省政协工作经验交流会

2005 年 11 月，川滇十八区县政协促进区域发展联系会在宜宾县召开

2007年8月7日，县政协医卫计生界别委员赴新疆玛纳斯县学习考察新农合工作

2008年4月20日，县政协到大竹县考察古镇开发

2008年6月21日，县政协诗书画院成立

2009年6月，宜宾县政协与双流县政协书画院交流笔会在县举行

2009年9月18日，社会各界群众参观县政协庆祝人民政协成立60周年暨县政协成立30年诗书画展

2010年3月，县政协承办四川省政协地联委联系县（市、区）政协工作经验交流会

2010 年 3 月 30 日，四川省政协地联委联系县（市、区）政协工作经验交流会合影，省政协副主席曾清华（前排左七）参加

2011 年 9 月 21 日，宜宾县历届政协委员代表联谊会成立

2012 年 2 月，宜宾县政协承办全市政协秘书长、办公室主任、研究室主任会议

2013 年 12 月 27 日，第九届县政协召开委员学习大会

2018年8月3日，云南省盐津县政协到县考察

2005 年以前，历届县政协编辑出版的 32 辑文史资料

2006 年至 2018 年，县政协编辑出版的文史资料

县政协诗书画摄影作品

2003 年 6 月，第七届宜宾县政协机关职工学习

2003 年 10 月 17 日，宜宾县政协机关通过市级文明单位考核验收

2008 年 11 月，第八届县政协机关开展体育活动

2009 年 7 月 24 日，宜宾县政协第一届主席古远友（前排左五），第三届主席王方泽（左四），第四、第五届主席何世春（右四），第七、第八届主席陶天华（左三）和政协机关工作者合影

2012年4月，县政协机关女职工参加市政协系统第三届运动会

2012年7月26日，召开中共宜宾县政协机关总支部委员会成立大会

2016年3月9日，县政协走访贫困户

2017 年 1 月 23 日，县政协机关扶贫入户座谈

2017 年 7 月，县政协机关支部与联系村村民签订扶贫责任书

2018 年 6 月 26 日，县政协机关到田坝村扶贫

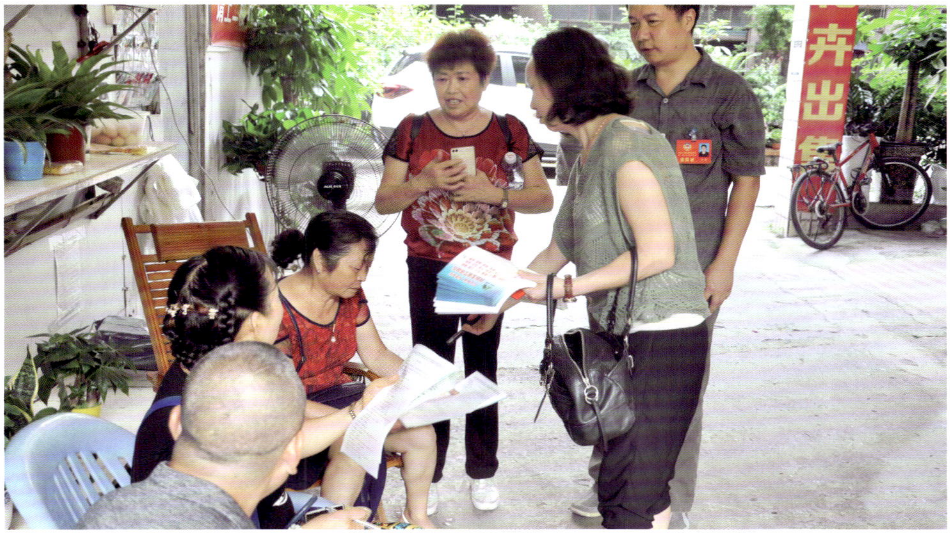

2018年9月1日，县政协机关“创文”宣传进社区

县政协获省市表彰奖励的部分奖牌

2021年11月，《宜宾县政协志》审校工作会

《宜宾县政协志（1949—2018）》编纂委员会

2019 年 1 月

顾　问：丁应虎　陈良云　罗世俊　宋庆伍

主　任：钟建华

副主任：曹益平　邓　良　蔡　宇

委　员：文　华　黄春祥　曾康军　彭光华　雷俊培

2020 年 7 月

顾　问：刘海昌　陈良云　赵　丹　宋庆伍

主　任：钟建华

副主任：曹益平　邓　良　蔡　宇　虞永康

委　员：文　华　黄春祥　雷俊培　杨世友　杨光联

2020 年 11 月

顾　问：刘海昌　瞿　进　赵　丹　宋庆伍

主　任：钟建华

副主任：曹益平　邓　良　蔡　宇　虞永康

委　员：文　华　黄春祥　雷俊培　杨世友　杨光联

2021 年 7 月

顾　问：雷　涛　瞿　进　伍绍彬　宋庆伍

主　任：钟建华

副主任：曹益平　邓　良　蔡　宇　虞永康

委　员：文　华　黄春祥　雷俊培　杨世友　杨光联

2021 年 12 月

顾　问：雷　涛　瞿　进　伍绍彬

主　任：钟建华

副主任：邓　良　蔡　宇　虞永康　梁永盛　杨子华

委　员：文　华　黄春祥　雷俊培　杨世友　杨光联

《宜宾县政协志（1949—2018）》总编室

主　编：邓　良

副主编：廖运宜

编　辑：文　华　黄春祥　陈善明　唐　敏　卢　进

审　校：雷俊培　罗　勇　李建培　徐金友　陈克玉　凌元东

序

盛世修志，志载盛世。值此举国上下欢庆中国共产党百年诞辰之际，历经三度春秋编纂的《宜宾县政协志（1949—2018）》即将付梓了，宜宾县政协因之而得以历史定格，这无疑是我区人民政协史上的一件大事。宜宾县是一个历史悠久的古县，今天的宜宾市叙州区即从宜宾县走来，宜宾县政协工作必然是我区政协工作的历史之基。从这个意义来讲，《宜宾县政协志（1949—2018）》的问世，填补了我区政协历史的空白，其特殊的、不可或缺的存史、资治、教化的重要作用自然不言而喻。在此，谨以我个人的名义，向《宜宾县政协志（1949—2018）》的所有编纂人员及相关协作单位表示衷心的祝贺和诚挚的感谢！

习近平总书记曾经强调“要高度重视修史修志”。李克强总理也提出“修志问道，以启未来”。都说明前事不忘、后事之师。中共宜宾县党组织历来重视贯彻执行党的统一战线方针政策，并且卓有成效。自1980年宜宾县政协成立以来，中共宜宾县委始终高度重视人民政协工作，不断加强和改进党对政协工作的领导，为宜宾县政协事业不断开创新局面提供了根本的政治保障。编纂《宜宾县政协志（1949—2018）》亦是经中共宜宾市叙州区委同意，并在有关职能部门的大力支持下进行的。本志所记叙的宜宾县统战、政协组织活动跨度长达69年，专叙宜宾县政协工作也有38年，所铺陈的历史画卷之长，所需要的历史资料之多，工作难度之大，是可想而知的。但是经过编撰人员多方集纳、科学考证、精心编校，克服重重困难，终于将这部迄今为止最全面、最翔实、最权威、可信度最高的宜宾县政协文献展现在世人面前，又为我区政协文集和我区史志园地增添了一部珍贵的信史。

古人云：以铜为镜，可以正衣冠；以史为镜，可以知兴替。《宜宾县政协志（1949—2018）》是一份纪念，她彰显了半个多世纪以来一代又一代统战、政协人士筚路蓝缕、披荆斩棘、求真务实，为建立最广泛的爱国统一战线而不懈奋斗的历史贡献；她是一座丰碑，铭刻了政协人坚持团结、民主两大主题，围绕党和人民的伟大事业及巩固国家基本政治制度，凝聚人心、汇聚力量，在不断地探索和实践中所取得的历史成就；她是一方宝藏，蕴藏着过往政协工作的那些智慧、经验与不足，当为政协人的案牍卷和工具书，为人民政协事业的发展提供难得的镜鉴。

将《宜宾县政协志（1949—2018）》献给中国共产党百年华诞。

宜宾市叙州区政协主席　钟建华

2021年7月

凡　例

一、本志以马克思列宁主义、毛泽东思想、邓小平理论、“三个代表”重要思想、科学发展观、习近平新时代中国特色社会主义思想为指导，坚持辩证唯物主义和历史唯物主义的立场、观点和方法，力求全面、准确地呈现自中华人民共和国成立以来，以中国人民政治协商会议宜宾县委员会为主的宜宾县统一战线组织的发生、发展历史和成就。

二、本志时限：上限起于 1949 年 10 月，下限止于 2018 年 9 月，个别事物作适当上溯或下延。

三、本书按志书规范体裁，以志为主，前设概述、大事记，后缀附录，辅以图、表。设五编，编下设章、节、目。章、节、目之前，根据记述需要设置导语。大事记采用编年体。

四、本志行文采用语体文，文字按照《中华人民共和国国家通用语言文字法》，标点符号、数字及单位采用《标点符号用法》（GB/T 15834—2011）和《出版物上数字用法》（GB/T 15835—2011），计量单位采用国家技术监督局 1993 年 12 月发布的《量和单位》系列国家标准。除征引原文、原话、原数据外，纪年采用公元纪年，经济数据均采用当时数据。

五、本志中地名、单位名皆按资料原文或旧制，必要时予以注释。名称一般在首次出现时用全称，提示以后抑或用简称。涉及同名同姓者、或同一人不同时期名字异者，皆照原样，不作修改或标注。

六、本志人物不设传，设“人物简介”。人物按其参加统战、政协组织的时间先后排序；履职荣誉按其获奖时间先后排序。人物简介录入在本县统战、政协组织中起重要作用的领导者（任县级组织负责人两届以上）、全国劳模、知名人士。

七、本志资料主要来自宜宾市叙州区档案馆，参考《宜宾县志》《宜宾县人民代表大会志》及有关宜宾县党史、相关部门资料，还有《宜宾市政协志》（现宜宾市翠屏区政协志）的相关内容。有的资料采用了正式公开发行的图书、文献。

八、本志照片均由宜宾县政协办公室提供，不再注明摄影者或提供者。

九、因本志内容已经多次反复考证，故不再注明出处和依据。

目 录

概 述

大事记

第一编 历史沿革

第二编　政协体制

第三编　政协例会

第四编 政协基础工作

第五编　人物·荣誉

附　录

概　述

一

宜宾县是历史悠久的古县，早在西汉高后年间（前 187—前 180 年）即建县，是谓僰道，至今逾 2200 年；北宋政和四年（1114 年），定名宜宾县，至 2018 年宜宾县撤县设区，已沿袭 900 余年。宜宾县位于四川省南缘，地处金沙江、岷江下游，与云南省水富市、盐津县连界。民国 38 年（1949 年），宜宾县辖区面积 3835 平方千米，人口 80 余万人；后经多次行政区划调整，到 2017 年底，全县辖区面积 2945.85 平方千米，辖 23 镇、3 乡，535 个村委会，55 个社区居委会，总人口 102.41 万人。

自古以来，宜宾县就是川滇交通要津和商贸物流中心，古之“五尺道”“南夷道”“茶马古道”“西南丝绸之路”等，皆过县境。中华人民共和国成立之后，特别是改革开放以来，全县人民励精图治、攻坚克难，国家重点工程建设也在宜宾县落地生根，宜宾县经济社会发展蒸蒸日上，人民生活水平节节升高，先后获得“全国商品粮基地县”“改革名县”“中国西部经济百强县”等多项荣誉称号。再加上如今民航、高铁、高速、航运等交通四通八达，宜宾县正向着长江上游绿色生态示范区、川渝滇黔结合部区域经济中心区迈进。

二

宜宾县是四川最早成立中共地方基层党组织的革命老区县，民国 15 年（1926 年）1 月就建立了“中共宜宾特别支部”，因为当时四川尚无省一级中共党组织，所以宜宾特支直属中共中央领导，成为当时宜宾县、庆符县、高县、筠连县、珙县、长宁县、兴文县和荣县等地人民革命的领导核心。中共宜宾县地下党组织历来重视贯彻执行中共中央统一战线的方针政策，正确运用这“第一法宝”。早在抗日战争时期，联合青年学生、知识分子、商会和上层人士，组建“宜宾抗日歌咏团”“宜宾抗战剧团”“宜宾商会抗敌晨呼队”“宜宾县第五区体育协进会”“中华民族解放先锋队宜宾县总队部”等抗日救亡群众团体，开办《边疆新闻》、《后盾周刊》、“民智印刷社”、“平凡书店”等进步报刊、印刷所、书店，团结各界，加强宣传并从中发展党员，开展组织活动。活跃在观音地区的中共地下党组织坚持统战路线，在抗战时期充分利用统战关系，在进步人士的支持赞助下，成立了“观高校外学友互助社”，后改为“观高校外学友俱乐部”，再改为“宜宾县第五区体育协进会”，会员遍及县境东北路地区。该会采取街头演讲、化装宣传、张贴标语、抵制日货等形式，开展抗日救亡宣传活动。这一时期，中共党组织与当地各界进步人士建立了良好的统战关系，为以后党的工作开展打下了良好的社会基础。

1949年秋，中共观音区委遵照中共川南工委荣县双古坟会议关于加强统一战线工作迎接全国解放的指示精神，努力团结、争取中上层人士，策反、控制基层政权及乡保武装，秘密建立自己的武装组织。1949年12月14日，在宜宾已经和平解放，但人民政府尚未接收旧政权的“真空时期”，中共观音区委成立了宜宾县第五区临时治安委员会，以维护地方社会秩序、稳定民心、保护生产商贸活动，迎接新政权。这时的宜宾县第五区，是以观音场为区治所，辖徐家、花古、观音、马佳、仙马、隆兴、三合、李家、发龙、合什、柳嘉、万里、大塔、古罗、沙沟、合江、良风、安靖18乡，覆盖宜宾县东北部地区。宜宾县第五区临时治安委员会是中共观音区委根据《中国人民政治协商会议共同纲领》原则组建的，具有政治协商性质的宜宾县首个地方“过渡政府”。其委员会中，中共观音区委书记钟盛明任主任委员，中共党员郑量才、旧政权的第五区区长王国英分别任第一、第二副主任委员，委员由商界学界代表、民主党派人士、开明士绅、乡保武装组织负责人等组成。第五区临时治安委员会成立后，根据当地实际情况迅即发布若干决定、决议，确保了该区社会稳定和群众利益，顺利迎来了新政权。宜宾县第五区临时治安委员会的存在时间虽然短暂，但这是中国共产党领导的政治协商组织在宜宾县的首次成功尝试。

三

1949年9月，中国人民政治协商会议第一届全体会议通过的具有临时宪法性质的《中国人民政治协商会议共同纲领》规定："在普选的地方人民代表大会召开以前，由地方各界人民代表会议逐步地代行人民代表大会的职权。"12月，中央人民政府通过的各界人民代表会议（简称各代会）组织通则进一步明确，在军事管制初期，各界人民代表会议是军管会和人民政府传达政策、联系群众的协商机关。宜宾和平解放后，中共川南区党委指示："在解放后两个月至迟三个月后，即应召开各界代表会议。"中共宜宾县委、县人民政府在接收旧政权工作任务完成之后，迅即在1950年1月24日召开了宜宾县第一届各界人民代表会议第一次全体会议。到1955年9月宜宾县各代会常务委员会正式撤销，县各代会总共经历了四届，召开了11次全体会议。面临解放初期紧张的征粮剿匪、减租退押、肃反禁毒、抗美援朝、土地改革、互助合作运动、宣传贯彻婚姻法、实行人大普选等重大历史任务，宜宾县各代会团结、带领全县人民围绕党和政府的工作目标，克服困难、艰苦奋斗，为顺利完成由新民主主义社会向社会主义社会过渡时期各项工作任务作出了贡献。一是通过全体会议和常委会议，代表各界人民的意志，发布了《关于克服困难突击完成征粮任务的决议》《清匪反霸、减租退押的决议》《提前实行土地改革的决议》《拒用银元告宜宾同胞书》等一系列决议、决定和决议案，对有关事项作出了权威的硬性规定，确保各项目标任务的完成；二是会议代表通过小组、大会发言和提出提案，反映了群众愿望和生产生活困难情况，批评了政府工作人员的不良工作作风和工作错误，指出了有关政府所制定的政策中的缺失，提出了意见和建议，使党和政府得到了群众的民主监督，及时纠正工作中的不足；三是各代会代表们以身作则，积极响应党和政府的号召，做积极生产、遵纪守法、缴纳税赋的带头人，县各代会二届二次常委会议还专门制定了《宜宾县第二届各界人民代表任务十条》，在全县人民中起到了模范带头作用。宜宾县各界人民代表会议将权力机构和协商机构合二为一，是在当时历史条件下的必然，同时也为后来宜宾县统战组织和人民政协建设提供了宝贵的经验。不过，宜宾县各代会在会议制度和组织结构方面显然不成熟，如全体会议召开时间没有严格按上级要求执行；政府及有关部门对代表提案重视不够，回复办理不到位，也没有具体的要求规定；各代会领导机构不甚规范，第四届只设了主席一人，未设副主席，并且因为是县长兼任而导致各代会领导工作不落实；各代会虽设有秘书处，但没有编制，人员工资在县民政科领取，在后期秘书长均由县民政科长兼任，仅有的两名驻会工作人员还要担任其他政府事务，影响了各代会工作。

1954 年 7 月，宜宾县第一届人民代表大会第一次会议召开后，宜宾县各代会不再是地方权力机构。随着 1955 年 9 月宜宾县第四届各代会常务委员会的撤销，宜宾县已无统一战线组织。1956 年 8 月，中共宜宾县委根据中共四川省委及有关方面关于贯彻“长期共存、互相监督”方针的指示精神，召开了“宜宾县各界人士学习会第二次会议”，在会上成立了“宜宾县各界人士学习委员会”（简称学委会），由县人民委员会县长李箴言任学委会主任。以后，各届学委会主任都是由县长或县级领导担任。学委会是在不设政协的县设立的统一战线组织，在一些方面起着政协的作用，宜宾县学委会就是宜宾县各界人士政治学习、协商讨论、建言献策的统一战线组织。为了扩大团结、学习、教育的影响力，还相继成立了卫协（卫生系统）和工商两个行业分会，以及横江、白花、观音、蕨溪四大集镇分会。一至三届学委会的主要工作表现在三个方面。一是政治学习。通过学委会组织委员（主要是各界人士中的代表人士）和不是委员的各界人士，包括工商业者，教育、医务界人士，以及国民党起义将领等，学习中共中央、全国人大、全国政协重要会议精神和文件，学习党和政府有关政策法令和时事政治，学习毛泽东著作，并组织座谈讨论，以统一思想认识，提高社会主义觉悟和思想政治水平。为此，县学委会还制定了学习制度，适时培训专、兼职学习辅导员，发放学习资料。二是协商议政。县委、县人委向学委会通报工作，就大的工作举措征求委员意见；委员和各界人士向党和政府反映基层情况（学委会收转、答复群众来信），提出意见、建议。如第一届县学委会委员就曾依据宪法，批评县里全年都没有召开县人民代表大会，因而法制观念不强，以及个别领导人集体领导意识淡薄等。三是动员各界人士为经济社会建设添砖加瓦，充分发挥自己的才能和智慧。如以县学委会名义发出了《关于“支援春耕生产运动，争取农业大丰收”给各界人民的号召书》《关于动员全县各界人士厉行节约渡荒，大力支援农业的号召》，作出了《关于组织各界民主人士和工商业者学习工作总结暨今后意见》等，还为农业生产、医药卫生、经营管理等提出了积极建议。1965 年“文化大革命”兴起，县学委会停止活动。1977 年初，宜宾县学委会重新恢复（第四届），大力组织各界人士学习关于粉碎江青反革命集团、拨乱反正、落实政策、把全国工作重点转移到社会主义现代化建设上来等重大政策文件，调动各方面的积极性，发展和壮大革命的爱国统一战线。县委领导还出席了学委会会议，作了“关于新时期统一战线所肩负的光荣而艰巨的历史任务”的重要讲话。宜宾县学委会虽然具有政协组织的某些属性，但是缺乏政协章程的保障，又没有办事机构及人员的编制，从领导到委员都是兼职，因此基本上是一种统战性质的学习型组织，其民主协商活动较少且规范性不够。1980年宜宾县政协成立后，宜宾县学委会即自行消失。

四

中国共产党十一届三中全会以后，中共宜宾县委报请中共四川省委批准，于1980年11月召开了中国人民政治协商会议第一届宜宾县委员会第一次全体会议，政协宜宾县委员会（简称宜宾县政协或县政协）成立。到2018年9月宜宾县撤县设区，宜宾县政协共经历十届，历时38年，履行政治协商、民主监督、参政议政职能，不断开拓创新，不断制度化、规范化、程序化，不断开创政协工作新局面。

宜宾县政协成立之时，时逢宜宾县七届人大一次会议召开，这是中断十五年之后，县人民代表大会重新恢复，并建立起县人大的常设机关——县人大常委会，县人民委员会亦改为县人民政府。宜宾县政协一届一次会议历时11天，以建议书的形式，郑重地向宜宾县人大提出了经协商讨论后推荐的县人大常委会主任、副主任、常务委员，县人民政府县长、副县长，县人民法院院长，县人民检察院检察长等候选人名单；列席了宜宾县人大七届一次会议；提出了76件提案；对宜宾县经济社会重大事务提出了意见和建议；通过了宜宾县政协一届一次会议政治决议：充分行使了人民政协政治协商和民主监督的政治权力。一届一次会议期间因未设县政协工作机构，委员提案均转送县人大提案审查委员会（亦称议案审查委员会）审查并转交办理。一届政协组织委员和各界人士参与了1982年宪法和政协章程草案的学习讨论，并提出了修改意见；在工作实践中进行了设立县政协工作机构和办事机构的各种探索；开始文史资料的抢救性征集和编纂工作。

二届政协将政协工作向基层延伸，设置区镇和机关政协联系小组，安排各区镇党委副书记作联系小组组长。大力开展促进和平统一祖国活动，协助党委政府落实侨台属政策，协助成立第一届宜宾县归侨、侨眷联合会及华侨联合企业公司。围绕宜宾县经济建设中的重大问题，发挥政协人才荟萃的优势，首次以县政协名义召开了全县“经济建设专题研讨会”，到会政协委员、专家学者针对宜宾县实际，提出了26份书面和口头的献计献策，中共宜宾县委、县人民政府、县人大、县视察室及相关部门负责人均出席了会议。

三届政协“改组为委”，将原有专门委员会和专门工作组并存的工作机构“四委八组”改为六个专门委员会，即提案委员会、学习委员会、文史资料研究委员会、经济科技委员会、文教医卫体委员会和联谊委员会。制定了县政协自身的规范性文件——《政协宜宾县委员会常务委员会工作规则》和《政协宜宾县第三届委员会专门委员会通则》，并提出了《政协宜宾县委员会关于政治协商、民主监督经常化和制度化的意见》，走出了县政协制度化建设的第一步。经县委同意，县政协机关尝试性地成立了“经济技术咨询服务部”，以此为窗口，服务经济建设，体验市场经济。三届九次常委扩大会议邀请民盟成员、少数民族代表、各界知名人士与中共宜宾县委书记、副书记，县政府县长、副县长，及20余个县委、县政府职能部门负责人就群众普遍关心的物价上涨过快、粮食盐巴供应不及时、农用物资紧缺、中草药材乱涨价、社会治安差等问题开展面对面协商对话，到会的县领导和县级部门负责人现场作了答复。

四届政协根据中央、省有关精神，制定了《中国人民政治协商会议宜宾县委员会关于政治协商、民主监督暂行规定的实施细则》，并经由中共宜宾县委批转全县。该《实施细则》共分五个方面、二十五条，对政协进行政治协商和民主监督活动有了具体的条件准入、方式方法和程序上的基本规定，使参与协商、监督的各方都能有章可循。四届政协正值宜宾县机关改革时期，为响应县委号召、强化经济建设中心意识，县政协机关亦将机关工作分作联系乡镇和企业，引、领、帮办企业，政协日常工作三条线开展，而政协工作只占到全部工作的三分之一，并且鼓励政协机关工作人员经商办企业。在此期间，县政协领办了“成都客车厂宜宾装修厂”“宜宾县微量元素肥料厂”和“富农饲料厂”。县政协会同县委组织部、宣传部、统战部和县委党校首次举办了一期历时6天的“统一战线理论培训班”，57人参加了培训。四届政协在提案工作方面有较大的创新，即改转办为交办、改复文标准为落实标准、改等待回复为跟踪调查催办督办、改大会提案为年度提案。

五届政协期间，中共宜宾县委于1993年12月召开了第一次政协工作会议，并作出了《关于进一步加强人民政协工作的决定》，提出加强和改善党对政协工作的领导，加强政协自身建设，充分发挥政协作用。县委明确：由1名县委副书记分管政协工作，1名县政府副县长联系政协工作，县政协正、副主席分别列席县委常委会议、县人大常委会议、县政府常务会议和县长办公会；实行酝酿决策先通气、制定决策先论证、实施决策先试点和协商在县委决策之前、人大决定之前、政府实施之前的“三先三前”协商制度，涉及全县性重大改革、发展和重要人事安排前，都要提交县政协常委会议或主席会议协商讨论。五届政协设置了学习提案联谊、经济科技、文史社会三个专门委员会，根据县编委通知设置了办公室、经济科、提案联谊科、文卫科教科“三科一室”办事机构。五届十九次常委会议决定不再设置县政协秘书长和副秘书长职务。

六届政协出台了《政协宜宾县委员会主席会议工作规则》《政协宜宾县委员会常务

委员会工作规则》《政协宜宾县委员会专门委员会工作规则》和《政协宜宾县委员会提案工作细则》四个规范性文件以及《政协宜宾县委员会关于表彰优秀提案的暂行办法》，在政协工作制度化方面又迈进了一步。六届政协设置了经济、提案联谊、文卫科教三个专门委员会，恢复了县政协秘书长、副秘书长职务设置，经 2002 年机构改革后仅有“县政协办公室”一个内设机构。在 2001 年和 2002 年先后组织政协委员对国土系统和工商行政管理系统的行风建设进行民主评议，让民主评议成为政协民主监督的一种新形式。六届政协被政协第八届四川省委员会评为地方政协工作先进集体。

七届政协提出了政协工作“保持良好的精神状态、营造良好的外部环境、树立良好的社会形象、创造良好的工作业绩”的“四个良好”要求，以此振奋精神，开创政协工作的新局面。届内，宜宾县政协被第九届四川省政协评为“先进政协组织”，被四川省政协确定为“地方政协工作联系点”；县政协机关被评为“市级文明单位”“市级社会治安综合治理模范单位”“市级卫生先进单位”。县政协工作机构增设了“法制群团委员会”，机关内设机构在原有办公室的基础上，增设了一个正科级机构——县政协调研室。七届政协重视政协干部和委员的学习，除加强对政协委员的学习培训工作外，届内县政协领导和各委、室负责人都分期分批参加了全国政协干部培训中心的学习培训。县政协制定了《宜宾县政协委员、常委履职规范》，加强对政协委员、常委的管理考核；制定了《提案跟踪督办实施办法》，改变了过去由提案委单独督办提案的做法。

八届政协经中共宜宾县委、县人民政府批转，发布了《政协宜宾县委员会全体会议民主测评和协商意见通报办法》，增添了县政协全体会议的一项新内容，即实行县政协委员在全委会上对县政府、县政协、县人民法院、县人民检察院、发展和改革、财政预决算六个工作报告和政府职能部门、直属事业单位、公用企事业单位的工作进行满意度测评，并将测评情况和委员协商意见进行大会通报。经上级编委同意，县政协机关内设办事机构增至五个正科级单位，即县政协办公室、调研室、提案工作办公室、经济工作办公室和社会工作办公室。加强了政协反映社情民意工作，新增了《社情民意》工作简报。届内，制定了《政协宜宾县委员会专门委员会通则》《政协宜宾县委员会全体会议工作规则》《政协宜宾县委员会关于政协民主评议工作的实施细则》等 11 个规范性文件，进一步加强了政协工作制度化、规范化、程序化建设；组织成立了“宜宾县政协诗书画院”和“宜宾县历届政协委员代表联谊会”，扩大了政协的影响；承办了四川省政协地方政协和委员联络委员会联系县（市、区）政协工作经验交流会。

九届政协工作机构的设置为 5 个专门委员会，即经济委员会、提案联谊委员会、教科文卫委员会、法制群团委员会和文史委员会。完成了 200 余万字的《宜宾县文史资料汇编》

（1～5卷），编撰了反映七、八、九届县政协工作的《协力同心》（上、中、下卷），编印了《英雄含笑》《老区追梦》《古县长歌》等诗书画摄影作品集。开展了对交通运输、农业、卫生、住建、教育、城镇管理、环保、水务、食品药品监督管理、燃气等10个系统、单位工作的民主评议，提交了《关于农村小微型水利基础设施建设情况的调研报告》《宜宾县工业招商情况调研报告》等11份调研、成果，密集开展了政协民主评议和调研工作。

因宜宾县撤县设区，十届宜宾县政协为任期最短的一届政协，共召开2次全体会议、10次常委会议。届内，县政协机关增设了“宜宾县政协信息中心”股级事业单位；完成了对住建城管系统和水务系统的民主评议；提交了《我县投资促进政策的走向与选择调研报告》《培育发展战略性新兴产业，助推县域经济增长的调研报告》《关于农村公路建设情况调研报告》《宜宾县历史文化传承调研报告》，以及关于国有建设投资公司运行情况、负债经营滚动发展、高中教育等方面共7个调研报告；通过充分调查研究，探索构筑政协工作向基层拓展的新平台，设立乡镇（街道）“政协工作委员会”。

纵观宜宾县政协38年历程，政治协商这一基本政治制度得到了很好的贯彻落实，广泛的爱国统一战线业已稳固发展，人民政协事业不断开拓创新，在宜宾县经济、政治、文化建设中发挥了重要作用，并受到连续两届四川省政协的表彰。

一是政协履职制度基本成熟定型。除全国政协章程外，中共宜宾县委、县人民政府专门出台了一系列关于人民政协工作的保障性文件，县政协制定了若干规则、规范、办法等制度性文件，使政协政治协商、民主监督、参政议政都有章可循。

二是民主协商进入程序。基本实现了全县大政方针，县域政治、经济、文化和社会生活中的重要问题，在决策之前和决策执行过程中在政协进行协商，并且其协商内容、协商形式都基本程序化。

三是政协民主监督和参政议政愈加受到重视。政协提案和所反映的社情民意，更加受到社会关注，尤其是受到党政领导和相关部门的重视。重点提案的办理必须由县委、县政府主要负责人牵头落实，重要社情民意信息都由县委、县政府主要领导甚至更上一级的领导签批办理。

但是，从具体工作层面来看，宜宾县政协在制度机制方面还存在着一些不完善、不适应、不配套、不清晰的地方。如政协工作制度、规则中尚有一些瑕疵、遗漏和抵牾，以至在实践中难以规范运作；多年来鲜见对党委及其部门工作的协商监督事项；自第一届县政协以后，除例会外，较少涉及同县人大方面的协商监督工作；对重大事务的决策、重要人事的调整是否协商、何时协商有时则因人、因事而异，违背先协商程序……

大事记

1949年

9月21—30日 中国人民政治协商会议第一届全体会议在北平（今北京）召开，中国共产党及各民主党派、人民团体、人民解放军，各地区、各民族、国外华侨和无党派民主人士等共662人参加会议，其中正式代表510人、候补代表77人、特别邀请人士75人，标志着人民政协组织的诞生。这次会议代行全国人民代表大会的职权，宣告了中华人民共和国的诞生。会议通过了具有临时宪法性质的《中国人民政治协商会议共同纲领》，通过了《中国人民政治协商会议组织法》《中华人民共和国中央人民政府组织法》。会议还选出了由180人组成的政协第一届全国委员会，并留出18名空额，准备将来容纳新解放地区的适当代表人物。

10月1日 在北京天安门广场举行开国大典，中华人民共和国成立。

10月9日 中国人民政治协商会议第一届全国委员会第一次会议举行。会议选举产生全国委员会正、副主席，常务委员和秘书长，毛泽东任全国政协主席。会议制定了《中国人民政治协商会议全国委员会工作条例》，并决定设立政治法律、财政经济、文化教育、外交、国防、民族事务、华侨事务、宗教事务8个工作组。

12月11日 国民政府72军在宜宾城宣布起义，宜宾县和平解放。

12月13日 中共观音区委在观音区公所（旧政权）组织召开各界人士会议，选举产生了“宜宾县第五区临时治安委员会筹备委员会”。

12月14日 “宜宾县第五区临时治安委员会”成立，钟盛明（中共观音区委书记）为主任委员，第一副主任委员郑量才（中共党员）、第二副主任委员王国英（旧区长）。成立当天即召开第一次会议，作出了“召开庆祝解放大会，成立地方人民警卫队，保护公粮，学校复课，原公务人员照常工作……”等项决议，正式接管了观音地方政权。

12月24日 宜宾县人民政府成立。

1950 年

1 月 24—28 日 宜宾县第一届各界人民代表会议第一次全体会议在县城文庙（原省宜中，现宜宾市翠屏区境内）召开，216 名代表出席。会议选举 27 人为各代会常务委员会委员，张守愚（中共宜宾县委书记）当选为常委会主席，黄藩（宜宾县县长）、刘春晖（民主人士）为副主席。会议主要讨论了征粮、社会治安等问题。会议期间，中共宜宾地委书记、宜宾军管会主任陈林到会作了《解放宜宾后一个多月来的接管经过和施政方针》的报告。

3 月 28—31 日 县各代会一届二次会议召开。会议号召全县各界人民紧急行动起来，加强团结，以百倍的努力协助人民政府克服困难完成征粮任务。

3 月 各区、乡、镇政权机构建立。将全县原 5 个区 88 个乡镇设为 17 个区（除城关区外的各区以第一至第十六序号命名）150 个乡镇。

11 月 20—24 日 县各代会二届一次会议在宜宾文星街天主教堂（现属宜宾市翠屏区）召开。张守愚继续当选常委会主席，黄藩、刘春晖、饶幼辉为副主席。大会提出了迅速开展清匪、反霸、减租、退押运动，为土地改革打下基础的工作任务。

12 月 7 日 在川南区各界人民代表会议协商委员会的指示下，县各代会组织成立了"宜宾县各界人民抗美援朝、保家卫国宣传委员会"，掀起抗美援朝宣传高潮，广泛动员各界民众参加志愿军、捐献支持抗美援朝的物资和资金。

1951 年

1 月 24—27 日 县各代会二届二次会议召开。会议通过了坚决贯彻清反减退工作、禁烟肃毒、拥军优属、慰劳中朝战士、春耕生产等项决议。

3 月 13—17 日 县各代会二届三次会议召开。会议的中心议题是：提前实行土地改革。

6 月 19 日 宜宾县、市分治。中共川南区党委根据政务院批复，新置宜宾市。从宜宾县划出的城区东南西北中 5 城镇及城郊安阜、白沙、附城、菜麻 4 乡归属宜宾市。

9 月 26 日至 10 月 1 日 县各代会三届一次会议在宜宾市内县政府召开。会议选出常委会委员 35 名，苗守溪（宜宾县政府县长）任常委会主席，罗稻韭（民主人士）任副主席。会议就增产、捐献、秋征、发展生产、完成土改、加强社会治安、开展文化教育等工作作出了决议。

10 月 15 日 宜宾县人民政府迁驻宜宾县喜捷镇。宜宾县治所改在喜捷。

1952 年

1 月 12—15 日 县各代会三届二次会议在喜捷召开。会议的口号是“爱国增产致富”，要求继续广泛深入地开展爱国增产节约运动，开展群众性的反贪污、反浪费、反官僚主义的斗争。

6 月 11—15 日 县各代会四届一次会议召开。会议作出开展增产竞赛运动、防洪抗旱、治虫、备荒、巩固发展互助组、卫生防疫、拥军优属等项决议。苗守溪当选常委会主席，未设副主席职务。

8 月 5 日 宜宾县人民政府从喜捷迁回宜宾市内，驻县府街。

11 月 7 日 县各代会常委会自即日起协助县“中苏友协分会”全面开展“中苏友好月”活动。

12 月 21—24 日 县各代会四届二次会议召开，各代会主席、县长曹均作《关于1952 年工作总结及今冬明春工作意见》的报告。

1953 年

3 月 1—3 日 县各代会召开四届三次会议，会议的中心议题是：农业生产与互助合作，宣传贯彻婚姻法。

6 月 30 日至 7 月 2 日 县各代会四届四次会议召开。会议中心议题是研究农业生产、普选和救灾工作，并通过了相关决议。会议解答了代表提案 273 件。

1954 年

7 月 2—6 日 宜宾县第一届人民代表大会第一次会议在宜宾市林家巷电影院召开。至此，宜宾县各代会不再代行宜宾县人民代表大会职权。更宜宾县人民政府为“宜宾县人民委员会”（简称县人委）。

8 月 1 日 中共宜宾县委统战部向中共宜宾地委统战部递交《关于设立统一战线组织问题的报告》，提出“我县有设立统一战线组织的必要”。

12 月 25 日 中国人民政治协商会议第二届全国委员会第一次会议通过了《中国人民政治协商会议章程》。这是政协组织的第一部章程，标志着全国人民代表大会召开和《中华人民共和国宪法》颁布后，政协作为人民民主统一战线的组织，将继续发挥其作用。

1955 年

9 月 23 日 宜宾县第四届各界人民代表会议召开常委会。根据《中华人民共和国宪法》和中共宜宾地委统战部指示，决定撤销宜宾县各代会，并对在各代会担任职务的各界人士作了妥善安排。宜宾县各界人民代表会议历经五年零八个月。

1956 年

8 月 13 日 宜宾县第一届各界人士学习委员会成立。李箴言（宜宾县人民委员会县长）任学委会主任，孙贵斌、肖少平任副主任。学委会由 13 人组成。根据中共中央精神，学委会是不设政协的县开展统战工作的组织形式。

1959 年

2 月 4—5 日 宜宾县各界人士学习委员会和宜宾县工商联召开联席会议，改选县学委会，成立第二届学委会。尹保安（县长）为主任，孙贵斌、宛西北、黄叔相、肖少平为副主任。

2 月 19 日 县委批转县委统战部《关于对改造资产阶级分子、资产阶级知识分子和无党派民主人士五至十年工作的规划》。《规划》提出在五至十年内，将资产阶级分子改变为自食其力的劳动者，将资产阶级知识分子改变为工人阶级知识分子，使无党派民主人士成为积极为社会主义服务的政治力量。

1961 年

12 月 15—31 日 县学委会召开扩大会议，选举产生第三届县学委会。吕明扬（县长）任学委会主任，宛西北、黄叔相、肖少平、杨身述、邹谷君任副主任。学委会由 23 人组成。

1965 年

7 月 1 日　县城由宜宾市区迁至宜宾县柏溪镇。

1966 年

年中　因“文化大革命”兴起，宜宾县学委会停止活动。

1968 年

8 月 20 日　宜宾县革命委员会（简称县革委）成立。

1974 年

5 月 2 日　四川、云南两省代表在宜宾签订《四川省宜宾县安富、水东、水河公社划归云南省管辖的区划调整协议书》。中央决定，由云南省在安富公社建一座年产 30 万吨合成氨、48 万吨尿素的化肥厂。

1977 年

1 月　宜宾县学委会恢复工作（即为第四届宜宾县学委会）。王殿魁任学委会主任，肖少平、宛西北任副主任。

3 月　学委会组织全县 50 多名各界人士集中县城，组织学习、写文章、出专栏、吟诗作赋，赞颂国家进入新时期。

1980 年

8 月 6 日　省委批准设立中国人民政治协商会议四川省宜宾县委员会（简称宜宾县政协或县政协）

11 月 18 日　经中共宜宾县委研究同意，成立由古远友等 11 人组成的宜宾县政协筹备领导小组。

11月30日至12月10日 宜宾县政协一届一次会议在县城柏溪镇县文化馆礼堂召开。代表13个界别的75名县政协委员出席。会议选出常务委员9人；选举古远友（县委副书记兼组织部部长）为政协主席，陈南风、高祥义、魏长青、江华林为政协副主席，宛西北为政协秘书长。

12月11日 召开县政协一届一次常委会议，决定设立“一室三组”开展工作。即办公室、文卫组、科技组、工商组。

是月 撤销宜宾县革命委员会，恢复宜宾县人民政府。

1981年

1月27日 中共宜宾县政协党组成立。古远友任书记，陈南风任副书记。党组成员由5人组成。

3月20日 成立宜宾县政协学习委员会，为宜宾县政协的第一个专委会。魏长青任学委会主任。

5月16—20日 县政协一届三次常委会议召开。其间，于16、17两日列席了县人大七届四次常委会议。

5月20日 县政协《政协简讯》第一期印发，标题为《宜宾县政协一届三次常委会议上常委提出的意见和建议》。这是一份由县政协秘书处负责不定期印发的政协工作简报。

6月5日 县政协召开侨属、台属座谈会。柏溪地区的侨属和台、港人员的亲属，宜宾地区侨办、台办及地委、县委统战部，县人武部的负责人参加了会议。会议学习了《中共中央关于出国人员同台湾人员交往的通知》《中华人民共和国人民代表大会告台湾同胞书》等有关文件，开展了自由讨论。

6月30日 县政协在县工商联会议室召开政协委员“七一”座谈会，各界人士30人出席会议，畅谈中共十一届三中全会的重大意义。

10月8日 县政协常委会组成人员举行座谈会，学习叶剑英关于“台湾回归祖国、实现和平统一”九条方针政策的讲话。

10月20—25日 县政协副主席魏长青率政协委员组成7人视察组，视察安边区的安边、朝阳两地的4所中小学。

11月23—25日 中共宜宾县委召开统战工作会议。会议传达学习中央、省、地委关于新时期统战工作的指示和省、地侨务工作会议精神，提出了加强全县统战工作的意见，并形成了《全县统战工作会议纪要》。

12 月 8 日　中共宜宾县委印发《县委、县人大、县政府、县政协机关工作的几项制度的试行意见》。几项制度包括学习制度、工作制度、组织生活和民主生活制度、卫生制度、治安保卫制度。《意见》要求机关工作在短期内出现新气象、新风尚、新局面，争取成为全县的表率。

1982 年

2 月 23 日至 3 月 1 日　县政协一届二次会议在县文化馆礼堂召开。委员人数增至 105 名。

3 月 2—3 日　县政协一届七次常委会议召开。会议调整了委、组及其干部，即设立了科学技术组、文化教育体育组、侨务对台组、经济建设组、文史资料组和医药卫生组。将原学习委员会改为政治时事学习组。

3 月 4 日　县政协文教、卫生、经济建设和科技 4 个组分别视察县二中、县医院、县百货公司门市部、柏溪镇四街的文明礼貌月活动开展情况。

4 月 22 日　在县工商联会议室召开了县政协第一次文史资料工作会议，布置文史资料收集工作。

5 月 3 日　中共宜宾县委党史、文史、地方史（即县志）资料征集编写领导小组建立，由 14 人组成。古远友任组长，彭铁肩、杨修文、钟骆南、魏长青任副组长，下设办公室。

5 月 19 日　县政协在县工商联会议室召开科技人员联系会。农作、养鸡、畜牧、茶叶、电子电工、农经、水电、会计、林业、医学、建筑、沼气 12 个学会、协会负责人出席了会议。

8 月 30—31 日　县政协组织横江区政协委员视察横江中学和横江供销社，并向中共横江区委反映了学校和供销社的情况，交换了意见。

12 月 11 日　全国政协五届五次会议通过《中国人民政治协商会议章程》（简称《政协章程》）。这是继 1954 年《政协章程》后所制定的第三部《政协章程》。

1983 年

3 月 18—23 日　县政协一届三次会议在县城柏溪县文化馆礼堂召开。实有委员 102 人，出席会议 76 人。会议增选谢家礼为县政协副主席。

10 月 20—22 日　县政协一届十四次常委会议召开。会议传达了省委〔1983〕60 号文件《关于印发杨超同志〈学习东北三省经验，努力开创我省政协工作新局面〉的报告的通知》精神，参观了柏溪镇联合加工厂和正在修建的县啤酒厂，以及杨金海、杨明清两个专业户。

12 月 12 日 中共宜宾县委批转县政协党组《关于学习贯彻中共四川省委关于印发杨超同志〈学习东北三省经验，努力开创我省政协工作新局面〉的报告》的报告。县委在批转通知中指出，人民政协是发扬民主、联系各方面人民群众的一个重要组织，各地一定要继续加强对政协工作的领导，充分发挥政协政治协商和民主监督职能。

12 月 16 日 中共宜宾县委转发中共宜宾地委组织部《关于宜宾县党、政、人大、政协、视察室、纪委领导班子组成人员的通知》。该通知提名县政协正、副主席任职名单：主席彭铁肩，副主席陈南风、魏长青、谢家礼、江华林、张国辉。

12 月 22 日 县政协一届十五次常委会议召开，专题协商新一届县政协领导人选，县委书记温巨成代表县委就县政协领导班子调整作出说明。常委会议同意由彭铁肩出任下一届县政协主席，以及其他领导人员变动的方案。

是年 编辑出版《宜宾县文史资料选辑》第一辑和第二辑，开始了县政协文史资料的收集、研究和发行工作。

1984 年

1 月 5 日 宜委组干（84）7 号文件通知，增补彭铁肩为宜宾县政协党组书记，免去古远友党组书记职务。

4 月 全县取消人民公社，恢复乡（镇）建制。

6 月 16—22 日 县政协二届一次会议在柏溪镇县文化馆礼堂召开。本届政协委员共 211 名，来自 16 个界别。会议协商选举县政协常务委员 15 名；选举彭铁肩为县政协主席，陈南风、谢家礼、姜照荣、魏长青、江华林、张国辉、周汝全为副主席，姜照荣兼任县政协秘书长。

6 月 23 日 召开县政协二届一次常委会议，研究加强自身建设和委、组工作。议决设“八组三委”，并以区为单位成立政协联系小组，由中共区委成员中的政协委员兼组长。

8 月 22—23 日 召开县政协第三次文史资料工作会，学习全国政协第四次文史资料会议和省政协第二次文史资料座谈会精神。县级机关和 13 个区镇文史员及有关人员共 32 人参加会议。

10 月 9—12 日 中共宜宾县第五次代表大会召开。大会强调各级党组织和全体共产党员必须继续坚持党和民主党派“长期共存、互相监督、肝胆相照、荣辱与共”的方针，加强同各民主党派、无党派人士，少数民族人士和宗教爱国人士的合作，要使人民政协充分发挥“政治协商、民主监督、合作共事、广交朋友、自我教育”的作用。

1985 年

4 月 9—13 日 县政协二届二次会议在柏溪镇县文化馆礼堂召开。会议首次安排了 13 名委员作大会交流发言。会议选举黄家文为县政协秘书长。

11 月 19 日 县政协召开二届八次常委会议。会议学习了中共中央文件，听取县政协常委对县政协党组的意见，安排了今冬明春的工作。与会常委对中共中央首创集体交接班制度和“七五”计划建议十分满意。会议还审定了《宜宾县政协志（初稿）》。

12 月 县政协机关和县政协正副主席根据中央改革教育工作要求和县委安排，分别联系柏溪与高场中学、柏溪与观音中心小学、县教师进修校，协助贯彻教育体制改革决定。

1986 年

4 月 7—11 日 县政协召开二届三次会议。会议同意陈南风辞去县政协副主席职务，补选任旭文（女、台属）为政协第二届宜宾县委员会副主席。

1987 年

2 月 14 日 中共宜宾县委组织部通知：王方泽任宜宾县政协党组书记，免去彭铁肩县政协党组书记职务。

2 月 19—24 日 县政协三届一次会议在柏溪镇县委党校会场召开。会议选举了常务委员 17 人，王方泽（中共宜宾县委副书记）当选县政协主席，姜照荣、魏长青、张国辉、任旭文（女）为副主席，黄家文为秘书长。

4 月 10 日 县委、县政府、县人大、县政协、县纪委作出了《关于提倡勤俭节约，反对铺张浪费的十条规定》。

5 月 省政协五届二十次常委会议决定，在宜宾地区建立“四川省政协宜宾地区联络处”，为省政协在宜宾地区的派出机构。

6 月 4 日 县委、县人大、县政府、县政协决定对 9 个亏损企业和 13 个技改企业实行“领导干部联系责任制”，视责任人带领企业坚持四项基本原则和改革、完成年初下达给企业的各项经济指标完成情况给予奖励和惩罚。

7月20日 县政协召开三届三次常委（扩大）会议。政协各委组正副主任、正副组长列席了会议。会议听取了县长杨正友对宜宾县上半年经济工作情况的通报。

10月22日 中共宜宾县委办公室、县人民政府办公室、县政协秘书处联合行文，以宜县委办〔1987〕80号文发出《关于保证县政协委员行使职务有关事项的通知》。

1988年

3月28日至4月1日 县政协三届二次会议在县城柏溪县委党校会场召开。

4月19日 经县委办〔1988〕10号文件批复，县政协成立的“宜宾县政协经济技术咨询服务部”公章启用。该服务部为县政协机关的工作部门。

6月 宜宾地区政协联络处发出第三期工作简报，通报宜宾县政协三届七次常委会议按照全国“两会”精神，结合宜宾县实际安排下半年工作的情况。

11月4日 县政协三届九次常委（扩大）会议召开。会议由县政协主席王方泽主持，县委书记徐洪金、县长杨正友、县委副书记罗清孝、县政府副县长张家骧出席会议，县委办、县政府办、统战部、宣传部、工业局、农委、公安局、财办、供销社、文教局、畜牧局、水电局、卫生局、纪委、科协、体委的主要领导也应邀出席了会议。会议传达了省政协六届三次常委（扩大）会议精神和县委常委（扩大）会议精神。参加会议的县政协常委、部分委员，民盟成员，少数民族代表，各界知名人士，纷纷就人民群众普遍关心的热点、难点问题，与县委、县政府领导及相关部门开展了对话协商。

1989年

3月3—4日 县政协三届十次常委会议审议通过了《政协宜宾县委员会常务委员会工作规则》和《政协宜宾县第三届委员会专门委员会通则》；决定工作机构“改组为委”，设提案、学习、文史资料研究、经济科技、文教医卫体、联谊6个委员会；协商审议了县政府将在县九届四次人大会议上所作的工作报告。

3月27—30日 宜宾县政协三届三次会议在县城柏溪县委党校会场召开。

3月29日 县政协三届十一次常委会议审议修改政协宜宾县委员会《关于政治协商、民主监督经常化、制度化的意见（草案）》。

6月26日 县委召开常委（扩大）会议，出席会议的有县委常委、调研员，县人大、县政府、县政协、县纪委、县人武部的领导和县级有关部门的负责人。与会者认真学习中共十三届四中全会公报和邓小平“关于坚持四项基本原则，反对资产阶级自由化”的论述。

是年 县政协委员刘佐高获“全国劳动模范”光荣称号。

1990 年

3 月 3—7 日 县政协四届一次会议在柏溪召开。会议选举产生县政协常务委员 18 人；选举何世春为县政协主席，甘智年、刘桂生（女）、张乃富、彭德森、魏长青为县政协副主席，黄家文为秘书长。

3 月 17 日 宜县委组干〔1990〕48 号《关于人大、县府、政协党组组成人员的通知》：何世春任县政协党组书记。

4 月 27 日 县委批转县政协《1990 年工作要点》。《要点》着重提出：认真贯彻中共中央《关于坚持和完善中国共产党领导的多党合作和政治协商制度的意见》，努力学习马克思列宁主义、毛泽东思想，学习党的方针政策及政协章程，不断提高政协委员的政治素质和参政议政能力。

6 月 2 日 经民主同盟宜宾市委批准，民盟宜宾县支部成立，刘中能任支部主委。这是自中华人民共和国成立以来宜宾县第一个基层民主党派组织。

6 月 4—9 日 县政协会同县委组织部、宣传部、统战部、党校举办“统一战线理论培训班”，57 人参加培训。

7 月 20 日 中共宜宾县委制发贯彻执行中央《关于坚持和完善中国共产党领导的多党合作和政治协商制度的意见》的意见，提出健全完善县委、人大、政府同民主党派、无党派人士的政治协商制度，做好非共产党人士的人事安排工作。

11 月 8 日 中共宜宾县委批转县政协党组《关于县政协政治协商、民主监督暂行规定的实施细则的报告》（宜县委发〔1990〕67 号）。

1991 年

3 月 4—7 日 县政协四届二次会议在县城柏溪县委党校会场召开。

5 月 27—30 日 县政协按照县委《关于大力发展蚕桑生产的决定》（宜县委〔1991〕27 号）文件精神，组织部分县政协委员视察了玉龙、义兴两乡 6 个村 28 个组以桑树育苗培栽为重点的蚕桑生产情况。

6月4日 县政协四届七次常委会议召开，会议主题是协商宜宾县县长、副县长人选。

7月1日 根据全国政协办公厅《关于政协县以上的地方委员会更换印章图案的通知》，由省政协统一制发，政协宜宾县委员会更换新印章。

8月8日 宜宾县政协参加了在云南盐津县召开的川滇十二县（市）政协第一次联系会议。宜宾地区政协工委、云南昭通地区政协工委领导莅会指导。

9月12—13日 县政协召开“政协联系组工作会议”，县委书记张明泉、县委副书记阳通富、宜宾地区政协工委秘书长李伯震参会并讲话。

11月22日 县政协发文通知：宜宾县科协为宜宾县政协的组成单位。

1992年

2月28日至3月1日 县政协四届三次会议在县城柏溪召开。除听取、审议、通过了相关报告和决议外，参会政协委员着重围绕国民经济和社会发展“八五”计划和十年规划，加快综合体改步伐，坚持固农开源、兴工富县、活商聚财、科教为本、全面发展的方针和领导班子创“五好”活动进行协商讨论、进言献计。

8月3日 县政协秘书处向县体改委提交《关于兑现机关领办企业优惠政策的请示》，由县政协领办的“成都客车厂宜宾装修厂”已在柏溪镇“二二四”挂牌开业。

9月16日 县委、县政府制定《关于撤区、并乡、建（扩）镇的意见》，根据省、地要求，决定撤销永兴等11个区公所、天池等62个乡，设置永兴等13个镇，扩建柏溪等4个镇和普安等8个乡，保留古柏、王场两个乡。将全县11个区公所、4个镇、72个乡，调整为17个镇、10个乡。实行县直接管镇、乡的体制。

1993年

2月24—28日 县政协五届一次会议在县城柏溪召开。会议选举产生常务委员18人；选举何世春为主席，甘智年、任自力、刘桂生（女）、邱级士、张乃富、徐金友、魏常坤为副主席，黄家文为秘书长。

3月6日 县委组织部通知：黄家文任县政协常委办公室主任。机构改革后，原县政协秘书处自行消失。

3月7日 县委、县政府发出《关于认真贯彻落实地委、行署四号文件精神，切实搞好县级机构改革的通知》。县级机构中，按宪法和党章等规定设置的机构有7个，即人大、政协、检察院、法院、人武部、纪委、机关党委。

3月8日 县委发出《关于县级机关机构改革后党组织设置及其有关问题的通知》。县委在县人大、县政府、县政协、县人民法院、县人民检察院及有关部门设立党组。

4月8日 县政协五届二次常委会议决定将原6个专门委员会合并为学习提案联谊、经济科技、文史社会3个专门委员会。

6月 宜宾地区十县、市政协工作联系会第七次会议在宜宾县召开，主题为“政协怎样围绕党的基本路线为经济建设服务”。省政协副主席陈祖湘、副秘书长陈昌智到会并讲话。

9月22日 县政协召开五届三次常委会议，听取县政府关于乡镇企业的情况通报。

12月2日 中共宜宾县委召开第一次政协工作会议。四大班子领导，县政协常委，各乡镇党委书记，县级各部门、县属企事业单位主要负责人等参加会议。

12月20日 县委作出《关于进一步加强人民政协工作的决定》。《决定》提出加强和改善党委对政协工作的领导，加强政协自身建设，充分发挥政协作用。

是年 县政协机关获“县级文明单位”称号。

1994年

1月 宜宾地区政协工委组织相关人员就财税体制改革中面临的情况和问题，视察宜宾县六七三厂和宜宾天工机械有限公司。

2月27日至3月2日 县政协五届二次会议召开。县委书记张明泉和县长肖健康在会上分别作了题为《发挥政协职能，为保持我县经济持续、快速、健康发展而努力奋斗》和《深化改革，扩大开放，促进我县经济快速发展和社会全面进步》的讲话。

5月11日 全国政协副主席钱正英率金沙江考察团赴宜考察金沙江下游水能梯级开发工作，在四川省副省长马麟和宜宾地委书记高万权的陪同下，视察了坐落在云南水富和宜宾县安边镇交界处的向家坝水电站坝址。

7月1日 县政协机关办公地点由县委大院迁至柏溪镇七栋楼新竣工的政协办公楼。

11月24日 县政协五届十次常委会议召开，听取县政府关于税收体制改革的情况通报。

1995年

2月28日至3月3日 县政协五届三次会议在县城柏溪召开。会议认真学习和讨论了江泽民《为促进祖国统一大业的完成而继续奋斗》的讲话和中央批转全国政协《关于政治协商、民主监督、参政议政的规定》，听取和审议了县政协第五届常委会的工作报告和提案工作报告，通过了相关决议。

8 月 5—9 日 全国政协副主席杨汝岱在省政协副主席刘绍先陪同下到宜视察。其间，视察了宜宾县工作。6 日，听取了宜宾县县长肖健康关于综合体制改革情况汇报。

9 月 13 日 四川省政协文史委员会主任但汉然到宜宾县政协调研文史资料工作。

11 月 28 日 县政协五届十六次常委会议通过了《宜宾县政协关于政治协商、民主监督、参政议政的实施细则》。

1996 年

3 月 12—15 日 县政协五届四次会议召开。会议增选县政协常委 1 名。会议同意邱级士、任自力辞去县政协副主席职务。

4 月 8 日 中共宜宾县委转发中共宜宾地委批转地区政协工委《贯彻全国政协〈规定〉和省政协〈实施细则〉的意见》。县委在转发通知中要求：全县各级党组织要积极关心支持政协工作，为政协和政协委员履行政治协商、民主监督、参政议政职能创造条件；人民政协要认真履行职责，充分发挥职能作用，为全县“两个文明建设”作出更大贡献。

4 月 18 日 省政协副主席郝振贤率省政协经济、法群两个专门委员会，在地区政协工委主任周成美陪同下，视察宜宾县产权制度改革情况，并调查青少年思想状况。

9 月 6 日 宜宾县机构编制委员会通知：县政协办事机构设三科一室，均为科级，即办公室、经济科、提案联谊科、文卫科教科。

10 月 18—19 日 县政协经济科技委员会部分委员对真溪乡油樟场的油樟生产进行专题调研。委员们实地考察了樟油的采叶、加工、炼油的全过程，肯定了真溪乡油樟场走自我发展、自我积累、自我约束、自我调节之路，推动农产品深度开发利用的正确性。

1997 年

1 月 17—20 日 县政协五届五次会议在县城柏溪召开。会议选举游柱先（中共宜宾县委书记）为县政协主席。

2 月 21—27 日 宜宾市政协一届一次会议在宜宾市翠屏区小北街酒都剧场召开。首届安排的 400 名市政协委员悉数出席会议。周成美为第一届市政协主席。

4 月 19—25 日 省政协主席聂荣贵到宜视察了五粮液酒厂、南岸经济技术开发区、宜宾县改革工作、江安县竹工艺厂、蜀南竹海、兴文石林、东街夜市、真武山景区等。

6 月 5 日 县政协五届三十次常委会议召开。会议的主要内容是：听取县政府关于职业技术教育工作情况通报；学习讨论中共中央办公厅、国务院办公厅关于香港回归的通报。

8 月 6 日 中共宜宾县委组织部通知：游柱先任县政协党组书记。

12 月 22 日 县政协召开各界人士座谈会，就中共宜宾县第九次代表大会的筹备情况进行通报，并征求参会的政协委员、各界人士的意见和建议。

12 月 23 日 县政协召开各界人士座谈会，就县人民政府工作报告进行协商。

1998 年

1 月 8—11 日 县政协六届一次会议在县城柏溪举行。会议选举产生常务委员 29 人；选举游柱先（中共宜宾县委书记）为县政协主席，杨济凯、徐金友、陈其敏、魏常坤为副主席，王斌为秘书长。

3 月 9 日 县政协六届一次常委会议召开。会议通过了《政协宜宾县委员会主席会议工作规则》《政协宜宾县委员会常务委员会工作规则》《政协宜宾县委员会专门委员会工作规则》《政协宜宾县委员会提案工作细则》4 个工作制度，决定设置提案联谊、文卫科教、经济 3 个专门委员会。会议还决定了县政协委员联系组的划分，任命了联系组组长。

5 月 26 日 县政协在市农行干校举办首次委员联系组长培训会，37 名委员联系组长参加培训。

11 月 10—11 日 川滇十二县（市、区）政协工作第八次联系会议在县城柏溪召开。共 58 名政协工作者出席会议。与会人员以邓小平理论和中共十五大、十五届三中全会精神为指导，围绕政协坚持以经济建设为中心，履行“政治协商、民主监督、参政议政”职能这个主题，展开了讨论和研究，交流了经验和体会。

1999 年

1 月 12 日 中共宜宾县委政协工作会议召开。县四大班子领导，县政协常委，各乡镇党委书记，县级各部门、县属企事业单位主要负责人等参加了会议。会议传达了省委、市委政协工作会议精神，县委书记、县政协主席游柱先作了《认真贯彻落实市委政协工作会议精神，努力开创政协工作新局面》的讲话。

1月28—30日 县政协六届二次会议在县城柏溪召开。中共宜宾县委书记、县政协主席游柱先在工作报告中提出县政协该年的主要工作是：广泛深入地开展全国政协成立五十周年庆祝活动；夯实基础，加强自身建设，发挥政协的整体功能；提高质量，增强实效，切实履行政协职责。

5月11日 宜县委组干〔1999〕81号文件通知：杨济凯任中共宜宾县政协党组书记，免去游柱先党组书记职务。

7月7日 在市政协开展走访委员活动中，市政协主席魏在禄、副主席薛元华到宜宾县看望了10多位市政协委员，听取他们在本职岗位的工作汇报和对市政协工作的意见。同时，了解全市政协“非公有制经济调查评议”工作在宜宾县的开展情况。

5—8月 按照市委、市政协的安排部署，县委委托县政协牵头，在全县进行“非公有制经济政策执行情况”的调查评议工作。驻县的市政协委员、县政协委员和部分个体工商户、私营企业主参加了调查评议活动。

11月25日 中共宜宾县委发出《关于加强政协宣传工作的意见》。《意见》强调指出政协宣传工作的主要内容是毛泽东、邓小平和江泽民同志有关统一战线和人民政协工作的论述；党的统一战线理论、方针、政策，中国共产党领导的多党合作和政治协商制度，施政格局；新时期人民政协的性质、地位、作用、主要职能等。

2000年

1月18—20日 县政协六届三次会议在县城柏溪召开。会议补选杨济凯为政协第六届宜宾县委员会主席。会议还对六届二次会议以来的5件优秀提案进行了表彰。

3月28日 市政协主席魏在禄，市委副书记尹德宏，市委常委、宣传部部长葛燎原率对口联系宜宾县的市级部门负责人到宜宾县检查指导工作。

3月30日 市政协机关干部到其联系点——宜宾县横江镇张窝村，向该村赠送了价值5000余元的广播电视转播设备。

4月6日 县政协召集城区县政协委员召开“西部大开发”研讨会。与会者围绕“西部大开发，宜宾县怎么办”主题进行研讨，提出了意见建议。

6月7日 宜宾县召开县级领导班子和领导干部“三讲”（讲学习、讲政治、讲正气）动员大会，县委发出《宜宾县县级领导班子和领导干部“三讲”教育实施方案》。县政协机关“三讲”活动随即展开。

2001 年

1 月 4 日 县政协机关召开了开展“三个代表”重要思想（代表中国先进生产力的发展要求，代表中国先进文化的前进方向，代表中国最广大人民的根本利益）学习教育动员会。

1 月 15—17 日 县政协六届四次会议在县城柏溪召开。会议补选凌元东为县政协第六届委员会秘书长。

4 月 18 日 中共宜宾县委批复县政协党组，同意县政协党组关于对县农业支柱产业问题进行联合调查的实施方案。

4 月 19 日 中共宜宾县委批复县政协党组，同意县政协党组关于对县国土系统的行风进行民主评议的方案。

9 月 5 日 市政协主席魏在禄一行在县委、县政府、县政协领导陪同下，看望县政协机关干部职工，并听取了政协工作情况汇报。

9 月 15 日 中共宜宾县委《关于县级机关机构改革的实施意见》确定：县政协设一个综合办公室。自此，县政协机关原科室撤销。

10 月 25 日 县政协召开六届十六次常委会议。会议听取了县政府关于小城镇建设的情况通报，以及县政协经济委员会开展全县小城镇建设调查的情况汇报。

11 月 19 日 省政协副主席阿称等一行 30 余人，视察宜宾县农业产业化工作。

12 月 30 日 县政协办公室函告：启用县政协机关工会印章。宜宾县政协第一届工会委员会成立。

2002 年

3 月 4—6 日 县政协六届五次会议召开。

4 月 25 日 根据市政协的安排部署，经县委同意，县政协开始了为期两个月的全县发展绿色食品产业的专题调研。

是月 宜宾县政协被政协第八届四川省委员会评为地方政协工作先进集体。

11 月 12 日 宜县委组干〔2002〕125 号文件通知：陶天华任县政协党组书记。

12 月 10 日 中共宜宾县委就县第十次党代会报告内容提请县政协常务委员会协商。

2003年

1月9—11日 县政协七届一次会议在县城柏溪召开。会议选举产生常务委员38名；选举陶天华为县政协主席，徐金友、周福全、夏晓玲（女）、魏常坤、曾云辉、曹益平为副主席，廖运宜为秘书长。

2月28日 县政协七届二次常委会议召开。会议讨论决定建立27个乡镇和5个县级机关政协联系组，并明确了各联系组负责人。

4月2—3日 根据县人大办、县政协办联合发出的《关于组织县人大代表、政协委员视察整体联动防范工程建设的通知》（宜县人大办〔2003〕30号），部分政协委员和人大代表分成3个组，分别深入6个乡镇、4个社区居委会、2个行政村、7所学校和县公安局及“110”指挥中心开展了视察工作。

4—10月 根据市政协安排，县政协在全县组织对电力、国土、工商、建环系统行风建设情况进行跟踪调查，市、县政协委员，行风义务监督员，以及民主党派、工商联、各界人士240多人参加了跟踪调查活动。

8月6日 县政协召开第七届委员会第一次学习会。全体常委会组成人员、各乡镇政协联系组组长、县级机关的全体政协委员120余人参加学习。

12月23日 中共宜宾县委召开政协工作会议。县四大班子领导，县政协常委，各乡镇党委书记，县级各部门、县属企事业单位主要负责人等参加了会议。会议的主题是“加强和改进党对政协工作的领导，进一步做好新世纪、新阶段政协工作”。

12月24日 县属真溪乡和高场镇石盘、蒋坝两村划归宜宾市屏山县。

是年 宜宾县政协被省政协确定为地方政协工作联系点。县政协机关被评为“市级文明单位”和“市级社会治安综合治理模范单位”。

2004年

2月18日 县政协七届五次常委会议决定：增设一个专门委员会——法制群团委员会。同日，根据市编办通知精神，县政协机关增设一个正科级综合办事机构——调研室。

3月2—4日 县政协七届二次会议召开。会议期间举办了题为“农民增收”的委员论坛。

3月30日 省政协常务副主席冯崇泰率省政协常委、委员一行15人到宜宾县，就民营经济发展环境问题进行调研，视察了宜宾天工机械股份有限公司和晶鹏玻璃公司。

4月14日　省政协副主席肖光成到县，县委书记赖青代表县级几套班子就宜宾县统战工作作了汇报。

5月24日　中共宜宾县委制定《关于加强政协工作制度化、规范化、程序化建设的意见》。

5月27日　县政协七届六次常委会议通过《宜宾县政协委员、常委履职规范》。

7月　县政协秘书长廖运宜撰写的《邓小平政协理论基本观点之我见》一文，作为宜宾市唯一入选论文参加全省为纪念邓小平诞辰100周年所举办的“邓小平生平和思想研讨会”，并获“优秀论文”奖。

8月18日　县政协召开宜宾县各界纪念邓小平诞辰100周年座谈会。

8月19日　县政协七届七次常委会议召开。县长李世华通报宜宾县经济社会发展及县城规划等若干情况。

9月29日　县政协召开学习贯彻中共十六届四中全会精神和纪念全国政协成立五十五周年座谈会。县政协各专委会正副主任，政协机关全体工作人员以及退休老领导、老同志参加了座谈。

12月2日　市政协主席魏在禄率部分省、市政协委员就宜宾县县域经济发展情况进行视察。在县委、县人大、县政府和县政协领导的陪同下，省、市政协委员深入宜宾县重点工业企业神州玻璃制品有限公司、重啤集团宜宾分公司、天工机械股份有限公司了解生产经营情况，听取企业负责人汇报，随后召开了座谈会。

2005年

1月4日　县政协制定《宜宾县政协机关宣传信息工作制度》（宜县政协办〔2005〕1号）。

1月26日　中共宜宾县委全体常委集体听取了县政协及其组成单位的工作汇报。县委常委充分肯定了政协新班子在队伍建设、基础设施建设和为民服务等方面所取得的突出成绩，强调对于政协方面提出的建议，人大、政府要纳入工作目标，合理安排，逐项落实，为政协工作营造一个良好的氛围和环境。

是月　县政协主席陶天华《政协工作要在政协状态》一文被省政协办公厅编印的《情倾政协五十年》一书登载。

2月1日　市政协主席魏在禄一行9人到横江镇，看望了该镇的3名老党员，并给该镇10多户贫困户送去了粮油、棉被和慰问金。

3月7—9日 县政协七届三次会议在县城柏溪影剧院召开。大会期间举办了题为“工业经济发展”的委员论坛。

7月28日 县政协制发《政协宜宾县委员会提案跟踪督办实施办法（试行）》，明确重点提案由主席会议督办，集体提案由专委会主任会议督办，一般提案由专委会分组督办。

9月13日 县政协召开以“构建社会主义和谐社会”为主题的委员集中学习会。全体县政协常委会组成人员、驻县城政协委员、各乡镇政协联系组组长及驻县的市政协委员110余人参加了学习。

11月24—25日 由宜宾县政协承办的“川滇十八区县（市）政协第十七次工作联系会”在县城柏溪天福宾馆召开。会议的主题是“政协在区域经济发展中如何发挥作用”。

12月12日 县政协主席会议与民盟宜宾县支部共同协商讨论“宜宾县国民经济和社会发展第十一个五年规划纲要”。

是年 县政协常委李兴海获“全国劳动模范”光荣称号。

2006年

2月14—16日 县政协七届四次会议在县城柏溪影剧院召开。会议对宜宾县政协七届一次会议以来的24名县政协委员给予“优秀政协委员”的表彰。

4月10日 县政协召开《中共中央关于加强人民政协工作的意见》专题学习会。县政协主席会议成员，民盟宜宾县支部，县工商联、工会、共青团、妇联、政协各专委会负责人及县政协机关全体职工参加了学习。

4月25日 市委副书记、市政协主席尹德宏到宜宾县指导工作。在县委、县政协领导的陪同下，尹德宏赴横江镇考察了抗旱和新农村建设试点工作情况，并视察了张窝水电站。

5—6月 县政协组织县政协委员对农业银行系统行风建设进行民主评议。整个活动中参与的县政协委员和各界人士有200余人，发放回收问卷调查表182份，将形成的《关于民主评议农行系统行风建设的报告》上报市政协。

8月9日 县政协召开七届十四次常委会议，专题对乡镇领导班子换届拟任人选，主要是党政一把手拟任人选和拟提拔的乡镇副科级以上领导干部进行满意度测评。到会的县委常委、县委组织部部长魏红英指出，这次测评是贯彻关于对重要人事安排要纳入政协协商的要求进行的。通过现场测评，这次拟任人选满意度均超过半数，得以通过。

10 月 27 日 民盟中央副主席、省政协副主席吴正德在宜宾县调研人口计生工作。

11 月 29 日 县委制定《关于贯彻中发〔2006〕5 号、川委发〔2006〕16 号和宜委发〔2006〕20 号文件的实施意见》。《意见》指出，《中共中央关于加强人民政协工作的意见》（中发〔2006〕5 号）是指导新世纪新阶段人民政协事业发展的纲领性文件。

2007 年

1 月 6—9 日 县政协八届一次会议在县城柏溪影剧院召开。会议选举产生常务委员 41 名；选举陶天华为县政协主席，徐金友、周福全、曾云辉、曹益平为副主席，邓良为秘书长。

是月 政协第七届宜宾县委员会被政协第九届四川省委员会评为“先进政协组织”。

3 月 6 日 县政协召开 2007 年工作会议。全体县政协常委会组成人员，各界别召集人，各专委会正、副主任，各乡镇政协委员联系组组长、副组长、联络员等 100 余人参加会议。

3 月 27 日 市政协主席尹德宏视察横江镇黄沙村产业结构调整和基础设施建设情况。

3—5 月 由县政协经济委员会牵头，组织县政协委员对宜宾县工业发展软环境进行专题调研。在其调研报告《关于工业发展软环境的调查报告》上，县委、县政府主要领导作出批示，要求相关部门“提出整改措施”。县委办、县政府办、县纪委监察局随即介入督办整改活动。

4 月 11 日 县政府制发《关于进一步支持人民政协履行职能的意见》，大力支持人民政协参政议政，积极为人民政协参政议政开辟渠道。

4 月 13 日 市政协主席尹德宏率市政协相关委室负责人一行到宜宾县，就《中共中央关于加强人民政协工作的意见》贯彻情况进行调研。

5 月 9—10 日 县政协委员在县爱卫办、城管办等部门的陪同下，对双谊、永兴、观音、蕨溪、高场、喜捷 6 个场镇的爱国卫生工作情况进行视察，着重对场镇环境卫生管理中的污水处理、垃圾处理及饮用水工程提出了意见建议。

5 月 14 日 县政协召开八届二次常委会议。会议任命陈备、邹国水为县政协副秘书长。

6 月 6 日 省政协副主席杨海清率省委调研指导组到县检查指导工作。省委调研组视察了宜宾天工机械股份有限公司、向家坝水电站左岸施工区和喜捷镇新联村，听取了县委、县政府工作汇报。

8 月 23 日 县政协八届三次常委会议通过政协宜宾县委员会《全体会议工作规则》

《常务委员会工作规则》，修订《委员、常委履职规范》。

10 月 22 日　市政协主席尹德宏率部分在宜省、市政协委员到观音、隆兴调研越溪河流域水环境污染防治工作。

11 月 5 日　县政协八届 10 次主席会议通过《政协宜宾县委员会界别活动规范（试行）》。

11 月 15 日　县政协召开宣传信息培训会，县政协领导、县政协委室负责人、县政协组成单位负责人、政协通讯员参加了会议。

12 月 18 日　县政协八届四次常委会议召开。讨论通过《政协宜宾县委员会提案工作条例》《政协宜宾县委员会关于政协民主评议工作的实施细则》。

2008 年

1 月 15—17 日　县政协八届二次会议在县城柏溪召开。会议首次以界别为单位推荐委员作大会发言。会议期间以界别名义提出的集体提案有 14 件。

3 月 20 日　县政协召开农业科技科协界别“农业科技创新推广座谈会”，为全县农业科技创新推广工作建言献策。

5 月 26—28 日　由县政协主席陶天华带队，县政协参加在长宁县举行的全市政协系统“喜迎奥运 · 共促和谐”运动会。

6 月 21 日　宜宾县政协诗书画院成立。李代煊任院长，县政协主席陶天华为名誉院长。

是月　县政协社情民意简报《向家坝电站施工区两岸移民政策不一致存在严重不稳定因素》报送到县委和市政协受到重视，县委主要领导作出了批示。该文还被省政协采用编发。

8 月 8 日　县政府制发《关于建立县政府领导与县人大代表和政协委员约见制度的通知》，约见内容为议案、提案、建议、批评、意见反映的社会重大问题和热点问题。

8 月 25 日　宜县机编〔2008〕34 号文件通知：县政协机关增设提案工作、经济工作和社会工作 3 个正科级综合办事机构。

9 月 4 日　县政协台侨、民族宗教界别委员深入凤仪乡调研民族宗教工作。委员们实地考察了凤仪乡觉皇寺和民族小学，听取了乡民族宗教工作汇报，就做好新时期民族宗教工作提出了意见和建议。

10 月 13 日　县政协举办机关接待礼仪培训会，就接待礼仪、宾馆住宿礼仪、餐饮礼仪、会议礼仪、乘坐交通工具礼仪、电话礼仪等方面进行学习培训。县政协机关全体干部职工参加了培训。

11 月 25 日 市政协组织部分省、市政协委员到喜捷镇视察地质灾害防治工作。

12 月 25 日 省政协地方政协和委员联络委员会授予宜宾县政协 2008 年度“县级政协工作先进单位”称号。

2009 年

1 月 8 日 宜宾县政协诗书画院授牌暨摄影诗书画集《墨海金沙》首发式在县城柏溪蓝天宾馆会议中心举行。县委、县人大、县政府主要领导均到会祝贺。

1 月 9—11 日 县政协八届三次会议在县城柏溪蓝天宾馆会议中心召开。

3 月 26 日 市政协组织部分省、市政协委员专题视察宜宾县社会治安综合治理和平安建设工作。

4 月 15 日 县政协召开八届九次常委会议，决定实行县政协专委会联系界别工作制度。

4 月 29 日 县委办、县政府办联合发出《关于切实抓好当前农业生产的紧急通知》，成立了 4 个督查组，分别由县委、人大、政府、政协领导任组长，5 月分赴各乡镇开展春耕生产督查工作。

4—5 月 县政协组织部分委员走访了县内 20 多家中小企业、金融单位和职能部门，就金融危机对中小企业的影响情况进行了专题调研，完成了《关于金融危机对中小企业影响的调研报告》。

5 月 县政协上报的社情民意《国家大工程复龙换流站施工中的遗留问题严重影响社会稳定》《友谊水库存在重大安全隐患急需排除》《乐宜高速公路宜宾县段亟待关注和解决的问题》被市委书记杨冬生、市长吴光镭等领导签批督办。

6 月 30 日 市政协主席尹德宏一行到新农村建设联系村——永兴镇颜家村（社区）慰问贫困党员和优秀党员，调研指导新农村建设工作。

8 月 26 日 《四川政协报》总编辑聂卉到县指导政协新闻宣传工作，并考察了向家坝水电站施工建设情况。

9 月 18 日 宜宾县政协庆祝人民政协 60 周年暨县政协成立 30 年履职成就展和政协诗书画摄影展在县城柏溪金沙江广场开展。

9 月 21 日 中共宜宾县委召开庆祝大会，隆重庆祝人民政协成立 60 周年、宜宾县政协成立 30 年。县级几大班子领导及县政协离退休干部，驻县的市政协委员，全体县政协委员，县级部门及乡镇负责人共 400 余人参加大会。

9 月 24 日　市政协主席尹德宏一行对坐落在复龙镇的国家重点工程向家坝—上海±800 千伏特高压直流输电示范工程进行了视察。

2010 年

1 月 7 日　中共宜宾县委召开政协工作会议。

1 月 9—10 日　县政协八届四次会议在县城柏溪召开。

3 月 29—31 日　四川省政协地方政协和委员联络委员会联系县（市、区）政协工作经验交流会在宜宾县召开。省政协副主席曾清华，省委组织部副部长、老干局局长、省政协地方政协和委员联络委员会主任韩凯明，市政协主席尹德宏出席会议。有 14 个县（市、区）政协主席、分管副主席和秘书长参加会议。会议主题为“加强委员履职服务，发挥委员‘三个作用’”。

7 月 14 日　市政协主席尹德宏率市政协调研组到永兴镇颜家村（社区）调研新农村建设和“千村春风工程”。

8 月 10 日　县政协召开民主评议总结会，被评议单位（县地方税务局和县国土资源局）中层以上干部、评议组成员、各乡镇政协联系组组长、各界别召集人共 100 余人参加了会议。会议通报了对县地方税务局、县国土资源局的评议报告。

11 月 5 日　市政协主席尹德宏率领部分省、市政协委员视察宜宾县产业园区建设情况，县委、县政府、县政协主要领导陪同视察并汇报工作。

12 月 6 日　县委、县政府批转《政协宜宾县委员会全体会议民主测评和协商意见通报办法》。《办法》明确了政协全体会议民主测评和协商通报的内容和程序。

2011 年

1 月 10—12 日　县政协八届五次会议在县城柏溪召开。会议期间，参会县政协委员对包括政府、政协、财政、法院、检察院等在内的相关报告和 50 个政府职能部门、直属事业单位、公用企事业单位进行了满意度测评。

3 月 2 日　县政协主席（扩大）会议协商 2011 年宜宾县财政预算草案。

3 月 15 日　宜宾县革命老区建设促进会（简称老促会）成立，宜宾县政协主席陶天华为会长。

是月　县政协《急待督促县乡医院落实常规收费管理制度，防止乱收费浸染》的社情民意信息被市政协采纳，引起市委、市政府高度重视，市委书记杨冬生就此作出重要批示。

4月2日 中共宜宾县委印发《政协参政议政成果转化和反馈试行办法》。

5月10日 省政协社会法制委员会主任方光兴一行赴宜宾县调研社区矫正工作。市政协主席尹德宏陪同调研。调研组先后到柏溪镇司法所、派出所和振兴社区了解基层矫正工作情况，并召开了座谈会。

4—7月 县政协按照宜宾市政协民主评议全市民政系统工作的安排，对全县民政系统2008年以来的社会救助、社会福利、部分社会事务工作及行风建设情况开展了民主评议。

8月5日 县政协召开铁北新区修建性详细规划座谈会，委员们听取了宜宾县住房和城乡规划建设局、广东建筑设计院的说明，并提出了建议。

9月21日 宜宾县历届政协委员代表联谊会成立。118名历届政协委员代表审议通过了《宜宾县政协历届政协委员代表联谊会章程》。

10月10日 宜宾县政协召开纪念辛亥革命100周年大会。县委、县人大、县政府联系政协的领导，全体县政协委员，驻县省、市政协委员，县革命老区建设促进会常务理事，民盟宜宾县支部成员，以及各乡镇、县级部门主要负责人参加大会。

12月26—29日 县政协九届一次会议在县城柏溪召开。会议选举产生常务委员50名；选举陶天华为县政协主席，曾云辉、曹益平、郭时凯、邓良为副主席，黄奎为秘书长。

是年 截至年底，市政协机关为其扶贫联系点——宜宾县横江镇黄沙村帮助协调解决项目经费，捐助物资、慰问金等共计32.3万元。

2012年

1月4日 市政协主席葛燎原及副主席郑耀银、李万铮、付秀英、严晋川、王立平、马利春等一行到宜宾县调研。

2月27—28日 全市政协秘书长、办公室主任、研究室主任会议在柏溪镇蓝天宾馆召开。各区县政协分管机关工作的副主席，秘书长，办公室、研究室主任参加会议。市政协主席葛燎原到会。

3月7日 县政协2012年度专题调研和民主评议工作会召开。县政协领导，各界别召集人、联络员，各乡镇政协委员联系组正副组长，县级相关部门负责人，各民主评议、专题调研组成员及被评议单位负责人参加会议。

3—8月 根据市政协对全市交通运输系统开展民主评议的工作安排，由县政协提案联谊委牵头，组织部分县政协委员、26个乡镇的政协委员联系组、相关界别，对全县交通运输系统2009年以来的工作开展民主评议。向市政协和县委报送了《关于民主评议宜宾县交通系统的情况报告》。

5月4日 县政协召开九届三次常委会议，专题协商宜宾县“撤县设区”事宜。县政府宣读了《关于撤销宜宾县设立宜宾市天柏区（暂定）的征求意见函》，并就其主要内容作出了说明。县政协常委会议还对“撤县设区”进行了民主投票表决。

7月10日 县政协九届四次常委会议通过了成立宜宾县政协文史委员会的决定。

7月26日 县政协机关召开党总支成立大会，选举产生了政协机关第一届党总支成员。县政协党总支下辖两个党支部。

8月22日 县政协主席会议组织部分政协委员分成两个督办小组，督办2012年“一号重点提案”——《加大水利建设力度的建议》。督办组分别深入柏溪、李场等乡镇，实地查看山坪塘整治、蓄水池建设、渠系配套工程建设等“五小水利”工程及农综水利项目建设情况，推进了提案的办理工作。

11月22日 县政协主席陶天华率部分县政协委员，在县委农工办、县旅游局等部门负责人的陪同下，视察高场镇有关革命老区连片开发、新农村建设和乡村旅游建设情况。

12月25—28日 县政协九届二次会议在柏溪镇蓝天宾馆召开。参会委员对政府、法院、检察院、计划、财政工作报告进行协商讨论后，提出了131条协商意见。

12月26日 县委办公室、县政府办公室印发《关于进一步加强人民政协提案办理工作的实施意见》。《意见》提出全面提升政协提案办理的科学化水平，健全答复机制和协商办理机制，严格进行考核奖惩。

是月 县政协完成了33万余字的《宜宾县文史资料汇编（第一卷）》编辑发行工作。

是年 截至年底，市政协为其扶贫联系点——宜宾县高场镇凉山村帮助协调项目建设资金及捐助物资、慰问资金共计19.3万元。

2013年

1月9日 县政协主席会议与县农口系统11个部门就如何助推现代农业发展进行专题协商。主席会议认为，没有大规模、上档次、高效益的农业产业化、龙头企业和种养大户的带动，全县现代农业的发展就难以实现突破。

1月10日 宜宾市政协表彰宜宾县政协为2012年度全市政协系统“政协工作成效突出单位”。

3—7 月 由县政协经济委牵头，对全县住建系统开展民主评议。县政协委员分别对15家房地产开发建设企业、5个乡镇、25个村（社区）和4家房产中介机构进行了走访调查，发放问卷324份。

4 月 12 日 县委书记王光柱到县政协机关调研政协工作。县政协主席会议成员，各委室主任、副主任参加了调研座谈会。

5 月 21—23 日 县政协主席、宜宾县革命老区建设促进会会长陶天华参加在广元市召开的全国老促会系统动员社会力量支持老区建设工作现场情况交流会。宜宾县老促会获“动员社会力量支持老区建设先进单位”称号。

7 月 11 日 县政协九届八次常委会议召开。会议听取了县纪委监察局2012年党风廉政建设情况通报，审议通过了《宜宾县小场镇发展情况调研报告》和《宜宾县农业产业化龙头企业发展情况调研报告》。

9 月 6 日 县政协主席陶天华参加省政协组织的“发挥地方政协作用”座谈会，并在会上作了“积极反映社情民意，有效助推民生改善”的交流发言。

12 月 27—30 日 县政协九届三次会议在县城柏溪召开。278名县政协委员参加了会议。

2014 年

1 月 3 日 县委书记王光柱主持召开十二届县委第56次常委会议，审议了《关于县人大、县政协机关设立纪检监察特派员方案》。

2 月 26 日 省政协副主席、省工商联主席陈放到宜宾县调研中小企业科技创新、转型升级，以及民营经济发展情况。

3 月 5 日 县政协主席陶天华率县政协相关委室人员到白花镇调研红色旅游开发建设工作，实地察看赵一曼故居修缮保护情况及一曼文化广场建设情况，听取了相关负责人关于红色旅游景区未来规划汇报。

3 月 11 日 县政协召开2014年工作会。县政协主席会议成员，县政协常委，县政协各委室正、副主任，各乡镇政协委员联系组正、副组长，各界别召集人，所明确的该年调研、民主评议组成员，所确定的该年被评议单位中层以上干部参加了会议。

3—6 月 由县政协主席会议领导，县政协提案联谊委牵头，全县各乡镇政协委员联系组联动，对全县食品安全管理情况进行专题调研。

4 月 21 日 省政协副主席王正荣、市政协主席葛燎原到县调研取消药品加成工作。

7 月 4 日　四川省花卉（果类）生态旅游节暨宜宾第五届荷莲文化旅游节启动仪式在永兴镇荷花山庄举行。省政协副主席王正荣参加活动。

8 月 26 日　县政协主席陶天华到党的群众路线教育实践活动联系点——复龙镇永安村，参加并指导该村党支部专题组织生活会。

9 月 11 日　重庆市政协区县联络专职副主任吴建华、重庆壁山区政协主席向邦俊等“引金润渝”项目考察组一行 15 人，到县考察调研。

9 月 19 日　宜宾县召开中共宜宾县委政协工作会议暨纪念人民政协成立 65 周年大会。全体县政协委员，驻县的省、市政协委员参加了会议。

10 月 29 日　县政协组织部分委员开展残疾人就业情况对口协商活动。委员们视察了由残疾人创业兴办的高场镇大明村“宜宾县毅力外加剂厂”和喜捷镇社会福利企业“源泉纯净水有限公司”，听取了高场镇、喜捷镇、县残联负责人关于残疾人就业的情况介绍，并向县政府提出了《关于我县残疾人就业工作的视察建议》。

12 月 18 日　县委办公室、县人大办公室、县政府办公室、县政协办公室联合发文，通报表彰 2014 年建议提案办理工作先进单位和先进个人。县政府办公室等 22 个单位部门被评为先进单位，县水务局办公室主任李勋炳等 33 人被评为先进个人。

12 月 22—25 日　县政协九届四次会议在县城柏溪蓝天宾馆会议中心召开。

2015 年

1—4 月　由县政协教科文卫委牵头组成调研组，委员们深入 11 个乡镇 54 个村，通过走访、座谈、问卷调查等形式了解全县公路建设、管护与使用情况，并听取了交通、发改、财政、农业、安监等部门的相关介绍，拟就了《宜宾县农村公路建管用情况调研报告》。

3 月 20 日　全国政协委员，省总工会党组书记、副主席罗茂，率省政协工会界别委员视察组到县，视察、调研宜宾县“春霞关爱行动”的开展情况。

3—8 月　由县政协提案联谊委牵头组成评议组，对全县环保系统开展民主评议。活动中对县住建城管局等 6 个县级部门、普安镇等 8 个乡镇、宝香园等 4 个企业进行了走访调查，形成《关于民主评议环保系统工作情况的报告》报送县委、县政府。

6 月 2 日　县政协主席会议对县政府拟出台的《宜宾县鼓励投资暂行办法》等 5 个规范性文件进行协商，形成了 17 条协商意见。

6 月 26 日　县委书记王光柱、县政协主席陶天华、县委副书记张瑞英，率县级党员领导干部到白花镇赵一曼故居开展“缅怀革命先烈，锤炼坚定党性”主题党性教育活动。

9月6—7日 县政协代表队参加了宜宾市政协系统首届艺术节。在艺术节上，县政协代表队获得1个一等奖、2个二等奖、4个三等奖、3个优秀奖。

9月23日 县政协医卫计生界别委员就县人民医院的建设与发展开展协商活动。

9月29日 县政协主席陶天华在县扶贫移民局负责人的陪同下，听取了复龙镇田坝村、太阳村精准扶贫工作开展情况汇报，并就两村精准扶贫工作进行了指导。

10月25日 宜宾县在白花镇一曼广场举行抗日民族女英雄赵一曼诞辰110周年纪念活动。县政协主席陶天华、副主席邓良参加了纪念活动。

12月26—29日 县政协九届五次会议召开。会议选举唐桂云为县政协秘书长。

2016年

3月24日 县政协教科文卫委联系界别部分委员深入古柏镇调研、协商边远乡镇卫生院建设工作。

3—5月 在县政协主席会议成员领导下，县政协法制群团委牵头组成调研组，对生猪规模养殖情况进行调研，形成了《我县生猪规模养殖情况调研报告》。

7月28日 为隆重纪念中国共产党成立95周年、中共宜宾特支成立90周年、赵一曼英勇就义80周年，中共宜宾县委宣传部、县政协诗书画院、县革命老区建设促进会与黑龙江省尚志市委宣传部、市民政局、市老促会在宜宾县柏溪镇蓝天宾馆共同举办书画联展。

8—9月 为全面了解和掌握建档立卡贫困村党组织第一书记工作情况，县政协与县革命老区建设促进会一道，结合全县脱贫攻坚实际，对全县66个建档立卡贫困村（涉及25个乡镇）中的31个村党组织第一书记工作情况开展实地走访调研，并向县委、县政府报送了《建档立卡贫困村党组织第一书记工作情况的调研报告》。

9月30日 宜县委干〔2016〕278号文件通知：钟建华任县政协党组成员、书记。

10月21日 市政协主席葛燎原率部分驻宜省、市政协委员到县调研工业园区建设。

12月6日 省政协副主席高峰在市政协主席葛燎原的陪同下，到县调研“我为扶贫攻坚做件事”活动开展情况。

12月12—15日 县政协十届一次会议在县城柏溪召开。选举产生51名常务委员；选举钟建华为政协主席，曹益平、邓良、蔡宇为副主席，文华为秘书长。

2017 年

2 月 22 日　市政协主席吕晓莉到高场镇乐安村调研 2016 年精准脱贫工作开展情况。县委书记丁应虎、县长刘海昌、县政协主席钟建华陪同调研。

3—9 月　由县政协经济委员会牵头，对全县畜牧水产系统开展民主评议活动。

4 月 20 日　县政协召开“我为扶贫攻坚做件事”活动推进会。全体县政协常委会组成人员、各乡镇政协委员联系组组长、政协各界别召集人、县政协机关全体人员参加了会议。

5 月 6 日　全国政协常委、提案委员会主任、中央直属机关工委原常务副书记孙淦率全国政协《启动长江经济带生态修复工程》重点提案督办调研组，到向家坝水电站开展调研活动。县政协主席钟建华陪同调研。

5—8 月　根据市政协安排，由县政协提案联谊委牵头，对县住建城管系统开展民主评议。

7 月 19 日　省政协副主席陈放一行 50 余人，到县达康医院调研社会化养老工作。

7 月 30 日至 8 月 3 日　县政协主席钟建华应邀参加黑龙江省尚志市纪念抗日英雄赵一曼殉国 81 周年纪念活动。

8 月 18 日　省政协副主席唐坚一行 6 人到县高捷园开展环境保护专项督导。

9 月 28 日　中共宜宾县委发出《关于进一步加强政协工作推进人民政协协商民主建设的实施意见》。

9 月 29 日　中共宜宾县委办公室发出《关于 2016 年县政协换届工作先进单位的通报》，对双谊镇等 55 个县政协换届工作先进单位予以通报表彰。

9 月 30 日　中共宜宾县委政协工作会在县城柏溪召开。全体县领导，各乡镇党委书记和分管领导，县级各部门负责人，金工、金成、金农集团董事长，县政协全体常委、各界别召集人、乡镇政协委员联系组组长，县政协机关全体人员参加了会议。

10 月 24 日　县政协主席钟建华率县政协经济委、工商联界别部分委员，开展“天宫山茶海产业风景区建设”协商活动，为进一步推进天宫山茶海产业风景区建设建言献策。

10 月 26 日　县政协主席钟建华率全体驻县市政协委员开展油樟产业发展视察活动，先后实地视察了隆兴乡和丰村樟油集中初加工点和高场镇大明村高捷工业园樟油精深加工园区，并召开了座谈会。

12 月 9—12 日　县政协十届二次会议在县城柏溪召开。会议圆满完成了各项议程，并且对县政协十届一次会议以来的10件重点提案办理情况进行了满意度民主测评。

2018年

3月16日 县政协2018年工作会议在县城柏溪召开。会议传达了政协第十三届全国委员会第一次会议精神，对全年政协专题调研、民主评议、对口协商、界别协商、提案办理协商、委员视察等履职活动作了安排部署。

3—8月 在县政协主席会议指定负责人领导下，分别由县政协提案联谊委员会和教科文卫委员会牵头，组织委员对宜宾县国有建设投资集团公司发展情况和历史文化传承情况开展了调研，形成了《宜宾县国有建设投资集团公司发展情况调研报告》和《关于宜宾县历史文化传承调研报告》。市政协主席吕晓莉就这两个报告作了肯定性的批示。

4月20日 县政协十届九次常委会议召开。会议传达学习了习近平总书记来川视察重要讲话精神，通报了宜宾县监察体制改革试点工作总体情况，审议通过了《政协宜宾县委员会委员履职规范》《政协宜宾县委员会常委履职规范》《政协宜宾县委员会界别活动规范》。

5月10日 市政协主席吕晓莉一行6人，到县就“关于做好新形势下人民政协工作的研究”重点课题进行调研。县委书记丁应虎、县政协主席钟建华参加了调研活动。

6月13日 湖南省湘潭市政协副主席刘良廷一行到县考察红星电子公司，与宜宾县交流“质量强市，军民融合”相关工作。

7月23日 省政府以川府函〔2018〕119号文批复宜宾市政府：撤销宜宾县，设立宜宾市叙州区，以原宜宾县（不含孔滩镇、王场镇、白花镇、永兴镇、双谊镇）和宜宾市翠屏区南岸街道、赵场街道、南广镇行政区域为宜宾市叙州区的行政区域。

9月12日 中国人民政治协商会议四川省宜宾市叙州区委员会正式挂牌。根据四川省人民政府《关于同意调整宜宾市部分行政区划的批复》、中共宜宾市委机构编制委员会《关于宜宾县撤县设区后机构设置有关问题的批复》、市委《关于陈良云等27名同志任职的通知》精神，并经中共宜宾县第十三届委员会第62次常委会议审议通过，将原“中国人民政治协商会议第十届宜宾县委员会”转为“中国人民政治协商会议第一届宜宾市叙州区委员会”，任期延续至届满为止。原县政协委员、常委、秘书长、正副主席相应更名。同时，根据相关文件精神，中共宜宾县政协党组更名为中共宜宾市叙州区政协党组，其他县政协机关办公、内设机构亦相应更名。中国人民政治协商会议四川省宜宾县委员会历经38年。

第一编　历史沿革

第一章　第五区临时治安委员会

第一节　迎接解放准备工作

1949年秋，人民解放战争即将在全国范围内取得胜利，尚处在秘密工作状态的中共川南工委在工委副书记钱寿昌的主持下，于8月在四川荣县双古坟召开了为期8天的工作会议，参加会议的是来自荣县、宜宾县、自贡市、长宁县等地的中共党组织负责人。会议的主要内容是传达贯彻中共中央文件和上级党组织负责人钱瑛关于领导西南人民同国民党进行顽强斗争，做好迎接解放准备的指示精神。会议讨论总结了前段工作，分析了国内斗争形势，强调必须加强城市工作和统一战线工作的重要性，决定立即准备一切力量，迎接解放。会议要求：各地根据自己的条件进行策反，争取控制基层政权和地方乡保武装，防止国民党军队在溃退时进行破坏；在农村继续用“二五减租”发动和组织群众；各地应尽可能地建立秘密武装，以便在旧政权不起作用而新政权尚未建立的“真空时期”，担负起阻击溃军、土匪和保境安民的任务。

10月11日（农历八月二十日），负责领导观音地区党组织工作的中共荣县中心县委农运委员钟盛明，同郑琢如、彭铁肩等在大塔樊坤廷家召开会议，讨论决定了几项迫切的工作：一是分析摸底排队工作。会议对地方的社团组织、旧政权人员（如乡保长、县参议员、乡警队长、乡民代表等）、回乡的旧军队军官、具有高中以上学历的青年、教育界人士、工商界人士等的家庭经济情况、经历、政治态度等各个方面进行摸底分析，以确定其当属合作对象、争取对象还是斗争对象，采取相应的工作措施。基本原则是按照统战工作的要求，努力团结、争取中上层人士的大多数，尽量减少“真空时期”的动乱，保持社会秩序的安定。二是利用合法手段组织农民开展减租斗争。当时旧政权为缓解激烈的社会矛盾也在推行“农地减租”，但实际上受到地主的软拖硬抗难以执行。会议贯彻上级党组织把减租运动作为当前中心工作任务的指示精神，认为减租对贫苦农民有利，党组织应当组织农民开展坚决的减租斗争，并取得斗争的领导权，从而获得广大群众对中国共产党的认同和拥护。同时，要求党内有土地出租的同志要起带头作用，主动减租以推动工作。三是制定党组织遭到破坏和国民党溃兵及地方匪特捣乱的防范措施，避免党组织和群众利益受损。会议决定组织维持社会秩序安定的委员会，接管旧政权，等待新政权的接收。四是提出了党组织及党员迎接解放的五条要求，即协助建立新政权、清查暗藏的反动分子、成立支前委员会、作向导、动员青年参军。这次会议为观音地区迎接解放做好了思想准备。

10 月 19 日，钱寿昌在观音良风乡滥冲郑量才家里召开临时会议，重点讨论积极筹备建立地下武装、开展军事行动以配合解放军解放观音等问题。

10 月 22 日，由钱寿昌主持，成立了中共观音区委，钟盛明任书记。新成立的中共观音区委当即作出成立农民减租会、开展统战和妇女工作的决定。其中，指定由郑量才负责联络当地的中、上层人士，团结其中愿与党合作、无重大劣迹者。这次会议为观音地区迎接解放做好了组织准备。

为配合中共党组织的工作，观音的上层统战人士魏家贵于 10 月在观音街上的观音堂秘密召开由哥老会主要成员参加的打招呼会，廖树藩（叙荣乐社长、仁字大爷）、张介人（叙荣乐大爷、义字社长）、邓竹青（叙荣乐大爷、自卫队队长）、余业武（仁字大爷、叙荣乐大管事）等十余人出席。会上主要讲三路大军进川，四川快要解放的形势，招呼大家镇定勿乱，共同维护社会治安，防止国民党散兵游勇为非作歹、打家劫舍，劝说工商各界安分守己，照常营生，勿得惊惶。

11 月间，中共宜宾县委与中共铜梁中心县委宜宾特别支部分别刻印了大量的“共同纲领”、中国人民解放军布告等文件，通过邮局寄往宜宾县城乡及邻县国民党军政机关单位和一些知名人士，起到了震慑敌人、安定民心的作用。

12 月 7 日，中共领导的隶属荣、宜两县的地下武装——越溪支队成立。钟盛明任支队长兼政治委员，下辖 4 个大队，拥有 230 余人，近 200 条枪。12 月 10 日，国民党川南师管区叙泸警备司令部一个团为摆脱解放军追击，从泸州逃至观音驻扎，越溪支队立即调集武装部署在半路上设伏，干扰了敌军的逃跑。

第二节 协商成立

1949年12月11日，国民党二十二兵团司令兼七十二军军长、叙泸警备司令郭汝瑰率七十二军军部及所属二三三师、教导师官兵一万余人在宜宾通电起义。13日，中国人民解放军十八军军长张国华、政委谭冠三、参谋长陈明义带队进入宜宾城。14日，国民政府四川省第六行政区督察专员兼保安司令彭焕章通电所属十县自行解放，国民政府宜宾县县长曾仲成也随即宣布宜宾县解放。

但是，观音地区处在宜宾县北部边缘，解放军及新政权人员一时不能到达。为了维护社会秩序、稳定民心，顺利实现向新政权的过渡，中共观音区委于12月13日在观音旧区署召开了各界人士会议，参会的有中共、民盟、民革、三民主义同志会、新盟会等组织在观音地区的成员，以及当地开明人士、进步青年、商会代表和旧政权代表40余人，筹划成立“宜宾县第五区临时治安委员会”（1949年的宜宾县，行政区划为5个区，领5城镇、83乡。第五区区署驻地为观音场，辖徐家、花古、观音、马佳、仙马、隆兴、三合、李家、发龙、合什、柳嘉、万里、大塔、古罗、沙沟、合江、良风、安靖共18个乡）。当天的会议上大家提名通过，产生了由15人组成的筹备委员会。

14日上午，筹备委员会成员在观音场旧区署内召开筹备会议，产生9名委员，正式成立了宜宾县第五区临时治安委员会，由中共提出的委员分工建议亦得到一致的拥护通过。治安委员会的主任委员由钟盛明担任，第一副主任委员郑量才（中共党员），第二副主任委员王国英（原五区区长，代表旧政权人员），委员有赵开智（川大学生，代表学界）、余世父（革命烈士余宏文之子，代表青年知识分子）、李靖华（观音商界代表）、魏家贵（代表中共秘密武装）、江林凡（代表开明士绅）、郭宾如（柳嘉乡农会，代表民主人士），增选徐家刘秉恒和柳嘉袁禹湘为候补委员。治安委员会的办公地址设在观音场上的观音银行内。这是宜宾县首个在中国共产党领导下，具有政治协商特性的地方权力组织。

第三节　接收管理

宜宾县第五区临时治安委员会在12月14日即成立的当天，正式接管政权，并举行了第一次会议，作出七项决定：

一、成立地方人民警卫队，枪械弹药由各乡供给。

二、各地如发现散兵游勇和土匪，由各乡乡长、乡警卫队长负责调查报告，劝其缴械投降或联合消灭之。如隐瞒不报者，经查明属实，按新法制裁。

三、各乡已入仓的公粮、军粮由各乡负责就地妥为保管，不得挪用；未收者暂时停止，听候处理。违者严惩。

四、各中心校（乡镇完全中心小学）、保校（保国民学校）一律复课。教师除薪金听候人民政府处理外，其余维持生活所需的食米暂由各乡公粮借用。如故意拖延或拒不复课者，当受人民政府的处分。

五、各乡税收暂时停止征收，各征收人员可将其登记好。牙行斗秤暂照原样。

六、作好宣传工作：一是要求各乡、各学校、各民主人士广泛宣传中国人民解放军遵守“三大纪律、八项注意”的模范行为，宣传人民解放军是人民的子弟兵；二是宣传人民币的信用，说明人民币不同于旧币；三是宣传大家起来协助解放军把后方的散兵游勇及暗藏特务肃清，使人民安居乐业；四是宣传中国共产党的宽大为怀、不念旧恶的政策，号召那些与人民为敌的人改邪归正。

七、宣布各乡乡长、乡警队长、保甲长等公务人员照常工作，听候军管会处理；办事有功者奖，怠工者罚。

12月18日，在宜宾县第五区临时治安委员会主持下，召开宜宾县第五区庆祝解放大会，参会的有农民、妇女、儿童、中小学生、各乡乡政人员、各界代表及知识青年等1000多人。在大会上讲话的有郑琢如（中共党员，农民代表）、毕栋华（工人代表）、郭淑芬（知识妇女代表）、黄大姐（农民妇女代表）、李坤杰（进步妇女代表，抗日民族女英雄赵一曼胞姐）、余世父（青年代表）、赵开智（学界代表）、李靖华（商界代表）、王国英与郑恒辅（代表旧政权人员）。会后，组织了庆祝解放的群众游行活动。

当天下午，宜宾县第五区临时治安委员会在观音中心学校召开区务会议，全区各乡乡长、乡警队长、中心校长、收储股长等参加，会议作出两项决议：一是警卫队问题。

推翻原决议，将武装人员及弹械一律交中共武装组织管理。二是税收问题。修改原决议，增定每只猪收税二元零八仙（分），由各乡公所及学校派人监收，作为各中心校、保校、乡公所警丁买菜之用，并报账册于治安委员会。

通过宜宾县第五区临时治安委员会卓有成效的工作，观音地方顺利地渡过了新旧政权交接的“真空时期”，确保了群众和工商业者的利益，同时注意了对旧公职人员的妥善处理。

1950 年 1 月初，宜宾县第五区临时治安委员会完成历史使命，迎来了新政权。

第二章　各界人民代表会议

第一节　组建

1949 年 12 月 17 日，陈林率西南服务团宜宾大队和一部分军队转业干部到达宜宾，当即成立中共宜宾地委、宜宾县委和宜宾县人民政府。陈林任中共宜宾地委书记，由地委委员张守愚任中共宜宾县委书记，黄藩任宜宾县县长。20 日，成立宜宾军事管制委员会，陈林任主任，对宜宾实行军管。24 日，宜宾县人民政府成立。

1950 年 1 月，宜宾县人民政府完成了对全县 5 个区、88 个乡镇旧政权的接收工作，新政权开始运作。

召开地方各级各界人民代表会议，是新中国成立初期民主政治建设的重要内容。早在 1948 年 11 月 30 日，中共中央在《关于新解放城市中组织各界代表会的指示》中就提出了建立各界代表会这一组织形式。1949 年 7 月 31 日，中共中央又发出《关于迅速召开各界代表会议和人民代表会议给各中央局、分局的指示》，再次强调各界代表会议是党与人民政府密切联系群众的重要组织形式和方法。1949 年 9 月，中国人民政治协商会议第一届全体会议通过的具有临时宪法性质的《中国人民政治协商会议共同纲领》第十四条规定：“在普选的地方人民代表大会召开以前，由地方各界人民代表会议逐步地代行人民代表大会的职权。”1949 年 11 月 27 日，中共中央关于召开各界人民代表会议给华南分局的电报强调指出，必须将各界人民代表会议看成是团结各界人民，动员群众，完成剿匪反霸、肃清特务、减租减息、征税征粮、恢复和发展生产、恢复和发展文化教育，直至完成土地改革的极其重要的工具，一律三个月召开一次。1949 年 12 月 2 日，中央人民政府第四次会议通过了各省、市、县各界人民代表会议的组织通则，对代表条件、代表产生办法、代表会议的职权等都作了明确的规定。其中明确，在军事管制初期，各界人民代表会议是军管会和县（市）人民政府传达政策、联系群众的协商机关，其职权包括听取军管会和政府工作报告，进行讨论，提出批评建议；向军管会和政府反映人民的意见和要求；协助政府向人民传达各界人民代表会议的决议并推行之。职权中还有经上级人民政府批准，可代行人民代表大会选举县（市）正副县（市）长、组成人民政府委员会的权力。因宜宾和平解放后情况复杂，实行了军事管制，宜宾县首届各界人民代表会议未能行使选举正、副县长的职权。以后的二、三、四届各界人民代表会议亦未行使此项权利。对县各界人民代表会议每三个月应召开一次大会的规定，在宜宾县各代会期间未能实行，最多的一年才召开三次大会，有些年仅召开两次。

宜宾军管会和中共宜宾县委、宜宾县人民政府在接收旧政权工作完成以后，一面组织开展征收公粮、清剿残匪等工作，一面根据中共川南区党委关于“在解放后两个月至迟三个月后，即应召开各界代表会议”的指示，迅即成立了宜宾县各界人民代表会议筹备会。根据组织通则，各代会代表的产生为：条件成熟的厂矿实行普选；农民代表由各乡农民协会产生；工商界代表采取协商提名选出；党派、人民团体、驻宜部队、机关代表，自行选派；其他方面代表由县委、县政府决定，县政府邀请参加。即宜宾县各代会代表多数由参加各单位推选，少数由军管会和人民政府商定邀请。在宜宾县第一届各界人民代表会议第一次全体会议召开时，除城区外，有 16 个区，83 个乡。每区选出农民、妇女、商人、开明民主人士、知识分子和区工作队队员各 1 人，共 96 人；每个乡选出农民代表 1 名，计 83 人；城区各机关、社团、民主党派推选及县委、县政府特邀的开明人士计 48 人：共有代表 227 人。以后，根据实际工作和政局的需要，其他各届以及各届中的各次大会代表人数都有变化，甚至有时变动很大，占到三成以上，并未完全执行各代会代表一年一改选的相关规定。但按区域、团体、界别分配名额的原则尚存。如宜宾县人民政府 1952 年 5 月 13 日发出关于召开第三届各界人民代表会议第三次大会（后改为四届一次会议）的通知提出，“生产好、立场稳、历史清白、办事大公无私、工作积极带头者”为代表的条件，对“第三届第二次会议所选出之代表必须重新加以考核审查，有不合条件的或无代表性的，应重新选举”。在整个各代会期间，对参加各代会的界别、团体的名称及定义没有统一和明晰的规定，如将机关、部队等亦作界别来进行归类。宜宾县第四届各代会第一次会议时，全县设 20 个区，领 210 乡（镇），故代表名额亦为各届最多的，达到 450 人。

宜宾县第二届各界人民代表会议召开前，是由宜宾县第一届各代会常务委员会部分常委，川南区第一届各代会代表，宜宾县各机关、部队代表组成“筹备委员会”，具体负责办理换届事宜。为了慎重推选各界人民代表，又从筹备委员会中分出 7 人组成“代表资格审查委员会”，专门负责各选举单位推选出代表的遴选工作。第二届各代会代表的产生分为乡区代表和城区机关代表两个部分。全县 16 个区、83 个乡，共计选出乡区代表 179 人，其中农民代表 99 人。城区各人民团体、机关、部队代表由各单位按分配名额推出代表人选后，由政府聘任；开明民主人士由筹备委员会提名后，由政府聘任：共计有城区、机关代表 89 人。即宜宾县第二届各界人民代表会议第一次全体会议确定代表为 268 人。

每届各代会第一次会议选出常务委员若干人组成常务委员会，负责全体会议闭幕期间的各代会工作。常务委员会由主席、副主席（第四届各代会没有设立副主席）领导，主席、副主席亦须经全体会议选举产生。每届常务委员会委员人数并不固定，按所需确定。有些时候因工作调动等原因，在届中亦有增减。

各代会常务委员会下设办公室为办事机构。一届时由副主席刘春晖任办公室主任，邓亚东、袁文鼎为秘书；二届时决议常委会驻会委员编制为 3 人，即刘春晖、熊瑞文、宛西北；三届时推举专职秘书 1 人，驻会委员 2 人；四届时设专职秘书 1 人，驻会委员 1 人。

宜宾县首届各界人民代表会议常务委员会，是由军管会、县人民政府提名组成主席团，再由主席团协商，提出常委的建议名单，交代表会议讨论通过。据 1951 年 8 月 16 日政务院关于县各界人民代表会议常务委员会职权补充规定，县各界人民代表会议常务委员会有以下职权：组织各界人民代表会议代表，在各种场合，以各种方式传达代表会议的决议及县人民政府的政策、法令，并协助推行之；经常联系各界人民代表、民主党派、人民团体和民主人士，并通过他们广泛联系人民群众，协助政府动员人民进行各种工作，有计划地收集各界人民意见，积极建议政府采纳；接受人民建议、询问、要求、申诉与批评，负责加以适当处理，使之件件有着落；负责进行统一战线工作，加强与各民主党派、人民团体和民主人士的团结与合作；组织座谈会和学习会，协助与推动各民主党派、人民团体和民主人士对时事政策和理论等的学习；接受与办理省（行署区）协商委员会批转事项；负责进行下届各界人民代表会议的准备工作。根据此项规定，宜宾县从第三届各代会起，换届工作改由上届各代会常务委员会负责办理，不再从各个方面抽人组成“筹备委员会”。

召开各代会议由常务委员会事先通知各区公所，由区公所提前作好相关工作。如 1952 年 12 月 5 日，各代会常委会通知各区公所（宜常字第 0214 号）：“一、我县兹定于12月25日在宜宾县府召开第四届第二次各界人民代表会议，希你区通知各代表早作准备，自带行李到区集中，由各区机关代表率领，在24日下午来县报到，不得缺席1人。二、此次会议各代表仍照上次规定名额，不另改选。但有个别区乡在上次会议未能出席或因犯错误而失去代表资格的，必须补选来县参加。三、各区区长为当然的机关代表，如区长因事不能出席，则由民政干部出席代理。每区必须有1人出席。四、各区机关代表及常务委员应联系各代表广泛搜集人民群众意见，充分进行酝酿讨论。如有何建议、询问、要求、申诉与批评等提案，亦要早为搜集完善，于报到时即可提交大会处理。五、各区领导干部对这个会议应有足够的重视，区机关代表或民政干部要会同你区常务委员亲自下乡领导，结合当前中心工作进行宣传动员，通过乡、村、组干部，互助组长，及积极分子等会议，开展广泛的宣传，启发群众当家作主的自觉性，从而使大家知道召开各界人民代表会议的重要意义，并为如何开好会议而努力。六、附来代表名单一份，提案纸20张。”

每次各代会议均有代表向政府及有关部门提出意见建议，由各代会常委会以提案或来信形式转给有关部门处理。因为在办理提案或来信方面没有严格的制度，加上有的负责人思想上不重视，故拖延不理、久不答复的情况较为严重。1953年9月22日中共宜宾县委统战部《宜宾县一年来统战工作情况》反映：1952年7月转交提案和人民代表来信73件，到1953年8月，得到答复的仅有45件，其中的11件还是口头答复。

宜宾县1950年初行政区划表

表1–1

区名	区所驻地	乡（镇）	乡（镇）数
城关区		东城　南城　西城　北城　中城	5城镇
一区	宗家	宗家　白沙　安阜　天顺　象鼻	5乡
二区	柏溪	柏溪　附城　赵家　普和　冠英　治安　五桂	7乡
三区	金坪	金坪　高店　双河　鱼剑	4乡
四区	喜捷	喜捷　菜麻　思波　金城　天星	5乡
五区	白花	白花　仙源　草堂　永兴　白石	5乡
六区	漆树	漆树　孔滩　兴隆　高升　双石	5乡
七区	明威	明威　邱家　双谊　大同　敬梓	5乡
八区	横江	横江　安边　杜马　张窝　水河	5乡
九区	回龙	回龙　沙溪　黄葛　义兴	4乡
十区	双龙	双龙　捧印　凤仪　凤西	4乡
十一区	高家	高家　真溪　龙潭　黄伞	4乡

续表 1-1

区名	区所驻地	乡（镇）	乡（镇）数
十二区	蕨溪	蕨溪　蕨东　正化　蕨南　商州　炳兴　古柏	7 乡
十三区	泥溪	泥溪　蕨北　蕨西　月波　白马	5 乡
十四区	李家	李家　马佳　大塔　安靖　仙马　花古	6 乡
十五区	观音	观音　徐家　隆兴　万里　良风　古罗	6 乡
十六区	柳嘉	柳嘉　沙沟　发龙　三合　合江　合什	6 乡
合计	城关区 5 城镇　乡村 16 区、83 乡		

第二节　全会

一、第一届各代会全体会议

宜宾县第一届各代会第一次全体会议于 1950 年 1 月 24—28 日召开，历时 5 天。会议地点在宜宾城内省宜中（旧文庙，今为宜宾市翠屏区所辖）。应到代表 227 人，实到 216 人。

中共宜宾地委书记、宜宾军管会主任陈林到会致开幕词，县长黄藩主持会议。陈林在开幕词中说，宜宾获得解放仅一个多月，能够召集各界人民代表前来开会，尤其是工农代表占多数，乡村妇女亦有代表，这是宜宾空前未有的创举，与反动派统治时期只有大官、豪绅才能参加的会议不同。这个会具有改造旧宜宾、建设新宜宾的重大意义，因为它是人民自己的会议，这是值得庆幸的。他强调，这次大会要解决城市、乡村中亟待解决的问题，首要的是财政经济问题。

会议选举产生常务委员会委员 27 名；选举张守愚（中共宜宾县委书记）为主席，黄藩、刘春晖（民主人士）为副主席。

会议期间，陈林作了《解放宜宾后一个多月来的接管经过和施政方针》的专题报告。报告说，一个多月来，宜宾军管会接管财经系统（包括银行、仓库等）22 个单位，政权系统（包括原有宜宾专署、县府等）10 个机关，文化教育系统的中小学、民教馆、图书馆、幼儿园等 12 个单位（不包括私立学校），地方武装有枪的保安队 450 人（不包括区乡武装）；接收财经、行政、文教（包括公立学校教职员、教育局职工和公费学生）等人员 1989 人；接管宗教慈善单位的院产 305 户。报告阐明党和政府的人事政策是：对各工厂、邮电部门，只派军事代表，原机构不动；对税务、银行高层人事略有变动；对旧专署、县府、法院等政法机关的人事，则完全变动。

大会提出的中心议题有两个：一是财政经济问题，主要集中在完成征粮任务方面；二是治安问题，主要任务是剿匪，克服匪特破坏给宜宾新生政权带来的严重威胁。大会期间收到了代表们提出的意见、提案有百余件，经大会提案审查委员会审查通过了 99 件。其中，文教类 34 件，工商金融建设类 34 件，治安类 19 件，职工妇女及其他类 12 件，在会议期间作出了解答。这些提案经各代会常务委员会研究后，以“决议案”形式送达政府有关部门研究办理。

会后，有的代表对常委会人员由大会主席团提名参选提出异议，认为应当实行普选；还有的代表对会议的程序方面提出了建设性意见。

中共宜宾县委书记张守愚在会议总结中说，各界人民代表会议顺利完成了各项任务，其间有热烈的发言，并且有争论，各代表都本着毛主席知无不言、言无不尽的指示进行协商、建议，表现出了各界人民的团结，这是很不容易的。

中共宜宾地委书记、军管会主任陈林致了闭幕词。

在宜宾县第一届各代会第一次全会上还通过了向毛主席及中国人民解放军全体官兵的致敬电和《宜宾县各界人民代表会议组织通则（草案）》二项决议。

1950 年 3 月 28—31 日，宜宾县各代会一届二次全体会议在宜宾城区鲁家园街福音堂召开，165 名代表出席。县长黄藩在会上作了《征粮工作报告》，主席张守愚主持会议并作了会议总结。这次会议的主题是：商讨加强春耕生产，防止灾荒；号召与会各界代表协助政府，大力加强剿匪工作，建立社会治安秩序；动员农民上缴公粮，支援前线。会议号召全县各界人民紧急行动起来，加强团结，以百倍的努力协助人民政府克服困难，完成征粮任务。在会议的最后一天，通过了《关于克服困难突击完成征粮任务的决议》。决议共 12 条，详细明确了征粮的任务、措施、分担比例、完成期限等政策。

二、第二届各代会全体会议

1950 年 11 月 20—24 日，宜宾县第二届各代会第一次全体会议在宜宾城内文星街天主教堂召开。本届各代会代表名额 268 人，实到 265 人。这次全会是在全县征粮剿匪、清匪反霸、减租退押基本结束，土地改革运动即将展开，“抗美援朝、保家卫国”运动刚刚兴起的形势下召开的。自 1950 年 1 月接收旧政权后，经过民主建政，原区的建制未作调整，陆续将农村大乡分置新乡（镇）。至 3 月，已将原 88 个乡（镇）改建为 150 个乡（镇），建立了乡（镇）人民政府，并继续分置。到 1951 年 5 月，全县农村 16 个区共辖 208 个乡（镇），城关区仍辖东、南、西、北、中 5 城镇。故宜宾县第二届各代会第一次全体会议代表人数较上届有所增加。

宜宾县二届一次各界人民代表会议代表一览表

表 1–2

区／乡	姓　名	性别	年龄	界别	区／乡	姓　名	性别	年龄	界别
城区	彭厚筠	女	27	文艺	凤西	朱元顺	男	22	农民
	周子信	男	46	工商	城区	吴　杰	男	22	工会
	刘学才	男	23	宜纸工会		向超荣	男	29	工会
	陆　铭	男	46	宜纸工会		万祝尧	男	28	文艺
十一区	周兴举	男	26	青年		黄家城	男	27	文艺
	李吉元	男	32	工商		凌兴发	男	—	工商
	陈德宗	男	22	知识		罗汝霖	男	43	工商
	王开慧	女	28	妇女		李竹君	男	—	工商
	杨　廉	男	21	特邀		何鹤林	男	53	工商
	李明苏	男	22	农民		李照尧	男	—	工商
双龙	蔡锦文	男	33	农民		龚瑞征	男	—	工商
捧印	彭宝学	男	25	农民		吕辅章	男	—	工商
城区	杨子诚	男	40	工商		秦积臣	男	—	工商
	王德光	男	32	开明	城二区	杨树藩	男	31	开明
	廖光沛	男	30	工会		舒国华	男	26	知识
	杨　云	男	39	工商联		吴量宏	男	29	工商
	刘籍安	男	21	学生		张国英	男	29	工会
一区宗家	颜光荣	男	24	农民		洪巨仁	男	27	工会
安阜	林治和	男	29	农民		饶幼辉	男	38	开明
白沙	蒲世侯	男	35	农民		宋质君	男	30	工会
天顺	童俊安	男	25	农民		王陶章	男	40	开明
城区	郭仕钦	男	25	文教	三区	曾玉明	男	24	农民
	刘正槐	男	24	工会	双河	孙效先	男	33	特邀
	曾惠齐	男	22	工会	城区	王秋凡	男	44	工商
	胡真一	女	—	工会		尹伯民	男	48	开明
	王炳光	男	37	工会		刘春晖	男	51	开明
	杜一诚	男	56	开明		单诚斋	男	60	开明
	饶晓文	男	21	工会		郑毓青	男	28	农民
	涂云锦	男	36	工会	徐家	曾锡文	男	23	农民
四区喜捷	徐仕权	男	23	知识	万里	柴朝清	男	20	农民
喜捷	徐富昆	男	19	青年		罗文强	男	25	农民
	曾宏发	男	48	农民	古罗	杨玉成	男	25	农民
	马正莲	女	29	妇女		邓国安	男	22	农民

续表 1–2

区 / 乡	姓　名	性别	年龄	界别	区 / 乡	姓　名	性别	年龄	界别
七区	张衡先	男	48	开明	良风	王占云	男	30	农民
—	黄建明	男	30	工会		华世海	男	40	农民
—	彭应歧	男	60	工会		贺允中	男	48	开明
—	陈仲权	男	36	工商	十五区	李靖华	男	45	知识
城区	孙望山	男	43	工商		廖海丰	男	56	工商
十五区观音	刘长登	男	30	工商		张德风	女	29	妇女
观音	杨雨三	男	40	工商	城区	杨远明	男	28	工会
十五区隆兴	陈国华	男	25	工商		丁　浩	男	41	医务
隆兴	熊汉昌	男	39	工商		刘贵珍	女	44	妇女
城区	薛　仿	女	30	妇联	蕨东	罗洪武	男	26	农民
	田国凤	女	52	妇联		沈伟鹏	男	23	农民
	蓝珩诩	女	27	妇联	龙潭	肖永川	男	20	农民
	邓淑琼	女	50	妇联	真溪	陈雨州	男	20	农民
	张维秀	女	25	教育		杨正武	男	48	农民
二区附城	曹治国	男	—	青年	一区	宋代英	女	19	特邀
	兰海清	男	38	农民	二区治安	杨登重	男	25	农民
五区	薛吕氏	女	36	妇女	五桂	罗云成	男	33	农民
	刘志澄	男	57	开明	五区冠英	马树清	男	40	农民
十一区	严必忠	男	16	知识	五区柏溪	吴海明	男	25	农民
	何福全	男	35	工商	城区	薛　毅	男	29	文教
	李德富	男	28	青年		邹绍文	男	46	开明
	王绍文	男	37	开明	十五区	邓邦华	男	35	特邀
	黄登和	男	31	农民	三区	邓云光	男	22	知识
黄伞	叶俊林	男	36	农民	城区	严亮畴	男	40	机关
三区	张义勋	男	18	知识	十六区合什	童光神	男	30	农民
—	高代勋	男	19	知识	十六区沙沟	王郭氏	女	50	妇女
—	黄震东	男	26	知识		宋澹海	男	25	农民
—	陈德厚	男	18	知识	十三区	曾维华	男	20	特邀
—	周淑苹	女	17	知识		张吉转	男	46	工商
十六区	宋淑权	女	30	妇女		张李氏	女	25	妇女
—	肖灵九	男	—	工商		邬建民	男	51	开明
—	郭载华	男	50	开明	十三区蕨北	杨友成	男	40	农民
十六区三合	罗洪明	男	20	农民	十三区泥溪	杨柏林	男	34	农民
十六区	刘超群	男	19	青年	十三区	邱顺金	男	25	知识
十六区合江	刘起富	男	30	农民	十三区月波	李万亮	男	33	农民

续表 1–2

区 / 乡	姓　名	性别	年龄	界别
十六区柳家	郭仕堪	男	32	农民
柳家	李华安	男	24	农民
十六区化龙	聂云华	男	40	农民
	廖影秋	男	30	农民
十六区双石	申富成	男	36	工商
	钟光前	男	21	农民
	肖明高	男	29	农民
—	钟淑兰（芝）	女	36	妇女
—	赵镜泉	男	56	开明
六区高升	杨汉超	男	25	农民
六区兴隆	陈世陶	男	20	农民
	陈起金	男	30	农民
—	吕孝祺	女	16	学生
—	吴肖琳	男	22	学生
—	李维民	女	32	机关
—	熊瑞文	男	46	开明
宜宾	罗材银	男	27	工会
鱼剑	赵国章	男	20	农民
高店	徐世全	男	20	青年
敬梓	蒋汝周	男	36	农民
大同	邹炳端	男	38	农民
双谊	易发玲	男	28	农民
七区	黄鼎祥	男	26	知识
	刘先如	女	40	妇女
	李少康	男	28	工商
	黄达政	男	23	青年
	何　芳	女	24	特邀
五区白石	王少川	男	40	农民
草堂	甘露群	男	30	农民
白花	郭诚须	男	35	农民
仙源	刘怀光	男	26	农民
五区	王恕清	男	29	青年
五区永兴	赵子彬	男	26	农民
五区	李松高	男	24	农民

区 / 乡	姓　名	性别	年龄	界别
十六区蕨溪	丁良模	男	18	农民
十三区白马	张朴周	男	29	农民
六区漆树	李维新	男	39	农民
	田银洲	男	40	农民
鱼剑	钟志辉	男	24	农民
高店	宋吉安	男	39	农民
四区思坡	张大顺	男	62	农民
思坡	曾文则	男	29	工商
	彭光谓	男	18	知识
	尹洪昌	男	28	农民
四区	韩家秀	女	46	妇女
	廖树清	男	62	开明
四区菜麻	郑伯辉	男	21	知识
菜麻	刘炳兴	男	48	农民
	刘新全	男	24	农民
	严必海	女	26	妇女
十一区高家	曾郭英	女	37	妇女
七区明威	吴云臣	男	48	农民
邱家	罗耀昆	男	33	农民
五区	郭明琼	女	30	妇女
	胡　岱	男	26	知识
	陈汝恒	男	45	工商
	刘国真	男	75	开明
	柳完白	男	22	特邀
十一区	王安忠	男	28	农民
十四区大塔	薛文武	男	20	农民
马佳	刘志辉	男	28	农民
十四区安靖	李洪臣	男	37	农民
十四区仙马	李荣发	男	39	农民
李家	李少武	男	40	农民
十四区	张晓风	男	38	开明
	尤德礼	男	19	知识
	樊朝蓉	女	29	妇女
十四区花古	胡绍清	男	27	农民

续表 1–2

区 / 乡	姓　名	性别	年龄	界别
十四区	胡文英	男	21	特邀
二区普河	张子云	男	39	特邀
赵家	陈玉书	男	51	特邀
一区象鼻	刘少清	男	21	特邀
象鼻	邓少成	男	22	特邀
三区金坪	丁汉清	男	46	特邀
十六区合江	郑明和	男	30	特邀
四区三合	柳子华	男	25	特邀
三合	柳长发	男	50	特邀
发龙	舒伯川	男	23	特邀
十六区	陶　然	男	24	特邀
九区沙溪	陶开真	女	—	妇女
沙溪	郑发青	男	—	青年
	李　钟	男	—	知识
	罗文才	男	—	工商
黄葛	李长江	男	—	工商
九区黄葛	王再文	男	—	知识
黄葛	陈家银	男	—	青年
	陈荣凯	男	—	开明
	罗永武	男	20	特邀
—	张德孚	男	28	机关
—	余　仁	男	26	机关
—	王汝乔	男	16	学联
喜捷	黄树成	男	44	工商
孔滩	郑云光	男	35	农民
	戴泽民	男	32	农民
六区	李　申	男	22	特邀
—	夏候□	男	19	学生
—	卢淑玉	女	19	学生
五区天星	凌介卿	男	24	农民
—	霍云芳	男	34	机关
—	倪玉泉	男	32	工会
八区张窝	陈橱昆	男	25	农民
张窝	李沈氏	女	43	妇女
八区横江	李明扬	男	34	工商
—	王炳银	男	—	农民
—	芶珍伯	男	—	开明
义兴	晏昌莲	女	—	妇女
	李祥禄	男	—	工商
	张富文	男	—	青年
	黄发如	男	—	农民
	文汝才	男	—	知识
九区回龙	简学祯	女	—	妇女
回龙	陶世松	男	—	工商
	杜翰文	男	—	知识
	刘尊柄	男	—	开明
	尹正成	男	—	青年
	袁廷光	男	—	农民
黄葛	梁芳祖	女	—	妇女
	曹云武	男	—	农民
五区天星	陈光荣	女	—	妇女
	龙继灵	男	56	工商
天星	凌瑞符	男	41	知识
—	刘石莹	男	43	教育
—	王敏贤	女	26	教育
—	黄叔相	男	48	工商
安阜	毛乾荣	女	19	妇女
	吴德贞	女	20	妇女
—	曹　均	男	35	机关
—	戴焕民	男	34	机关
—	缪后生	男	39	特邀
—	陈一足	男	44	开明
—	房师亮	男	48	医务
—	周光星	男	38	开明
—	邓亚东	男	34	机关
—	舒厚钦	男	36	机关
十二区古柏	高益祥	男	22	农民
蕨溪	丁顺华	女	36	妇女
	丁正鑫	男	24	工商
蕨南	顾代昌	男	22	农民

续表 1–2

区 / 乡	姓　名	性别	年龄	界别	区 / 乡	姓　名	性别	年龄	界别
横江	温联云	男	21	青年	蕨溪	袁荣华	男	18	青年
	李云楷	男	28	农民		孙仲煦	男	28	知识
水河	肖永富	女	42	妇女		李橱西	男	46	农民
	周佰陶	男	26	农民	十二区	王海林	男	55	农民
杜马	郑平宣	男	20	农民	—	李凤远	女	21	特邀
安边	周仲文	男	27	农民	—	张　玲	女	32	机关
	黄富有	男	45	工商	—	黄　藩	男	—	机关
	杨长寿	男	23	特邀	—	张本琼	女	37	机关
十区捧印	章光学	男	30	开明	—	李维栋	男	22	部队
捧印	张静如	女	30	开明	孔滩	张作良	男	—	开明
—	鲁克明	男	28	机关	—	聂文彬	男	28	82 团部队
—	马洪彬	男	28	部队	—	马洪发	男	27	部队
—	孟永明	男	—	部队	—	苗守溪	男	35	机关
—	余春江	男	—	部队	—	李申如	男	44	农民
—	曹希康	男	—	82 团部队	—	陈发祥	男	—	农民
—	赵海廷	男	—	部队	—	钟盛明	男	—	机关
合计	男		263 人		总计		306 人		
	女		43 人						

注：本表中人数超过了原定宜宾县二届一次各代会代表名额，多出的人员应为大乡分置后增加的代表名额，以及参会的部队、机关有关人员。表中“—”“□”均为无或无法查实资料，以后亦同。

会议期间，县长黄藩作了《关于 11 个月来的工作和今冬明春的任务报告》。主要内容有：政权建设工作，即接管政权机构、执行贯彻上级政策法令、协助建立各阶层群团、地方武装建设等；财经工作，即在 11 个月时间，进行了 1949 年和 1950 年两个年度的公粮征收、税款及旧欠的追收、推销公债等；治安工作，即肃清匪特、整理户籍、整顿市容、消防卫生、禁毒等；工商工作，即组织联营、调剂物资供应、进行工商登记、市场管理、改组旧商会、改善劳资关系；救灾防疫，安置复员和资遣（指对国民党军起义官兵）工作；生产建设方面，即发放农贷粮、推广优良麦种、支援修建“成渝铁路”的枕木、修建环城马路等；文教工作方面，整顿学校教育，组织教职员工进行政治学习提高思想觉悟，在各阶层、机关单位、居民、行业开展社会主义教育，宣传党和政府政策、法规及毛泽东思想等。报告提出今冬明春的十项任务是：继续清匪、反特、镇反，以巩固革命秩序；积极发动群众，贯彻执行清、反、减、退政策，准备土地改革工作；加强地方人民武装建设；继续完成修筑“成渝铁路”的枕木任务；整理财政收入工作，继续努力完成税收任务；

妥善安置复员军人；继续调整工商业；努力开展群众性的政治学习，逐步建立政权部门的各种组织制度；禁烟禁毒工作。

会议期间，宜宾县委副书记张玲传达了川南区第一届各界人民代表会议的《关于清匪、反霸、减租、退押的报告》，宜宾军分区政治部主任高世平作了时事报告，解放军82团团长曹希康作了《剿匪工作报告》。14名代表代表各界人民在大会上作了发言。

全会选举张守愚为各代会主席，黄藩、刘春晖、饶幼辉（民主人士）为副主席，霍云芳为秘书长，以及其他35名常务委员。

全会通过了《清匪反霸、减租退押的决议》和《各界代表四项工作原则》。全会代表一致接受大会提出的迅速开展清匪、反霸、减租、退押运动，为土地改革打下基础的工作任务。

1951年1月24—27日，宜宾县各代会二届二次全体会议在城区文星街天主教堂举行，238名代表出席会议。县长黄藩作工作报告，主要报告了关于按照上次会议精神，检查清匪、反霸、减租、退押工作执行情况；两个月来，在运动中所取得的成绩和经验；当前工作中的不足和今后的任务。县委副书记张玲作《关于清匪、反霸、减租、退押工作的情况报告》，号召在宜宾县提前实施土地改革；县委舒厚钟作《宜宾县各界人民支援清、反、减、退工作的概况报告》，要求各界人士支持土地改革；县公安局局长鲁克明作《关于禁烟、禁毒的报告》，指出目前烟毒已经成为严重的社会问题，要求各界代表广泛宣传，协助政府彻底搞好禁烟禁毒工作。在2月26日的各界人民代表座谈会上，鲁克明还作了关于彻底取缔反动会道门“一贯道”的专题讲话。27名代表作了大会发言。会议还通过了坚决贯彻清反减退工作、禁烟肃毒、拥军优属、慰劳中朝战士、救济朝鲜难民、春耕生产等有关决议，以及向毛泽东、朱德同志的致敬电。

3月13—17日，县各代会二届三次全体会议在县政府会议厅召开。237名代表出席会议。会议由大会主席团主席曹均主持。会前，举行了预备会议，通过了大会主席团名单和提案审查委员会名单。会议的中心议题是：提前实行土地改革。会议期间，曹均作了工作报告，回顾了全县一年多来的工作情况；中共宜宾地委书记于笑虹、宜宾行署专员许映辉、宜宾军分区司令员陈中民、中共宜宾县委副书记张玲，分别就土改、镇反、抗美援朝、生产建设等问题作了报告。几名报告者向大会代表讲述了为什么要进行土改、宜宾县实行土改的特点、土改步骤及土改的总路线，要求将土改与清匪反霸、镇压反革命、抗美援朝和加紧生产结合起来一并进行，强调土地改革不仅是农民的利益和需要，更是全中国人民的长远利益和需要，是中国革命摧毁封建土地制度的历史任务。15名代表作了大会发言。与会代表认为这是最后彻底打垮封建势力的重大会议，一致通过了《提前实行土地改革的决议》。本次会议还因原有的各代会常委人事工作变动，补选了21名常务委员。

三、第三届各代会全体会议

1951年9月26日至10月1日，宜宾县第三届各界人民代表会议第一次全体会议在宜宾市（县级市，现宜宾市翠屏区）内县政府召开，360名代表（其中农民代表198人、工人代表18人、军烈属代表16人、机关代表33人，分别占代表总数的55%、5%、4.4%和9%）中的327名代表出席会议。会议的中心议题是继续推行爱国公约，深入开展增产、捐献运动，完成秋征，发展农业生产。

会上，县长苗守溪作了《关于1951年9个月的工作报告》，县委书记郭适之作了《关于互助合作，宣传新婚姻法的报告》，县委宣传部张全秀介绍了思波乡推行爱国公约的典型经验。与会代表就会议中心议题进行充分讨论后，对增产、捐献、秋征、完成土改、社会治安和文化教育等工作作出了决议。会议期间，代表们提出提案83件，其中政法类25件、财经类35件、文教卫生类15件、其他类8件，经提案审查委员会审查后，由苗守溪县长作了详细的解答。

大会根据代表意见作出了八项决议，形成决议案，要求以此作为全县人民今后的奋斗目标，动员各界人民在各级政府的领导之下，为贯彻实现以上任务而努力。该决议案为：坚决响应抗美援朝总会三大号召，继续深入进行爱国主义教育，普遍订立或修订爱国主义公约，完成全县增产捐献二架战斗机的任务；做好查田评产完成1951年公粮与税收任务，完成乡镇地方经费自筹（每人不超过大米五斤的原则），发放土地证，明确田土产量标准；继续发展与恢复农村副业生产及农村手工业生产，建设农村经济，繁荣工商业，完成经济作物等增产任务；集中力量在11月底全面完成全县的土地改革；加强乡村治安工作，继续镇压反革命，管制地主，肃清匪特，巩固社会秩序；大力开展文化运动，加强学校教育，开展冬学与冬季卫生防疫工作，发展农村剧团，调剂农民生活；加强干部政策学习，开展模范工作者运动；加强人民民主建政工作，继续解决土改后的遗留问题。大会要求各代会常务委员会对此八项决议作出工作计划，坚决贯彻执行。由于代表产生工作中的疏漏，发现代表中有几名吸食鸦片烟的、年龄尚不满18周岁的，会后即进行了纠正。

之前，中共川南区党委根据政务院4月13日关于以宜宾县城为基础，从宜宾县和庆符县（后并入高县）划出部分乡成立宜宾市的批复精神，新置宜宾市（县级市，现宜宾市翠屏区）。6月19日，县、市分治。宜宾县划出去城区5镇及城郊安阜、白沙、附城、菜麻4乡置宜宾市，时宜宾县辖16个区，各界人民代表按区选出。会议选出常务委员会委员 35 名，苗守溪当选为常委会主席，罗稻韭（民主人士）当选为副主席。

宜宾县三届一次各界人民代表会议各区代表一览表

表 1–3

选区	代表姓名					
一区	李治民	杨文仲	凌仲康	侯树云	肖正荣	王淑华
	史绍华	黄德云	李文龙	王顺清	段俊文	赵华清
	王益和	张文泽	龙梓芳	陈相云	颜明安	张绍成
	肖仲元	姜汝才	邹树华			
二区	唐顺厚	王夏兴	陈振国	曾远云	尹叔芳	刘绍成
	杨树藩	余忠清	李松荣	蒋绍舟	王恒丰	李树成
	徐少衡	李少轩	杨顺清	颜述明	罗吉高	邓云富
	肖朗清	杨德荣	杨少和	蒋树兴	舒国华	胡素冲
	陈巨华	张正兴	何国柱	杨仲明	杨树林	
三区	刘云波	黄子容	黄海云	杨儒辉	谢树云	张少成
	杨树清	闵世钦	张子钦	孙国芳	黄德华	张金田
	刘少荣	曹松宜	饶焕之			
四区	李洪发	韩保华	赵年丰	万树清	刘秀英	刘淑英
	朱鸣高	汪楚君	唐绍容	徐定华	兰自坤	林筱辉
	喻清澄	凌有为	肖少平	赵开源	肖纹池	任兴发
	罗稻韭					
五区	甘志富	黄泽光	阳吉模	刘大云	曾志灰	邓常明
	余行福	刘仲如	刘德福	曾吉高	陈德文	陈昌培
	唐少华	陈华清	严美端	左文贤	唐叔流	吴岱西
	陈银高	钟云丰	李松云	李树清	徐卓然	陈公坚
	唐良学	彭燕章				
六区	陈德江	肖举彬	黄银州	黄德良	邓富和	杨明益
	李云高	张宗亨	吴绍清	徐文上	罗云彬	彭国良
	陈肇秋	夏德成	彭正富	杨鑫华	吴少云	
七区	李芝仙	杜安敏	王绍成	李庶明	樊友林	陈位才
	丁葆真	凌均康	黄春和	刘德和	文树三	叶学文
	李文安	杨中阶				
八区	陈显扬	白月清	李洪清	廖少云	杜亮材	苟少章
	唐天凤	邱正容	唐正爵	周朝华	余骥良	李少宽
	徐少清	曹德福	陈星远	舒兴莲	段绪荣	李名扬

续表 1–3

选区	代表姓名					
八区	卢焕清	童少安	狄修之	田永嘉	罗朝安	
九区	陈德福	万仲成	梁汉祖	韦言美	郑少轩	宋治文
	欧天明	李文清	蒲开元	曾静芳	王在贞	晁炳均
十区	曹天才	谢光本	邓光本	蔡君廷	李海清	陈良宽
	蔡培纪	郭久高	陈材福	陶天太	雷贤举	向一坤
	梁和祖	王世科	王德亮	杨明举	吴福建	罗大昌
十一区	夏　天	张华德	罗顺金	翁培良	李泽云	曾绍成
	周禄清	李华清	黄树悟	郭位全	李德平	汪继明
	黄福和	曹耀富	李顺臣	王友之	李文仲	刘绍安
	陈绍清					
十二区	曾希孔	刘振勋	冉季良	黄福轩	王朝树	黄家模
	严绍轩	徐辉南	王运华	汪孝先	罗义胜	王颜吉
	王海林	刘章甫	孙友富	牟修恒	谢树三	侯心炳
	黄子文	李树堂	郭印州			
十三区	杨永学	蒋少荣	唐明淑	张诗满	丁克明	余学辉
	刘海清	张明发	陈禹川	王耀彬	黄安荣	雷本凯
	王永岱	周文波	吴建成	廖树成	陈锡贵	李本连
	吴明声					
十四区	姚永成	陈国光	邓德孝	柯玉元	陈清富	邓泽民
	张文著	吴伯华	吴良宾	罗长发	殷自强	罗道才
	雷树昌	胡纯选				
十五区	陈运寿	阳集泉	杨雨三	蒋兴华	郑永明	王炳恒
	李树钦	陈玉林	罗绍怀	郑腾辉	唐绍清	杨瑞乎
	柴东海	邱自云	杨信根	廖雪英	翁德祥	吴绍华
	陈敬文	蒋易发	杨坤才	陈太平	李　文	官林树
	陶华树					
十六区	李　群	郭俊奎	廖淑芳	杨明德	林玉泉	柳文甫
	王善才	王友林	彭光鑫	曾德光	龚绍章	蒋鉴云
	廖伯生	蒋鉴光	郑华光	黄明举	郭君成	刘述元
	谢万恒					

注：各区代表 311 人，县级机关、团体代表未列入。

1952 年 1 月 12—15 日，宜宾县各代会三届二次全体会议在喜捷镇县政府内召开。298 名代表出席会议，另有 10 人列席会议。会议的中心议题是：以“三反”（反贪污、反浪费、反官僚主义）为中心，开展爱国增产运动。会议期间，县长苗守溪作了题为《关于 1952 年的工作与任务》的报告；县委书记郭适之代表县委看望了与会代表，并对大会情况作了总结报告；代表们围绕当年的各项任务并结合生产、工作实际开展了小组讨论并进行了大会发言；大会根据工作任务和代表们的意见，作出了相应的八项决议。会议的口号是“爱国增产致富”。农业增产的方针是“为增产粮食而斗争”，具体任务是在 1951 年农业生产水平上提高单位面积产量 6%，即小春增产 10%，大春增产 5%，实现 1952 年全年增产粮食 1.2 万吨的目标。会议要求在不妨碍粮食增长的前提下，发展经济作物，在山区应大量栽培果树、桐树及育林植树；副业生产要达到 1 人养 1 只鸡，3 人养 1 头猪，20 人养 1 头牛；要克服大吃大喝现象，省吃俭用，积累资本投入再生产；把冬闲变冬忙，作好小春施肥、兴修水利工作。这次会议还对春节开展拥军优属运动作了安排，对有贪污浪费行为的人和事进行了揭发和批评。

会议期间，针对部分代表对党和政府政策有顾虑，头天小组讨论深入不下去的情况，将参会的机关代表分散在各个讨论组中进行了宣传和动员，增强了代表们的信心和责任感，代表们集中反映了农村中的大吃大喝现象、工商界的偷漏税现象、文教界不问政治的偏向以及工作人员存在的贪污浪费官僚主义问题，引起了县委、县政府的高度重视。代表们在大会上提出并经提案审查委员会通过的 172 件提案（其中政法的 23 件，财经的 39 件，文教卫生的 40 件，其他的 69 件），均由苗守溪县长在大会上进行了一一解答，做到了案案有交代。（提案总数与分类数有 1 件误差，无考）这次大会还坚决贯彻了“增产节约”的原则，会议时间安排紧凑，会场布置力求简单，会议内容力戒形式主义，使整个会议节约了预算 410 万元（旧币）。这次大会较为突出的存在问题是产生代表的随意性大，在 308 名参会代表中比之第一次会议变动了 111 人，占到了全部代表的三分之一以上。

四、第四届各代会全体会议

1952 年 6 月 11—15 日，宜宾县第四届各界人民代表会议第一次全体会议召开。应到会代表 450 名，出席大会的正式代表 412 名（占应到会的 92%），列席代表 13 名。会议的中心议题是：动员开展互助合作运动，安排进行土地改革复查工作，解决遗留问题。大会听取了县长苗守溪《关于春耕抗旱总结和爱国增产竞赛运动情况及今后工作意见》的报告，县委书记郭适之《关于农业发展方向和贯彻阶级路线》的讲话。与会代表共提出提案 282 件，较上次大会（三届二次）多 110 件，增加了 64%，均由有关部门作了解答。会议在小组讨论的基础上，安排代表在大会上进行了典型交流发言，主要是关于如何组织互助合作组、如何进行田间管理、如何增加产量等农业生产内容。会议修订了当年的农业增产计划，即水田增产 9%，旱地增产 13%，全县增产粮食 20162.4 吨。大会还作出了开展增产竞赛运动、防洪抗旱、治虫、备荒、巩固发展互助组、卫生防疫、拥军优属等项决议。

大会选举产生常委会委员 41 名，苗守溪当选常委会主席。本届常委会未设副主席。

宜宾县四届一次各界人民代表会议代表一览表

表 1–4

区	乡	姓　名	性别	年龄	个人成分	文化程度	界别或单位
一区	区所	李鹏举	男	26	中农	小学	机关
	宗场	张正声	女	22	中农	文盲	农民
	象鼻	万声荣	男	22	自由职业	中学	文教
	禾溥	陈海云	男	35	贫农	文盲	农民
	禾溥	唐忠贞	女	26	贫农	文盲	妇女
	禾溥	凌孔修	男	25	贫农	小学	回乡军人
	民治	史少安	男	30	中农	小学	农民
	民治	赖云清	男	51	木工	小学	工人
	民治	胡玉春	男	21	雇农	小学	青年
	民利	黄焕清	男	24	中农	小学	农民
	民利	王有贞	女	25	雇农	文盲	妇女
	民利	张琴书	女	25	贫农	小学	军属
	民权	萧相明	男	22	中农	小学	农民
	民权	唐正凤	女	22	贫农	文盲	妇女
	民新	吴辉田	男	23	雇农	文盲	农民
	新民	龙高辉	女	25	中农	文盲	妇女
	新民	龙志座	男	19	贫农	小学	农民
	新民	□友明	男	19	贫农	文盲	农民
二区	区所	罗银廷	男	26	贫农	小学	机关
	柏溪	周树堂	男	19	冲工	小学	工人
	柏溪	汤和周	男	26	贫民	文盲	工人
	柏溪	李树彬	男	22	贫农	小学	工人
	柏溪	唐子成	男	30	贫农	小学	工商
	柏溪	刘光素	女	22	贫民	小学	军属
	天池	刘泽清	男	22	贫农	小学	农民

续表 1-4

区	乡	姓 名	性别	年龄	个人成分	文化程度	界别或单位
二区	天池	张锡山	男	24	中农	小学	回乡军人
	天池	刘仲明	女	29	贫农	文盲	妇女
	群力	邓禹平	男	37	贫农	小学	农民
	群力	刘崇芬	女	20	贫农	小学	妇女
	正平	潘少荣	男	28	雇农	小学	农民
	正平	薛锡章	男	23	雇农	文盲	青年
	共和	杨晋熙	男	35	贫农	小学	农民
	议和	王少荣	男	51	中农	文盲	农民
	协和	张子荣	男	40	贫农	小学	农民
	协和	谢天武	男	25	贫农	文盲	回乡军人
	协和	陈双福	女	22	贫农	文盲	妇女
	日成	杨顺清	男	40	贫农	小学	农民
	日成	欧志英	女	18	贫农	小学	妇女
	普安	杨仲明	男	21	贫农	小学	农民
	玉龙	秦少华	男	47	贫农	小学	农民
三区	区所	卢瑞全	男	23	学生	中学	机关
	金新	侯树成	男	22	雇农	文盲	农民
	金新	邓贞玉	女	23	中农	小学	妇女
	金山	周奎川	男	25	中农	文盲	农民
	金川	杨树清	男	23	贫农	文盲	农民
	金川	李少云	男	26	煤工	文盲	工人
	金川	李治明	男	24	煤工	小学	工人
	金川	曹松荣	男	21	煤工	文盲	工人
	金胜	刘久华	男	20	贫农	小学	农民
	金胜	黄志容	男	50	中农	小学	军属
	金胜	李乾章	女	28	贫农	文盲	妇女
	金利	刘少云	男	28	贫农	小学	农民
	金旗	张明清	男	28	贫农	小学	农民
	金旗	张伯光	男	19	贫农	小学	青年
	金和	尹树才	男	25	贫农	小学	农民
	金和	曹仁和	男	28	陶工	文盲	工人
	金坪	谢树清	男	30	贫农	文盲	农民
	金坪	雷荣高	男	20	碗工	文盲	工人

续表 1-4

区	乡	姓　名	性别	年龄	个人成分	文化程度	界别或单位
三区	金坪	王云华	男	26	贫农	小学	回乡军人
	金坪	关世钦	男	23	贫民	中学	文教
	金鸽	刘绍荣	男	41	中农	文盲	农民
四区	区所	吴宜平	男	32	职员	中学	机关
	思波	杨少荣	男	30	贫农	小学	农民
	思波	刘荣武	男	24	贫农	文盲	青年
	思波	赵开源	男	22	自由职业	中学	文教
	金城	汪楚君	男	32	中农	小学	农民
	金城	曾伯洪	男	21	贫农	文盲	青年
	思波	李玉彬	男	37	贫农	文盲	回乡军人
	鱼台	韩保华	男	21	贫农	文盲	农民
	钓竿	何海山	男	24	贫农	文盲	农民
	黄桷	徐仕凡	男	24	贫农	小学	农民
	菜胜	唐清华	男	22	贫农	小学	农民
	菜胜	周荣贞	女	20	贫农	小学	妇女
	新喜	肖正兴	男	27	贫农	小学	农民
	公馆	徐少清	男	24	雇农	小学	农民
	公馆	刘国富	女	18	贫农	文盲	妇女
	临江	李德齐	男	19	贫农	小学	农民
	临江	李万琴	女	21	贫农	小学	妇女
	临江	张德荣	女	43	贫农	文盲	军属
	喜捷	黄席珍	男	36	小手工业	小学	工人
	喜捷	任万清	男	27	铁工	小学	工人
	喜捷	罗绍荣	男	18	贫民	小学	工人
	喜捷	唐海洲	男	29	小商	小学	工商
五区	区所	李松柴	男	30	贫农	小学	机关
	白花	廖希文	男	32	技工	小学	工人
	白花	赵映先	男	38	小商	小学	工商
	白花	甘智富	男	21	贫农	小学	文教
	白民	黄云武	男	33	贫农	小学	农民
	白永	李银洲	男	22	中农	小学	农民
	白永	文绍田	男	26	中农	小学	青年
	白远	郭泽田	男	20	贫农	小学	农民
	白远	萧光荣	女	19	中农	文盲	军属

续表 1-4

区	乡	姓　名	性别	年龄	个人成分	文化程度	界别或单位
五区	白永	陈树群	女	20	贫农	文盲	妇女
	白安	李树清	男	38	中农	小学	农民
	白安	廖光群	男	22	中农	小学	回乡军人
	白乐	邓常明	男	25	贫农	文盲	农民
	永远	王玉如	男	22	贫农	小学	农民
	永远	曾从贵	女	21	中农	文盲	妇女
	复兴	熊荣华	男	28	贫农	小学	农民
	四合	戴建清	男	19	贫农	小学	农民
	德胜	彭隆修	男	22	贫农	小学	农民
	德胜	周家贵	女	24	中农	小学	妇女
六区	区所	罗北陵	男	22	贫农	小学	机关
	漆树	李周武	男	25	贫农	小学	农民
	漆树	张德荣	男	28	篾工	小学	工人
	漆树	李世修	男	24	中农	中学	文教
	新民	曾绍之	男	30	贫农	文盲	农民
	新民	何少明	男	46	木工	文盲	工人
	新民	郭银清	男	25	中农	小学	青年
	高升	李银三	男	56	中农	文盲	农民
	农团	曾泽民	男	29	贫农	小学	农民
	仲权	黄华轩	男	23	贫农	文盲	农民
	致和	黄德良	男	20	贫农	小学	农民
	孔滩	张家亨	男	31	中农	小学	农民
	孔滩	熊炳成	男	46	贫农	小学	军属
	金凤	郭伯宗	男	28	贫农	文盲	农民
	太平	郭树君	男	26	中农	小学	农民
	兴隆	易在文	男	37	贫农	文盲	农民
	兴隆	曾叙高	男	25	中农	小学	回乡军人
	双石	夏泰成	男	19	店员	小学	工人
	双石	刘述荣	男	20	工人	中学	工商
七区	区所	罗贤洪	男	25	贫农	小学	机关
	邱场	刘富祖	男	23	学生	中学	文教
	民乐	张照光	男	23	贫农	小学	农民
	民乐	贺银洲	男	41	木工	文盲	工人
	民主	凌均康	男	22	贫农	小学	农民

续表 1-4

区	乡	姓　名	性别	年龄	个人成分	文化程度	界别或单位
七区	高石	陈昌培	男	26	雇农	小学	农民
	新中	刘盛照	男	18	贫农	文盲	农民
	新中	刘盛莹	男	18	中农	文盲	妇女
	新中	张顺环	男	23	富农	小学	回乡军人
	新华	夏高志	男	22	中农	小学	农民
	新华	刘惠生	女	18	贫农	文盲	妇女
	新华	越子棠	男	51	中农	文盲	军属
	革新	卿少林	男	26	贫农	小学	农民
	仙源	刘玉武	男	20	雇农	文盲	青年
	仙源	陈自芳	女	23	贫农	小学	妇女
八区	区所	曾守裕	男	23	贫民	中学	机关
	横江	李洪兴	男	25	小贩	小学	工人
	横江	邓其端	男	25	学生	中学	文教
	横江	陈伯清	男	18	学生	中学	青年
	横江	任安富	男	20	贫民	文盲	军属
	横江	卢忠寿	男	19	贫民	中学	回乡军人
	横江	朱永贞	女	18	贫民	文盲	妇女
	横江	傅文金	男	34	贫民	小学	工人
	水河	宋子州	男	32	贫农	文盲	农民
	水河	蓝树平	男	28	贫农	小学	青年
	水东	罗胡安	男	21	雇农	文盲	农民
	石城	李俊武	男	35	贫农	小学	农民
	石龙	陈树轩	男	53	中农	小学	农民
	石马	徐绍清	男	25	雇农	小学	农民
	松峰	赵兴年	男	20	贫农	小学	农民
	松峰	高银州	男	21	贫农	小学	青年
	松峰	高利平	男	23	贫农	小学	回乡军人
	松峰	杨大清	女	18	贫农	文盲	妇女
	五宝	周绍明	男	21	中农	文盲	农民
	大池	谢永开	男	27	贫农	文盲	农民
	大坪	陈兴远	男	24	贫农	小学	农民
	清溪	李少宽	男	42	贫农	小学	农民
	清溪	李正莲	女	25	贫农	小学	妇女
	张窝	何从海	男	28	中农	文盲	农民

续表 1–4

区	乡	姓　名	性别	年龄	个人成分	文化程度	界别或单位
八区	回龙	晁炳均	男	26	雇农	文盲	农民
	回龙	万仲成	男	25	小商	小学	工商
	回龙	刘有怔	男	24	工人	中学	文教
	回龙	刘尊文	女	20	贫农	小学	妇女
	回龙	郭成久	男	57	中农	文盲	军属
	永安	杜德章	男	22	贫农	小学	农民
	永安	宋光清	女	18	贫农	文盲	妇女
	永兴	郑泽民	男	23	贫农	小学	农民
	义兴	罗树宣	男	28	雇农	文盲	农民
	义兴	刘兴奎	男	22	雇农	文盲	回乡军人
九区	区所	李　文	男	28	富农	中学	机关
	安边	曹蕴韭	男	23	小贩	中学	工人
	安边	文伯康	男	26	小商	中学	工商
	安边	白德星	男	26	学生	中学	文教
	安民	陈晏平	男	21	贫农	小学	农民
	安民	廖明全	男	25	贫农	小学	农民
	安富	杜华阳	男	26	贫农	小学	农民
	安富	杨开珍	女	42	中农	文盲	妇女
	高滩	杜亮才	男	20	中农	小学	农民
	四和	杨友三	男	42	中农	文盲	农民
	四和	曹德福	女	35	贫农	文盲	妇女
	四和	曹仁江	男	50	贫农	文盲	烈属
	五桂	洪维清	男	26	贫农	小学	农民
	五桂	曹仕福	女	20	贫农	文盲	妇女
	武安	钟德华	男	21	中农	小学	农民
	武安	蒋少周	男	47	贫农	文盲	军属
	朝阳	陈其丰	男	26	贫农	文盲	农民
	朝阳	赖焕廷	男	60	贫农	小学	军属
	冠群	钟宗顺	男	36	贫农	小学	农民
	英明	杜华忠	男	21	贫农	小学	农民
	英明	朱云程	男	23	小商	中学	文教
	治和	李海周	男	22	贫农	小学	农民
十区	区所	吴忠义	男	40	工人	小学	机关
	双龙	魏少光	男	25	中农	小学	农民

续表 1-4

区	乡	姓　名	性别	年龄	个人成分	文化程度	界别或单位
十区	双龙	王曼夏	女	27	自由职业	大学	文教
	双龙	王开惠	女	26	贫民	小学	妇女
	双河	蔡春庭	男	43	贫农	文盲	农民
	罗河	谢光华	男	22	贫农	文盲	农民
	罗河	欧天才	男	38	木工	小学	工人
	罗河	梁佩莲	女	38	雇农	文盲	妇女
	中和	彭国清	男	24	雇农	文盲	农民
	中和	陈兴学	女	40	贫农	文盲	妇女
	捧印	张兴武	男	30	中农	文盲	农民
	捧印	李正松	男	46	贫农	小学	烈属
	民主	李溪荣	男	35	贫农	小学	农民
	民主	万顺有	男	20	贫农	文盲	青年
	凤仪	陶开友	男	35	贫农	文盲	农民
	凤屏	李培福	男	20	雇农	文盲	农民
	凤西	向一弟	男	36	中农	小学	农民
	凤西	王德亮	男	25	贫农	文盲	苗族
	凤西	李兴安	男	19	贫农	文盲	回乡军人
	同心	陶天福	男	20	中农	小学	农民
	莲花	蔡锦帆	男	25	雇农	小学	农民
	黄葛	李四清	男	21	贫农	小学	农民
	黄葛	邓启荣	男	24	木工	小学	工人
	沙溪	梁汉祖	男	35	贫农	小学	农民
	沙溪	饶青英	女	24	中农	文盲	妇女
十一区	区所	曹耀富	男	18	贫农	小学	机关
	高家	罗顺金	男	32	贫农	文盲	农民
	高家	唐思清	男	39	贫农	小学	工人
	高家	梁友章	男	19	锉工	小学	工人
	真溪	李德明	男	37	雇农	小学	农民
	真溪	萧官松	男	31	弹花工	小学	工人
	真溪	郭位权	男	22	贫农	小学	工商
	真溪	张文卉	女	27	小手工业	中学	文教
	真溪	王清才	女	20	中农	小学	妇女
	白云	汪继明	男	34	贫农	小学	农民
	青云	萧洪俊	男	22	贫农	小学	农民

续表 1-4

区	乡	姓　名	性别	年龄	个人成分	文化程度	界别或单位
十一区	青云	谢家礼	男	19	中农	小学	青年
	青云	左明富	女	36	雇农	文盲	妇女
	青云	杨玉昆	女	49	贫农	文盲	军属
	青云	王平都	男	19	贫农	小学	回乡军人
	青华	李华清	男	20	雇农	小学	农民
	青华	张光楷	女	20	中农	小学	妇女
	黄伞	黄树培	男	25	雇农	小学	农民
	龙潭	李伯华	男	18	中农	小学	农民
十二区	区所	岳河山	男	47	贫农	文盲	机关
	蕨溪	黄明三	男	42	木工	小学	工人
	蕨溪	胡俊卿	男	26	小手工业	小学	工商
	蕨溪	萧贤煜	男	27	中农	中学	文教
	宣化	罗世清	男	26	中农	小学	农民
	宣化	江成安	男	23	贫农	小学	青年
	宣化	何守荣	女	48	贫农	文盲	妇女
	永乐	侯永福	男	37	中农	文盲	农民
	永乐	曹福贞	女	39	贫农	文盲	妇女
	天元	刘惠轩	男	53	贫农	小学	农民
	天元	谢正银	男	22	贫农	小学	青年
	古柏	张兴国	男	32	贫农	文盲	农民
	古柏	黄绍荣	男	38	木工	小学	工人
	古柏	郝有贞	女	20	贫农	文盲	妇女
	正化	张志全	男	23	贫农	小学	农民
	农村	孙树明	男	29	贫农	小学	农民
	农村	孙隆乾	女	26	贫农	小学	妇女
	农村	朱正芳	男	20	中农	小学	农民
	和平	牟成相	男	19	中农	小学	农民
	和平	牟修炳	男	25	贫农	小学	回乡军人
	民治	程定荣	男	31	雇农	小学	农民
	五福	王永发	男	44	贫农	文盲	农民
	七星	郭周培	男	18	贫农	文盲	农民
	横山	彭玉山	男	25	贫农	小学	农民
十三区	区所	雷本坦	男	24	中农	小学	机关
	泥溪	林烦章	男	42	木工	小学	工人

续表 1-4

区	乡	姓　名	性别	年龄	个人成分	文化程度	界别或单位
十三区	泥溪	黄安炳	男	33	木工	文盲	工人
	泥溪	余光明	男	30	贫农	小学	工人
	泥溪	蒋群乎	男	32	小贩	小学	工商
	泥溪	丁克明	男	27	学生	中学	文教
	新泥	张宗清	男	26	中农	小学	农民
	新泥	王盛根	男	29	贫农	小学	农民
	新泥	陈官凤	女	21	中农	小学	妇女
	新泥	刘富安	女	19	贫农	小学	军属
	光明	丁明文	男	23	中农	小学	农民
	光明	王正春	女	29	贫农	文盲	妇女
	泥南	王长清	男	26	贫农	文盲	农民
	群力	王水清	男	44	中农	小学	农民
	月波	郑宗富	男	24	贫农	小学	农民
	文星	陈真祥	男	26	中农	小学	农民
	文星	彭隆乾	男	30	贫农	小学	回乡军人
	坪桥	张诗满	男	23	贫农	小学	农民
	三台	唐荣五	男	33	贫农	小学	农民
	三台	吴银贞	女	21	贫农	文盲	妇女
	百和	王文林	男	29	中农	小学	农民
	百和	吴富林	女	19	贫农	小学	妇女
十四区	区所	文　浩	男	20	学生	中学	机关
	李家	钟侯清	男	43	中农	小学	农民
	李家	樊朝曦	男	21	学生	中学	文教
	李家	萧国华	男	22	贫农	小学	回乡军人
	马佳	罗树元	男	21	贫农	小学	农民
	马佳	李康林	男	25	贫农	小学	青年
	马佳	周华清	男	44	中农	文盲	军属
	龙川	邓有成	男	47	贫农	小学	农民
	龙川	侯汉群	男	32	篾工	小学	工人
	大塔	曾绍明	男	22	中农	小学	农民
	大塔	敖华轩	男	56	木工	小学	工人
	小塔	罗道才	男	20	贫农	小学	农民
	黄桷	黎见光	男	50	贫农	小学	农民
	黄桷	邓树荣	女	20	中农	小学	妇女

续表 1–4

区	乡	姓 名	性别	年龄	个人成分	文化程度	界别或单位
十四区	安靖	杨兆华	男	47	中农	小学	农民
	安靖	唐惠先	女	36	中农	小学	妇女
	仙马	李世有	男	21	贫农	小学	农民
十五区	区所	官长续	男	32	中农	中学	机关
	观音	官林树	男	20	自由职业	中学	文教
	观音	张兴互	男	24	小商	小学	工商
	群众	谷正华	男	30	中农	小学	农民
	翻身	吴富穰	男	35	贫农	小学	农民
	改进	郑明光	男	32	贫农	小学	农民
	改进	郑明卓	男	25	油工	文盲	工人
	改进	汪书琼	女	22	贫农	文盲	妇女
	共和	阳集泉	男	23	中农	小学	农民
	共和	阳雨三	男	42	木工	小学	工人
	共和	黄松成	男	22	中农	小学	青年
	万里	文金堂	男	25	贫农	文盲	农民
	万里	李大清	男	20	中农	中学	回乡军人
	红旗	郑腾辉	男	29	中农	小学	农民
	红旗	王树宣	男	24	贫农	小学	青年
	隆兴	邱自元	男	22	中农	小学	农民
	隆兴	刘国芳	女	20	小商	文盲	妇女
	新兴	郑永明	男	25	贫农	小学	农民
	新兴	郑少和	男	51	中农	文盲	军属
	建设	蒋义发	男	22	中农	小学	农民
十六区	区所	杨建章	男	38	贫农	小学	机关
	柳家	熊进贵	男	24	中农	小学	农民
	柳家	吴盛君	男	23	中农	小学	青年
	柳家	罗淑芬	女	20	小贩	小学	妇女
	柳家	李启明	男	23	中农	小学	回乡军人
	合什	廖长康	男	28	中农	小学	农民
	合什	张凤才	女	18	中农	小学	妇女
	马头	郑德富	男	29	贫农	小学	农民
	中秀	祝银光	男	22	贫农	小学	农民
	三元	毕其昌	男	24	中农	文盲	农民
	三元	罗淑琼	女	20	贫农	文盲	妇女

续表 1-4

区	乡	姓　名	性别	年龄	个人成分	文化程度	界别或单位
十六区	祝殿	刘有三	男	25	贫农	文盲	农民
	塘坎	谢　湘	男	25	贫农	小学	农民
	塘坎	廖林甫	男	42	木工	文盲	工人
	沙沟	樊忠孝	男	20	中农	中学	农民
	沙沟	蒋卓廷	男	65	贫农	小学	军属
	合江	欧荣华	男	32	贫农	小学	农民
	征远	黄朋华	男	22	贫农	小学	农民
	皂角	杨华安	男	24	中农	小学	农民
十七区	商州	云福周	男	32	中农	小学	农民
	商州	李明才	男	46	木工	文盲	工人
	商州	李万银	男	22	贫农	小学	青年
	商州	宋培川	男	27	学生	中学	文教
	商州	刘家惠	女	30	贫农	小学	妇女
	晒金	应月明	男	38	雇农	小学	农民
	溪鸣	李金和	男	30	中农	小学	农民
十八区	新马	雷本凯	男	28	中农	小学	农民
	新马	彭玉兰	女	29	贫农	文盲	妇女
	永兴	罗汉江	男	30	中农	文盲	农民
	永兴	郭俊金	男	24	中农	中学	文教
	永兴	王凤秋	女	22	中农	小学	妇女
	农贵	萧树全	男	20	贫农	小学	农民
	发龙	谭华光	男	20	中农	小学	农民
	发龙	曾子荣	男	42	木工	小学	工人
	青竹	王洞庭	男	47	贫农	文盲	农民
	三合	张炳先	男	30	中农	小学	农民
	运柱	刘金奎	男	26	雇农	小学	农民
十九区	徐家	萧学贞	女	19	小商	文盲	妇女
	徐家	李忠武	男	35	贫农	小学	回乡军人
	黎明	王炳恒	男	35	贫农	小学	农民
	团结	朱德成	男	21	贫农	小学	农民
	团结	李德然	男	32	贫农	小学	青年
	互助	胡崇光	男	32	中农	小学	农民
	解放	刘华钧	男	24	贫农	小学	农民
	胜利	陈玉林	男	27	中农	小学	农民

续表 1–4

区	乡	姓 名	性别	年龄	个人成分	文化程度	界别或单位
十九区	胜利	严淑蓉	女	18	中农	文盲	妇女
	合理	刘少平	男	25	贫农	小学	农民
	合理	刘乾三	男	47	贫农	小学	军属
	古罗	郑光俊	男	25	贫农	中学	农民
	古罗	骆益文	男	27	木工	文盲	工人
	古罗	萧幼卿	女	35	贫农	中学	文教
	古罗	李发华	女	20	贫农	文盲	妇女
二十区	永兴	钟云书	男	25	贫农	小学	农民
	永兴	舒德膀	男	30	木工	小学	工人
	永兴	唐统三	男	41	小商	小学	工商
	永兴	黄传汉	男	25	中农	中学	文教
	永兴	李光树	男	24	贫农	小学	青年
	永庆	唐少华	男	49	贫农	小学	农民
	永胜	陈华清	男	26	贫农	文盲	农民
	永胜	叶永富	女	24	贫农	文盲	军属
	永胜	向自明	男	34	雇农	文盲	回乡军人
	永安	臣相如	男	30	中农	小学	农民
	永安	严少章	男	32	贫农	小学	农民
	永安	李安喜	女	27	中农	小学	妇女
	永和	朱定相	男	26	贫农	小学	农民
	花古	文有章	男	43	贫农	文盲	农民
	真武	舒少成	男	50	中农	文盲	农民
	文星	雷发三	男	29	贫农	文盲	农民
	文星	毛陆容	女	37	贫农	文盲	妇女
	新政	雷庆荣	男	22	贫农	小学	农民
	新政	邓根银	男	20	雇农	文盲	青年
	县机关	苗守溪	男	35	革命职员	中学	县府
	县机关	张德孚	男	29	学生	中学	秘书室
	县机关	涂克生	男	30	革命军人	小学	民政科
	县机关	李仲龄	男	31	学生	大学	财政科
	县机关	郑致远	男	34	学生	中学	建设科
	县机关	何 芳	女	26	学生	中学	教育科
	县机关	严亮畴	男	43	自由职业	中学	县监委
	县机关	孙 堂	男	30	贫农	小学	法院
	县机关	孙重远	男	33	学生	中学	公安局

续表 1-4

区	乡	姓　名	性别	年龄	个人成分	文化程度	界别或单位
	县机关	薛洪发	男	50	贫农	小学	粮食局
	县机关	杨守知	男	32	自由职业	中学	税务局
	县机关	陈　功	男	30	职员	中学	县支行
	县机关	郭适之	男	39	学生	中学	县委会
	县机关	胡常山	男	29	贫农	中学	组织部
	县机关	江煦林	男	21	学生	中学	团工委
	县机关	刘荣益	女	19	学生	中学	总工会
	县机关	林华均	男	28	贫农	小学	县农会
	县机关	沈明萱	女	24	学生	中学	县妇联
	县机关	唐星波	男	21	学生	中学	小教联
	县	凌德和	男	32	自由职业	中学	自由职业
	县	罗稻韭	男	70	自由职业	大学	特邀
	县	杨树藩	男	33	学生	中学	特邀

注：摘自《1952 年 6 月 15 日宜宾县第四届第一次各界人民代表会议代表名册》，略有修正。

宜宾县四届一次各代会列席人员表

表 1-5

姓名	单位	姓名	单位	姓名	单位
赵健忠	宣传部	汪明遐	农民报	杨九龄	总工会
张志仁	县委会	周钰银	□□公司	杨毓明	团工委
阳远福	县　府	郑后华	妇联	陈永宗	粮食公司
徐镜儒	喜捷镇	刘心海	喜捷镇	罗天泽	宜塘路
于德成	宜塘路	合计		13 人	

注：摘自原表格，个别字不详。

宜宾县四届一次各代会代表委员统计表

表 1-6　　单位：人

界　别		农民	工人	工商界	文教界	机关	青年	学生	妇女	自由职业	少数民族	共产党	群众团体	烈军属	地方武装	特邀	共计
代表	人数	202	39	11	20	28	24		57	1	1	2	5	20		2	412
委员	人数	10	2	1	1	12	1		2	1	1	2	5	1	1	1	41
性别	代表	男				342				女			70				412
	委员	男				38				女			3				41

续表 1–6

<table>
<tr><th colspan="2">界 别</th><th>农民</th><th>工人</th><th>工商界</th><th>文教界</th><th>机关</th><th>青年</th><th>学生</th><th>妇女</th><th>自由职业</th><th>少数民族</th><th>共产党</th><th>群众团体</th><th>烈军属</th><th>地方武装</th><th>特邀</th><th>共计</th></tr>
<tr><td rowspan="8">年龄</td><td rowspan="4">代表</td><td colspan="4">20 周岁以下</td><td colspan="4">68</td><td colspan="3">21 ~ 30 周岁</td><td colspan="4">227</td><td>412</td></tr>
<tr><td colspan="4">31 ~ 40 周岁</td><td colspan="4">67</td><td colspan="3">41 ~ 50 周岁</td><td colspan="4">38</td><td></td></tr>
<tr><td colspan="4">51 ~ 60 周岁</td><td colspan="4">10</td><td colspan="3">61 ~ 70 周岁</td><td colspan="4">2</td><td></td></tr>
<tr><td colspan="4">71 周岁以上</td><td colspan="4">无</td><td colspan="3">—</td><td colspan="4">—</td><td></td></tr>
<tr><td rowspan="4">委员</td><td colspan="4">20 周岁以下</td><td colspan="4">3</td><td colspan="3">21 ~ 30 周岁</td><td colspan="4">20</td><td>41</td></tr>
<tr><td colspan="4">31 ~ 40 周岁</td><td colspan="4">13</td><td colspan="3">41 ~ 50 周岁</td><td colspan="4">4</td><td></td></tr>
<tr><td colspan="4">51 ~ 60 周岁</td><td colspan="4">无</td><td colspan="3">61 ~ 70 周岁</td><td colspan="4">1</td><td></td></tr>
<tr><td colspan="4">71 周岁以上</td><td colspan="4">无</td><td colspan="3">—</td><td colspan="4">—</td><td></td></tr>
<tr><td rowspan="4">文化程度</td><td rowspan="2">代表</td><td colspan="4">不识字</td><td colspan="4">121</td><td colspan="3">小学</td><td colspan="4">239</td><td>412</td></tr>
<tr><td colspan="4">中学</td><td colspan="4">49</td><td colspan="3">大学</td><td colspan="4">3</td><td></td></tr>
<tr><td rowspan="2">委员</td><td colspan="4">不识字</td><td colspan="4">7</td><td colspan="3">小学</td><td colspan="4">19</td><td>41</td></tr>
<tr><td colspan="4">中学</td><td colspan="4">14</td><td colspan="3">大学</td><td colspan="4">1</td><td></td></tr>
<tr><td colspan="2">备注</td><td colspan="16">1. 本表系按出席代表人数统计，另有列席代表 13 人未计。
2. 武装代表在会议时未出席，在成立常委会时才指定的。</td></tr>
</table>

注：摘自原始表格，对其中明显错误略加修正。

1952 年 12 月 21—24 日，宜宾县各代会四届二次全体会议在宜宾市文星街天主教堂召开。352 名正式代表（占应到会代表的 78.2%）、12 名列席代表出席会议。在参会的各代会代表中，有 141 人为新选；常务委员中亦有 6 人为新选，但常委总数仍为 41 人。会议的中心议题是加强冬季农业生产和开展互助合作运动。县长曹均向大会作了题为《关于 1952 年工作总结及今冬明春工作意见》的报告，县委书记郭适之作了关于互助合作工作的报告。在充分发表意见的基础上，大会通过了进一步开展小春丰产竞赛运动、搞好冬季生产、巩固提高互助组、大力开办冬学四项决议。与会代表共提出提案 269 件，均得到解答。参会代表对政府重视提案工作，做到件件有着落有交代，非常满意。十四区代表反映，在三届一次会议上提出的隆兴越溪河年年水患成灾的“鳌落滩”治理提案得到政府重视，积极组织人力、财力进行整治，现已疏通，全区粮食多收了 100 万公斤以上。在这次会上，因原县长苗守溪工作调动出宜宾县，其宜宾县各代会主席的职务由现任县长曹均接任。仍未设副主席。

1953 年 3 月 1—3 日，宜宾县各代会四届三次全体会议在宜宾市粮房街县招待所召开。出席会议的正式代表 355 人（占应到会代表的 79%），列席代表 11 人。会议的中心议题是农业生产与互助合作，婚姻法的宣传与贯彻。在会上，县委书记郭适之作了《关于如何彻底整顿提高互助合作，努力搞好春耕生产，争取完成1953年农业增产任务及贯彻执行婚姻法工作的意见》的报告。对代表们提出的185件提案，在会上进行了慎重解答。会议通过了农业增产（田增产9%，土增产13%）、宣传贯彻婚姻法、救灾备荒、优抚、调整工商业和爱国卫生运动6项决议。

1953年6月30日至7月2日，宜宾县各代会四届四次全体会议在宜宾市粮房街县招待所召开。出席会议正式代表375人（占应到会代表的83%，缺席75人），列席代表17人。会议的中心议题是农业生产、普选和救灾工作。会议期间，代表们听取了县长曹均所作《关于1953年上半年的工作与当前任务》的报告、县委书记郭适之所作《普选工作报告》。大会解答了代表提案273件。会上，增选常务委员4人，第四届各代会常务委员会委员从41人增加到45人。会议还通过了五项决议，即做好防旱、防洪、除虫、保苗、积肥等农事活动，结合贯彻农业生产十大政策，巩固与提高互助组；广泛发动群众，做好夏荒救灾工作；结合生产开展普选工作，分批于年底完成；加强税收，发动群众积极协税护税；继续加强学校思想建设，提高教学质量，继续贯彻爱国卫生运动。会后，全县开展了普选工作。

宜宾县各界人民代表会议召开统计表

表1–7

届	次	时　间	地　点	代表数(人)	中心议题
一	1	1950年1月24—28日	宜宾省宜中	216	成立各代会，财经和治安
	2	1950年3月28—31日	宜宾鲁家园	165	春耕生产，征粮剿匪
二	1	1950年11月20—24日	宜宾文星街	265	清匪、反霸、减租、退押
	2	1951年1月24—27日	宜宾文星街	238	清反减退、禁烟禁毒、抗美援朝
	3	1951年3月13—17日	宜宾县府内	237	提前实行土地改革
三	1	1951年9月26日至10月1日	宜宾县府内	327	推行爱国公约，增产、捐献、秋征
	2	1952年1月12—15日	喜捷镇	298	以“三反”为中心，开展爱国增产运动
四	1	1952年6月11—15日	喜捷镇	412	互助合作运动，土地改革复查
	2	1952年12月21—24日	宜宾文星街	352	冬季农业生产，巩固互助组
	3	1953年3月1—3日	宜宾粮房街	355	农业生产，宣传贯彻《婚姻法》
	4	1953年6月30日至7月2日	宜宾粮房街	375	农业生产，普选，救灾

第三节 常委会工作

一、第一届各代会常委会

1950 年 1 月 30 日，宜宾县第一届各界人民代表会议常务委员会召开第一次会议（扩大），中心议题是如何传达、执行一届一次各代会精神和决议，确定常务委员会办事机构及其人员，继续讨论大会上未作出决议的代表提案。会议决定：在常委会领导下，设办公室，作为常委会办事机构，办公地点设在县政府内；推选刘春晖兼任办公室主任，邓亚东、袁文鼎为秘书，下设办事工作人员根据工作需要来决定；常务会议每月召开一次；印发本届会议通报、决议、首长讲话、征粮剿匪宣传大纲及代表名册等，分别寄交城乡代表，并安排了三区朱大文、四区张健夫及城区工商界代表等下乡，通过他们广泛深入宣传，协助当地搞好征粮剿匪和治安工作。

宜宾县一届一次各代会常务委员会名册

表 1–8

姓名	代表界别	姓名	代表界别	姓名	代表界别
郭仕康	农民	刘春晖	民主特邀	刘正槐	工人
钟盛明	农民	廖树清	民主特邀	胡真一	工人
黄发如	农民	巫建民	民主特邀	罗材银	工人
甘露群	农民	章光学	民主特邀	黄叔相	工商
罗鸿武	农民	饶幼辉	民主特邀	杨子诚	工商
颜光荣	农民	张晓峰	民主特邀	吕辅章	工商
薛　毅	教育	薛　仿	妇女	李靖华	知识分子
舒国华	教育	刘相如	妇女	胡　岱	知识分子
彭厚筠	文艺	黄震东	青年学生	张义勋	青年学生
合计 27 人	①农民 6 人　②民主特邀 6 人　③工人 3 人　④工商 3 人　⑤教育 2 人　⑥妇女 2 人　⑦知识分子 2 人　⑧青年学生 2 人　⑨文艺 1 人				

注：名册中未统计各代会正、副主席 2 人。

2月4日，在县政府办公室召开临时常委会议，会议由县长兼各代会副主席黄藩主持。会议专门研究讨论代表们提出的9件提案，决议将其中的5件送交政府有关部门或单位参考、研究，并酌情采纳。这5件重要提案是：由孙望山、单诚斋等6位代表联名提出的“关于地主抢购上市粮食，作为上缴公粮，影响城市乡镇非农业人口的粮食供应和农民春耕生产，应早作预防，是否可以折缴粮食代金”案；妇女代表兰珩诩、薛仿等提出的“军民合作宣传及设立收养弃婴、保健、托儿等院所”案；代表张健夫所提的“没收刘质文财产”案；代表吕辅章所提“没收刘文彩孽产”案；妇女代表彭厚筠、刘向如等提出的“男女平等，同工同酬”案。

2月23—24日，在县政府礼堂召开第二次常委（扩大）会议，会议由副主席刘春晖主持。通知参会代表118人，到会代表75人。之前（2月22日），因匪患兴起，宜宾县成立“剿匪指挥部”，由解放军82团团长曹希康任指挥长，县长黄藩任副指挥长，82团政委秦之光任指挥部政委，县委书记、县各代会主席张守愚任第二政委。在会上，解放军卢彦山副师长（兼宜宾军分区副司令员）和82团团长曹希康分别作了“当前形势”和“剿匪”报告；黄藩作了“征粮”报告；与会代表吴国义、张占云等23人发了言，提出有关征粮剿匪的建议；张守愚作会议总结，并布置了有关征粮剿匪及治安工作。会议还处理了一些临时提案。

3月2日，召开一届三次常委会议，由副主席刘春晖主持。会议的主题是征粮、剿匪和春耕生产。在会上，县政府就剿匪部队换防时出现的新情况和征粮工作中的“新摊旧派”办法听取了委员的意见和建议。县长、各代会副主席黄藩出席了常委会议并作了会议总结。

3月6日，召开一届四次常委会议，讨论宜宾戒严和完成军鞋任务问题。县长黄藩报告，为了打击敌特分子，3月5日黎明对宜宾全城实行了戒严和清查户口工作，逮捕了40人，其中主要是特务分子和与区乡土匪勾结的人，有力地保护了人民群众的生命财产安全。对因此而引起的误解和谣言，要求各代会委员和代表多作宣传、解释工作，打消群众顾虑，维护社会安定。会议对完成3万双军鞋任务也作出了安排部署，并就每双军鞋的报酬作出了决定。

3月21日，召开一届五次常委会议，研究春耕生产和征粮工作，筹备关于召开宜宾县各代会一届二次全体会议事宜。会议决定在一届二次会议上仍旧将农民代表保持在百名左右。

4月5日，宜宾县各代会一届二次全体会议后的第一次常委（扩大）会议（即一届六次常委会议）召开，主要议题是讨论征粮剿匪的宣传引导工作。会议决议成立“宜宾县动员委员会”，县以下的区、乡、镇、保皆成立“动员分会”，每甲则成立“动员小组”；

印发宣传大纲，通过各界代表广泛深入宣传治安、征粮、剿匪政策，推定了下乡宣导人员，有二区李坤杰、三区朱大文、四区张健夫，一区（城区及附近乡）由商界代表推出，负责开展群众宣导工作。

4 月 14 日，全体常委参加在中山街公园举行的“宜宾县各界人民追悼解放以来牺牲烈士大会”。

4 月 16 日，县各代会常委（扩大）会议（一届七次常委会议）召开。决议成立“宜宾县剿匪委员会”，公推县长黄藩和 82 团团长曹希康分别担任正副指挥长。委员会委员有刘春晖、薛毅、吕辅周、吴国义、张占云、孙望山、吕辅章、曾国宾、熊瑞文 9 人。在会上，张占云提出了有关剿匪办法的建议，吴国义提出了有关征粮事宜的建议。会议还通过了《关于继续肃清暗藏匪特、清剿土匪、解散大刀会，确立革命秩序的决议》。

7 月 1 日，县各代会一届八次常委会议决议：县属各乡镇代表“迅速大力协助各该地人民政府进行生产救灾”。

11 月 20 日，在宜宾县第一届各代会常务委员会最后一次常委会议（一届九次常委会议）上，研究了换届筹备工作，并发出了《拒用银元告宜宾同胞书》。

二、第二届各代会常委会

1950 年 11 月 25 日，宜宾县第二届各界人民代表会议第一次常委（扩大）会议召开，选出舒厚钦、彭厚筠二人为常委会副秘书长，选出刘春晖、熊瑞文、宛西北三人为驻会委员，设立了各代会常设机构。会后于 12 月 3 日，成立了“宜宾县各界人民支援农民减租退押委员会”，推举舒厚钦兼任秘书，饶幼辉兼宣传组长，熊瑞文兼调研组长；在城区 5 镇成立支援分会，各保成立支援小组；在城关区设立“减租退押”办公室。

宜宾县二届一次各代会常务委员会名册

表 1–9

姓　名	性别	界别	姓　名	性别	界别	姓　名	性别	界别
张守愚	男	机关	涂克生	男	机关	彭厚筠	女	文艺
黄　藩	男	机关	冯克纯	男	机关	丁　浩	男	民主特邀
胡真一	女	工人	刘春晖	男	民主特邀	周一堂	男	工商
张　玲	女	机关	饶幼辉	男	民主特邀	熊瑞文	男	民主特邀
苗守溪	男	机关	罗材银	男	工人	田　伟	女	学联
钟盛明	男	农民	刘正槐	男	工人	颜光荣	男	农民

续表 1-9

姓　名	性别	界别	姓　名	性别	界别	姓　名	性别	界别
曹希康	男	军人	薛　仿	女	妇女	舒国华	男	文教
孟永明	男	军人	吕辅章	男	工商	廖树清	男	民主特邀
黄震东	男	机关	黄叔相	男	工商	甘露群	男	农民
舒厚钦	男	机关	杨子诚	男	工商	胡　岱	男	知识分子
霍云芳	男	机关	薛　毅	男	文教	黄发如	男	农民
章光学	男	民主特邀	罗鸿武	男	农民	巫建明	男	民主特邀
郭仕康	男	农民	张晓峰	男	民主特邀	李靖华	男	知识分子
刘相如	女	妇女	合计			40 人		

12 月 7 日，以广泛、持久、深入开展“抗美援朝、保家卫国”运动为主题，常委会邀请宜宾各机关、学校、团体代表座谈讨论。根据川南区各代会协商委员会“应继续深入宣传，变为广泛的、经常持久的宣传运动”的指示，决议成立“宜宾县各界人民抗美援朝、保家卫国宣传委员会”，并选出许映辉、黄藩、张玲、李扬、刘春晖等 23 人为委员，号召各区、乡成立宣传小组。会议决定开展以下工作：发动青年参加志愿军，抗美援朝、保家卫国；于 12 月 11 日起，结合庆祝“宜宾和平解放周年纪念会”，开展宣传周活动，并由各级机关、团体、学校举行庆祝集会和游行活动；发动各界人民慰问朝鲜人民军和中国人民志愿军；向驻宜解放军 44 师、28 师全体指战员进行慰问。

1951 年 1 月 4 日，常委会召开各代会在城区代表座谈会，专题研究、组织春节期间的拥军优属活动。议决组织机关团体及群众，向宜宾驻军及军烈属送光荣花、光荣牌、光荣灯，以及慰问品。

大约在 1950 年 12 月至 1951 年 1 月期间，在“支援农民减租退押委员会”主持下，召开了一次“宜宾县各界人民支持农民翻身大会”。通过大会，全县 630 余户地主在短期内完成清退押，为土地改革打下了基础。

1951 年 1 月 15 日，召开二届二次常务委员会议，决议通过了《宜宾县第二届各界人民代表任务十条》，明确了各代会代表的职责和义务。会议还商讨了县第二届各代会第二次全体会议召开的日期和有关准备工作。

20 日，常委会选派代表参加了在安阜举行的“庆祝宜井公路通车典礼”。宜井公路是从宜宾到自贡自流井的公路，该路建成时间仅十个月。

27 日，县二届二次各代会最末一天召开了二届四次常务委员会议。会议讨论了大会总结报告及执行大会决议工作；研究、讨论了大会代表提出的宝元通案和没收刘文彩财产案两个重要提案；决定由霍云芳任常委会秘书长，舒厚钦、彭厚筠为副秘书长，熊瑞文为秘书；决议常委会驻会委员的编制为三人，由刘春晖、熊瑞文、宛西北驻会。

2 月 26 日，应县公安局的商请，常委会在县政府礼堂召开了“宜宾县各界人民临时紧急座谈会”，由副主席刘春晖主持。在会上，县公安局局长鲁克明报告《关于取缔反动会道门“一贯道”的问题》。报告叙述了“一贯道”的组织结构和宣传迷信、诈骗钱财、从事反动造谣、危害社会等种种罪恶活动，表明了政府坚决予以打击、严厉取缔的态度，希望大家协助政府对“一贯道”进行揭发检举。

3 月初，召开县各代会二届七次常务委员会议。黄藩报告说：“宜宾县已于元月 25 日前，基本上完成了清反减退（清匪、反霸、减租、退押）工作，亟待商讨提前实施土地改革，和及时召开二届三次全会的各项问题。”当即在会上作出了召开第三次全会的日期及会前应准备事项的决定。

3 月 20 日，常委会决议，推选代表刘春晖、熊瑞文、孙望山、李竹君四人参加“宜宾城乡联络委员会”工作，协助完成土改任务。

4 月 25 日，“宜（宾）塘（筠连县塘坝）公路”动工兴建，常委会推选驻会委员熊瑞文参加此项工作。之后根据二届十二次常委会议安排，又在端午节组织各界人士 150 余人前往工地慰问筑路工人，捐助 1600 余万元（旧币）为工人改善生活。

9 月 6 日，召开宜宾县各代会二届十四次常务委员会议，决定为适应宜宾县、市行政划分后的新情况，迅即筹备宜宾县各代会第三届第一次大会，以及推举筹备委员会人员。

此届常委会活动还有：通过代表，号召有关群团和各自所在行业单位，积极加强禁烟肃毒宣传，协助政府贯彻执行禁烟肃毒工作；协同“宜宾县抗美援朝分会”，多次掀起增加生产和捐献运动的高潮；通过代表积极响应党和政府的号召，动员所在机关单位及社团行业群众，参加修建西郊人民广场的义务劳动。

三、第三届各代会常委会

1951 年 10 月 2 日，召开宜宾县各代会三届一次常务委员会议。专题讨论贯彻执行宜宾县各代会三届一次全体会议作出的八项决议，并对有关各项工作提出具体要求。会议还对在年底前协助召开全县“评模贺模”大会进行了安排部署。

宜宾县三届一次各代会常务委员会名册

表 1-10

本会职务	姓 名	性别	年龄	代表界别	本会职务	姓 名	性别	年龄	代表界别
主席	苗守溪	男	34	机关	副主席	罗稻非	男	69	民主人士
委员	郭适之	男	38	机关	委员	胡常山	男	28	机关
委员	涂克生	男	29	机关	委员	李仲龄	男	30	机关
委员	胡文英	男	36	机关	委员	杨守知	男	31	机关
委员	艾 国	男	31	机关	委员	郑量才	男	34	机关
委员	何 芳	女	26	机关	委员	张德孚	男	29	机关
委员	宋福德	男	—	军队	委员	马金平	男	—	地方武装
委员	杨毓明	女	24	青年团	委员	宛西北	男	27	农民
委员	侯树云	男	32	农民	委员	萧朗清	男	35	农民
委员	任兴发	男	45	农民	委员	丁葆真	男	32	农民
委员	狄修之	男	38	农民	委员	黄树培	男	24	农民
委员	翁德祥	男	21	农民	委员	汪继明	男	33	农民
委员	杨树藩	男	32	民主人士	委员	吴明中	男	27	工人
委员	杨德荣	男	25	工人	委员	刘振勋	男	27	工商
委员	曾怀之	男	29	工商	委员	万树清	女	38	妇女
委员	舒国华	男	26	文教	委员	夏 天	男	23	文教
委员	何国柱	女	51	自由职业	委员	唐绍容	女	31	军属
委员	王德亮	男	23	少数民族	合计			35 人	

10 月 15 日，召开常委会临时会议。中心议题为加强常委会工作，组织、推动代表、委员的政治活动；检查第一次大会所作八项决议的传达与执行情况。会议强调在抗美援朝的大前提下，全县的四大工作任务是生产、秋征、爱国捐献和镇压反革命，而要以生产为中心；对于部分尚未完成土改的地区，则要以土地改革为中心。会议还宣布，关于债务纠纷方面，农民及其他劳动人民所欠地主的债务一律废除；地主欠农民的债务原则上应全部偿还，但应视其生活情形一次或分期偿还。会议建立了常务委员会三项工作制度：各常委须按月向常委会汇报工作一次；以各区区公所或其附近的常委（没有常委的则推举一名代表）为联系中心，便于基层代表和县常委会之间的工作联系；驻会的工作人员对人民来信必须有问必答，并且不超过三日，如遇有关重要政策、法令问题则会商主管部门加具意见作出答复。会议要求加强常务委员们的业务学习和时事政治学习，拟定《各级协商委员会关系的决定》《关于协商委员会工作的意见》《常务委员会职权的补充规定》及其他有关文件作为近期常委学习内容。这次会议还明确了常委会的日常办公地点和经

费开支，推举专职秘书一人负责处理常委会日常事务，推举驻会委员二人负责对常委会工作计划的组织与推动工作。

1952 年 1 月 16 日，召开三届四次常务委员会议，主题是研究代表变动情况和今后的工作。针对三届二次各代会会议代表较三届一次各代会会议代表变动 111 人的情况，与会人员进行了认真分析。会议重申了各代会代表一定要经过民选和代表任期为一年的基本原则，规定如有特殊情况必须更换的，须上报详细材料，并经常委会议审核决定。会议确定宜宾县各代会代表人数为 370 人，其中农民代表为 197 人，保证每个乡有 1 名农民代表。会议还建立了常委会议制度和代表联系制度。

4 月 12—13 日，召开了三届五次常务委员会议，中心议题是春耕抗旱、大生产运动及防灾备荒。各代会主席、县长苗守溪在会议报告中提出：要坚持常委会议每月一次的制度，委员必须到会；常委之间要结合当前工作多多交流动员群众春耕抗旱、满栽满插、努力生产的经验；要重视护林造林工作，禁止烧山砍树。会议作出了宣传贯彻农业生产十大政策，打消群众增产顾虑；大力完成春耕备耕工作，保证满栽满插；开展防灾备荒运动，厉行节约，反对浪费；开展民间自由借贷，保证有借有还；加强护林造林，禁止乱砍滥伐，严禁烧山；加强卫生防疫工作，注意牲畜健康六项决议。

6 月 7—8 日，召开了三届六次常务委员会议。会议研究讨论了筹备三届三次各代会议（后改为四届一次会议），开展增产运动、防备夏荒等项工作。会议还就互助合作运动和增产运动中出现的一些障碍问题展开了讨论。

处理代表和群众来信是第三届常务委员会的一项经常性工作。仅以 1951 年 11 月到 1952 年 4 月底半年统计，收到代表用书面形式反映问题的检举信就有 82 件，涉及贪污浪费、官僚主义、欺压乡民等多种违法违纪行为，包含 400 余件大小案子。

四、第四届各代会常委会

1952 年 6 月 16 日，宜宾县各代会四届一次全体会议后，即召开四届一次常务委员会议，讨论决定推动大会决议贯彻执行的各项工作。本届常务委员会有委员 41 人。县长苗守溪任常委会主席，未设副主席。县政府民政科长涂克生任常委会秘书长。另设常委会专职秘书 1 人，专职驻会代表 1 人。常务委员会公杂费及两专职人员工资，均在民政经费项下由民政科拨发。

宜宾县四届一次各代会常务委员会名册

表 1-11

本会职别	姓　名	性别	年龄	职务	文化程度	民族	党派	代表团体
主席	苗守溪	男	35	县长	初中	汉族	中共党员	机关
秘书长	涂克生	男	30	民政科长	识字	汉族	中共党员	机关
委员	郑致远	男	34	建设科长	高中	汉族	无党派	机关
委员	张　虹	男	23	教育科长	高中	汉族	青年团员	机关
委员	严亮畴	男	43	监委主任	高中	汉族	无党派	机关
委员	孙重远	男	33	公安局长	初中	汉族	中共党员	机关
委员	薛洪发	男	50	粮食局长	初小	汉族	中共党员	机关
委员	艾　国	男	32	联社副主任	初中	汉族	中共党员	机关
委员	吕名扬	男	33	四区区长	私塾	汉族	中共党员	区乡
委员	冯　涛	男	22	三区区长	初中	汉族	青年团员	区乡
委员	邬尊义	男	38	七区区委	识字	汉族	中共党员	区乡
委员	刘显道	男	34	十二区区长	小学	汉族	中共党员	区乡
委员	郭适之	男	39	县委书记	高中	汉族	中共党员	机关
委员	胡常山	男	29	组织部长	初中	汉族	中共党员	机关
委员	李天保	男	26	团县工委书记	小学	汉族	中共党员	青年团
委员	杨九龄	男	22	总工会工作员	高中	汉族	青年团员	工会
委员	林华均	男	28	农会干事	初小	汉族	中共党员	农会
委员	沈明萱	女	24	县妇联副主任	高中	汉族	中共党员	妇联
委员	唐星波	男	21	小教联主席	高中	汉族	青年团员	文教
委员	冯　佩	男	28	武装部长	高小	汉族	中共党员	武装
委员	陈海云	男	35	一区农民	文盲	汉族	中共党员	农民
委员	刘泽清	男	22	二区乡文书	识字	汉族	青年团员	农民
委员	刘荣武	男	24	四区村长	文盲	汉族	青年团员	农民
委员	文绍周	男	26	五区农民	小学	汉族	无党派	青年
委员	宋子州	男	32	八区农民	文盲	汉族	无党派	农民
委员	杨友三	男	47	九区农民	文盲	汉族	无党派	农民
委员	李汉荣	男	35	十区农民	私塾	汉族	无党派	农民
委员	李德明	男	35	十一区农民	识字	汉族	无党派	农民
委员	王盛根	男	29	十三区农民	小学	汉族	无党派	青年
委员	李世有	男	21	十四区乡文书	高小	汉族	无党派	农民
委员	谢　湘	男	24	驻会委员	高小	汉族	青年团员	农民
委员	李治明	男	24	煤矿工人	小学	汉族	无党派	工人

续表 1–11

本会职别	姓 名	性别	年龄	职务	文化程度	民族	党派	代表团体
委员	李绍荣	男	26	煤矿工人	文盲	汉族	无党派	工人
委员	胡俊清	男	26	商会主任	小学	汉族	青年团员	工商
委员	官林树	男	20	小学校长	中学	汉族	青年团员	文教
委员	凌德和	男	32	助理医师	高中	汉族	无党派	医务
委员	刘惠生	女	18	七区妇女	文盲	汉族	青年团员	妇女
委员	张凤才	女	18	十六区妇女	高小	汉族	青年团员	妇女
委员	王德亮	男	25	十区农民	文盲	苗族	无党派	少数民族
委员	熊炳成	男	46	六区军属	私塾	汉族	无党派	烈军属
委员	罗稻韭	男	70	自由职业	高等师范	汉族	无党派	民主人士

8 月 11—14 日，召开各代会四届二次常务委员会议。到会委员 26 人，占应到委员的 65%。会议的中心议题是：如何开好物资交流会，以恢复与发展工商业，繁荣经济；加强秋收秋耕领导工作，深入开展评比评模运动。会议形成了全县 8 月、9 月中心工作的决议：一是恢复工商业，繁荣经济。要求沟通城乡物资交流，组织工业品下乡，打开土特产销路，发展工农业生产，改善人民生活；举办城区和横江、高场、观音、柳嘉、白花、漆树、金坪等中心地区的物资交流会，达到人人有购买，户户有推销，国营、合作、银行、工商联合会密切配合。二是组织起来，完成秋收秋耕任务。要做到边打边晒边入仓，边打谷子边犁田；大张旗鼓宣传组织起来的优越性，大力发展临时性、季节性互助组，认真贯彻自愿、等价、民主互助三大原则；各区要积极组织小手工业，解决秋收中农民农具的不足问题。三是结合秋收秋耕工作做好评比评模、积肥、选种、灭虫、培修堰塘、补种等工作。

9 月 28 日至 10 月 1 日，召开四届三次常务委员会议。到会委员 23 人，占应到委员的 56%；列席 3 人。中心议题为大力开展互助合作运动；认真贯彻税收总方针，完成秋征任务；开展小麦丰产竞赛运动；继续开好物资交流会，完成收购推销任务；重点试行速成识字法及整修区乡道路等。会前，要求各个常委召集所在区各界人民代表开一次会，对上述议题收集代表意见并形成材料。会议形成了关于进一步开展爱国增产运动，迎接即将到来的经济文化建设，保证国家第一个五年计划胜利完成的常委会决议。决议提出要引导农民逐步走向集体化道路，在巩固现有互助合作的基础上，整顿提高合作社，于今冬明春把全县 35% 的劳动力和 50% 的农户组织起来；贯彻中央“查实田亩、评实产量、依率计税、依法减免，取消一切附加”的方针，完成 1952 年农业税收任务；以劳模为中心，互助组为基础，大力开展小麦丰产竞赛运动，要求每区培养一个丰产村，每村培养三个丰产组、五个丰产户；扩大物资交流会，以“赶大场”的形式组织工业品下乡与消费者直接见面，打开土特产销路，提倡正当消费，刺激工农业生产；着力文化的普及和提高，决定改变过去小学教育中的“四”“三”级制为五年一贯制，重点试办和推广速成识字法；做好柏溪到横江段、安阜到双河段、蕨溪到商州段、金坪到新川煤矿等四段约400华里的驿道修建工作等。

根据省协商会联合办事处推动“中苏友好月”各项活动的通知精神，县各代会常委会自11月7日起，协助县“中苏友好协会分会”将各项活动全面开展起来。协助县中苏友协分会召开了两次会员大会，以及庆祝大会和座谈会；驻区乡常务委员协助各区召开会议，组织学校师生进行街头宣传、文艺演出；在县各代会四届二次全会上作关于中苏友好的专题报告；邀请访苏回国代表作参观报告：加深广大群众对中苏友好的认识。

12月25日，于各代会四届二次全体会议后召开了各代会四届四次常务委员会议。会议讨论如何贯彻四届二次大会决议；学习怎样做好人民代表的相关文件。这时，常委会主席由现任县长曹均接任，常委会秘书长由现任民政科长邢春明接任。仍设常委会专职秘书1人，驻会委员1人。

1953年3月5日，召开四届五次常务委员会议。会议中心议题有三项：如何迅速传达各代会四届三次全体会议决议；如何加强委员、代表与常务委员会之间的通信联系；常委会如何组织代表学习。决议由各区常委带头领导督促各代表在各种会议、各种场合普遍进行传达；各常委每半个月要与常委会通信联系一次，邮费由常委会开支；驻会委员要随时下乡检查工作，搜集群众意见，催办政府、部门应办理文件，组织各代表学习。

4月20日，于宜宾市粮房街县政府招待所会议室召开四届六次常务委员会议。会议主要听取常委会主席、县长曹均关于常委会工作的报告，研究了常委会以后的相关工作。会上，作出了关于深入开展爱国生产竞赛运动、加强抗美援朝斗争的四项决议：一是继续发动广大群众，以劳模积极分子为骨干、互助组为基础开展爱国丰产运动。二是在大部分地区已基本上渡过春荒的基础上，大力贯彻生产自救的救灾方针，做好防备夏荒工作；发动群众多种早熟作物，提倡自由借贷，组织副业生产，加强对以工代赈的组织领导，教育群众克服单纯依靠政府救济的依赖思想以战胜将要发生的夏荒。三是加强对烈军属与人民群众爱国主义的政治思想教育，结合大生产运动整顿与健全“大包耕、小包工”的代耕制度，保证烈军属生产不低于一般水平；关心烈军属生活，随时为其解决困难。四是密切结合生产继续贯彻宣传婚姻法与爱国卫生运动并使其经常化，以提高人民健康水平，形成和睦家庭。

7月3日，于县政府招待所召开四届七次常务委员会议。会议的主题是如何传达贯彻各代会四届四次全体会议决议、如何组织学习代表会文件。这时，常委会办事机构中秘书长由邴业才担任，常务委员人数由 41 人增加到 45 人。

12 月 25—26 日，在县政府会议室召开了四届八次常务委员会议。会议的主题是宣传贯彻国家在过渡时期的总路线和粮食统购统销工作。会议作出了关于在大张旗鼓宣传国家过渡时期总路线、总任务的前提下，加强冬季生产工作的领导、大力开展互助合作运动、完成全县的普选工作、办好冬学提高农民政治文化水平四项决议。

1954 年是宜宾县人民代表大会建立之年，在各代会代表中，有 10% 以上已当选为县人大代表。宜宾县各界人民代表会议及其常务委员会仍然存在，但没有召开过全体会议和常务委员会议。上半年，常委会驻会委员 1 人大部分时间是在区乡帮忙办理基层人大选举事务，基层各代会委员、代表亦主要协助宣传人大政策法令。常委会专职干部 1 人则在县里协助县选举委员会办理相关事务。其余时间则接收并处理人民来信、来访，全年共收到人民来信 61 件，都及时同有关部门一道进行了协商研究处理。在人大成立后，作为统一战线组织性质的宜宾县各界人民代表会议及其常务委员会如何定位、如何改组，尚在等待阶段。

1955 年伊始，宜宾县各界人民代表会议及其常务委员没有开展活动。1 名驻会委员调供销社工作，1 名专职秘书调中学任教。在宜宾县各代会常委中，已有 15 人当选县人大代表。1955 年 9 月 23 日，宜宾县第四届各代会常务委员会议召开，21 名常务委员参会，协商决定撤销机构、结束工作。宜宾县副县长吕名扬到会作报告。报告回顾了自新中国成立以来的几年间宜宾县各代会及其常委会所作出的历史贡献，指出当前已经完成了自己光荣的历史任务。会议还征求了委员们在自己生产和生活上的意见。

1955 年 10 月 1 日，由中共宜宾县委统战部向中共宜宾县委和中共宜宾地委统战部报送了《关于撤销常委会工作的报告》。

第三章　各界人士学习委员会

第一节　组建

1954 年 7 月，宜宾县第一届人民代表大会第一次会议召开，宜宾县各代会不再代行人大的职权。虽然宜宾县各代会及其常务委员会机构尚未撤销，但再没有开展过以各代会名义进行的任何活动。

根据宜宾县的实际情况，1954 年 8 月 1 日，中共宜宾县委统战部向中共宜宾地委统战部提交了《关于设立统一战线组织问题的报告》。报告说，宜宾县有 10 个集镇，53 个乡场，私营工商业有 6226 户，具有一定代表性的中上层分子 46 名；中学 4 所，教师 67 名，中上层分子 9 名；小学教师 2166 名，教书多年，在当地有相当声望或在教师中威信高的非团员教师中有上层代表性人物 59 名；新旧医 1203 人，中上层分子 54 名；另有旧知识分子 6 名。全县共有中上层分子 174 名（包括各代会中上层人物在内）。报告反映，首次县人民代表大会召开后，一部分未当选的中上层分子思想波动，有的曾正面提出“人代会后我们咋个办”的问题。报告认为，由于宜宾县地域辽阔，场镇较多，各方面代表人物较多，而人代会名额有限，安排数少，还有相当数量的上层人士需适当安排。为此，需要一适当组织与党外中上层分子保持经常联系，掌握其动态，并通过它团结、教育、改造这些人及其所联系的群众，便利工作。报告提出：“为了使其有政治活动场所，经县委研究，认为我县有设立统一战线组织的必要。”这是中共宜宾县委为建立县一级基层统一战线组织的首次发声。

1955 年 9 月，宜宾县第四届各界人民代表会议及其常务委员会正式结束工作，机构撤销，宜宾县各代会完成了自己的历史使命。这时，县内已无统一战线组织。

1956 年 3 月 3 日，中共宜宾县委统战部按照中共四川省委统战部电示，组织邀集了宜宾县各方面代表人物的座谈会，会议连续开了 3 天。到会的有县工商联常委和分会支委 19 人，中小学教育界代表 17 人，中西医务人员 10 人，兽医界 1 人，川剧团代表 1 人，国民党起义将领 1 人，旧知识分子 3 人，共 52 人。其中有 35 人为县人民代表。这次会议的主要内容为对国内外形势的了解认识，以及对党的工商业和平改造方针和赎买政策的学习。以期达到动员各方面人士在社会主义革命高潮中，把各方面的工作搞得“又快又好又多又省”，并且积极协助对私改造和尽可能地参加这方面的具体工作。在会上，各界代表都提出了协助政府推动工商业者认真学习和改造的具体意见，而且认识到了加强学习是迎头赶上社会主义日新月异发展形势的迫切需要。自各代会撤销后，召开这样的各界人士座谈会在宜宾县是第一次。参加者认为对他们的“教育很大”，“对提高思想、认识当前中心工作很有帮助”。

1956 年 5 月 14 日，中共四川省委批转省委统战部、宣传部《关于 1956—1957 两年内组织和帮助民主人士、资产阶级分子以及社会上旧中、上层分子进行学习的初步规划》（总号〔56〕112）。《规划》要求对民主人士的学习：“由人民政协各级地方委员会和没有设立政协的县的各界人士学习委员会继续组织学习座谈会（或学习会），吸收当地各方面的民主人士进行时事和政策问题的学习。”还提出：“对住在乡镇的少数民主人士的学习，可由学委会发给学习计划和材料并采取个别联系的办法予以必要的指导；或采取定期举行座谈的办法（如每季集中座谈几天）进行学习。”

1956 年 8 月 11—13 日，由中共宜宾县委统战部组织召开了宜宾县各界人士学习会第二次会议。到会 109 人，其中文教界 26 人、医务界 28 人、工商界 38 人、机关和社会民主人士 7 人、少数民族 1 人、工程技术人员 2 人、列席人员 7 人，大部分是知识分子。会议的主要内容是：传达省政协第一届委员会第二次全体会议的精神，着重传达关于知识分子问题，也涉及社会主义改造问题；学习李维汉在第一届全国人代会第三次会议上的发言，着重学习“长期共存、互相监督”的方针和正确处理在机关、学校和企业内部的合作共事的关系；听取关于组织各界民主人士和工商业者进行学习的相关报告。会议安排了大会发言和分组座谈，又专门分文教界、工商界、医务界召开了座谈会，与有关部门共同协商、研究会上所提问题及相关工作。党外人士普遍反映：“这次会议是我县动员一切力量更好地为社会主义事业服务，互相监督、开展学习的良好开端。”“加强了各界人民的团结，增进了合作，指定了方向，鼓舞和发挥了为社会主义事业服务的积极性。”

在会议召开期间，中共宜宾县委决定：今后在知识分子中加强党、团组织的发展工作；立即纠正歧视、打击知识分子的错误，以及让知识分子不适当地参加社会活动，影响教学的混乱现象；对于从事工程技术和学术研究的人员，政府必须给予物质上、工作上、时间上的必要支持和热情关怀，尽量改变用非所学的现象，尽量照顾生活（包括家庭生活）上的要求。

这次会议始终贯彻了“长期共存、互相监督”的方针。在以社会主义利益为原则的前提下，各界人士对党进行了监督批评，沟通了思想，敞开了意见，加强了团结，增进了合作，更加巩固和扩大了人民民主统一战线。

通过这次会议，各界人士认识到了组织学习的重要性和必要性，迫切要求县、区党委加强对学习的领导，不仅要督促学习机构的成立，而且要将领导学习列入党委工作日程。与会者认真审查和修改了《宜宾县关于1956年到1957年组织各方面人士、工商业者进行学习规划（草案）》。

在这次会议的最后一天，成立了“宜宾县各界人士学习委员会”，选举了县学委会主任、副主任和委员共13人，由县长李箴言任主任，孙贵斌、肖少平任副主任，亦为第一届宜宾县学委会。学委会是不设政协的县开展统战工作的一种组织形式，在一些方面起着政协组织的作用。自此，宜宾县又有了县一级统一战线组织。

1956年8月31日，中共宜宾县委发文强调：“县委同意县委统战部《关于宜宾县各界人士学习会第二次会议情况的报告》并转发给各区委、直属乡总支进行学习，以克服我县统一战线工作中存在的没统战工作可做的右倾保守思想和不愿意和代表人物、知识分子接近的宗派主义倾向，加强与各阶层代表人物的联系和对知识分子的领导，充分发挥他们的积极作用，调动一切力量为社会主义事业服务。”

1956年9月9日，在医务界成立了宜宾县学委会卫协分会，配备了1名专职干部。卫协分会赓即又在各区成立了大组18个，小组89个，每个大组分别配备了专、兼职学习辅导员。县学委会还在工商界以及4个大区——横江、白花、观音、蕨溪分别成立了县学委会的学习分会，并配备了专、兼职学习辅导员，这些分会共拥有专兼职辅导员36人。另外，文教界亦有“中小学教师学习委员会”（早于县学委会成立）。

1957年3月19日，中共宜宾县委统战部在《关于进一步检查统战工作的报告》中反映：“学委会实际上已逐渐成为各界民主人士的政治活动场所和论坛，发挥了政协的作用。”当月，因李箴言调离宜宾县，县学委会改由尹保安（县长）任主任，增加了宛西北（县委统战部副部长）、黄叔相（副县长）两人为副主任。

1959年2月4—5日，继宜宾县三届二次人代会后召开了宜宾县各界人士学委会和工商业联合会联席会议。会议对宜宾县学委会进行了新的选举。宜宾县第二届学委会主任为尹保安（县长），副主任为孙贵斌、宛西北、黄叔相、肖少平，委员有彭铁肩、侯已银、杨象坤、喻均澄、肖菊志、邹谷君、王保初、刘汉君、杨身述、周现、刘晓光、罗德怀、苏德富。同时，决定在高家、泥溪成立各界人士学习小组。

1961年12月15—31日，召开了宜宾县学委会扩大会议。鉴于第二届学委会已近三年，以及部分委员的工作变动等情况，经与会人员的充分酝酿、讨论、协商，对学委会进行了充实调整，组成了宜宾县第三届各界人士学习委员会，由县长吕名扬出任主任委员。共有委员 23 人。

宜宾县第三届各界人士学习委员会名表

表 1–12

本会职务	姓　名	性别	其他职务	本会职务	姓　名	性别	其他职务
主任	吕名扬	男	县长	副主任	宛西北	男	统战部副部长
副主任	黄叔相	男	副县长	副主任	肖少平	男	工商联主任
副主任	杨身述	男	医生	副主任	邹谷君	男	小学教师
委员	肖菊志	男	市管会副主任	委员	刘吉成	男	医生
委员	张云祥	男	中学教师	委员	郭□□	男	中学教师
委员	谢家勋	男	小学教导主任	委员	龙承刚	女	工商联副主任
委员	苏德富	男	食堂经理	委员	周　珣	男	医生
委员	罗德怀	男	兽医副主任	委员	刘汉均	男	演员
委员	高继盛	男	文教科副科长	委员	罗元华	男	宣传部部长
委员	王安忠	男	工会主席	委员	张家珍	女	县团委副书记
委员	曾庆明	女	县妇联主任	委员	李文卿	男	商业局局长
委员	万国玺	男	县医院院长				

在“文化大革命”期间，宜宾县各界人士学习委员会已不复存在，更无任何活动。

1977 年 1 月，宜宾县各界人士学习委员会得以恢复，由王殿魁任学委会主任，宛西北、肖少平任副主任。按照惯例，本届应为宜宾县第四届学委会。

1980 年 4 月 14 日，中共四川省委统战部《关于继续做好县（区）各界人士学习委员会的工作几点意见》强调：“各界人士学习委员会是不设政协的县（区）统一战线组织形式，它起着相当于政协的作用。”该文件还进一步明确：委员人选由县委批准，主任、副主任人选由地、市、州委批准，组成方案和名单报省委统战部备案；主任一般应由主管统战工作的书记兼任，副主任和委员主要安排党外人士担任，但要有党委、宣传等有关部门负责人参加。

1980 年 11 月 30 日中国人民政治协商会议宜宾县委员会成立后，宜宾县学委会即完成了自己的历史使命。

第二节　活动

1956年8月县学委会成立之后，当年即领导、组织各界人士开展了系统的理论、时事、政策的学习，到1956年底的4个月内，主要学习了全国人大一届三次会上李维汉的发言、周恩来的讲话，省政协一届二次会议主要精神，中共“八大”文件，以及匈牙利事件等国际时事。其间，在所组织的一次学习座谈会上，参会人数多达109人，有各方面的代表人物、少数民族的上层人物参加。尤其是卫协分会和工商分会大力组织力量深入基层宣传学习，听众达3000余人，其中参学的工商界人士2250余人、医务界人士1295人。横江、白花、观音、蕨溪四大集镇分会主要是组织各界上层代表人物的学习座谈会，亦达100余人次。通过学习，各界人士和工商业者提高了社会主义觉悟和政治思想水平，更加靠近党和政府，遵守政策法令，努力钻研科学技术，积极改进生产和管理，尽力造福社会和人民群众。在工商界和医务界呈现出“学习先进、发掘先进、打破陈规、改进技术”的新气象。中医界发掘和推广传统医学，献出包括有效地治疗痔疮和钩虫病的处方等秘方31件；柏溪医务学习小组被省中医进修学校定为面授重点单位；过去中医界不愿带徒弟的保守现象已逐步克服，发展了新生力量100余人。工商界有的私方人员主动争取公股代表的领导，团结工人积极搞好经营管理，乐于接受国家计划生产；高场丝烟合作小组以往一人一月推烟200公斤，改进技术后一人一月推烟375公斤，提高劳动效率87.5%；有的手工业社生产和改良的农具就达70多种，有力地支持了农业生产。在1956年11月的学委会议上，委员大胆批评了县委、县人委法制观点不强，全年竟一次人代会都未召开；批评了个别县领导集体领导观念薄弱；反映了黄山茶场所雇用的一个医师，近四个月未给其工资报酬，致使其生活极为困难。会后，这些问题都得到了不同程度的改进和纠正。

1957年2月6日，召开宜宾县第一届各界人士学习委员会第三次全体会议（扩大），会议的主要内容是总结1956年学委会工作，讨论1957年学委会工作计划；学习中共“八大”文件，了解各界人士对一年来政府工作的意见；讨论如何在文教、医务、工商和其他方面开展增产节约运动，征求有关勤俭建国、勤俭办一切事业的意见和建议。会议认为学委会的成立促进了各界人士的学习，提高了他们的社会主义觉悟，初步起到了共产党联系各阶层人民的桥梁作用。会议提出将县学委会委员从13人扩大到19人，四大集镇分会委员由7人扩大到11人或13人；学委会和分会每季度召开委员会议（扩大）一次，对党和政府提出批评和建议；委员要广泛联系各界人民并反映他们的意见，学委会要及时处理好人民来信，认真做好收转和答复工作；县学委会每季度组织委员和有关方面人士学习一次，并组织他们辅导所在地各界人民学习；县学委会要领导、训练好工商、卫协分会的专、兼职学习辅导员。

1957 年 3 月 8 日，宜宾县各界人士学习委员会发出《关于“支援春耕生产运动，争取农业大丰收”给各界人民的号召书》。号召书指出“为了完成和超额完成今年农业生产计划，各界人民支援春耕生产运动是一项刻不容缓的重大而光荣的任务。为此，各界人士学习委员会号召全县各界人民积极行动起来，支援春耕生产运动，争取今年农业大丰收。”号召书提出：一是开展社会宣传教育工作，积极响应党和政府的号召，充分认识实现“粮打千斤，副收（即副业收入）二百元”的必要性和可能性。二是大力开展送肥运动，文教界、医务界，特别是工商界应积极行动起来，多方面开辟肥源（如掏下水道，收集街头巷尾房屋四周的垃圾污泥等），大量积肥送给农业生产合作社。三是提倡文教工作者、医务工作者、半农半商户和其他方面的人士家居农村的，节省开支，向农业社投资，于秋后归还；未家居农村的也应尽可能地向农村信用社存款，以便积蓄更多的资金支援农业生产。四是为了组织更多的劳动力投入农业生产，工商业者应积极教育动员弃农经商和盲目流入场镇的农业人口迅速回家参加春耕生产；小商贩和下伸的服务商店应积极组织货源，巡回下乡购销，以减少赶场误工，使农民有更多的时间生产；医务工作者应组织巡回医疗组深入农村，便于农民就近就医，同时做好卫生防疫工作减少病患；教育工作者应加强学生的劳动教育和农业生产技术教育，动员通学学生在放学回家后积极参加农业生产，帮助家务劳动。五是在严重的自然灾害（如虫灾、旱灾等）到来时，各界人民应主动地有组织有领导地支援农民战胜自然灾害，保证农业大丰收。活动结束后据观音等 6 个卫协分会统计，组织了巡回医疗站 31 个、组 98 个；观音诊所 18 个中西医生，向农业社投资和向信用社存款 1166 元。据工商业分会统计，共积肥 1016.5 万公斤，动员帮农民做工的有 12327 人次，折合 4109 个劳动日。

1957 年 6 月 10 日，宜宾县学委会提交《关于组织各界民主人士和工商业者学习工作总结暨今后意见》的报告，对学委会成立后 10 个月来的学习工作进行了总结并提出了改进意见。该报告提出，应当恰当划分县学委会和各分会的职责，以充分发挥分会的主动性和积极性；学习计划和学习文件资料由县学委会统一计划，资料由学习者个人或分会出钱购买，社会民主人士的由县学委会赠送，并加强对学习辅导员的培训。县学委会还要求省政协和党委统战部加强对县学委会的具体领导，组织对学委会人员的培训和辅导，至少在专区一级应组织开展适时的经验交流会。

由于全国“反右”运动的开展，1957年7月5日，县学委会在县人委办公室召开了为期两天的扩大的委员座谈会。会议的主题是：“向右派分子的反党反社会主义的言论和行动作坚决斗争。”

1958年4月23日，中共宜宾县委统战部召开学委会会议，根据上级统战部的指示精神，作了“双跃进运动”的传达报告，进一步开展整风交心运动。即在各界民主人士和资产阶级分子中开展自我改造，“向党交心，向社会主义献宝”。要求这些人订好个人的跃进改造规划，并将书面材料送交县学委会。

1959年2月4—5日，宜宾县召开了县学委会和县工商业联合会两会的扩大会议，目的是进一步促进两会成员的自我改造。出席会议的工商、医务、文教界代表及工商联干部共46人。会议的内容是传达专区会议内容和决议，修订宜宾县各界人士和工商界自我改造协议书，补选县学委会委员并健全学委分会和学习小组。会议要求全县各区要在当地党委统一领导下进行一次全面的检查评比，在1959年内做出成绩，向国庆十周年献礼。

4月10—15日，中共宜宾县委统战部在白花召开了各界人士座谈会，包括县人民委员、县学委会委员、县工商联委员及文教、医务、工商界代表共24人参加了会议。会议目的是为了帮助各界人士加强政治立场和思想的根本改造，贯彻党对资产阶级分子和资产阶级知识分子进行和平改造的方针、政策，消除他们在整风后对党存在的戒备心理和在“大跃进”、人民公社化后的种种怀疑、顾虑，进一步树立改造的信心和决心，为社会主义建设贡献力量。经县学委会统计，在1959年的第一季度，各界人士订立改造规划的有90人，共做劳动日726个，植树29632株，积肥86800公斤，献计13件，合理建议51条。

1960年2月2—11日，宜宾县学委会召开委员扩大会议。参加会议的有学委会委员、工商联委员和县人民代表共48人。这次会议的任务是：深入学习党的社会主义总路线，总结学委会工作，交流服务与改造的经验，帮助与会人员提高在总路线、“大跃进”、人民公社、党的领导、群众运动等一些大是大非问题上的正确认识。在10天的会议中，采取了大会、小组会、座谈会、参观等多种形式。县委、县人委主要负责人，县委农工部、宣传部、统战部相关人员，都到会作了辅导报告，县学委会也作了一年来的工作总结。会议使参会的各界人士受到了一次深刻的社会主义教育。

1960年6月，宜宾县学委会在蕨溪召开了扩大会议，传达、学习党中央领导人在民建、工商联两会中央代表大会上的指示，以及两会的决议，以推动县两会（各界人士学委会、工商业联合会）成员在以粮、钢为中心的增产节约运动中的积极性，加强自身改造。

9月16日至10月6日，经党委同意由学委会和工商业联合会各派两人组成了4人联合检查组，对全县各分会（小组）所在地和部分较大集镇、企业、学校进行贯彻县学委会6月蕨溪会议精神的检查。检查组通过听（听汇报）、看（参观）、讲解（讲解问题）、谈（个别摆谈）等多种形式，重点检查在县学委扩大会上向党的保证书的执行情况，以及了解各界人士在参加以粮、钢为中心的增产节约运动中的成绩、经验、要求和反映。经过检查，全县各界人士和工商界占90%以上的人士听取和学习了两会的中央会议精神，全县50多个场镇中有96%以上对两会的中央会议精神进行了传达贯彻。据此，宜宾县各界人士学委会和工商业联合会于10月15日共同向四川省政协和省工商联呈送了《关于组织两会联合检查组进行检查情况的报告》。报告认为各界民主人士今后应该努力学习毛主席著作，逐步改造世界观，并对他们加强以下工作：继续团结各界人士和整个工商业者，反对国内外敌人、反对以美国为首的帝国主义；继续地团结和推动各界人士和工商界走社会主义道路，和工农群众一道参加实践劳动为社会主义服务；结合为社会主义服务的实践，进行自我教育和自我改造；在党的领导下参加各项政治活动，协助党和国家调整阶级关系，调动各界人士和整个工商业者的积极因素，更好地为社会主义作出贡献，积极参加增产节约运动，发挥其技术才能。

11月23—28日，宜宾县学委会召开了委员（扩大）会，传达中央6个民主党派（扩大）会议精神。参加会议的有学委会、工商联委员和医务、知识界代表共30人。会议听取县学委会副主任、副县长黄叔相传达周恩来在6个民主党派中央全会上所作的“关于当前国际形势”报告，以及中共中央统战部李维汉所作的“学习毛主席著作，逐步改造世界观”的报告精神；听取了中共宜宾县委统战部副部长宛西北“关于当前形势的认识和今后如何加强学习”的报告。会议还组织了小组讨论和大会发言。会议的目的要求是认清形势、鼓足干劲、加强学习、提高认识、增进团结、坚持真理、改正错误、明确方向、积极服务、努力改造。会议决定组织各界人士重点学习毛泽东同志《实践论》《矛盾论》《正确处理人民内部矛盾的问题》《论人民民主专政》等文章，进一步掀起学习毛主席著作高潮。

1961年2月22日至3月14日，根据中共宜宾地委统战部指示精神，在中共宜宾县委的统一领导下，在高场召开了历时21天的宜宾县学委会扩大会议。参加会议的各界人士共55人，其中工商界33人、医务界9人、文教界8人、政界3人、文艺界2人。会议传达了民建、工商联中常委四次联席会议精神，艾思奇在全国政协常委11次会上的报告和全国政协关于推动工商界、知识界、民主党派和无党派民主人士学习毛主席著作的决议，中共九中全会公报、决议，以及李大章省长在省人委15次扩大会议上的报告；学习了《中共中央关于农村人民公社当前若干政策问题的紧急指示信》和毛泽东选集第四卷；听取了专区和县关于国际国内形势的报告；组织了参观和座谈讨论会。会议贯彻了和风细雨“神仙会”原则和“三自方针”“五不政策”，消除了参会人员一怕戴帽子、二怕大会批判斗争、三怕抓辫子、四怕搞“三反”运动、五怕反右倾的“五怕”顾虑，较为畅所欲言地发表了对形势、对政府工作尤其是对“三年困难时期”的自我认识，基本达到了会议稳定情绪、提高认识、调动各界人士积极性的目的。

继4月县人代会后，县学委会又召开了两天的学习座谈会。一致表示要坚决贯彻县人代会的决议，积极响应党的大办农业、大办粮食的方针，以及各行各业支援农业的伟大号召。

7月10日，县学委会发出了关于组织各界人士和所有工商业者学习《红旗》杂志1961年第11期的中共中央统战部部长李维汉《论述我国人民民主统一战线的经验》等几篇文章，和《新工商》1961年第9期《工商界历史唯物主义读本》的通知。

7月18日，县学委会发出了《关于动员全县各界人士厉行节约渡荒，大力支援农业的号召》。鼓励各界人士积极响应中共四川省委、省人委关于战胜自然灾害、开展生产自救运动的号召，本着埋头苦干、自力更生、勤俭建国、发奋图强的精神，信心百倍地投入战胜自然灾害的生产自救运动，从而锻炼和改造自己，为夺取农业大丰收作出贡献。

12月15—31日，召开了历时17天的宜宾县学委会扩大会议。到会50人，占原计划参会人数的62.5%，分别来自工商、文教、医卫、文艺和政界等各个方面。会议的主题是对各界人士进行形势教育和政策学习，推动他们提高认识、增强信心、克服困难，积极为社会主义建设服务。会议分为敞、议（结合参观访问）、总结三个阶段。在敞的阶段，学习了中共中央《农村人民公社工作条例（修正草案）》（即“六十条”）以及“大包干”政策，学习了刘少奇同习关于“党的四十周年”讲话和“建国十二周年”报告，以及周恩来总理对苏共22大的讲话、《人民日报》若干篇社论等文件、文章，组织参会人员敞开思想，发表了自己的看法，使大家在几个重大问题的认识上有了基本统一。在议的阶段，组织了到一步滩公社红花大队的参观访问、翠屏公园的游山及茶话会，参观了投机倒把、贪污盗窃犯罪分子罪证展览。其间，组织了座谈讨论。在总结阶段，强调了学委会成员及其所联系群众，必须忠诚老实，全面接受党的领导，坚决走社会主义道路，正确贯彻党的路线、方针、政策，模范地遵守各项法令、政策，高举总路线、“大跃进”、人民公社三面红旗；必须坚持反对帝国主义和现代修正主义，反对其侵略政策和战争政策，加强国际反帝统一战线，保卫世界持久和平；必须努力学习毛主席著作，提高政治思想觉悟，逐步改造世界观。会议还改选了县学委会，组成了宜宾县第三届各界人士学习委员会，选出了学委会主任、副主任及委员共23人。会后，于1962年1月8日发出了《宜宾县各界人士学习委员会第三届第一次扩大会议倡议书》，倡议健全学委会组织，建立学委会制度，修订集体公约和个人规划，更加紧密地团结在党的周围，同心同德，为建设社会主义祖国的伟大事业而共同奋斗。

1962 年 4 月 5—12 日，宜宾县学委会召开了历时 8 天的扩大会议，到会的有县学委会委员、市（县级宜宾市）政协委员、各区学委分会副主任和区工商联分会主委等，共 27 人。会议的主题是认真总结自第一届学委会成立以来六年间的工作经验，增强各界人士的信心，更加团结一致。会议总结出各界人士在服务改造中的“十不得”重要经验教训，即对党的领导和党对资产阶级的政策、方针怀疑不得、离开不得；社会主义建设三面红旗（即总路线、“大跃进”、人民公社）及其具体政策措施必须继续拥护和遵守，违背不得；对当前的国内外形势糊涂不得；工农带动和学委工商组织的帮助少不得；各项运动中的经验教训忘不得；政治理论、时事政策的学习松不得；不顾全局只顾私人的认识和行为要不得；改造情绪厌倦不得，尾巴翘不得；服务实践消极不得，特别躺下来要不得；必须实事求是，一切虚假搞不得。

继 7 月 18—20 日参加了县人委扩大会议后，县学委会将参会的学委委员和各界人士共 38 人留下，就如何帮助贯彻人委扩大会议精神，以及贯彻省政协会议精神，举行了 4 天的县学委会扩大会议。会议学习了周恩来总理的政府工作报告、省政协孙文石的传达报告，以及彭迪先的省政协常委工作报告。县委统战部宛西北就加强人民民主统一战线，调动一切可以调动的积极因素为调整国民经济服务，以及调整中的有关政策问题作了讲话。会上有 7 人作了发言。学委会副主任黄叔相作了会议总结。会议着重讨论了在国民经济调整中从各方面压缩人力加强农业战线和精简职工和城镇人口，使参会的各界人士基本统一了认识，减轻了顾虑，稳定了情绪，提高了参与服务的积极性。会议还决定在精简的形势下也要加强学委会和工商联的组织工作，按政策把人员配备好，进一步开展团体活动，把县的人民民主统一战线工作做得更好。

1963 年 8 月 31 日至 9 月 17 日，包括县学委会委员在内的全县 66 位民主人士，其中工商界 34 人、医务界 18 人、文教界 11 人、政界 3 人，参加了县委统战部召集的历时 18 天的会议，接受了一次集中的爱国主义、国际主义和社会主义教育。会议是在当时国际国内形势、阶级斗争、“五反”运动和反对现代修正主义的背景下召开的。会议本着中共八届十中全会精神，以阶级教育为纲，以“五反”运动为中心，按照社会主义和阶级原则，用阶级分析的方法，着重解决在思想认识上具有普遍性、关键性和根本性的问题。县学委会为了使“三个主义”的教育更加深入下去，决定赓即举行一周一次的在城委员座谈会，并组织各分会辅导员学习。

11 月 3—8 日，县学委会召开了三届三次委员扩大会议，有 20 人参会。会议的主要内容是贯彻省政协会议精神，传达学习程子建同志的工作报告和中共中央统战部领导在民建中央和全国工商联宣教工作会议上的报告，进一步进行阶级教育，使学委会成员正确认识阶级斗争形势，从而正视问题、明辨是非，达到加强自我提升的目的。

12月9—11日，县学委会召开了三届四次委员会议，主要是传达贯彻省人代会三届二次会议和省政协三届二次会议精神，着重加强当前形势和以阶级斗争为纲的学习教育。会议有出席和列席人员共19人。县学委会副主任、县工商联主任肖少平作了会议总结报告。

1965年7月8—13日，县学委会召开委员扩大会，到会人员58人。会议以形势教育为主，主要学习了全国人大常委会决议，我国政府声明（1965年2月9日中国政府援越声明），全国政协声明（1965年5月15日全国政协四届二次常委会议通过的全国政协《支持多米尼加人民反对美国武装侵略的声明》），毛泽东、罗瑞卿同志的讲话和报告等。会议期间还组织与会者参观了宜宾专区工农业生产展览。学委会副主任邹谷君作了会议总结报告。会议要求与会人员响应党和政府的号召，认清援越抗美的重大意义，纠正恐美、靠苏、主张和谈的错误思想，作好战备思想准备，以实际行动投入到援越抗美、建设社会主义中去。

这次会后，“文化大革命”兴起，学委会一切活动皆停，直到1977年才恢复学委会。但尚无活动场所。

1977年3月，县学委会组织50多名各界人士集中县城柏溪，参加学习、写文章、出专栏、吟诗作赋，歌颂粉碎了江青反革命集团，国家进入了新时代。

根据中共宜宾地委批转地委统战部《关于要求解决各县市政协、学委会、民主党派的办公用房和活动场所的报告》（宜委发〔79〕54号）精神，中共宜宾县委统战部于1979年8月3日向中共宜宾县委递交了《关于要求解决县工商联、学委会活动场所的报告》，要求将“文化大革命”中被占用的工商联、学委会原共同使用的在柏溪镇解放路的办公用房物归原主。

1979年7月6日和16日，宜宾县学委会组织驻柏溪镇的各界爱国人士召开了学习座谈会。认真学习、座谈讨论全国人大五届二次会议和全国政协五届二次会议精神。大家畅谈了粉碎江青反革命集团以来全国各条战线所取得的巨大成就和整个国民经济形势的根本好转，表示坚决拥护中共十一届三中全会关于把全国工作重点转移到现代化建设上来的伟大战略决策，一致拥护邓小平同志在政协的开幕词、叶剑英同志在人大的开幕词和华国锋所作的政府工作报告。到会的各界人士认为，自全国人大五届一次会议闭幕以来的一年零三个月，波澜壮阔、成效卓著，统一战线又回来了，感到欢欣鼓舞。一致表示，要使自己的思想和行动符合四个现代化要求和四项基本原则，把自己的智慧和精力全部贡献给社会主义事业。参会的各界人士还一致要求县学委会多开展活动，组织和推动各界人士理论学习，调动各方面的积极性，为发展革命统一战线作出贡献。县学委会的委员们表示，要发挥自身的作用，密切联系群众，倾听群众呼声，宣传党的方针政策，经常向党反映情况和意见，协助政府做好工作，认真履行委员的光荣职责。

1979 年 9 月 27—28 日，县委决定由县委统战部出面召开了包括县学委会委员在内的各界人士座谈会，参会的各界人士中有工商、文教、医务、少数民族、国民党起义投诚人员等各方面代表 16 人。会议的主题是发展壮大革命的爱国统一战线。在整个会议期间，大家解放思想、心情舒畅，表达了自己真实的思想。中共宜宾县委副书记孙科玉出席会议，并作了关于新时期统一战线所肩负的光荣而艰巨的历史任务的重要讲话。会议勉励到会的各界人士在党的领导下，继续解放思想，坚持实践是检验真理的唯一标准，进一步发展和壮大革命的爱国统一战线，团结一切可以团结的力量，调动一切可以调动的积极因素，同心同德，群策群力，为实现祖国统一大业和四个现代化而努力奋斗。

第四章　政协委员会

中国共产党十一届三中全会以后，在新的形势下统一战线工作得以重新恢复和进一步加强，中国人民政治协商会议的基层组织，亦在全国各地相继恢复和建立起来。中共宜宾县委根据中共四川省委〔1979〕56 号、75 号及〔1980〕22 号文件精神，结合宜宾县实际，报请中共四川省委和宜宾地委，要求成立政协宜宾县委员会。1980 年 8 月 6 日由中共四川省委批示，批准设立中国人民政治协商会议四川省宜宾县委员会。

1980 年 11 月 18 日，中共宜宾县委邀请县内各方面人士座谈，协商宜宾县政协的成立方案。在会上，各方协商成立中国人民政治协商会议宜宾县委员会筹备领导小组，立即着手筹备工作。当日，中共宜宾县委发出《关于成立宜宾县政协筹备组的通知》（宜县委发〔80〕67 号）。筹备领导小组由组长古远友（县委副书记兼组织部部长），副组长陈南风（县委委员、宜宾县革委会副主任）、高祥义（县委统战部部长）、宛西北（县委统战部副部长），成员张志本、魏孝治、曾志君、韩秀君、蒋基、肖少平、魏长青 11 人组成。筹备组下设办公室负责具体工作。1980 年 11 月 26 日，中共宜宾县委召开座谈会，邀请各方面人士，协商通过了县政协筹备领导小组提出的政协宜宾县委员会成立方案；

按照“全面考虑，统筹兼顾”的方针，协商通过了政协第一届宜宾县委员会75名委员名单（其中有3名具体人选是在之后的11月29日确定的）。到2018年9月12日，因“撤县设区”的行政区划变动，“政协宜宾县委员会”转为“政协宜宾市叙州区委员会”。宜宾县政协历经38年。

第一节　第一届宜宾县委员会

政协第一届宜宾县委员会自1980年11月30日至1984年6月16日，任期3年零7个月。

政协第一届宜宾县委员会第一次全体会议有委员75人，产生常务委员会组成人员15人，会议用时11天。会议期间，委员们分组讨论了宜宾县经济社会重大事务，提出了意见和建议；列席了县人大全体代表会议；提出了76件政协提案；通过了《中国人民政治协商会议宜宾县第一届委员会第一次全体会议政治决议》；听取了中共宜宾县委书记段志华和县人大、县政府负责人的讲话。

会议还以宜宾县政协一届一次会议建议书的形式，向宜宾县人大主席团提出了《关于宜宾县人大、政府、法院、检察院候选人的建议》，推荐经县政协酝酿、讨论产生的县人大常委会主任、副主任、常委，县政府县长、副县长，县人民法院院长和县人民检察院检察长候选人名单。

第一届宜宾县政协共召开3次全体会议、19次常委会议。

县政协委员列席了县人大全体代表会议，县政协常委会组成人员列席了县人大常委会议，县政协领导参加了中共宜宾县委中心学习组学习，中共宜宾县委书记温巨成参加了县政协一届十五次常委会议。

届内，大力组织政协委员和各界人士参与宪法修改草案和政协章程修改草案的讨论和修改，学习新宪法和新的政协章程、《中共中央关于建国以来党的若干历史问题的决议》、《邓小平文选》等重要文件、文献；1981年3月设置了县政协第一个专门委员会——学习委员会；利用各种会议对重大人事任免、城镇规划、物价调整、企业建设、打击刑事犯罪活动等经济社会事务进行了协商；组织委员就社会热点问题开展视察、调查，向县委、县政府提出意见、建议，对相关部门工作进行民主监督；协助党委、政府加紧落实各项统战政策、知识分子政策，利用书信、向对外宣传媒体投稿等形式，加强同台、港、澳同胞及海外侨胞的团结和联系；开展文史资料的抢救、征集和编纂工作，编印文史资料4

辑，22 万余字，1400 册；共收到委员提案 249 件，正式立案 198 件。

在一届一次常委会议上设立了县政协秘书处、文卫组、科技组和工商组“一处三组”的办事和工作机构。以后又改为“一室七组”“一室八组”，成立了县政协“学习委员会”和“文史资料研究委员会”。县政协在各区政协委员和文史积极分子中选择 1 ~ 2 人，经所在区委同意，本人愿意，聘作县政协“文史资料联络员”，协助收集文史资料或撰写文史稿件，参加政协文史工作会议。县政协机关从 1981 年 5 月 20 日起，开辟了县政协工作简报——《政协简讯》，不定期印发。

一届二次全委会前，新增县政协委员 31 人，使一届二次全体会议时委员人数达 105 人。

第二节　第二届宜宾县委员会

政协第二届宜宾县委员会自 1984 年 6 月 16 日至 1987 年 2 月 19 日，任期 2 年零 8 个月。

政协第二届宜宾县委员会第一次全体会议有委员 211 人，产生常务委员会组成人员 23 人，会期 7 天。

第二届宜宾县政协共召开 3 次全体会议，15 次常委会议。

届内设置了 4 个专门委员会和 11 个工作组，以适应政协工作的需要；二届十二次常委会议决定将每月的 30 日（二月是其最后一日，逢节假日则提前一日）作为委、组的工作日，由各委、组负责人召集其成员开展独立活动；医药工作组创刊编印了《医药》专辑，向社会介绍药物使用、医疗方法和名医经验；将县城和各区政协委员编成 16 个政协联系小组，安排各区区委副书记作政协委员，并任联系小组组长。

组织委员视察、参观、调查了企业、学校、医院、基础设施建设、农业、林业和农村专业户，提出了意见和建议，促进了一些具体问题的及时解决。1985 年 12 月 16—18 日，县政协召开了“经济建设专题讨论会”，主要由县政协科技委员会和经济建设、工商、农业组的部分委员和这几个方面的专家、学者及有关人士 40 余人参加，就宜宾县经济建设进行书面和口头的献计献策。县委、县政府、县人大、县视察室的负责人及相关部门的负责人也出席了这次会议。

继续落实各项统战政策，开展促进和平统一祖国活动：第二届县政协委员中应落实政策的 62 人全部得到落实；1985 年协助成立了第一届宜宾县归侨、侨眷联合会和华侨联合企业公司；落实侨台属政策，帮助侨台属专业户发展。

1984年8月，经中共宜宾县委批准，“宜宾白毛女”罗昌秀被安排为县政协专职委员，并按行政23级标准在县政协机关领薪。

在二届二次全会上，首次安排了13名委员作大会发言，就县政协各委、组、联系小组的工作交流了经验，对政府和政协工作提出了要求和批评意见。

届内，收到提案288件，立案211件；印发文史专辑6辑，约30万字；编辑了《宜宾县政协志》（截至1985年12月）初稿。

第三节　第三届宜宾县委员会

政协第三届宜宾县委员会自1987年2月19日至1990年3月3日，任期3年零1个月。

政协第三届宜宾县委员会第一次全体会议有委员218人，产生常务委员会组成人员23人，会期6天。

第三届宜宾县政协共召开3次全体会议，15次常委会议。

县政府县长杨正友在县政协三届三次常委会议上通报县政府工作。

1987年10月22日，中共宜宾县委办公室、县人民政府办公室、县政协秘书处联合行文，以宜县委办〔1987〕80号文件发出《关于保证县政协委员行使职务有关事项的通知》，首次明确了县政协委员履职的时间保证、福利待遇和差旅费报销标准。

三届六次常委会议决定免去肖彰陵县政协常务委员职务；在三届九次常委扩大会议上，县委、县政府主要负责人，近20家县级部门主要负责人，与参会的县政协委员、各界代表，就社会热点问题，开展了面对面的协商对话；三届十次常委会议“改组为委”，将县政协原“四委八组”工作机构改为提案、学习、文史资料研究、经济科技、文教医卫体、联谊6个专门委员会；三届十次常委会议审议通过了《政协宜宾县委员会常务委员会工作规则》和《政协宜宾县第三届委员会专门委员会通则》，为宜宾县政协首次自行制定的制度性文件；三届十次常委会议先行协商了县人大九届四次会议上的政府工作报告；三届十一次常委会议审议通过了《政协宜宾县委员会关于政治协商、民主监督经常化和制度化的意见》；三届十二次常委会议专题学习了《中国共产党十三届中央委员会第四次全会公报》《邓小平同志在接见首都戒严部队军以上干部时的讲话》《中共中央举行党外人士座谈会，江泽民就各界关心的问题发表重要讲话》三个重要文件；经县委同意，成立了政协“经济技术咨询服务部”，属县政协机关的工作部门。

届内，共收到委员提案 319 件，立案 189 件；整理编印文史资料 6 辑，共 32 万字，印 4200 册。

县政协委员刘佐高，于 1989 年被授予“全国劳动模范”称号。

第四节 第四届宜宾县委员会

政协第四届宜宾县委员会自 1990 年 3 月 3 日至 1993 年 2 月 24 日，任期 3 年。

政协第四届宜宾县委员会第一次全体会议有委员 175 人，产生常务委员会组成人员 25 人，会期 5 天。

第四届宜宾县政协共召开 3 次全体会议，18 次常委会议。

出台了《中国人民政治协商会议宜宾县委员会关于政治协商、民主监督暂行规定的实施细则》，经中共宜宾县委批转全县。制定《实施细则》的依据是中发〔1989〕14 号文件，省委〔1990〕19 号、21 号文件，以及县委〔1990〕54 号文件精神，目的是推进人民政协的政治协商、民主监督更加制度化。

县政协机关贯彻县委改革意见，强化经济建设中心意识，以大部分精力投入经济建设工作，分为联系乡镇和企业工作，引、领、帮办企业工作和政协日常工作三条线；建立全员风险保证金制度，每月从工资中扣交，年终按考核结果兑现奖惩；鼓励机关工作人员去承包、租赁、引、领、帮、创办生产性和服务性的企业；经单位同意，工作人员可以从事业余兼职工作。

届内，宜宾县科协成为宜宾县政协的组成单位之一；县政协会同县委组织部、宣传部、统战部和县委党校举办了一期历时 6 天的“统一战线理论培训班”，57 名县政协委员及政协机关人员参加了培训；四届五次常委会议决定，将县级机关政协委员分为计建委、农委、财委、文教、卫生、党群政法 6 个组开展活动，并明确了各组的正、副组长；召开了县政协联系组工作会议，各委正副主任和联系组组长共 40 人参会，中共宜宾县委书记、副书记，宜宾地区政协工委秘书长参加了会议并作了讲话；四届十次常委会议专题协商了《中共宜宾县委关于制定我县国民经济和社会发展“十年规划”和“八五计划”的建议》；宜宾县政协参加了在云南省盐津县召开的川滇十二县（市）政协第一次联系会议；由县政协领办了“成都客车厂宜宾装修厂”“宜宾县微量元素肥料厂”和“富农饲料厂”三家企业。

届内，共收到委员提案 215 件，作立案办理的 64 件；整理编辑出版文史资料五辑，计 34 万字，印 2000 册。

提案工作实现了“六改”，即改过去的一收二转为收集、审查、交办；改文来文往为协商对话、协同办案；改复文标准为落实标准；改等待回复为跟踪调查、催办督办；改虚设提案机构兼职办公为专门委员会；改大会期间提案为会前、会中、会后提案相结合。

县委决定，由县委宣传部主办、县政协秘书处协办《宜宾县报》，为四开四版，每月出版一期，赠阅，加大对内对外的宣传。

第五节 第五届宜宾县委员会

政协第五届宜宾县委员会自 1993 年 2 月 24 日至 1998 年 1 月 8 日，任期 4 年零 11 个月。

政协第五届宜宾县委员会第一次全体会议有委员 221 名，产生常务委员会组成人员 27 人，会期 5 天。

第五届宜宾县政协共召开 5 次全体会议，33 次常委会议。

1993 年 12 月 2 日，中共宜宾县委召开了第一次政协工作会议；12 月 20 日，中共宜宾县委作出《关于进一步加强人民政协工作的决定》，提出加强和改善党对政协工作的领导，加强政协自身建设，充分发挥政协作用。

本届设置了学习提案联谊、经济科技和文史社会 3 个专门委员会，党群、政法、财贸、计经、农口、教委、卫生、综合 8 个县级机关联系组，以及 27 个乡镇联系组。

在政协第五届宜宾县委员会第五次会议上，中共宜宾县委书记游柱先当选政协第五届宜宾县委员会主席。

1997 年 12 月 22 日，县政协召开各界人士座谈会，县委书记、县政协主席游柱先通报了中共宜宾县第九次代表大会的筹备情况，并就党代会工作报告征求在座政协委员、各界人士的意见和建议。

届内，自五届八次常委会议起，县人大、县政府相关领导列席县政协常委会议；五届十六次常委会议讨论修改了《宜宾县政协关于政治协商、民主监督、参政议政的实施细则》；五届十九次常委会议决定，县政协今后不再设秘书长和副秘书长职务，机关事务由县政协办公室主任、副主任具体负责；五届二十三次常委会议协商了《宜宾县社会主义精神文明建设“九五”规划》；中共宜宾县委确定由县委 1 名副书记分管政协工作，县政府 1 名副县长联系政协工作，县政协正副主席分别列席县委常委会议、县人大常委会议、县政府常务会议和县长办公会；制定了“三先三前”（酝酿决策先通气、制定决策先论证、实施决策先试点和协商在县委决策之前、人大决定之前、政府实施之前）协商制度，县委、县政府作出涉及全县性重大改革、发展的决策和重要人事安排前，都要提交政协常委会议或主席会议协商讨论；在政协委员中广泛开展“提一件有质量的提案、反映一条有价值的信息、引进一笔资金或一个项目、参加一次就地视察或调查、为当地群众办一件实事”的“五个一”活动；1996 年 9 月宜宾县编委通知，县政协办事机构设三科一室，均为科级，即办公室、经济科、提案联谊科和文卫科教科。

1994 年 3 月，经县政协主席会议决定，成立县政协通联组（报道组）。

届内，共收到提案 366 件，提出提案的委员、团体成员 1251 人（次），立案 72 件；收集整理编辑文史资料 5 辑，计 55 万字。

第六节 第六届宜宾县委员会

政协第六届宜宾县委员会自 1998 年 1 月 8 日至 2003 年 1 月 9 日，任期 5 年。

政协第六届宜宾县委员会第一次全体会议有委员 227 名，产生常务委员会组成人员 35 人，会期 4 天。

第六届宜宾县政协共召开 5 次全体会议，22 次常委会议（其中一次为临时常委会议）。

本届设置了经济、提案联谊、文卫科教 3 个专门委员会，27 个乡镇委员联系组，9 个县级机关委员联系组；恢复了县政协秘书长、副秘书长职务设置；2001 年 12 月，宜宾县政协机关第一届工会委员会成立；2002 年 4 月机构改革后，县政协机关内设机构仅有“县政协办公室”。

2002 年 4 月，宜宾县政协被政协第八届四川省委员会评为“地方政协工作先进集体”。

1998 年 11 月，在县城柏溪举办了川滇十二县（市、区）政协工作第八次联系会议。

届内，六届一次常委会议审议通过了《政协宜宾县委员会主席会议工作规则》《政协宜宾县委员会常务委员会工作规则》《政协宜宾县委员会专门委员会工作规则》《政协宜宾县委员会提案工作细则》；六届二次常委会议就发展个体、私营经济向宜宾县政府提出了《宜宾县政协六届二次常委会议建议》；六届四次常委会议向县委、县政府提出了《关于在试点的基础上逐步推进素质教育的建议》；参加宜宾县政协六届六次常委会议的人员参加了中共宜宾县委九届四次全委（扩大）会议，就进一步解放思想、深化改革、加快发展开展讨论；1998 年 5 月，在市农行干校召开首次宜宾县政协委员联系组组长培训会，37 人参加培训；1999 年组织县政协委员对工商等 23 个职能部门贯彻执行非公有制经济政策情况进行调查评议；2001 年和 2002 年又先后组织政协委员对国土系统和工商行政管理系统的行风建设进行民主评议；六届九次常委会议通过了《政协宜宾县委员会关于表彰优秀提案的暂行办法》；县委制定了《关于进一步加强人民政协工作的意见》《关于加强政协宣传工作的意见》。

在六届三次全委会上，对六届二次会议以来的 5 件优秀提案进行了表彰，就此开了县政协提案表彰制度的先河。

届内，收到提案 386 件，提出提案的委员 958 人（次），立案办理 109 件；编辑出版文史资料 5 辑，计 60 余万字。至此，县政协文史资料的交换、赠阅已经扩展到 382 个省、自治区、直辖市和地、县文史委，28 个省、自治区、直辖市文史馆、图书室，32 所大专院校图书室。

第七节　第七届宜宾县委员会

政协第七届宜宾县委员会自 2003 年 1 月 9 日至 2007 年 1 月 6 日，任期 4 年。

政协第七届宜宾县委员会第一次全体会议有委员 230 名，产生常务委员会组成人员 46 人，会期 3 天。

第七届宜宾县政协共召开 4 次全体会议，15 次常委会议。

本届在原设置经济、提案联谊、文卫科教 3 个专门委员会的基础上，增设了“法制群团”委员会；七届二次常委会议决定设立 27 个乡镇政协联系组（后因真溪乡划出为 26 个），5 个县级机关政协联系组；县政协机关内设机构在原办公室的基础上，增设一个正科级单位——县政协调研室。

政协工作简报在原《政协简讯》外，又创办了《社情传真》简报，共编印了 13 期，用以反映委员及社会各界的意见、建议。以后，又编印了《委员议政》委员建言集录和《宜宾县政协》综合性简报，反映政协工作动态。

2005 年 1 月 11 日，四川政协报社批复宜宾县政协办公室，同意建立“四川政协报社宜宾县通联站”，由县政协秘书长兼任站长。该年，还制定了《宜宾县政协机关宣传信息工作制度》，加强了对政协宣传报道工作的管理和奖励。

2005 年 11 月，县政协主办了“川滇十八区县政协第十七次工作联系会”，来自云南和四川的政协同仁围绕“在区域经济发展中如何发挥政协作用”进行交流发言。

2003 年，宜宾县政协被省政协确定为“地方政协工作联系点”；县政协机关被评为“市级文明单位”和“市级社会治安综合治理模范单位”，取得省二级档案管理等级证书。届内，县政协办公室又被评为“市级卫生单位”。

第七届宜宾县政协被第九届四川省政协评为“先进政协组织”。

2004 年 5 月，中共宜宾县委发出《中共宜宾县委关于加强政协工作制度化、规范化、程序化建设的意见》。

届内，提出了政协工作“保持良好的精神状态、营造良好的外部环境、树立良好的社会形象、创造良好的工作业绩”的“四个良好”要求；七届六次常委会议审议通过了《宜宾县政协委员、常委履职规范》，明确了对委员、常委的履职要求和考核办法；制定了《政协宜宾县委员会关于进一步做好专委会工作的意见》，加强专委会建设；制定了政协《提案跟踪督办实施办法》，改变了过去提案跟踪督办由提案委单独承担的做法；制定了《政协宜宾县委员会办公室关于认真办理政协提案的意见》，并经县委办、县政府办联合转发全县，以推进提案办理的制度化、规范化；县政协领导及各委室负责人共 12 人先后参加了全国政协干部培训中心的学习培训，从较高层面系统学习政协基本理论和履职方法；在七届二、三、四次全委会上，分别举办了“农民增收”“工业经济发展”“构建和谐社会”3 次委员论坛，在七届四次全委会上，第七届县政协对自七届一次全委会以来的邓沛等 24 名优秀政协委员给予了表彰。

届内，收到提案 416 件，提出提案的委员共 772 人（次），确定立案办理的 289 件；编辑出版了反映解放初期征粮剿匪战斗历程的文史专辑——《热血春秋》续集。

县政协常委李兴海于 2005 年被授予“全国劳动模范”称号。

第八节　第八届宜宾县委员会

政协第八届宜宾县委员会自2007年1月6日至2011年12月26日，任期4年零11个月。

政协第八届宜宾县委员会第一次全体会议有委员268名，产生常务委员会组成人员47人，会期4天。

第八届宜宾县政协共召开5次全体会议，19次常委会议。

2010年12月9日，中共宜宾县委、宜宾县人民政府批转《政协宜宾县委员会全体会议民主测评和协商意见通报办法》，实行县政协委员在全委会上对县政府、县政协、县人民法院、县人民检察院、发展和改革、财政预决算6个工作报告进行满意度测评，对政府职能部门、直属事业单位、公用企事业单位工作进行满意度测评，对县政府、县政协、县人民法院、县人民检察院、发展和改革、财政预决算工作报告的协商意见进行大会通报，创新了政协履职形式。

2011年4月2日，中共宜宾县委制定《政协参政议政成果转化和反馈试行办法》，对政协履职成果的办理工作进行了程序性的规定。

2007年4月11日，宜宾县人民政府印发《关于进一步支持人民政协履行职能的意见》，支持政协工作的制度化、规范化、程序化；2008年8月8日，宜宾县人民政府办公室发出《关于建立县政府领导与县人民代表、县政协委员约见制度的通知》，加强县政府领导与政协委员的沟通和联系。

2008年8月25日宜宾县编委通知，同意县政协机关增设提案工作办公室、经济工作办公室和社会工作办公室3个正科级综合办事机构。此时，县政协机关办事机构设置为县政协办公室、县政协调研室、提案工作办公室、经济工作办公室和社会工作办公室共5个正科级机构。

届内，县政协《社情传真》工作简报改为《社情民意》工作简报，共制发了43期；省政协地方政协和委员联络委员会授予宜宾县政协2008年度“县级政协工作先进单位”称号；2010年3月，承办四川省政协地方政协和委员联络委员会联系县（市、区）政协工作经验交流会，14个县（市、区）政协主席、分管副主席、秘书长参加了交流活动；八届10次主席会议通过了《政协宜宾县委员会专门委员会通则》《政协宜宾县委员会界别活动规范（试行）》《政协宜宾县委员会委员视察工作规则》《政协宜宾县委员会专题调研工作办法（试行）》《政协宜宾县委员会反映社情民意工作规则》《政协宜宾县委员会专门委员会对口联系协商规则》；八届三次常委会议通过了《政协宜宾县委员会全体会议工作规则》，八届四次常委会议通过了《政协宜宾县委员会提案工作条例》和《政协宜宾县委员会关于政协民主评议工作的实施细则》，八届十二次常委会议通过了《政协宜宾县委员会关于完善服务管理充分发挥委员主体作用的试行办法》；八届43次主席会议通过了《政协宜宾县委员会文史资料工作规范》；成立了“宜宾县政协诗书画院”和“宜宾县历届政协委员代表联谊会”；2009年9月21日，中共宜宾县委召开了庆祝人民政协成立60周年暨县政协成立30年大会；八届五次全委会上，对相关工作报告和50个部门、单位进行了满意度测评，并将委员协商意见进行了大会通报。

届内，县政协发出《关于按委员界别开展履职活动的通知》（宜县政协〔2007〕3号），首次明确了各界别召集人、联络员，提出了界别履职基本工作要求；开展了对县质监局、国土资源局、地方税务局、民政系统工作的民主评议，提交《关于民主评议县质监局行风建设情况的报告》等民主评议报告4份；组织委员对工业发展软环境、新型农村合作医疗运行情况、白酒产业发展等进行调研，提交《关于宜宾县工业发展软环境的调查报告》《关于新型农村合作医疗运行情况调研报告》等调研报告12份；政协委员、各参加单位和各专门委员会共提交提案718件，立案687件；编辑出版了《历程》《足迹》两集政协履职文集和《墨海金沙》《红色意象》两册诗书画集。

2008年1月，县政协办公室获“省级卫生先进单位”称号。

第九节　第九届宜宾县委员会

政协第九届宜宾县委员会自2011年12月26日至2016年12月12日，任期5年。

政协第九届宜宾县委员会第一次全体会议有委员285名，产生常务委员会组成人员56人，会期4天。

第九届宜宾县政协共召开5次全体会议，23次常委会议。

在九届四次常委会议上，增设了县政协文史委员会，宜宾县政协专门委员会达到5个；2014年，县政协下发《关于调整乡镇政协委员联系小组的通知》，将26个乡镇政协委员划分到12个乡镇政协委员联系小组。

2012年5月，宜宾县政协九届三次常委会议专题协商宜宾县“撤县设区”事项，对宜宾县人民政府提出的《关于撤销宜宾县设立宜宾市天柏区（暂定）的征求意见函》进行了讨论和会议民主测评，向县政府报送了政协《关于“撤县设区”事宜协商意见的函》；2016 年 9 月，九届二十二次常委会议再次专题听取县政府关于“县改区”的区划调整方案及工作情况通报，与会者就区划调整中的一些重要问题提出了自己的建议。

届内，组织委员对县交通运输系统、农业系统、卫生系统、住建系统、教育系统、全县城镇管理、环保系统、水务系统、食品药品监督管理系统、燃气系统工作开展民主评议，提交了 10 份民主评议报告；组织各专门委员会就经济社会热点、难点问题开展专题调研，形成了《关于农村小微型水利基础设施建设情况的调研报告》《宜宾县工业招商情况调研报告》等 11 份调研成果；收集社情民意 800 余条，整理编印《社情民意》简报 43 期，其中省政协采编 8 期，市政协采编 13 期；编印《宜宾县文史资料汇编》（1 ~ 5 卷），计 203.1 万字；编撰完成反映第七、第八、第九届宜宾县政协工作的《协力同心》（上、中、下卷）文集，计 146.1 万字；县政协诗书画院完成《英雄含笑》《老区追梦》《古县长歌》等诗书画摄影作品集；收到提案 988 件，其中立案 954 件。

第十节　第十届宜宾县委员会

政协第十届宜宾县委员会自 2016 年 12 月 12 日至 2018 年 9 月 12 日，任期 1 年零 9 个月。

政协第十届宜宾县委员会第一次全体会议有委员 284 名，产生常务委员会组成人员 56 人，会期 4 天。

第十届宜宾县政协共召开 2 次全体会议，10 次常委会议。

经宜宾县编委同意，县政协设置了“宜宾县政协信息中心”，为股级事业单位；设置了乡镇政协委员联系小组 26 个，每乡镇为一组；设置界别 17 个。

十届二次常委会议审议通过了宜宾县人民政府关于宜宾县撤县设区调整方案，即宜宾县撤县设区，更名为宜宾市叙州区；将宜宾县管辖的孔滩、王场、白花、永兴、双谊 5 个镇划归翠屏区管辖；将翠屏区管辖的南岸街道、赵场街道、南广镇划归宜宾县（即今后的叙州区）管辖。

2017 年 9 月，经中共宜宾县委同意，县委办公室发出《关于 2016 年县政协换届工作先进单位的通报》，首次对在政协换届工作中表现突出的双谊镇等 55 个单位给予了通报表扬。

2018 年 5 月，经县委、县政府、县政协领导同意，由县委办、县政府办、县政协办联合制发了《宜宾县政协提案办理协商办法》，对提案办理工作进行了规范和加强。

届内，新修订了《政协宜宾县委员会委员履职规范》《政协宜宾县委员会常委履职规范》和《政协宜宾县委员会界别活动规范》；对县畜牧水产系统开展政协民主评议，审议通过了《关于民主评议县畜牧水产系统工作情况的报告》；完成了市政协组织开展的关于对住建城管系统和水务系统的民主评议工作；县政协教科文卫委、提案联谊委和经济委分别牵头开展调研，提交了《我县投资促进政策的走向与选择调研报告》《培育发展战略性新兴产业，助推县域经济增长的调研报告》《关于农村公路建设情况调研报告》和《宜宾县历史文化传承调研报告》，以及关于国有建设投资集团公司运行、负债发展滚动经营、高中教育发展情况的 3 个调研报告；在十届十次常委会议上举行了“我为叙州发展献良策”专题协商议政发言，王李梅等 5 名县政协常委进行了专题发言；共收到提案 383 件，立案 335 件。

根据《中共宜宾县委关于进一步加强政协工作推进人民政协协商民主建设的实施意见》精神，第十届宜宾县政协积极酝酿、探索在乡镇（街道）统一设立“政协工作委员会”，构筑政协工作向基层拓展和延伸的新平台，并进行了试点。

第二编　政协体制

第一章　党的领导

第一节　指示和文件

1954 年 12 月 25 日，中国人民政治协商会议第二届全国委员会第一次全体会议通过的《中国人民政治协商会议章程》规定：

中国人民政治协商会议在中国共产党领导下，将继续通过各民主党派、各人民团体的团结，更广泛地团结全国各族人民，共同努力，克服困难，为建设一个伟大的社会主义国家而奋斗。

中国人民政治协商会议以各民主党派、各人民团体为基础组成。

中国人民政治协商会议地方委员会，由当地各民主党派、各人民团体推出的代表组成，有必要的时候可以邀请个人参加。当地少数民族应当有适当名额。

中共四川省委于 1980 年 8 月 6 日批准，设立中国人民政治协商会议四川省宜宾县委员会。

中共宜宾县委 1980 年 11 月 18 日发出《关于成立宜宾县政协筹备组的通知》（宜县委发〔1980〕67 号），成立以中共宜宾县委副书记、组织部部长古远友为组长的“宜宾县政协筹备领导小组”。

中共宜宾县委 1980 年 11 月 26 日以宜县委函〔1980〕18 号文件通知：宜宾县政协委员会第一届第一次全体委员会（简称全委会）定于 1980 年 11 月 30 日在县城柏溪召开。

1981 年 1 月 27 日，中共宜宾县委发出《关于建立中共宜宾县政协党组的通知》（宜县委发〔1981〕03 号）。自此，党组成为宜宾县政协的政治领导核心。

《中国人民政治协商会议宜宾县第一届委员会第一次全体会议精神传达提纲》明确：人民政协是中国共产党领导下实现各民族、各民主党派、无党派民主人士、各人民团体、各界爱国人士团结合作的统一战线组织；人民政协这个重要的统一战线组织，是我国政治体制中贯彻社会主义民主、实行互相监督的重要形式，也是党与非党联盟长期合作的组织形式。

1981 年 12 月 12 日，《中共宜宾县委转发〈全国统战工作会议纪要〉》（宜县委发〔1981〕82 号）指出：要加强党对人民政协的领导，进一步活跃政协工作，广开才路，广开言路，把各方面的积极因素都充分调动起来，为实现四化、完成祖国统一大业服务。

1990 年 7 月 20 日，中共宜宾县委制发《关于坚持和完善中国共产党领导的多党合作和政治协商制度的意见》，提出健全和完善县委、人大、政府同民主党派、无党派人士的政治协商制度，做好非共产党人士的人事安排工作。

1993 年 12 月 20 日，中共宜宾县委作出《关于进一步加强人民政协工作的决定》（宜县委发〔1994〕2 号）。

《决定》强调：当前宜宾县已进入一个加快改革开放和经济发展的新阶段，各级要提高对新时期人民政协工作的重要性的认识，进一步强化人民政协工作的主要职能，加强和改善党委对政协工作的领导，加强政协的自身建设，充分发挥政协在政治经济和社会生活中的作用。

《决定》提出，各级党委、组织、宣传部门要把统一战线和人民政协的理论、方针、政策的宣传教育列入党员教育和干部培训计划，党校要把统战政协方面的内容列入必修课程，《宜宾县报》、广播电视台等新闻单位要积极宣传人民政协工作，报道政协的重要活动和工作经验，介绍政协委员在现代化建设中的先进事迹；凡是有关地方的政治经济和社会生活中的重大事项，人大、政府、政协换届时领导班子成员的人事安排和换届后领导班子的个别成员的人事变动，要提交政协协商，不能将“通报情况”或事后征求意见当作协商；党政所属部门要同政协的专门委员会建立对口联系制度，经常沟通信息、交换意见、对口协商，有关重要会议应邀请有关专门委员会的主任或副主任参加；坚持由县委办公室主任和统战部部长牵头的县委办、政府办、人大办、政协办主任联系会议制度，通过会议互通情况、协调关系，更好地发挥人民政协的作用；凡政协委员提出的建议案、提案、报告及批评意见，经政协立案或以正式文件送达党政有关方面和部门后，要认真对待，抓紧办理，并将办理结果以正式文件作出答复；从广泛的爱国统一战线组织的特点出发，在政协委员、常委和领导班子的人事安排中，要坚持非中共人士多于中共党员的原则，按照规定的比例进行配置；政协党组应参与政协换届的人事安排工作，与县委组织部、统战部一道共同制订方案，协商拟定政协委员的人选和政协班子的人选；县委决定 1 名副书记分管政协工作，政府 1 名副县长联系政协工作；坚持不是县委常委的政协主席列席县委常委会议，1 名政协副主席列席人大常委会议，1 名政协副主席列席县政府常务会议，形成制度。

1999 年 3 月 16 日，中共宜宾县委作出《关于进一步加强人民政协工作的意见》（宜县委发〔1999〕10 号）。

《意见》认为，以中共十五大为标志，我们进入了高举邓小平理论伟大旗帜，推动建设有中国特色社会主义事业跨世纪全面发展的关键时期。新形势和新任务，对人民政协提出了新的要求。

《意见》强调：进一步提高对人民政协工作重要性的认识，对加强和改善党对政协工作的领导，开创政协工作新局面，团结全县各族各界人民群众和与宜宾县有密切联系的台港澳同胞、海外侨胞，共同推进宜宾县的改革开放、经济发展、社会稳定，有着极其重大的意义；要坚持和完善政协主席列席同级党委常委会议和副主席分别列席人大、政府重要会议制度；制订地方经济和社会发展中长期规划，提请人大任命的人事安排和人民群众生活中的重大问题，以及平时出台的地方重大政策措施和法规条例，应该先协商或征求意见后再决定；人大、政府要分别有一位领导同志联系政协工作，人大和政协、政府与政协应相互参加有关重要会议和活动，并形成制度；要加强对政协机关干部的培养、教育和使用，把政协机关干部纳入整个党政干部交流序列，有计划、有组织地进行合理流动；各乡镇应建立政协委员联系组，在乡镇的政协委员应列席所在乡镇人代会；要充分发挥政协委员的主体作用，并通过他们把民主党派、各族各界人士团结起来，把各方面的积极性调动起来，巩固和发展安定团结的政治局面，同心同德实现宜宾县跨世纪发展奋斗目标。

1999 年 11 月 25 日，中共宜宾县委发出《关于加强政协宣传工作的意见》。《意见》强调指出：政协宣传工作的主要内容是毛泽东、邓小平和江泽民同志有关统一战线和人民政协工作的论述，党的统一战线理论、方针、政策，中国共产党领导的多党合作和政治协商制度、施政格局，新时期人民政协的性质、地位、作用、主要职能等。

2004 年 5 月 24 日，中共宜宾县委发出《关于加强政协工作制度化、规范化、程序化建设的意见》（宜县委发〔2004〕23 号）。《意见》就县政协政治协商、民主监督、参政议政制度化、规范化、程序化建设提出了六个方面的意见：

一是明确政治协商的内容和程序。政治协商的内容为宜宾县贯彻党和国家及省、市委，省、市政府大政方针的重大部署；物质文明、政治文明和精神文明建设的重要举措；

地方性重要决议、决定；县政府工作报告，全县经济发展中长期规划和年度计划，县财政预决算报告，县人民检察院和县人民法院的工作报告；重要人事安排；重大投资和重要基础设施建设项目；社会关注的医疗、卫生、教育、就业及社会保障等方面的政策调整及与群众生活密切相关的资费的调整；各党派与统一战线的共同事务，政协内部的重要事务；县委、县人大、县政府认为需要提出的其他协商事务。政治协商的基本形式有政协宜宾县委员会全体会议、县政协常务委员会会议、主席会议、各专门委员会会议、各专门委员会的对口协商会议，由县政协召开的包括各民主党派和人民团体负责人及各族各界代表参加的听证会、情况通报会、协商座谈会、测评会等。

二是加大民主监督的力度。党委、政府在组织重要视察、考察以及廉政、财务、税收、物价等专项检查活动时应邀请政协参加；党委、政府部门要大力支持政协开展民主监督活动；对县政协的建议案、调查报告和其他重要报告，县政协委员的提案以及其他形式提出的意见和建议，凡经县政协以正式文件送达有关方面后，有关方面应积极负责地进行研究，并将研究办理的情况及时反馈政协；对委员的举报要认真查处，不得转给当事人；对县政协组织的评议和跟踪调查活动，有关部门和所涉及单位应给予支持、配合并积极参加，同时认真听取政协的评议和跟踪调查意见，提出整改实施方案及时反馈政协并认真进行整改。

三是提高参政议政的质量。参政议政是对政治、经济、文化和社会生活中的重要问题以及人民群众普遍关心的问题，开展调查研究，反映社情民意，进行协商讨论；通过调研报告、提案、建议案或其他形式，向中国共产党和国家机关提出意见和建议。

四是加强和改善党对政协工作的领导。县委定期听取政协的工作汇报，县委常委会每年至少研究政协工作2次，县委书记亲自抓政协工作，明确1名副书记具体联系政协工作；实行县政协主席列席县委书记办公会、常委会制度，乡镇政协委员联系组长列席乡镇党委会议制度；县委要经常、及时地向政协通报或说明全县工作中的重大事项，认真听取政协委员的意见；县党政主要领导亲自批阅由政协或以政协参加单位名义提出的重要提案、建议案和调研报告，并提出意见，责成有关部门研究、督办和落实。

五是积极支持配合政协工作。县政府要从有利于政协工作出发，将政协全委会议、常委会议、专委会议以及政协组织的委员视察、调研、学习培训等专项经费列入财政预算，予以保证，并尽力帮助政协解决办公用房、交通通讯工具、业务经费等方面的困难；政协委员所在单位应支持委员履职，并解决必要的履职经费，注意保护委员的合法权益；县内各单位、各部门和个人不得阻挠政协及其委员履行职能，司法机关对有犯罪嫌疑的县政协委员采取刑事拘留、逮捕等强制措施前，应向县政协党组通报情况，情况紧急的应同时或事后及时通报。

六是加强政协自身建设。县政协要加强领导班子、政协机关及政协委员队伍建设，以适应新世纪新阶段对政协工作的新要求；政协党组是县委的派出机构，要在县委的领导下，在政协中起核心领导作用，切实把握好政协工作的政治原则、政治方向和重大方针政策问题；政协委员和政协机关中的中共党员，要带头贯彻执行党的决议、决定，主动和党外人士交朋友，自觉地为党的统一战线事业做好工作；要充分发挥好政协常委会和主席会的领导作用、政协委员的主体作用、专委会的基础作用、界别的桥梁纽带作用，尤其要充分调动委员履职的积极性，不断提高委员参政议政的能力和水平。

2006 年 11 月 29 日，中共宜宾县委发出《关于贯彻中发〔2006〕5 号、川委发〔2006〕16 号和宜委发〔2006〕20 号文件的实施意见》（宜县委发〔2006〕41 号）。《意见》根据中央和省、市委三个文件精神，结合宜宾县实际，围绕“充分认识人民政协的性质、地位和作用，明确人民政协工作的任务和原则；认真搞好人民政协的政治协商，进一步规范和完善政治协商的内容、形式和程序；积极推进人民政协的民主监督，进一步健全和完善民主监督的内容、形式和机制；深入开展人民政协的参政议政，进一步发挥参政议政作用；切实抓好人民政协的自身建设，推进人民政协事业健康发展；加强和改善党对人民政协的领导”六个方面，提出了 24 条意见。如：

人民通过选举、投票行使权利和人民内部各方面在重大决策之前进行充分协商，尽可能就共同性问题取得一致意见，是我国社会主义民主的两种重要形式。建设西部经济强县、构建和谐宜宾县，就必须进一步加强人民政协工作，充分发挥人民政协的作用，动员全县各族各界群众和社会各方面的力量，同心协力、共同奋斗。

高举爱国主义、社会主义旗帜，在热爱中华人民共和国、拥护中国共产党的领导、拥护社会主义事业、共同致力于中华民族伟大复兴的政治基础上，进一步巩固和发展爱国统一战线，把全体社会主义劳动者、社会主义事业的建设者、拥护社会主义的爱国者和拥护祖国统一的爱国者都团结起来。

把政治协商纳入决策程序，就国家和地方的重要问题在决策之前和决策执行过程中进行协商，是政治协商的重要原则。县委将更加重视人民政协的政治协商，统一部署和协调，认真组织实施。

人民政协政治协商的主要内容是党委、政府贯彻党和国家大政方针的重要政策、重要部署及重要措施，涉及地方政治、经济、文化和社会生活中的重要问题。其中包括人大、政府和人民法院、人民检察院领导班子在换届时、换届后的人事安排，各乡镇、县级各部门主要负责人及新提拔的副科级以上领导干部的人事安排及其他重要的人事安排。

人民政协的民主监督是我国社会主义监督体系的重要组成部分，是在坚持四项基本原则的基础上通过提出意见、批评、建议的方式进行的政治监督。它是参加人民政协各党派团体和各族各界人士通过政协组织对国家机关及其工作人员的工作进行的监督，也是中国共产党在政协中与各民主党派和无党派人士之间进行的互相监督。

县委和县政府的监督机构以及新闻媒体要密切与人民政协的联系，加强工作协调和配合，提高民主监督的质量。切实发挥政协建议案、提案在民主监督方面的作用，对政协的建议案、提案要按时办结，每年向政协常委会通报办理情况。对政协报送的调研、视察、考察报告和《社情传真》简报等，党委、政府要高度重视，认真研究，有关部门要认真抓好落实，并在 1 个月内及时向政协反馈办理的进展情况。要把政协民主监督的落实情况纳入各级各部门年终目标考核的范围。

县委、县政府要围绕中心工作，主动给政协出题目、交任务、提要求，安排政协参与重大问题的调查研究。有关部门要密切同政协专门委员会的协作和配合，对他们的工作提供必要的支持和帮助。政府每年向政协常委会通报经济社会发展情况一般不少于 2 次，并根据政协要求及时通报政府工作的有关重要情况。

要通过界别渠道密切联系群众，努力协调关系、化解矛盾、理顺情绪，增进社会各阶层和不同利益群众的和谐。要完善界别活动机制，加强界别管理，政协会议、提案、大会发言、反映社情民意信息等要突出界别特色。

要着眼于统一战线和人民政协事业的长远发展，高度重视并切实加强人民政协组织的干部队伍建设，结合党政领导干部及公务员队伍建设整体规划，配备好工作班子，加强干部选拔、交流和任用，加大干部培训、挂职锻炼的力度，努力造就一支政治坚定、作风优良、学识丰富、业务熟练的高素质政协工作干部队伍。

发挥政协党组在政协组织中的领导核心作用。政协党组是党在人民政协中的派出机构，肩负着党对人民政协领导的重大责任，必须坚定不移地贯彻党的基本理论、基本路线、基本纲领、基本经验，坚定不移地贯彻执行党的各项方针政策，坚定不移地团结参加人民政协的各民主党派、工商联、人民团体和各族各界人士自觉接受中国共产党的领导，使党的主张成为各民主党派、工商联、人民团体和各族各界人士的广泛共识，把党的有关重大决策和工作部署贯彻到人民政协的全部工作中去。政协党组要按照党委统一部署和政协章程的规定，配合党委有关部门研究换届时有关界别设置、政协委员名额、人选和常务委员人选以及届中委员调整的有关问题，并提出建议。

切实改善政协工作条件。县政协机关的机构设置和人员的编制，还不能完全适应工作需要，县委将提出调整方案报市委批准执行，以保证政协工作需要。县政协开展各项工作所需经费，县财政要纳入预算切实保证，并根据工作需要和财力增长情况逐年适当增加。

加强对人民政协的理论研究、宣传教育工作。

2010 年 1 月 28 日，中共宜宾县委印发了《转发〈中共四川省委关于进一步加强人民政协工作的实施意见〉和〈中共宜宾市委关于进一步加强人民政协工作的实施意见〉的通知》（宜县委发〔2010〕5 号）。

2011 年 4 月 2 日，中共宜宾县委发出《印发〈政协参政议政成果转化和反馈试行办法〉的通知》（宜县委发〔2011〕11 号）。

《试行办法》明确县政协的参政议政成果是指县政协就全县经济建设、社会事业发展和有关工作向县委、县政府及其相关部门提出的书面意见和建议，主要包括调研报告、民主评议报告、重点提案建议、视察建议、社情民意信息、委员提案等；县委、县政府领导对县政协参政议政成果的重要批示，由县委办、县政府办通报县政协办，县委办、县政府办根据批示按“分级负责、归口办理”的原则交有关单位办理，县督查目标办牵头会同县政协办及相关专门委员会对批示办理情况进行重点督办；办理单位要重视政协意见建议的吸收和转化，认真研究、积极采纳政协合理化建议，对未予采纳的要说明情况；县政协可通过追踪调研视察、提出提案、咨询等方式，向有关部门和单位的办理情况提出意见和建议，对县政协参政议政成果所涉及的有关问题的解决处理情况和有关工作建议的落实情况进行追踪问效；对认真办理政协重要调研报告和民主评议报告等参政议政成果，在推进工作和评议整改上取得明显成效的办理单位主要负责人，可由县政协主席会议邀请，向县政协常委会议通报有关工作推进和整改落实情况，县政协将整改成效报县委、县政府供工作参考；对政协重要调研报告和民主评议报告等参政议政成果办理落实不力或不作反馈的办理单位主要负责人，可由县政协主席会议对其进行商约，就有关问题向县政协常委会议作出说明，接受询问，县政协将约谈情况报县委、县政府；县政府于每年第四季度集中向县政协常委会议通报一次县政协参政议政成果的办理、转化、运用情况。

2013 年 4 月 2 日，中共宜宾县委印发《宜宾县充分发挥人民政协协商民主重要渠道作用实施办法（试行）》（宜县委发〔2013〕7 号）。《办法》为规范政治协商工作，提高政治协商实效，推进社会主义民主政治建设，按照党的十八大关于“健全社会主义协商民主制度”和“把政治协商纳入决策程序，坚持协商于决策之前和决策之中，增强民主协商实效性；深入进行专题协商、对口协商、界别协商、提案办理协商”的要求，根据有关政治协商规定，结合本县实际而制订。分为“总则”“政治协商的要求与程序”“政治协商的保障与考核”“附则”共四章十二条。

《办法》提出，做到“对重大问题的协商在县委决策之前、县人大常委会通过之前、县政府实施之前”，由县委统一部署、协调并认真组织实施，采取在县政协同县内各界代表人士进行政治协商的方式；协商计划经县委批准后，县政协党组在一个月内研究、提出落实政治协商年度计划的方案，提交县政协主席会议审定后通知各界代表人士；协商成果包括县政协全体会议会议纪要、常务委员会会议纪要、主席会会议纪要、秘书长会会议纪要、专门委员会会议纪要、内部协商会会议纪要，县政协全体会议建议案、常务委员会会议建议案、主席会议建议案，其他书面形式的协商意见或建议；县委、县政府及职能部门的主要负责同志和有关负责同志要亲自阅批政治协商成果（协商纪要或协商建议案）的办理情况，特别重要的政治协商成果要列入县委常委会或县政府常务会进行研究，形成采用成果的意见；县委、县政府的督办部门要将县委常委会或县政府常务会对政治协商成果的讨论决定和县委、县政府负责同志的批办意见纳入督办范围；明确规定需要进行协商的内容，未经协商的，原则上不提交县委决策、县人大常委会表决通过、县政府实施；县委、县政府把是否重视政治协商、能否发挥政治协商的作用作为检验领导水平和执政能力的一项重要内容，纳入对乡镇和部门领导班子和领导干部考察考核的重要内容；县委办公室、县政协办公室共同负责政治协商的协调、督办和落实工作。

2017 年 9 月 28 日，中共宜宾县委以宜县委发〔2017〕28 号文印发《关于进一步加强政协工作推进人民政协协商民主建设的实施意见》。《意见》分为五个部分共二十一条：一是进一步强化政协工作，增强推进人民政协协商民主建设的自觉性和责任感。人民政协是中国人民爱国统一战线的组织，是中国共产党领导的多党合作和政治协商的重要机构，是我国政治生活中发扬社会主义民主的重要形式，是集协商、监督、参与、合作于一体，适合中国国情、具有鲜明中国特色的制度安排。二是着力提高人民政协协商民主的科学性和实效性。建立专题议政性常务委员会会议制度，县政协一般每年召开 2 次专题议政性常务委员会会议，会议成果以政协建议案、调研报告、大会发言专报等形式报送县委、县政府；完善政协专题协商议政会制度，根据议题需要，邀请县委、县政府分管相关工作的领导同志及有关部门负责同志出席，组织相关委员和专家学者参加，相关意见建议以政协建议案的形式报送县委、县政府；探索建立季度协商座谈会制度，条件成熟时可建立双月协商座谈会制度，本着党政所需、群众期盼、委员关注、政协所能的原则，选择内容具体、针对性强的问题作为议题；开展对口协商和界别协商，政协各专门委员会与政府有关部门建立健全对口联系工作机制，确定对口协商议题，专门委员会根据工作整体部署组织界别委员开展专题调研、举行界别协商会座谈会等活动；健全提案办理协商制度，健全提案预审制度，完善提案联合交办制度，健全提案联合督办制度，坚持和完善县委、县政府、县政协领导重点提案督办制度，完善提案办理考核评议机制。三是把协商民主贯穿人民政协履行职能全过程。不能以通报情况代替政治协商，不能以个别征求意见代替应当以组织形式进行的政治协商；完善人民政协民主监督形式，即会议监督、视察监督、提案监督、专项监督和其他形式监督，加强人民政协民主监督同党内监督、人大监督、行政监督、司法监督、社会监督、舆论监督等监督形式的协调配合。四是重视和支持人民政协加强自身建设。支持和保障各民主党派、工商联、无党派人士在政协各种会议上发表意见和建议，以及开展调研视察、提出提案、举报、反映社情民意信息、参与监督检查等履行职能的权利，重视党外干部的培养、选拔和交流工作；支持政协修订界别活动规范，建立界别召集人向政协常委会议述职制度，探索发挥界别优势和作用的途径和方法，增强界别在政协工作中的活力；重视政协各专门委员会工作，支持政协专门委员会建设，支持专门委员会开展各种形式的履职活动；重视和加强乡镇政协委员联系小组建设，加强对政协委员的联系服务工作，各乡镇要明确1名党委副书记分管政协工作，联系小组组长由1名是政协委员的乡镇领导班子成员担任，并明确至少1名工作人员协助联系小组组长开展日常工作；建立完善政协干部合理流动、能进能出、良性循环的机制，加大政协机关和党政机关之间的干部交流力度。五是加强和改善党对人民政协工作的领导。县委研究事关政协的重大问题，可事先征求和听取政协党组的意见，有些重要问题的政治协商可以委托政协党组实施；各级党委、政府及其职能部门要加强对政协工作人、财、物等方面的保障，乡镇政协委员联系小组开展活动所需经费由乡镇予以全力保障，对政协专题协商、民主评议、专题调研、重要提案调研督办、委员培训、理论研究、新闻宣传、机关信息化建设、文史资料征集编印等重要工作，要安排专项经费纳入县财政预算；对加强和改进人民政协工作有关重要会议及重要文件精神的贯彻落实情况，县委每届至少进行一次专项督查，对贯彻落实中央和省、市、县委政协工作部署不力的、办理重要协商意见建议不实并造成严重影响的，要对有关单位和责任人实行问责。

第二节　政协工作会议

一、第一次政协工作会议

1993年12月2日，中共宜宾县委召开第一次政协工作会议。县级四大班子领导，县政协常委，各乡镇党委书记，县级各部门、县属企事业单位主要负责人参加了会议。县委书记张明泉、县长肖健康、县政协主席何世春作了大会讲话。

根据县委的安排，县长肖健康代表县人民政府就“发挥好政协政治协商、民主监督作用，促进政府工作”作了讲话。

他在讲话中强调，当前正处在新旧经济体制交替的时期，这是一个比较复杂、比较艰难的过渡时期。面对出现的各种新情况、新问题、新矛盾，需要作出科学决策，认真协调解决；需要社会各界力量相互沟通，在维护国家利益上形成共识，保持社会环境的稳定；需要团结各界人士和全县人民万众一心共同奋斗。在这场伟大变革中，人民政协已经并将继续发挥重要作用。

他对政府支持政协工作讲了五点意见。一是不断提高对政协地位和作用的认识。充分认识政协的性质、地位和作用，纠正削弱政协协商监督职能的思想和行为，加强同政协之间的联系，主动开展协商，自觉接受监督。二是认真执行多党合作和政治协商制度。变“要我协商”为“我要协商”，逐步建立起比较规范的约束机制，使政治协商活动更加规范化、制度化。三是主动接受人民政协的监督。一定热忱欢迎并主动接受人民政协的监督，定期向政协通报有关情况，支持政协对政府工作进行视察调查，邀请政协领导和委员参加政府的有关会议和活动，虚心听取政协的意见和建议，不断改进工作。四是切实做好提案办理工作。凡是政协或政协委员提出的建议、报告和提案，县、乡各级政府都要认真对待，督促办理，并将办理结果正式作出答复。五是大力支持政协工作。政府召开的会议，要按规定邀请政协的同志参加；政协召开的各种会议，凡邀请政府负责人参加都要按时参加；尽力帮助解决政协在开展活动、自身建设、改善工作条件等方面存在的困难和问题，多向政协同志提供文件和参阅资料，多关心他们的生活。

二、第二次政协工作会议

1999年1月12日，中共宜宾县委在县政府招待所召开了第二次政协工作会议。县级几套班子领导，县政协常委，各乡镇党委书记、乡镇长、党务副书记、党政办主任，县级各部门、县属企事业单位主要负责人共180余人参加了会议。会议传达了中共四川省委、宜宾市委政协工作会议精神，县委书记、县政协主席游柱先作了工作报告，县委副书记、县长张显富作了讲话，县政协副主席、统战部部长徐金友就统一战线工作作了讲话，县委副书记雷智灵主持会议，并对贯彻落实会议精神作了安排部署。

县委书记、县政协主席游柱先《认真贯彻落实市委政协工作会议精神，努力开创政协工作新局面》的报告主要包括三个方面：

第一，进一步提高对人民政协工作重要性的认识。中国共产党领导的多党合作和政治协商制度是我国的一项基本政治制度。人民政协是我国爱国统一战线组织，是实现我国基本政治制度的重要机构。人民政协的工作是全党的工作，是全局性的工作。各级党委要领导好人民政协的工作，开创宜宾县政协工作的新局面，首先必须进一步提高对人民政协性质、地位和作用的认识。

第二，认真总结党委加强政协工作的经验。坚持工作制度，是党委加强对政协工作领导的关键。宜宾县建立和完善了四项工作制度（政治协商制度、民主监督制度、情况通报制度、协调联系制度），用制度规范党委对政协工作的领导。

第三，加强和改善党对政协工作的领导，把宜宾县人民政协工作提高到一个新水平。党委加强对政协思想政治领导最基本的和最基础的工作，就是要高举邓小平理论伟大旗帜，形成共同的理想和精神支柱。党对政协的组织领导主要是通过政协党组来实现的，要充分发挥党组在政协工作中的核心领导作用。党委在讨论政协的机构设置、人员编制、干部配备时，要按照规定征求政协党组的意见；在政协换届的人事安排方面，政协党组要与县委组织部、统战部共同制订方案，协商政协委员的人选和政协领导班子的人选；某些重大问题和重要事项，党委可委托政协党组举行协商会议，并向党委作出报告，为党委决策提供科学的参考意见。党委一把手要亲自抓人民政协工作，分工一名副书记具体负责联系政协工作；要坚持和完善政协主席列席同级党委常委会议、书记碰头会议和副主席分别列席人大、政府重要会议制度；对以政协、民主党派和政协各专委会名义提出的建议案或提案，党政领导要亲自处理；党委、人大、政府、政协办公室主任的联席会议制度和党政各部门与政协专委会的对口协商制度等，都要进一步落实和完善。关于政治协商，要坚持“三在前”“三在先”，即重大决策要主动协商于党委决定之前，人大通过之前，政府实施之前；制订经济社会发展计划和规划要先协商后决策，对重要人事安排和人民生活中的重大问题要先协商后决定，制定地方重大政策和法规要先协商后定案。党委提出重大问题的协商，一定要把协商的问题和情况在事先告知政协。对政协履行职能，从党政的角度讲应该有三句话：重视而不轻看，主动而不被动，支持而不怠慢。要按照川委发〔1998〕2 号文件精神，切实解决好在政协兼任副主席、常委的党员干部和党外人士应享受的政治、生活待遇；各单位要提供必要的条件，积极支持所在单位的政协委员参加政协的各种会议和活动。

县长张显富就政府支持政协工作讲了四点意见：

一是坚持把政协履行职能纳入政府的重要议事日程和决策程序。做到在全县贯彻党和国家大政方针重要部署之前，主动与政协通气，认真听取政协意见；涉及全县“两个文明建设”、民主法制建设和改革开放中的重大问题、重大事项、重大措施和重要政策，在决策之前要征求政协的意见，并就决策执行过程中的重要问题进行协商；各级政府的规范性文件在常务会议通过前，要征求政协的意见；各级政府每年要安排向政协通报经济运行情况 1 ~ 2 次，并根据政协要求及时通报政府其他有关工作。

二是要充分重视和发挥人民政协的民主渠道作用。各级政府领导干部要主动、认真听取政协的各种意见，尊重和切实保障政协委员的民主权利，善于采纳各种有益的意见并付诸实施；提高对政协提案的办案率和办案质量，切实保证政协的提案件件落实；对政协委员的提案、调查报告及以其他形式提出的意见和建议，各级政府及有关部门要认真研究，限期处理，作出答复或说明。

三是进一步推进和实现政协工作规范化、制度化。狠抓中央和省政府制定的关于政治协商、民主监督、参政议政暂行规定和实施细则的全面落实，认真贯彻市政府制定的《宜宾市人民政府关于贯彻四川省人民政府川府发〔1995〕179 号文件精神加强政协工作的决定》；要根据情况，邀请政协委员参加县人民政府全体会议和有关经济社会发展的重要会议，参加重要考察和廉政建设、纠风治乱等专项检查活动。

四是大力支持、配合政协工作。政府各有关部门要进一步加强与政协各专门委员会的对口联系和协商，相互交换资料，联合进行调查研究或举办有关重要活动；根据财力情况，尽可能地做到政协工作的经费逐年有所增加，政协的工作、生活条件要逐年有所改善；政府各部门各单位对供给关系所在的政协委员的生活、办公用房和用车，要按照有关规定，予以优先考虑。

县政协常务副主席杨济凯在会上传达了中共宜宾市委政协工作会议的概况、主要精神和主要领导的讲话要点。

三、第三次政协工作会议

2003 年 12 月 23 日，中共宜宾县委在市农行干校召开第三次政协工作会议。县级四大班子领导，县人民法院院长，县人民检察院检察长，县政协常委，各乡镇党委书记、乡镇长、党委副书记（政协联系组组长），县级各部门、县属企事业单位主要负责人等参加了会议。中共宜宾县委书记赖青、县委副书记颜永祥、县政府常务副县长李戎、县政协主席陶天华作了大会讲话。会议由县委副书记颜永祥主持。

县委书记赖青强调：这次会议的主要任务是以“三个代表”重要思想为指导，认真贯彻近期召开的省、市委有关政协工作会议精神，分析形势，总结经验，加强和改进党对政协工作的领导，进一步做好新世纪新阶段政协工作，充分发挥人民政协的职能作用，调动全县人民和社会各界的力量，为全面建设小康社会，推进“三个文明建设”，全力打造“经济强县，文明开放大县”而努力奋斗。

赖青指出，做好政协工作是实践“三个代表”重要思想的具体体现，是完善社会主义市场经济体制的必然要求，是建设社会主义政治文明的重要内容，是凝聚各方力量、推进经济社会发展的现实要求，是维护社会政治稳定、国家长治久安的重要途径。

赖青提出加强领导，完善制度，为政协发挥作用创造良好条件。一是完善党委对政协工作的领导制度，为政协履职提供坚强的政治保证。坚持党委常委会一年要至少两次研究政协工作，党委一把手要亲自抓政协工作，具体联系政协工作的副书记要经常参与和指导政协的重要会议、重要活动；对以政协或政协组成单位名义提出的重要建议案、提案和调查报告，党政主要领导要亲自批阅，并责成有关部门督办落实；要把政协工作纳入对党委（党组）的目标管理，加大检查考核力度；各级各部门要按照宪法和政协章程、政协工作细则的有关规定要求，积极支持、配合政协对经济、政治、文化建设和改革中的重大问题进行调研、视察活动，支持政协提提案、搞评议，组织检查、咨询等，主动接受政协的民主监督，虚心听取批评建议，对自身存在问题要增添措施、积极整改；对于妨碍政协正常履职的行为，纪检监察部门要认真查处。二是完善政协工作制度，推进政协履行职能的制度化、规范化、程序化。坚持和完善政协主席列席县委常委会议，副主席列席县人大常委会议和县政府常务会议等政协领导参加有关重要会议制度；坚持和完善党委、人大、政府及相关部门向政协会议进行重大情况通报制度；建立人大、政协联系会议制度；规范政治协商的“三在前、三在先”制度；党委的各个部门和政府同政协专委会对口的相关部门也要制定出支持政协工作的办事规则和具体制度。三是完善政协工作保障制度，为政协履职创造良好条件。要认真落实情况通报制度，让政协委员及时了解大政方针、重要工作和重大问题，知情参政；政协委员所在单位要在委员参加政协会议和活动的时间上给予充分保证，对委员参加履职活动所需的经费要按有关规定给予报销；要按省、市要求理顺政协机构设置，配齐配强政协领导班子，选配热心政协工作的干部到政协专委会和政协机关工作；要重视政协机关干部的培养、选拔和使用，做到政协机关干部的培养交流与其他部门一视同仁，增强政协干部队伍的生机与活力；县级宣传部门和新闻单位要加大对人民政协工作的宣传力度，对政协全委会、常委会要重点报道，同时加强经常性报道，在更广范围和更深层次反映政协履职全貌；政府和财政等有关职能部门要随着县级财力的增长适当提高政协预算，增加政协工作经费，确保政协例会和履职活动的顺利进行，切实改善办公条件。

县委常委、常务副县长李戎认为，在实施跨越式发展、全面建设小康社会新的历史时期，尤其需要发挥人民政协的作用；加强政协工作，是提高政府决策科学化、民主化水平的重要保证，是关系全局的工作。并就县和乡镇人民政府充分认识和支持政协工作讲了三点意见：

一是进一步增强民主意识，自觉接受政协的民主监督。县和乡镇人民政府及其职能部门，一定要主动听取政协委员的意见，加强同政协的联系，尊重和切实保障政协委员的民主权利；要认真办理政协委员的建议、提案和意见，做到件件有回音、事事有着落，绝不能敷衍了事、不了了之。政府出台的重大措施，在决策之前和执行之中，都要充分征求政协的意见，接受政协监督，这要成为我们政府工作的一项经常化、制度化要求。

二是积极支持政协参政议政。要加强同政协的联系，适时通报政务工作，增进相互理解、信任和支持，主动开展协商；政府各部门要进一步加强同政协各专门委员会的对口联系和协商，主动配合政协开展的调查研究、视察和民主评议等各种活动；政府的重要会议，一定要请政协的领导同志参加；支持政协领导同志直接介入经济建设主战场，负责特定重点项目督办工作。

三是主动关心政协工作和政协委员的生活。切实支持县政协工作，要提供必要的财力，并尽可能使政协工作经费逐步有所增加；主动关心政协委员的工作和生活，切实为他们排忧解难，对他们的生活、办公条件等，要按照有关规定，切实予以保障。

县政协主席陶天华在会上作了“努力开创我县政协工作新局面”的讲话。

讲话充分肯定县委、县政府对政协工作的高度重视和大力支持，是对县政协和全体委员的巨大鞭策和鼓舞。讲话总结近几年县政协工作的经验和体会是：党委重视，加强领导，是搞好政协工作的根本保证；坚持基本政治制度，贯彻统一战线政策，是政协工作不断开拓创新、有所作为的基础；围绕党委、政府中心工作履行职能，是政协工作的生机和活力所在；高素质的委员队伍和政协工作者，是做好政协工作的重要条件。

讲话围绕开创我县政协工作新局面提出：一是从落实“三个代表”重要思想的高度，充分认识推进新时期政协工作新发展的重要性。必须以“三个代表”重要思想统领政协工作，增强坚持中国共产党领导的信念，深化改革、完善社会主义市场经济体制的意识和社会主义政治文明和民主政治的政治观念。二是紧紧围绕发展这个第一要务，充分发挥政协职能作用。做好新时期政协工作，就要把实现全面建设小康社会目标，贯彻到履行职能的各项工作和各个环节中去。开展调查研究，积极建言献策，为党委、政府民主决策、科学决策提供依据和参考。三是突出团结民主两大主题，做好团结安定工作。县政协和政协委员要积极协助党委和政府多做了解民情、反映民意、集中民智的工作，多做协调关系、理顺情绪、化解矛盾、增进团结的工作，把不同党派、不同团体、不同阶层、不同民族的人团结起来，增进共识，形成合力，为实现好、维护好、发展好最广大人民的根本利益作出新贡献。四是着眼于政协工作的新发展，进一步加强履行职能的制度化、规范化、程序化建设。按照政协章程和省、市的有关规定，把在长期工作实践中形成的行之有效的做法进行理论上的提炼和归纳，上升为制度规范，更好地指导新的工作实践，提高工作效率和履行职能的水平。五是坚持和依靠党的领导，保证政协工作正确的政治方向。就是要在政治上、思想上、行动上与党保持一致，围绕全党工作中心，服从于和服务于党的工作大局，认真贯彻落实党的路线方针政策，保证实现党对政协的政治、思想和组织领导；要把县委对政协的要求和任务，体现到政协主席会议、常委会议、全体会议及专门委员会会议之中，体现到政协工作的各个方面。

县委副书记颜永祥在会上传达了省、市委政协工作会议精神。

四、第四次政协工作会议

2010 年 1 月 7 日，中共宜宾县委召开县委政协工作会议。县级四大班子领导，县人民法院院长、县人民检察院检察长，县政协常委，县政协机关副科级以上干部，县级部门党政一把手，各乡镇党委书记、乡镇长、党委副书记（政协联系组长），县级规模以上企业负责人等参加了会议。会议传达了省、市委政协工作会议精神，县委书记曾勇、县长王光柱、县政协主席陶天华作了大会讲话。会议由县委常委、常务副县长丁应虎主持。

中共宜宾县委书记曾勇在讲话中提出四点意见：进一步深化和提高对加强人民政协工作重要性的认识；进一步建立和完善支持人民政协履行职能的制度；充分发挥政协的特点和优势，在服务发展中主动作为；加强和改善党对政协工作的领导，努力开创宜宾县政协工作新局面。

他在讲话中强调，坚持把政治协商纳入决策程序，坚持不协商不决策、不协商不定案的原则；健全民主评议工作制度，探索民主评议意见与纪检监察的督促整改相结合的新机制，帮助评议对象按照评议意见改进工作；支持政协围绕全县改革发展、改善民生民本、维护社会稳定，推进新型工业化、新型城镇化、农业现代化等选择题目，广泛开展调查研究和委员视察等活动，对政协提出的重要意见和建议要认真研究、积极采纳；进一步突出界别特色和发挥界别优势，及时研究并合理设置政协界别，坚持和完善专委会联系界别活动制度；从思想、工作、生活上关心政协委员，做好服务政协委员工作，建立激励、关怀、帮助政协委员机制，健全政协委员履职表彰制度；政协党组要把党的有关重大决策和工作部署贯彻到政协的全部工作中去，确保与县委在思想上同心、政治上同向、工作上同步，使党的主张成为社会各界的广泛共识；要为政协工作创造更加优良的舆论环境，把政协的重要会议和重大活动宣传与基础性活动宣传相结合，扩大政协的社会影响，努力营造全党全社会重视和支持政协工作的良好氛围。

县长王光柱结合政府工作，表示要进一步增强支持政协工作的自觉性和主动性，加强与政协的配合协作，为政协履行职能创造良好条件。

他提出要按照“三在前”“三在先”的原则，对涉及发展的重大问题进行全面协商，对政府阶段性工作和难点问题进行专题协商，对政府工作某个方面的问题进行对口协商；政府的重要调查研究活动要视情况主动邀请有关政协委员参加，监察、审计等监督机构要主动加强与政协的工作联系，政府举办的各类听证活动要有一定比例政协委员参加；在政府与政协主要领导、分管领导，政府部门与政协专门委员会三个层面上形成对口联系长效机制；根据有关规定，支持政协健全机构设置，改善办公条件，落实委员待遇，保障工作经费。

县政协主席陶天华就贯彻县委政协工作会议精神提出：坚持党的领导，保证正确方向；坚持围绕中心，推动加快发展；坚持团结民主，汇聚智慧力量；坚持履职为民，促进社会和谐；坚持与时俱进，加强自身建设。

县委副书记颜永祥在会上传达了省、市委政协工作会议精神。

五、第五次政协工作会议

2014 年 9 月 19 日，中共宜宾县委召开政协工作暨纪念人民政协成立六十五周年大会。县级五大班子领导（含县人民法院院长、县人民检察院检察长），县级部门党政一把手，县级规模以上企业负责人，各乡镇党委书记、乡镇长，全体县政协委员，驻县省、市政协委员，县政协机关副科级以上干部参加会议。会议在柏溪镇蓝天宾馆影剧院举行。会议传达了市委政协工作会议精神，县委书记王光柱、县长丁应虎、县政协主席陶天华作了讲话。会议由县委副书记张瑞英主持。

县委书记王光柱在讲话中阐明，县委决定召开政协工作会议，是为了深入贯彻落实党的十八大、十八届三中全会，省委十届四次全会，市委四届八次全会和市委政协工作会议精神，总结和回顾政协工作取得的成绩，研究部署进一步加强和改进政协工作的措施，切实加强和改善党对政协工作的领导，支持政协推进“三化”建设，更好地履行政治协商、民主监督、参政议政职能。

王光柱就进一步做好新形势下的政协工作讲了四点意见，即进一步认识加强人民政协工作的重要意义；加强制度建设，不断提高政协工作水平；加强政协自身建设，不断提升政协履职能力；加强和改进党的领导，不断推进政协事业发展。

讲话要求进一步规范决策程序和协商程序，切实把协商纳入决策程序之中，严格按照协商程序开展协商；坚持民主测评和民主评议工作，完善政协委员担任党政部门的特邀监察员和行风监督员制度，提高政协民主监督实效；完善政协参政议政成果转化制度，认真落实政协提案办理制度，坚持县政府领导挂帅督办提案制度；进一步探索管理和服务委员长效机制，完善委员考核激励机制，切实保障委员的民主权利；切实把政协工作纳入县委工作的重要议事日程，与全局工作统一研究、统一部署、统一考核；政协党组要为政协工作把好关、导好航，坚定不移地把党的重大决策和部署落实到政协工作中去，确保党的主张成为社会各界的广泛共识，推动各界人士自觉接受党的领导，扩大党的群众基础。

县委副书记、县长丁应虎结合政府工作，作了主动加强政治协商，不断推进政府重大决策民主化和科学化进程；自觉接受民主监督，健全完善行政权力运行的监督机制；积极支持参政议政，畅通政府广纳群言集中民智的渠道；高度重视政协建设，保障政协履行职责的良好环境的大会讲话。

县政协主席陶天华在会上作了题为“勇于担当，顺势而为，不断开创新形势下政协工作新局面”的讲话。讲话回顾和总结了自 2010 年 1 月县委政协工作会议以来的县政协工作经验和体会，提出了开创政协工作新局面的目标和措施。

县委副书记张瑞英在会上传达了市委政协工作会议精神。

六、第六次政协工作会议

2017 年 9 月 30 日，中共宜宾县委在县政务中心三楼大会议室召开了政协工作会议。全体县级领导，县政协常委，县级各部门主要负责人，各乡镇党委书记、乡镇长、分管领导、政协委员联系小组组长，金工集团、金成集团、金农集团董事长，县政协各界别召集人和机关全体人员参加了会议。会议由县委副书记罗世俊主持。县委书记丁应虎、县长刘海昌、县政协主席钟建华作了大会讲话。

中共宜宾县委书记丁应虎指出，县委决定召开政协工作会议，主要任务是深入贯彻习近平总书记治国理政新理念新思想新战略，特别是习近平总书记关于人民政协工作的重要思想、指示和要求，认真落实省委、市委关于政协工作的具体工作部署安排，进一步传承和弘扬宜宾县政协的光荣传统和优良作风，为推动宜宾县经济社会发展，决战决胜全面小康，建设中国西部绿色经济强县，凝聚智慧、团结力量，以优异的成绩迎接中共十九大胜利召开，推动宜宾县人民政协工作再上新台阶。

丁应虎在讲话中对政协工作提出了五点要求，即强化民主政治意识，在政治站位上要有新提高；坚持围绕中心大局，在履职尽责上创造新业绩；不断创新平台载体，在转型发展上作出新贡献；强化政协自身建设，在能力水平上再上新台阶；加强党对政协工作的领导，在组织保障上开创新局面。

中共宜宾县委副书记、县长刘海昌结合政府工作，就进一步加强人民政协工作提出了五项措施，即切实提高思想认识，全力支持政协履行三大职能；主动加强政治协商，不断推进政府决策科学民主；自觉接受民主监督，不断促进政府工作作风转变；积极支持参政议政，不断推动政府执行能力提升；高度重视政协建设，全力保障政协开展各项工作。他希望县政协一如既往，给予政府工作更多的支持和监督，团结社会各界人士，协助政府做好工作。

县政协主席钟建华代表县政协，就 2014 年 9 月县委政协工作会议以来全县政协工作开展情况，以及在当前形势下如何推进政协工作再上台阶，讲了三个方面的意见，即县委重视各方支持，人民政协事业进一步巩固和加强；协力同心，履职尽责，服务发展有力有为；高位起跳，开拓创新，不断谱写人民政协事业新篇章。

他表示，面对新形势、新任务，县政协要在县委的坚强领导下，始终围绕团结、民主两大主题，认真践行“五正”要求，大力弘扬“三先”精神，切实履行“三大”职能，全面发挥协调关系、汇聚力量、建言献策、服务大局的“四大作用”，不断开创政协工作新局面。

他提出，认真贯彻落实“懂政协、会协商、善议政”重要思想，坚持“四个自信”，切实增强政协委员政治意识、大局意识、核心意识、看齐意识；进一步明确政协协商内容，完善政协协商形式，规范政协协商程序，加强政协协商制度建设，扎实开展专题协商、对口协商、界别协商和提案办理协商；开展好会议监督、视察监督、提案监督、专项监督和其他形式监督，摸清情况、分析原因、提出改进意见建议；把保障和改善民生放在更加突出的位置，着力在经济建设、项目引进、城市发展、环境保护等重大问题上，积极开展视察调研、协商议政、汇集民情、反映民意，建有用之言、献务实之策；积极探索新形势下团结联谊工作方法，切实做到以道相交同甘苦、以诚相交见肝胆、以志相交共奋斗；通过强化学习意识、责任意识和创新意识，加强政协自身建设，不断提高人民政协工作科学化水平。

第二章　领导班子

第一节　中共党组

1981 年 1 月 27 日，中共宜宾县委发出《关于建立中共宜宾县政协党组的通知》（宜县委发〔1981〕03 号），中共宜宾县政协党组成立。由古远友任党组书记，陈南风任党组副书记，何善全为党组秘书，高祥义、宛西北为党组成员。

1984 年 1 月 5 日，宜委组干〔1984〕7 号文件通知：增补彭铁肩为宜宾县政协党组书记，姜照荣为党组成员；免去古远友党组书记职务。

1984 年 2 月 23 日，宜县委组干〔1984〕84 号文件通知：增补谢家礼为县政协党组成员。

1984 年 6 月 16 日，县政协党组成员高祥义离休。

1985 年 5 月 2 日，宜县委组干〔1985〕138 号文件通知：黄家文任县政协党组成员。

1986 年 4 月，党组成员陈南风、宛西北退休辞职。

1986 年 5 月，县政协党组成员何善全病故。

1986 年 7 月 7 日，宜县委组干〔1986〕94 号《关于增补县政协党组成员的通知》：增补张国辉为宜宾县政协党组成员。

1987 年 2 月 14 日，宜县委组干〔1987〕19 号《关于王方泽等二同志任免职的通知》：王方泽任县政协党组书记，免去彭铁肩县政协党组书记职务。

1987 年 3 月 9 日，宜县委组干〔1987〕46 号《关于县政协党组组成人员的通知》，由王方泽任党组书记，张国辉任党组副书记，姜照荣、黄家文为党组成员；上届县政协党组成员职务免除。

1990 年 3 月 17 日，宜县委组干〔1990〕48 号《关于人大、县府、政协党组组成人员的通知》，县政协党组由何世春任党组书记，彭德森任党组副书记，甘智年、黄家文、赵林文为党组成员；原党组成员职务免除。

1993 年 3 月 6 日，中共宜宾县委发出《关于成立政协宜宾县第五届委员会党组的通知》（宜县委干〔1993〕14 号），县政协党组由何世春任党组书记，甘智年、邱级士、徐金友、黄家文为党组成员。

1996年3月，在县政协五届四次全会上，党组成员、县政协副主席邱级士因工作调离宜宾县。

1996年12月，宜县委组干〔1996〕136号文件通知：免去黄家文县政协党组成员职务。

1997年8月6日，宜县委组干〔1997〕53号《关于县政协党组组成人员的通知》：县政协领导班子调整后，由游柱先任党组书记，甘智年任党组副书记，徐金友、王斌、彭思云为党组成员。

1997年11月14日，宜县委组干〔1997〕78号文件通知：杨济凯任县政协党组成员。

1999年3月11日，宜宾县委组干〔1999〕25号文件通知：杨济凯任中共宜宾县政协党组副书记；免去甘智年中共宜宾县政协党组副书记职务。

1999年5月11日，中共宜宾县委组织部发出《关于杨济凯等二名同志任免职的通知》（宜县委组干〔1999〕81号）：杨济凯任县政协党组书记，免去游柱先县政协党组书记职务。

2000年3月，县政协党组成员王斌调离县政协。

2002年11月12日，中共宜宾县委组织部发出《关于肖安富等十七名同志任免职的通知》（宜县委组干〔2002〕125号）：陶天华任县政协党组书记，周福全、夏晓玲（女）任县政协党组成员；免去杨济凯县政协党组书记职务。

2003年4月26日，中共宜宾县委组织部通知：廖运宜任县政协党组成员。

2005年6月28日，中共宜宾县政协党组根据有关方面要求，制定了《中共宜宾县政协党组议事规则》。

2006年11月17日，宜县委组干〔2006〕441号《关于邓良、廖运宜二名同志任免职的通知》：邓良任县政协党组成员；免去廖运宜县政协党组成员职务。

2008年4月30日，宜县委组干〔2008〕13号文件通知：夏晓玲退休。

2011年6月16日，宜县委组干〔2011〕92号文件通知：郭时凯任县政协党组成员。

2011年11月25日，宜县委组干〔2011〕283号文件通知：黄奎任县政协党组成员。

2012年1月13日，宜县委组干〔2012〕22号文件通知：免去徐金友、周福全县政协党组成员职务。

2015年4月2日，宜县委组干〔2015〕81号文件通知：邓良任县政协党组副书记。

2015年11月9日，宜县委干〔2015〕53号文件通知：唐桂云任县政协党组成员；免去黄奎县政协党组成员职务。

2016年9月30日，宜县委干〔2016〕235号文件通知：钟建华任县政协党组成员、书记；免去陶天华县政协党组书记、成员职务。

2016年11月4日，宜县委干〔2016〕278号文件通知：文华任县政协党组成员；免去唐桂云县政协党组成员职务。

2016 年 12 月 23 日，宜县委干〔2016〕507 号文件通知：免去郭时凯县政协党组成员职务。

2018 年 9 月 12 日，根据中共宜宾市叙州区委《关于钟建华等五名同志职务更名的通知》（叙委干〔2018〕7 号）精神，县政协党组书记钟建华、副书记邓良、成员文华，分别更名为宜宾市叙州区政协党组书记、副书记、成员。

第二节　常务委员会

一、第一届政协常委会

县政协一届一次全体会议选举产生

主席会议成员（6 人）：

主　席：古远友

副主席：陈南风　高祥义　魏长青　江华林

秘书长：宛西北

常务委员（9 人）：

任旭文（女）　肖载渊　杨治祥　张留陵　赵勋达　赵康修　黄德荣　蒋　基　韩秀君（女）

县政协一届二次会议增补常务委员 4 人：

谢家礼　葛修泉　杨宗林　王宗炳

县政协一届三次会议增选县政协副主席 1 人：

谢家礼

二、第二届政协常委会

县政协二届一次全体会议选举产生

主席会议成员（8 人）：

主　席：彭铁肩

副主席：陈南风　谢家礼　姜照荣　张国辉　江华林　周汝全　魏长青

秘书长：姜照荣（兼）

常务委员（15人）：

王宗炳　王奎光　任旭文（女）　刘建明　刘尊文（女）
陈留光　陈永生　李　申　吴永坤　肖载渊
杨香明（女）　苏德富　宛西北　赵勋达　蒋　基

县政协二届二次全体会议补选黄家文为县政协秘书长，同意姜照荣辞去所兼县政协秘书长职务。

县政协二届三次全体会议同意陈南风辞去县政协副主席职务，宛西北辞去县政协常务委员职务；增选任旭文为县政协副主席。

三、第三届政协常委会

县政协三届一次全体会议选举产生

主席会议成员（6人）：

主　席：王方泽

副主席：姜照荣　张国辉　魏长青　任旭文（女）

秘书长：黄家文

常务委员（17人）：

丁常平　王明友　刘中能　刘德华　任自力
牟廷伟　江振鳌　李　凯　李仲龄　肖彰陵
周西平（女）　杨俊卿　胡廷书　赵林文　赵阒深（女）
彭子章　蒋　基

1988年3月31日，县政协三届六次常委会议免去肖彰陵常务委员职务，保留委员职务。

1988年9月，县政协副主席任旭文离职出国定居。

四、第四届政协常委会

县政协四届一次全体会议选举产生

主席会议成员（7人）：

主　席：何世春

副主席：甘智年　刘桂生（女）　张乃富　彭德森　魏长青

秘书长：黄家文

常务委员（18人）：

王忠元　刘中能　刘佐高　刘德华　吕厚美（女）

江振鳌	汤一力	李　艺（女）	吴　刚	陈志敏
林世鸿（女）	周西平（女）	杨佩华（女）	赵林文	赵阒深（女）
胡廷书	胡祖荣	凌受文		

五、第五届政协常委会

县政协五届一次全体会议选举产生

主席会议成员（9人）：

主　席：何世春

副主席：甘智年　任自力　刘桂生（女）　邱级士　张乃富　徐金友　魏常坤

秘书长：黄家文

常务委员（18人）：

刘中能	刘佐高	刘德华	杜懋萍（女）	李小虹（女）
肖万能	肖邦义	陈发河	罗德伦（女）	周志旭
赵阒深（女）	胡国才	骆为荣	聂荣英（女）	徐仲明
凌受文	黄锐林	游开地（女）		

县政协五届四次全体会议增选彭思云为县政协常务委员；同意邱级士、任自力辞去县政协副主席职务，黄家文辞去县政协秘书长职务。

县政协五届五次全体会议选举游柱先为县政协主席；接受何世春辞去县政协主席职务。

六、第六届政协常委会

县政协六届一次全体会议选举产生

主席会议成员（6人）：

主　席：游柱先

副主席：杨济凯　徐金友　陈其敏　魏常坤

秘书长：王　斌

常务委员（29人）：

王长平	王厚斌	叶世敏（女）	刘佐高	刘德华
刘德明	李代煊	杨俊卿	肖　一	吴大顺
吴利财	吴慕铎	邹绍平	张安安	张高升
陈明本	荀玉章	罗元海	罗志君	罗德伦（女）

赵建华　骆为荣　聂荣英（女）　黄锐林　彭奇文
彭思云　曾云辉　虞　平　潘国才

2000年1月6日，县政协六届六次常委会议决定：免去罗元海委员、常务委员职务；同意刘德华因退休辞去县政协常务委员职务。

县政协六届三次全体会议选举杨济凯为县政协主席（2000年1月，游柱先已调离宜宾县，其委员、主席职务自行消失）；增补闵强、严云贵、唐德伦为县政协常务委员。

2000年3月28日，县政协六届十次常委会议同意王斌因工作调离辞去县政协秘书长职务。

2000年11月，县政协常务委员虞平因工作调离宜宾县，其常务委员和委员职务自行消失。

县政协六届四次全体会议补选凌元东为县政协秘书长。

2001年2月，县政协常务委员王厚斌调离宜宾县，其常务委员和委员职务自行消失。

七、第七届政协常委会

县政协七届一次全体会议选举产生

主席会议成员（8人）：

主　席：陶天华

副主席：徐金友　周福全　夏晓玲（女）　魏常坤　曾云辉　曹益平

秘书长：廖运宜

常务委员（38人）：

丁常平　王万刚　王学斌　邓世涛　井厚亮
田兴友　冉寅吾　冯　文　冯春风　向友成
向培均　刘　忠　刘德明　李　荣　李兴海
李学哲　杨晓东　吴亨华　吴利财　何　峰
张　勇　张克生　陈　婷（女）　陈益根　胡为民
钟建华　徐仲明　徐金毅　凌元东　唐德伦
陶泽华　黄　河　章英启　曾　勇　曾健梅（女）
雷云萍（女）　廖　勇　廖时权

2004年2月18日，县政协七届五次常委会议同意丁常平辞去县政协委员、常务委员职务的申请。

2004年度，县政协常务委员邓世涛因工作调离宜宾县，其县政协委员、常务委员职务自行消失。

2005 年 5 月 23 日，县政协七届十次常委会议同意凌元东辞去县政协常务委员职务。

八、第八届政协常委会

县政协八届一次全体会议选举产生

主席会议成员（6 人）：

主　席：陶天华

副主席：徐金友　周福全　曾云辉　曹益平

秘书长：邓　良

常务委员（41 人）：

王正武	冯春风	向友成	刘文胜	刘　忠
李兴海	李学哲	李　强	杨晓东	何志勇
何昌银	邵光滏	邹国水	吴小春	吴亨华
吴利财	张　红	张克生	陈良友	陈　备
陈益根	陈　婷（女）	罗小燕（女）	明　杰	胡为民
胡昌明	段运平（女）	涂廷友	唐　智	唐　瑶（女）
徐金毅	翁春明	梁树高	章英启	陶泽华
蒋甫良	程孝义	曾　易	曾　勇	雷云萍（女）
魏　菁（女）				

2008 年 12 月 26 日，县政协八届八次常委会议决定明杰、何志勇、雷云萍因工作调离宜宾县不再担任县政协常务委员和委员职务。

2009 年 7 月 16 日，县政协八届十次常委会议同意陈备因工作变动辞去县政协常务委员和委员职务。

县政协八届四次全体会议补选陈善明、韦仕祥、向华、李果伟为县政协常务委员。

2010 年度，段运平、胡为民因工作调离宜宾县，其县政协常务委员和委员职务自行消失。

九、第九届政协常委会

县政协九届一次全体会议选举产生

主席会议成员（6 人）：

主　席：陶天华

副主席：曾云辉　曹益平　郭时凯　邓　良

秘书长：黄　奎

常务委员（50人）：

王　洪	王李梅（女）	韦仕祥	邓　君	冉三川
兰　辉	吕　宾	伍永彬	刘文胜	刘学文（女）
杨　伟	杨从伦	杨晓东	杨筱虹（女）	李学哲
李德金	肖卫华	吴小春	吴贞孝	吴亨华
吴作平	余　述	邹国水	张　红	张克生
陈　波	陈希淼	陈益根	陈善明	邵光滏
罗　莉（女）	罗　涛	罗　勇	周伟峰	胡德元
骆全超	钱　敏（女）	唐　山（女）	唐　智	唐　瑶（女）
唐益礼	涂廷友	陶泽华	康　良	康　麟
彭宏刚	曾　易	谢　敏（女）	唐德金	魏　联

2012年4月10日，县政协九届二次常委会议免去刘文胜县政协常务委员、委员职务。

2012年度，陈波因工作调离宜宾县，其常务委员、委员职务自行消失。

县政协九届二次全体会议增补李洪、李泽田、陈备、蔡宇为县政协常务委员。

2014年12月5日，县政协九届十六次常委会议同意罗莉、罗涛、李学哲因工作变动等原因不再担任县政协常务委员和委员职务。

县政协九届四次全体会议增补袁德松、郑云飞（女）、刘建伟为县政协常务委员。

2015年12月3日，县政协九届十九次常委会议同意彭宏刚、康良不再担任县政协常务委员和委员职务；同意黄奎因工作调动辞去县政协秘书长职务。

县政协九届五次全体会议增补唐桂云为县政协秘书长，黄春祥为县政协常务委员。

2016年5月19日，县政协九届二十次常委会议审议通过，同意陶天华辞去县政协主席职务的申请。

十、第十届政协常委会

县政协十届一次全体会议选举产生

主席会议成员（5人）：

主　席：钟建华

副主席：曹益平　邓　良　蔡　宇

秘书长：文　华

常务委员（51人）：

于　洪（女）	马永龙（女）	王　洪	王　瑶（女）	王李梅（女）
王洪润（女）	王恩平	付　静（女）	兰　辉	冯德桂
刘　钟	刘　倩	刘文静（女）	刘晓川	朱霞林（女）
牟仕玲（女）	吴作平	应兴平（女）	张　红	张　维
李　涛	李万刚	杨　博（女）	杨　静（女）	杨从伦
杨健平	杨晓东	杨筱虹（女）	肖佑兵	周伟峰
幸享华	侯锡东	柳兴伦	胡鹡鸰	赵　华
徐同烈	曹　彬	梁晓龙	黄　奎	黄　萍（女）
黄春祥	彭　鸿	彭光华	彭泳杰	彭海青
曾　易	曾　超	曾康军	程　强	廖德金
熊　川				

2017年11月24日，县政协十届六次常委会议同意柳兴伦、杨筱虹因工作变动辞去县政协常务委员和委员职务；同意赵华因岗位变动辞去县政协常务委员职务。

经县政协十届二次全体会议选举，增补雷俊培、杨义奎、王宇、胡清文4人为县政协常务委员。

第三章　组织结构

第一节　界别

中国人民政治协商会议是最广泛的爱国统一战线组织，其委员由界别组成，分别代表中国共产党、各民主党派、无党派人士、人民团体、各少数民族及其他各界人士。界别的划分和名称因时而异。

一、第一届政协界别

在县政协一届一次全体会议上，县政协委员由中国共产党（简称中共，以下同）、共青团、总工会（简称工会，以下同）、农协会（简称农会，以下同）、妇女联合会（简称妇联，以下同）、科学技术（简称科技，以下同）、文学艺术（简称文艺，以下同）、体育、教育、医药卫生（简称医卫，以下同）、工商、少数民族（简称民族，以下同）、特别邀请人士（简称特邀，以下同）13 个界别组成。县政协委员共 75 名。

县政协一届一次会议界别委员表

表 2-1　　单位：人

界别	委员数	界别	委员数	界别	委员数
中共	8	科技	7	医卫	7
共青团	2	文艺	2	工商	4
工会	2	体育	1	民族	1
农会	2	教育	9	特邀	28
妇联	2	合计		13	75

一届一次全体会议后，对界别进行了调整，增加了“台港澳侨属”，简称“侨台”。调整后界别为 14 个，即从特邀界别中调出 2 人为台侨界别，调出 1 人到医卫界别，而委员总数不变。

1982年1月5—7日，在县政协一届五次常委会议上，经协商决定增补一批县政协委员，以补充县政协委员的不足。最后经县委同意，在县政协一届二次全体会议前增补了31名县政协委员。同时，又增加了“学术”“政法”两个界别。这时，宜宾县政协的界别数达到16个。

二、第二届政协界别

在县政协二届一次全体会议上，县政协委员由中共、无党派知名人士、共青团、工会、妇联、供销社、特邀、文艺、体育、科技、教育、侨台、民族、农民、工商、医卫16个界别组成。县政协委员共211名。

与上届比较，本届界别新增“无党派知名人士”和“供销社”界别，取消了“学术”和“政法”界别，将“农会”界别改为“农民”界别。界别数与上届同，为16个。

县政协二届一次会议界别委员表

表2-2　　　　单位：人

界别	委员数	界别	委员数	界别	委员数
中共	10	特邀	40	侨台	14
无党派知名人士	10	文艺	7	民族	2
共青团	5	体育	4	农民	8
工会	5	科技	23	工商	19
妇联	5	教育	30	医卫	24
供销社	5	合计		16	211

三、第三届政协界别

在县政协三届一次全体会议上，县政协委员由中共、无党派知名人士（简称“无党派”，以下同）、共青团、工会、妇联、供销社、特邀、文艺、科技、教育、医卫、工商、侨台、体育、农民、民族、个协（即个体经济协会）、乡企（即乡镇企业）18个界别组成。县政协委员共218名。

与上届比较，本届界别新增“个协”和“乡企”两个界别。

县政协三届一次会议界别委员表

表 2-3 单位：人

界别	委员数	界别	委员数	界别	委员数
中共	10	特邀	33	体育	4
无党派	8	文艺	6	农民	8
共青团	5	科技	28	民族	3
工会	5	教育	29	个协	3
妇联	5	医卫	22	乡企	5
供销社	6	工商	20	侨台	18
合计		18	218		

四、第四届政协界别

在县政协四届一次全体会议上，界别与上届相同，为 18 个。县政协委员共 175 名。

县政协四届一次会议界别委员表

表 2-4 单位：人

界别	委员数	界别	委员数	界别	委员数
中共	11	科技	20	体育	3
无党派	6	文艺	3	特邀	29
共青团	4	教育	24	民族	3
妇联	4	个协	3	侨台	17
工会	6	医卫	16	乡企	4
供销社	4	工商	12	农民	6
合计		18	175		

五、第五届政协界别

在县政协五届一次全体会议上，县政协委员由中共、无党派知名人士、共青团、妇联、工会、农民、工商联、教育、医卫、文体、科协、侨台、特邀、乡企、民族、供销社 16 个界别组成。县政协委员共 221 名。

按上级要求和从本县的实际出发，本届将上届的“工商”界和“个协”界合并为“工商联”界；恢复科协这个科技工作者群众团体为县政协的组成单位，故将上届的“科技”界改为“科协”界；因县里设立了文化局，故将上届的“文艺”界和“体育”界合并为“文体”界。调整后，县政协委员由 16 个界别组成。

县政协五届一次会议界别委员表

表 2–5　　单位：人

界别	委员数	界别	委员数	界别	委员数
中共	11	农民	9	科协	25
无党派	16	工商联	24	侨台	15
共青团	7	教育	19	特邀	45
妇联	7	医卫	12	乡企	12
工会	5	文体	6	民族	2
供销社	6	合计		16	221

六、第六届政协界别

在县政协六届一次全体会议上，县政协委员由中共、农业、教育、卫生、文化、经济、工商联、政法、工会、共青团、妇女、科技科协、台侨（即侨台）、民族宗教、无党派、特邀16个界别组成。县政协委员共227名。

与上届比较，本届界别设置有较大调整：新增“政法”界；改原“农民”界为“农业”界，“医卫”界为“卫生”界，“文体”界为“文化”界，“民族”界为“民族宗教”界，“科协”界为“科技科协”界，“妇联”界为“妇女”界；将原“乡企”和“供销社”界合并为“经济界”。调整后的界别数仍为16个。

县政协六届一次会议界别委员表

表 2–6　　单位：人

界别	委员数	界别	委员数	界别	委员数
中共	13	工商联	31	科技科协	21
农业	10	政法	6	台侨	11
教育	20	工会	6	民族宗教	4
卫生	14	共青团	6	无党派	10
文化	5	妇女	6	特邀	38
经济	26	合　计		16	227

七、第七届政协界别

在县政协七届一次全体会议上，县政协委员由中共、工会、妇联、共青团、工商联、无党派、台侨、科技科协、农民、经济、教育、文体、医卫计生、政法、民宗（即民族宗教）、特邀16个界别组成。县政协委员共230名。

与上届比较，本届的界别在名称上有些许改变，即将“妇女”界改为“妇联”界，“农业”界改为“农民”界，“文化”界改为“文体”界，“卫生”界改为“医卫计生”界。界别数与上届相同，仍为16个。

县政协七届一次会议界别委员表

表 2-7　　单位：人

界别	委员数	界别	委员数	界别	委员数
中共	17	台侨	10	文体	7
工会	6	科技科协	20	医卫计生	10
妇联	6	农民	11	政法	7
共青团	6	经济	31	民宗	4
工商联	31	教育	20	特邀	34
无党派	10	合计		16	230

八、第八届政协界别

在县政协八届一次全体会议上，县政协委员由中共、工会、共青团、妇联、工商联、无党派、台侨、科技科协、农业、经济、教育、文体、医卫计生、政法、民族宗教、社会福利、特邀17个界别组成。县政协委员共268名。

与上届比较，本届在界别设置上：增加“社会福利”界；将原“农民”界改为“农业”界。共有17个界别。

县政协八届一次会议界别委员表

表 2-8　　单位：人

界别	委员数	界别	委员数	界别	委员数
中共	18	台侨	12	医卫计生	16
工会	8	科技科协	17	政法	8
共青团	8	农业	20	民族宗教	5
妇联	8	经济	32	社会福利	8
工商联	36	教育	21	特邀	32
无党派	12	文体	7	—	—
合计		17	268		

九、第九届政协界别

在县政协九届一次全体会议上，界别设置与上届相同，共 17 个界别。县政协委员共 285 名。

县政协九届一次会议界别委员表

表 2-9　　　　单位：人

界别	委员数	界别	委员数	界别	委员数
中共	18	台侨	8	医卫计生	16
工会	10	科技科协	18	政法	10
共青团	8	农业	28	民族宗教	8
妇联	10	经济	38	社会福利	8
工商联	32	文体	10	特邀	25
无党派	18	教育	20	—	—
合计		17	285		

十、第十届政协界别

在县政协十届一次全体会议上，界别设置与上届相同，共 17 个界别。县政协委员共 284 名。

县政协十届一次会议界别委员表

表 2-10　　　　单位：人

界别	委员数	界别	委员数	界别	委员数
中共	17	台侨	6	医卫计生	17
工会	8	科技科协	12	政法	8
共青团	8	农业	24	民族宗教	8
妇联	12	经济	42	社会福利	8
工商联	34	教育	21	特邀	28
无党派	23	文体	8	—	—
合计		17	284		

第二节　专门委员会（工作组）

专门委员会是政协的工作机构。先前，曾称作“工作组”；后来，一度“委”“组”并存；再后，统一为专门委员会（简称专委会或委）。

一、第一届政协专委会（组）

1980 年 12 月 11 日，宜宾县政协一届一次常委会议结合宜宾县实际，讨论了县政协工作机构（含办事机构）的设置，决定暂设“一处三组”，即秘书处、文卫组、科技组和工商组，并确定了各工作机构的负责人。

秘书处

秘书长：宛西北

文卫组

组　长：魏长青

副组长：黄德荣　赵勋达

科技组

组　长：江华林

副组长：蒋　基　赵康修　杨治祥

工商组

组　长：高祥义

副组长：张留陵　肖载渊

1981 年 1 月 20 日，县政协一届二次常委（扩大）会议同意秘书长宛西北的提名，由何善全任县政协副秘书长。

1981 年 3 月 20 日，县政协发出通知（宜县政协发〔1981〕004 号），正式成立“宜宾县政协学习委员会”。主任魏长青，副主任肖少平、黄德荣，委员朱国先、张尧根、罗华章、张新时。学习委员会的职责是：组织和推动政协成员和各界人士的政治学习。

1982 年 3 月 2 日，县政协一届七次常委会议决定，按专业和统一战线各个方面划分工作组：将县政协秘书处改为办公室，负责政协的日常工作；设立科学技术组、文化教育体育组、经济建设组、侨务对台组、医药卫生组和文史资料组；将原“学习委员会”

改为“政治时事学习组”。这样，宜宾县政协设置了七个工作组，并将县政协的办事机构和工作机构分离开来，还提出“政协工作组是政协进行经常性活动的重要组织，是联系和团结委员、各界人士为实现三大任务服务的好形式。”会议明确工作组的五项主要任务：密切联系政协委员和各界人士，经常反映他们和各方面群众的意见和要求，对国家各项工作提出批评和建议；加强调查研究和专业活动，发挥各方面专业人员和科技人员的积极作用；进一步宣传、贯彻党和国家的方针政策，推动各界人士积极参加社会主义物质文明和精神文明建设；进一步加强和扩大同一切爱国力量的联系，为完成国家统一大业作出新贡献；了解落实各项政策中的问题，协助有关单位认真落实政策。

1982 年 5 月 10—13 日，县政协一届八次常委会议确定了各工作组的负责人：

科学技术组

组　长：蒋　基

副组长：杨宗林　杨治祥　赵康修

文化教育体育组

组　长：江华林

副组长：陈永生　王建容　邵英侠

经济建设组

组　长：张留陵

副组长：王宗炳

侨务对台组

组　长：葛修泉

副组长：任旭文

医药卫生组

组　长：赵勋达

副组长：罗华章

文史资料组

待县“三史”办公室确定

政治时事学习组

组　长：（待下次常委会议增补县委宣传部 1 名负责人）

副组长：肖少平

在 1982 年 8 月 4—7 日召开的县政协一届九次常委会议上，决定增设“妇女工作组”。县政协工作组增加到 8 个。

在1984年3月2—3日召开的县政协一届十七次常委会议上，对县政协工作机构再次进行了调整，将原来的“文史资料组”改为“文史资料研究委员会”，将原来的“政治时事学习组”改为“学习委员会”，“妇女工作组”改为“青年工会妇女组”，县政协工作机构形成了“二委六组”，确定了各委、组领导成员：

学习委员会

主　任：魏长青

副主任：肖少平

文史资料研究委员会

主　任：魏长青

副主任：肖载渊

文化体育教育组

组　长：江华林

副组长：陈永生　蔡明皋　王建容

医药卫生组

组　长：赵勋达

副组长：刘昌烈　罗华章　武来义

科学技术组

组　长：蒋　基

副组长：赵康修　杨治祥　杨宗林

经济建设组

组　长：谢家礼

副组长：张留陵　王宗炳

侨台组

组　长：宛西北

副组长：任旭文　骆为荣

青年工会妇女组

组　长：韩秀君

副组长：刘全贵

二、第二届政协专委会（组）

1984年6月23日，县政协二届一次常委会议决议增设提案委员会，并将原文教体育组分成三个工作组。县政协副主席兼秘书长姜照荣提名由何善全任县政协副秘书长获得常委会议通过。

1984 年 7 月 5 日，县政协主席会议受县政协二届一次常委会议委托，研究商定了“三委八组”的设置及其成员（宜县政协秘〔1984〕5 号）：

学习委员会

主任委员：　江华林

副主任委员：吴永坤　肖少平

委　员：　宛西北　陈仕辉　胡家玉　罗华章　李明梁　周西平

文史资料研究委员会

主任委员：　魏长青

副主任委员：谢家礼　殷文介

委　员：　杨宗林　肖载渊　彭子章　李仲龄

提案委员会

主任委员：　谢家礼

副主任委员：蒋　基　蔡明皋

委　员：　张克勋　张留陵

经济（工商）组

组　长：易遵荣

副组长：王宗炳　李本洪　张尧根　李明梁

成　员：经济（工商）界全体县政协委员及所联系的经济（工商）界人士

科学技术工作组

组　长：蒋　基

副组长：王建中　周灿辉

成　员：科技界全体县政协委员及所联系的科技界人士

教育工作组

组　长：蔡明皋

副组长：彭德铣　胡家玉

成　员：教育界全体县政协委员及所联系教育界人士

文化工作组

组　长：李　申

副组长：邓经忠　黄开树

成　员：文化界全体县政协委员及所联系的文化界人士

体育工作组

组　长：陈永生

副组长：倪　明

成　员：体育界全体县政协委员及所联系的体育界人士

医药卫生工作组

组　长：赵勋达

副组长：张玉莲　罗华章　邓典英　代吉林　李梦蝉

成　员：医药卫生界全体县政协委员及所联系的医卫界人士

群众工作组

组　长：刘尊文

副组长：刘建明　韩家兰

成　员：工、农、青、妇等界县政协委员及所联系的知名人士

统一祖国工作组

组　长：宛西北

副组长：骆为荣　任旭文

成　员：台（胞）、侨属和少数民族、起义人员等界县政协委员及所联系的知名人士

1984年12月21日，县政协秘书处发出通知（宜县政协秘〔1984〕11号）：经县政协二届三次常委会议研究决定，将原“科学技术工作组”改为“科技委员会”，将原“经济（工商）工作组”分为“经济建设、工商、农业三个工作组”。其组成人员是：

科技委员会

主　任：张国辉

副主任：周汝全　蒋　基　王建中

委　员：李明梁　冯万荣　秦治能　张学成　黄显忠

成　员：科技界全体县政协委员及其所联系的人士

经济建设工作组

组　长：易遵荣

副组长：李本洪　魏定武　江伯槐　韩安荣

成　员：财税、金融、计建系统的县政协委员及其所联系的人士

工商工作组

组　长：王宗炳

副组长：肖少平　胡心诚　张尧根　张作发　蒋寿康

成　员：经委、财委系统，原工商界的县政协委员及其所联系的人士

农业工作组

组　长：何祖跃

副组长：周灿辉　欧阳生　黄贵伦

成　员：农、林、水、牧系统，多种经营界的县政协委员及其所联系的人士

这次调整后，县政协工作机构形成了“四委九组”，即学习、文史、提案、科技 4 个委员会及经济建设、工商、农业、教育、文化、体育、医药卫生、群众、统一祖国 9 个工作组。

1985 年 11 月 27 日，县政协秘书处发出通知（宜县政协秘〔1985〕11 号）：经县政协二届八次常委会议同意，因原统一祖国工作组组长宛西北退休，由骆为荣任组长，增补陈志敏任副组长。

三、第三届政协专委会（组）

1987 年 2 月 25 日，县政协三届一次常委会议确定了委、组及其成员名单：

学习委员会

主任委员：　魏长青

副主任委员：钟　丽　周西平　陈克玉

文史资料研究委员会

主任委员：　魏长青

副主任委员：李仲龄　彭子章

提案委员会

主任委员：　任旭文

副主任委员：蒋　基　严云贵

委　员：　　陈世英　罗华章　黄叔仲

科技委员会

主任委员：　张国辉

副主任委员：蒋　基　刘中能

委　员：　　王建中　周灿辉　张尧根

经济（工商）工作组

组　长：易遵荣

副组长：江伯槐　李本洪　廖亨富

成　员：经济（工商）界全体县政协委员及所联系的经济（工商）界人士

农业工作组

组　长：任自力

副组长：秦治能　阳开汉　黄贵伦　戴树成　黄显忠　李　凯

成　员：农业系统全体县政协委员及所联系的农业界人士

教育工作组

组　长：严云贵

副组长：刘光汉　赵仪深　彭德铣

成　员：教育界全体县政协委员及所联系的教育界人士

文化工作组

组　长：魏铁中

副组长：胡荣彩　黄开树

成　员：文化界全体县政协委员及所联系的文化界人士

体育工作组

组　长：江振鳌

副组长：倪　明　张林富

成　员：体育界全体县政协委员及所联系的体育界人士

医药卫生工作组

组　长：张玉莲

副组长：赵阗深　牟廷伟　景其昌

成员：医药卫生界全体县政协委员及所联系的医卫界人士

群众工作组

组　长：丁常平

副组长：刘德华　李　艺

成　员：工、青、妇等群众团体全体县政协委员及所联系的知名人士

统一祖国工作组

组　长：赵林文

副组长：凌受湘　骆为荣　陈志敏

成　员：台、港、澳、侨同胞及其家属和少数民族、起义人员等界县政协委员及所联系的知名人士

即县政协工作机构为“四委八组”。

三届一次常委会议还通过了秘书长黄家文的提名，任命陈克玉为县政协副秘书长。

1988 年 3 月 31 日，在县政协三届六次常委会议上，由秘书长黄家文提名，会议通过了由祝万明任县政协副秘书长的任命。

1988 年 11 月 4—5 日召开的县政协三届九次常委会议上，决定已离职出国定居的县政协原副主席任旭文所分管的提案工作和统一祖国工作分别由黄家文和姜照荣分管。

1989 年 3 月 31 日，宜宾县政协发出通知（宜县政协发〔89〕4 号），根据县政协三届十次常委会议的决定，“改组为委”，将过去的“四委八组”合并为 6 个委员会。即：

学习委员会

主任委员：魏长青

副主任委员：周西平　赵阗深

委　员：彭思云　陈仕辉

文史资料研究委员会

主任委员：魏长青

副主任委员：黄家文　李仲龄　彭子章

委　员：李　申　廖静泉

提案委员会

主任委员：黄家文

副主任委员：蒋　基　严云贵

委　员：陈世英　罗华章　黄叔仲　杨秀全

经济科技委员会

主任委员：张国辉

副主任委员：蒋　基　刘中能　任自力　易遵荣　祝万明

委　员：王建中　周灿辉　张尧根　戴树成　黄显忠　江柏槐

文教医卫体委员会

主任委员：陈克玉

副主任委员：江振鳌　严云贵　张玉莲　魏铁中

委　员：景其昌　倪　明　黄开树　杨兴玉

联谊委员会

主任委员：姜照荣

副主任委员：赵林文　骆为荣　陈志敏　丁常平　刘德华

委　员：　凌受湘　李　艺　刘帝坤

四、第四届政协专委会

1990 年 3 月 8 日，县政协四届一次常委会议召开。会议通过了县政协秘书长黄家文的提名，任命祝万明、陈克玉为县政协副秘书长。

会议还确定了县政协专门委员会的设置及其成员：

学习委员会

主任委员：　彭德森

副主任委员：凌受文

委　员：　周西平　彭思云　余义伟　阮世能　龚玉堂

提案委员会

主任委员：　黄家文

副主任委员：刘德华

委　员：　吕厚美　肖万能　彭思云　周灿辉　彭代贤

文史资料研究委员会

主任委员：　魏长青

副主任委员：林世鸿

委　员：　李　艺　李仲龄　廖静泉　柳廷根　黄锐林　魏铁中

经济科技委员会

主任委员：　刘桂生

副主任委员：张国辉　祝万明

委　员：　刘中能　胡廷书　杨佩华　汤一力　胡祖荣　刘佐高　刘松柏　肖邦义　肖万能

文教医卫体委员会

主任委员：　张乃富

副主任委员：陈克玉

委　员：　江振鳌　赵阒深　韦如炳　张玉莲　眭银贵

统一祖国联谊委员会

主任委员：　甘智年

副主任委员：陈志敏　刘帝坤

委　员：　赵林文　吴　刚　王忠元　骆为荣

1991 年 9 月 26 日，宜县政协秘〔1990〕20 号文件通知，经县政协四届九次常委会议研究决定：姜照荣任学习委员会副主任。

1991 年 11 月 19 日，宜县政协〔1991〕13 号文件通知，经县政协四届十一次常委会议讨论决定，任命刘帝坤任学习、联谊（统一祖国联谊）委员会专职副主任；彭思云任提案委员会专职副主任；肖万能任经济科技委员会专职副主任；黄锐林任文史资料研究委员会专职副主任。

五、第五届政协专委会

1993 年 2 月 26 日，县政协五届一次常委会议决议，将上届县政协的 6 个专门委员会改为 3 个，名称暂定为提案学习联谊委员会、经济科技委员会和文史社会事业委员会。

1993 年 4 月 8 日，县政协五届二次常委会议研究决定了县政协 3 个工作委员会的设置及其组成人员：

学习提案联谊工作委员会

主　任：黄家文

副主任：彭思云　王　敏

委　员：凌受文　龚玉堂　甘自强　周灿辉　刘德华　凌受湘　徐仲明

经济科技工作委员会

主　任：肖万能

副主任：刘帝坤　陈克玉

委　员：骆为荣　甘道富　肖邦义　黄提荣　张俊良　陈发河　吴慕铎　徐兴本　曹　平

文史社会工作委员会

主　任：黄锐林

副主任：余义伟

顾　问：魏长青

委　员：彭奇文　张德虎　游开地　林友才　李仲龄　黄元高　邓代敏

1994 年 11 月 24 日，县政协五届十次常委会议任命王斌为文史社会工作委员会副主任，陈荣贵为学习提案联谊工作委员会副主任；免去王敏学习提案联谊工作委员会副主任职务。

1995 年 9 月 27 日，县政协五届十五次常委会议通过了秘书长黄家文的提名，王斌任县政协副秘书长。

1996年2月29日，经县委同意，县政协五届十九次常委会议通过，县政协不再设秘书长和副秘书长职务，会议还同意黄家文辞去县政协秘书长和学习提案联谊工作委员会主任职务。

1997年1月6日，县政协五届二十四次常委会议表决通过，彭思云任县政协学习提案联谊工作委员会主任委员。

六、第六届政协专委会

1998年3月9日，县政协六届一次常委会议讨论决定了县政协专门委员会的设置及其组成人员（宜县政协〔1998〕6号）：

经济委员会

主任委员：　杨俊卿

副主任委员：骆为荣　吴利财

委　员：　邹绍平　叶世敏　聂荣英　吴慕铎　罗志君　严云贵　程兴刚
邓万林　张安安　肖　一　王长平　刘帝坤　潘国才　张高升

提案联谊委员会

主任委员：　彭思云

副主任委员：彭宗地　刘德华

委　员：　罗元海　彭奇文　虞　平　赵建华　甘自强　叶青富　郑荣成
杜懋萍　杨泽金　魏　菁　苟玉章　刘佐高

文卫科教委员会

主任委员：　黄锐林

副主任委员：周大川　吴大顺

委　员：　陈明本　罗德伦　刘德明　曾荣辉　李代煊　张德虎　邓代敏
伍家明　刘泰伟　王厚彬　余义伟

1999年10月28日，县政协六届八次常委会议任命严云贵为县政协经济委员会副主任委员，主持该委员会日常工作。

2000年3月28日，县政协六届十次常委会议通过：凌元东任县政协副秘书长；幸文彬任县政协文卫科教委员会副主任。

2002年2月1日，县政协六届十七次常委会议同意：丁常平任提案联谊委员会副主任；张克生任文卫科教委员会副主任；李荣任经济委员会副主任。

七、第七届政协专委会

2003 年 1 月 11 日，县政协七届一次常委会议通过了专委会的设置及其组成人员：

文卫科教委员会

主　任：廖运宜

副主任：张克生　陈　备

提案联谊委员会

主　任：凌元东

副主任：田兴友　李建培

经济委员会

主　任：丁常平

副主任：李　荣　刘　玮　林泽怀

2004 年 2 月 18 日，县政协七届五次常委会议对县政协工作机构进行了调整：

经济委员会（35 人）

主　任：邹国水

副主任：何　峰　林泽怀　曹富军　郭艳妮　李建培

委　员：曾　勇　张克生　冉寅吾　李兴海　章英启　李学哲　李　荣
刘　玮　曾　彬　尹　志　徐仕跃　吴慕铎　吴文俊　吴忠源
蒋　洪　钟朝红　唐龙敏　邓海波　罗　毅　刘玉勤　吴作平
肖　一　李世才　尤德孚　刘文胜　陶　晓　王正武　余尚红
刘小兵

提案联谊委员会（31 人）

主　任：凌元东

副主任：田兴友　唐桂云　秦　兵　韩礼兰

委　员：陈益根　胡为民　黄　河　向培均　徐金毅　蒋甫铨　曹　彬
何家彩　陈春来　王国银　邹　兵　刘天根　李仲明　邹绍平
彭光华　骆全超　黄亚萍　赵琼尧　彭　雄　王长平　郑春霞
曾良玉　张腾根　李志明　萧耀康　蒋家财

文卫科教委员会（30 人）

主　任：廖运宜

副主任：刘德明　张　水　蔡　宇　邓　沛

委　员：廖时权　雷云萍　陈　婷　黄定培　杨鹏飞　李代煊　苏增权

陈佑贫 罗 洋 赵聚玉 兰 荣 钱 敏 邓代敏 罗 勇
杨昌均 余义伟 杨筱虹 张仁英 郑朝炳 杨旭东 黄元寿
周小川 晏禄昌 虞 斗 邓 琼

法制群团委员会（28人）

主 任：张 勇

副主任：陈 备 刘 拯 廖 勇 陶泽华 胡红英

委 员：邓世涛 向友成 钟建华 唐德伦 杨晓东 吴利财 井厚亮
曾健梅 刘 忠 严官华 甘 奎 陈洪英 任树彬 陈 敏
伍家明 骆为荣 龙兴田 李云龙 谢龙香 龙霞华 陈仁兴
张 典

2005年3月24日，宜县政协〔2005〕3号文件通知，经县政协七届九次常委会议通过，决定将柏溪镇政协委员联系组的13名委员增补到县政协4个专委会中：增补冯文、杨泽金、邓平、杨本德、张天成、徐仲明、罗小燕7人为县政协经济委员会成员；增补何静、易小孟、陈静3人为县政协提案联谊委员会成员；增补陈雪山为县政协文卫科教委员会成员；增补邓江、赵全斌2人为县政协法制群团委员会成员。

2005年5月23日，县政协发出通知（宜县政协〔2005〕8号）：增补张斌、余飞为县政协文卫科教委员会成员；增补陶江林为县政协经济委员会成员；增补明杰、刘顺清为县政协法制群团委员会成员。

同日，县政协七届十次常委会议同意：凌元东辞去县政协提案联谊委员会主任职务；陈备任县政协提案联谊委员会主任，免去其县政协法制群团委员会副主任职务；余飞任县政协文卫科教委员会副主任；刘顺清任县政协法制群团委员会副主任。

八、第八届政协专委会

2007年1月9日，县政协八届一次常委会议讨论通过了县政协专门委员会的设置及其组成人员，以宜县政协〔2007〕2号文件发出通知：

经济委员会（45人）

主 任：陈 备

副主任：王 斌 陈 勇 曹卫东 刘顺清

委员一小组（15人）

组 长：陈 备

副组长：王 斌

成　员：陈良友　章英启　赵全斌　邓　江　何志勇　欧　伟　邓海波
王　静　郑为勇　曾　勇　刘　忠　翁春明　李学哲

委员二小组（17人）

组　长：刘顺清

副组长：曹卫东

成　员：吴利财　程孝义　罗小燕　江昆琴　胡昌明　张天成　陶江林
廖浩凌　梁树高　康　麟　徐金毅　廖景涛　魏　联　李世才
刘文胜

委员三小组（13人）

组　长：陈　勇

副组长：何德斌

成　员：黄　河　杨本德　徐仲明　李利民　杨成方　李志明　吴春燕
唐　智　王正武　曾　易　张茂君

提案联谊委员会（37人）

主　任：邹国水

副主任：邓　锐　张仕贵　王　翔　杨筱虹

委员一小组（16人）

组　长：邹国水

副组长：邓　锐

成　员：魏　菁　黄亚萍　魏　宇　彭　雄　杨昌均　吴文俊　罗　勇
莫　炼　梁宗洪　尤德孚　杨　喜　徐仕跃　黄野强　陈益根

委员二小组（21人）

组　长：杨筱虹

副组长：张仕贵　王　翔

成　员：段运平　屠　华　陈春来　韩礼兰　余　述　曹　彬　罗　毅
胡为民　杨昌文　陈发河　袁凤文　谢礼平　高　鹏　龙兴田
唐　俊　陈　东　罗冀蜀　邱和民

教科文卫委员会（32人）

主　任：邓　良

副主任：张　水　蒋勤久　向　华　蒋甫良

委员一小组（24人）

组　长：邓　良

副组长：张　水　蒋勤久

成　员：郑宽俭　雷云萍　邓　沛　黄定海　李建平　李代煊　周小川
杨鹏飞　肖　芳　何昌银　骆全超　肖天才　彭蜀川　吴泽琴
肖智丹　杨　溢　吴慕铎　晏禄昌　王国银　龚太平　何　俐

委员二小组（8人）

组　长：向　华

副组长：蒋甫良

成　员：胡晓玲　杨大富　李树军　吴小春　钟　华　陈　严

法制群团委员会（38人）

主　任：涂廷友

副主任：张　红　郑朝勇　陶泽华　李建培

委员一小组（14人）

组　长：郑朝勇

副组长：陶泽华　李建培

成　员：明　杰　向友成　周玉平　胡红英　陈云丽　杨晓东　陈　敏
赵林君　陈　婷　张　锐　蒋　兵

委员二小组（24人）

组　长：涂廷友

副组长：张　红

成　员：唐　瑶　周立群　李树康　郑春霞　钱　敏　萧耀康　李　强
陶　俊　郑　波　冉三川　陈俊锋　吴　敏　钟朝红　刘纯香
赵琼尧　李　虹　张克生　侯建国　彭奇文　饶宜萍　邓　琼
肖　一

2007年5月14日，县政协八届二次常委会议通过了县政协秘书长邓良的提名，任命陈备、邹国水为县政协副秘书长。

2008年4月29日，经县政协八届五次常委会议研究决定，任免县政协副秘书长和有关专委会负责人（宜县政协〔2008〕5号）：任命向华为县政协副秘书长、经济委员会主任；侯淑容为县政协提案联谊委员会副主任；杨筱虹为县政协教科文卫委员会副主任；陶冶为县政协教科文卫委员会副主任。免去陈备县政协副秘书长、经济委员会主任职务；

向华县政协教科文卫委员会副主任职务；杨筱虹县政协提案联谊委员会副主任职务。

2009年4月15日，县政协八届九次常委会议根据县政协秘书长邓良的提名，通过张红为县政协副秘书长。会议还对县政协各专委会成员进行了调整（宜县政协〔2009〕1号）：

经济委员会

主　任：韦仕祥

副主任：王　斌　陈　勇　陈益根　曹卫东　李国江　刘顺清

联系经济、工商联、农业3个界别。

教科文卫委员会

主　任：陈善明

副主任：张　水　蒋勤久　李建平　蒋甫良　陶　冶　杨筱虹

联系教育、科技科协、文体、医卫计生4个界别。

提案联谊委员会

主　任：邹国水

副主任：邓　锐　侯淑容　王　翔　张仕贵　侯建国　胡明贵　张克生

委　员：胡为民　骆全超　郑宽学　曹卫东　郑春霞　陶　俊　钟朝红
　　　　廖景涛　王　洪　李树军　胡红英

联系中共、特邀、社会福利、台侨、民宗、无党派6个界别。

法制群团委员会

主　任：　　涂廷友

常务副主任：张　红

副主任：　　郑朝勇　唐　瑶　李　强　刘学文　陶泽华　李建培

联系政法、工会、共青团、妇联4个界别。

2010年3月4日，县政协八届十三次常委会议任命李国江为县政协提案联谊委员会副主任，免去其经济委员会副主任职务。

九、第九届政协专委会

2011年12月29日，县政协九届一次常委会议审议通过了县政协各专门委员会组成人员，并于2012年2月10日以宜县政协〔2012〕4号文件发出了调整通知：

提案联谊委员会

主　任：邹国水

副主任：唐益礼　侯建国　吕　宾　李国江　罗　银

委 员：屠 华 张仕贵 祝万平 肖 锐 余 述王天华 王 翔
邓代荣 曹 斌 骆全超 杨 溢

经济委员会

主 任：韦仕祥

副主任：邓 君 陈益根 刘顺清 刘光容

委 员：陈 勇 谢 敏 唐 山 陈希淼 钱 敏 陶 俊 李继军
徐金毅 陈 浩 江昆琴

教科文卫委员会

主 任：陈善明

副主任：李德金 王李梅 黄春祥

委 员：张克生 蒋勤久 肖天才 郑宽学 彭志名 何 伟 郑宽俭
黄定海 李建平 吴厚强 罗正斌 邬春艳

法制群团委员会

主 任： 涂廷友

常务副主任：张 红

副主任： 周玉平 罗 勇 李红艳 周伟峰

委 员： 杨晓东 胡 浩 曹明均 张 夏 黄亚萍 刘学文 钟朝红
刘纯香 唐 瑶 谢秀英 张义蓉 胡明贵 杨 伟

2012 年 4 月 10 日，县政协九届二次常委会议通过了县政协秘书长黄奎的提名，任命蔡宇、邹国水、张红、陈善明、韦仕祥、周伟峰为县政协副秘书长。

2012 年 7 月 10 日，县政协九届四次常委会议通过了设立县政协文史委员会的决定：

主 任：黄春祥

副主任：李建培 凌元东 侯淑容

委 员：张克生 吴厚强 王 洪 郑宽学 杨 伟 罗 勇 钟 臣
侯建国 张 兴 黄清久 邓 君 曹 斌

2015 年 12 月 3 日，县政协九届十九次常委会议决定：同意邹国水辞去县政协副秘书长、提案联谊委员会主任职务，陈善明辞去县政协副秘书长、教科文卫委员会主任职务，李国江辞去县政协提案联谊委员会副主任职务，刘顺清辞去县政协经济委员会副主任职务，黄春祥辞去县政协文史委员会主任、教科文卫委员会副主任职务；任命黄春祥为县政协副秘书长、提案联谊委员会主任，罗勇为县政协副秘书长、教科文卫委员会主任、文史委员会主任，廖新林为县政协教科文卫委员会副主任、文史委员会副主任，刘玮为县政协提案联谊委员会副主任，杨金龙为县政协经济委员会副主任，唐敏为县政协提案联谊委员会副主任。

十、第十届政协专委会

2016 年 12 月 15 日，县政协十届一次常委会议通过了县政协各专门委员会的组成方案（宜县政协〔2016〕8 号）：

提案联谊委员会

主　任：黄春祥

副主任：黄金穗　唐益礼　汪文华　刘　益

委　员：王李梅　廖德金　刘　虹　李德容　宋　涛　杜　鹏　李万刚　杨永和　彭泳杰　朱　屏　陈　芯

经济委员会

主　任：曾康军

副主任：刘　玮　周伟峰　侯晓红　贺　秋　宋　涛

委　员：邹国水　胡开铭　兰　辉　康　麟　陈　浩　彭　鸿

法制群团委员会

主　任：张　红

副主任：李万刚　李红艳　牟仕玲　杨永和

委　员：文公平　侯　燕　陈洪英　曹　宇　应兴平　罗厚玲

教科文卫委员会

主　任：彭光华

副主任：廖新林　刘　虹　廖德金　陈静川　江　平

委　员：陈善明　蒋小川　王　洪　吴净陈　翟永忠

文史委员会

主　任：文　华

副主任：唐　敏

委　员：吴厚强　王　洪

2017 年 1 月 12 日，县政协十届二次常委会议通过县政协秘书长文华的提名，同意张红、黄春祥、曾康军、彭光华为县政协副秘书长。

2017 年 12 月 12 日，县政协十届七次常委会议同意张红辞去县政协副秘书长和法制群团委员会主任职务；任命雷俊培为县政协副秘书长、法制群团委员会主任。

第三节　委员联系组

县政协委员联系组或联系小组，是在县政协专门工作组或专门委员会外，按照委员所在区域、界别或单位属性划分成立的政协工作机构，在各自范围内进行政协活动。

一、第一届政协联系组

1981 年 3 月 20 日，县政协学习委员会正式成立后，接着在柏溪、横江两地成立了政协学习组，组织当地政协委员和各界人士进行学习。坚持每月定期学习。

以后，观音亦成立政协学习组。

二、第二届政协联系组

1984 年 7 月 5 日，县政协主席会议受县政协二届一次常委会议的委托，商定了 16 个政协委员联系小组及县政协常委会联络人（宜县政协秘〔1984〕5 号）：

白花区联系小组

组　长：　　　陈谦文

副组长：　　　牟廷伟

常委会联络人：赵勋达

永兴区联系小组

组　长：　　　郭时禄

副组长：　　　陈启松

常委会联络人：陈留光

观音区联系小组

组　长：　　　翁学民

副组长：　　　肖载渊

常委会联络人：肖载渊

柳嘉区联系小组

组　长：　　　蒋文武

副组长：　　　樊贞殿

常委会联络人：刘建明

泥溪区联系小组

组　长：　　　李久和

副组长：　　　傅英奎

常委会联络人：王奎光

蕨溪区联系小组

组　长：　　　杨金华

副组长：　　　陈遂强

常委会联络人：谢家礼

双龙区联系小组

组　长：　　　胡仕烈

副组长：　　　彭子章

常委会联络人：姜照荣

横江区联系小组

组　长：　　　周洪银

副组长：　　　周建善

常委会联络人：江华林

高场区联系小组

组　长：　　　李光友

副组长：　　　罗世洪

常委会联络人：蒋　基

喜捷区联系小组

组　长：　　　马文芳

副组长：　　　杨光锃

常委会联络人：张国辉

安边区联系小组

组　长：　　　聂书金

副组长：　　　杨淑芬　韦如炳

常委会联络人：魏长青

柏溪镇联系小组

组　长：　　　李庭珍

副组长：　　　宋治权
常委会联络人：苏德富

商州区联系小组

组　长：　　　郭维安
副组长：　　　杨香明
常委会联络人：杨香明

驻宜宾市委员联系小组

组　长：　　　胡心诚
副组长：　　　唐烈彬
常委会联络人：宛西北

文、教、卫、体联系小组

组　长：　　　蔡明皋
副组长：　　　代吉林　王建容
常委会联络人：陈南风

党、政、群、经济、科技联系小组

组　长：　　　刘尊文
副组长：　　　王建中　杨治祥
常委会联络人：彭铁肩

规定，各联系小组也是县政协学习委员会领导下的学习小组。

三、第三届政协联系组

1987 年 2 月 25 日，县政协三届一次常委会议决定，成立 14 个政协委员联系组：

白花联系组

组　长：　　　周肇端
副组长：　　　牟廷伟

永兴联系组

组　长：　　　彭光宗
副组长：　　　杨胜荣　刘代玉

观音联系组

组　长：　　　文德高
副组长：　　　肖彰陵　宋泽光

柳嘉联系组

组　长：余文星

副组长：刘启万

泥溪联系组

组　长：何大忠

副组长：唐兴波

蕨溪联系组

组　长：何昌银

副组长：廖兴才

高场联系组

组　长：谢光初

副组长：胡廷书　罗仕宏

商州联系组

组　长：唐顺宣

副组长：周永怡

喜捷联系组

组　长：朱祖德

副组长：何光忠

安边联系组

组　长：李成荣

副组长：杨淑芬　廖明宗

横江联系组

组　长：魏诗贵

副组长：李成林

双龙联系组

组　长：樊真富

副组长：彭子章　李　凯

柏溪镇联系组

组　长：杨修富

副组长：倪　明

宜宾市联系组

组　长：肖辉龙

副组长：吕厚美　魏正义

四、第四届政协联系组

1990 年 3 月 8 日，县政协四届一次常委会议确定了在各区镇和市区均设立政协联系组及其负责人名单：

柏溪镇联系组

组　长：李智勇

副组长：赵仪深

安边区联系组

组　长：粟建英

副组长：杨淑芬

横江区联系组

组　长：魏诗贵

副组长：李代煊

双龙区联系组

组　长：樊真富

副组长：王忠元

喜捷区联系组

组　长：朱祖德

副组长：尹德和

高场区联系组

组　长：谢光初

副组长：罗世宏

蕨溪镇联系组

组　长：张德忠

副组长：谢若男

商州区联系组

组　长：唐顺宣

副组长：曹光仲

泥溪区联系组

组　长：何大忠

副组长：牟伯琴

柳嘉区联系组

组　长：余文星

副组长：江国才

观音区联系组

组　长：文德高

副组长：江源海

白花区联系组

组　长：周肇端

副组长：汤一力

永兴区联系组

组　长：陈昌富

副组长：吴树祥

宜宾市联系组

组　长：李德铭

副组长：吕厚美

1991 年 1 月 21—22 日，县政协四届五次常委会议决定，将县级机关委员对口分组，并确定了各组负责人：

计建委组（22 人）

组　长：刘松柏

副组长：罗兴奎　周西平

农委组（11 人）

组　长：刘中能

副组长：周灿辉

财委组（16 人）

组　长：钟玉如

副组长：甘自强　周泽银

文教组（17 人）

组　长：江振鳌

副组长：韦如炳　彭代贤

卫生组（11人）

组　长：张玉莲

副组长：赵阗深

党群政法组（18人）

组　长：赵林文

副组长：冯光鑫　凌受湘

五、第五届政协联系组

1993年2月26日，县政协五届一次常委会议根据“撤区并乡建镇”后的区划，设立了27个乡镇政协联系组，并以乡镇党委的统战委员作组长：

乡镇政协联系组组长名册

表2-11

乡　镇	姓　名	乡　镇	姓　名	乡　镇	姓　名	乡　镇	姓　名
双谊乡	蒋太升	永兴镇	李伯军	白花镇	周肇端	王场乡	刘礼聪
孔滩镇	卢存根	观音镇	蒋元甫	隆兴乡	邹顺罗	古罗镇	兰世平
柳嘉镇	钟友明	合什镇	黄仲能	泥溪镇	鞠树芳	泥南乡	郭汝玲
蕨溪镇	罗传英	古柏乡	牟　林	龙池乡	刘明勋	商州镇	唐顺宣
真溪乡	李朝能	高场镇	卢永江	李场镇	李春平	喜捷镇	廖成银
柏溪镇	陈丽蓉	安边镇	凌驷蓉	普安乡	杨维贵	横江镇	雷锡元
复龙乡	郭云禄	双龙镇	樊贞富	凤仪乡	燕明福	—	—

1993年4月8日，县政协五届二次常委会议决定在县级机关设置8个政协联系组，并确定了各组负责人及委员的组成（宜县政协〔1993〕3号）：

第一联系组（13人）

组　长：龚玉堂

副组长：凌受湘

委　员：刘德华　甘智年　杨俊卿　黄家文　钟建华　罗德伦　谢家康　何家彩
　　　　魏长青　黄元高　徐金友

第二联系组（10人）

组　长：林友才

副组长：游开地

委　员：郭应春　陈　伟　赵林文　黄提荣　何世春　凌受文　涂万明　曾淑珍

第三联系组（13人）

组　长：甘自强

副组长：陈克玉

委　员：任自力　陈发河　邱级士　任德谦　粟建明　甘智伦　蒋太文　唐宗宇
徐仕芬　李玉臻　罗东平

第四联系组（23人）

组　长：秦治能

副组长：黄显林

委　员：肖万能　邓　琼　张　典　魏常坤　刘桂生　陈希森　李敏惠　周西平
胡国才　左仲辉　刘家阳　周志旭　郑明伦　赖以平　周培富　李　清
陆永泰　王文国　陈昌生　彭　雄　李　艺　李明均

第五联系组（10人）

组　长：袁显明

副组长：周灿辉

委　员：刘中能　杨佩华　潘光金　吴慕铎　王国银　张荣怀　张俊良　刘怀龙

第六联系组（14人）

组　长：彭奇文

副组长：江振鳌

委　员：李忠才　黄锐林　余义伟　李仲龄　张德虎　张乃富　何其彬　曹志华
张林富　韦如炳　彭代贤　刘太伟

第七联系组（9人）

组　长：邓代敏

副组长：黄燕玲

委　员：陈其珍　牟廷伟　张仁英　景其昌　杜懋萍　赵阒深　赵廷楷

第八联系组（13人）

组　长：甘道富

副组长：越太和

委　员：钟　屏　骆为荣　邹绍平　魏定武　戴树成　聂荣英　彭德森　徐兴本
肖邦义　冯培新　曹　平

至此，第五届宜宾县政协设置27个乡镇联系组、8个机关联系组，共有35个政协联系组。

1994年11月24日，县政协五届十次常委会议决定（宜县政协秘〔1994〕3号）：

任命：

郑锡林　永兴镇政协联系组组长

廖云华　泥溪镇政协联系组组长

彭学华　柳嘉镇政协联系组组长

付兴桥　蕨溪镇政协联系组组长

张成富　龙池乡政协联系组组长

袁明惠　普安乡政协联系组组长

文汝金　横江镇政协联系组组长

赵希禄　安边镇政协联系组组长

免去：

李伯军　永兴镇政协联系组组长

鞠树芳　泥溪镇政协联系组组长

钟友明　柳嘉镇政协联系组组长

罗传英　蕨溪镇政协联系组组长

刘明勋　龙池乡政协联系组组长

杨维贵　普安乡政协联系组组长

雷锡元　横江镇政协联系组组长

凌驷蓉　安边镇政协联系组组长

1996年2月29日，县政协五届十九次会议任命王忠元为凤仪乡政协联系组组长，免去燕明福凤仪乡政协联系组组长职务。

六、第六届政协联系组

1998年3月10日，县政协发出《关于组建政协委员联系组有关事宜的通知》（宜县政协〔1998〕7号），根据县政协六届一次常委会议的决定，将县政协委员按乡镇和县城机关企事业单位（即分散在乡镇的按区划，集中在县城的机关企事业单位按界别）划分为36个政协委员联系组：

双谊乡政协委员联系组

组　长：蒋太升

委　员：周显云　朱定才

永兴镇政协委员联系组

组　长：唐　鸣

委　员：卢长发　唐述英　毛述高

白花镇政协委员联系组

组　长：周树华

委　员：李仕华　罗绍清　曹建平　罗　伦　汤一力　王付七

孔滩镇政协委员联系组

组　长：卢存根

委　员：王典灿　谢守模　罗本金　曾小东

观音镇政协委员联系组

组　长：蒋元甫

委　员：陈明体　胡仲良　黄国初　刘朝荣　凌　敏　席永华

隆兴乡政协委员联系组

组　长：徐向东

委　员：范启雄　张德珍　何倩岚

古罗镇政协委员联系组

组　长：王学民

委　员：潘国财　谢君发　徐元新　陆昌泽　王廷锋

柳嘉镇政协委员联系组

组　长：唐　平

委　员：杨再升　江国才　张玲芳　钟孝金　蒋泽祥

合什镇政协委员联系组

组　长：黄仲伦

委　员：唐朝海　叶德光　丁良岑

泥溪镇政协委员联系组

组　长：唐晓芳

委　员：唐昌平　吴多贵　张阿维

泥南乡政协委员联系组

组　长：吴承金

委　员：邱华国

蕨溪镇政协委员联系组

组　长：丁家模

委　员：冯春风　蔡邦宁　姚乃权　柴朝伍　牟秀容

古柏乡政协委员联系组

组　长：侯大祝

委　员：江启树　葛诗贵

商州镇政协委员联系组

组　长：唐顺祥

委　员：张高升　马兴明

高场镇政协委员联系组

组　长：卢永江

委　员：李枝辉　邱孝琼　张建国

真溪乡政协委员联系组

组　长：李朝能

委　员：曹世贵　何承禄

喜捷镇政协委员联系组

组　长：唐　瑶

委　员：徐植松　李家德　李兴海

横江镇政协委员联系组

组　长：雷锡元

委　员：蒲贵彬　李代煊　周其湘

双龙镇政协委员联系组

组　长：魏周成

委　员：刘世友　田永康

安边镇政协委员联系组

组　长：赵希禄

委　员：翁玉权　白德乾　邱华锐　杨显明

复龙乡政协委员联系组

组　长：李固雕

委　员：向　阳　官文宜

普安乡政协委员联系组

组　长：曾心富

委　员：甘代发　徐金毅　刘大莲　黄汝琴

凤仪乡政协委员联系组

组　长：王　银

委　员：刘佐高　王朝前　赵德香

王场乡政协委员联系组

组　长：刘礼聪

委　员：肖乾华

龙池乡政协委员联系组

组　长：李钦贵

委　员：（暂缺）

李场镇政协委员联系组

组　长：陈隆海

委　员：韦厚礼　李隆高

柏溪镇政协委员联系组

组　长：刘光惠

委　员：杨泽金　邓　平　徐仲明　李世才　苏增中　李定芳

县级机关一组

组　长：石　林

副组长：叶青富

委　员：徐金友　于　政　肖　一　何家彩　余义伟　谢家康　李忠才　赵阒深　邓　琼　周培富

县级机关二组

组　长：彭奇文

副组长：李云龙

委　员：杨济凯　黄锐林　陈　刚　赵聚玉　张德虎　陈明本　凌之熙　朱永红

县级机关三组

组　长：邓代敏

副组长：白德琼

委　员：杜懋萍　张仁英　牟廷伟　刘德明　马仁琼　廖礼忠　李　卫　刘泰伟

蒋金华 曹志华

县级机关四组

组 长：严云贵

副组长：王厚彬

委 员：刘文胜 鲁成章 文洪林 郑明伦 萧耀康 叶世敏 杨洪涛 张安安 姚荣洪 曾太成 李梦蝉 魏常坤 张 典 邓治富 吴利财 李树平 何一鸣 罗志君

县级机关五组

组 长：骆为荣

副组长：甘自强

委 员：陈其敏 彭 雄 冉寅吾 祝万明 方世泉 杨晓兰 陈仁德 周大川

县级机关六组

组 长：罗元海

副组长：戴树成

委 员：孟光英 刘中能 曾荣辉 曹 平 聂荣英 刘启华 邹绍平 吴大顺 夏 盟 吴慕铎 王长平 冯培新 杨晓初 李富良 林 涛 刘万贵 伍家明

县级机关七组

组 长：刘德华

副组长：虞 平

委 员：杨相云 张腾根 郭少英 罗德伦 陈 敏 李胜敏 李敏慧 陈兴国

县级机关八组

组 长：罗 平

副组长：张晓虎

委 员：游柱先 韦如炳 杨俊卿 王 斌 兰家炳 魏 菁 余为卓 凌受湘 邓万林 程兴刚

县级机关九组

组 长：彭思云

副组长：高晓风

委 员：赵建华 彭宗地 苟玉章 刘帝坤 陈朝辉 游开地 陈洪英 郑荣成

2000 年 3 月 28 日，县政协六届十次常委会议决定（宜县政协〔2000〕9 号）：陈昌松任喜捷镇政协委员联系组组长；李燕培任永兴镇政协委员联系组组长；罗庆方任合什镇政协委员联系组组长；李国江任普安乡政协委员联系组组长。

七、第七届政协联系组

2003 年 2 月 28 日，县政协发出通知（宜县政协〔2003〕2 号），经县政协七届二次常委会议研究，组建 27 个乡镇政协委员联系组和 6 个县级机关政协委员联系组：

双谊乡政协委员联系组

组　长：刘宏辉

委　员：文宗荣　蒋太秀

永兴镇政协委员联系组

组　长：李燕培

委　员：陈建德　胡远坤

白花镇政协委员联系组

组　长：杨泽彬

委　员：吴亨华　彭光伦　袁习伟　李清际

孔滩镇政协委员联系组

组　长：刘代琼

委　员：颜　奎　古学才　邵光滏

王场乡政协委员联系组

组　长：胡　刚

委　员：陈述林　陈伯康

观音镇政协委员联系组

组　长：邱忠高

委　员：黄国初　王淑蓉　郑剑奇　余永琼　张文琼　曹　峻

古罗镇政协委员联系组

组　长：肖德荣

委　员：王申琼　李红专　王庭锋

隆兴乡政协委员联系组

组　长：杨　容

委　员：张应洪　张德珍

柳嘉镇政协委员联系组

组　长：张吉镜

委　员：林乔和　蒋宗元

合什镇政协委员联系组

组　长：贺光友

委　员：杨　丽　周润兴　丁良岑

泥溪镇政协委员联系组

组　长：吴水清

委　员：王永洪　黄元平　江茂林

泥南乡政协委员联系组

组　长：张　萍

委　员：王学斌　邱华国

蕨溪镇政协委员联系组

组　长：吴　海

委　员：虞　斗　冯春风　江宗明　侯彩利

古柏乡政协委员联系组

组　长：谢龙香

委　员：张　杰　杨德华

龙池乡政协委员联系组

组　长：张承富

委　员：舒兴友　牟修伦

商州镇政协委员联系组

组　长：胡克文

委　员：谭显开　胡　平

真溪乡政协委员联系组

组　长：谭政权

委　员：李家银　张国熹

高场镇政协委员联系组

组　长：卢永江

委　员：张建国　谢君发　章英启　吴作平

李场镇政协委员联系组

组　长：陈春来

委　员：李隆高　樊尚富

喜捷镇政协委员联系组

组　长：陈昌松

委　员：罗万才　李兴海

柏溪镇政协委员联系组

组　长：曹富财

委　员：杨泽金　邓　平　饶宜屏　杨本德　张天成　徐仲明　罗小燕　易小孟
陈　静　陈雪山　邓　江　曹　彬　赵全斌

普安乡政协委员联系组

组　长：饶　瑜

委　员：屈坤林　汪辉连　王永成

安边镇政协委员联系组

组　长：陈德辉

委　员：涂树文　邱华锐

横江镇政协委员联系组

组　长：雷锡元

委　员：李代煊　王万刚　高清云　苏　耘

复龙镇政协委员联系组

组　长：刘光容

委　员：向　阳　陶祥云

双龙镇政协委员联系组

组　长：邢宗旭

委　员：田永康　石明英

凤仪乡政协委员联系组

组　长：倪良乾

委　员：燕朝飞　杨友章　释本源

县级机关政协委员联系一组

组　长：邓世涛

副组长：任树彬

委　员：徐金友　陈仁兴　兰　荣　何家彩　向友成　张　勇　钟建华　廖时权
秦　兵　李云龙　唐德伦　廖　勇　龙兴田　胡红英　陈洪英　刘　拯
杨晓东　蔡　宇　陈　敏

县级机关政协委员联系二组

组　长：张克生

副组长：甘　奎

委　员：陶天华　凌元东　陈　备　李建培　骆为荣　骆全超　尤德孚　徐金毅
陶泽华　李世才　冉寅吾　吴利财　蒋家财　郑春霞　曾　勇　向培均
萧耀康　罗　毅　刘玉勤　李学哲

县级机关政协委员联系三组

组　长：蒋　明

副组长：郭艳妮

委　员：周福全　丁常平　李　荣　刘　玮　彭光华　尹　志　龙霞华　吴忠源
蒋　洪　曹富军　黄　河　杨　宁　蒋甫铨　刘文胜　刘　忠　陶　晓
何　峰　彭　雄　钱　敏　林泽怀

县级机关政协委员联系四组

组　长：张　水

副组长：刘德明

委　员：夏晓玲　廖运宜　余义伟　雷云萍　田兴友　郎洪荣　苏增权　陈佑贫
邓代敏　杨鹏飞　张仁英　郑朝炳　杨旭东　罗　洋　邓　沛　赵聚义
黄元寿　周小川　晏禄昌　张　典

县级机关政协委员联系五组

组　长：任光旭

副组长：井厚亮

委　员：魏常坤　曾良玉　张腾根　曾健梅　李志刚　邓　琼　李志明　唐龙敏
邓海波　肖　一　王长平　胡为民　赵琼尧　邹绍平　陈　婷

县级机关政协委员联系六组

组　长：黄定培

副组长：陈益根

委　员：曾云辉　曹益平　吴慕铎　王国银　吴文俊　伍家明　徐仕银　黄亚萍
冯　文　杨昌均　罗　勇　邹　兵　刘天根　李仲明

2005年3月24日，县政协通知（宜县政协〔2005〕2号），经县政协七届九次常委会议通过，任命：徐国兵为古罗镇政协委员联系组组长；刘宇新为古柏乡政协委员联系组组长；田明文为龙池乡政协委员联系组组长；何静为柏溪镇政协委员联系组组长。

八、第八届政协联系组

2007年2月27日，经县政协主席会议研究，决定成立12个乡镇政协委员联系小组（宜县政协〔2007〕4号）：

永兴、双谊小组（8人）

组　长：　　曾康军

副组长：　　刘代举

联络员：　　周　蓉

委　员：　　曾康军　周　蓉　李忠才　姚兴林　刘代举　文宗荣　罗常华　潘　宇

县政协联系人：刘顺清

白花、孔滩、王场小组（14人）

组　长：　　曾小东

副组长：　　吴利庭　陈春华

联络员：　　兰　兰

委　员：　　曾小东　兰　兰　李清际　吴亨华　李相林　吴利庭　邵光溢　张明甫　刘　胜　张家容　陈春华　肖乾华　陆云杰　魏月云

县政协联系人：陈　备

观音、古罗、隆兴小组（15人）

组　长：　　徐向东

副组长：　　郭　彬　杨　伟

联络员：　　康　良

委　员：　　徐向东　康　良　柴进友　张文琼　肖云岩　余永琼　郭　彬　杨继新　肖盛琼　廖宗芳　杨　伟　谢　强　官秀平　杨天海　杨季行

县政协联系人：杨筱虹

柳嘉、合什小组（10人）

组　长：　　王仕明

副组长：　　魏　萍
联络员：　　蒋宗元
委　员：　　王仕明　蒋宗元　毛义萍　林乔和　雷　洁　李春开　魏　萍
　　　　　　周润兴　张永雄　丁良岑
县政协联络人：邓　良

泥溪、泥南小组（8人）

组　长：　　江林富
副组长：　　韩旅程
联络员：　　蒋利萍
委　员：　　江林富　孙　彬　王　洪　王正武　韩旅程　蒋利萍　邱国华
　　　　　　彭桂平
县政协联系人：向　华

蕨溪、古柏小组（8人）

组　长：　　李国江
副组长：　　黄小平
联络员：　　李永洪
委　员：　　李国江　李永洪　欧阳亭　冯春风　黄小平　葛礼寿
　　　　　　杨德华　张　杰
县政协联系人：邓　良

商州、龙池小组（8人）

组　长：　　李德钦
副组长：　　邱顺平
联络员：　　滕　惠
委　员：　　李德钦　罗元洪　李永红　黄光兰　邱顺平　滕　惠　宋仁能
　　　　　　彭　凯
县政协联系人：向　华

喜捷、高场、李场小组（14人）

组　长：　　颜朝华
副组长：　　陶开伟　李春平
联络员：　　冉三川
委　员：　　颜朝华　冉三川　周庆华　徐　翰　李兴海　陈镭剑　陶开伟

袁明江　肖友才　邓勋礼　李春平　李隆高　刘仁秀　樊尚富
县政协联系人：邹国水
安边、普安小组（9人）
组　长：　　　廖景光
副组长：　　　彭　韬
联络员：　　　苗占国
委　员：　　　廖景光　苗占国　涂树文　刘旭东　彭　韬　邓三权　曾德春
张永萍　徐金毅
县政协联系人：刘顺清
横江、复龙小组（10人）
组　长：　　　杨元超
副组长：　　　侯淑容
联络员：　　　周　鑫
委　员：　　　杨元超　周　鑫　任美宜　黄淑芬　梁志刚　黄家灿　侯淑容
陶祥荣　陈　林　黄维秀
县政协联系人：张　红
双龙、凤仪小组（8人）
组　长：　　　李元齐
副组长：　　　张先贵
联络员：　　　李　红
委　员：　　　李元齐　李　红　杨从伦　田永康　张先贵　释本源　王忠义
李利民
县政协联系人：张　红
柏溪小组（9人）
组　长：　　　杨　喜
联络员：　　　袁凤文
委　员：　　　杨　喜　李云兴　杨本德　徐仲明　赵全兵　罗晓燕　邓　江
曾　易　袁凤文
县政协联系人：刘顺清

2009年2月23日，经县政协主席会议研究决定，对各乡镇政协委员联系组组长作出调整（宜县政协〔2009〕4号）：

乡镇政协联系组组长名册

表 2–12

乡　镇	姓　名	乡　镇	姓　名	乡　镇	姓　名	乡　镇	姓　名
合什镇	肖贤章	柳嘉镇	王仕明	观音镇	（暂缺）	古罗镇	文公平
隆兴乡	郑加宏	横江镇	杨元超	复龙镇	罗学斌	双龙镇	李元齐
凤仪乡	杜树林	高场镇	黄思源	李场镇	李春平	喜捷镇	杨立清
安边镇	李万刚	普安乡	赵希明	柏溪镇	（暂缺）	双谊乡	刘代举
永兴镇	曾康军	白花镇	谭光琼	孔滩镇	吴利庭	王场乡	陈春华
泥溪镇	江林富	泥南乡	韩旅程	蕨溪镇	张显荣	古柏乡	黄小平
商州镇	李德钦	龙池乡	邱顺平	—	—	—	—

九、第九届政协联系组

2012 年 2 月 14 日，县政协通知（宜县政协〔2012〕7 号），经县政协主席会议研究决定，确定 12 个乡镇政协委员联系小组人员及其负责人名单：

永兴、双谊小组（8 人）

组　长：　　　邓庚强

副组长：　　　余忠懿

联络员：　　　周春燕

委　员：　　　刘川秀　陈　琰　钟维均　姚世松　李忠才

县政协联系人：李国江

白花、孔滩、王场小组（14 人）

组　长：　　　彭光田

副组长：　　　易宗海　吴　平

联络员：　　　郭文皓

委　员：　　　李昌英　谷名宏　吴亨华　林成阳　陈建松　吴泽友　释禧缘
　　　　　　　刘　胜　肖乾华　魏月云

县政协联系人：蔡　宇

观音、古罗、隆兴小组（14 人）

组　长：　　　杨筱虹

副组长：　　　杨再彬　侯　燕

联络员：　　　郑　勇

委　员：　　　余永琼　罗燕翔　何　明　罗　成　郑万华　赵金槐　官秀平

李群玲　杨继新　宋顺畅

县政协联系人：黄春祥

柳嘉、合什小组（9人）

组　长：吴代秀

副组长：郭覃彬

联络员：蒋宗元

委　员：雷　洁　吴文华　林书权　周润兴　钟林昌　张永雄

县政协联系人：陈善明

泥溪、泥南小组（8人）

组　长：陈　芯

副组长：马永龙

联络员：刘莉莉

委　员：余　海　赵德君　黄　洪　蒋利萍　樊　进

县政协联系人：韦仕祥

蕨溪、古柏小组（9人）

组　长：徐红玉

副组长：徐子俊

联络员：周　丹

委　员：欧阳亭　冯春丰　肖佑兵　杨德华　张　杰　杨霞容

县政协联系人：张　红

商州、龙池小组（8人）

组　长：李　雷

副组长：滕　惠

联络员：刘世萍

委　员：彭祖军　李永红　宋仁伦　牟　容　张卓君

县政协联系人：李国江

喜捷、高场、李场小组（13人）

组　长：张　萍

副组长：陈　波　罗光敏

联络员：罗光敏

委　员：陈　艳　李　洪　杨　刚　文　芳　肖友才　袁明江　邓勋礼

刘仁秀　李　彬　樊尚富

县政协联系人：黄　奎

安边、普安小组（8人）

组　长：　　　杜　鹏

副组长：　　　张启彪

联络员：　　　杨大富

委　员：　　　李　文　熊江波　李勋富　肖祥惠　徐　华

县政协联系人：邹国水

横江、复龙小组（8人）

组　长：　　　吴净陈

副组长：　　　杨叶权

联络员：　　　彭泳杰

委　员：　　　周　鑫　董素芬　袁梧芳　蒲开祥　黄维秀

县政协联系人：李红艳

双龙、凤仪小组（9人）

组　长：　　　刘　益

副组长：　　　伍仕杰

联络员：　　　刘小平

委　员：　　　王建川　梁云华　杨从伦　释本源　王　静　李利民

县政协联系人：刘光容

柏溪小组（9人）

组　长：　　　陶　涛

副组长：　　　何承军

联络员：　　　陶　俊

委　员：　　　郑光华　徐仲明　陈俊锋　徐利忠　刘清禄　李世才

县政协联系人：刘顺清

2014年3月6日，县政协发出《关于调整乡镇政协委员联系小组的通知》（宜县政协〔2014〕5号）：

永兴、双谊小组（7人）

组　长：　　　邓庚强　余忠懿

联络员：　　　周春燕

委　员：　　　刘川秀　钟维均　姚世松　李忠才
县政协联系人：李国江
白花、孔滩、王场小组（14人）
组　长：　　　彭光田　易宗海　吴　平
联络员：　　　郭文皓
委　员：　　　李昌英　谷名宏　吴亨华　林成阳　陈建松　吴泽友　释禧缘
　　　　　　　刘　胜　肖乾华　魏月云
县政协联系人：蔡　宇
观音、古罗、隆兴小组（14人）
组　长：　　　杨筱虹　杨再彬　侯　燕
联络员：　　　郑　勇
委　员：　　　余永琼　罗燕翔　何　明　罗　成　郑万华　赵金槐　官秀平
　　　　　　　李群玲　杨继新　宋顺畅
县政协联系人：黄春祥
柳嘉、合什小组（9人）
组　长：　　　吴代秀　吴文华
联络员：　　　蒋宗元
委　员：　　　雷　洁　林书权　刘光容　周润兴　钟林昌　张永雄
县政协联系人：陈善明
泥溪、泥南小组（8人）
组　长：　　　陈　芯　马永龙
联络员：　　　刘莉莉
委　员：　　　余　海　赵德君　黄　洪　蒋利萍　樊　进
县政协联系人：韦仕祥
蕨溪、古柏小组（8人）
组　长：　　　吴厚清　雷俊培
联络员：　　　徐子俊
委　员：　　　欧阳亭　冯春丰　肖佑兵　杨德华　张　杰
县政协联系人：张　红
商州、龙池小组（8人）
组　长：　　　李　雷　滕　惠

联络员：　　　刘世萍
委　员：　　　彭祖军　李永红　宋仁伦　牟　容　张卓君
县政协联系人：唐　敏

喜捷、高场、李场小组（13人）

组　长：　　　江　平　孙　冰　罗光敏
联络员：　　　袁明江
委　员：　　　陈　艳　李　洪　杨　刚　文　芳　肖友才　邓勋礼　刘仁秀
　　　　　　　李　彬　樊尚富
县政协联系人：黄　奎

安边、普安小组（8人）

组　长：　　　张启彪　杨大富
联络员：　　　李勋富
委　员：　　　李　文　熊江波　杨霞容　肖祥惠　徐　华
县政协联系人：邹国水

横江、复龙小组（7人）

组　长：　　　吴净陈　阳顺彪
联络员：　　　董素芬
委　员：　　　周　鑫　袁梧芳　蒲开祥　黄维秀
县政协联系人：李红艳

双龙、凤仪小组（9人）

组　长：　　　刘　益　伍仕杰
联络员：　　　刘小平
委　员：　　　王建川　梁云华　杨从伦　释本源　王　静　李利民
县政协联系人：杨金龙

柏溪小组（9人）

组　长：　　　陶　涛　何承军
联络员：　　　陶　俊
委　员：　　　郑光华　徐仲明　陈俊锋　徐忠利　刘清禄　李世才
县政协联系人：刘顺清

十、第十届政协联系组

2016 年 12 月 1 日，县政协发出通知（宜县政协〔2016〕5 号），经政协主席会议研究决定，确定 26 个乡镇政协委员联系小组名单：

双谊镇小组（3 人）

组　长：郑　琳

委　员：周春燕　刘兆海

永兴镇小组（4 人）

组　长：刘久祥

委　员：李忠财　赵　忠　蒋龙声

白花镇小组（5 人）

组　长：廖海波

委　员：吴亨华　马代连　彭光伦　谷名宏

孔滩镇小组（6 人）

组　长：郭　平

委　员：林正其　范慈刚　汪启泉　释朗音　余启兵

王场镇小组（3 人）

组　长：祝榕澧

委　员：魏月云　刘　勇

观音镇小组（6 人）

组　长：王俊杰

委　员：王　惠　肖盛红　郭志刚　罗　成　韩宇驰

隆兴乡小组（4 人）

组　长：罗　凯

委　员：赵金槐　邓　强　官秀平

柳嘉镇小组（6 人）

组　长：唐　义

委　员：雷　洁　吴文华　蒋小川　蒋宗元　晏英杰

合什镇小组（5 人）

组　长：蒋利萍

委　员：张永雄　钟林昌　刘　华　张孝洪

泥溪镇小组（4人）

组　长：杨叶权

委　员：黄定海　樊元根　江　华

泥南镇小组（3人）

组　长：唐章彪

委　员：李荣芳　王建勇

蕨溪镇小组（7人）

组　长：孙　健

委　员：罗　玲　肖佑兵　黄炳淋　冯德桂　袁腾杨　释能护

古柏镇小组（3人）

组　长：陈丽敏

委　员：杨德华　黄小军

龙池乡小组（4人）

组　长：彭　芳

委　员：余　波　舒　强　牟　容

古罗镇小组（3人）

组　长：吴代秀

委　员：廖兴玲　杨继新

商州镇小组（5人）

组　长：杨煜知

委　员：谭宗利　李德富　颜福涛　刘世萍

高场镇小组（6人）

组　长：夏　勋

委　员：吴思雨　肖友才　蔡　永　黄仲林　邓勋礼

李场镇小组（4人）

组　长：阳　兵

委　员：樊尚富　罗　聪　刘仁秀

喜捷镇小组（4人）

组　长：伍仕杰

委　员：李正林　谢小波　李　洪

柏溪镇小组（8人）

组　长：曾　超

委　员：杨咏梅　陈　蕾　刘勇贤　柴朝伍　杨　婷　孙廷贵　李松琼

普安镇小组（5人）

组　长：曾　杰

委　员：邓代奎　杨大富　唐　伟　唐　俊

安边镇小组（4人）

组　长：杨筱虹

委　员：尹翔空　张　燕　王　宇

横江镇小组（3人）

组　长：陈　剑

委　员：杨光祥　张　杰

复龙镇小组（3人）

组　长：李　俊

委　员：刘光敏　江紫阳

双龙镇小组（5人）

组　长：刘泽全

委　员：刘晓平　杨从伦　任　琼　杨寿权

凤仪乡小组（4人）

组　长：刘建华

委　员：刘　梅　兰　莉　释本源

2018年3月13日，因部分乡镇委员工作变动，经县政协主席会议研究决定，对26个乡镇政协委员联系小组进行调整（宜县政协〔2018〕2号）：

双谊镇小组（3人）

组　长：郑　琳

委　员：周春燕　刘兆海

永兴镇小组（4人）

组　长：刘久祥

委　员：李忠财　赵　忠　蒋龙声

白花镇小组（5人）

组　长：罗　聪

委　员：吴亨华　马代连　彭光伦　谷名宏

孔滩镇小组（5人）

组　长：郭　平

委　员：林正其　范慈刚　汪启泉　余启兵

王场镇小组（3人）

组　长：肖昌华

委　员：魏月云　刘　勇

观音镇小组（7人）

组　长：王俊杰

委　员：王　惠　肖盛红　郭志刚　罗　成　韩宇驰　释果海

隆兴乡小组（5人）

组　长：罗　凯

委　员：蒋利萍　赵金槐　邓　强　官秀平

柳嘉镇小组（6人）

组　长：唐　义

委　员：雷　洁　吴文华　蒋小川　蒋宗元　晏英杰

合什镇小组（5人）

组　长：吴代秀

委　员：张永雄　钟林昌　刘　华　张孝洪

泥溪镇小组（4人）

组　长：杨叶权

委　员：黄定海　樊元根　江　华

泥南镇小组（3人）

组　长：唐章彪

委　员：李荣芳　王建勇

蕨溪镇小组（7人）

组　长：孙　健

委　员：罗　玲　肖佑兵　黄炳淋　冯德桂　袁腾杨　释能护

古柏镇小组（3人）

组　长：陈丽敏

委　员：杨德华　黄小军

龙池乡小组（4人）

组　长：彭　芳

委　员：余　波　舒　强　牟　容

古罗镇小组（3人）

组　长：陈俊名

委　员：廖兴玲　杨继新

商州镇小组（5人）

组　长：杨煜知

委　员：谭宗利　李德富　颜福寿　刘世萍

高场镇小组（6人）

组　长：夏　勋

委　员：吴思雨　肖友才　蔡　永　黄仲林　邓勋礼

李场镇小组（3人）

组　长：阳　兵

委　员：樊尚富　刘仁秀

喜捷镇小组（4人）

组　长：伍仕杰

委　员：李正林　谢小波　李　洪

柏溪镇小组（8人）

组　长：曾　超

委　员：杨咏梅　陈　蕾　刘勇贤　柴朝武　杨　婷　孙廷贵　李松琼

普安镇小组（6人）

组　长：曾　杰

委　员：邓代奎　杨大富　唐　伟　唐　俊　谢春艳

安边镇小组（4人）

组　长：张启彪

委　员：尹翔空　张　燕　王　宇

横江镇小组（3人）

组　长：刘光平

委　员：杨光祥　张　杰

复龙镇小组（3人）

组　长：李　俊

委　员：刘光敏　江紫阳

双龙镇小组（5人）

组　长：刘泽全

委　员：刘晓平　杨从伦　任　琼　杨寿权

凤仪乡小组（4人）

组　长：刘建华

委　员：刘　梅　兰　莉　释本源

第四节　机关处、室（科）

1980年11月30日县政协一届一次全体会议召开时，尚无县政协机关和政协工作人员，会务主要由县委统战部和县工商联人员承担。

1980年12月11日，县政协一届一次常委会议作出暂设“一处三组”（亦作“一室三组”）的决定后，将县政协秘书处作为县政协机关办公机构，由县政协秘书长（兼县委统战部副部长）宛西北领衔。

1980年12月20日，县政协正式启用两枚公章，开始办公。一谓“中国人民政治协商会议四川省宜宾县委员会”，一谓“中国人民政治协商会议四川省宜宾县委员会秘书处”。县政协机关办公地点暂设在原宜宾县工商联内。但因诸多原因，县政协实际办公地点在中共宜宾县委大院内。

1981年1月7日，县委组织部发文：张新时由县委统战部调县政协，陈克玉（女）由县二中调县政协，廖静泉、张克勋由县工商联调县政协。4人为县政协机关首批专职工作人员。

1981年1月23日，中共宜宾县委组织部以宜县委组〔1981〕31号文件转发通知：经地委同意，何善全任宜宾县政协副秘书长。在之前的县政协一届二次常委会议上，已经通过了何善全任县政协副秘书长职务。县政协秘书处由宛西北、何善全二人负责。

1982年3月2日，县政协一届七次常委会议为适应形势发展的新要求，将县政协办事、工作机构调整为“一室七组”。其中，将县政协秘书处改为办公室，负责政协的日常工作。

但事后没有启用公章，县政协机关仍以秘书处名义存在，仅将县政协简报——《政协简讯》的编发单位改为县政协办公室。

1984 年 6 月县政协二届一次全会后，县政协秘书长由县政协副主席、县委统战部部长姜照荣兼任。

1984 年 6 月 23 日，县委组织部发出《关于提名何善全同志任职的通知》（宜县委组干〔84〕373 号）：经县委常委会研究，提名何善全任政协宜宾县第二届常务委员会副秘书长。同日，在县政协二届一次常委会议上得以通过。

1985 年 4 月 11 日，宜县委组干〔1985〕114 号文件通知：提名黄家文任宜宾县政协第二届委员会秘书长，免去姜照荣宜宾县政协第二届委员会秘书长职务。按政协章程办理任免职手续。在之后的宜宾县政协二届二次全会上，黄家文当选县政协秘书长。

1986 年 5 月，何善全在任上病故。

1986 年 8 月 6 日，宜宾县编制委员会发出《关于核定县级机关编制的通知》（宜县编〔1986〕字 40 号）：县政协行政编制 13 人。

1987 年 2 月 16 日，中共宜宾县委组织部通知（宜县委组干〔1987〕20 号）：经县委常委会讨论同意，陈克玉（女）任宜宾县政协委员会副秘书长，请按有关规定执行。2 月 25 日，县政协三届一次常委会议通过陈克玉任县政协副秘书长。

1988 年 3 月 29 日，中共宜宾县委组织部通知（宜县委组干〔1988〕75 号）：经县委常委会讨论，同意提名祝万明任宜宾县政协副秘书长，请按有关规定办理任职手续。3 月 31 日，县政协三届六次常委会议通过了祝万明任县政协副秘书长的提名。

1989 年 4 月 13 日，县政协制定《政协宜宾县委员会秘书处工作职责》，明确“县政协秘书处是县政协的综合办事机构”及其主要职能。还分别明确了秘书长、副秘书长、办公室、信访工作、财务工作、文印工作、公务工作等的职责范围和要求。

1990 年 3 月 5 日，中共宜宾县委组织部通知（宜县委组干〔1990〕40 号）：县委研究同意提名黄家文任县政协秘书处秘书长，陈克玉（女）、祝万明任县政协秘书处副秘书长，请按政协章程及有关规定完善任职手续。之后，县政协四届一次全体会议选举黄家文为县政协秘书长；县政协四届一次常委会议通过了陈克玉、祝万明任县政协副秘书长的提名。

1993 年 3 月 6 日，宜县委组干〔1993〕65 号文件通知：黄家文任县政协常委办公室主任，祝万明调任宜宾县工商联副主任。文件还规定，县级机构改革后，县委、县政府原工作部门和群团组织的领导职务自行消失。

1993 年 3 月 10 日，宜宾县机构编制委员会发出《关于明确县级机构性质、编制等的通知》（宜县机编发〔1993〕字第 37 号），明确县级机关机构改革后，政协宜宾县委员会为正县级机构，领导职数 3 名，机关行政编制控制数 13 名。

1993 年 4 月 1 日，宜宾县政协办公室发出《关于启用宜宾县政协办公室公章的函》（宜县政协办〔1993〕1 号）：根据宜委〔1993〕4 号文件精神，设立“中国人民政治协商会议宜宾县委员会办公室”，并刻公章一枚，即日启用。

1994 年 7 月 1 日，县政协机关从县委大院内迁至柏溪镇七栋楼新落成的县政协办公楼办公。

1994 年 9 月 8 日，宜县委组干〔1994〕100 号文件通知：王斌任县政协办公室副主任。

1996 年 1 月 11 日，宜县委组干〔1996〕19 号文件通知：黄家文退休，退休待遇从 1996 年 2 月起执行。

1996 年 3 月 22 日，宜县委组干〔1996〕45 号文件通知：王彬（斌）任县政协办公室主任。

1996 年 9 月 6 日，宜宾县机构编制委员会发出通知（宜县机编发〔1996〕45 号）：根据地区编委宜机编发〔1996〕24 号《关于县（市）人大常委会、政协内设机构及有关问题的通知》的文件精神，我县属一类县，县政协办事机构设三科一室，均为科级。名称是中国人民政治协商会议宜宾县委员会办公室、中国人民政治协商会议宜宾县委员会经济科、中国人民政治协商会议宜宾县委员会提案联谊科、中国人民政治协商会议宜宾县委员会文卫科教科。县政协机关行政编制为 15 名，其中科级干部职数 5 名（即办公室正、副主任各 1 名，经济科、提案联谊科、文卫科教科科长各 1 名）。机关后勤服务人员事业编制 2 名。

1998 年 2 月 19 日，宜县委组干〔1998〕55 号文件通知：杨俊卿任县政协经济科科长，彭思云任县政协提案联谊科科长，黄锐林任县政协文卫科教科科长。

1999 年 3 月 11 日，宜县委组干〔1999〕25 号文件通知：严云贵任县政协经济科副科长；免去杨俊卿县政协经济科科长职务。

2000 年 3 月 4 日，宜县委组干〔2000〕58 号文件通知：凌元东任县政协办公室主任，幸文彬任县政协文卫科教科科长，张克生任县政协文卫科教科副科长（试用一年），严云贵任县政协经济科科长，丁常平任县政协提案联谊科副科长；免去王斌县政协办公室主任职务，免去黄锐林县政协文卫科教科科长职务。

2001 年 2 月 7 日，宜县委组干〔2001〕19 号文件通知：免去彭思云县政协提案联谊科科长职务。

2001 年 2 月 13 日，宜县委组干〔2001〕38 号文件通知：范会权任宜宾县政协办公室副主任（试用一年）；李荣任宜宾县政协提案联谊科科长。

2001 年 9 月 15 日，宜县委发〔2001〕29 号《关于县级机关机构改革的实施意见》

确定：县政协设一个综合办公室。9 月 24 日，宜县委组干〔2001〕234 号文件认定：此次机构改革后，凡机构已撤并、更名的，其领导人员的领导职务自行消失。

2001 年 9 月 28 日，宜县委组干〔2001〕228 号文件通知：丁常平任县政协办公室副主任；张克生任县政协办公室副主任；李荣任县政协办公室副主任（保留正科级待遇）。机构改革后县政协办公室主任为凌元东，副主任为范会权、丁常平、张克生、李荣。

2002 年 11 月 15 日，宜县委组干〔2002〕133 号文件通知：免去张克生县政协办公室副主任职务；免去范会权县政协办公室副主任职务。

2003 年 3 月 28 日，宜县委组干〔2003〕39 号文件通知：陈备任县政协办公室副主任（试用一年）。

2004 年 2 月 3 日，宜县委组干〔2004〕100 号文件通知：邹国水任县政协调研室主任；免去李荣县政协办公室副主任职务。

2004 年 2 月 18 日，宜县机编发〔2004〕1 号《关于县政协机关增设综合办事机构的通知》：根据市编办《关于县级政协机关增设综合办事机构的通知》和宜县常委〔2004〕3 号通知精神，同意县政协机关增设正科级综合办事机构“调研室”。调研室设主任 1 名，副主任 1 名。

2004 年 3 月 1 日，宜县委组干〔2004〕218 号文件通知：免去丁常平县政协办公室副主任职务。

2004 年 10 月 19 日，宜县委组干〔2004〕359 号文件通知：余飞任县政协办公室副主任。

2005 年 3 月 25 日，宜县委组干〔2005〕88 号文件通知：刘顺清任县政协办公室副主任；免去凌元东县政协办公室主任职务。

2005 年 4 月 4 日，宜县委组干〔2005〕123 号文件通知：陈备任县政协办公室主任。

2005 年 12 月 14 日，宜县委组干〔2005〕395 号文件通知：余飞由县政协借调到宜宾市投资集团有限责任公司（借调时间为三个月）。

2006 年 3 月 8 日，宜县委组干〔2006〕22 号文件通知：张红任县政协办公室副主任。

2006 年 11 月 17 日，宜县委组干〔2006〕447 号文件通知：向华任县政协办公室副主任，杨筱虹（女）任县政协办公室副主任（试用一年）；免去余飞县政协办公室副主任职务。

2008 年 1 月 19 日，宜县委组干〔2008〕8 号文件通知：免去陈备县政协办公室主任职务。

2008年3月20日，宜县委组干〔2008〕105号文件通知：侯淑容（女）任县政协调研室副主任（保留正科待遇）。

2008年3月28日，宜县委组干〔2008〕106号文件通知：向华任县政协办公室主任。

2008年8月25日，宜县机编发〔2008〕34号文件通知：根据市编委《关于增设宜宾县政协机关综合办事机构的批复》意见，县政协机关增设提案工作办公室、经济工作办公室和社会工作办公室3个综合办事机构，正科级。增加县政协机关科级领导职数3名。

2008年12月18日，宜县委组干〔2008〕291号文件通知：陈善明任县政协社会工作办公室主任；韦仕祥任县政协经济工作办公室主任。

2009年3月5日，宜县委组干〔2009〕42号文件通知：邹国水任县政协提案工作办公室主任，免去县政协调研室主任职务；李国江任县政协办公室副主任。

2009年3月5日，宜县委组干〔2009〕43号文件通知：张红任县政协调研室主任，免去县政协办公室副主任职务；刘光容（女）任县政协办公室副主任（试用一年）。

2010年3月19日，宜县委组干〔2010〕20号文件通知：免去向华县政协办公室主任职务。

2010年10月29日，宜县委组干〔2010〕181号文件通知：黄奎任县政协办公室主任。

2011年6月16日，宜县委组干〔2010〕91号文件通知：黄春祥任县政协调研室副主任；免去侯淑容县政协调研室副主任职务。

2011年6月21日，宜县委组干〔2011〕110号文件通知：免去杨筱虹县政协办公室副主任职务。

2011年6月21日，宜县委组干〔2011〕111号文件通知：李红艳（女）任县政协办公室副主任（试用一年）。

2012年1月13日，宜县委组干〔2012〕19号文件通知：蔡宇任县政协办公室主任；免去黄奎县政协办公室主任职务。

2012年12月17日，宜县委组干〔2012〕417号文件通知：免去刘光容县政协办公室副主任职务。

2013年2月22日，宜县委组干〔2013〕19号文件通知：唐敏（女）任县政协办公室副主任（试用一年）。

2014年1月3日，宜县委组干〔2014〕1号文件通知：经县委十二届56次常委会研究，决定派驻县政协纪检监察特派员（副科级）。

2014年1月26日，宜县委组干〔2014〕8号文件通知：杨金龙任县政协办公室副主任（试用一年）；李红艳任县政协纪检监察特派员，免去县政协办公室副主任职务。

2014年9月23日，宜县委组干〔2014〕144号文件通知：黄春祥任县政协办公室副主任，免去县政协调研室副主任职务。

2015年3月10日，宜县委组干〔2015〕74号文件通知：张毅任县政协提案工作办公室主任；罗勇任县政协社会工作办公室主任；免去蔡宇县政协办公室主任职务；免去邹国水县政协提案工作办公室主任职务；免去陈善明县政协社会工作办公室主任职务。

2015年11月9日，中共宜宾县委通知（宜县委干〔2015〕53号）：唐桂云任县政协办公室主任；黄春祥任县政协提案工作办公室主任，免去县政协办公室副主任职务；刘玮、廖新林任县政协办公室副主任；免去张毅县政协提案工作办公室主任职务；免去刘顺清、李国江县政协办公室副主任职务。

2016年5月26日，宜县委干〔2016〕83号文件通知：曾康军任县政协经济工作办公室主任；免去韦仕祥县政协经济工作办公室主任职务；免去杨金龙县政协办公室副主任职务。

2016年11月4日，宜县委干〔2016〕278号文件通知：文华任县政协办公室主任，黄金穗（女）任县政协办公室副主任；免去唐桂云县政协办公室主任职务。

2016年11月17日，宜县委干〔2016〕320号文件通知：彭光华任县政协社会工作办公室主任；免去罗勇县政协社会工作办公室主任职务。

2017年1月17日，宜县委干〔2017〕10号文件通知：胡开铭任县政协办公室副主任（试用一年）。

2017年6月30日，宜县委干〔2017〕81号文件通知：雷俊培任县政协调研室主任；免去张红县政协调研室主任职务。

2017年7月19日，宜宾县机构编制委员会批复县政协机关（宜县编发〔2017〕41号）：设立宜宾县政协信息中心为单位管理的公益性一类股级事业单位。核定事业编制2名，其中主任1名。

2018年7月9日，宜县政协办〔2018〕25号文件通知：胡开铭任宜宾县政协信息中心主任。

至2018年9月12日宜宾县撤县设区时，县政协机关设置为：

办公室

主　任：文　华

副主任：唐　敏（女）　刘　玮　廖新林　黄金穗（女）　胡开铭

调研室

主　任：雷俊培

提案工作办公室

主　任：黄春祥

经济工作办公室

主　任：曾康军

社会工作办公室

主　任：彭光华

纪检监察特派员：李红艳（女）

信息中心

主　任：胡开铭（兼）

第三编　政协例会

第一章　全体会议

第一节　第一届全体会议

一、一届一次全会

1980年11月30日至12月10日，中国人民政治协商会议第一届宜宾县委员会第一次全体会议在县政府所在地柏溪镇县文化馆礼堂召开。历时11天。会议的议程是：传达五届全国政协三次会议精神；列席宜宾县第七届人民代表大会第一次会议；民主协商推荐宜宾县人民代表大会常务委员会成员，县人民政府县长、副县长，县人民法院院长和县人民检察院检察长人选；提出提案；选举政协第一届宜宾县委员会主席、副主席、常务委员和秘书长；通过政治决议。

来自13个界别的75名县政协委员悉数到会。

政协第一届宜宾县委员会委员名表

表3–1

政协职务	姓　名	性别	年龄	民族	界别	备　注
主席	古远友	男	48	汉	中共	中共宜宾县委副书记、组织部部长
副主席	陈南风	男	55	汉	中共	宜宾县革委会副主任、县委委员
副主席	高祥义	男	58	汉	中共	县委统战部部长
副主席	江华林	男	54	汉	教育	县四中副校长
副主席	魏长青	男	53	汉	教育	县进修校教导主任
秘书长	宛西北	男	55	汉	中共	县委统战部副部长

续表 3-1

政协职务	姓 名	性别	年龄	民族	界别	备 注
常委	黄德荣	男	50	汉	中共	县委宣传部副部长
常委	蒋 基	男	50	汉	科技	县科协副主席
常委	赵康修	男	48	汉	科技	豆坝发电厂工程师
常委	赵勋达	男	77	汉	医卫	白花区卫生院副院长
常委	任旭文	女	36	汉	特邀	县磷肥厂工人
常委	杨治祥	男	58	汉	科技	县种子站技术员
常委	肖载渊	男	59	汉	工商	县工业局工作员
常委	张留陵	男	53	汉	特邀	县商业局副局长
常委	韩秀君	女	48	汉	妇联	县妇联副主任
委员	魏孝治	男	52	汉	中共	县委组织部副部长
委员	张志本	男	50	汉	中共	县武装部副部长
委员	何善全	男	50	汉	中共	县计量局副局长
委员	曾庆明	女	49	汉	妇联	县税务局局长
委员	张富有	男	44	汉	科技	县农工部副部长
委员	唐烈彬	男	52	汉	科技	黄山茶场技术员
委员	张尧根	男	50	汉	科技	县工业局干部
委员	张国辉	男	48	汉	科技	县农业局技术员
委员	朱国先	女	47	汉	教育	县文教局副局长
委员	胡家玉	女	49	汉	教育	柏溪小学校长
委员	傅英奎	男	40	汉	教育	县六初中教师
委员	邵英侠	男	41	满	教育	县文教局教研组干事
委员	连芳成	男	57	汉	教育	高场区小副校长
委员	曾庆生	男	49	汉	教育	双龙区小教师
委员	邓隆英	男	59	汉	教育	县二中副教导主任
委员	毕克昌	男	56	汉	特邀	商州粮站副站长
委员	朱芳景	男	64	汉	特邀	孔滩汽车站副站长
委员	何安辉	女	49	汉	特邀	县社队企业局人事股副股长
委员	赵光明	男	64	汉	特邀	县财政局局长
委员	冯铁军	男	61	汉	特邀	县医院干部
委员	黄子猷	男	57	汉	特邀	月波合作商店副经理
委员	黄登贵	男	62	汉	特邀	高场合作商店经理
委员	张克勋	男	53	汉	特邀	县工商联委员
委员	王汉文	男	42	汉	特邀	金坪区医院副院长
委员	陈选臬	男	60	汉	医卫	泥溪区医院医生
委员	王奎光	男	74	汉	特邀	泥南公社社员

续表 3-1

政协职务	姓　名	性别	年龄	民族	界别	备　注
委员	张新时	男	46	汉	特邀	县委统战部工作员
委员	黄毓奇	男	51	汉	特邀	安边区普安小学教师
委员	郭俊三	男	49	汉	特邀	明威公社社员
委员	吕昌彬	男	46	汉	特邀	永和公社民师
委员	高　谊	男	57	汉	特邀	县四中副教导主任
委员	余辅政	男	52	汉	特邀	喜捷区小副校长
委员	彭明辛	女	38	汉	特邀	金坪区小教师
委员	杨连双	男	44	汉	特邀	商州中学校长
委员	肖佑卿	女	66	汉	特邀	白花永远小学校长
委员	王光銮	男	57	汉	特邀	县农资公司技术员（退休）
委员	李靖华	男	75	汉	特邀	县一中教师（退休）
委员	邓西平	男	71	汉	特邀	县三初中教师（退休）
委员	周　珣	男	65	汉	特邀	县医院医生（退休）
委员	胡良怀	男	61	汉	医卫	县兽医站医生（退休）
委员	周宗全	男	53	汉	医卫	县卫校中医师
委员	罗华章	男	44	汉	医卫	县医院检验室主任
委员	吴光芬	女	38	汉	医卫	县医院护士长
委员	武来义	男	52	汉	医卫	县医药局局长
委员	刘昌烈	男	48	汉	医卫	县卫生局局长
委员	肖少平	男	63	汉	工商	县工商联主任
委员	刘汉旌	男	60	汉	工商	县工商联干部
委员	龙承刚	女	53	汉	工商	安边合营棉百店经理（退休）
委员	骆为荣	男	36	汉	共青团	团县委书记
委员	李蜀英	女	24	汉	共青团	673 厂工人
委员	刘全贵	男	54	汉	工会	县工会主席
委员	周西平	女	38	汉	工会	县邮电局话务员
委员	甘智年	男	43	汉	农会	县农会副主席
委员	杨德君	女	46	汉	农会	高梨六队妇女主任
委员	蔡昌荣	男	39	汉	文艺	县川剧团团务员
委员	王建容	女	—	汉	文艺	县文化馆副馆长
委员	陈永生	男	47	汉	体育	县体委副主任
委员	朱明友	男	60	苗	民族	凤仪民族队社员
委员	张阿维	男	62	汉	侨台	泥溪派出所指导员
委员	周建善	女	45	汉	侨台	县农业银行出纳员

注：此表为会议闭幕后所制，委员界别较会前增加了“台港澳侨属”，简称“侨台”。至此，宜宾县政协委员界别增至 14 个，而委员数未变。

会议的第一天（11 月 30 日）举行了预备会议和开幕式。

中共宜宾县委副书记兼县委组织部部长、县政协筹备领导小组组长古远友致开幕词。

他说，中共十一届三中全会以来，随着国家工作着重点转移到社会主义现代化建设上来，国内阶级状况的根本变化，使得新时期统一战线的性质、任务、方针和基本政策都发生了新的重大变化，我国统一战线已经转变成为全体社会主义劳动者、拥护社会主义的爱国者和拥护祖国统一的爱国者的最广泛的政治联盟。人民政协是巩固和扩大我国革命的爱国的统一战线的重要组织，也是我国发扬社会主义民主和实行互相监督的重要形式，在坚持社会主义道路，坚持无产阶级专政，坚持共产党的领导，坚持马克思列宁主义、毛泽东思想这四项基本原则的政治基础上，人民政协应当在我们国家政治生活中发挥重要的作用。

成立政协宜宾县委员会，对于巩固和发展革命的爱国的统一战线，发展和完备社会主义民主制度，对各级政府机关及其工作人员进行经常的严格的监督，对国家大政方针进行充分的民主协商，发展安定团结、生动活泼的政治局面，具有重要的意义。

中共宜宾县委书记、宜宾县革命委员会主任段志华代表中共宜宾县委对宜宾县政协一届一次会议的召开表示热烈祝贺。

他在大会开幕式上的讲话中强调，人民政协是一个最广泛、很重要的统一战线组织，是我国政治体制中贯彻社会主义民主、实行互相监督的重要形式，也是党与非党联盟长期合作的组织形式。共产党员永远只占全国人口中的很少数，无论何时何地都必须同党外的广大群众和各界人士亲密合作，使任何一个爱国者都能够充分发挥自己的聪明才智，进行积极的创造性的劳动，使我们的社会主义祖国一天天富强起来。因此，宜宾县政协的成立，是全县人民政治生活中具有重要意义的一件大事。

他说，县委最近召开民主协商会，协商决定了县政协的组成。今后我们将根据实际情况，继续不断地举行民主协商会，就宜宾县工作的大政方针，重大社会、经济、文化教育问题，同大家进行协商讨论。人民政协要充分发挥检查监督作用，并在工作实践中，协助党和政府，探索与创造出更多更便利更有效的检查监督制度，以利于真正按照人民的愿望，及时表扬、奖励、提拔那些对社会主义现代化事业作出显著贡献的干部，及时揭发和纠正那些有过失错误的干部，以及撤换罢免严重失职的官僚主义者。全体政协委员将列席宜宾县百万人民直接选举产生的第七届人民代表大会第一次会议，希望大家以主人翁的高度负责精神，实事求是，解放思想，畅所欲言，对改善和加强宜宾县党政机关的领导，改进各方面工作，提出宝贵的意见、批评和建议。全体政协委员列席县人民代表大会期间，还要通过民主协商，向人民代表大会推荐县人大常委、县长、副县长、县人民法院院长和县人民检察院检察长候选人。这是新形势下人民政协的新任务，也是全体委员的光荣责任。

他提出，在召开这次会议和成立县政协以后，希望各位委员进一步解放思想，开动机器，以国家主人翁的态度，满怀信心，立志改革，把县政协的工作全面开展起来，把各方面的工作做好，实现宜宾县第七届人民代表大会第一次会议提出的各项任务，为社会主义现代化事业的发展，为台湾早日回归祖国、完成祖国统一大业，为反对霸权主义，维护世界和平，作出新的更大的贡献。

在大会预备会议上，通过了宜宾县政协一届一次会议主席团名单，即古远友、江华林、陈南风、肖载渊、周西平、宛西北、赵康修、高祥义、张志本、张国辉、韩秀君、魏孝治、魏长青 13 人，以及会议秘书长宛西北和副秘书长黄德荣；通过了宜宾县政协一届一次会议提案委员会名单，即主任高祥义，副主任江华林，委员张留陵、蒋基、朱国先；听取和审议了高祥义关于宜宾县政协筹备工作的报告；听取和学习了陈南风关于五届全国政协三次会议精神（包括邓小平在五届全国政协三次会议的开幕词）的传达报告。

12 月 1 日，县政协委员进行了分组讨论。

12 月 2—8 日，全体县政协委员列席了宜宾县第七届人民代表大会第一次会议，听取和讨论了政府工作报告和《关于县财政预决算报告》《关于县人民法院工作报告》《关于县人民检察院工作报告》，提出了许多中肯的批评，并对发展教育、卫生、科技事业提出了不少宝贵的建议。其间，于 12 月 6 日以宜宾县政协一届一次会议《建议书》的形式，向宜宾县人大主席团提出了《关于宜宾县人大、政府、法院、检察院候选人的建议》，推荐了经酝酿、讨论产生的人大常委会主任、人大常委会副主任、人大常委会委员、县长、副县长、法院院长、检察院检察长候选人名单。

12 月 9 日，大会主席团根据中共宜宾县委的建议，并经民主协商、反复酝酿，向大会提出了县政协主席、副主席、秘书长、常务委员候选人名单，提请全体委员酝酿协商确定正式候选人。随即，全体会议通过了中国人民政治协商会议第一届宜宾县委员会第一次全体会议选举办法，决定政协第一届宜宾县委员会常务委员会组成人员由主席 1 人、副主席 4 人、秘书长 1 人和常务委员 9 人组成。经全体会议无记名投票选举，古远友为政协第一届宜宾县委员会主席，陈南风、魏长青、高祥义、江华林为副主席，宛西北为秘书长，任旭文（女）、肖载渊、杨志祥、张留陵、赵勋达、赵康修、黄德荣、蒋基、韩秀君（女）9 人为常务委员，宣告政协宜宾县委员会领导机构正式成立。

12 月 10 日，县政协副主席江华林向大会作宜宾县政协一届一次会议提案工作报告。

报告说，截至 12 月 9 日，共收到提案 76 件。经提案委员会审查，这些提案和建议属于人民文化、卫生方面的13件；属于社会治安，包括社会风气方面的4件；属于教育工作方面的11件；属于干部方面的7件；属于科技方面的8件。会议期间，提案委员会对提案做到了每日收集和当天认真研究，逐案提出审查意见，及时转送县人大提案审查委员会审核，交政府有关部门研究办理。建议县政协正式建立工作机构后设置专人管理提案，做到提案及时分转有关单位或团体，做到每件提案都有着落、有交代。

12月10日，宜宾县政协一届一次会议通过了中国人民政治协商会议第一届宜宾县委员会第一次全体会议政治决议。

决议认为，政协第一届宜宾县委员会第一次全体会议的召开是宜宾县人民政治生活中的一件大事，具有重要的历史意义。原县各界人士学习委员会在中共宜宾县委的领导下，对于推动宜宾县各界人士的政治学习，促进社会主义改造和社会主义建设，做出了不少成绩，起到积极的作用。现在，根据新时期四化建设的要求，适应巩固和扩大革命的爱国的统一战线的需要，建立中国人民政治协商会议宜宾县委员会是完全必要的。人民政协是中国共产党领导下实现各民族、各民主党派、无党派民主人士、各人民团体、各界爱国人士团结合作的重要组织，也是我国政治体制中贯彻社会主义民主，实行互相监督的重要形式。因此，宜宾县政协要充分发挥民主协商互相监督的作用，对全县四化建设、群众生活和各方面工作等重要问题，进行调查研究和自由讨论，积极地提出意见和建议，共同把宜宾县的事情办好。

决议号召，全县各人民团体、各方面的爱国力量、全体政协委员，在中共宜宾县委的领导下，调动一切积极因素，巩固和发展革命的爱国的统一战线，加强各族人民的大团结，同心同德，坚定不移地贯彻党和政府的路线、方针、政策，积极拥护和参与各项制度的改革，为完成宜宾县今后三年国民经济计划和各项任务而努力奋斗。

中共宜宾县委常委，县人大七届一次会议新选出的县人大常委会成员、县长、副县长、县人民法院院长、县人民检察院检察长，以及县委的各部委领导、县政府各局行社的领导，应邀参加了县政协一届一次会议的闭幕式。县委书记段志华、县人大副主任王恒义、县长彭铁肩在闭幕式上讲了话，对县政协的成立表示热烈祝贺，对县政协的工作表示大力支持。中共宜宾地委统战部派员列席了闭幕式。新当选的县政协主席古远友作了闭幕词。

县委书记段志华在讲话中肯定，县政协首次会议，在发挥人民政协的互相监督作用上，有了好的开端。在县政协成立以后，希望大家继续保持和发扬统一战线和人民政协这个优良传统，帮助搞好党风，随时发现和帮助纠正政府工作中的缺点和错误，揭发各级干部的官僚主义现象和违法乱纪行为。他说，这次县政协会议，在发扬社会主义民主，实行民主协商上，也有了一个好的开端。大家按照中央提出的选拔干部的三条标准，以认真负责的态度，经过充分的民主协商，推荐县领导人选。县政协成立以后，我们要坚持和发扬统一战线和人民政协实行民主协商这个优良传统。县委要经常就大政方针和宜宾县工作的一些重大问题，同政协委员和各方面代表进行民主协商，把党委的想法和建议，事先同大家沟通，广泛听取各方面党外同志的意见，以便集思广益，群策群力，把一些重大问题解决得更周到、更好些；使党与非党之间，彼此更加信任，合作有更加坚实的基础。

会议结束后，向全县印发了中国人民政治协商会议第一届宜宾县委员会第一次全体会议精神传达提纲。

二、一届二次全会

1982年2月23日至3月1日，政协第一届宜宾县委员会第二次全体会议在县城柏溪镇县文化馆礼堂召开。会期7天。会议的议程是：传达五届全国人大四次会议和五届全国政协四次会议精神；听取和讨论县政协常委会工作报告；听取和讨论县政协提案办理情况报告；列席县第七届第二次人民代表大会；增选县政协常委；通过政治决议。会前，经县委同意，县政协常委会讨论通过，已经新增补县政协委员31人，宜宾县政协委员达105人。因各种原因，实际到会委员为81人。

宜宾县政协一届二次会议增补委员名表

表3-2

姓　名	性别	年龄	民族	籍贯	党派	界别	工作单位及职务
谢家礼	男	50	汉	宜宾	中共	中共	兴文县原人大副主任
葛修泉	男	42	汉	叙永	中共	中共	县人武部副政委
刘显煜	男	58	汉	宜宾	中共	中共	金坪区农会主席
彭汉文	男	54	汉	宜宾	中共	中共	县委统战部副部长
樊真殿	男	54	汉	宜宾	—	教育	柳嘉中学教师
陈燧强	男	53	汉	南溪	—	教育	蕨溪中学教导主任
蔡明皋	男	51	汉	宜宾县	中共	教育	县文教局副局长
黄友空	男	44	汉	成都	—	教育	观音中学教研组长
陈启松	男	57	汉	宜宾	—	教育	永兴中学教师
肖佑峰	男	41	汉	宜宾县	—	教育	双龙中学教师
宋泽光	男	40	汉	宜宾	—	医卫	观音卫生院医生
田天本	男	45	汉	宜宾	—	医卫	思波卫生院院长
陈继全	男	51	汉	宜宾	—	医卫	柳嘉卫生院医生

续表 3–2

姓　名	性别	年龄	民族	籍贯	党派	界别	工作单位及职务
景其昌	男	42	汉	江安	—	医卫	县医院中医师
张作发	男	33	汉	富顺	—	科技	县交通局助理工程师
秦治能	男	40	汉	隆昌	—	科技	县农机局管理股副股长
冯万荣	男	51	汉	阆中	—	科技	县水电局助理工程师
魏定武	男	44	汉	资阳	中共	科技	县建设局工程师
李明梁	男	56	汉	沐川	—	学术	县农业局工作
王宗炳	男	56	汉	内江	—	学术	县供销社会计股副股长
杨宗林	男	51	汉	宜宾	—	学术	县沼气局局长
黄天柱	男	56	汉	郫县	—	政法	县司法局法律顾问、律师
周成虎	男	51	汉	宜宾	中共	文艺	县广播局副局长
胡云彩	女	40	汉	宜宾	—	特邀	县电影公司发行组组长
李顺松	男	41	汉	宜宾	—	特邀	县农业局气象技术员
杨淑芬	女	37	汉	宜宾	—	特邀	安边区幼师辅导员
杜孟实	男	57	汉	河南	—	特邀	县民政局工作员
徐明旺	男	61	汉	宜宾	—	特邀	商州卫生院医生
张林富	男	44	汉	宜宾	—	特邀	县二中体育教师
邓典英	女	44	汉	宜宾	—	特邀	县保健所副所长
罗　钦	女	18	汉	宜宾	—	特邀	县丝厂工人

注：在这次新增委员中，增添了“学术”“政法”两个界别。

县政协副主席陈南风向大会作常委会工作报告。

报告说，县政协成立已经一年零三个月了。在中共宜宾县委的领导下，开展了多方面的活动，工作逐渐活跃起来，在贯彻党中央确定的经济调整、政治安定的重大方针，发挥政治协商和民主监督作用，组织各界人士学习马列主义和毛泽东思想，开展对台工作和侨务工作，调动知识分子为四化服务等方面，初步发挥了人民政协的重要作用，产生了良好的政治影响。

把政治协商摆到主要地位，认真发扬了社会主义民主。政协领导同县人大常委、政府领导一起参加了县委召开的一些重要会议，及时学习中央文件和上级指示，研究贯彻执行党的方针政策和国家的法律、法令，检查督促各方面的工作。政协常委列席了人大常委会议，听取职能部门汇报，就各级人民代表大会选举法、组织法及婚姻法、民法等大政方针，四化建设和人民生活等重大问题，认真进行了座谈讨论；对县人大常委会《关于维护社会治安、保护森林告全县人民书》和县政府制定的一些单行法规、条例、规划等进行认真的协商，共提了几十条意见和建议，受到人大常委会和政府的重视，并被采纳。

组织政协成员和各界人士学习马列主义、毛泽东思想，提高社会主义觉悟。1981年2月，召开常委扩大会议，学习贯彻中央工作会议精神，深刻理解中央决定在经济上实行进一步调整、政治上实现进一步安定的方针的重大意义。在六中全会公报广播的第二天，又正值中国共产党建立六十周年，政协立即召开了常委和部分委员会议，学习六中全会公报，学习中共中央《关于建国以来党的若干历史问题的决议》，还结合学习了省委负责同志关于六中全会精神的传达提纲和县委四届三次（扩大）会议关于学习贯彻六中全会精神的决定；接着又专门组织不脱产委员学习了三天。为了组织和推动政协成员进行经常性政治时事学习，1981年3月成立了学习委员会，在柏溪、横江两地组织政协委员和各界人士成立学习组，坚持了每月定期学习。对分散在区社的委员，陆续供给学习资料。对重要文件的学习，学委会还印发了辅导材料，并提出具体要求。在学习中坚持了解放思想、畅所欲言，实行“三不主义”，形成了较好的学习风气。

调动政协委员和各界人士的积极性，为四化建设贡献力量。政协配合有关部门，先后召开了县科协各学会负责人座谈会、幼儿教育工作者座谈会和退休教师座谈会；在全县教育工作会议、业余教育工作会议、计划生育工作会议上，以及在观音中学和观音医院，传达了省政协召开的知识分子为四化建设服务经验交流会精神，宣传党的知识分子政策，了解和听取各方面知识分子的意见和要求，并协助党和政府在落实有关政策方面做了一些工作。政协还帮助总结了横江中学做教师工作的经验和卫生局领导重视发挥医学会的作用、推动了全县医疗卫生工作的经验，并分别印成简报发给了有关部门。

认真做好对台工作和侨务工作，团结各方面人士，为完成祖国统一大业作出贡献。1981年端阳和中秋佳节，政协都召开了侨属、台湾同胞和去台人员亲属座谈会，学习党的侨务政策和对台政策，鼓励他们恢复和加强同亲人的联系，写书信、报平安、盼团聚，影响和推动亲人为祖国四化建设、两岸统一贡献力量。政协常委赵勋达的弟弟是美国某水利工程顾问公司总工程师，几次回国，为葛洲坝水利工程献计献策，作出了重要贡献。政协常委任旭文通过她在美国和台湾的亲人，积极为其他人寻找去台亲人的下落。政协和人大举行座谈会，邀请了部分去台人员亲属和侨属参加，大家一致拥护中央关于两岸统一的方针和政策，认为九条建议代表了中华民族的根本利益，合情合理，深得人心，殷切希望在台、港、澳和国外的亲人为完成统一大业共同努力。政协还邀请周建善委员在柏溪、横江等地介绍去香港探亲的所见所闻。1982年元旦和春节之前，政协召开迎春茶话会，邀请台湾同胞、去台人员亲属，港澳同胞亲属，海外侨胞亲属与党、政、军各界领导欢聚一堂，亲切交谈，吟诗作赋，颂扬党的侨务政策。

组织参观视察，调查研究。根据县委统一部署，政协主席、副主席和常委深入一些区社、基层进行调查研究，协助当地党委总结经验，建立、健全和稳定农业生产责任制，加强农村思想政治工作和基层组织建设，落实各项经济政策，不失时机地抓好农业生产，发展多种经营。同时，加强了同当地政协委员和各界人士的联系，了解情况，听取各方面的意见和要求。1981 年 7 月中旬，由县政协副主席、委员 7 人组成视察组，就近视察了朝阳中小学、安边中小学和幼儿园，认真听取了学校领导汇报，分别与教师座谈，肯定了这些学校贯彻党的教育方针和落实知识分子政策取得的成绩，同时也发现了一些问题。政协将视察情况向县委作了汇报，发挥了政协的民主监督作用。

认真处理提案和人民来信来访。第一次全体会议期间，共收到委员提案 76 件，已分别转请有关部门研究办理，并有了答复。现已办理完毕的提案共 70 件，占 93%。政协提案审查委员会将向全体委员作专题报告。

积极准备开展文史资料工作。1981 年 10 月，政协组织人员专程去南溪学习开展文史资料工作的经验，进行编写文史资料的准备工作，调查宜宾县近代现代重大历史事件和重要人物，物色能够介绍和撰写有关史实的知情人士，搜集已经发表的宜宾县历史资料，积极筹备建立文史组。

报告回顾县政协一年多来的工作后认为，虽然开展了一些活动，取得了一定成绩，但总的看来，还是处于起步探索阶段。在宜宾县这样一个以农业为主、区社较多、政协委员居住分散的大县，如何有效地组织政协委员和各界人士进行经常性的学习，进一步调动为四化建设服务的积极性，还没有找到更多的办法；与多数委员的联系还不够密切，组织参观视察和专题调查也不经常。

报告提出，经第六次常委会议认真讨论，县政协在 1982 年要做好以下工作：组织、推动政协委员和各界人士认真学习马克思列宁主义、毛泽东思想，学习时事政策，学习专业知识，不断提高政治思想觉悟和业务水平，以适应新形势的需要，为建设两个文明服务；充分发挥政治协商和民主监督作用；积极协助党和政府开发智力资源，进一步发挥知识分子在社会主义现代化建设中的重要作用；高举爱国主义旗帜，大力开展侨务工作和对台工作；积极开展文史资料工作；认真做好提案处理和人民来信来访工作。

会议期间，会议主席团根据中共宜宾县委的建议，经反复酝酿协商，提出增选常务委员的候选人名单，再经全体委员协商确定正式候选人。最后按会议对参会委员所编的 3 个小组，分别进行了投票选举，产生了谢家礼、葛修泉、杨宗林、王宗炳 4 名新常委。

会议期间，县政协副主席高祥义向与会委员传达了五届全国人大四次会议和五届全国政协四次会议精神。

与会委员列席了宜宾县第七届人大第二次全体会议，听取了县长彭铁肩所作的政府工作报告和其他报告。委员们以高度的爱国主义热情和对我国社会主义建设事业的强烈责任感，对这些重大问题进行了认真讨论，提出了许多中肯的批评和有益的建议。

县政协副主席江华林向大会作宜宾县政协一届二次会议提案审查报告。

截至 2 月 27 日，会议共收提案 82 件（其中有 10 件为相同提案），提出的意见、批评和建议 96 件。这些提案内容中肯、范围广泛，不少建议有的放矢，切实可行。县政协要将委员提案分别转送有关部门研究办理，并尽快作出答复。

报告提出委员们不但可在会议中写提案，会议结束以后，也可以提出提案交县政协办公室办理。

会议通过了政协第一届宜宾县委员会第二次会议政治决议。决议认为，统一战线是我国革命的三大法宝之一，也是保证社会主义现代化建设顺利进行的一个重要法宝。人民政协是在党领导下有极为广泛的代表性的爱国统一战线组织。要调整统一战线内部各方面的关系，贯彻“长期共存，互相监督”的方针，执行“百花齐放，百家争鸣”的政策，发展安定团结、生动活泼的政治局面。要广泛深入地向各级干部和广大群众宣传统一战线和人民政协的重要作用。要尊重和听取各方面代表人士的意见，发挥他们在各自岗位上的积极作用。要积极协助党和政府进一步落实统一战线的各项政策。

三、一届三次全会

1983 年 3 月 17—23 日，政协第一届宜宾县委员会第三次全体会议在县城柏溪镇县文化馆礼堂召开。会议的议程是：传达学习全国政协五届五次会议精神；传达学习《中国人民政治协商会议章程》和全国政协副主席刘澜涛《关于章程修改草案的说明》；听取和讨论县政协常务委员会工作报告；听取和讨论县政协提案办理情况报告；列席宜宾县第七届人民代表大会第三次会议；增选县政协领导；通过县政协政治决议。应到会县政协委员 101 人，实到 76 人。这次会议没有设会议主席团，根据政协章程规定，由常务委员会主持会议。

县政协副主席魏长青受第一届宜宾县政协常务委员会委托，向大会作常务委员会工作报告。

组织委员学习、贯彻十二大文件，讨论宪法修改草案和章程修改草案。1982 年 11 月 3 日，召开第十次常委会，集中学习中共十二大文件，深入领会文件精神并通过了《关于学习和贯彻中共十二大文件精神的决议》，组织全体委员认真学习；11 月 6 日，又集中不在职的委员于柏溪学习 4 天；常委会还购买了十二大文件汇编和第十七期《半月谈》

分送委员，供其自学；柏溪、横江、观音学习组进行了集体学习和讨论。全国人大发出通知，将《中华人民共和国宪法修改草案》交全民讨论，常委会即于1982年5月10日召开会议学习讨论；5月中旬，在柏溪镇的政协常委应人大常委会邀请，学习讨论宪法；7月12日，召集不在职的委员集中在柏溪讨论。讨论中，大家认真提出了一些修改意见，县政协如实向上作了汇报。自报上发表中国人民政治协商会议章程修改草案总纲以后，我会即组织常委和柏溪、横江学习组学习，并根据全国政协和省政协通知精神，于1982年8月23日召开第九次常委扩大会学习讨论。讨论中，大家提出了13条修改意见。对因事因病未能参加集体学习的委员，都分送了章程修改草案和通知，要求他们提出意见。中央1982年1号文件是我国农村工作中极为重要的指导性文件，常委会听了传达后，立即组织学习，并通知全体委员学习。第十一次常委会议着重学习了五届全国人大、全国政协五次会议文件。

进行政治协商、民主监督。1982年3月，全体委员在一届二次全会期间，列席了县人大七届二次会议，听取了政府工作报告和其他重要报告，讨论了宜宾县大政方针，提出了建议和意见，转送了委员们的81件提案。3月中旬，常委会组织委员29人，视察了县二中、县医院、县百司门市和柏溪镇四街；5月中旬，组织横江镇委员，对横江中学、横江供销社进行了检查；6月上旬，全县饮食卫生大检查，各区委员就地参加检查组进行检查；6月中旬，应县人大常委会邀请，配合公检法负责人，视察了县看守所、拘留所和劳改大队，了解执法机关的管教情况。5月下旬，参加了县委检查团，检查落实知识分子政策情况，促进有关单位认真贯彻执行党对知识分子的政策。县政协领导还参加了县委和政府召开的“三干会”“人口普查会”“救灾抢险会”“啤酒厂筹建会”等会议，就一些重要问题进行了协商讨论，提出了一些有益的意见和建议。

协助党和政府搞好中心工作。1982年年初，县委贯彻中央1982年1号文件，3名政协常委参加县委工作组到区宣传，稳定和完善农业生产责任制，推广科学种田；中共十二大会议后，政协2名副主席参加县委宣讲团宣讲中共十二大精神；1983年元月是全国“计划生育宣传月”，政协2名副主席参加了县委宣传队。

十项具体工作。（一）自一届二次全委会以来，先后召开了6次常委会，学习重要文件，研究部署工作。并把县政协工作组扩展为“八组一室”，还建立了观音学习组开展定期的学习活动。（二）1982年8月5日，常委们座谈了《廖承志致蒋经国先生信》，组织了对台稿件，协助落实对台政策，关心台、港、澳侨属方面的工作。（三）1982年5月19日，召开了科技知识人员代表座谈会，就加强科技组与各学会、协会间联系，协助科技人员总结学习成果，推广交流经验等问题，进行了讨论，初步设想了展开工作的计划。

（四）1983年1月25日，召开新春茶话会，各界知识分子代表、港澳台家属亲属及居住在县的台湾同胞、少数民族代表近百人参加，增进了与会者对党的政策的了解。（五）支持了县级群众团体的活动。如3月妇联的活动、5月团委的活动、6月儿童节的活动、12月工会的活动，以及科协等协会、学会的活动。（六）保持与委员的联系。及时发送文件、通知、学习资料给委员；对来访的委员和群众都予接待，委员和群众的来信均予以转发或作了答复；县政协办公室人员到区社工作都拜访了当地委员。（七）1982年4月22日，召开了第一次文史资料座谈会，讨论了文史资料的征集内容和范围；派人前往宜宾、自贡、犍为、纳溪、长宁和县内各区镇征集文史资料，确定文史资料联络员；自5月起，派3人参加了县"三史"办工作，共同编辑了《三史资料》两集。（八）参观学习，扩大眼界。1982年5月中旬和7月下旬，部分委员参加县委多种经营参观团，到县内金坪、观音、白花、泥溪、喜捷、柏溪等区镇的一些农业先进单位参观；10月上旬，参加县委、县政府参观学习团，去南充、重庆等地参观学习多种经营；11月，应县委邀请，参观了宜宾县的一些重点户、专业户，并参加了县"三户"代表会，了解他们劳动致富的情况。（九）每次政协的工作和活动，都及时向县委汇报，并将消息向县广播站投稿，全年共计21篇，让群众了解爱国统一战线和人民政协工作。（十）处理提案。一年中，收到各种提案和意见81件，随即抄转承办单位，督促其办理。到现在已办理78件，占总数的96%。承办单位大多数比较重视，积极办理，采取措施改进工作、解决问题。

一年来，各位委员在不同的岗位上，勤勤恳恳地搞好本职工作，积极宣传、贯彻党的方针、政策，主动参加各种社会活动，反映群众的意见和要求，做了大量有益的工作；不少委员在科学种田、计划生育、人口普查、地方建设、多种经营、教育学习、职工培训、侨台工作等方面，作出了新的贡献。

报告提出，1983年是中共十二大提出全面开创社会主义现代化建设新局面的头一年，是实施新宪法、实现国家长治久安的头一年，县政协的工作是：在县委的领导和上级政协的指导下，尽一切努力，团结全体爱国人士一道，坚持四项基本原则，不断巩固和扩大爱国统一战线，继续深入学习十二大文件，学习宪法和政协章程，积极支持党和政府抓好改革工作和经济工作，建设两个文明，促进祖国统一大业，保卫世界和平，为开创三个新局面，实现新时期的总任务而努力奋斗。

会议期间，与会委员列席了宜宾县第七届人民代表大会第三次全体会议，听取和讨论了县政府工作报告和其他报告，协商了宜宾县出席省第六届人民代表大会代表，给政府工作提出了一些中肯的意见和有益的建议。

根据中共宜宾县委的建议，宜宾县政协一届八次常委会议的协商提名，在会议期间举行了选举大会，以等额选举、举手表决的方式，增选谢家礼为宜宾县政协副主席。

县政协副主席江华林向大会作一届三次会议提案审查报告。

截至 3 月 22 日，委员们共提出提案 71 件，意见 22 条。提案涉及面之广，建议之多，质量之高，都是前两次会议所不及的。其中，属于政权、政法方面的 7 件，属于工业、交通、计划方面的 15 件，属于农、林、水、电方面的 9 件，属于财贸方面的 9 件，属于教科文卫方面的 28 件，属于计划生育、幼托方面的 3 件。

报告希望委员们不仅在政协会议期间写提案，也可在平时提出有益的意见和建议，并写成提案交政协秘书处。

会议通过了政协第一届宜宾县委员会第三次会议政治决议。

决议认为：《中国人民政治协商会议章程》明确规定了新时期人民政协的性质、任务、作用以及工作总则和组织总则等问题，是人民政协开创新局面的正确纲领。县政协要根据新章程的规定，进一步解放思想，大力活跃政协生活，开创新局面，作出新成绩。

决议提出：要以中共十二大精神为指引，在中共宜宾县委的领导下，贯彻“继续解放思想，放宽政策，加快改革步伐，进一步开创各项工作的新局面”的要求，继续执行“调整、改革、整顿、提高”的方针，结合全国人大五届五次会议内容和省党代会内容，认真完成县委的以改革为中心的五项任务，即改革要坚决，经济要抓紧，精神文明建设要搞好，党风要进一步好转，领导要切实加强。县政协要组织力量深入调查研究，发现新事物，总结新经验，及时向领导反映，促进宜宾县改革的发展、国民经济的继续增长、以共产主义思想为核心的精神文明建设达到新的高度。

县委、县人大、县政府的负责人列席了这次会议的开幕式和闭幕式并讲话。

第二节　第二届全体会议

一、二届一次全会

1984 年 6 月 16—22 日，政协第二届宜宾县委员会第一次全体会议在县城柏溪镇县文化馆礼堂召开。会议的议程是：听取和审议政协第一届宜宾县委员会常务委员会工作报告；列席宜宾县第八届人民代表大会第一次会议；选举政协第二届宜宾县委员会主席、副主席、秘书长、常务委员；通过政协第二届宜宾县委员会第一次会议决议。本届县政协委员数量较之上届有很大幅度的增加，达到 211 人，179 人出席了会议。会议列席人员 13 名，均为不在本届的第一届县政协委员。

政协第二届宜宾县委员会委员名表

表 3-3

姓　名	性别	出生年份	民族	籍贯	文化程度	党派	界别	单位职务
彭铁肩	男	1928	汉	宜宾县	初中	中共	中共	县政协主席
陈南风	男	1925	汉	宜宾县	初中	中共	中共	县政协副主席
谢家礼	男	1931	汉	宜宾县	初中	中共	中共	县政协副主席
何善全	男	1931	汉	河南省	初中	中共	中共	县政协副秘书长
姜照荣	男	1933	汉	宜宾县	高中	中共	中共	县政协副主席、县委统战部部长
吴永坤	男	1948	汉	宜宾县	中专	中共	中共	县委宣传部部长
林世鸿	女	1938	汉	宜宾县	初中	中共	中共	县委组织部副部长
陈留光	男	1946	汉	安岳县	高中	中共	中共	县人武部副部长
易遵荣	男	1932	汉	宜宾县	初中	中共	中共	县经济研究室副主任
陈仕辉	男	1945	汉	宜宾县	大学	中共	中共	县委党校副校长
肖少平	男	1917	汉	宜宾县	高小	—	无党派知名人士	县工商联主任
肖幼卿	女	1914	汉	宜宾县	高中	—	无党派知名人士	白花小学（退休）
殷文介	男	1922	汉	宜宾县	大学	—	无党派知名人士	县政府
李仲龄	男	1922	汉	宜宾市	高中	—	无党派知名人士	县文教局
江伯槐	男	1926	汉	宜宾县	高中	—	无党派知名人士	县统计局副局长
蒋寿康	男	1946	汉	上海市	大学	—	无党派知名人士	县粮食局副局长
李本洪	男	1936	汉	屏山县	初中	—	无党派知名人士	县财政局副局长
何祖跃	男	1926	汉	宜宾县	高中	—	无党派知名人士	县畜牧局（退休）
曾远志	男	1946	汉	宜宾县	大学	—	无党派知名人士	县物委副主任
黄贵伦	男	1938	汉	宜宾县	大学	—	无党派知名人士	县水电局副局长
刘建明	男	1961	汉	乐　山	大学	共青团	共青团	县团委副书记
张永生	男	1956	汉	宜宾县	高中	共青团	共青团	县印刷厂团支部
张益州	男	1956	汉	宜宾县	高中	共青团	共青团	商州区
廖成银	男	1954	汉	宜宾县	初中	共青团	共青团	喜捷区
彭明珍	女	1956	汉	宜宾县	高中	共青团	共青团	横江区
刘尊文	女	1933	汉	宜宾县	初中	中共	工会	县工会副主席
王长杰	男	1947	汉	宜宾县	初小	—	工会	县车队司机
田绍明	男	1940	汉	宜宾县	初中	中共	工会	县煤厂工会主席
孙友玉	女	1953	汉	宜宾县	初中	—	工会	县氮肥厂干部
周西平	女	1942	汉	宜宾县	初中	—	工会	县邮电局工会主席

续表 3–3

姓　名	性别	出生年份	民族	籍贯	文化程度	党派	界别	单位职务
龚琼兰	女	1943	汉	宜宾县	初中	中共	妇联	柳嘉区妇联主任
张光蓉	女	1953	汉	宜宾县	初中	中共	妇联	县妇联副主任
杨香明	女	1952	汉	宜宾县	初中	—	妇联	商州区妇联主任
郭永辉	女	1942	汉	宜宾县	中师	—	妇联	县幼儿园
刘淑容	女	1937	汉	宜宾县	小学	中共	妇联	安边经营站书记
王宗炳	男	1924	汉	内　江	初中	—	供销社	县会计学会副会长
罗世宏	男	1934	汉	宜宾县	高中	—	供销社	高场供销社会计
李克明	男	1931	汉	宜宾县	初中	—	供销社	月波供销社
王志芳	女	1943	汉	宜宾县	初中	中共	供销社	柳嘉供销社
肖辉龙	男	1943	汉	宜宾县	中专	中共	供销社	县供销社副主任
周　珣	男	1920	汉	浙江省	中专	—	特邀	县医院
冯铁军	男	1919	汉	陕西省	中学	—	特邀	县医院
黄天柱	男	1925	汉	郫　县	高中	—	特邀	司法顾问处律师
杜孟实	男	1924	汉	河南省	大学	—	特邀	县民政局
毕克昌	男	1933	汉	宜宾县	初中	—	特邀	商州粮站副站长
吴光芬	女	1942	汉	—	中专	—	特邀	县医院原护士长
张新时	男	1933	汉	宜宾市	高中	—	特邀	县政协干部
吴楷风	男	1928	汉	宜宾县	大学	—	特邀	月波乡务农
吴汝相	男	1929	汉	宜宾县	高中	—	特邀	县丝厂
彭子章	男	1924	汉	宜宾县	中专	—	特邀	双龙粮站
张介仁	男	1919	汉	宜宾县	中专	—	特邀	观音乡社员
陈克明	男	1897	汉	宜宾县	小学	中共	特邀	徐家乡
李庭珍	女	1948	汉	宜宾县	初中	中共	特邀	柏溪镇党委副书记
侯学君	男	1941	汉	—	大学	—	特邀	县手联社股长
韩家兰	女	1929	汉	宜宾县	高中	—	特邀	县妇联
罗昌秀	女	1919	汉	宜宾县	—	—	特邀	凤仪乡社员
高继盛	男	1919	汉	宜宾县	小学	—	特邀	县文教局副科长
周正远	男	1941	汉	宜宾县	大学	—	特邀	县进修校
刘铁民	男	1932	汉	宜宾县	高中	—	特邀	县水泥厂副厂长
黄德群	女	1940	汉	宜宾县	初小	中共	特邀	县自来水公司
刘全贵	男	1925	汉	河北省	初中	中共	特邀	县工会主席
郭时录	男	1946	汉	宜宾县	高中	中共	特邀	永兴区委副书记
陈谦文	男	1940	汉	宜宾县	中专	中共	特邀	白花区委副书记
蒋文武	男	1947	汉	宜宾县	高中	中共	特邀	柳嘉区委副书记

续表 3-3

姓　名	性别	出生年份	民族	籍贯	文化程度	党派	界别	单位职务
翁学明	男	1947	汉	宜宾县	初中	中共	特邀	观音区委副书记
杨金华	男	1950	汉	宜宾县	初中	中共	特邀	蕨溪区委副书记
李九和	男	1946	汉	宜宾县	初中	中共	特邀	泥溪区委副书记
郭维安	男	1955	汉	宜宾县	高中	中共	特邀	商州区委副书记
李先友	男	1940	汉	宜宾县	初中	中共	特邀	高场区委副书记
聂书金	男	1953	汉	宜宾县	高中	中共	特邀	安边区委副书记
周洪银	男	1947	汉	宜宾县	高中	中共	特邀	横江区委副书记
胡仕业	男	1945	汉	宜宾县	高中	中共	特邀	双龙区委副书记
马文芳	男	1950	汉	宜宾县	初中	中共	特邀	喜捷区委副书记
曾庆明	女	1931	汉	宜宾县	小学	中共	特邀	县物委研究员
杨治祥	男	1922	汉	宜宾县	大学	—	特邀	县种子公司（退休）
侯子敬	男	1927	汉	宜宾县	初中	中共	特邀	县农机局副局长
张富友	男	1936	汉	宜宾县	中专	中共	特邀	县农委研究员
杨宗林	男	1932	汉	宜宾市	高中	中共	特邀	县建设局研究员
王奎光	男	1907	汉	宜宾县	高中	—	特邀	泥南公社
郭顺昌	男	1920	汉	—	大学	—	特邀	县丝厂厂长
李　申	男	1934	汉	—	大学	—	文艺	地方新闻副主任
李荣蓉	女	1945	汉	宜宾市	初中	—	文艺	县书店发行员
任学文	男	1930	汉	—	高小	—	文艺	县川剧团演员
王建容	女	1934	汉	宜宾市	高中	中共	文艺	县文化馆馆长
邓经忠	男	1942	汉	—	中专	—	文艺	县文化馆副馆长
黄开树	男	1937	汉	—	高小	中共	文艺	县广播局副局长
胡云彩	女	1942	汉	—	高小	—	文艺	县电影公司发行组长
陈永生	男	1934	汉	安徽省	高中	中共	体育	县体委主任
张林富	男	1940	汉	—	高中	—	体育	县二中体育教师
刘荣富	男	1942	汉	—	大学	—	体育	县一中体育教师
倪　明	男	1948	汉	—	中师	—	体育	柏小体育教师
张国辉	男	1933	汉	山东省	大学	—	科技	县政协副主席
李顺松	男	1940	汉	宜宾市	高中	—	科技	观音气象站助师
张作发	男	1948	汉	富顺县	大专	—	科技	县交通局副局长
秦治能	男	1942	汉	隆昌县	高中	—	科技	县农机局管理股长
张尧根	男	1931	汉	宜宾县	高中	—	科技	县经委助工
冯万荣	男	1931	汉	—	高中	—	科技	县水电局工程师
唐烈彬	男	1929	汉	泸州市	大学	—	科技	县供销社农艺师

续表 3–3

姓　名	性别	出生年份	民族	籍贯	文化程度	党派	界别	单位职务
周汝全	男	1933	汉	泸州市	中专	—	科技	县政协副主席、豆坝电厂工程师
欧阳生	男	1934	汉	—	大学	—	科技	县林业局工程师
胡廷书	男	1934	汉	—	大学	—	科技	高场糖厂工程师
汪月民	男	1938	汉	—	高中	—	科技	黄山茶厂技术员
陶天尧	男	1933	汉	—	大学	—	科技	县六七三厂技术员
张学成	男	1948	汉	—	大学	—	科技	县氮肥厂副厂长
陈德鸣	男	1929	汉	—	中专	—	科技	县丝厂会计
阳开汉	男	1942	汉	—	大学	—	科技	县林业局副局长
李明梁	男	1926	汉	沐川县	大学	—	科技	县农经学会副理事长
蒋　基	男	1931	汉	江安县	高中	中共	科技	县科协副主席
魏定武	男	1938	汉	资阳县	大学	中共	科技	县建设局副局长
王建中	男	1949	汉	—	大学	中共	科技	县科委副主任
段绪伦	男	1947	汉	—	大专	中共	科技	县农机厂厂长
周灿辉	男	1947	汉	—	中专	中共	科技	县农业局农艺师
杨修文	男	1946	汉	—	中专	中共	科技	县经委工程师
王跃西	男	1933	汉	—	大学	—	科技	县农业局助理农技师
魏长青	男	1928	汉	高　县	大学	—	教育	县政协副主席
江华林	男	1924	汉	宜宾县	大学	—	教育	县政协副主席、县进修校副校长
胡家玉	女	1931	汉	宜宾县	高中	中共	教育	柏小校长
樊贞殿	男	1928	汉	宜宾县	高中	—	教育	柳嘉中学教师
陈启松	男	1925	汉	宜宾市	高中	—	教育	永兴中学教师
吕昌彬	男	1934	汉	宜宾县	高中	—	教育	永兴民师
黄友空	男	1936	汉	成都市	大专	—	教育	观音中学副教导
肖佑峰	男	1941	汉	宜宾县	大学	—	教育	双龙中学教师
陈燧强	男	1929	汉	南溪县	大学	—	教育	蕨溪中学教导
傅英奎	男	1941	汉	宜宾县	中专	—	教育	泥溪中学教导
杨淑芳	女	1945	汉	宜宾县	中专	—	教育	安边幼师
韦如炳	男	1946	汉	—	师范	—	教育	朝阳中学校长
刘光汉	男	1949	汉	—	高中	—	教育	高场中学副教导
郑　勇	女	1953	汉	—	中师	—	教育	征远小学教师
何光宗	男	1937	汉	—	大学	—	教育	喜捷中学教师
蔡明皋	男	1932	汉	—	中专	中共	教育	县文教局研究员
杨连双	男	1934	汉	宜宾县	大专	中共	教育	泥溪中学校长
黄元觉	男	1934	汉	—	大专	—	教育	白花中学副教导

续表 3-3

姓　名	性别	出生年份	民族	籍贯	文化程度	党派	界别	单位职务
卢登荣	男	1943	汉	—	中师	—	教育	真溪小学副教导
夏志鑫	男	1937	汉	—	大专	—	教育	商州中学副教导
彭德铣	男	1932	汉	—	大专	中共	教育	县二中教师
闵晓勇	男	1957	汉	—	中专	中共	教育	安边中学教师
文光余	男	1944	汉	—	高中	中共	教育	横江中学教师
向本林	男	1929	汉	—	初中	中共	教育	双龙区文教
黄安君	男	1929	汉	—	初中	中共	教育	县文教局副局长
李庆林	男	1934	汉	—	中师	中共	教育	蕨溪区小学教师
肖慈骧	男	1935	汉	—	中师	中共	教育	白花小学教师
杨钦华	男	1952	汉	—	中师	中共	教育	横江小学教师
陈正荣	男	1940	汉	—	初中	中共	教育	商州小学教师
刘久凰	女	1937	汉	—	中师	中共	教育	新政小学校长
任旭文	女	1945	汉	宜宾县	初中	—	侨台	县啤酒厂工会副主席
周建善	女	1935	汉	重庆市	高中	—	侨台	横江银行出纳
张阿维	男	1923	汉	台湾省	初中	中共	侨台	泥溪派出所指导员
宛西北	男	1926	汉	宜宾市	初中	中共	侨台	县台办主任
骆为荣	男	1945	汉	宜宾市	中专	中共	侨台	县侨办主任
谢家康	男	1947	汉	宜宾县	高中	—	侨台	高场种花专业户
田永华	男	1932	汉	宜宾县	高中	—	侨台	五桂小学教师
唐启哲	男	1927	汉	宜宾县	初中	—	侨台	观音隆兴经营站
吴　刚	男	1934	汉	—	大学	—	侨台	豆电主治医师
何成秀	女	1938	汉	—	中专	—	侨台	白花经营站
李友林	男	1934	汉	—	初中	—	侨台	日成治安员
罗中哲	男	1930	汉	—	初中	—	侨台	柏溪供销社
周培富	男	1941	汉	—	高中	—	侨台	县工业局电子门市
谭志寿	男	1931	汉	—	初中	—	侨台	发龙乡社员
朱明友	男	1930	苗	宜宾县	初中	中共	民族	双龙凤仪民族队
苏德富	男	1930	回	宜宾县	小学	—	民族	柏溪四街副主任
杨德君	女	1934	汉	宜宾县	初中	中共	农民	天池高梨妇女主任
罗华贵	男	1934	汉	宜宾县	初中	中共	农民	下食堂支部书记
宋志权	男	1935	汉	宜宾县	初中	—	农民	革坪养鸡专业户
杨明江	男	1952	汉	宜宾县	—	—	农民	长沙蚕桑专业户
李正银	男	1944	汉	宜宾县	小学	—	农民	喜捷水果专业户
李　凯	男	1930	汉	宜宾县	小学	—	农民	双龙种植专业户

续表 3-3

姓　名	性别	出生年份	民族	籍贯	文化程度	党派	界别	单位职务
曾锡林	男	1929	汉	宜宾县	小学	—	农民	七里茶叶专业户
黄正群	男	1946	汉	宜宾县	小学	—	农民	横江银耳专业户
肖载渊	男	1922	汉	宜宾县	大学	—	工商	县工业局干部
龙承纲	女	1928	汉	宜宾县	小学	—	工商	安边分社经理
张克勋	男	1928	汉	宜宾县	中学	—	工商	县工商联原委员
黄子猷	男	1924	汉	宜宾县	中学	—	工商	月波商店经理
黄显忠	男	1934	汉	—	大专	—	工商	县畜牧局股长
刘燕喜	男	1945	汉	—	大学	—	工商	县建行副行长
李泽模	男	1935	汉	—	初中	—	工商	县陶厂技术员
李思序	男	1941	汉	—	初中	—	工商	县煤厂助工
汤一力	男	1934	汉	—	初中	—	工商	白花个协主任
陈明康	男	1945	汉	—	初中	—	工商	县粮食局股长
张澄光	男	1920	汉	—	初中	—	工商	县工商联会计
李清良	男	1940	汉	—	中专	中共	工商	县农行副行长
罗福兴	男	1940	汉	—	大学	中共	工商	牧工商副经理
钟义如	男	1937	汉	—	初中	中共	工商	县税务局副局长
李建平	女	1954	汉	—	初中	中共	工商	县工商局副局长
胡心诚	男	1930	汉	—	高小	中共	工商	县商业局副局长
韩安荣	男	1939	汉	—	小学	中共	工商	—
张留陵	男	1927	汉	河南省	高中	—	工商	县商业局（离休）
刘汉旌	男	1922	汉	宜宾县	初中	—	工商	县工商联（退休）
赵勋达	男	1903	汉	宜宾县	中学	—	医卫	白花医院（退休）
陈继泉	男	1930	汉	宜宾县	初中	—	医卫	观音医院中医师
罗华章	男	1937	汉	宜宾县	中专	—	医卫	县医院检验主任
宋泽光	男	1941	汉	宜宾县	中专	—	医卫	观音区医院
景其昌	男	1939	汉	江安县	大学	—	医卫	县医院主治医师
邓典英	女	1937	汉	江安县	中专	—	医卫	保健所副所长
李梦蝉	女	1945	汉	陕西省	大专	—	医卫	县医药公司助师
牟伯琴	女	1940	汉	宜宾县	初中	—	医卫	泥溪区医院
华隆中	男	1943	汉	合川县	大学	—	医卫	县医院副院长
廖兴才	男	1951	汉	宜宾县	大学	—	医卫	蕨溪医院中医师
陈其珍	女	1942	汉	宜宾县	中专	中共	医卫	县卫校副校长
杨光锃	男	1946	汉	宜宾市	大学	中共	医卫	喜捷医院医师
谢荣显	男	1934	汉	宜宾县	初中	中共	医卫	双龙捧印医院

续表 3-3

姓　名	性别	出生年份	民族	籍贯	文化程度	党派	界别	单位职务
牟廷伟	男	1944	汉	宜宾县	中专	—	医卫	白花医院医师
黎香涛	男	1946	汉	宜宾县	初中	中共	医卫	永兴乡医院副院长
谢光模	男	1944	汉	宜宾县	高中	—	医卫	缸坪乡医院院长
代吉林	男	1935	汉	—	大学	—	医卫	县计生指导站主治医师
张玉莲	女	1934	汉	宜宾市	大专	中共	医卫	县卫生局副局长
韩秀君	女	1932	汉	宜宾县	中专	中共	医卫	县计生局副局长
程顺荣	男	1947	汉	宜宾县	初中	中共	医卫	商州医院医士
胡自荣	男	1944	汉	宜宾县	中专	中共	医卫	柳嘉区医院
凌芝强	女	1940	汉	宜宾市	中专	—	医卫	县卫校医师
杨兴玉	男	1933	汉	宜宾县	中专	—	医卫	县防疫站站长
徐明玩	男	1920	汉	宜宾县	初中	—	医卫	商州医院

魏长青受第一届常委会委托，向大会作政协第一届宜宾县委员会常务委员会工作报告。

报告回顾从 1980 年 12 月宜宾县政协一届一次会议以来三年多的时间里，在中共宜宾县委的直接领导下，全体委员、各界人士、各人民团体和全体工作人员齐心协力，做了一定的工作，取得了一定成绩。

较好地发挥了政治协商和民主监督作用，促进了社会主义民主建设。认真负责地完成上级交议的任务。组织全体委员和各界人士讨论宪法、政协章程两个修改草案，提出了许多修改意见和建议，有的意见和建议已经反映在通过的新宪法和新章程中；县委县政府的重大人事任免、城镇规划、物价调整、啤酒厂建设、渔政管理、制止乱砍滥伐森林、打击刑事犯罪活动等问题，县委和县政府都提交政协协商讨论、征求意见；对县人大常委会起草的《关于维护社会治安保护森林告全县人民书》提出了修改意见；对县委组织到区社宣传中央三个 1 号文件，进行计划生育大检查、落实知识分子政策检查，也参与其中并起到了良好作用。政治协商、民主监督工作基本上做到了经常化、制度化。如坚持每年举行一次全体委员会议，每季度举行一次常务委员会议，每月举行一次主席会议；县政协委员每年都列席了县人大全体代表会议，政协常委列席了县人大常委会议，政协主要负责人还参加了县委中心组学习；在 3 个“文明礼貌月”活动中，组织部分委员视察了柏溪、横江、观音等地，提出改进意见，及时向县委报告，对彻底治理这些地方的脏乱差起到了促进作用。三年多来，共收到政协工作方面的来访信 89 件，处理回复 40 件，转有关单位 49 件；共收到提案 249 件，已办理 236 件，未能办理的都分别向提案人作了解释。1982年，8个工作组都开展了工作，其中文史资料组和学习组还取得了较好的成绩。

组织委员和有关人士学习政治理论，不断提高爱国主义和社会主义觉悟。三年多来，主要抓了传达学习中共中央、国务院、全国人大、全国政协、中共四川省委和省政府的有关文件。如学习贯彻中央工作会议关于经济上进一步调整、政治上进一步安定的方针，六中全会公报，中共中央《关于建国以来党的若干历史问题的决议》，省委负责同志关于六中全会的传达提纲，中共中央批转《广东、福建两省座谈会纪要》简报的通知，全国统战工作会议纪要，关于打击经济领域严重犯罪活动的通知，五届全国人大和全国政协第五次会议文件，宪法和政协章程，《邓小平文选》等。不仅通过各种会议学，还单独组织委员和各界人士集中学，柏溪、横江、观音成立学习组坚持月月定期学；对散居在其余各区、社的委员，县政协专门寄送学习材料。在学习中，始终坚持“三自”（自己提出问题、自己分析问题、自己解决问题）、“四不”（不抓辫子、不戴帽子、不打棍子、不装袋子）的原则，做到了解放思想、自由讨论、辨明方向、提高认识。三年多来一部分委员加入了中国共产党；1983年在县级机关的24名委员中，有8人被评为先进工作者；全体县政协委员及其子女无一人超计划生育。

积极做好知识分子工作，充分调动知识分子为“四化”建设服务的积极性。三年多来，通过各种会议、简报、广播宣传党的知识分子政策，使干部和群众认识到知识分子是完全可以依赖和依靠的力量。1982年，对宜宾县落实知识分子政策情况进行了一次检查，还召开了县科协各学会负责人座谈会和部分退休教师座谈会。组织调查组到朝阳、安边中小学及幼儿园视察，及时向县委如实写了报告，对解决存在的问题起到了促进作用。如安边幼儿园当时被私人侵占而停课，家长和当地群众反应强烈，经向县委反映后，县委立即采取措施，使幼儿园得以复课。派人到观音中学、观音区医院，传达省政协召开的知识分子为“四化”建设服务经验交流会精神；帮助总结横江中学做教师工作及卫生局注意发挥医学会作用的经验，并印成简报发送到有关部门。

积极开展对台工作，为实现祖国统一贡献力量。三年多来，抓住一切有利时机，利用各种会议，宣传党中央解决台湾问题的方针政策。1981年邀请了台胞、去台人员亲属和港澳侨属，学习、座谈叶剑英1981年9月30日对新华社记者的讲话和胡耀邦1981年10月9日在首都辛亥革命七十周年纪念大会上的讲话；1982年又邀请他们学习座谈廖承志致蒋经国先生信。到会人员都表示要为祖国早日统一贡献力量，会后纷纷写信给台湾和海外的亲人，反映社会主义制度的优越、家乡的变化、人民生活的幸福，还表达了几十年来骨肉分离的痛苦及盼望亲人早日团聚的思念之情。每年春节或端午、中秋，都召开茶话会，邀请县委、县政府、县人大、县人武部负责人和“四属”欢聚一堂，或共话节日愉快，或吟诗作赋，或传阅海外亲人照片，交流通信情况，使“四属”深受教育鼓舞，消除了思想顾虑。

文史资料工作有进展。宜宾县政协一成立，就抓了文史资料工作。为了尽快将工作开展起来，先后访问了南溪、隆昌县政协文史资料委员会，回来后立即到各区、社调查，确定撰稿对象及联络员，召开了文史资料工作座谈会，拟出写作计划。到 1983 年底，已编印文史资料 4 辑，22 万字，共发行 1400 册。

报告对新一届政协工作提出了 6 点建议：（一）充分发挥政治协商和民主监督作用。除例会外，还可以举行有各界人士和代表参加的会议协商，政协各委员会、工作组还应不定期召开会议进行专题协商，同时要认真处理委员的来信来访。通过这些方式，协商讨论，提出意见和建议，以利更好地发扬民主、集思广益，促进宜宾县“两个文明”建设。（二）要协助和督促有关部门抓紧落实各项统战政策。在积极配合和协助有关部门落实知识分子政策，台胞、台属和起义投诚人员政策以及宗教政策的同时，也要按照中央和四川省委的要求，抓紧落实政协委员的政策。对查出的问题要及时向党委报告，采取有效措施妥善解决。（三）加强思想和组织建设，活跃各委、组的活动，更好地发挥其作用。政协主要是通过工作组的活动来实现章程和总纲所规定的各项任务。要选配符合“四化”条件的干部到政协工作，加强自身的思想建设和组织建设，加强各委、组的活动。各委、组可举办各种报告会、讲座，宣传党和国家的各项方针政策及各条战线的成就；围绕党和政府的中心任务、统一战线中的重要问题和群众关心的重大问题开展调查研究，不但要了解具体情况，而且要研究解决的方案措施。（四）进一步做好统一祖国工作。宜宾县有不少台、港、澳同胞和海外侨胞的亲属，要大力鼓励他们与海外的亲人通信往来，加强同台、港、澳同胞，海外侨胞的联系和团结，为实现台湾在内的祖国统一争取更有利的条件。（五）进一步做好文史资料工作。要进一步深入调查研究，有计划有重点地开展征集、抢救资料工作，争取每年出版两辑文史资料选辑。（六）组织和推动政协委员和各界人士加强学习，不断提高爱国主义和社会主义觉悟，为振兴宜宾县经济，发展商品生产，促进农业“两个转化”服务。

江华林向大会作政协第一届宜宾县委员会第一、二、三次会议提案办理情况的报告。

在一届的三次全体会议中，共收到委员提案 249 件，正式立案 198 件（其中属于意见的 51 件），全部交给有关部门研究办理。已办理完毕并答复了提案人的是 236 件，占 249 件的 94.8%；未答复的 13 件，因属于一般意见的只需转有关单位参考，不必向提案人作答复。

报告认为，几年来的实践证明，委员们的提案是得到党和政府的重视和采纳的，因而很多提案逐步得到了办理落实，收到了成效。

报告说，三年来在提案委员会的指导下，安排专人负责办理提案工作。1981年、1982年，办理提案办法是采取办理完毕后，在下一次全委会议上印发给全体委员。1983年为了将办理结果早日转告提案人，采取了收到承办单位答复一件就转一件的办法，尽快转告提案人，未再集中印发。

报告最后强调，提案工作是人民政协一项经常性的重要工作，提案是委员们行使民主权利、广开言路、发挥民主监督作用的一个重要方式，又是委员们为“四化”建设、促进祖国统一出谋献策的一条重要渠道。希望全体委员积极热情提提案，提改进办案的建议，使提案工作收到更好的效果。

会议根据《中国人民政治协商会议章程》第42、45条关于政协各级地方委员会的组织和选举办法规定，召开选举大会，采取无记名投票方式进行等额选举，选举产生了政协第二届宜宾县委员会常务委员会组成人员：彭铁肩任政协主席，陈南风、谢家礼、姜照荣、张国辉、江华林、周汝全、魏长青7人为副主席，姜照荣兼任政协秘书长，王宗炳等15人为常务委员。

会议期间，安排学习讨论了邓颖超在全国政协六届二次会议上的讲话和政协章程。

与会人员列席了宜宾县第八届人民代表大会第一次会议，听取和讨论了代理县长徐洪金所作的政府工作报告以及其他报告。其间，协商了人大、政府候选人选。

县政协副主席江华林受宜宾县政协二届一次会议提案审查委员会的委托，向大会作提案审查报告。

在二届一次会议中，共收到委员提案165件，经提案审查委员会审理立案88件，作为改进机关作风的批评意见和一般性的建议只向有关单位转达而未立案的77件。在立案的88件中，转交县人民政府研究办理作答复的45件，转县人大常委会处理的1件，交政协常委会研究决定作答复的3件，转省人大、宜宾市人大的各1件，转交其他有关单位研究决定作答复的37件。

报告承诺，对委员提案进行认真审理之后，交由秘书处派专人办理；对闭幕后收到的提案也一并办理。对提案的办理情况，将通过信件转告提案委员，务必使提案件件有着落，事事有交代。本届第一次全会提案审查委员会整个提案的办理情况，将于下次召开全会时向大会报告。

会议通过了政协第二届宜宾县委员会第一次会议决议。决议强调：这届委员会面临着新的形势、新的任务，要满怀信心地做好人民政协工作。要进一步解放思想，克服“左”的残余，坚定不移地贯彻执行“长期共存，互相监督”“肝胆相照，荣辱与共”的方针，加强同各界爱国人士的团结合作，不断巩固和扩大爱国统一战线，要广泛听取各方面的意见，反复商量，集思广益，真正达到政治上的一致或基本一致；要协助党和政府继续落实各项政策，特别是落实知识分子政策，切实改善知识分子的工作条件和生活条件，逐步解决人才的合理使用、合理流动和培养提高等问题，使各条战线的知识分子在四化建设中都能够做到人尽其才，才尽其用；要加强和扩大各民主党派、各界爱国人士、台湾同胞、港澳同胞、海外侨胞的最广泛的大团结，调动一切积极因素，为早日实现祖国和平统一而努力；要积极参加和推动经济建设，立志改革，勇于探索，发挥各方面人士的智慧和专长，为实现国家的兴旺发达贡献力量。

中共宜宾县委副书记古远友代表中共宜宾县委在闭幕式上讲了话，祝贺会议取得圆满成功。

中共宜宾地委统战部亦派员到会祝贺并讲了话。

二、二届二次全会

1985 年 4 月 9—13 日，政协第二届宜宾县委员会第二次全体会议在县城柏溪镇县文化馆礼堂召开。会议的议程是：听取并审议政协第二届宜宾县委员会常务委员会工作报告；听取政协第二届宜宾县委员会提案工作委员会关于政协第二届宜宾县委员会第一次会议以来提案工作情况的报告；列席宜宾县第八届人民代表大会第二次会议；通过政协第二届宜宾县委员会第二次会议决议；通过政协第二届宜宾县委员会第二次会议提案审查情况的报告。会前，新增 1 名政协委员，宜宾县政协二届二次会议应到会委员 208 名，出席会议委员 142 名。

县政协副主席魏长青向大会作政协第二届宜宾县委员会常务委员会工作报告。

建立健全组织机构，制定各种制度，积极开展委、组活动。二届一次会议结束后，常委会立即进行主席、副主席、常委的分工，在上届八个委、组的基础上，建立了学习、文史资料研究、提案审查三个委员会，和经济（包括工商）、科学技术、教育、文化、体育、医药卫生、群众工作、统一祖国八个工作组。随着发展的需要，又把科技工作组改为科学技术委员会，经济工作组分为经济建设、农业、工商三个工作组，成了现在的“四委九组”。同时，还将驻县城和宜宾市以及各区的委员编成十六个联系小组（也是学习委员会领导下的学习小组），基本保证了政协工作的正常开展。各委、组和联系小组都拟定了各自的工作任务和短期计划，并开展了活动。

发挥人民政协职能，进行政治协商、民主监督。常委会根据政协的职能，参加了县委、县政府的有关经济体制改革的会议和县委组织的江苏乡镇企业发展参观团，县人大常委的人事任免和重大事项的讨论，地区对宜宾县精神文明活动的视察，县医院住院部建成的验收；组织委员视察了县属工业六七三厂、化肥厂和观音酒厂，蕨溪区供销社和食品经营站，白花区的教育改革和区乡医院改革，观音区的人才培养和使用等。在各项活动中，都发表了必要的意见，提出了有益的建议。通过9次主席会议、5次常委（包括扩大）会议和一些委组会议，协调各方面关系，研究有关人事安排，收集并转送各界人士的意见和建议，还和县委统战部及有关部门保持了经常的联系，参加“季度座谈会”和有关会议等，提出建议、意见、批评，促进有关部门改进工作，改善作风。

配合党和政府有关部门，落实政协委员和有关人士的政策。配合县委统战部，全面清理了政协委员和有关人士的政策落实情况，10个月来，进展很快，县政协委员提出要落实政策的78人，现在绝大部分都已得到昭雪、平反、纠正。落实了政策的政协委员和有关人士，绝大多数在各自的岗位上勤恳踏实地工作，有的为“三引进”积极牵线搭桥，有的海外亲人向大陆有关方面捐赠物资，有的海外亲人表示对党的顾虑有所解除。

主动参加经济建设，积极促进经济体制改革。政协委员特别是经济建设方面的委员，依靠自己的人才优势，主动投身经济建设，积极主动参与本系统、本部门、本单位有关经济建设和体制改革的调查研究，提出合理化建议。比如工厂的生产技术改革，医院的体制改革，供销社经营管理改革，多办室（多种经营办公室）的开创多种经营路子，农业部门的支农建设、品种改良、结构改变等，收到了可喜的效益。在各条战线上，有不少的委员被评为先进工作者，有的成了县、地区甚至国务院电力工业部的模范。

组织和推动委员学习，充分发挥人民政协的自我教育作用。巩固并发展了委员和所联系的人士参加学习，在人员较多的地方，坚持一月集中学习一次，平时结合本职工作学习业务和时事。如在县城柏溪，组织了“新的产业革命”“关于人道主义和异化问题”报告会，学习了中共十二届三中全会关于经济体制改革的决定。人员少的或比较分散的地方，采用分点集中或文件传阅的办法学习，但必须每季度学习一次。还及时向各小组发送了学习资料并提出学习要求。

文史工作队伍在扩大，文史资料收集有所发展。二届一次会议后，召开了第三次文史资料工作会议，传达了省政协召开的第二次文史资料工作会议精神。在全县范围内聘请了文史员，巩固了各区文史联系工作。投稿人员中，有县政协委员，有联系的各方面人士，还有未曾联系过的了解旧社会的知情者。部分中小学反映在教学中应用了文史资料选辑上的材料来丰富教学内容，效果较好。已出版了第二届以来的选辑3辑。

积极办理提案，认真处理信访。二届一次会议共收到委员提案175件，经提案审查委员会审查立案103件，属于意见的72件，均交秘书处分别转有关单位办理。提案办理是政协一项经常而又十分重要的工作，为了帮助承办单位尽快办好提案答复，印发简讯分送有关部门，报道了几件办得好、办得快的提案，促进35个承办单位认真研究，对切实可行的即付诸实施，并且迅速将办好的提案答复送交县政协。共收到101件答复，占立案数的98%。1984年的信访，据不完全统计，来访525人次，大多由主席、副主席亲自接待和解答；来信257件，其中主席、副主席自答的222件，转有关部门21件，秘书处办理的14件。政协常委和许多委员还在各地热情接待信访，负责地解答和转办。

团结广大科技界人士，积极开展科技工作，为振兴经济作贡献。我们组织科技界委员努力自修，向县城委员和科技界人士介绍“新的产业革命”，帮助大家了解世界科技发展的新动向。参与农业资源调查和区划工作的科技界委员，协助完成了宜宾县的细线条《综合农业区划报告》和部分《专业区划报告》的编写修改工作，送地区验收合格，获得地区验收组的好评。

促进教、文、体、艺发展，推动医卫、保健工作。派出委员配合县文教局赴河北参观教改后，协助筹备和建立教育学会以及教育改革工作。协助医卫部门召开振兴中医座谈会，推行计划生育，检查肝炎与防疫治病，搞好妇幼保健；医药工作组还主编了《医药》专刊第一辑，介绍药物使用、医疗方法和名医经验。协助体育部门，在发展体育事业、增进老年人健康方面做了一些工作，举办了老年降压气功、竞走气功等培训班，使许多老年人积极参加健身活动。工、青、妇部门的委员，协助有关部门开展保护妇女儿童合法权益等宣传和实际的工作，增进了人们的法制观念。宜宾地区举办十县市书画展，配合做好展品的接送工作和书画展览；还组织政协委员创作了书画作品，送省政协展出；倡导和支持有关单位成立了书法美术协会。

加强“三胞”联系，推动对外开放，促进祖国统一。配合县委统战部支持和协助对台办公室、侨务办公室召开侨台属座谈会、工作会；协助筹备宜宾县第一届归侨、侨眷代表大会，成立宜宾县第一届侨联，支持华侨企业公司的成立，在成都、广州、深圳等地进行“三引进”的联系；帮助侨台属勤劳致富和发展专业生产；加强与“三胞”的联系等。

报告提出了今后的几项工作：积极发挥职能作用，把政治协商、民主监督向深度和广度开拓；组织和推动委员在自愿的基础上学习马克思列宁主义、毛泽东思想，学习时事政治，学习和交流科学知识和业务技术；重点调查研究，开展咨询服务，为经济建设、体制改革献计献策；继续配合有关部门搞好落实政策工作；做好“三胞”工作，为祖国统一事业出力；做好本职工作，开展社会活动；积极开展委、组、联系小组活动，活跃政协工作。

县政协副主席谢家礼向大会作政协第二届宜宾县委员会第一次会议以来提案工作情况报告。

二届一次会议以来，共收到委员提案 175 件，县政协秘书处将提案审查委员会审查立案的 103 件，属于意见的 72 件，分别按审查意见转交有关单位研究办理。截至 1985 年 3 月底，共收回办复提案 101 件，占立案总数的 98%。县政府办公室对委员的提案做到了认真办理，除直接办理立案的 6 件提案外，还对 19 件参考意见也逐条研究综合说明答复，给办理提案单位起了一个良好的示范。也有少数单位对办理提案工作的重要性认识不足，办理不认真，草率从事，甚至久拖不复，希望这些单位引起注意。

报告提出今后工作建议：重要的是贯彻全国政协提案工作会议有关精神，就是对委员提案做到“三不限”，即对委员提案不搞立案标准，在内容方面不加限制；不定提案截止日期，在时间方面不加限制；简化程序，对提案人数不加限制。县政协提案工作仍要努力加以改进，使之适应经济改革和对外开放的需要，为以经济建设为中心的三大任务服务。

会议安排了 13 名委员作大会发言，各抒己见、畅所欲言，就政协各委、组、联系组的工作交流了经验，对政府和政协工作提出了一些要求和批评意见。

会议补选黄家文为政协第二届宜宾县委员会秘书长，接受和同意了县政协副主席姜照荣辞去兼任本届县政协秘书长职务的请求。

与会委员列席了宜宾县第八届人民代表大会第二次会议，听取和讨论了县长徐洪金的《政府工作报告》、县计划建设委员会主任蒋万林《关于一九八五年国民经济和社会发展计划的报告》、县财政局副局长向俊林《关于宜宾县一九八四年财政决算和一九八五年财政预算的报告》，就相关问题提出了许多有益的意见和建议。

会议期间正值全国人大六届三次会议和全国政协六届三次会议召开之际，与会委员都收听和阅读了有关消息和文件，进行了认真学习。

县政协副主席谢家礼向大会作宜宾县政协二届二次会议提案审查报告。

截至 4 月 12 日，共收到提案 53 件，经提案审查委员会审查立案。分别转请县政府办理的 18 件，文教局办理的 10 件，其他部门办理的 25 件。在会议后期来不及审查的提案，以及闭幕后委员们提出的提案，仍由提案委员会负责办理审查。会议的提案和审查意见，由县政协秘书处根据立案审查意见分别送有关单位研究办理，并将收集办理结果及时转告提案人。

大会通过了政协第二届宜宾县委员会第二次会议决议。决议同意县政协常务委员会工作报告和提案工作情况报告，赞同政府工作报告、国民经济和社会发展计划的报告和财政预决算报告。

中共宜宾县委副书记吴永坤代表中共宜宾县委在大会闭幕式上讲话。

三、二届三次全会

1986 年 4 月 7—11 日，政协第二届宜宾县委员会第三次全体会议在县城柏溪镇县文化馆会场召开。会议的议程是：听取政协第二届宜宾县委员会常务委员会工作报告；听取政协第二届宜宾县委员会提案工作委员会关于第二次会议以来提案工作情况的报告；列席宜宾县第八届人民代表大会第三次会议；通过政协第二届宜宾县委员会第三次会议决议。应出席会议的政协委员 202 名，列席人员 22 名。

县政协副主席魏长青向大会作政协第二届宜宾县委员会常务委员会工作报告。

一年来，县政协在中共宜宾县委的领导下，经过全体委员和工作人员的共同努力，工作更加活跃，在促进宜宾县经济建设、体制改革和精神文明建设，巩固和发展爱国统一战线，支持和协助教育体制改革和科技体制改革等方面，做了许多工作，取得了一定成绩：

发挥职能作用，开展政治协商，进行民主监督。列席了县委、县人大、县政府召开的重大会议和县人大常委会议及其视察活动，对宜宾县经济体制改革，农、工、商业生产经营，人民生活福利等重大问题，提出意见或建议，得到县委、县政府的重视；县委请县政协常委帮助整党、整顿作风，各界人士诚挚地提出了意见和批评。县政协通过召开主席办公会，常委会，委、组和联系小组会，有关人员座谈会等，协调各方面关系，协商政协活动，及时调整工作部署。组织委员参观考察，先后参观考察了柏溪企业、观音工业、长沙渔业、横江供销社、观音酒厂、永兴橡胶厂、油樟林基地和竹林基地、双龙苗族牧场等，还参观考察了柏溪、永兴、白花、柳嘉、高场、泥溪 6 所中学和柳嘉、观音、白花、永兴 4 所小学，以及白花区、战天水库、白花乡、普安乡、真溪乡 5 所医院，对这些厂、场、校、院的体制改革、生产建设、发展规划、产品质量、经营状况、遵纪守法、精神文明等进行了考察，并交换了意见。将考察到的要项，及时向县委反映。对长沙渔业受侵害、横江供销社经营混乱、真溪乡医院完全散班等问题，严肃地提了意见和建议。

组织科技委员和知识分子，为振兴宜宾县经济献计献策。专门调查观音区在工农业中运用科技的情况，考察蕨溪区科学种田、推广杂交水稻，考察油樟林竹基地建设状况。召开了有 40 多名科技人员参加的经济建设专题讨论会，作了 26 份口头和书面发言，归纳出“我县发展经济的几条基本经验”“我县发展经济的战略问题”“我县发展农业问题”和“我县提高企业效益问题”等，对于振兴、搞活宜宾县经济具有一定的参考价值。

加强委员学习，提高觉悟，扩大视野。普遍组织委员学习中共中央《关于经济体制改革的决定》《关于科学技术体制改革的决定》《关于教育体制改革的决定》，特别是中国共产党十二届四中全会、五中全会和代表大会的文件，1981 年 1 号文件以及有关整党文件和中央领导同志讲话。直接组织柏溪学习小组开展学习 11 次，其中专题报告会 3 次；到宜宾烈士陵园扫墓座谈，参观地区博物馆铜鼓和书画展。观音、商州学习组坚持定期学习，且吸收各界人士参加。各地委员通过学习，增强了与各方面人士的接触，广交朋友，仅柏溪学习小组，就增加了各界自愿学习人士 7 名，按期到点学习。

办好提案，搞好信访，支持群众合理化意见和建议。二届二次会议上共收到委员提案 54 件，秘书处按提案委员会审查意见，分别转给有关单位办理。之后，又派员与承办单位座谈办理要求，并多次分别催办。已办理提案 53 件，占总数的 98%。所有答复提案，已分别转给提案者。未办 1 件，正在催办中。一年来，共收到群众来信 191 件，来访 149 人次。来信均予以答复或转办，来访都作了接待，并认真解答所提问题。

培训人才，开展咨询服务。会计学会和法律顾问处的委员咨询服务于县人民检察院的经济案件，电子电工学会委员咨询服务于水泥厂，水利学会委员咨询服务于渔业生产，农学会委员咨询服务于杂交水稻和水稻病虫害防治等，都收到较好效益。张国辉等四位委员受县委派遣，大力协助农业区划部门进行的农业资源调查和综合农业区划工作，受到了省的表扬和奖励。秋季，组织委员和教师办了一所夜读班，对职工进行文化培训；还在教师进修校办了成年、青年补习班，使十多人通过学习得以升学和就业。各条战线的委员也支持和参加本行业单位办学，培训人才，进行智力开发。县政协根据县委安排，分别联系教师进修校、柏溪中学和小学、高场中学、双龙小学、观音小学 6 所学校，联系双龙李凯、横江黄正琼、柏溪宋治权、安边杨明江、高场谢家康、泥溪刘明华、蕨溪曾锡林 7 个专业户，对他们的工作和专业生产给以咨询服务。

支持各行各业活动，加强精神文明建设。支持文化部门成立美术摄影书法协会，配合文化馆开办青少年暑假书画培训班和音乐培训班，举办老年书法、摄影展览和县美术、书法、摄影展览，支持象棋协会和体协会与青白江作了双边访问，与老年体协继续举办老年人简化太极拳、降压气功训练班，协助体委举办多种比赛；医卫组继续编辑印发《医药》刊，介绍和推广医疗经验。号召全体委员参加法制学习和精神文明建设的宣传。

协助党政有关部门落实政策、做好统战工作。县政协常委会分工，由两名主要领导协助党政部门抓此项工作；协助统战部成立落实统战政策办公室，聘定办公室人员具体办理；规划落实统战政策时间界限，即在中共十三大以前，完全落实政协委员政策和其他统战政策；定期听取和检查办理情况，及时解决办理中的问题。截至 1985 年底，政协委员的政治名誉全部恢复了；查抄的物资作了清退，工资都作了复查，该调整的均已作了调整。

支持侨台工作，为祖国统一事业出力。县政协配合统战部帮助侨台工作部门，召开了归侨侨眷第一次代表大会、中秋茶话会、侨台属座谈会，成立了宜宾县归侨、侨属联合会和华侨联合企业公司，落实侨台属政策，帮助侨台属发展专业。在中英关于香港问题的联合声明签字后，组织学习和讨论了“一国两制”政策。县政协中的台胞、台属、侨眷、侨属在各自的岗位上努力工作，为振兴宜宾县经济尽职尽责、献计献策；多方面与亲人联系，动员其投资金、献才能，建设家乡；帮助其他侨、台属联系亲人，写广播稿件，促进祖国统一大业。

写出县政协志，收编文史资料。县委、县政府要求在三年左右将本县县志修编完成，县政协于 1985 年 8 月动笔，将宜宾县政协 5 年历史大事详细记叙于 4 万字中，分章分节，有序有记，列图列表，于 10 月交卷。为了交流修志经验，开展编史修志的学术活动，县政协支持、协助成立了县文史志协会。继续收集和编写文史资料，重点走访安横双，收集编好了南三区资料专辑，还走访了岷江片，并出版了两辑文史资料专辑。

整顿作风，改进工作，加强机关建设。普遍访问区乡委员，听取他们意见，了解其工作成绩。接待了广汉县、宜宾市等县市政协的来访，在地区和一些县市交流了工作情况，增进了相互间的了解和友谊。

报告提出 1986 年应主要抓好七项工作：多层次、多形式、多渠道地发挥政治协商、民主监督的职能作用；组织参观考察，开展科技咨询服务，为宜宾县经济开发、农业生产、工商经营、旅游参观出力；精心组织委员学习马克思列宁主义和毛泽东思想，学习时事政治；继续协助党政部门，加强落实统战政策；做好“三胞”工作，为宜宾县经济振兴和祖国统一事业做出贡献；广泛收集、整理文史资料，认真、慎重出版资料选辑；县政协机关要继续改进作风，巩固扩大整党成果。

县政协副主席谢家礼向大会作政协第二届宜宾县委员会第二次会议以来提案工作情况的报告。

自二届二次会议以来，共收到委员提案 54 件，经提案工作委员会审查立案后，由政协秘书处转交有关单位和部门研究办理。22 个承办单位对提案进行了认真研究，不少承办单位对委员们的意见和建议积极采纳，并切实改进了工作。截至 1986 年 3 月底，共收到办理回复 53 件，占全部提案的 98%。县政府办公室对提案非常重视，所直接办理的 6 件在 1985 年 6 月初办妥后，对另外 13 件在责成下属部门办理时，还提出了务必于 9 月底前办理答复的时间要求。县文教局承办的 15 件提案，由于局领导的重视和经办人员的努力，于 1986 年前全部办理完毕。

报告指出，在办理提案中，也有少数单位对办理提案工作的重要性认识不足，对委员们提出的建议和意见重视不够，办理不认真，草率从事，希望这些单位引起注意。

会议期间，组织委员学习了全国人大六届四次会议和全国政协六届四次会议的重要文件，并组织了讨论。

会议同意陈南风辞去政协第二届宜宾县委员会副主席职务，同意宛西北辞去政协第二届宜宾县委员会常务委员职务。会议增选任旭文（女）为政协第二届宜宾县委员会副主席。

会议期间，安排了委员大会发言。13 名委员分别代表县政协学习委员会、文史资料研究委员会和科技委员会及个人作了大会发言。

与会委员列席了宜宾县第八届人民代表大会第三次会议，听取和讨论了政府工作报告、1986 年国民经济和社会发展计划报告及财政预决算报告。委员们展开了热烈讨论，充分发表意见，提出了许多中肯的批评和建议。

县政协副主席谢家礼向大会作二届三次会议提案审查报告。

二届三次会议以来至 4 月 10 日，共收到提案 50 件，提出提案的委员 110 人次。其中，属于工交财贸方面的 15 件，农业、水利、电力方面 7 件，文教卫生方面 15 件，党群工作、政法、落实政策方面 7 件，人民生活福利和其他方面 6 件。

会议通过了政协第二届宜宾县委员会第三次会议决议。

中共宜宾县委副书记骆德富代表中共宜宾县委作了大会讲话。

第三节　第三届全体会议

一、三届一次全会

1987 年 2 月 19—24 日，政协第三届宜宾县委员会第一次全体会议在县城柏溪召开。会议的议程是：听取和审议政协第二届宜宾县委员会常务委员会工作报告；列席宜宾县第九届人民代表大会第一次会议；选举政协第三届宜宾县委员会主席、副主席、秘书长、常务委员；通过政协第三届宜宾县委员会第一次会议决议。应到会政协委员 218 人，出席会议委员 209 人。列席人员 28 人。

政协第三届宜宾县委员会委员名表

表 3–4

姓名	性别	出生年份	民族	籍贯	文化程度	党派	界别	单位职务
王方泽	男	1942	汉	长宁县	高中	中共	中共	中共宜宾县委副书记
姜照荣	男	1933	汉	宜宾县	高中	中共	中共	县委统战部部长
钟　丽	女	1954	汉	长宁县	大专	中共	中共	县委宣传部部长
杨俊卿	男	1946	汉	宜宾县	高中	中共	中共	县委组织部副部长
赵林文	男	1950	汉	宜宾县	中专	中共	中共	县人武部副部长
黄家文	男	1939	汉	宜宾县	大学	中共	中共	县政协秘书长
官忠羽	男	1933	汉	内　江	大专	中共	中共	县委统战部副部长
凌受湘	男	1944	汉	宜宾县	初中	中共	中共	县委统战部副部长
易遵荣	男	1932	汉	宜宾县	初中	中共	中共	县体改办主任
陈仕辉	男	1945	汉	宜宾县	大学	中共	中共	县委党校副校长
李仲龄	男	1920	汉	宜宾县	高中	—	无党派知名人士	县文教局（退休）
江伯槐	男	1926	汉	宜宾市	高中	—	无党派知名人士	县统计局局长
官林树	男	1931	汉	宜宾县	中专	—	无党派知名人士	县财政局股长
何祖跃	男	1926	汉	宜宾县	高中	—	无党派知名人士	县畜牧局（退休）
彭子章	男	1911	汉	宜宾县	高中	—	无党派知名人士	双龙区粮站（退休）
魏长青	男	1927	汉	高　县	大学	—	无党派知名人士	县政协副主席
黄贵伦	男	1938	汉	宜宾县	大学	—	无党派知名人士	县水电局副局长
黄天柱	男	1925	汉	郫　县	高中	—	无党派知名人士	法律顾问处（退休）
兰金春	男	1963	汉	宜宾县	中师	中共	共青团	喜捷团委副书记
舒宇翔	女	1963	汉	宜宾县	高中	共青团	共青团	安边团委副书记
李自容	女	1960	汉	宜宾县	高中	共青团	共青团	商州大河社员
张永生	男	1956	汉	宜宾县	高中	共青团	共青团	县印刷厂
丁常平	男	1956	汉	宜宾市	大专	中共	共青团	县团委书记
刘德华	男	1952	汉	宜宾县	中专	中共	工会	县工会副主席
邱盛宗	男	1932	汉	德　阳	高中	中共	工会	县氮肥厂工会主席
王长杰	男	1947	汉	宜宾县	初小	—	工会	车队司机
郑奇珍	女	1952	汉	宜宾县	中专	—	工会	县丝厂工会副主席
周西平	女	1942	汉	宜宾市	初中	—	工会	县邮电局
李　艺	女	1955	汉	宜宾县	中师	中共	妇联	县妇联副主任
杨香明	女	1952	汉	宜宾县	初中	中共	妇联	商州区妇联主任
刘淑容	女	1937	汉	宜宾县	小学	中共	妇联	安边区经营站
戴晓琼	女	1940	汉	宜宾县	中师	—	妇联	高场区妇联主任

续表 3-4

姓名	性别	出生年份	民族	籍贯	文化程度	党派	界别	单位职务
陈云丽	女	1964	汉	宜宾县	高中	—	妇联	冠英乡妇联主任
王志芳	女	1943	汉	宜宾县	初中	中共	供销社	柳嘉供销社书记
肖辉龙	男	1943	汉	宜宾县	中专	中共	供销社	县供销社副主任
罗仕宏	男	1934	汉	宜宾县	高中	—	供销社	高场供销社副主任
李克明	男	1931	汉	宜宾县	初中	—	供销社	泥溪区供销社
吕厚美	女	1949	汉	宜宾县	高中	—	供销社	县日杂公司
吴松伦	女	1943	汉	宜宾县	初中	—	供销社	柏溪供销社
余文星	男	1935	汉	宜宾县	高小	中共	特邀	柳嘉区秘书
文德高	男	1934	汉	宜宾县	高中	中共	特邀	观音区秘书
何大忠	男	1958	汉	宜宾市	高中	中共	特邀	泥溪区秘书
彭光宗	男	1933	汉	犍　为	初中	中共	特邀	永兴区秘书
周肇端	男	1935	汉	宜宾县	小学	中共	特邀	白花区秘书
唐顺宣	男	1942	汉	宜宾县	初中	中共	特邀	商州区秘书
何昌银	男	1958	汉	宜宾县	高中	中共	特邀	喜捷区秘书
谢光初	男	1933	汉	宜宾县	初中	中共	特邀	高场区秘书
朱祖德	男	1934	汉	宜宾县	初中	中共	特邀	喜捷镇秘书
李成荣	男	1954	汉	宜宾市	初中	中共	特邀	安边区宣传委员
杨修富	男	1936	汉	宜宾县	中师	中共	特邀	柏溪镇宣传委员
魏诗贵	男	1938	汉	江安县	初中	中共	特邀	横江区秘书
樊贞富	男	1939	汉	宜宾县	中专	中共	特邀	双龙区秘书
陈克明	男	1897	汉	宜宾县	小学	中共	特邀	徐家乡社员
胡国统	男	1932	汉	宜宾县	中专	—	特邀	县养护段
吴光芬	女	1942	汉	宜宾县	中专	—	特邀	县医院
吴楷风	男	1918	汉	宜宾县	大学	—	特邀	月波乡务农
吴汝湘	男	1929	汉	宜宾县	高中	—	特邀	县丝厂（退休）
张介仁	男	1919	汉	宜宾县	小学	—	特邀	观音乡务农
侯学君	男	1941	汉	宜宾县	大学	—	特邀	县手联社股长
罗昌秀	女	1919	汉	宜宾县	文盲	—	特邀	凤仪乡居民
周正远	男	1941	汉	宜宾县	大学	—	特邀	县进修校教师
王奎光	男	1907	汉	宜宾县	高中	—	特邀	泥南乡务农
樊正清	男	1936	汉	宜宾县	高中	—	特邀	县丝厂科长
庞富常	男	1947	汉	宜宾县	中专	—	特邀	豆坝电厂车间主任
陈万玉	女	1945	汉	宜宾县	初中	—	特邀	县农机厂会计
陈克玉	女	1943	汉	铜梁县	大学	—	特邀	县政协副秘书长

续表 3-4

姓名	性别	出生年份	民族	籍贯	文化程度	党派	界别	单位职务
陶天尧	男	1933	汉	—	大专	—	特邀	县经委技术员
郑永琴	女	1936	汉	宜宾县	小学	—	特邀	柏溪粮站
李　申	男	1934	汉	宜宾市	高中	—	特邀	县政研室
杜孟实	男	1924	汉	河南省	大学	—	特邀	县民政局
黄安君	男	1940	汉	宜宾县	高中	中共	特邀	县委办副主任
李本洪	男	1936	汉	宜宾县	初中	中共	特邀	县财政局副局长
李荣容	女	1945	汉	宜宾市	初中	—	文艺	县新华书店
魏铁中	男	1931	汉	宜宾市	高中	—	文艺	县文化馆研究员
胡云彩	女	1942	汉	宜宾县	高小	—	文艺	县电影发行公司
黄开树	男	1937	汉	宜宾县	高小	中共	文艺	县广播电视局
傅建辉	女	1943	汉	宜宾县	高小	中共	文艺	县书店经理
曹治华	男	1945	汉	宜宾县	初小	—	文艺	县广播电视局
张国辉	男	1933	汉	山东省	大学	中共	科技	县政协副主席
张作发	男	1948	汉	富顺县	大专	中共	科技	县交通局副局长
秦治能	男	1942	汉	隆昌县	高中	中共	科技	县农机局局长
蒋　基	男	1931	汉	江安县	高中	中共	科技	县科协副主席
魏定武	男	1938	汉	资　阳	大学	中共	科技	县建设局副局长
王建中	男	1939	汉	宜宾县	大学	中共	科技	县科委主任
周灿辉	男	1947	汉	宜宾县	中专	中共	科技	县农业局农艺师
杨修文	男	1946	汉	宜宾县	中专	中共	科技	县经委川江公司
李顺松	男	1940	汉	宜宾县	高中	—	科技	观音气象站助师
张尧根	男	1931	汉	宜宾县	高中	—	科技	县经委助师
冯万荣	男	1931	汉	资　中	高中	—	科技	县水电局工程师
胡廷书	男	1934	汉	江安县	大专	—	科技	高场糖厂工程师
汪月明	男	1938	汉	宜宾市	高中	—	科技	黄山茶厂技术员
阳开汉	男	1942	汉	宜宾市	大学	—	科技	县林业局副局长
唐烈彬	男	1929	汉	泸州市	大学	—	科技	县供销社农艺师
王国银	男	1950	汉	宜宾县	大专	—	科技	县农业局助师
任自力	男	1937	汉	南　充	大学	—	科技	县农业局农艺师
刘桂生	女	1941	汉	宜　宾	中专	—	科技	县啤酒厂助工
颜朝勋	男	1943	汉	宜　宾	大学	—	科技	县啤酒厂助工
左仲辉	男	1938	汉	宜　宾	大学	—	科技	县氮肥厂
陶西江	男	1950	汉	宜　宾	高中	—	科技	县六七三厂
刘中能	男	1938	汉	泸　县	中专	—	科技	县林业局工程师

续表 3-4

姓名	性别	出生年份	民族	籍贯	文化程度	党派	界别	单位职务
徐玉生	男	1946	汉	宜宾市	中专	—	科技	县农机局技术员
张荣淮	男	1939	汉	屏山县	大学	—	科技	县农机局股长
刘启万	男	1935	汉	宜宾县	中专	—	科技	柳嘉区农办助师
黄显忠	男	1934	汉	宜宾县	大专	—	科技	县畜牧局助师
陈少林	男	1933	汉	宜宾县	初中	—	科技	永兴兽防站
罗兴葵	男	1939	汉	宜宾县	大学	—	科技	县建设局工程师
赵仪深	男	1935	汉	宜宾县	大专	中共	教育	柏溪小学校长
郑明炯	男	1947	汉	宜宾县	大学	中共	教育	观音中学副校长
陈燧强	男	1929	汉	南溪县	大学	中共	教育	柏溪中学教导
杨连双	男	1934	汉	宜宾县	大专	中共	教育	泥溪中学校长
杨淑芳	女	1945	汉	宜宾县	中专	中共	教育	安边幼师
彭德铣	男	1932	汉	南溪县	大专	中共	教育	县二中教师
杨明轩	男	1935	汉	宜宾市	中师	中共	教育	横江中学书记
肖慈骧	男	1935	汉	宜　宾	中师	中共	教育	草堂小学校长
杨胜荣	男	1948	汉	—	大学	中共	教育	永兴中学副校长
严云贵	男	1947	汉	宜宾县	大专	中共	教育	县文教局副局长
刘久凰	女	1937	汉	宜宾县	中师	中共	教育	新政小学校长
肖佑峰	男	1941	汉	宜宾县	大学	—	教育	双龙中学
刘光汉	男	1949	汉	宜宾县	高中	—	教育	县文教局副主任
郑　勇	女	1953	汉	宜宾县	中师	—	教育	征远小学
何光宗	男	1937	汉	宜宾县	大学	—	教育	喜捷中学教师
陈正荣	男	1940	汉	宜宾县	初中	中共	教育	商州小学教师
黄元觉	男	1934	汉	宜宾县	大专	—	教育	白花中学副教导
卢登崇	男	1943	汉	宜宾县	中师	—	教育	真溪小学副教导
刘代玉	男	1947	汉	宜宾县	大专	—	教育	永兴中学副教导
沈万镒	男	1935	汉	宜宾县	大专	—	教育	蕨溪中学教师
陈才栋	男	1935	汉	宜宾县	专科	—	教育	白花中学校长
杨光碧	女	1939	汉	宜宾县	中专	—	教育	机关幼儿园
江源海	男	1930	汉	宜宾县	高中	—	教育	观音教办
李卫东	女	1947	汉	成　都	中师	—	教育	泥溪中心小学
彭宗和	男	1946	汉	宜宾县	大学	—	教育	高场中学副校长
肖安民	男	1939	汉	宜宾县	初中	—	教育	永兴永和校长
周永怡	男	1932	汉	宜宾县	大学	—	教育	商州初中教师
廖明忠	男	1946	汉	宜宾县	高中	—	教育	天池小学副教导

续表 3-4

姓名	性别	出生年份	民族	籍贯	文化程度	党派	界别	单位职务
吕昌彬	男	1934	汉	宜宾县	高中	—	教育	永和民师
陈其珍	女	1942	汉	宜宾县	中专	中共	医卫	县卫校副校长
黎香涛	男	1946	汉	宜宾县	初中	中共	医卫	永兴乡医院副院长
张玉莲	女	1934	汉	宜宾市	大专	中共	医卫	县卫生局副局长
华隆中	男	1943	汉	合川县	大学	中共	医卫	县医院副院长
胡自荣	男	1944	汉	宜宾县	中专	中共	医卫	柳嘉区医院
杨兴玉	男	1933	汉	宜宾县	中专	中共	医卫	县防疫站站长
陈继泉	男	1930	汉	宜宾县	初中	—	医卫	观音区医院中医师
罗华章	男	1937	汉	宜宾县	中专	—	医卫	县医院检验主任
宋泽光	男	1941	汉	宜宾县	中专	—	医卫	观音区医院
景其昌	男	1939	汉	江安县	大学	—	医卫	县医院中医科主任
邓典英	女	1937	汉	江安县	中专	—	医卫	县保健所副所长
李梦蝉	女	1945	汉	陕西省	大专	—	医卫	县医药公司助师
牟伯琴	女	1940	汉	宜宾县	初中	—	医卫	泥溪乡医院
廖兴才	男	1951	汉	宜宾县	大学	—	医卫	蕨溪区医院中医师
牟廷伟	男	1944	汉	宜宾县	中专	—	医卫	白花区医院医师
谢光模	男	1944	汉	宜宾县	高中	—	医卫	缸坪医院
凌之强	女	1940	汉	宜宾市	中专	—	医卫	县卫校医生
文光华	女	1936	汉	大竹县	大专	—	医卫	县防疫站主任
罗绍清	男	1946	汉	宜宾县	初中	—	医卫	白花区医院中医士
陶祥伯	男	1931	汉	宜宾县	初中	—	医卫	凤西医院院长
李成林	女	1937	汉	自贡市	中专	—	医卫	横江区医院护士
刘相奎	男	1940	汉	宜宾县	中专	—	医卫	安边区医院医师
肖彰陵	男	1957	汉	宜宾县	高中	—	工商	观音区供销社
李泽模	男	1935	汉	宜宾县	初中	—	工商	县陶厂技术员
廖亨富	男	1941	汉	宜宾县	初中	中共	工商	县工商联主任
陈明康	男	1945	汉	宜宾县	初中	—	工商	县粮食局股长
李清良	男	1941	汉	宜宾县	中专	中共	工商	县农行行长
钟玉如	男	1937	汉	宜宾县	初中	中共	工商	县税务局副局长
李建平	女	1954	汉	宜宾县	初中	中共	工商	县工商局副局长
李德明	男	1940	汉	宜宾县	初中	中共	工商	县酒管局局长
邓定中	男	1930	汉	宜宾县	高中	—	工商	县工业局
周鸣生	男	1943	汉	宜宾县	初中	中共	工商	县二轻化厂长
屈隆孝	男	1942	汉	宜宾县	中专	—	工商	县物资局经理

续表 3-4

姓名	性别	出生年份	民族	籍贯	文化程度	党派	界别	单位职务
唐兴波	男	1932	汉	宜宾县	高中	—	工商	泥溪税务所所长
黄叔仲	男	1930	汉	宜宾县	初中	—	工商	县农行股长
王宜生	男	1955	汉	峨眉县	中专	—	工商	县人行会计员
陈世英	女	1942	汉	屏山县	高中	—	工商	孔滩餐馆
魏正义	男	1932	汉	庆符县	高中	—	工商	县食品公司
陈希烈	男	1936	汉	宜宾县	初中	—	工商	县百司经理
胡祖荣	男	—	汉	—	—	—	工商	县糖酒局技术员
任俊明	男	1930	汉	宜宾县	高中	—	工商	泥溪区土产日杂
刘运火	男	1939	汉	宜宾县	初中	中共	工商	县保险公司经理
陈志敏	男	1933	汉	宜宾市	高中	中共	侨台	县台办主任
骆为荣	男	1945	汉	宜宾市	中专	中共	侨台	县侨办主任
张阿维	男	1923	汉	台　湾	初中	中共	侨台	泥溪派出所（退休）
任旭文	女	1945	汉	宜宾县	初中	—	侨台	县侨联副主任
谢家康	男	1947	汉	宜宾县	高中	—	侨台	高场种花专业户
田永华	男	1932	汉	宜宾县	高中	—	侨台	五桂小学教师
吴　刚	男	1934	汉	长宁县	大学	—	侨台	豆电主治医生
何成秀	女	1938	汉	宜宾县	中专	—	侨台	县农行
谢若男	女	1942	汉	宜宾县	初中	—	侨台	蕨溪中心校教师
廖光奇	男	1955	汉	宜宾县	初中	—	侨台	华司曲酒厂
李忠才	女	1935	汉	宜宾县	初中	—	侨台	退休人员
刘家阳	女	1946	汉	广安县	大学	—	侨台	豆电助师
赵阗深	女	1946	汉	宜宾市	初中	—	侨台	县妇幼保健站
赖成刚	男	1932	汉	宜宾县	高中	—	侨台	泥溪粮站
周培富	男	1941	汉	宜宾县	高中	—	侨台	县印刷厂
唐启哲	男	1927	汉	宜宾县	初中	—	侨台	马场乡
张天贵	男	1936	汉	宜宾县	高中	—	侨台	商州综合店
李隆高	男	1947	汉	宜宾县	初中	—	侨台	李场个体户
张林富	男	1940	汉	宜宾县	高中	—	体育	县二中体育教师
刘荣富	男	1942	汉	宜宾县	大学	—	体育	县一中体育教师
倪　明	男	1948	汉	宜宾县	中师	—	体育	柏小体育教师
江振鳌	男	1938	汉	宜宾县	小学	中共	体育	县体委副主任
杨德君	女	1934	汉	宜宾县	初中	中共	农民	高梨妇女主任
罗华贵	男	1934	汉	宜宾县	初中	中共	农民	下食堂村支书
杨明江	男	1952	汉	宜宾县	小学	—	农民	长沙蚕桑专业户

续表 3-4

姓名	性别	出生年份	民族	籍贯	文化程度	党派	界别	单位职务
李　凯	男	1930	汉	宜宾县	小学	—	农民	双龙黄格种植专业户
曾锡林	男	1929	汉	宜宾县	小学	—	农民	七里茶叶专业户
黄正琼	女	1946	汉	宜宾县	小学	—	农民	横江银耳专业户
白德均	男	1953	汉	宜宾县	初中	—	农民	安边建材专业户
李树昌	男	1934	汉	宜宾县	小学	—	农民	革坪金沙队队长
杨明华	男	1937	苗	宜宾县	初小	中共	民族	凤仪茶厂厂长
王明友	男	1946	苗	宜宾县	初小	—	民族	凤仪碗厂队务农
张兴民	男	1959	回	宜宾县	初中	—	民族	回民馆经理
汤一力	男	1934	汉	宜宾县	初中	—	个协	白花个协主席
刘荣江	男	1950	汉	宜宾县	高小	—	个协	观音个协主席
杨泽金	女	1953	汉	宜宾县	高小	—	个协	柏溪个体户
刘怀龙	男	1946	汉	宜宾县	中专	中共	乡企	县乡企局副局长
吴清荣	男	1933	汉	宜宾县	高小	—	乡企	泥溪企办主任
刘佐高	男	1944	汉	宜宾县	初中	—	乡企	凤仪建材联办
戴树成	男	1939	汉	宜宾县	中专	—	乡企	县乡企局股长
刘成林	男	1945	汉	宜宾县	初中	—	乡企	革坪机砖厂厂长

魏长青受政协第二届宜宾县委员会常务委员会的委托，向大会作政协第二届宜宾县委员会常务委员会工作报告。

履行政治协商、民主监督的职能。采取举行各种例会，组织委员学习，组织视察、参观、调查，和有关单位、个人挂钩联系，看望区乡委员，开展精神文明活动，处理委员提案，搞好群众来信来访工作，应邀参加县委、县政府、县人大的有关会议及活动等方式，发挥政协的职能作用。举行的例会为全体会议每年 1 次，常委会议每季度 1 次，主席会议一般每月 1 次（有重要事情则临时召开）。另外还根据需要召开一些专题讨论会。如 1985 年 12 月召开的经济建设专题会，就是为振兴宜宾县经济献计献策的大型会议，参会的有政协科技委员会、经济建设工作组、工商工作组、农业工作组的部分委员和一些专家 40 余人。县委、县政府、县人大、县视察室和有关部门的负责人也出席了这次会议。

围绕“两个文明”建设积极开展委组活动。坚持组织驻柏溪镇的委员每月集中学习 1 次。如 1984 年学习中发（1984）1 号文件、政协章程、邓小平及陈云的讲话；请县委宣传部人员作学习胡乔木关于人道主义问题的报告，县科委负责同志作了题为“新的产业革命及我们的对策”的学术报告，县医院医生作了关于健康保健的专题报告，县委统战部人员作了关于统一战线理论和政策的专题报告。各区联系组基本上坚持每季度集中学习1次，平时以自学为主。县政协秘书处提供了部分学习资料，每年还为各组订阅1~2份报纸。二届一次会议以来，继续收集、整理、出版了文史资料6辑，约30万字。县政协在此期间聘请了文史资料员，召开了文史资料工作会议，传达了上级有关会议精神，到安边、横江、双龙、喜捷、高场、蕨溪、观音、商州等区及部分乡、村调查核实资料。为了提高教学质量和全县人民的文化素质，与县文化馆合办了暑期青少年音乐、书画训练班，单独办了一个学时为6个月的成人高中夜读补习班和三个学时为1年的初中补习班。高中夜读补习班和两个初中补习班都于1986年结业。结业的学生中有的考入了高等院校，有的考上了电大、函大、普高、中专，或被优先录为工人，其他的也提高了自己的科学文化水平。1986年县政协组织部分委员先后调查了柳嘉中小学，走访了长沙小学、革坪小学、永兴中学和县级机关幼儿园，将有关问题写成了提案交有关部门处理。二届一次会议以来，认真抓委、组工作，在上届的基础上设有4个委员会、9个工作组，在常委会的领导下都开展了活动。二届十二次常委会议决定，每月最末一天为委、组活动日。大力组织委员视察了企业、学校、医疗机构、农业生产、植树造林等，参观重点工程，调查旅游资源，参加县内有关部门的会议和活动，提出批评和建议，进行了广泛的政治协商和民主监督。

认真落实各项统战政策。本届委员中应落实政策的62人已全部落实。“文化大革命”中被非法克扣的工资已补发。

开展促进和平统一祖国的活动。“三胞”“三属”的冤假错案，在政协的帮助和催促下，已基本纠正落实。1985年，支持并协助成立第一届侨联和华侨企业公司，帮助公司联系产品销路。支持政协委员到广州、深圳做“三引进”工作，与侨台属专业户挂钩联系，帮助解决一些具体困难。中共中央正式提出“一国两制”，中英两国签订了关于香港问题的协议后，组织委员学习座谈，进行了广泛宣传。为了促进大陆和台湾的统一，采取走出去、请进来、通信等方式，通过观光、旅游、忆旧事叙旧情、送录音录像带等多种活动形式，宣传党的方针政策，歌颂“两个文明建设”的巨大成就。

报告对今后的工作提出五点建议：加强政治协商、民主监督，充分发挥政协的职能作用；进一步发挥政协人才优势，为“两个文明建设”服务；要继续协助有关部门抓紧落实各项统战政策；继续做好“三胞”的团结工作；认真组织学习。

任旭文向大会作政协第二届宜宾县委员会提案办理的情况报告。

政协第二届宜宾县委员会以来，共召开了3次全体会议，收到委员提案288件，正式立案的211件，属于一般性意见的77件。立案的提案已经办理完毕并答复了提案人的共计209件，占交办提案的99.1%。属一般性意见的77件，已转给有关部门。

报告认为近三年的实践证明，委员们的提案是受到党和各级政府重视的，并取得了一定成效：在经济建设和体制改革方面。毕克昌委员提案建议制订征用土地细则和说明，转省政府后受到重视，省城乡建设环境保护厅办理答复了这一提案。张国辉、李顺发委员关于保留县气象站建制的提案转县政府后，县政府专门约请川南气象局负责人到县座谈，达成不撤销该站的协议。在发展文化、教育、卫生事业方面。李申、吴楷风等委员提议修建革命纪念碑和纪念馆，在县民政局的支持下，由白花、观音区委、区公所牵头，发动群众集资，1986 年赵一曼、郑佑之烈士纪念碑分别在白花、观音修建落成。黄开树委员提出修建电视差转台急需资金，县财政在 1985 年即拨款 8 万元。蔡明皋、魏长青、江华林等委员提出要认真解决宜宾县部分学校校舍和饮水问题，县文教局已于 1986 年为商州、柏溪、永兴等中小学拨款 20 余万元解决所需资金。卫生组 13 名委员提出对县医院进行物价检查，县政府组织有关部门进行了检查，并作了处理。在群众生活福利方面。曾庆明委员提出解决柏溪镇居民烧天然气的问题，县政府很重视，并进行了筹划。张克勋委员提出要制止出售猪蹄不剥蹄壳的行为，县工商局专门发文到各区（镇）、工商所，要求对上市猪肉严加管理，做到洁净，维护了消费者的利益。在党群、政法、落实政策方面。吴楷风委员提出乡镇人员要坚守岗位，认真加强法制学习，县委很重视，制定了区、乡干部目标管理的措施。欧阳生等委员提出要严肃处理盗伐、滥伐森林案件，县公安局和林业局于 1986 年 7 月正式成立林业公安科，对盗伐、滥伐森林的案件进行了查处。刘光汉委员在“文化大革命”中被非法判刑九年，纠正后未补发工资，要求落实其经济政策，现已根据有关政策补发。

报告对第二届宜宾县政协提案工作作了总结，即对委员提案进行了收集整理、审查立案，按提案的性质、内容决定立案还是作一般性意见；会后对立案的提案，分送有关承办单位，每隔一月或两月就催办一次，除了用电话、发函、发简报催办外，还派人上门直接催办；提案委员会收到承办单位的复文后，分送提案人。

会议传达、学习了中共中央中发〔1987〕3、4 号文件。深入学习、讨论了政协章程。

会议举行了选举大会，采取无记名投票方式进行等额选举。选举产生了政协第三届宜宾县委员会主席王方泽（中共宜宾县委副书记），副主席姜照荣、张国辉、魏长青、任旭文（女），秘书长黄家文，以及丁常平等 17 名常务委员。

与会委员列席了宜宾县第九届人民代表大会第一次会议，听取和讨论了政府工作报告、宜宾县国民经济和社会发展计划报告、县财政预决算报告，以及宜宾县第八届人大常委会工作报告、县人民检察院工作报告和县人民法院工作报告，讨论了宜宾县国民经济和社会发展第七个五年计划。其间，县政协委员分组协商了县人大、县政府候选人选。

县政协副主席任旭文向大会作宜宾县政协三届一次会议提案审查报告。

自三届一次会议开幕以来，到2月23日止，共收到提案142件，经审查立案94件。作为一般性意见和建议只向有关单位转达而未立案的48件。提出提案的委员有554人次。这次会议提案涉及面广、内容丰富、问题集中、建议具体、批评中肯，充分表现出委员们为促进“两个文明建设”献计出力的积极性。

报告称提案工作委员会是常设工作机构，委员提案不限时间，闭会后仍可将提案送提案工作委员会办理。

会议通过了政协第三届宜宾县委员会第一次会议决议。

决议认为，政协宜宾县第二届委员会的工作报告和提案委员会的提案办理情况报告，实事求是地总结了三年来的工作成绩和不足之处，对今后工作提出了建议。会议同意两个报告，对第二届委员会的工作感到满意。

县委书记徐洪金、新当选的县政协主席王方泽在闭幕式上讲了话。

中共宜宾地委，中共宜宾县委、县人大、县政府、县视察室和县纪委的领导列席了会议。

二、三届二次全会

1988年3月28日至4月1日，政协第三届宜宾县委员会第二次全体会议在县城柏溪县委党校会场举行。会议的议程是：听取和审议政协第三届宜宾县委员会常务委员会工作报告；听取和审议政协第三届宜宾县委员会提案工作委员会关于一次会议以来的提案工作情况报告；列席宜宾县第九届人民代表大会第三次会议；通过政协第三届宜宾县委员会第二次会议决议。应到会政协委员216人。列席人员26人。

县政协副主席张国辉向大会作政协第三届宜宾县委员会常务委员会工作报告。

发挥政治协商、民主监督作用，参加对本县事务和群众生活的重要问题的讨论，积极促进改革和建设事业的发展。三届一次会议后，举行了5次常委会议、6次主席会议，还应邀列席了县委、县人大、县政府等有关部门的会议40多次，学习贯彻中央、省、地有关文件，研究与本县人民生产、生活和建设有关的问题。组织了对观音流行最甚的钩端螺旋体病、蕨溪区的油樟基地建设、高场区的农业生产情况的专题视察，分项向县委写了情况报告。其中，关于农业生产及钩端螺旋体病治疗情况，县委办以〔1988〕12号文件形式转发各区镇及有关部门。政协科技委员会召开了一次油樟资源开发会，邀请县委办、县政府办、经协办、林业局参加，对进一步开发油樟资源、提高樟叶出油率等问题进行了研究；召开了一次发展庭院经济研讨会，邀请了县政府、科委、科协、林业局、农业局、统计局、政研室、柏溪镇等单位参加，对庭院经济的性质、地位、特点、措施等问题进行了探讨，会后还写了座谈纪要和简报。一年来，发出简报10期，向上、向下通报了各阶段的主要工作情况、重要建议和意见；委员共提出各种提案101件，已经办复99件，占提案总数的98%。1987年底政协向每个委员发出了工作情况统计表，其中填好交回的84张。据此统计，县政协委员中1987年有5人加入中国共产党，获省级奖的7人，获地区奖的8人，获县级奖的7人，获区级、乡级、单位奖的9人。

开展横向联系，加强同兄弟县市政协友好往来，促进经济文化的发展。1987年4月，宜宾县、市政协文化组在柏溪镇举行了诗书画联谊会，大家讨论了新时期政协文化工作的特点、任务，研究了今后开展活动的方式。1987年重阳节，宜宾县、宜宾市、筠连县政协举办了书画金石联展，展出25天，参展作品67幅。1987年，县政协和县委统战部一起赴长宁县参观访问，县政协接待了广西浦北县政协的到访，加强了相互学习，活跃了政协工作。

通过多种活动，推动精神文明建设。1987年"五四"青年节，县政协群众工作组与团县委、县妇联举行了庆祝会，开展了球类、棋类、田径、法律知识竞赛等10个项目的活动，晚上还举办了盛大的舞会，参加这次活动的青年有3000多人。7月，政协学习组在柏溪举行了纪念"七七"事变五十周年座谈会，邀请了参加过抗日战争的几位老同志讲述他们参加的战斗，以及所见、所闻、所感，与会者受到了深刻的教育。安边区全体政协委员凑集钱、粮票和衣物，专程送到冠英乡大石队贫困农民罗依华家中，以实际行动扶贫济困。在县委、县政府1987年老干部工作检查评比中，县政协荣获了一等奖。

继续收集、整理、出版了文史资料。经过多方调查、收集，整理出版了《战斗英雄唐治平专辑》和《越溪专辑》。其间，得到了各界人士的大力支持。

认真组织委员学习。一年来，政协学习委员会组织柏溪地区委员集中学习了10次，上半年主要学习了《建设有中国特色的社会主义》和《坚持四项基本原则，反对资产阶级自由化》两本书，中共十三大后主要组织学习了十三大的有关文件，另外还学习了一些方针政策和法制知识。喜捷联系组基本做到每月学习半天；安边联系组不仅坐下来学文件，还组织了一次发展商品经济、劳动致富的经验交流会；双龙联系组全体委员到本区民族队调查少数民族农民的生产、生活情况，并帮助解决了一户农民的住房问题；有的区政协联系组结合文件学习，组织委员开展调查、协商对话活动。

积极开展促进祖国和平统一工作。县政协充分重视台、港、澳、侨属在和平统一祖国工作中的桥梁作用，通过他们以各种方式、各种渠道与亲人通信往来，宣传"一国两制"方针。去年统一祖国工作组的同志先后到高场、永兴等6个区办台属训练班，帮助8户台侨属找到了海外亲人，还接待了海外回乡探亲访友的17人。1987年中秋节，政协、统战部、侨联、侨办等单位联合举办了中秋茶话会。

报告对新一年的工作安排是：

继续组织委员学习中共十三大文件，中央（1988）1号文件，和全国人大、全国政协七届一次会议文献。要提高对社会主义初级阶段理论和改革、开放、发展生产力的认识，进一步解放思想，振作精神，坚定不移地贯彻执行党在社会主义初级阶段的基本路线，增强坚持四项基本原则的自觉性。

充分发扬社会主义民主，贯彻“长期共存、互相监督”“肝胆相照、荣辱与共”的方针。积极参加国家和地方大政方针及人民生活中的大事的讨论，进一步搞好政治协商、民主监督，推动物质文明和精神文明建设；通过参观、考察、专题视察、专题讨论、提案、咨询服务、横向联系等方式，促进改革开放，加强社会主义法制建设，为实现宜宾县1988年工农业总产值4亿元，粮食总产量34.4万吨，财政收入2194万元，农民人均纯收入378元的目标而献计出力。

进一步做好促进祖国统一的工作。

继续收集、研究、整理、出版文史资料，让其在精神文明建设中发挥应有的作用。

继续搞好同各县（市）政协的联系，促进经济、文化的交流。

县政协副主席任旭文向大会作关于三届一次会议以来的提案工作情况的报告。

报告说，到1988年3月15日止，共收到委员提案153件，其中三届一次会议期间收到150件，闭会后收到3件。经提案工作委员会审查后，立案101件，其余52件作为意见处理。所有提案均由提案工作委员会及时转送县委、县政府及其所属部门研究处理，承办提案的单位共30个。到1988年3月20日，共收到办理提案复文99件，占立案总数的98%；52件意见转送有关单位后，绝大多数单位都函复了提意见人。委员提案已得到有关部门的采纳和接受，基本落实、部分落实和正在落实的提案共有75件，占已办复提案的75.8%；因条件尚不成熟或其他原因所限，有关单位正在研究处理或准备纳入规划的共14件，占办复提案的14.1%；由于种种客观原因还难以解决的，共有12件，占办复提案的12.1%。

报告归纳了三届一次会议以来的提案工作：

一是三届一次会议闭幕后，将已立案的委员提案及时转送有关部门办理。对闭会后收到的提案，采取及时审查和转送的方法。使提案工作做到经常化、制度化。

二是经常保持与承办单位的联系，了解提案办理的进展情况，并采取电话联系、派员上门、去函催办等方式，加速提案办理的进程。对办理难度较大的提案，还与承办单位共同磋商办理。

三是收到承办单位的复文后，及时函转提案委员。

报告指出，为了办好委员提案，县政府于1987年4月专门召开了承办单位的会议，提出了办理的具体要求，明确了办理的方法。各承办单位有领导分管这项工作，并有专人负责办理。

会议期间，传达了中共中央中发（1988）1号文件，学习了全国人大七届一次会议和全国政协七届一次会议的资料。

会议安排了委员大会发言。政协文化组亦在大会上就对台工作和侨务工作情况作了汇报。

与会委员列席了宜宾县第九届人民代表大会第二次会议，听取和讨论了县长杨正友所作的县人民政府工作报告和其他报告。

县政协副主席任旭文向大会作了三届二次会议提案审查报告。

截至3月31日，共收到委员各类提案84件，经提案工作委员会认真审查后，作为提案立案办理并根据内容分别确定了承办单位的共42件。不列为提案，作为委员意见和建议转有关单位处理的42件。

会议通过了政协第三届宜宾县委员会第二次会议决议。决议提出，县政协要在政治体制改革和社会主义民主建设中，不断加强自身建设和提高委员参政议政能力，及时反映各方面人民群众的要求、意见、建议和批评，协助党和政府正确处理和协调各种不同的社会利益和矛盾，加强社会主义民主、法制建设，并使政治协商和民主监督经常化、制度化，共同把国家和地方的事情办好。

三、三届三次全会

1989年3月27—30日，政协第三届宜宾县委员会第三次全体会议在县城柏溪县委党校会场召开。会议的议程是：听取和审议政协第三届宜宾县委员会常务委员会工作报告；听取和审议政协第三届宜宾县委员会提案工作委员会关于二次会议以来的提案工作情况报告；列席宜宾县第九届人民代表大会第四次会议；通过政协第三届宜宾县委员会第三次会议决议。应到会政协委员215人。31名特邀人员参加了会议。

县政协副主席魏长青向大会作政协第三届宜宾县委员会常务委员会工作报告。

积极参政议政。一年来，每月召开了1次主席会议，每季度1次常委会议，年初1次全委会议，1次春节茶话会议，这些会议都是协商监督的主要形式。三届七次常委会议是一次扩大至工作组（委）及区联系组组长的会议，学习了全国人大七届一次会议政府工作报告、全国政协七届一次常务委员会工作报告，以及本县政协会议决议，研究了1988

年的工作。三届八次常委会议在横江区召开，参观考察了石城山的森林，传达了宜宾地委召开的政协统战工作会议精神，讨论了政协在新形势下的新任务及工作措施。三届九次常委会议也是一次扩大会议，出席会议的有86人，有20多名常委，还有驻柏溪地区的政协委员、民盟成员、少数民族代表和各界知名人士代表，县委、县政府及有关部、委、科、局、室等17个单位的主要领导。会议传达了省政协六届三次常委会议精神和10月召开的县委常委（扩大）会议精神。会议期间，政协常委、政协委员、民盟成员、少数民族代表、各界知名人士就目前人民群众最关心的问题与县委、县政府对话协商，内容涉及到工、农、财、商、科、教、文、卫、体、物价、金融、治安、计划生育等各个方面，对乱涨价、社会治安混乱等现象提出了严厉批评。有些问题县委、县政府当场作了解答，并责成有关部门处理；有些问题需待调查后处理。会后，政协常委分组进行跟踪调查，敦促有关部门从速解决。一年来，收到委员提案94件，除1件转人大地区联络处外，其余均已答复完毕。1988年提案办复迅速，且质量有所提高，受到党政军群各方面的重视和支持。1988年11月，组织委员视察了安边区五桂乡的农业生产、林业生产和乡镇企业情况，视察后给县委写了报告，提出了一些建议和意见；同月下旬，请财委、物价局、蔬饮公司、柏溪蔬菜办、县粮食局、柏溪粮站、县食品公司、柏溪经营站的主要负责人到政协，就群众最关心的蔬菜、肉食、口粮等供求问题进行座谈协商，提出了解决各类问题的措施。此外，还视察了部分小学、区医院和县自来水公司，主要调查小学危房维修情况和儿童入学巩固率，预防钩体病、狂犬病及医院改革情况，自来水供水问题和技改工程实施情况。一年来，共发出5期简报，通报了政协各阶段的工作情况，反映了委员和各界人士的呼声，发挥了舆论监督作用。

努力为经济建设服务。1988年5月，经县委批准，政协成立了经济技术咨询服务部，几个月中，引进资金62万元建立一个机砖厂，现已动工。县政协遵照县委的安排，同县粮食局、公安局、保险公司、人民银行一起，在贫困面最大的横江区蹲点包干扶贫，1988年扶贫3043户，占全县扶贫总数的17.6%，经省、地、县验收，全区90%的贫困户解决了温饱问题。1989年2月，从成都龙泉区引进嫁接成活的良种水蜜桃、大红李苗1000多株在县试种。

努力促进精神文明建设。1988年，积极倡议、参与、筹备，举办了本地区七县（市）政协书画联展，开幕式在宜宾县举行。出版了《抗日战争和解放战争》《名吃、名优、名胜》两本文史专辑，共约12万字。

团结各方面人士，促进祖国统一工作。1988年回县探亲的台胞58人，县政协热情接待，并陪同观光，宣传党的方针政策和家乡的建设成就。1988年办了两次台属训练班。

报告指出了工作中的存在问题，主要是政治协商和民主监督的范围和内容不够明确，缺乏必要的制度保证；委、组活动少，形式单一，效果不好；县政协对各区联系组的联系和指导不够，很少发学习资料。

报告提出1989年的工作是：充分发挥协商监督作用，积极协助党和政府做好治理经济环境、整顿经济秩序和全面深化改革的工作；发挥政协优势，大力促进社会主义精神文明建设；加强海外联谊工作，积极促进祖国统一；加强政协自身建设。

县政协秘书长黄家文向大会作三届二次会议以来的提案工作情况报告。

三届二次会议以来，共收到委员提案94件，提出提案的委员共201人次。经提案委员会审查后，立案45件，作为意见和建议的49件。所有提案均由提案委员会及时转送县委、县政府及其所属部门研究办理，承办提案的单位共23个。到1988年12月22日，除“关于要求修通宜宾市到喜捷镇的断头公路”提案不能承办，已转交人大地区联络处向上反映的1件外，其余提案均已办理答复完毕。49件意见和建议也全部得到答复。委员提案的办理情况如下：提案反映的主要问题已经或基本解决的有11件，占办复提案的25%；反映的问题正在解决之中或有关精神已被采纳、列入了计划、准备逐步解决的18件，占办复提案的41%；提案的内容有一定价值，可供今后工作参考的有5件，占办复提案的11.3%；提案反映的问题，由于条件尚不成熟，或因财力和其他原因所限，一时难于办理的10件，占办复提案的22.7%。

报告认为三届二次会议以来，提案工作有了新的改进和发展。首先，办理答复的方法有所改进，要求各承办单位将办理的情况直接函告提案人，增强了承办单位与提案人的联系。其次，根据全国政协提案工作试行条例的规定，并参照、学习其他市、县政协办理提案的方法，在提案办复后，发函征求提案人对提案办理落实情况的意见。提案委员会收到委员反馈意见共19份，表示满意和部分满意的11份，反映新的情况和不同意见的6份。这些反馈意见经提案委员会审查，再转给承办单位办理，之后由县政协将处理意见再转告提案人。

会议期间，安排了委员大会发言。8名县政协委员分别代表科技委员会、文史资料研究委员会、学习委员会、文化组、泥溪区联系小组或个人在大会上发了言。

与会委员列席了宜宾县第九届人民代表大会第四次会议，听取并讨论了政府工作报告、财政预决算报告、国民经济和社会发展计划报告、人民检察院工作报告、人民法院工作报告。围绕治理经济环境、整顿经济秩序和深化改革这个中心进行了讨论，对农业、教育、科技、交通和社会治安等方面的问题提出了建议和批评。

县政协秘书长黄家文向大会作三届三次会议提案审查报告。

自三届三次会议开幕以来，截至 3 月 29 日，共收到委员提案 61 件，提出提案的委员 141 人次。经提案委员会认真审查后，立案 38 件，不列为提案而作为意见和建议处理的 23 件。委员提案中有关工交、财贸方面的 15 件，占立案总数的 39.5%；有关农业、林业方面的 6 件，占立案总数的 15.8%；有关文教、卫生方面的 8 件，占立案总数的 21%；有关城乡建设和人民生活福利方面的 4 件，占立案总数的 10.5%；有关政法工作和其他方面的 5 件，占立案总数的 13.2%。

大会通过了政协第三届宜宾县委员会第三次会议决议。决议指出：治理和整顿是全面深化改革的重要步骤，也是政协参政议政的重要内容。当前工作的重点，就是要围绕治理经济环境、整顿经济秩序、全面深化改革这个中心任务，充分发挥政治协商和民主监督的职能作用，深入实际开展调查研究，积极提出意见和建议，推动社会主义商品经济新秩序的建立。要对党政机关少数人贪污受贿、弄权勒索等腐败行为进行检举和举报，保持机关的廉洁。同时要积极促进法制建设，增强人们的法制观念，从根本上杜绝腐败现象的发生。

中共宜宾县委书记徐洪金、县人民政府县长杨正友到会作了大会讲话。

第四节　第四届全体会议

一、四届一次全会

1990 年 3 月 3—7 日，政协第四届宜宾县委员会第一次全体会议在县城柏溪召开。会议的议程是：听取和审议政协第三届宜宾县委员会常务委员会工作报告；听取和审议政协第三届宜宾县委员会提案办理情况报告；选举政协第四届宜宾县委员会主席、副主席、秘书长、常务委员；通过政协第四届宜宾县委员会第一次会议决议；列席宜宾县第十届人民代表大会第一次会议。之前，中共宜宾县委于 1989 年 12 月 4 日批复县政协党组，同意成立“政协宜宾县委员会换届工作筹备小组”，负责第四届宜宾县政协的换届工作。为加强党对会议的领导，中共宜宾县委决定在宜宾县政协四届一次会议期间成立临时党支部，由县委组织部发出《关于成立政协宜宾县第四届委员会第一次会议临时党支部的通知》（宜县委组干〔1990〕38 号）。应到会县政协委员 175 人，出席会议的委员 151 人。列席会议的 39 人。

政协第四届宜宾县委员会委员名表

表 3–5

姓名	性别	出生年份	文化程度	党派	界别	单位及职务
何世春	男	1939	初中	中共	中共	县政协主席
彭德森	男	1936	中专	中共	中共	县政协副主席
官忠羽	男	1933	大专	中共	中共	县委统战部副部长
凌受湘	男	1944	大专	中共	中共	县委统战部副部长
凌受文	男	1945	大专	中共	中共	县委宣传部副部长
林世鸿	女	1938	初中	中共	中共	县委组织部副部长
赵林文	男	1950	中专	中共	中共	县武装部副部长
龚玉堂	男	1943	大学	中共	中共	县委党校副校长
黄家文	男	1939	大学	中共	中共	县政协秘书长
甘智年	男	1937	中师	中共	中共	白花区区委书记
张春阳	男	1946	中专	中共	中共	县监察局副局长
魏长青	男	1927	大专	—	无党派知名人士	县政协副主席
黄贵伦	男	1938	大学	—	无党派知名人士	县水电局副局长
李仲龄	男	1920	高中	—	无党派知名人士	县文教局离休干部
闵家权	男	1933	高中	—	无党派知名人士	安边税务所工作员
邓定中	男	1930	高中	—	无党派知名人士	县工业局股长
张　典	男	1952	高中	—	无党派知名人士	县氮肥厂工作员
解洪敏	女	1966	高中	—	共青团	玉龙乡团委书记
陈朝阳	男	1964	高中	—	共青团	商州乡农民
张永生	男	1956	高中	—	共青团	县印刷厂工人
柳廷根	男	1963	大专	中共	共青团	团县委副书记
李进贤	女	1950	初中	—	妇联	草堂乡妇女干部
石玉芳	女	1937	初中	中共	妇联	蕨溪区妇联主任
邓江才	女	1942	小学	—	妇联	凤西乡妇联主任
李　艺	女	1956	高中	中共	妇联	县妇联副主任
刘德华	男	1952	中专	中共	工会	县工会副主席
李　清	女	1964	高中	中共	工会	县丝厂车间主任
李昌铭	男	1936	初中	—	工会	县浸出油厂车间主任
周西平	女	1942	初中	—	工会	县邮电局工作员
李敏惠	女	1958	高中	—	工会	六七三厂工会主席
何其彬	男	1941	大学	—	工会	县二中教师
王志芳	女	1943	初中	中共	供销社	柳嘉供销社书记
罗仕宏	男	1934	高中	—	供销社	高场供销社副主任

续表 3–5

姓名	性别	出生年份	文化程度	党派	界别	单位及职务
廖小宁	女	1955	初中	中共	供销社	柏溪供销社工作员
吕厚美	女	1949	高中	—	供销社	县供销社日杂公司副经理
肖万能	男	1933	中专	中共	科技	县科委工作员
周灿辉	男	1947	中专	中共	科技	县农业局工作员
魏定武	男	1938	大学	中共	科技	县建委副主任
肖邦义	男	1940	大学	中共	科技	县科协主席
张国辉	男	1933	大学	中共	科技	县政协副主席
刘松柏	男	1956	高中	中共	科技	六七三厂厂长
冯培新	女	1956	大专	—	科技	县科委工作员
王国银	男	1950	大学	—	科技	县土肥站副站长
李顺松	男	1940	高中	—	科技	县气象局工作员
左仲辉	男	1938	大学	—	科技	县氮肥厂工作员
刘文海	男	1934	中专	—	科技	县医院外科主任
刘中能	男	1938	中专	民盟	科技	县林业局股长
杨佩华	女	1941	大学	—	科技	县水电局水保办副主任
罗兴骙	男	1939	大学	—	科技	县建设局设计室主任
黄提荣	男	1934	中专	—	科技	县审计局企业组组长
徐玉生	男	1946	中专	—	科技	县农机局工作员
黄显忠	男	1934	大专	—	科技	畜牧局工作员
胡廷书	男	1934	大专	—	科技	高场糖厂工作员
刘桂生	女	1941	中专	—	科技	啤酒厂副厂长
吴树祥	男	1943	高中	—	科技	永兴区农办主任
眭银贵	男	1938	中师	中共	文艺	县文化馆馆长
曹志华	男	1945	初小	—	文艺	县广播局工作员
魏铁中	男	1931	高中	—	文艺	县文化馆调研员
肖慈骧	男	1935	中师	中共	教育	草堂小学校长
江国才	男	1941	大专	中共	教育	柳嘉职中主任
曹光仲	男	1943	大专	中共	教育	商州中学校长
杨淑芬	女	1945	中专	中共	教育	安边幼儿园幼师
李代轩	男	1944	初中	中共	教育	横江小学校长
赵仪深	男	1935	大专	中共	教育	柏溪小学校长
侯巳博	女	1954	高中	中共	教育	徐家乡民师
刘代玉	男	1947	大专	—	教育	永兴中学副教导主任
黄元觉	男	1934	大专	—	教育	白花中学副教导主任

续表 3-5

姓名	性别	出生年份	文化程度	党派	界别	单位及职务
江源海	男	1930	高中	—	教育	观音教办工作员
张寿彭	男	1951	中师	—	教育	柳嘉职中教师
沈万益	男	1935	大专	—	教育	蕨溪中学教师
吴高荣	男	1937	中专	—	教育	蕨溪中学副校长
卢登崇	男	1943	中师	—	教育	真溪小学副教导主任
何光宗	男	1937	大学	—	教育	喜捷中学教师
闵德昫	男	1931	大专	—	教育	横江中学总务主任
肖佑峰	男	1941	大学	—	教育	双龙中学教导主任
凌之熙	男	1943	初中	—	教育	柏溪中学教师
严必中	男	1934	高中	—	教育	高场中学总务主任
张会群	男	1965	中师	—	教育	商州乡小学教师
张德虎	男	1944	大学	—	教育	县教师进修校校长
周正远	男	1941	大学	—	教育	县教师进修校教师
张乃富	男	1954	大学	—	教育	县二中副校长
韦如炳	男	1946	—	中共	教育	县文教局副局长
邹泽林	男	1932	高小	中共	个协	县个协主席
汤一力	男	1934	高小	—	个协	白花区个协主席
徐仲明	男	1955	初中	—	个协	天池炉器厂
黎香涛	男	1946	初中	中共	医卫	永兴乡医院副院长
黄燕玲	女	1941	中专	中共	医卫	县计生委办公室主任
陈其珍	女	1942	中专	中共	医卫	县卫校副校长
张玉莲	女	1936	大专	中共	医卫	县卫生局副局长
牟廷伟	男	1944	中专	—	医卫	县医院医师
郭时清	男	1936	高中	—	医卫	县医药局工作员
罗绍清	男	1946	初中	—	医卫	白花医院医师
宋泽光	男	1941	中专	—	医卫	观音区医院医师
牟伯琴	女	1940	初中	—	医卫	泥溪区医院医师
廖兴才	男	1951	大学	—	医卫	蕨溪区医院医师
谢光模	男	1944	高中	—	医卫	缸坪医院医师
刘相奎	男	1940	中专	—	医卫	安边区医院医师
李炳权	男	1944	大专	—	医卫	横江区医院副院长
景其昌	男	1939	大学	民盟	医卫	县医院科主任
凌之强	女	1940	中专	民盟	医卫	县中医院主治医师
文光华	女	1936	大专	民盟	医卫	检验科主任

续表 3–5

姓名	性别	出生年份	文化程度	党派	界别	单位及职务
甘自强	男	1942	初中	中共	工商	县保险公司副经理
廖亨富	男	1941	初中	中共	工商	县工商联主任
陈明康	男	1945	初中	—	工商	县粮食局股长
钟玉如	男	1937	初中	中共	工商	县税务局局长
李德铭	男	1940	初中	中共	工商	县酒管局局长
肖彰陵	男	1957	初中	—	工商	观音供销社职工
王宜生	男	1955	中专	—	工商	县人行会计
胡祖荣	男	1941	中专	—	工商	观音酒厂厂长
屈隆孝	男	1942	中专	—	工商	县物资局经理
陈希烈	男	1936	初中	—	工商	豆坝工矿商店经理
乐伟鸣	男	1936	中专	—	工商	县财政局工作员
黄叔仲	男	1930	初中	—	工商	县农行信贷股股长
江振鳌	男	1938	小学	中共	体育	县体委主任
刘荣富	男	1942	大学	—	体育	县一中教师
张林富	男	1940	高中	—	体育	县二中教师
赵廷楷	男	1945	小学	—	特邀	县医院副科长
陈昌富	男	1941	高中	中共	特邀	永兴区委秘书
唐顺宣	男	1942	初中	中共	特邀	商州区委秘书
何大忠	男	1958	高中	中共	特邀	泥溪区委秘书
周肇端	男	1935	小学	中共	特邀	白花区委秘书
张德中	男	1957	高中	中共	特邀	蕨溪区委秘书
文德高	男	1934	高中	中共	特邀	观音区委秘书
余文星	男	1935	高小	中共	特邀	观音区委秘书
谢光初	男	1933	初中	中共	特邀	高场区委秘书
粟建英	女	1948	初中	中共	特邀	安边区委秘书
祝万明	男	1946	大专	中共	特邀	县政协副秘书长
魏诗贵	男	1938	初中	中共	特邀	横江区委秘书
樊真富	男	1939	中专	中共	特邀	双龙区委秘书
朱祖德	男	1934	初中	中共	特邀	喜捷镇委秘书
李智勇	男	1956	大专	中共	特邀	柏溪镇委秘书
李本洪	男	1936	初中	中共	特邀	县财政局副局长
陈克明	男	1897	小学	中共	特邀	徐家乡农民
冯光鑫	男	1931	初中	中共	特邀	县公安局出入境科科长
罗昌秀	女	1919	文盲	—	特邀	凤仪乡农民

续表 3-5

姓名	性别	出生年份	文化程度	党派	界别	单位及职务
张介仁	男	1919	小学	—	特邀	观音乡农民
吴楷风	男	1919	大学	—	特邀	泥溪月波乡农民
王奎光	男	1907	高中	—	特邀	泥南乡农民
彭代贤	女	1938	大专	民盟	特邀	县二中教师
吴汝湘	男	1929	高中	—	特邀	县丝厂退休干部
越太和	男	1940	大学	—	特邀	县民政局股长
郑学培	男	1939	大专	中共	特邀	县法院办公室主任
庞富常	男	1947	中专	—	特邀	豆坝电厂车间主任
陈克玉	女	1943	大学	民盟	特邀	县政协副秘书长
姜照荣	男	1933	初中	中共	特邀	县委统战部部长
王忠元	男	1953	初中	—	民族	凤仪乡民族 2 组农民
张兴民	男	1959	初中	—	民族	柏溪回民馆
阮世能	男	1964	大学	中共	民族	县检察院助检
骆为荣	男	1945	大专	中共	侨台	县侨办主任
陈志敏	男	1933	高中	中共	侨台	县台办主任
张阿维	男	1923	初中	中共	侨台	泥溪派出所干警
唐朝海	男	1943	初中	—	侨台	柳嘉征远乡农民
赖成刚	男	1932	高中	—	侨台	泥溪粮站工作人员
谢若男	女	1942	初中	—	侨台	蕨溪小学教师
李隆高	男	1947	初中	—	侨台	李场缝纫个体户
田永华	男	1932	高中	—	侨台	五桂小学教师
李忠才	女	1935	—	—	侨台	退休教师
周培富	男	1941	高中	—	侨台	县印刷厂工人
赵阗深	女	1946	初中	—	侨台	县保健站会计
罗正香	男	1941	高小	—	侨台	喜捷玉龙乡农民
吴　刚	男	1934	大学	—	侨台	县侨联主席
刘家阳	女	1946	大学	—	侨台	豆坝电厂工作人员
陈世英	女	1942	高中	—	侨台	县工商联副主任
尹德和	男	1940	小学	—	侨台	喜捷供销食堂经理
谢家康	男	1947	高中	—	侨台	县二中职工
吴清荣	男	1933	高小	—	乡镇企业	泥溪区企办主任
戴树成	男	1939	中专	—	乡镇企业	县乡企局股长
秦治能	男	1942	高中	中共	乡镇企业	县乡企局局长
李树昌	男	1934	小学	—	乡镇企业	革坪羽绒厂厂长

续表 3-5

姓名	性别	出生年份	文化程度	党派	界别	单位及职务
李家英	女	1942	初中	中共	农民	下食堂村党支书
白德均	男	1953	初中	—	农民	安边建材专业户
黄正琼	女	1946	小学	—	农民	横江银耳专业户
李　凯	男	1930	小学	—	农民	黄格乡种植专业户
樊尚富	男	—	初中	—	农民	大塔乡油樟专业户
刘佐高	男	1944	初中	—	农民	凤仪乡农民

魏长青受政协第三届常务委员会的委托，向大会作政协第三届宜宾县委员会常务委员会工作报告。

组织委员学习。三年来共组织柏溪地区委员集中学习了 21 次。第一次全委会后，每月定期学习 1 次，全年共 10 次；第二次全委会至今，改为不定期学习，两年共 11 次。学习的内容有中共十三大报告，有政治经济体制改革、统一战线方面的文件和有关领导讲话及法律知识等。1989 年，主要学习中共十三届四中、五中全会文件。各区联系组也认真组织了学习。

发挥政治协商、民主监督的职能作用。

（一）通过各种例会和应邀出席有关会议，开展协商监督。

（二）通过常委会与县政府及有关部门协商对话参政议政。在三届三次常委扩大会议上，请县政府主要领导通报 1987 年上半年的经济情况和下半年的打算，使委员更全面地了解本县经济信息。三届九次常委扩大会议人数达 86 人，包括了县里的各界人士，他们就当时群众最关心的物价、治安等问题，与县委、县政府及部、委、科、局等 17 个单位的主要领导对话协商，促进了许多问题的解决。三届十次常委会议审议了 1989 年的政府工作报告初稿，会后县政府根据政协常委会的意见进行了修改。

（三）组织委员视察是民主监督的一种重要形式。1987 年组织委员视察了观音区的钩端螺旋体病流行与治疗，蕨溪的樟油基地建设，高场区的农业生产发展情况；1988 年视察了安边区五桂乡农业生产和乡镇企业，部分中小学、区医院和自来水公司；1989 年视察了柏溪镇庭院经济发展，新的自来水工程建设，蕨溪区中小学和隆兴乡小学贯彻《中共中央关于改革和加强中小学德育工作通知》情况、教师生活待遇、危房的维修、体育活动的开展，蕨溪区和隆兴乡医院的管理、医生医德、防疫工作等。视察后分别向县委写了专题视察报告或情况简报，很多问题受到了县委、县政府的重视。

（四）开座谈会进行协商。1988 年 11 月通货膨胀，社会上突然刮起一股粮、油抢购风，还流传着各种谣言，造成人心不安。邀请了财委、粮食局、柏溪粮站等 8 个单位的主要负责人，就粮、油、肉、菜等的供给问题进行座谈，协商出了解决各类问题的措施，缓和了紧张状况。1989 年 12 月召集柏溪地区医卫界委员座谈有关医药卫生的改革问题，会后向卫生局转达了意见和建议。

（五）利用政协简报进行舆论监督。三年来，共出简报 29 期，有效地反映了各方面的意见，帮助党和政府发扬成绩、改正缺点、避免失误。

（六）利用委员提案进行民主监督。三届一次会议以来，委员共提提案 319 件。提案内容十分广泛，涉及文、教、医、卫、体、工、财、商、农、林、牧、渔、水、电、交通、治安、金融等各个方面，不少是委员经过调查研究提出的真知灼见，有的经过小组讨论定稿。提案从不同角度反映了群众的呼声，对党和政府掌握各种信息，纠正部分工作人员的官僚主义和不正之风，实现决策民主化、科学化发挥了比较重要的作用。

为我县经济建设和精神文明建设服务，为群众办实事。县政协于 1988 年成立了经济咨询服务部，积极从外地引进资金、良种和科技，发展宜宾县经济。1988 年 11 月考察了五桂乡罐头厂建设基地，作了因地制宜发展林竹和珍稀水果的建议，提供良种葡萄、水蜜桃等信息；从内江引进资金 62 万元，在天池乡建立一个机砖厂；1988 年通过横向联系，帮助横江区张窝乡一林业大户解决资金 1.1 万元，促进造林育林计划顺利完成；1989 年初，从成都龙泉区引进良种水蜜桃、大红李苗 1000 多株试种，成活率在 90% 以上。1989 年底，又与县水保办、少峨湖管理所共同在少峨湖畔开发 12 亩地，试种桃、李、枇杷等优质水果，已于 1990 年雨水节种植完毕。县政协从 1987 年起，一直在横江蹲点包干扶贫，经过多方面努力，全区 98% 的贫困户已经解决了温饱问题，通过地、县达标验收。三年来坚持继续收集、整理文史资料，编印出 6 辑文史资料选辑，共 32 万字，4200 册。1989 年国庆节，县政协与侨办、台办、妇联等单位联合举办了全县妇女科技成果展，鼓励妇女在社会主义建设中努力进取，受到各界人士的一致好评。政协委员中人才荟萃，为“两个文明建设”作出了巨大贡献。如委员杨淑芬，是安边区幼儿教师，1989 年被评为全国优秀教师；委员刘佐高，是双龙区林业专业户，承包完成荒山造林 1900 亩，被评为全国劳动模范；委员刘久凰，原是永兴区新政小学教师，教书育人有方，集资办学出色，1989 年被评为省优秀教师；等等。

加强组织建设和制度建设。三届一次会议以后，政协建立了 4 个专门委员会，8 个工作组，机关仍设秘书处，在各区镇和宜宾市共设 15 个联系小组。三届二次会议后，参照省政协并根据本会的特点，改原来的 4 委 8 组为 6 个专门委员会，即提案委员会、学习委员会、文史资料研究委员会、经济科技委员会、文教医卫体委员会与联谊委员会。

1989年省政协颁布了省政协常委会工作规定和专门委员会通则，根据县政协的具体情况，制定了《政协宜宾县委员会常务委员会工作规则》《政协宜宾县第三届委员会专门委员会通则》《宜宾县政协机关工作人员职责》，使常委会和各专门委员会、秘书处的工作有章可循，有据可依，逐步向经常化、制度化方向发展。还制定了《宜宾县政协机关廉政规定》，组织机关工作人员学习讨论，贯彻执行。

发展联谊工作，促进祖国统一。加强了“一国两制”和平统一祖国方针政策的宣传，写了许多稿件分别在《人民日报》（海外版）、《中国旅游杂志》、《四川对台工作》、《工商时报》、《四川日报》等报刊上登载，有些被云南人民广播电台、四川电视台、宜宾电视台报道。三年间，接待了台胞146人，侨胞154人，每年办了1～2期台属训练班。截至1989年12月底，宜宾县去台人员173户中，有167户有通信往来。

报告认为常务委员会的工作还很不够，政治协商、民主监督的经常化和制度化尚需进一步坚持，广泛联系和广交朋友的活动要进一步加强，深入实际针对问题的调查研究要有计划地去做，各专门委员会要充实活动等，都需要今后加以重视和改善。

报告建议新一届政协：

一是加强马列主义、毛泽东思想的学习。通过学习，使全体委员更好地坚持中国共产党的领导，坚持四项基本原则，反对资产阶级自由化。

二是围绕治理环境、整顿秩序、深化改革，实行国民经济长期持续、稳定、协调发展的方针，进一步加强政治协商、民主监督，协助党和政府做好治理整顿、深化改革和廉政建设等方面的工作。

三是认真贯彻中国共产党的“长期共存，互相监督”“肝胆相照，荣辱与共”的方针，团结民主党派成员和无党派爱国人士，各人民团体，各族各界人民，继续发挥爱国统一战线的作用，为维护安定团结的大局，为克服当前的困难，为保证国民经济持续、稳定、协调发展而共同奋斗。

四是进一步做好促进祖国统一的联谊工作。要注意总结经验，加强调查研究，努力帮助侨台属按政策解决一些实际问题。

五是进一步搞好机关建设。落实和完善机关工作的各项制度，逐步实现科学管理，发扬清正、廉洁、高效的工作作风。要加强机关人员统战理论学习，提高工作人员素质，把政协机关办成各界人士之家。

六是加强各专门委员会的工作，增强与党委和政府机关对口部门的联系，使各委员会的工作更加有条不紊和活跃，推动政治协商民主监督的制度化和经常化。

黄家文向大会报告三届一次会议以来的提案办理情况。

三届一次会议以来，共收到委员提案 319 件，经审查后正式立案的 189 件，属于一般性意见的 129 件，还有 1 件作为人民来信处理。立案的 189 件提案，全部交有关部门研究办理，并答复了提案委员。三年的办案率达百分之百，这是前所未有的。委员们的提案一直受到县委和县政府重视，县政府把办理政协提案列入了工作的议事日程，每年县政府召开的政协提案和人大建议的交办工作会，分管副县长都到会，要求各承办单位高度重视，严肃对待，认真办理。三年来，在全部办复的提案中，被有关部门采纳和接受，基本落实、部分落实和正在落实的共计为 138 件，占全部办复提案的 73%。在办复的提案中，因条件尚不成熟或其他原因，有关单位正在研究或准备付诸实施纳入规划的有 26 件。如调整云南省与宜宾县交界地区农副产品收购价格、增加财政收入的提案等。还有部分提案，由于种种原因难以解决的有 24 件。总的说来，这三年提案办理的情况比前几年好，办理的质量明显提高，办复的时间也比前几年提前。

报告指出在提案和办理工作中，仍存在一些问题。如提案质量不高，承办单位不好答复；在承办过程中出现了拖拉、推诿，办理不及时、不负责的情况。应当宣传提案工作的重要性，提高承办单位的认识，加强与承办单位的联系，努力提高政协的提案质量。

会议举行了选举大会，采用无记名投票的方式进行等额选举。选举产生了政协第四届宜宾县委员会常务委员会组成人员：主席何世春，副主席甘智年、刘桂生（女）、张乃富、彭德森、魏长青，秘书长黄家文，以及王忠元等 18 名常务委员。

与会委员列席了宜宾县第十届人民代表大会第一次会议，听取并讨论了代县长张明泉所作的政府工作报告和财政预决算报告、计划报告，协商了人大、政府领导人选。

会议期间，安排学习了《中共中央关于坚持和完善中国共产党领导的多党合作和政治协商制度》《中国人民政治协商会议章程》，传达了省政协六届三次会议精神。

县政协秘书长黄家文向大会作四届一次会议的提案审查报告。

从 3 月 3 日开幕至 3 月 6 日，共收到委员提案 79 件，提出提案的委员共 231 人次。经提案委员会审查后，立案 29 件，作为意见和建议的 39 件，作为人民来信处理的 11 件。委员们怀着高度的政治责任感，积极参政议政，各抒己见，提出了许多有价值的提案。如在农业生产方面，提出加快农业机械化进程，当前要着重培训农机技术，合理分配使用化肥、柴油；同时要严格掌握耕牛宰杀审批手续，以保当前春耕生产不误农时。在工交财贸方面，提出交通管理部门要认真抓好养路护路，抓好交通安全工作；财税部门对乡镇企业征收增值税时要增加透明度，合理计算税费。在文教卫生方面，提出要进一步深化教育改革，防止教学质量滑坡；要继续改造中小学校危房，逐步改善教职工居住条件；希望财政增拨防疫经费，重视支持中医事业发展；希望有关部门继续抓好“扫黄”工作，建立社会主义的文化阵地，开展健康有益的文娱体育活动。在加强党政机关廉政建设方面，希望各单位在已制定的廉政措施基础上，制订细则条文，以便监督检查，防止廉政工作走过场。在关于进一步开展治理整顿方面，要求有关部门要认真查处在流通领域中吃回扣和有的部门乱涨价、乱收费、乱罚款、乱摊派等问题。

会议通过了政协第四届宜宾县委员会第一次会议决议。决议认为，《中共中央关于坚持和完善中国共产党领导的多党合作和政治协商制度的意见》是我国政治生活中的一件大事，更是我们统一战线和人民政协工作中的一件大事。它的贯彻落实，对于维护安定团结的政治局面，推进社会主义民主政治建设，发挥民主党派的参政和监督作用，调动一切积极因素建设有中国特色的社会主义，都具有重大的现实意义和深远的影响。

在会议的闭幕式上，县委书记徐洪金、县长张明泉作了大会讲话。省政协宜宾地区联络委员会、中共宜宾地委统战部派员列席了会议。

二、四届二次全会

1991 年 3 月 4—7 日，政协第四届宜宾县委员会第二次全体会议在县城柏溪县委党校会场召开。应到会县政协委员 176 人。37 名特邀人员列席会议。

会议的议程是：听取和审议政协第四届宜宾县委员会常务委员会工作报告；听取和审议政协第四届宜宾县委员会提案办理情况报告；通过政协第四届宜宾县委员会第二次会议决议；列席宜宾县第十届人民代表大会第二次会议。

县政协主席何世春向大会作常务委员会工作报告。

1990 年是全面贯彻党的基本路线，克服重重困难继续沿着建设有中国特色的社会主义道路胜利前进的一年。按照县政协四届一次会议提出的任务，在以下几个方面取得了明显的成效：

组织委员学习，提高委员素质。年初，县政协拟订了全年学习计划。根据政协换届后新委员多的情况，组织委员认真学习中共中央 14 号文件。6 月 4—9 日，会同县委组织部、宣传部、统战部和县委党校举办了一期历时 6 天的“统一战线理论培训班”，57 名县政协委员和政协机关工作人员参加了培训。授课内容有“统一战线的地位、性质和任务”“努力做好新时期的统一战线工作”“一国两制、统一祖国”“共产党领导的多党合作制”“政协的地位、作用”及《中华人民共和国行政诉讼法》，县委统战部、台办、县委党校和县人民法院、县政协领导亲自登台讲课。培训期间传达了省委〔1990〕19 和 21 号文件，县长向学员们通报了全县的经济形势。还直接抓了白花、横江两个联系组的学习，以点促面。各区联系组在当地党政的支持下，按县政协的学习计划开展了学习活动，有的联系组开展了4次活动。

发挥协商监督的职能作用。1990年，围绕县委、县政府的中心工作，结合全县人民最关心的一些问题，确定协商议题，有计划地组织委员同县政府及有关部门对口协商。一是听取通报。7月18日和9月19日，分别听取了县政府关于“工业生产”和“治理三乱”的情况通报。二是参加各种会议、各项检查。县政协领导分别列席县委常委会、人大常委会、县政府常务会，参与重要人事安排协商和“八五”规划草案、长江柑桔带工程、世行贷款造林、全县绿化、大林业生产以及发展粮猪、烤烟、茶叶、蚕桑、油樟、工业、商办工业、乡镇企业等重大决策的讨论，同时，还同县人大一道对8个厂治理经济滑坡方案的实施进行了检查、督促。三是到基层视察。4月，组织委员视察了安边区中学、小学、幼儿园和医院，针对所存在的问题，及时向有关部门提出了建议。6、7月间，组织委员对县丝厂、啤酒厂、六七三厂、植物油厂和柏溪羽绒厂进行视察，同时会同县总工会对229名职工就当前形势和企业内部的有关问题进行了问卷调查。视察后将所反映问题综合整理，同企业及政府有关部门进行了协商对话，提出了意见、建议，使多数问题得到解决。县政协四届一次全委会后，县委、县政府领导对委员提案十分重视，及时拟定了办案措施，在“落实”二字上狠下功夫，在县政协收到的提案人的反馈意见中，只有1名委员对他的提案回复有不同意见。搞好信访工作也是政协参政议政、协商监督的一个途径。1990年共收到来信65件，在年底前已全部处理；凡有来访者，都做到热情接待，对既符合政策又有条件解决的及时同县政府协商，督促有关部门解决。

为“两个文明建设”服务。充分发动全体委员和各界人士紧紧围绕县委、县政府制定的“五龙、三马”发展规划献计献策，开展做贡献、办实事活动。1990年初，政协领导率部分同志到横江区对发展烤烟生产进行实地考察，拟订了行之有效的发展烤烟生产规划，并千方百计为种植烤烟协调资金和部分生产资料，促进了该区烤烟生产的发展。6月6日，我们组织委员并邀请县委、县人大、县政府有关领导一道，考察地区农科所二系杂交水稻，写出专题报告，提出5条发展二系杂交水稻的建议，引起有关部门的重视。同时，还先后引进了“威24”大麦和“远诱1号”稻种在县试种。10月中旬，我们组织部分委员前往夹江、中江两县进行考察，就两县认真执行科技兴农投标计划、建立健全农业推广体系、综合改造低产田土等经验写了专题报告。特别是中江县蚕桑综合开发示范乡的经验引起了重视，县委、县政府作出了1991年全县育桑苗2万亩、产茧1万担的决定。配合横江区委、区公所组织该区所在地的23个单位，在石城乡大井坝搞水稻规范化栽培示范片，试验田30亩，为1991年推广水稻规范化栽培起到了促进作用。组织人员前往五桂乡、少峨湖、革坪村帮助管理引进的良种水蜜桃。在努力为物质文明建设服务的同时，积极为精神文明建设作贡献。1990 年，文史人员跋山涉水，重点收集劳动模范、战斗英雄和在部队曾荣立一等功的转业、退伍军人的先进事迹，并考察了七里乡境内石盘寺的石雕艺术。10 月中旬在蕨溪区召开片区文史员座谈会，学习了全国政协和省政协的有关文史工作文件，提出了 1991 年出版文史的内容和文史员的任务，并增聘了文史员，为 20 名文史员颁发了聘书。1990 年整理、出版了两辑文史资料，共 1400 册，计 11 万字。1990 年 2 月 19 日，县政协在工人俱乐部举行了迎春茶话会，驻柏溪地区和宜宾市的县政协委员，离退休干部（含历届政协正副主席），各界知名人士，侨、台属，工商联代表，地区政协领导，县驻军负责人共 100 多人，畅谈大好形势；“六一”同文教局、文化馆联合举办“青少年书画竞赛”；11 月底同县体委联合在党校举办了全县 10“大口”中国象棋锦标赛；第六个教师节前夕，组织委员中的医务人员上街为教师及群众义诊，共诊治病人 120 人次、健康检查 395 人次、妇幼保健及计划生育咨询服务 657 人次。

发展联谊，促进祖国统一。一年来，我们共接待来县经商、探亲的台胞、侨胞 45 批 54 人，配合有关部门协助台胞、侨胞寻找亲友；帮助台属、侨眷落实和解决产权，解决子女就业，去国外探亲访友。同时还为家居农村的台属、侨眷提供标准化肥，解决急需的资金、技术和饲料等。组织政协委员和有关人士撰写、拍摄家乡风景名胜古迹、名优特产等稿件、图片 17 篇（幅），先后被《人民日报》（海外版）、《祖国新闻》、《中国旅游报》、《西南旅游》、香港《大公报》等报刊采用。编写侨务简报 6 期。

政协机关自身建设。定期组织学习马克思列宁主义、毛泽东思想和中央、省、地的有关文件，反复学习中央〔1989〕14 号、省委〔1990〕19 号和 21 号文件，加深对政协性质、地位和作用的认识。根据中共宜宾县委的统一部署，开展党员评处活动。增配了机关工作人员，充实了六个专门委员会。1990 年初重新明确了机关各个岗位的工作职责，年末制定了《宜宾县政协关于政治协商、民主监督暂行规定的实施细则》。所撰写的《加强县级政协建设》一文被收为地区理论研讨论文；撰写新闻稿件 25 件，被地级以上报刊采用 14 件，县广播电台采用 11 件；为宣传人口普查和大林业生产编写文艺稿 3 件，均被地委宣传部主编的宣传专辑采用；编写政协简报 13 期。

报告提出 1991 年要坚定不移地贯彻执行中共十三届七中全会精神和县委提出的各项任务，继续贯彻落实中共中央关于加强统一战线和人民政协工作的重要指示，坚持四项基本原则，反对资产阶级自由化，高举社会主义、爱国主义旗帜，坚持“长期共存、互相监督、肝胆相照、荣辱与共”的方针，以经济建设为中心，和县委、县政府、县人大同唱一台戏，紧紧围绕宜宾县“五龙、三马”的发展规划，充分发挥政协的职能作用，促进经济发展。

县政协秘书长黄家文代表提案委员会，向大会报告四届一次会议以来提案办理情况。

四届一次会议以来，共收到委员提案79件，提出提案的委员共231人次，经提案委员会逐件审查后作为立案办理的28件，作为意见处理的39件，作为人民来信处理的12件。委员提案的主要问题基本落实或正在落实的16件，占立案的57.1%；因条件限制或其他原因需要逐步落实的8件，占立案的28.5%；由于条件尚不成熟，或财力有限和政策性很强，县以下机关无法落实的4件，占立案的14.2%。总之，28件提案和39条意见均于1990年10月底前全部办复完备，办复率100%。提案委员会为每一件提案都发出了“办复提案征求意见表”，委员对提案办复表示满意和比较满意的66件，占办复案的98.5%；不满意而与承办单位有分歧意见的1件，后经有关部门责令重办，提案委员表示满意。

报告总结提案工作取得成绩的主要原因：一是县委、县政府重视提案办理工作，县政府出台了〔1990〕37号《关于认真办理县人民代表建议和政协委员提案的通知》，对办案指导思想、具体办理时限、文书规范等作了明确规定；县委、县政府于1990年4月27日召开了有41个单位负责人参加的提案交办会，县委常委、常务副县长张家骧在会上作了办好提案的动员讲话。二是各承办单位认识明确。各部门都把认真办好委员提案看作是加强社会主义民主法制建设的一项重要任务，是沟通政府同人民群众联系、密切干群关系的重要渠道，是推动政府工作的一大动力，是国家机关工作人员为人民服务的具体体现。三是抓好办案质量，在“落实”二字上狠下功夫。提案委员会会同政府部门开展经常性的督促检查工作，同时对群众反映强烈的提案进行跟踪调查，对办复分歧意见大的提案开展现场办案。

存在的不足是：少数承办单位拖延办复时间，也有个别单位接受意见不虚心，回复敷衍，答非所问，甚至出现不礼貌用语的现象。

与会委员列席了县人大十届二次会议，听取并讨论了《政府工作报告》和其他报告。

县政协秘书长黄家文向大会报告四届二次会议的提案审查情况：大会期间共收到委员提案56件，提出提案的委员共174人次。经审查，确定作为立案处理的15件，立案率27%；作为意见和建议转有关单位办理的41件。其中，关于农业方面的10件，工交、财贸方面的9件，文教、卫生方面的19件，城镇建设和人民生活、福利方面的11件，转变机关工作作风方面的1件，统战民族工作方面的6件。大会闭幕后，提案委员会将配合县委办、县政府办本着分级负责、归口办理的原则，及时将提案分送各职能部门研究办理。全部办理情况将在下一次全会上向委员们报告。

大会通过了政协第四届宜宾县委员会第二次会议决议。决议指出，1991年是“八五”

计划第一年和实现第二步战略目标的开端，做好全年的工作至关重要。县政协要全面贯彻党的基本路线，紧密结合宜宾县实际，根据人民政协的特点，进一步开创新的局面。

中共宜宾县委副书记阳通富和县长张明泉在大会上作了讲话。

三、四届三次全会

1992 年 2 月 28 日至 3 月 3 日，政协第四届宜宾县委员会第三次全体会议在县城柏溪召开。会议的议程是：听取和审议政协第四届宜宾县委员会常务委员会工作报告；听取和审议政协第四届宜宾县委员会提案办理情况报告；通过政协第四届宜宾县委员会第三次会议决议；列席宜宾县第十届人民代表大会第三次会议。应到会县政协委员 174 人。46 名特邀人员列席会议。

县政协主席何世春向大会作政协第四届宜宾县委员会常务委员会工作报告。

报告总结，1991 年是实现十年规划和“八五”计划的头一年，在中共宜宾县委的领导和上级政协的指导下，紧紧围绕“五龙”“三马”、兴工富县这个中心，认真履行政治协商、民主监督的主要职能，为社会安定、市场繁荣、经济发展、人民生活的改善做了有效的工作。

有计划地组织委员学习马克思列宁主义、毛泽东思想，学习中央、省、地、县的有关文件，提高委员的政治、政策水平和参政议政能力。开展“两为主”（以委员自学为主和联系组集中学习为主）、“两集中”（集中委员专题学习和集中部分委员座谈讨论）等形式多样、理论联系实际的学习活动，主要学习了中共十三届七中、八中全会文献，江泽民“七一”讲话，中发〔1989〕14 号，省委〔1990〕19 号、21 号等文件，并作了江泽民“七一”讲话和当前国际形势的学习辅导。为了使学习经常化、多样化，专门召开了政协各联系组组长和所在党委负责人参加的座谈会，互相交流开展学习活动的经验。

积极履行政治协商、民主监督的基本职能。1991 年共召开 7 次主席会议和 5 次常委会议，制定了 1991 年政协的工作重点，部署了各专门委员会开展活动及视察、调查的目标和日程，安排了听取县政府及有关部门通报情况的内容和时间；常委会议专题研究县政协四届二次会议工作报告，对县政府 1990 年政府工作报告、财政预决算报告、社会发展和国民经济计划报告，本县重要人事安排等重大事情进行协商，先后听取县政府关于蚕桑生产、农村社会主义教育、社会治安综合治理、纠正行业不正之风、世行贷款造林、宜宾县“八五”计划和十年规划、产业结构调整和工业布局情况通报。县政协领导分别列席、出席县委常委会、县委扩大会、县委召开的各界人士座谈会、县人大常委会、县政府常务会、县委县政府经济工作会及有关部门的重要会议，参与协商决策全县的重大事情。各专门委员会按照主席会和常委会的部署，先后组织政协委员视察了县农药分装厂、氮肥厂、六七三厂“质量品种效益年”的开展情况，玉龙、义兴两地的蚕桑生产，七里、黄伞两乡的世行贷款造林工程，蕨溪中学、蕨溪乡中心小学和幼儿园的“德育”和“基础教育”情况；先后调查了宜宾公路宜宾县段两侧建设1500亩良种桃基地和“威24”大麦的试种情况。四届二次全会以来，委员们共提出提案58件，做到了件件有答复。

发挥政协“人才库”“智囊团”的优势，努力为“两个文明建设”贡献力量。县政协委员中的部分科技人员帮助区乡培训技术骨干，四处调查，写出了专题报告。其中，推广“威24”大麦的一项建议为县政府所采纳；宜屏公路宜宾县段两侧作为栽种良种桃基地的建议被县政府和地区行署采纳，并列入扶贫开发的项目，争取到省、地、县的多方投资。县政协委员们在各自的工作岗位上以求实、创新、拼搏、奋进的精神，充分发挥自己的特长，为宜宾县经济腾飞办好事、实事。如县政协委员王国银在对“威24”大麦调研后，草拟了试验、示范技术实施方案、栽培技术意见，亲自搞示范点；在低改工程中，负责白龙、草堂两个乡的省、地专项低改沟、排灌工程的设计、实施、技术指导工作，进度快、质量好。县政协常委、林业局副局长、高级工程师刘中能在宜宾县速生丰产林基地建设中，成绩显著，被四川省人民政府授予“1989—1991年建设全省速生丰产林基地先进个人”称号；1991年受省民主党派、工商联为四化服务表彰大会表彰。县政协委员罗绍清潜心钻研骨科医学，除在学术上有新成就外，开办的骨科诊所因医术高、医德好，求医者络绎不绝，1991年为该区医院创利二万多元。县政协委员、县二中教师彭代贤在教学岗位上取得显著成绩，被省政府批准为特级教师，县授予拔尖人才称号。县政协委员徐仲明在1991年“8·9”抗洪抢险中，将自己经营的炉具五金厂停产4天，出动两台汽车并带领该厂工人投入抗洪抢险，将7户灾民转移到安全地带，帮助农民抢收稻谷3500多公斤，帮助长庆厂抢运所存放的电冰箱200台，为国家和灾民挽回损失23万元。县政协增聘了文史员，在各区建立收集史料的网络，在横江区召开了文史员座谈会，不断提高文史员素质，为保证文史资料出版的数量和质量打下了基础。组织医卫界部分政协委员到双龙区凤仪乡为广大群众义诊，共诊治病人353人，做血片3张，解答关于疟疾病的预防42人，还宣传了卫生保健知识。在庆祝中国共产党成立七十周年期间，会同文化局、教育局、文化馆举办了大型书画展览，并挑出20件精品送地区参展，其中1人获二等奖，3人获三等奖。

积极做好台胞、侨胞、港澳同胞的联谊工作。一年来，共接待到县经商、探亲的台胞、侨胞共50批72人。配合侨、台办对原住宜宾县去海外的华侨、华人和居住在宜宾县的台属作了一次详细的调查，开展了“向海外亲人写好一封信”活动。向各种报刊发新闻、图片稿 32 件，被采用了 25 件，其中《防近视台灯》《罕见的黄伞东汉岩墓群》两则新闻和图片被《人民日报》（海外版）采用，《四川魔芋精粉出口日本》《川滇要津横江西郊石门江畔重大发现》《防近视台灯问世》三则新闻被中央人民广播电台采用。

改变机关作风，搞好三个服务。定期组织机关工作人员学习，在政治上同中央保持一致，开展了党员干部双评活动，使机关工作人员的政治、业务素质得到明显提高，牢固树立了为全委会、常委会、主席会服务，为政协委员、各界人士和经济建设服务的思想。为发挥政协专门委员会和联系组的作用，分口建立了机关政协联系组；部分专门委员会配备了专职副主任。机关抽调了 1 名副秘书长到“大林办”工作，1 名副主席联系横江区，2 名工作人员驻复龙乡抓联系点工作，在人少事多任务重的情况下，依然完成了各项工作任务。机关工作人员写论文参加省、地、县党史理论研讨会，其中一篇获省党史办优秀论文奖；为地区主编的《抗洪颂歌》专辑、纪念中国共产党七十周年文艺调演、地区个协文艺调演和农民艺术节写旧体诗词，创作节目分别获得创作奖和一等创作奖。共编写政协简报 9 期。

报告提出了新的一年几个方面的工作：

一是认真学习马克思列宁主义、毛泽东思想，努力提高委员参政议政的素质。以中共十三届八中全会文献为学习重点，加强对社会主义理论和时事的学习。各区（镇）政协联系组全年开展学习活动不少于 4 次，县级机关各联系组不少于 2 次，学委会集中学习活动不少于 2 次。

二是政协委员要更好地了解中心、参与中心、服从中心、服务中心，围绕宜宾县的“五龙”“三马”和大林业的发展献计献策。

三是加强科技信息工作，不断引进资金、技术和优良品种。

四是文史委员会要认真把收集史料的重点转移到新中国成立后所取得的政治、经济、科技、教育、文化等伟大成就方面来。

五是组织有关委员到白花或泥溪访问调查骨科工作情况。

六是配合有关部门抓好“三胞”的接待，帮助台属、侨眷发展经济，为他们办好事实事。

七是按章程规定召开全委会、常委会、主席会。请县政府和有关部门通报宜宾县财政、房改及其他情况。

八是继续加强自身建设，完善岗位职责考核等机关管理制度，使之制度化、规范化。

县政协秘书长黄家文向大会作政协第四届宜宾县委员会第二次会议以来办理提案情况的报告。

自四届二次会议以来，共收到委员提案 58 件，提出提案的委员共 174 人次。经提案委员会审查后，作为立案办理的 17 件，作为意见办理的 41 件。截至 1991 年 9 月底，立案办理的 17 件提案已全部办复完毕，主要问题已落实的 9 件占 52%，目前正在落实的 6 件占 35%，因多方面原因暂时尚不能落实的 2 件占 11.7%。作为意见办理的 41 件提案，被有关单位采纳的 31 件占 75%，因条件不成熟或其他原因没有被采纳需要向委员解释说明的 10 件占 24%。

报告认为，四届二次会议以来，认真学习贯彻了《全国政协提案工作条例》和《政协四川省委员会提案工作条例》，因而使提案工作走上了正规化、制度化。通过对条例的学习，增强了提案委员的使命感和责任感，注意把握住提案的“三性”（严肃性、科学性和可行性）要求。自 1991 年宜宾地区政协工委在南溪县召开了十县市政协提案工作探讨会之后，县政协推行了提案工作“五改”，即改过去一收二转为收集、审查、交办，改文来文往为协商对话、协同办案，改复文标准为落实标准，改等待回复为跟踪调查、催办、督办，改虚设提案机构兼职办公为专门委员会，使提案工作真正落到了实处。同时还开展了“四讲、四看”活动，即讲办案效率，看落实情况；讲主动办案，看完成办案时间；讲办案质量，看有无重办、补办；讲办案效果，看委员反馈意见情况。从收集的反馈意见看，提提案的委员表示满意和比较满意的占 99%。

与会委员列席了宜宾县第十届人大第三次会议，听取并讨论了政府工作报告、财政预决算报告、国民经济和社会发展计划报告及“两院”报告，协商了县长候选人。

县政协秘书长黄家文向大会报告四届三次会议提案审查情况。

大会期间，共收到委员提案 72 件，提出提案的委员共 333 人次。其中，小组提案 25 件，委员联名提案 29 件，委员个人提案 18 件。提案委员会根据提案工作条例的规定，进行了认真审查，作为立案交有关部门办理的 19 件，立案率 26.7%；作为意见送有关部门参考的 36 件，占 50.7%；作为委员来信处理的 16 件，占 22.5%；经提案委员会讨论没有受理的 1 件，其原因是由非政协组成单位和政协委员提出的。大会闭幕以后，县政协将会同县委办、县政府办，本着分级负责、归口办理的原则，及时将提案送交各职能部门研究办理。

报告表示，将继续学习贯彻提案工作条例，使提案工作不断向正规化、制度化发展，大胆探索改进提案工作的新路子，力求简化程序，提高效率，讲求质量，为推进宜宾县社会主义物质文明、精神文明建设，推进民主和法制建设提出更多更好的提案。

会议通过了政协第四届宜宾县委员会第三次全体会议决议。

中共宜宾县委副书记阳通富代表中共宜宾县委，县长张家骧代表宜宾县人民政府，在会议闭幕式上作了大会讲话。

第五节 第五届全体会议

一、五届一次全会

1993年2月24—28日，政协第五届宜宾县委员会第一次全体会议在县城柏溪召开。会议的议程是：听取和审议政协第四届宜宾县委员会常务委员会工作报告；听取和审议政协第四届宜宾县委员会提案办理情况报告；选举政协第五届宜宾县委员会主席、副主席、秘书长、常务委员；通过政协第五届宜宾县委员会第一次会议决议；列席宜宾县第十一届人民代表大会第一次会议。五届一次会议共安排县政协委员221名。30名特邀人员参加了会议。

政协第五届宜宾县委员会委员名表

表3-6

界别	姓名			
中共（11人）	何世春	彭德森	甘智年	杨俊卿
	凌受文	凌受湘	龚玉堂	赵林文
	黄家文	林友才	肖万能	
无党派（16人）	甘道富	魏长青	任自力	越太和
	李仲龄	张德虎	张乃富	赵廷楷
	刘太伟	徐兴本	张　典	魏常坤
	刘桂生（女）	胡国才	赖兆龙	闵家权
共青团（7人）	钟建华	李　清（女）	王文国	李小虹（女）
	陈　洪	刘　虹（女）	舒兴荣	
妇联（7人）	罗德伦（女）	游开地（女）	张仁英（女）	任德谦（女）
	黄显林（女）	金福莲（女）	张成玉（女）	
工会（5人）	刘德华	何其彬	李敏惠（女）	周西平（女）
	周志旭			
农民（9人）	文万聪	赵纯和	蒋守存	张宗华
	冯春风	曾举明	樊尚富	鄢金成
	刘佐高			
工商联（24人）	骆为荣	张晓虎	蒋太文	唐宗宇
	徐世芬（女）	李玉臻	甘自强	陈昌生

续表 3-6

界别	姓名			
工商联（24人）	罗东平	钟　屏	唐作琼（女）	汤一力
	吕登明	刘荣江	陆昌泽	张寿洪
	吴多贵	汪孝先	张天佑	向相富
	李家德	徐仲明	刘兆清（女）	白德前（女）
教育（19人）	彭其文	彭代贤（女）	周良胜	陈端可
	甘煜平	兰淑群（女）	陈开地	江国才
	张玲芳（女）	吴高荣	邱顺德	曹光仲
	练华明	丁厚明	凌之熙	蒋培跃
	杨淑芬（女）	李代轩	李泽庄	
医卫（12人）	廖光其	罗绍清	李进贤（女）	宋泽光
	杜懋萍（女）	牟伯琴（女）	廖兴才	刘相奎
	黄燕玲（女）	陈其珍（女）	牟廷伟	邓代敏（女）
文体（6人）	黄元高	曹志华	张林富	江振鳌
	韦如炳	刘荣富		
科协（25人）	肖邦义	冯培新（女）	黄提荣	刘中能
	杨佩华（女）	周灿辉	张俊良	潘光金
	吴慕铎	林全铭	张荣怀	王国银
	粟建明	邹绍平	左仲辉	刘汉军
	郑明伦	赖以平	陆永泰	李明均
	魏定武	聂荣英（女）	曹　平	彭　雄（女）
	秦治能			
侨台（15人）	李忠才（女）	谢家康	郭应春	景其昌
	赵阒深（女）	刘家阳（女）	周培福	邓　琼（女）
	王廷峰	唐朝海	张阿维	谢若男（女）
	李隆高	尹德和	肖　一	
特邀（45人）	陈克玉（女）	黄锐林	徐金友	余义伟（女）
	何家彩（女）	李　艺（女）	陈　伟	涂万民
	曹淑珍（女）	袁显明	甘智伦	陈希森
	卢存根	刘礼聪	蒋元甫	张介仁
	蒋太升	李伯军	罗　能	周肇端
	邹顺罗	兰世平	钟友明	黄仲伦
	鞠树芳	吴楷风	郭汝玲（女）	王奎光
	罗伟英（女）	牟　林	黄定培	刘明勋
	唐顺宣	卢永江	李春平	李朝能

续表 3-6

界别	姓名			
特邀（45 人）	廖成银	陈丽蓉（女）	凌驷蓉（女）	杨维贵
	雷锡元	郭云禄	樊贞富	罗昌秀（女）
	燕明福			
乡镇企业（12 人）	刘怀龙	戴树成	王典灿	徐世荣
	樊树华	吴治亭	王成远	张志胶
	袁明淑（女）	程大崇（女）	甘代法	陶祥久
民族（2 人）	苏增中	王忠元		
供销社（6 人）	陈发河	邱级士	叶青虎	郭希生
	廖晓玲（女）	万先玉（女）		

何世春受政协第四届宜宾县委员会常务委员会的委托，向大会作政协第四届宜宾县委员会常务委员会工作报告。

报告回顾自宜宾县政协四届一次会议以来，认真学习、深入贯彻中国共产党《关于坚持和完善中国共产党领导的多党合作和政治协商制度的意见》，举办了一期历时六天的“统一战线理论培训班”。根据中发〔1989〕14 号文件和省委有关文件精神，结合县级政协的实际，制定了《宜宾县政协关于政治协商、民主监督暂行规定实施细则》，为委员围绕宜宾县经济建设中心，认真履行“政治协商、民主监督”的职能奠定了基础。三年来，在中共宜宾县委的领导和上级政协的指导下，始终坚持党的“一个中心、两个基本点”的基本路线，视发展“五龙”“三马”、兴工富县为己任，认真履行“政治协商、民主监督”主要职能，同县人大、县政府、县纪委、县人武部同唱一台戏，直接参与“两个文明建设”。

协商监督照肝胆，经济建设结同心。三年来高举社会主义和爱国主义旗帜，遵循“长期共存、互相监督、肝胆相照、荣辱与共”的方针，不断学习马克思列宁主义、毛泽东思想，认真学习贯彻中央、省、地、县有关文件精神。凡是重要文件，不但召开常委会专题学习讨论，而且以“两集中”（集中委员专题学习和集中部分委员座谈讨论）的方式组织委员学习。并重点学习讨论江泽民 1991 年“七一”讲话、邓小平南方谈话和中共十四大工作报告。召开 3 次全委会议、17 次常委会议和 17 次主席会议，每年对县政府工作报告、财政预决算、社会发展和国民经济计划、重要人事安排、行政区域的变革等重大事务进行了深入的协商讨论；常务委员会先后听取了县政府关于“‘八五’计划和十年规划”“工业生产”“治理三乱”“农村社会主义教育”“社会治安综合治理”“纠正行业不正之风”“蚕桑生产”“世行贷款造林”“产业结构调整”“工业布局”“住房制度改革”等情况通报；县政协领导分别列席县委常委会议、人大常委会议、县政府常务会议，参与研究制定长江柑桔带、世行贷款造林工程、全县绿化、大林业生产以及发展粮猪、烤烟、茶叶、蚕桑、五倍子、油樟、工业、商办工业、乡镇企业等重大方案。由政协领办的“成都客车厂宜宾联合装修厂”当年投产见效，投资、入股合办的华申经贸有限公司经济效益显著；还帮助复龙乡完善茶场、电站的修建，在高场、复龙进行烤烟示范片规划等。各专门委员会结合各自的业务，同县委、县政府有关部门进行对口协商，开展联合调查等重要活动。组织委员对宜宾地区农科所二系杂交水稻、夹江中江两县蚕桑综合开发示范进行了考察；对县丝厂、啤酒厂、植物油厂、柏溪羽绒厂、县农药分装厂、氮肥厂、六七三厂和县水泥厂等企业开展“质量品种效益年”的情况，玉龙、义兴两地蚕桑生产和七里、黄伞两乡世行贷款造林工程，宜屏公路两侧馒头山的经济开发和七里乡石盘寺以及石城山的旅游开发价值，柳嘉职中、安边蕨溪中小学和幼儿园的德育和基础教育情况，安边、商州、白花等医院的医风医德以及存在的问题进行了视察。建立了由政协委员任组长的“生根粉试验、示范课题组”，经过大量工作，已将使用生根粉的范围由单一的油樟扦插育苗，扩大到粮食作物、经济作物和蔬菜等方面；会同科委和成职校举办了一期金针菇、竹荪菌技术培训班，聘请菌类专家授课，30 名学员参训；由政协牵线领办的微量元素肥料厂和饲料厂产品已投放市场，并收到一定的经济效益和社会效益。召开了政协联系组经验交流会，推广了商州等联系组的经验，拓宽了政协联系组开展活动的路子。自四届一次会议以来，立案办理的 64 件提案已全部办复完毕，其中有 40.7% 的提案被采纳，40.6% 的提案已列入计划逐步解决，18.7% 的提案因条件不具备而暂缓解决。从收回的意见看，委员对办理结果表示满意和基本满意的达 90% 以上。

开展联谊活动，建设精神文明。三年来，县政协与有关部门对到县经商、探亲的台胞、侨胞、港澳同胞（简称“三胞”）接待热情周到，被他们誉为“好娘家”。1992 年会同台办和县工业安装公司一起召开了部分侨台属会议，动员他们与海外及港澳台亲友加强联系；每年中秋和新春佳节，按例召开部分“三胞”及其眷属参加的茶话会，同时开展“向海外亲人写好一封信”活动；积极组织委员和各界人士撰写稿件，加强对外宣传，本届内，共撰写、拍摄家乡风光、名胜古迹、名优特产等稿件 29 篇（幅），分别被《人民日报》（海外版）、《祖国新闻》、《中国旅游报》、《西南旅游》、《羊城晚报》、香港《大公报》、中央人民广播电台采用 23 件（次），对推动对外开放、经济文化交流、和平统一祖国起到了积极作用。县政协分管文史资料的领导带领专职文史员深入全县各乡镇广泛收集史料，充实了乡镇 27 名骨干文史员，分别在观音、蕨溪、横江召开文史工作会议，选编出版了 5 辑、共 2000 册、计 34 万字的文史资料，并被南京、济南等大学图书馆收藏。

会同县委宣传部创办了《宜宾县报》，每期出版 2000 多份，寄赠宜宾县在外工作的各界人士；会同教育局、文化局、文化馆于 1990 年“七一”举办了大型书画展，每年“六一”举办青少年书画竞赛；积极参加宜宾地区十县（市）和川滇两省十二县（市）政协联系会，共同探讨交流政协工作。

加强机关建设，提高工作效率。定期组织机关工作人员学习马克思列宁主义，毛泽东思想，中央、省、地、县有关文件，严格做到政治上同中央保持一致；增配机关工作人员，充实了 6 个专门委员会，为部分专门委员会配备了专职副主任；根据县委加快改革的方案，对机关人员实行“三三分流”，建立了全员风险保证金制度，每月从工资中扣交保证金，年终直接同奖惩挂钩。机关每年都有联系乡镇、企业工作和临时任务，经有关部门考核，均圆满完成。

报告寄语新一届政协始终坚持“一个中心、两个基本点”的基本路线，继续高举社会主义和爱国主义旗帜，认真学习、贯彻中共宜宾县委批转的县政协《政治协商、民主监督暂行规定的实施细则》。

黄家文代表第四届宜宾县政协提案委员会，向大会作提案办理情况的报告。

自四届一次会议以来，共收到委员提案 215 件，提出提案的委员共 738 人次，经提案委员会审查，作立案办理的 64 件，作意见办理的 119 件，作人民来信办理的 32 件。提案和意见共 183 件，全部交有关部门研究办理，并已将办理结果回复了提案委员；作来信办理的 32 件，已交有关单位研究参考。县委、县政府及有关部门把办理政协委员的提案列入了议事日程，在每年召开的提案交办会上，县委、县政府领导均到会，要求承办单位高度重视、认真办理。在 64 件立案提案中，办理落实并产生效果的 34 件，占立案的 53%；正在落实中的 18 件，占立案的 28.3%；因条件尚不成熟或其他原因暂时难以解决的 12 件，占立案的 18.7%。三年来，提案办复率达 100%；收到提案委员反馈意见 115 件，对提案办复表示满意和比较满意的占 95% 以上。

报告总结了县政协四届一次会议以来，提案委员会在政协常委会领导下的主要工作：

一是组织委员认真学习了中央〔1989〕14 号，四川省委〔1990〕19 号、21 号文件和江泽民在中央统战工作会议上的讲话，同时还在政协委员统战理论培训班上，反复宣讲了政协的地位作用及统一战线的地位、性质和作用，提高了委员参政议政的积极性。

二是组织委员认真学习了《全国政协提案工作条例》和《四川省政协提案工作条例》，使委员掌握了提案的“三性”（严肃性、科学性、可行性）要求，提案工作走上了正规化、制度化，大大提高了提案的质量。

三是认真借鉴了 1991 年宜宾地区政协工委在南溪县召开的十县市政协提案工作探讨

会议经验，推行了提案工作“六改”。即改过去的一收二转为收集、审查、交办；改文来文往为协商对话，协同办案；改复文标准为落实标准；改等待回复为跟踪调查，催办督办；改虚设提案机构兼职办公为专门委员会；改大会期间提案为会前、会中、会后提案相结合。

四是抓好办案质量，在落实二字上下功夫。每年都要选择部分重点提案，与有关部门和专委会配合，进行专题调查和视察；对难度较大、群众反映强烈的提案，主动与政府部门和主管局协同办案；对意见分歧较大的提案，配合县政府办会同承办单位，反复调查，协商对话，做到了提案委员满意，承办单位满意。

报告指出提案工作中的不足是：少数委员提案仍不具备“三性”要求，或者只提问题，忽视可行性分析；少数办案单位拖延办复时限，回复敷衍。

会议举行了选举大会，选举产生了政协第五届宜宾县委员会常务委员会组成人员：何世春为县政协主席，甘智年、任自力、刘桂生（女）、邱级士、张乃富、徐金友、魏常坤为县政协副主席，黄家文为县政协秘书长，以及 18 名县政协常务委员会委员。

与会人员列席了宜宾县第十一届人民代表大会第一次会议，听取并讨论了《政府工作报告》及其他报告。委员们就改革开放、加快经济发展等重大问题，提出许多积极的意见和建议。

会议期间，委员们就县人大和县政府领导人选进行了协商。

黄家文受第五届宜宾县政协提案委员会的委托，向大会作五届一次会议提案审查情况报告。

会议期间共收到提案 104 件，提出提案的委员共 462 人（次），提案委员会进行了认真审查，确定作为立案办理的 26 件，作意见交有关部门参考研究的 68 件，作人民来信办理的 8 件，还有 2 件转有关单位处理。大会闭幕后，提案委员会将及时把提案分送各承办单位办理。

会议通过的政协第五届宜宾县委员会第一次会议决议指出：中共十四大是一次具有承前启后、继往开来的历史性会议，提出了建立社会主义市场经济的新理论、新形势、新任务，对政协工作提出了更高的要求。人民政协要进一步贯彻落实中国共产党领导的多党合作和政治协商制度，履行人民政协的职能，发扬人民政协学习和自我教育的优良传统，在中共宜宾县委的领导和上级政协的指导下，认真学习和贯彻中共十四大文件精神，加强同各人民团体、各族各界人士的联系，发挥人民政协人才荟萃、联系面广的优势，团结一切可以团结的力量，围绕科技兴县、“五龙三马”的战略发展目标和经济建设这个中心，为全面推进宜宾县的政治、经济综合试点改革献计献策。要进行党的基本路线和爱国主义、集体主义、社会主义教育，抵制资本主义和封建主义腐朽思想的侵蚀，适应形势的发展和参政议政的需要。

大会期间，政协宜宾地区工委领导段志华到会祝贺。县委副书记李世庄、县长肖健康分别作了大会讲话。

二、五届二次全会

1994年2月27日至3月2日，政协第五届宜宾县委员会第二次全体会议在县城柏溪召开。会议的议程是：听取和审议政协第五届宜宾县委员会常务委员会工作报告；听取和审议政协第五届宜宾县委员会提案办理情况报告；通过政协第五届宜宾县委员会第二次会议决议；列席宜宾县第十一届人民代表大会第二次会议。应到会政协委员221名。30名特邀人员列席了会议。

县政协主席何世春向大会作政协第五届宜宾县委员会常务委员会工作报告。

履行职能，建言献策。一年来，召开了6次常委会议，除对政协换届后正副主席的分工、专委会机构的设置、专委会正副主任的确定、联系组正副组长的人事安排、政协机关事务和1993年政协工作要点进行讨论、研究外，更多的是学习、协商和建言献策。认真学习了李瑞环在全国政协八届一、二次会议上的讲话，传达贯彻省、地、县委政协工作会议精神，对中共宜宾县委《关于进一步加强人民政协工作的决定》进行反复讨论、学习；先后听取了县党代会工作、政府工作、财政预决算、国民经济发展规划等报告，常委们对上述报告提出了30多条修改意见；对换届中几套班子的重要人事安排，特别是正副县长，人大、政协班子的人选进行了反复协商。按照工作计划先后听取了县政府3个情况通报，在听取“乡镇企业发展”情况通报后，常委们提出了20多条建议和意见；在听取“党风建设、反腐倡廉”情况通报后，提出了13条意见和建议；在听取“技术监督”情况通报后，提出了21条意见和建议。县政协正副主席分别列席了县委常委会议、县人大常委会议和县政府常务会议，本着解放思想和协商不越位的原则，认真献计献策，对县委、县政府的正确决策起到了积极作用。县政协就非公有制经济的基本情况、全民所有制企业转换经营机制推行股份制以后的情况和高场职业中学的教育情况分别进行了调查研究，在调查报告中提出了进一步贯彻落实发展非公有制经济政策，推行企业领导体制、劳动用工、分配制度和保险制度“四位一体”改革，为宜宾县企业与职业中学联合办学作好协调工作等35条意见和建议。这些意见和建议多被采纳，县委办加上按语以《情况反映》转发全县。宜宾地委统战部也将县政协非公有制经济发展情况的调查报告转发到全地区。自五届一次会议以来，共收到委员提案104件，其中立案办理的26件，截至1993年7月底已全部办复完毕。一年中，接待来信来访47次，认真听取情况反映，耐心做好解释工作，都给他们予以了满意的答复。配合县人大对全县社会治安综合治理和妇女权益保障法的贯彻执行情况进行了全面检查，参与了人民代表对县人民法院、县人民检察院的民主评议。先后举办了“迎春”“中秋”两个茶话会和两次各界知名人士座谈会；接待回乡探亲、访友、观光、洽谈贸易的侨台胞共40批58人；协助办理侨台属子女入学6例、参军1人、就业2例、出国探亲3人，协助解决了普安乡、双龙镇两台属的房产纠纷；协助有关部门解决了侨眷拆迁2例等。大力开展外事宣传，积极撰写稿件，1993年分别被《宜宾县报》《宜宾日报》《四川日报》《四川政协报》《旅游文化报》《外事天地》《民营企业导报》等报刊采用了16篇次。

发挥政协“智力库”优势，为两个文明建设出力。一年来，分别到白花、孔滩、王场、龙池、安边等镇乡和有关部门及企业调查研究，帮助工作。帮助镇乡理顺撤区并乡后的各种工作关系，制定规划措施，完善各种规章制度，解决了一些历史遗留问题；帮助修复孔高路13千米，为孔观路孔滩场镇多年失修的泥土路面落实资金将其改为水泥路面，新修村社道40多千米，恢复和新建提灌站7个，新办村社经济实体8个、个体企业41个，新办和扩建乡镇企业18家。1名副主席立志填补国内制造高级轿车、轻型汽车发动机液压挺柱的空白，现已形成批量生产，为宜宾县开发了一项技术含量和附加产值最高的工业产品；1名副主席研制成功的淀粉糊精成本低、效果好，负责筹建的泡菜厂建成投产，产品远销四省市；1名副主席不断深化学校内部的教育教学改革，该校升入大专人数每年约为全县高中总数的50%，成为地区举足轻重的学校。全县各条战线的政协委员在各自的岗位上勤奋学习，努力工作，开拓进取，取得了可喜的成绩。为了保存地方史料，在经费紧缺的情况下，坚持编辑、出版了第22辑文史资料，并为出版第23辑文史资料积极组稿。

提高委员素质，加强自身建设。一年来，县政协正副主席参加县委中心组学习，召开常委会、片区及政协联系组集体学习以及委员个人自学等多种学习形式，先后学习了中发〔1989〕14号文件，全国人大、全国政协两个八届一次、二次会议，中共十四大和十四届三中全会，邓小平文选第三卷等重要文献；组织宜宾、柏溪两地的政协委员，前后两次听取中共十四届三中全会决议、邓小平文选第三卷重要章节和社会主义市场经济理论的辅导。筹备承办了宜宾地区十县（市）第七次政协联系会议，肖健康县长代表县级几套班子，在会上作了《以市场经济为目标，推进县级综合改革》的经验介绍。继省、地委政协工作会议之后，我们筹备了前所未有的中共宜宾县委政协工作会议，县级几套班子领导，各部、委、科、局、行、社、室及各大企业的主要负责人，宜宾、柏溪两地的政协委员参加了会议。县委发出了〔1994〕2号《关于进一步加强人民政协工作的决定》

的文件。换届后，根据县级机构改革精神，结合政协的实际情况，将原来的六个专门委员会合并为“学习、提案、联谊工作委员会”“经济科技工作委员会”和“文史社会工作委员会”，并将原来的秘书处改为办公室，分别配备了专职正副主任和办公室主任；按县级机关各大口、各镇乡为单位设置了35个政协委员联系组，并确定了正副组长；重新修订了机关工作岗位职责和学习制度，实行了机关干部职工聘任合同制，建立风险机制；争取了资金，动工修建政协办公楼；为每个委员印制、发放政协委员证。

总结经验，以利再战。一是县委对政协的正确领导，上级政协的正确指导；二是县级几套班子的通力合作与支持；三是政协一班人团结合作，齐心协力。工作中的薄弱环节是：有的委员参政意识不够强；对政协的性质、地位、作用宣传不够；协商监督存在着盲目性和随意性；专门委员会开展对口协商较少。

报告提出了1994年的工作要点：继续深入学习党的十四大和十四届三中全会精神，学好邓小平文选第三卷；围绕加快改革、发展、稳定，以此作为协商监督的着眼点和着力点；加强政协组织自身建设；继续坚持以经济建设为中心。

县政协秘书长黄家文代表提案委员会，向大会报告五届一次会议以来的提案办理情况。

五届一次会议以来，共收到委员提案104件，经提案委员会审查，作为立案办理的26件，占25%；作为意见办理的69件，占66.3%；作为来信办理的9件，占8.65%。全部提案于1993年7月底前办复完备，符合办案时限要求。按照办理落实质量A、B、C、D标准分类，办复属A类的44件，占46.3%；B类的36件，占37.8%；C类的14件，占14.7%；D类的1件，占1.05%。收到提案委员反馈意见34件，对提案办复表示满意和基本满意的为100%。

提案工作方面主要的工作是：组织委员认真学习中共十四届三中全会精神，传达贯彻省、地、县委政协工作会议精神，提高了政协委员的光荣感，激发委员积极参政议政；按照全国政协提案工作条例和省政协提案工作条例规定，抓好委员提案的收集、审理和交办工作，协调监督承办单位采取多种方式积极办案，并在落实和解决问题上多下功夫；结合有代表性的提案内容开展专题调查；会同县政府办编印了《宜宾县办理建议、提案工作手册》，发至各乡镇政协联系组，同时还制定了办理政协委员提案暂行办法，对办理提案的目的、意义、程序、时限、质量、格式及奖惩办法作了明确规定。

提案工作存在的一些问题：深入基层调研不够，集体提案的征集差，少数委员提案仍不具备“三性”，少数办案单位拖延时间、回复敷衍。

会议传达了全国统战工作会议和省委政协工作会议精神。

与会委员列席了宜宾县第十一届人民代表大会第二次全体会议，听取并讨论了县人民政府工作报告及其他几个报告。

县政协秘书长黄家文向大会作了五届二次会议提案审查情况的报告。大会期间共收到提案63件，提出提案的委员197人次。经审查，确定作为立案办理的7件，作意见转有关部门供参考研究的54件，作为人民来信办理的2件。

中共宜宾县委书记张明泉、县长肖健康作了大会讲话。

会议通过了宜宾县政协五届二次会议决议。

三、五届三次全会

1995年2月28日至3月3日，政协第五届宜宾县委员会第三次全体会议在县城柏溪镇召开。会议的议程是：听取和审议政协第五届宜宾县委员会常务委员会工作报告；听取和审议政协第五届宜宾县委员会提案办理情况报告；通过政协第五届宜宾县委员会第三次会议决议；列席宜宾县第十一届人民代表大会第三次会议。五届三次会议应到会政协委员为228人。32名特邀人员列席会议。

县政协主席何世春向大会作政协第五届宜宾县委员会常务委员会工作报告。

围绕中心，献计献策。按期召开主席办公会议，结合实际安排部署全年工作，认真落实各阶段的工作任务；召开了5次常委会议，集体学习邓小平文选第三卷和党的重要文件，讨论修改上年政协工作报告，协商增补委员和任免部分乡镇政协联系组组长，按例听取政府工作报告、通报并提出意见和建议；正副主席分别列席了县委常委会议、县人大常委会议和县政府常务会议。学习提案联谊委员会除深入到各乡镇政协联系组指导学习外，还组织在柏溪、宜宾两地的政协委员集体学习《关于建立社会主义市场经济体制若干问题的决议》和中共十四届四中全会决定；积极争取政府有关部门的配合和支持，在短短的3个月内，将提案件件落到实处，全部办复完毕。经济科技委员会紧紧围绕改革开放和经济建设开展活动，组织委员开展调查研究、对口协商，写出调查报告或简报，仅在“发展非公有制经济”“国有资产评估和管理”“稳粮增收调结构”的三次对话中就提出建设性意见33条。文史社会委员会组织委员对乡镇的文化市场和卡拉OK厅的管理进行了抽样调查，广泛听取群众反映，然后同县文体广播电视局进行对口协商，提出了建议。

主动服从和服务于经济建设。一年来，县政协为乡镇的蚕桑发展、农田基本建设、乡村公路和小集镇建设、乡镇企业发展共办了10件好事。即帮助白花镇组织力量，筹集资金10多万元，修复了红旗水库的电力排灌站设施和修精渠；帮助孔滩镇实施坡改梯工程3000亩；帮助白花、孔滩两镇修通村级公路9条；帮助龙池乡修通公路14.7千米，为增产万吨焦煤开辟了道路；帮助白花、龙池、孔滩解决好饮水、照明、闭路电视等问题；

帮助龙池乡组织资金兴办的焦化厂已产焦煤7000多吨；帮助王场乡修通了村级公路和场镇街道；帮助龙池乡发展蚕桑，已达人均栽桑千株；帮助安边镇协调好公安、工商、税务等部门的关系，恢复了烟草边贸市场，为国家增税20多万元；帮助竹压板厂和钢卷尺厂引进技术、人才，筹集资金和组织设备进行技改扩建。1994年，县政协联系的乡镇除一个受灾特别严重的外，全面完成或超额完成县委、县政府下达的各项任务指标。县政协会同县委统战部对19个乡镇贯彻县委〔1994〕2号文件精神进行检查了解，看望了政协委员和各界人士代表，通过座谈、走访形式倾听他们的意见和要求，鼓励他们搞好本职工作，支持、理解党政工作。1994年，配合县政府有关部门接待到县考察、商贸洽谈、学术交流的外国朋友21批、66人，其中有亚行经济专家、德国鲁尔波鸿大学博士、日本考古学家、韩国经济专家等，他们分别考察了金江魔芋公司的魔芋制品深加工项目、农村改革和发展农村经济及小城镇建设，考察了黄伞岩墓群。其间，邀请韩国经济专家为科级以上领导干部讲授市场经济和民营经济理论课。协助县政府部门圆满完成了美国义诊医疗团和俄罗斯、美国、法国等专家到县考察和经贸洽谈接待任务。协助办理侨台属子女入学2人、就业2人、参军2人、去台继承遗产3人，解决房产纠纷1例，帮助侨台胞找到亲人2例。文史社会委员会将文史收集的重点转入新中国成立后的史料，在几家县属企业的支持下，编辑出版了一辑工业专辑，记述了宜宾县工业发展真实历史。

提高委员素质，加强自身建设。在召开政协全委会议期间，进一步深入学习《关于坚持和完善中国共产党领导的多党合作和政治协商制度的意见》、中共十四届三中全会和中央、省、地、县委政协工作会议精神；常委会组成人员一班人每次例会都要学习上级的文件和法律法规，以及宜宾县出台的各项政策；正副主席除参加县委中心组和政协机关每周半天的学习外，还自己通读了《邓小平文选》（第三卷），并对社会主义市场经济理论进行了系统的学习研究。在加强自身建设方面，为加强办公室工作，县委给调配了1名副主任；通过协商增补了8名政协委员，任免了8个乡镇政协联系组组长；根据县委组织部的统一部署，对政协机关党员和科局级领导干部进行了评议；坚持了机关工作人员每周半天的政治学习制度。在落实县委政协工作会议精神中，县政府挤出35万元资金为政协修建办公楼，已于1994年6月竣工。

报告提出了1995年的工作：继续深入学习中共十四大和十四届三中、四中全会精神，用邓小平建设有中国特色社会主义的理论武装头脑，继续深入贯彻落实省、地、县委政协统战工作会议精神；把加快改革、开放、发展、稳定作为协商监督的着眼点和着力点，把例会作为政协参政议政的重要渠道，力争拓宽协商监督的路子；加强政协自身建设，加强思想建设、作风建设和制度建设；进一步发挥人民政协团结面广、影响面大、代表性强的优势，团结一切可以团结的力量；政协常委会要加强对专委会的领导，健全完善工作制度；加大宣传力度和密度；搞好政协机关工作，努力完成和超额完成各项工作任务；坚持以经济建设为中心，为经济发展、社会安定、人民生活改善献计出力。

县政协秘书长黄家文代表提案委员会，向大会报告五届二次会议以来的提案办理情况。

五届二次会议以来，共收到委员提案 64 件，提出提案的委员 198 人次。经提案委员会审理，作为立案办理的 7 件，作为意见供各职能部门参考的 55 件，作来信办理的 2 件。（五届二次）大会闭幕后，县委、县政府于 1994 年 3 月 31 日召开了有承办任务单位的科局级领导负责人会议，在会上总结表彰了上次会议（五届一次）以来办理提案成绩突出的先进单位和个人，部署了 1994 年度提案办理任务，常务副县长游柱先代表县委、县政府领导作了关于认真办理委员提案的重要讲话。全部提案于 1994 年 8 月底前办复完备，办复率达 100%。共收到提案委员反馈意见 39 份，其中对提案办复落实表示满意和基本满意的 36 份，占 92.3%。

提案工作一是按照全国政协提案工作条例和省政协提案工作条例规定，认真抓好提案的收集、审理和交办工作，协调监督承办单位采取多种方式积极办案。二是抓落实、求质量、讲效果。64 件提案落实效果按 ABCD 分类为：已经落实和基本解决的（A 类）23 件，占 35.9%；正在解决和计划落实中的（B 类）25 件，占 39%；需要请示解决和创造条件落实的（C 类）6 件，占 9.3%；目前尚不具备落实条件，需向委员解释说明的（D 类）10 件，占 15%。三是认真宣传贯彻《宜宾县办理政协委员提案暂行办法》，使承办单位进一步明确了办理委员提案的目的、意义、程序、时限、质量、文书格式及办案奖惩办法。

报告指出了工作中的不足：一是近年来团体和小组提案仍然很少，未提出过建议案；二是少数委员提案不具备“三性”要求；三是提案落实率较低。

与会委员列席了宜宾县第十一届人民代表大会第三次全体会议，听取和讨论了县人民政府工作报告及其他几个报告。委员们给予了肯定评价。

会议期间，全体委员学习了江泽民在新春茶话会上的讲话——《为促进祖国统一大业的完成而继续奋斗》，一致认为这反映了中华民族的共同愿望和根本利益；会议传达了省政协工作会议精神，学习了有关文件。

县政协秘书长黄家文向大会作五届三次会议的提案审查情况的报告。

大会期间，共收到 208 人次提出的提案 74 件，其中委员个人和联名提案 70 件，参加政协的组成单位提案 3 件，小组提案 1 件。提案委员会对上述提案认真审查，作为立案办理的 13 件，立案率 17.6%；作为意见供有关部门参考的 56 件，占 75.6%；作来信办理的 5 件，占 6.8%。

中共宜宾县委书记张明泉、县长肖健康作了大会讲话。

会议通过了政协第五届宜宾县委员会第三次会议决议。

四、五届四次全会

1996 年 3 月 12—15 日，政协第五届宜宾县委员会第四次全体会议在县城柏溪镇召开。会议的主要议程是：学习《政协四川省委员会关于政治协商、民主监督、参政议政的实施细则》；听取和审议政协第五届宜宾县委员会常务委员会工作报告；听取和审议政协第五届宜宾县委员会提案办理情况报告；通过政协第五届宜宾县委员会第四次会议决议；列席宜宾县第十一届人民代表大会第四次会议；其他事项。本次会议应到会委员 227 名。32 名特邀人员参加了会议。

县政协主席何世春向大会作政协第五届宜宾县委员会常务委员会工作报告。

报告认为，1995 年是全面完成国民经济和社会发展第八个五年计划的最后一年，也是政协工作规范化、制度化建设的重要一年。这年里，中央〔1995〕13 号文件批转了《政协全国委员会关于政治协商、民主监督、参政议政的规定》（以下简称《规定》），省委〔1995〕31 号文件也批转了《政协四川省委员会关于政治协商、民主监督、参政议政的实施细则》（以下简称《实施细则》）。县政协以《规定》和《实施细则》为准则，以深入贯彻省、地、县委政协工作会议精神为主线，以发挥协商监督和参政议政的职能为着眼点，以直接参与改革开放和经济建设为着力点，为宜宾县政治、经济、文化和社会生活等方面做了大量工作，圆满地完成了任务。

发挥政协职能，积极议政献策，唱好同台戏。本着尽职而不越位、参与而不代替、帮忙而不添乱的原则，实事求是地反映社情民意，认真负责地议政献策，积极主动地与县委、县政府一道共谋发展和改革大计。

（一）在听取县政府工作、财政预决算、国民经济和社会发展计划 3 个报告后，与会委员和常委分别进行了认真讨论、修改，提出了许多建设性的意见和建议；在听取县政府“关于普及初等义务教育、普及中等义务教育的情况通报”“关于我县‘粮专’工程实施情况通报”“关于我县社会养老保险工作的情况通报”后，常委们以认真负责的精神，充分议政献策；主席办公会议讨论和制定了全年工作计划、《政协宜宾县委员会关于政治协商、民主监督、参政议政的实施细则（草案）》，研究了向县纪委、检察院、监察局、审计局等单位推荐县政协委员担任特约检查员、监察员、审计员的初步方案，讨论并制定了《机关岗位目标管理责任制》等；正副主席通过分别列席县委常委会议、县人大常委会议和县政府常务会议等形式，直接参与涉及宜宾县大政方针以及政治、经济、文化和社会生活中的重大问题的协商研究。

（二）五届三次全会以来，共收到委员提案 76 件，于 6 月底全部办复。在搞好催办督办的同时，继续坚持了对热点难点提案的跟踪调查制度。对 11 件来信 30 余人次来访都做到了热情接待，耐心细致地宣传解释，及时交有关部门办理。

（三）三个专门委员会围绕常委会议议题开展调查研究，在调查报告中提出了论据充分、针对性强的 18 条意见和建议；先后同县计生委就计划生育工作，同县供销社就“探索供销合作社发展之路”，同县蚕丝绸公司就“保护桑树不受损失”开展了对口协商；开展了对公安派出所达标工作的抽样调查和对“馒头山”良种水果果场的专项调查。

（四）在县教委和部分中小学、教办的大力支持配合下，编辑出版了一期近 11 万字的《教育专辑》。文史工作的发展方向、资金筹措的方法和史料的质量，都得到了省政协文史委的充分肯定。

（五）参与接待了全国政协副主席杨汝岱和省政协副主席刘绍先对宜宾县的考察，分别接待了省政协副主席刘昌杰一行和地区政协工委委员、十县市政协主席对开发石城山森林公园的视察，接受了省政协文史资料研究委员会主任但汉然等一行对宜宾县文史资料工作的考察，陪同地区政协工委领导对白花、孔滩两镇农田水利基本建设、乡镇企业发展等方面进行了考察，参与了地区政协对宜宾县卫生局及 5 个医疗单位贯彻省委〔1994〕21 号文件情况的检查和对柏溪镇、复龙乡中小学师资队伍现状的调查。

围绕中心，直接参与，主动服务。

（一）政协委员们在各自的工作岗位上，创造出了不凡业绩。如高级工程师、县政协委员、工商联副会长、宜宾金属复合板厂厂长王典灿，狠抓技术改造、挖潜革新，使该厂设备齐全、技术先进、产品科技含量高，继 1994 年被省科委列入省重点新产品试制鉴定计划之后，又被国家科委列入国家级火炬计划（是全地区第一家），1995 年王典灿被评为省劳动模范；县政协委员、工商联常委、保险公司经理兼党支部书记甘自强积极带领公司党政一班人，勇于改革，不断拓宽保险业务，1995 年公司各种保险费收入达 1488 万元，又获得省级“精神文明单位”称号，甘自强作为金融保险系统的省先进个人出席了 10 月 1 日的北京国庆观礼和天安门升旗仪式；吴利财委员艰苦创业，把宜宾花园建筑安装工程有限公司这个小乡镇企业发展成为被农业部评定的“二级企业”，并在全国第二届“创业之星”评选活动中获得“95 创业之星”荣誉称号；罗绍清委员创办了宜宾骨科医院，其个人也奋力攀登医学高峰，其中《经皮穿针内固定治疗科雷氏骨折》一文在第二届世界传统医学学术交流会上获得特别金奖；李代煊委员刻苦钻研书法艺术，作品享誉省内外、国内外，在“95 国际文学艺术作品博览会”上获“特别等级”，在全国第六届书法篆刻作品展览会上获“全国奖”。

（二）围绕县委、县政府中心工作，加强正副主席和机关对所联系的乡镇企业的指导、协调和服务工作。在联系白花、孔滩、安边、李场、王场四镇一乡工作中，一是协助、指导加强组织建设、思想建设和党风廉政建设，调整个别软弱涣散的村社班子；二是积极主动地为山水林田路综合治理、小集镇建设和乡镇企业发展等，搞好规划、协调资金、论证和落实项目；三是指导开展创建小康示范村活动；四是指导他们圆满完成了村两委和乡镇“两代会”的换届选举任务；五是直接参与了突击计划生育普查、农税提留收缴、社会治安综合治理等工作。在联系复合板厂、六七三厂、冷冻食品厂、白龙食品厂和东方机电公司、炉器公司等企业工作中，指导他们狠抓技改或扩建项目的立项、资金投入，帮助协调各方面、各环节工作，确保了各项任务的完成。

（三）广交朋友，开展联谊活动。接待陕西省武功县等3个友好县市到县学习、考察；同县总工会接待了全国著名版画家李介文老先生，并为他举办了回乡个人书画展；参加了眉山、大邑、宜宾三县书画巡回展活动。

加强自身建设，提高整体素质，促进机关精神文明建设。利用会议形式，加强学习，丰富和提高政协委员的业务、法律和政策理论知识水平；政协机关着重抓了以《岗位目标管理责任制》为主的八项规章制度的建立和完善，坚持了每周半天的政治业务学习日活动，发挥党支部的战斗堡垒作用，开展精神文明升级达标活动；编撰了工作活动情况简报5期，向省、地、县广播电台、报刊投稿30余件，用稿20余件。

报告提出新的一年工作要深入贯彻执行中共十四届四中、五中全会和中央经济工作会议精神，广泛宣传贯彻中央〔1995〕13号文件和省委〔1995〕31号文件精神；提高例会质量，认真开展协商监督；加强对委员的指导，提高参政议政质量，指导委员开展“五个一”活动；坚持政协的有关联系制度，广泛开展联谊工作，加强同台胞、侨胞、港澳同胞和各族各界人士的联系与合作；充分发挥政协机关党支部的战斗力和凝聚力，加强机关的思想建设、组织建设、党风廉政建设和精神文明建设。

县政协副主席徐金友向大会报告五届三次会议以来的提案办理情况。

五届三次会议以来，共收到委员提案76件，提出提案的委员208人次。经提案委员会审查，作为立案处理的15件，作为意见转各有关单位参考的56件，作为来信办理的5件。县委、县政府于1995年3月29日联合召开了有承办任务的科局级单位的领导和经办人会议，对上年办理落实提案工作成绩突出的单位和个人进行了表彰，同时分配交办了1995年提案工作任务。全部提案于1995年6月30日前基本办复完备，办复率达98.6%。共收到提案委员反馈意见26份，对提案办复表示满意和基本满意的委员占98%以上。

提案委员会主要抓了以下工作：

一是按照全国政协和四川省政协提案工作条例规定，认真抓好提案的收集、审理和交办工作，协调监督承办单位采取多种方式积极办案。

二是选择典型案件开展追踪调查和现场办案。选择了清理整顿文化市场和治理县城脏、乱、差以及加强完善社会养老保险3个带有普遍性、群众反映强烈的案件，进行了追踪调查和开门办案，均取得较好效果。

三是抓落实、求质量、讲效果。提案办复完备的时间比上年同期提前了50天，办案的规范化、制度化好于往年。71件提案（5件作为来信办理的提案除外）落实效果分类如下：已经落实和部分落实的（A类）28件，占39.4%，比上年上升4%；正在落实和计划落实的（B类）33件，占46.4%，比上年上升7%；需要等待和创造条件落实的（C类）5件，占7%，比上年下降2%；目前尚不具备落实条件，需向提案委员解释说明的（D类）5件，占7%，比上年下降8%。有一件重案，建议县政府令其重新办理。

报告指出存在的一些不足：委员个人提案和联名提案多，团体提案较少；部分提案不符合“三性”要求，因而立案率不高；提案中涉及修房筑路等各类问题投入多，由于当前财力有限，因而只能逐步加以落实。

会议增选彭思云为县政协常务委员。会议同意邱级士辞去县政协副主席、委员职务；同意任自力辞去县政协副主席职务；同意黄家文辞去县政协秘书长职务。

与会委员列席了宜宾县第十一届人民代表大会第四次会议，听取并讨论了《宜宾县国民经济和社会发展第九个五年计划和2010年远景目标纲要》《政府工作报告》《财政预决算报告》《国民经济和社会发展计划报告》。委员们对完善和实施纲要提出许多建设性的意见和建议，并希望县政府认真组织实施。

县政协副主席徐金友向大会作五届四次会议的提案审查情况报告。

大会期间，共收到提案48件，其中委员个人和联名提案42件，大会小组提案1件，参加政协的组成单位提案5件。经审查，确定作为立案办理的7件，占14.6%；作为意见转有关部门参考的40件，占83%；作为来信办理的1件，占2%。这些提案中，经济工作方面的13件，教育、科技文化、卫生方面的13件，政法、人事、廉政建设方面的5件，交通公路建设方面的9件，群众生活和其他方面的8件。

会议通过了政协宜宾县委员会五届四次会议决议。

中共宜宾县委书记游柱先在会议结束时作了大会讲话。

五、五届五次全会

1997 年 1 月 17—20 日，政协第五届宜宾县委员会第五次全体会议在县城柏溪镇召开。会议的议程是：听取和审议政协第五届宜宾县委员会常务委员会工作报告；听取和审议政协第五届宜宾县委员会提案办理情况报告；通过政协第五届宜宾县委员会第五次会议决议；列席宜宾县第十一届人民代表大会第五次会议；其他事项。应到会县政协委员 227 名。31 名特邀人员参加了会议。

县政协主席何世春向大会作政协第五届宜宾县委员会常务委员会工作报告。

执行三个文件，加强“两化”建设，提高三个质量，切实履行职能。全国政协《关于政治协商、民主监督、参政议政的规定》，省政协《关于政治协商、民主监督、参政议政的实施细则》和地区政协工委《关于贯彻全国政协〈规定〉和省政协〈实施细则〉的意见》三个文件，是履行政协职能的指导准则。加强政协工作的规范化、制度化建设是新时期人民政协工作的重要任务之一，是贯彻三个文件的具体形式。提高政协的例会、提案和视察调研三个方面质量是履行政协职能的内在要求，是执行三个文件的具体体现。

（一）加强“两化”建设，开创政协工作新局面。现已初步建立并形成了八项制度。一是会议制度：一年 1 次全委会，一季度 1 次常委会，一月 1 次主席办公会；二是列席会议制度：正副主席分别列席县委常委会议、人大常委会议、政府常务会议和县长办公会，政协常委会议也邀请分管、联系政协工作的书记、主任、县长以及有关政协委员列席；三是对口协商、联系制度：政协各专委会按照分工，分别与县委、县政府各职能部门和群团组织实行对口协商、视察活动；四是提案办理制度：包括提案撰写、审查、交办、答复、评比表彰和跟踪调查等制度；五是出版文史制度：每年出版 1 期文史专辑，其史料撰写、文史员的聘用、资金筹措等都有一套完整的管理办法；六是委员学习制度：每年组织柏溪地区县级机关、企事业单位委员集中学习 2 次，乡镇的委员由各联系组组织学习；七是委员列席县、乡（镇）人代会制度；八是委员担任特邀监督员制度。每年初结合宜宾县实际，针对反映强烈的热点、难点问题拟定工作要点，精选视察调查课题，并由县委批转各级部门执行。同时，还坚持并逐步完善了酝酿决策先通气、制定决策先论证、实施决策先试点，协商在县委决策之前、人大决定之前、县政府实施之前的协商程序制度。

（二）提高三个方面质量，充分履行政协职能。一是提高例会质量，加大协商监督力度。本着协商于决策之前，监督于实施过程中的原则，发挥政协“三会”（全委会、常委会、主席办公会）作用。二是提高委员提案和办理委员提案质量。先后两次召集政协组成单位负责人、县级机关委员联系组长和柏溪地区县级机关、企事业单位政协委员进行了撰写提案的培训辅导，印发了省政协提案工作条例。采取了会前认真调查、填写提案表，会中集中征集，严格把关立案，会后开展交办、督办和办理表彰工作。三是提高视察调研质量，积极建言献策。紧扣县委县政府中心工作和人民群众反映强烈的热点问题精选课题，避免工作的随意性；围绕例会议题，提前开展调查研究；把委员视察、专题调查、对口协商等形式有机地融为一体，互相配合；做到调查层面广，分析问题透，把握角度准，课题少而精；注重建议的建设性、可行性。如《视察县道公路情况的调查报告》做到了有情况、有分析、有建议，可操作性强，得到县委县政府的充分肯定，并立即责成有关职能部门办理、整改。

（三）加强自身建设，提高委员素质。一是坚持了委员学习制度。1996 年先后两次请县委宣传部的同志对柏溪地区县级机关、企事业单位的政协委员进行了学习江泽民《领导干部一定要讲政治》和中共十四届六中全会决议的辅导。二是加大了对政协工作的宣传力度，增强了政协工作的影响力。在全委会和常委会上传达了省地政协工作会议精神，县委分管政协工作的副书记和县政协主席利用各种会议宣传政协的性质、地位、作用和工作情况；政协机关建立了宣传报道制度，向省、地、县的报刊、电视台等新闻单位发送了 40 余篇稿件，宣传政协活动情况和工作经验以及委员业绩。三是积极开展精神文明创建活动。政协机关委员积极参与了各种捐资助学和献爱心活动；协助县文体局、老年诗书画社举办了《纪念中国共产党诞生七十五周年书画展》；通过出版《双龙专辑》，展现了双龙翻天覆地的巨大变化，歌颂了共产党的丰功伟绩。四是在县委、县政府的关心支持下，政协机关新设了经济科、提案联谊科、文卫科教科三个办事机构，使政协机关参谋、协调、服务等职能作用更能得到保障。

（四）广泛开展联谊活动。先后参加了在南溪、江安举行的全区十县市政协工作研讨会和在珙县举行的川滇十二县市政协工作联系会，应邀列席了云南省政协在水富县召开的“围绕两个转变，开创政协工作新局面”研讨会；接待并参与了省、地两级政协 8 次和省内外县、市政协六家 6 次对宜宾县政协工作、青少年思想建设、企业产权制度改革等工作的视察、考察。通过召开各界人士代表参加的迎春茶话会和中秋侨台属代表茶话会等形式，介绍政协、统战、侨台工作，宣传宜宾县经济建设、改革开放以及投资环境，倾听他们的意见、建议。

强化中心意识，把政协工作取向定位在努力为“两个文明建设”服务的大局上。围绕经济建设中心，促进经济体制和经济增长方式两个转变，遵循“协商不决策、监督不指责、参与不代替、出力不包办”的“四不”原则，努力发挥政协整体功能和委员优势，做到了与县委县政府思想同心、目标同向。

（一）加强对专委会的领导，调动专委会工作积极性。实行了正副主席分管联系制度，加大了专委会工作力度，组织各专委会广泛开展视察调研活动，为“两个文明建设”

出力献策。如专题调查报告《积极发展稻田养鱼，转变经济增长方式》，总结了王场乡稻田养鱼的成功经验，全面客观地分析归纳了存在的主要问题，所提的4条建议得到了王场乡和有关部门的积极采纳，为该乡调整农村产业结构和脱贫致富起到了指导作用。

（二）调动政协一班人和政协机关干部的积极性，参与改革，协调服务。正副主席按照县委统一部署，承担了21个项目和联系乡镇、联系企业的实质性工作，全面完成了县委县政府下达的目标任务。

（三）服务中心，搞好协调，促进社会稳定。先后3次20余天深入宜宾金属复合板厂和白花、孔滩的有关村社、农户进行调查研究，协调厂社、厂与其他企事业单位的关系，及时组织实施了对新建爆破场的测距环评和补偿工作，化解了矛盾；参加县委县政府对豆坝电厂卸煤工长期遗留问题的调查、协商、处理工作组，全面理顺了管理关系，依法签订了长期未能签订的劳动协议；在全县法建工作中，参与了“三五”普法和社会治安综合治理的检查考核工作。

（四）充分调动政协委员积极性，发挥政协整体优势。在政协委员中广泛开展了提一件有质量的提案、反映一条有价值的信息、引进一笔资金或一个项目、参加一次就地视察或调查、为当地群众办一件实事的“五个一”活动，227名委员在各自的工作岗位上尽职尽责，为“两个文明建设”作出了贡献。

报告提出1997年一定要以新的工作姿态和新的工作业绩迎接中共十五大的胜利召开，一定要充分发挥人民政协爱国统一战线组织的作用迎接香港的回归。

一是加强“两化”建设，提高工作质量，切实履行职能。加强理论学习，提高政治思想素质，不断增强委员和各界人士讲政治、讲大局的意识，努力做到议大事议出水平，出主意能出高招；加大宣传力度，进一步完善宣传报道制度，及时宣传报道委员先进事迹，反映政协工作情况和经验；加强对委员的联系和指导，坚持看望委员制度，坚持开展“五个一”活动，增强委员的光荣感和责任感；坚持“三先”“三前”协商制度，坚持“四不”原则，认真开展协商监督，提高例会的质量；广泛开展联谊活动，加强同各组成单位的联系与合作，加强同“三胞”和各族各界人士的联系与合作，加强与外县市政协的信息交流；加强政协机关建设，不断改进工作作风，增强工作人员的使命感和责任心，时刻保持热情、廉洁、高效的形象。

二是积极建言献策，直接参与改革开放和经济建设。继续抓好正副主席联系项目、企业和乡镇工作；继续实行机关职工联村包户帮扶工作；围绕中心开展提案跟踪调查、对口协商、专题调查、视察调研；继续抓好文史资料的收集、整理和出版工作。

县政协副主席徐金友代表提案委员会，向大会报告五届四次会议以来的提案办理情况。

五届四次会议以来，共收到委员提案48件，提出提案的委员195人次，其中作为立案办理的9件，作意见办理的36件，作来信办理的3件。县委县政府于1996年4月17日联合召开了提案交办会，对1995年办理落实提案工作成绩突出的单位和个人进行了表彰，同时交办了1996年的提案工作任务。县政府办在会上宣布：办理提案工作要纳入各承办单位的岗位目标量化考核，务必要在6月底前完成办复任务，要求落实面达到50%以上，委员满意率达到95%以上，规范化要求达到100%。截至6月底已办复90%以上，8月底办复率达100%。共收到提案委员反馈意见21份，对办复落实表示满意和比较满意的占95%以上。

报告认为提案委员会为开创提案工作新局面的主要工作：一是五届四次会议闭幕后，对委员提案进行收集、审查、整理分类，按照分级负责、归口办理的原则，开展了一系列的交办、催办、督办工作。其中A类已经落实的19件，占42.2%；B类正在落实中的15件，占33.3%；C类需要等待和创造条件可以落实的7件，占15%；D类因多方面原因暂时无法落实需要向委员说明情况的4件，占9%。落实率高于上年。二是选择重点提案进行跟踪调查和办理落实情况的跟踪视察工作。三是1996年8月召开了提案工作会，认真总结了提案工作。四是1996年10月，由提案委员会牵头，召集政协组成单位、各专门委员会和机关联系组负责人召开了提案工作培训会，学习了《四川省政协提案工作条例》，并将条例印发至各乡镇联系组，以促进提案工作的制度化、规范化建设。

报告指出提案工作上的不足是近年来政协组成单位和各专委会、联系组等团体提案较少；少数提案不符合“三性”要求，因而立案率不高；对办案单位的监督力度不够，提案办理落实率不高。

会议接受了何世春辞去县政协委员、主席职务的请求，选举游柱先（中共宜宾县委书记）为政协第五届宜宾县委员会主席。

县政协副主席徐金友向大会作五届五次会议的提案审查情况报告。大会期间共收到委员提案73件，其中委员个人和联名提案69件，政协组成单位、专门委员会和小组提案4件（其中，县妇联2件，政协文史委员会1件，大会小组1件），提出提案的委员188人次。提案委员会根据政协提案工作条例的有关规定，确定立案的15件，作为意见的58件。这次会议的提案数量大有增加，质量有所提高，内容十分广泛。

与会委员列席了宜宾县第十一届人民代表大会第五次会议，听取并讨论了《政府工作报告》《财政预决算报告》《国民经济和社会发展计划报告》以及法院、检察院工作报告。

中共宜宾县委书记、县政协主席游柱先，县人民政府常务副县长雷智灵在大会上作了讲话。

第六节　第六届全体会议

一、六届一次全会

1998年1月8—11日，政协第六届宜宾县委员会第一次全体会议在县城柏溪镇召开。会议的议程是：听取政协第六届宜宾县委员会第一次会议筹备工作报告；听取和审议政协第五届宜宾县委员会常务委员会工作报告；听取和审议政协第五届宜宾县委员会提案办理情况报告；列席宜宾县第十二届人民代表大会第一次会议；选举政协第六届宜宾县委员会主席、副主席、秘书长和常务委员；听取政协第六届宜宾县委员会第一次会议提案审查报告；协商、讨论县政府、县人民法院、县人民检察院领导人选；县领导讲话；通过政协第六届宜宾县委员会第一次会议的各项决议；其他事项。六届一次会议安排县政协委员227名，出席会议207名。40名特邀人员列席了会议。

政协第六届宜宾县委员会委员名表

表3–7

姓　名	性别	年龄	文化程度	党派	界别	单位及职务
游柱先	男	51	大学	中共	中共	中共宜宾县委书记、第五届县政协主席
杨济凯	男	54	大学	中共	中共	中共宜宾县政协党组成员
徐金友	男	44	大学	中共	中共	第五届县政协副主席、县委统战部部长
王　斌	男	39	大专	中共	中共	县政协办公室主任
彭思云	男	51	初中	中共	中共	第五届县政协常委
刘帝坤	男	52	初中	中共	中共	县政协经济委副主任科员
于　政	男	42	大专	中共	中共	县委统战部副部长
李云龙	男	45	大专	中共	中共	县委党校副校长
赵建华	男	40	大专	中共	中共	县人武部副部长
韦如炳	男	51	大学	中共	中共	县委宣传部副部长
彭宗地	男	50	高中	中共	中共	县纪委副书记、监察局长
杨俊卿	男	51	大专	中共	中共	县委组织部副部长、人事局局长
叶青富	男	33	大学	中共	中共	县农工委副主任
杨再升	男	39	小学	—	农业	柳嘉三合村杜仲种植大户
潘国才	男	42	初中	—	农业	古罗万山村柚子大户

续表 3-7

姓　名	性别	年龄	文化程度	党派	界别	单位及职务
周显云	男	35	高中	—	农业	双谊乡芽菜经销专业户
卢长发	男	51	初中	—	农业	永兴镇尖山村村委主任
范启雄	男	39	初中	中共	农业	隆兴“九一六”茶场场长
江启树	男	39	初中	—	农业	古柏乡金坪柑桔种植大户
冯春风	男	42	初中	—	农业	蕨溪光华村种花大户
叶德光	男	54	小学	—	农业	合什万元村养蚕大户
李定芳	女	46	初中	—	农业	柏溪镇革坪村养猪大户
刘世友	男	40	初中	—	农业	双龙上坝村养蚕大户
蒲贵彬	男	34	大专	中共	教育	横江中学校长
谢君发	男	34	中师	—	教育	古罗镇中心校教师
李仕华	女	30	大专	—	教育	白花中心小学教师
丁良岑	男	41	大专	—	教育	合什镇教办主任
唐述英	女	31	中师	—	教育	永兴八庙村小学教师
江国才	男	40	大专	—	教育	柳嘉职中总务主任
陈　刚	男	34	大学	中共	教育	县二中副校长
陈明体	男	51	大学	中共	教育	县一中副校长、总支书记
赵聚玉	男	50	大学	民盟	教育	县二中教师
李枝辉	男	34	大专	中共	教育	高场职中教师
张玲芳	女	41	中师	中共	教育	柳嘉白马下山村小学校长
彭奇文	男	55	大学	中共	教育	县教育局副局长
张德虎	男	53	大学	—	教育	县进修校高级讲师
凌之熙	男	54	大学	—	教育	县育才中学教师
胡仲良	男	47	大学	—	教育	县一中教师
蔡邦宁	男	57	大专	—	教育	蕨溪中学校长
曹建平	男	41	大学	—	教育	白花中学总务主任
曹世贵	男	33	大专	—	教育	真溪乡中学教师
朱永红	女	50	幼师	中共	教育	县第一幼儿园园长
陈明本	男	39	大专	民盟	教育	县二中教师
杜懋萍	女	51	中专	—	卫生	县医院护士长
张仁英	女	40	大专	—	卫生	县医院主治医师
牟廷伟	男	53	中专	—	卫生	县中医院副院长
罗绍清	男	50	初中	—	卫生	县骨科医院院长
刘德明	男	42	大专	—	卫生	县防疫站站长
罗志君	男	23	大专	—	卫生	县卫生局副局长、县中医院院长

续表 3–7

姓　名	性别	年龄	文化程度	党派	界别	单位及职务
马仕琼	女	41	中专	—	卫生	县妇幼保健院主治医师
邱孝琼	女	34	大学	—	卫生	高场镇中心医院主治医师
廖礼忠	男	47	大专	—	卫生	县医院副院长
邓代敏	女	45	中专	中共	卫生	县计生局副局长
李　卫	女	40	中专	—	卫生	县计生指导站站长
张德珍	女	53	中专	—	卫生	隆兴乡隆兴村合作医疗站
徐光新	男	44	初中	—	卫生	古罗计生站医生
翁玉权	男	25	高中	—	卫生	安边镇计生办工作员
李岱煊	男	53	初中	中共	文化	横江镇文化办主任
刘泰伟	男	54	大学	—	文化	县文化馆
白德琼	女	50	大专	中共	文化	县文体局体育股股长
蒋金华	女	36	高中	—	文化	县新华书店
曹志华	男	51	初中	—	文化	县广播电视局
杨显明	男	47	高中	中共	经济	县水泥厂经理
刘文胜	男	29	大专	中共	经济	岷江公司经理
张高升	男	45	初中	—	经济	晒金纸厂厂长
邱华锐	男	50	高中	—	经济	豆坝水泥厂副厂长
严云贵	男	50	大专	中共	经济	县贸易局副局长
鲁成章	男	43	初中	中共	经济	县糖酒公司经理
文洪林	男	40	中专	—	经济	县供销社贸易公司经理
郑明伦	男	44	初中	—	经济	红河公司总经理
王厚彬	男	34	大学	—	经济	县蚕丝绸公司副经理
萧耀康	男	41	初中	中共	经济	自来水公司副经理
叶世敏	女	32	高中	中共	经济	县地税局干部
杨洪涛	男	30	大专	中共	经济	虹升公司副经理
张安安	男	44	高中	中共	经济	人行金融行管股长
罗　伦	男	43	初中	中共	经济	白花运输公司经理
钟孝金	男	45	高中	中共	经济	柳嘉供销社主任
黄国初	男	48	初中	—	经济	观音运输公司经理
唐昌平	男	52	高中	中共	经济	泥溪航司经理
姚荣洪	男	40	中专	—	经济	农发行计划信贷部
曾太成	男	52	小学	中共	经济	县农村信用联社副主任
李梦蝉	女	52	大学	中共	经济	县医药公司副经理
黄汝琴	女	45	大专	—	经济	五粮液酒厂五一五车间助理会计师

续表 3-7

姓　名	性别	年龄	文化程度	党派	界别	单位及职务
何一鸣	男	46	高中	中共	经济	五粮液包装材料公司总经理
毛述高	男	50	初中	—	经济	永兴粮站站长
甘代发	男	45	初中	—	经济	普安煤厂厂长
徐植松	男	47	初中	—	经济	梦酒厂砖厂厂长、猪场场长
饶乃权	男	52	初中	—	经济	黄山茶厂财会科长
骆为荣	男	52	大专	中共	工商联	县委统战部副部长、县工商联主任
甘自强	男	55	初中	中共	工商联	县财产保险公司经理
杨泽金	女	44	初中	—	工商联	柏溪镇个体户
冉寅吾	男	44	大学	—	工商联	县建设工程公司经理
刘佐高	男	52	初中	—	工商联	凤仪乡林业专业户
汤一力	男	53	初中	—	工商联	白花镇钟表店
刘朝荣	男	46	高中	—	工商联	观音工贸有限公司经理
马兴明	男	36	高中	—	工商联	商州工商联分会会长
朱定才	男	59	高中	—	工商联	双谊工商联分会副会长
韦厚礼	男	46	初中	—	工商联	李场镇个体户
李家德	男	49	初中	—	工商联	喜捷镇花茶厂厂长
柴朝伍	男	28	高中	—	工商联	蕨溪镇长源餐厅经理
白德乾	男	47	初中	—	工商联	安边小岸坝个体户
何承禄	男	43	高小	—	工商联	真溪乡工商联分会副会长
周其湘	男	41	初中	—	工商联	横江镇街道种植大户
向　阳	男	30	高中	—	工商联	复龙乡青溪村白林社个体户
田永康	男	40	初中	—	工商联	双龙运输公司经理
邱华贵	男	49	初中	—	工商联	泥南乡工商联分会副会长
罗本金	男	33	初中	—	工商联	孔滩镇个体户
蒋泽祥	男	49	初中	—	工商联	柳嘉镇工商联分会副会长
陆昌泽	男	56	初中	—	工商联	古罗镇万山村个体户
徐经益	男	33	初中	—	工商联	普安精益公司经理
吴多贵	男	47	小学	—	工商联	泥溪镇个体户
邓　平	女	32	初中	—	工商联	柏溪乐园饭庄经理
祝万明	男	51	大专	中共	工商联	县工商联副主任
方世泉	男	33	大专	中共	工商联	县工商联秘书长
杨晓兰	女	46	中师	—	工商联	县工商联干部
李世才	男	49	高中	—	工商联	柏溪镇农民文化公司经理
徐仲明	男	41	初中	—	工商联	柏溪镇炉器公司经理

续表 3-7

姓　名	性别	年龄	文化程度	党派	界别	单位及职务
张建国	男	40	高中	—	工商联	高场镇个体户
陈仁德	男	46	高中	—	工商联	县财税印刷厂厂长
高晓风	男	41	大专	中共	政法	县政法委副书记
苟玉章	男	51	大学	—	政法	县律师事务所主任
陈朝辉	男	34	大专	中共	政法	县公安局一科科长
游开地	女	41	高中	中共	政法	县检察院干部
陈洪英	女	29	高中	中共	政法	县公安局民警
郑荣成	男	51	—	中共	政法	县法院刑庭庭长
刘德华	男	45	大专	中共	工会	县总工会主席
杨相云	女	45	初中	中共	工会	宜宾少娥啤酒总公司工会主席
张腾根	男	34	中专	中共	工会	六七三厂工会主席
郭少英	男	41	初中	—	工会	县烟草公司工会主席、副经理
王付七	男	39	高中	—	工会	白花供销社工会主席
陈兴国	男	41	大专	—	工会	县粮食局工会干部
虞　平	男	29	大学	中共	共青团	团县委副书记
曾小东	男	22	中专	—	共青团	孔滩镇团委书记
何倩岚	女	21	中专	—	共青团	隆兴乡团委书记
陈　敏	女	23	中专	—	共青团	国税局团总支委员
李胜敏	女	22	中专	—	共青团	县丝厂团委委员
牟秀容	女	23	中师	—	共青团	蕨溪小学少先队辅导员
凌　敏	女	23	中专	—	妇女	观音镇妇联主任
李敏慧	女	39	高中	中共	妇女	经贸委妇委会主任
席永华	女	46	小学	—	妇女	观音镇沙沟村养兔专业户
刘大莲	女	45	小学	—	妇女	普安乡周坝村七组蔬菜专业户
官文宜	女	41	高中	—	妇女	复龙乡妇联主任
罗德伦	女	44	大专	中共	妇女	县妇联副主任
罗元海	男	51	中专	中共	科技科协	县科协副主席
孟光英	女	47	中专	—	科技科协	县水电局水利股副股长
刘中能	男	59	中专	民盟	科技科协	县林业局高级工程师
曾云辉	男	38	中专	—	科技科协	县畜牧局兽医站站长
曹　平	男	43	高中	—	科技科协	县建环局能源科长
聂荣英	女	51	大专	—	科技科协	县建环局设计所工程师
刘启华	男	47	中专	—	科技科协	县科协副主任干事
戴树成	男	50	中专	民盟	科技科协	县乡镇企业局股长

续表 3-7

姓　名	性别	年龄	文化程度	党派	界别	单位及职务
邹绍平	男	34	大学	—	科技科协	县交通局工程股股长
吴大顺	男	49	大专	—	科技科协	县财政局副局长
夏　盟	女	43	大专	中共	科技科协	县农业局计财股副股长
吴慕铎	男	39	中专	—	科技科协	县农业局土肥站站长
王长平	男	40	高中	—	科技科协	县粮食局粮食经济学会秘书长
冯培新	女	43	大专	—	科技科协	县科技局
杨晓初	女	46	初中	—	科技科协	县邮电局职工
李兴海	男	28	初中	—	科技科协	喜捷镇玉龙办事处建筑公司
李富良	男	52	大专	中共	科技科协	六七三厂总工程师
林　涛	男	29	中专	—	科技科协	县农机局办公室副主任
谢守模	男	50	高中	—	科技科协	复合板厂生产技术厂长
刘万贵	男	43	初中	中共	科技科协	县医药开发公司经理
伍家明	男	47	中师	中共	科技科协	县气象局局长
张阿维	男	74	初中	中共	台侨	泥溪派出所退休干警、省台联理事
王廷锋	男	30	初中	—	台侨	古罗水浮村
谢家康	男	50	高中	—	台侨	县委办公室工作员
李忠才	女	62	初中	—	台侨	退休教师
赵阛深	女	51	初中	—	台侨	保健站退休干部
葛诗贵	男	60	初中	—	台侨	古柏民治村农中社
唐朝海	男	54	高中	—	台侨	柳嘉征远办事处
邓　琼	女	30	初中	—	台侨	啤酒厂工人
肖　一	男	31	高中	—	台侨	县信用联社
周培富	男	57	小学	—	台侨	县印刷厂退休职工
李隆高	男	50	高中	—	台侨	李场镇个体户
王朝前	男	35	初中	—	民族宗教	凤仪乡民族队队长（苗族）
赵德香	女	35	初中	—	民族宗教	凤仪乡觉皇寺宗教人员
苏增中	男	51	小学	—	民族宗教	柏溪回民店（回族）
石　林	男	40	大专	中共	民族宗教	县国土局副局长（苗族）
魏常坤	男	50	初中	—	无党派	天工公司董事长、第五届县政协副主席
彭　雄	女	30	大专	—	无党派	县统计局农调队副队长
陈其敏	男	52	高中	—	无党派	县政府原副县长
余义伟	女	41	中师	—	无党派	县政协文史社会委干部
何家彩	女	44	中师	—	无党派	县委统战部对台股长
张　典	男	45	大专	—	无党派	县化肥厂职工

续表 3–7

姓　名	性别	年龄	文化程度	党派	界别	单位及职务
邓治福	男	54	大学	—	无党派	县计划局矿管股长
王典灿	男	49	高中	—	无党派	金属复合板厂厂长
吴利财	男	44	大专	—	无党派	花园建筑公司总经理
李树平	男	46	高中	—	无党派	县长源电力公司柏溪供电所副所长
蒋太升	男	52	初中	中共	特邀	双谊乡党政办主任
唐　鸣	男	33	大专	中共	特邀	永兴镇党政办主任
周树华	男	43	初中	中共	特邀	白花镇党政办主任
卢存根	男	50	初中	中共	特邀	孔滩镇党政办主任
蒋元甫	男	40	高中	中共	特邀	观音镇武装部长
徐向东	男	29	中专	中共	特邀	隆兴乡党政办主任
王学民	男	34	中专	中共	特邀	古罗镇党政办主任
唐　平	女	33	大专	中共	特邀	柳嘉镇党政办副主任
黄仲伦	男	55	初中	中共	特邀	合什镇党政办主任
唐晓芳	女	34	大专	中共	特邀	泥溪镇党政办副主任
吴承金	男	35	高中	中共	特邀	泥南办事处副主任
丁家模	男	34	中专	中共	特邀	蕨溪镇党政办主任
侯大祝	男	43	大专	中共	特邀	古柏乡党政办主任
唐顺祥	男	53	初中	中共	特邀	商州镇党委统战干事
卢永江	男	50	中专	中共	特邀	高场镇党政办主任
李朝能	男	43	大专	中共	特邀	真溪乡党政办主任
唐　瑶	女	22	中专	中共	特邀	喜捷镇党委秘书
刘光惠	女	32	大专	中共	特邀	柏溪镇党政办主任
雷锡元	男	49	中专	中共	特邀	横江镇党政办主任
魏周成	男	52	初中	中共	特邀	双龙镇党委副书记
赵希禄	男	41	大专	中共	特邀	安边镇党政办主任
李固雕	男	32	大专	中共	特邀	复龙乡党政办主任
曾心富	男	29	中专	中共	特邀	普安乡党政办主任
王　银	男	32	高中	中共	特邀	凤仪乡党政办主任
刘礼聪	男	51	初中	中共	特邀	王场乡党政办主任
李钦贵	男	43	高中	中共	特邀	龙池乡党政办主任
黄锐林	男	52	大学肄业	民盟	特邀	第五届县政协常委
陈隆海	男	23	中专	—	特邀	李场镇统战干事
兰家炳	男	55	大专	中共	特邀	宜宾发电总厂党委副书记
魏　菁	女	33	大学	中共	特邀	县政府办干部

续表 3-7

姓　名	性别	年龄	文化程度	党派	界别	单位及职务
余为卓	男	49	中专	中共	特邀	县丝绸公司党委书记、副经理
罗　平	男	35	大专	中共	特邀	县民政局局长
张晓虎	男	34	大专	中共	特邀	县文明办副主任
凌受湘	男	53	大专	中共	特邀	县委统战部副部长
周大川	男	51	大学	中共	特邀	县工商局局长
邓万林	男	52	中专	中共	特邀	县畜牧局局长
程兴刚	男	54	高中	中共	特邀	县农机局局长
肖乾华	男	45	初中	中共	特邀	王场乡花阳村党支部书记

受中共宜宾县委书记、政协第五届宜宾县委员会主席游柱先的委托，第五届宜宾县政协副主席徐金友代表政协第五届宜宾县委员会常务委员会向大会作工作报告。

紧紧依靠党对政协的领导，促进政协工作规范化、制度化建设。一是县委把政协工作列入重要议事日程，定期不定期地专题研究政协工作，听取意见和建议。1994 年县委及时传达贯彻省、地委政协工作会议精神后，作出了《关于进一步加强人民政协工作的决定》；1996 年及时转发了地委《批转地区政协工委贯彻全国政协〈规定〉和省政协〈实施细则〉意见》；还坚持每年都用正式文件转发政协工作要点。二是建立了工作联系制度和会议列席制度。县委确定由常务副书记分管政协工作，县政府也由常务副县长联系政协工作。政协正副主席分别列席县委常委会议、人大常委会议、县政府常务会议和县长办公会；政协主席会议、常委会议也分别邀请分管、联系政协工作的县委、县人大、县政府领导列席会议。三是制定了定期工作通报制度。县政府除每年定期请政协协商讨论政府工作报告、财政预决算报告、国民经济和社会发展计划三个报告外，还按时通报有关工作情况，听取政协的意见和建议。四是制定了协商制度。县委、县政府作出涉及全县性重大改革、发展的决策和重要人事安排前，都要提交政协常委会议或主席会议协商讨论，坚持了“三先三前”的协商制度。五是完善了委员提案撰写和办理制度。政协自身坚持了每年一次撰写提案培训辅导会制度，坚持了提案审查立案制度；每年全会后一个月内，由县政府牵头，县委、县人大、县政协联合召开交办会，总结表彰上年度办理工作，安排部署当年办理任务；采取提案人和承办单位密切联系，当面办案、现场办案、协商办案，政协对办理情况追踪调查等“开门办案”形式。六是建立了编辑出版文史资料制度，进一步规范了有关文史员的聘用、管理和史料的征集、编撰等一整套工作管理办法。七是实行了专题调查和对口协商制度。八是实行了委员定期学习制度。每年都要定期组织柏溪地区县级机关、企事业单位的政协委员集中辅导学习两次；指导各乡镇政协联系组组织辖区内委员开展学习、调研活动。九是实行了委员担任特邀检查员、监察员和审计员制度。

围绕中心，把握大局，突出重点，切实履行政协职能。按照中央的精神和上级政协的要求，围绕县委、县政府工作中心，针对群众关心的热点问题，结合政协自身实际，精选视察、专题调查、对口协商和常委会例会议题，制订当年工作计划。在政协常委会例会上坚持了正副主席、秘书长和常务委员分工制度，实行了会前对通报议题开展视察、调研，会上由有关常务委员和专委会作专题中心发言；在协商领域，除按例对县政府、财政、国民经济三个工作报告进行协商外，还积极开展了对县委、县政府和县政协主要领导人的人事安排的协商讨论；在监督方面，常委们当面与县委、县政府及其有关职能部门领导交换意见，或通过正式文件、简报、专题调查报告等形式给县委、县政府提出意见和建议，促进了县委决策、县政府施政的民主化、科学化建设。常委会注重并加强了对各专委会的领导，充分发挥其基础作用，调动其工作积极性。确定专委会主任由政协常委兼任，列席县委、县政府有关重要会议，在经费、用车等条件上给予支持和保证。三个专委会先后开展了“全民所有制企业转换经营机制，积极推行股份合作制”“探索供销合作社发展之路”“积极发展稻田养鱼，转变经济增长方式”“青少年遵纪守法动态”“送文化下乡”“农村医疗事业建设”“计划生育率与人口增长”等43个专题调查和对口协商。五年来，始终把发挥人民政协人才荟萃优势，充分调动全县政协委员的积极性，发挥其智慧，搞好本职工作，为宜宾县经济建设尽责出力，作为政协工作的一项重要任务来抓。各条战线的政协委员切实做好五次全委会提出的“提一件有质量的提案，反映一条有价值的信息，引进一笔资金或一个项目，参加一次就地视察或专题调查活动，为当地办一件实事”的“五个一”工作。政协正副主席按照县委的统一部署，具体承担了全县“负重争先八大目标”中21个项目的领办、协办和联系乡镇的工作。政协机关还派出8人参与扶贫攻坚工作，实行了结对包户脱贫责任制，较好地完成了帮扶脱贫任务。政协机关注重加强了各委室工作职责，岗位目标管理等制度得到健全、完善和落实，行政行为不断规范。

加强与各组成单位合作，广泛开展联谊工作，促进民主政治建设和社会稳定。县政协坚持了与县委统战部联合或分别召开每年一度的迎春茶话会、中秋茶话会，向社会各族各界人士代表和侨台属代表宣传党和国家的有关方针政策，畅谈改革开放的成就，介绍统战、政协工作情况，倾听他们的意见和建议。县工商联（总商会）发挥自身优势，在个体工商户中广泛开展法制宣传和咨询服务，维护其合法权益；在会员中广泛开展“爱国、敬业、守法”教育和“光彩事业”“再就业工程”等活动，推动了民营经济蓬勃发展。县侨（台）办积极稳妥地做好到县项目考察、商贸洽谈、学术交流、技术合作的外国友人和回乡探亲访友、旅游观光的“三胞”人员的接待工作。县总工会、共青团、妇联、科协等群团组织也充分发挥自身优势，积极参与政协工作，认真参政议政。县政协接待了到县视察、检查工作的省、市政协领导10余次，向数十家到县考察、学习的省内外友好县市政协介绍了宜宾县产权制度改革经验和政协工作经验。

加大宣传力度，增强工作透明度，提高政协知名度。一是利用会议形式，加强学习和宣传。及时传达、贯彻省政协全委会议精神，学习有关文件政策；着重学习中共十四大及十四届三中、四中、五中、六中全会文件和中共十五大精神；学习讨论了全国政协规定和省、市政协的实施细则；学习了中央办公厅、国务院办公厅《关于香港回归的情况通报》等。在委员学习活动中，多次请县委宣传部、县律师事务所人员和有关政协常委进行专题辅导讲授，先后开展了《邓小平文选》（第三卷）、江泽民《领导干部一定要讲政治》、赔偿法等十个专题学习。二是利用政协简报、专题调查报告和电视、广播、报刊等形式，反映政协工作情况，总结政协工作经验，报道委员先进事迹。三是通过征订发行《四川政协报》，发行《宜宾政协》和编印刊有章程、规定等内容的《文件选编》形式，广泛宣传新时期人民政协的性质、地位、任务和作用。开展为乡镇委员联系组订阅一份《四川政协报》工作，号召各组成单位和机关、企事业单位订阅一份《四川政协报》，加深社会各界对政协的了解。

报告认为过去的五年里，政协工作的规范化、制度化建设不够完善，在协商监督的领域上有待于进一步拓展、力度上有待于进一步加大；政协委员、组成单位和社会各界联系的方式不够活跃，指导委员开展活动、相互联系和推进联谊的工作有待于进一步探索和加强；政协机关的组织建设、制度建设有待于进一步加强和完善。

报告寄语新一届政协：抓住机遇、迎接挑战、克服困难、树立信心、团结奋斗、解放思想、锐意改革、积极进取，在以江泽民同志为核心的中共中央的领导下，高举邓小平理论伟大旗帜，自觉服从和服务于大局，紧紧围绕县委、县政府的工作中心，找准位置，选好角度，发挥优势，切实履行好政治协商、民主监督、参政议政主要职能，把建设有中国特色社会主义伟大事业全面推向21世纪。

徐金友代表政协第五届宜宾县委员会提案委员会向大会报告五届一次会议以来的提案办理情况。

县政协五届一次会议以来，共收到提案366件，提出提案的委员1251人次。经提案委员会审查，立案72件，立案率19.7%；作为意见办理的275件，占75.1%；作为来信办理的19件，占5.1%。办理落实的366件提案中，全部办理落实并产生了较好效益的（A类）137件，占37.4%；基本落实和正在落实之中的（B类）156件，占43%；通过努力，等待时机可以落实的（C类）41件，占11.2%；因条件尚不成熟或多方面原因不能落实，需向委员说明情况的（D类）20件，占5.5%。几年来，提案的办复率100%，共收到委员反馈意见119件，对案件办理表示满意和基本满意的114件，占95.8%。这些提案的办理落实，有的已经产生了明显的效果，有的正在发挥着积极的作用。

报告将五届一次会议以来，提案工作的探索创新归纳为“六改”，即改过去的一收二转为收集、审查、立案交办；改文来文往的办案作风为协商对话，协同办案；改回复标准为落实、质量标准；改催办督办等待回复为跟踪调查，现场开门办案，与提案委员共同办案；改过去在大会期间提案为会前、会中、会后提案相结合；改过去表彰承办有功的单位个人为健全提案工作激励机制。五届一次会议以来，多次组织政协联系组长和政协组成单位的负责人举办提案知识培训班，反复学习条例和优秀案例，还参照条例编印了《办理政协委员提案工作手册》，建议县政府制定了《宜宾县人民政府关于认真办理政协委员提案暂行办法》。几年来坚持了提案的跟踪调查和开门办案制度；五次全会后又推行了凡经立案的提案一律实行开门办案和要求请提案委员参加共同办案。进一步提高了办案质量，激发了委员提提案的积极性。

报告指出提案工作上的存在问题：集体提案数量不够多，未能发挥政协人才荟萃的整体功能作用；部分提案调查研究不够，立案率始终不高；案件落实质量不高，影响委员提提案的积极性；提案激励机制不够健全完善，工作开展不够活跃。

报告最后希望新一届政协继续围绕党和国家的重大决策以及群众关心的问题，认真开展调查研究，切实解放思想，实事求是，努力探索新形势下如何运用提案履行政协职能的途径和方法，充分发挥提案工作的特殊作用，为“两个文明建设”提出更多更好的提案。

大会举行了选举大会，选举产生政协第六届宜宾县委员会常务委员会组成人员。经选举，游柱先（中共宜宾县委书记）为政协第六届宜宾县委员会主席，杨济凯、徐金友、陈其敏、魏常坤为副主席，王斌为秘书长，并选出29名常务委员。

与会委员列席了宜宾县第十二届人民代表大会第一次会议，听取并协商讨论了县政府及计划、财政、法院、检察院等工作报告，协商讨论了县政府正副县长、法院院长、检察院检察长人选；委员们对加强农业基础地位、加速农业产业化进程、加大扶贫攻坚力度、深化改革、提高工业经济运行质量和效益、改善基础设施建设环境、推进精神文明建设、深入开展反腐败斗争、搞好社会治安综合治理、促进各项社会事业健康协调快速发展等方面的问题极为关注，提出了许多富有建设性的意见和建议。

县政协副主席徐金友受政协第六届宜宾县委员会提案委员会的委托，向大会作六届一次会议的提案审查情况报告。大会期间，共收到提案 109 件，其中委员个人提案和联名提案 107 件，专委会提案 2 件，提出提案的委员 354 人次。提案委员会根据《提案工作条例》的有关规定，进行了认真审查，确定作为立案办理的 21 件，立案率 19.3%；作为意见办理的 85 件，占 78%；作为来信办理的 3 件，占 2.8%。

会议通过了政协第六届宜宾县委员会第一次会议关于五届常务委员会工作报告的决议、第六届宜宾县委员会第一次会议关于提案工作报告的决议（实为第五届宜宾县委员会提案委员会关于五届一次会议以来提案办理情况的报告的决议）和第六届宜宾县委员会第一次会议决议。

中共宜宾县委书记、县政协主席游柱先，宜宾县人民政府县长张显富在大会闭幕式上作了讲话。

二、六届二次全会

1999 年 1 月 26—28 日，政协第六届宜宾县委员会第二次全体会议在县城柏溪镇举行。会议的议程是：听取和审议政协第六届宜宾县委员会常务委员会工作报告；听取和审议政协第六届宜宾县委员会提案办理情况报告；传达市、县委政协工作会议精神；列席宜宾县第十二届人民代表大会第二次会议，听取和协商县人民政府、财政预决算、国民经济和社会发展情况的工作报告，听取和协商县人民法院、县人民检察院工作报告；听取政协第六届宜宾县委员会第二次会议提案审查报告；讨论并通过政协第六届宜宾县委员会第二次会议决议；其他事项。应到会县政协委员 230 名。41 名特邀人员列席了会议。

中共宜宾县委书记、县政协主席游柱先向大会作政协第六届宜宾县委员会常务委员会工作报告。

在改革开放中推进政协工作。自 1980 年 11 月 30 日县政协诞生后，经历了六届，走过 18 个春秋。县政协历届委员会始终高举社会主义和爱国主义旗帜，坚持“长期共存、互相监督、肝胆相照、荣辱与共”的方针，认真贯彻执行中共十一届三中全会以来的路线方针和政策，依照政协章程积极履行职能，在实践中探索总结，在实践中开拓前进。一是坚持党的领导不动摇，保证了政协工作的政治方向。县政协积极主动地争取县委的领导，按照县委的统一部署，开展政协工作，参与中心工作。县委十分重视并加强了对政协工作的领导，先后召开了两次县委政协工作会议，并作出了《关于进一步加强人民政协工作的决定》。二是坚持经济建设中心，不断提高工作实效。在工作方法上，履行协商监督和参政议政主要职能时，做到尽职而不越位，参与而不代替，帮忙而不添乱，切实而不表面；在工作形式上，充分利用政协各种例会、委员提案、出版文史专辑和委员视察、专题调查、对口协商等进行参政议政；在工作内容上，坚持以经济建设为中心，围绕县委、县政府各时期各年度工作中心，结合社会热点开展专题调查研究，为县委县政府及其职能部门作出民主科学决策、不断改进工作提供了许多质量较高的建设性意见和建议。三是加强工作的规范化、制度化建设，进一步规范工作行为。先后制定了宜宾县政协《关于政治协商、民主监督暂行规定实施细则》和常委会议、主席会议、专委会等工作规则，提案工作细则，使工作有章可循、有矩可依，减少和克服了工作的盲目性和随意性。四是政协机关工作人员得到不断充实和加强，科室办事机构及其领导干部也逐步得到落实。18 年的工作实践证明，做好政协工作最重要的是要结合实际学习邓小平理论，特别是邓小平关于新时期统一战线和人民政协的理论，学习毛泽东等老一辈革命家和党中央对人民政协的论述，是推动政协工作不断前进的强大思想武装。要坚持邓小平提出的“三个有利于”和李瑞环提出的“四不”工作方法，进一步做到政治协商郑重经常、民主监督加大力度、参政议政拓宽渠道，生动活泼、切实有效开展政协工作。

1998 年工作回顾。

（一）坚持党的领导，进一步加强“两化”建设，促进政协工作开展。为进一步贯彻全国政协《关于政治协商、民主监督、参政议政的规定》，省、市政协《关于政治协商、民主监督、参政议政的实施细则》，促进政协工作的规范化、制度化建设，经过常委们的广泛讨论和修改，一致通过了《宜宾县政协主席会议工作规则》《宜宾县政协常委会议工作规则》《宜宾县政协专门委员会工作规则》《宜宾县政协提案工作细则》等一系列规章，使县政协工作在历届政协工作的基础上，规范化、制度化建设有了新的进步。认真开好各种例会，定期向县委汇报，随时与人大、政府通报，形成了县委重视，人大、政府支持，各方配合，政协主动的工作局面。县政协换届选举后，就着手进行了机构建设，解决了政协长期未能完善的工作机构问题，确定了岗位和职责，设置了政协办公室、经济科、提案联谊科和文卫科教科“三科一室”，落实了编制，结束了县政协工作机构级别不明确的状况，解决了科级干部的待遇。

（二）抓住重点，搞好政协基础性工作。一年来，采取主席办公研讨会、常委学习会和委员小组学习会等不同形式，以集中委员学习或向委员印发学习材料自学等方式，组织广大政协委员和政协干部认真学习邓小平理论、中共十五大和十五届三中全会文件，学习全国政协九届一次全会和中共四川省委、宜宾市委政协工作会议精神。此外，针对换届后新进政协委员占总数 60% 以上，部分委员对人民政协的基本理论和知识不熟悉的状况，组织各委员联系组长和驻柏溪的近百名政协委员，学习党的统战理论和人民政协的历史、性质、地位、作用等有关知识。新一届县政协为进一步落实提案做了大量工作，全委会议后分别召开了提案交办会和提案工作会，就提案办理的程序、答复时限、行文格式等要求，对县级机关单位进行了培训，加大了提案办理的力度，促进了提案办理的进度。为庆祝中共十一届三中全会召开 20 周年，县政协组织力量进行了《宜宾县下食堂村史专辑》的编纂工作，客观地再现了农村改革的先进典型——下食堂村 30 多年发展变化的历史轨迹，为研究农村改革提供了一套较为翔实的资料。

（三）围绕中心，充分发挥政协在“两个文明建设”中的作用。县政协通过全委会议、常委会议、主席会议、专门委员会会议和副主席分别列席县委有关会议、人大常委会议、政府常务会议，本着“目标协同、大事协商、难点协调、工作协助和宏观参与决策、微观参与实施、事前参与协商、主动参与服务”的原则，对全县的人事安排、国民经济计划、经济建设项目、改革开放、社会稳定、精神文明建设等重大事项进行协商。通过提案、建议等形式，提出了不少有价值的建设性意见，在关系全局的重大事项上有效地进行了协商与监督。此外，还根据人民群众普遍关心的热点难点问题进行民主监督，促进了政府及其职能部门的工作改进，扩大了政协的影响面，树立了人民政协的良好形象。一年来，组织政协委员重点抓了企业和非公有制经济发展调查，农业结构调整和扶贫攻坚的调查，与党委、政府思想上同心，目标上同向，工作上同步，努力探索履行参政议政职能与服务于经济建设的最佳结合点，取得了显著成效。

（四）加强与各组成单位的联系，广泛开展联谊工作，为民主政治建设和社会稳定服务。加强与县工商联的联系，充分发挥其在个体、私营等非公有制经济发展中的重要作用，努力营造非公有制经济发展的宽松环境。加强与侨（台）办的联系，积极稳妥地做好到县商贸洽谈、技术合作、学术交流和回乡探亲访友、旅游观光的侨、台和港澳同胞的接待工作，搞好统战联谊，促进祖国统一。同时，帮助侨、台人员解决子女升学、就业、民事纠纷和环境卫生等实际困难，1998 年共接待侨胞 12 批 26 人；台胞 10 人次，台属 42 人次，办理赴台人员 15 人次。1998 年，成功举办了川滇十二县（市、区）政协工作联系会议，还参加了宜宾县、翠屏区、南溪县、江安县联合举办的书画联展活动，与宜宾、乐山、自贡、内江、眉山、峨眉山加强了横向联系。把加强与委员间的联系和指导，充分调动他们的积极性、创造性，搞好本职工作，作为一件大事来抓。在委员中掀起“讲学习、讲政治、讲正气”的活动，通过座谈会、联欢活动、考察、视察以及专程拜望等形式，增进与委员的友情，广交了朋友。

（五）加强对人民政协性质、地位和作用的宣传，提高政协的知名度。1998 年举办了第一期政协联系组长和各专门委员会正副主任参加的政协理论培训班，着重传达了省委、市委政协工作会议精神，讲解了政协的性质、地位和作用，讲授如何撰写提案、文史资料，怎样开展调研、视察等工作，提高了参政议政的业务水平。编印汇集全国、省、市、县有关人民政协文件的《政协工作手册》500册，向全县各部门分发；利用政协简报、专题调查报告等形式反映政协动态；还向各级报刊、杂志、电视、广播电台等新闻机构投发新闻稿件，扩大对政协工作的宣传，荣获了省政协的通联先进单位奖。

1999年的主要工作任务。

（一）广泛深入地开展建会五十周年和基本政治制度的宣传。县政协在9月前后，借大庆之年的东风，通过座谈会、县报、文史专辑等形式，讴歌人民政协五十年来的丰功伟绩，认真总结县政协19年来的工作经验，进一步提高各级党政、各行各业、各族各界对基本政治制度的认识。

（二）夯实基础，加强自身建设，发挥政协的整体功能。政协常委会要加强对专门委员会的领导，进一步提高对专委会的基础作用的认识，把专委会建设列入整个政协工作的重要议事日程，及时协调、解决专委会工作中的困难和问题，调动并发挥专委会工作的积极性和主动性；政协常委会及其专委会、委员联系组，一定要充分认识并切实发挥好政协委员的主体作用，搞好委员学习活动，指导委员撰写提案、意见和建议，关心、支持委员在做好本职工作的同时，积极参与政协工作；政协各科室要加强干部职工的科学文化知识和政协章程、规定的学习，加强作风建设，改进工作方法，提高业务素质，把政协机关建设成名副其实的“委员之家”。

（三）提高质量，增强实效，切实履行政协职能。开好政协常委会例会，提高常委会议质量；组织委员搞好视察，提高调查研究质量；指导委员撰写提案，提高提案工作质量；提高文史工作质量，办好五十周年专辑；加强工作联系，提高对口协商质量。

县政协副主席徐金友代表提案委员会，向大会作政协第六届宜宾县委员会第一次会议以来提案办理情况的报告。

县政协六届一次会议以来，共收到提案109件，其中委员个人和联名提案107件，政协专门委员会提案2件。提案委员会进行了认真审查，确定作为立案办理的21件，立案率占19.3%；作为意见办理的85件，占78%；作为来信办理的3件，占2.8%。截至1998年8月底，全部提案已办复完备，符合办理时限要求，办复率达100%，规范化要求达99%以上。经办理完全落实产生了较好效率的30件，占提案总数的28%；部分落实和正在落实之中的44件，占38%。已收到提案委员对办理提案的反馈意见36份，对办理工作表示满意和基本满意的达98%以上。

提案委员会在政协常委会的领导下，主要做了以下几项工作：抓好会前、会中和会后的提案征集、整理、交办、催办督办和协调办案等日常服务工作，同时每季度定期召开委员会全体成员会议，通报研究提案办理情况，学习提案知识，总结推广提案和办案经验；选择重点提案开展跟踪调查和现场办案，先后组织委员去双龙、凤仪、泥溪、古罗进行了实地考察，对下岗失业情况和实施再就业工程开展调查，调查中的意见和建议已由市政协向各县区政协简报转发；把提案工作与政协常委会、各专门委员会的调查、视察、对口协商等活动有机结合，使提案经过充分的调查论证，办理落实质量更高；举办了提案知识培训会，进一步促进提案工作的制度化、规范化建设。

报告指出提案工作存在的问题：一是集体提案数量不多，未能充分发挥政协人才荟萃的优势；二是部分提案调查研究不够，可行性论证不充分，达不到提案最终目的；三是在办理落实上文来文往的现象仍然存在。

县政协常务副主席杨济凯在大会上传达了中共宜宾县委 1999 年 1 月 12 日在县城柏溪召开的县委政协工作会议精神。

与会委员列席了宜宾县第十二届人民代表大会第二次会议，听取并讨论了《政府工作报告》《财政预决算报告》《国民经济和社会发展计划报告》和其他几个报告。与会委员对宜宾县改革开放、经济发展、社会稳定等方面提出了许多富有建设性的意见和建议。

杨济凯受提案委员会的委托，向大会作六届二次会议的提案审查情况报告。

大会期间共收到提案 53 件，其中委员个人和联名提案 45 件，集体提案 8 件，提出提案的委员 151 人次。提案委员会根据《提案工作条例》的有关规定，确定作为立案办理的 13 件，立案率 24.5%；作为意见办理的 40 件，占 75.5%。

中共宜宾县委书记、县政协主席游柱先，县长张显富在闭幕会上作了讲话。

会议通过的政协第六届宜宾县委员会第二次会议决议要求：1999 年全县政协委员要在中共宜宾县委的正确领导下，高举邓小平理论伟大旗帜，深入贯彻中共十五大和十五届三中全会精神，团结各族各界人士，充分发挥政协“人才库”“智囊团”的优势，紧紧围绕县委、县政府确定的 1999 年经济和社会发展的奋斗目标，积极建言献策，认真履行好政治协商、民主监督、参政议政的职能。同时，各位政协委员要在各自的岗位上做好本职工作，起好模范、表率作用，为宜宾县深化改革和“两个文明建设”作出新的贡献。

三、六届三次全会

2000 年 1 月 18—20 日，政协第六届宜宾县委员会第三次全体会议在县城柏溪镇召开。会议的主要议程是：听取和审议政协第六届宜宾县委员会常务委员会工作报告；听取和审议政协第六届宜宾县委员会提案工作情况报告；列席宜宾县第十二届人民代表大会第三次会议，听取和协商宜宾县人民政府工作报告、国民经济计划报告、财政预决算报告和人民法院工作报告、人民检察院工作报告；补选政协第六届宜宾县委员会常务委员会组成人员；听取政协第六届宜宾县委员会第三次会议提案审查报告等。应到会县政协委员 229 名。40 名特邀人员列席会议。

县政协常务副主席杨济凯向大会作政协第六届宜宾县委员会常务委员会工作报告。

加强学习和宣传，不断提高对人民政协性质、地位、作用的认识。县政协在中共宜宾县委领导下，采取召开主席办公研讨会、常委学习会、委员小组学习会和自学等形式，组织政协委员和政协干部认真学习邓小平理论和中共十五大，十五届三中、四中全会文件，认真贯彻江泽民视察宜宾的重要指示和题词精神，以及全国政协九届二次会议、省政协八届二次会议、市政协一届三次会议和省、市县委政协工作会议精神。1999 年重点抓了两次集中辅导学习，一次是组织驻柏溪的 100 多名委员，听取了县委宣传部理论教员关于国际形势的时事讲座；另一次是聘请高级律师、县政协常委苟玉章专题辅导行政复议法。同时，积极组织和参与了新中国成立 50 周年、人民政协建会 50 周年以及澳门回归祖国的庆祝活动。县政协还响应县委的号召，组织开展了 4 次专题学习。中共宜宾县委高度重视政协宣传工作，专门制发了《关于加强政协宣传工作的意见》（宜县委发〔1999〕44 号），要求县级各机关、各乡镇党委及新闻单位要提高认识，加强组织领导，搞好搞活政协的宣传工作。县委宣传部和宜宾县报、县广播电台、有线电视台、电视转播台按照县委的要求，加强了对政协学习理论、开展活动的宣传报道，初步实现了政协工作在报纸上有文、广播上有声、电视台有影，进一步增强了政协宣传的声势和效果。

主动争取党委领导和人大、政府及各界的支持，积极为开展政协工作创造良好的外部条件。凡政协工作中的重要问题，县政协党组均提出具体方案，且以正式文件向县委请示，待县委同意后付诸实施；凡贯彻上级的重要指示精神，县政协党组坚持及时向县委汇报，与县委共同研究制定贯彻意见；凡全县的重大活动和一些阶段性突击工作，县政协都积极参加，按照县委的意图出色地完成任务。县委把政协工作纳入了重要议事日程，除县委书记抓政协工作外，明确了县委 1 位副书记、县人大 1 位副主任、县政府 1 位副县长分别联系政协工作，互相参加重要会议和重大活动。凡有关全县政治、经济和社会发展的重大事项，都要事先听取县政协的意见和建议。对政协开展的调查、视察等活动提出的意见和建议也很重视，不少意见和建议进入了党政的决策之中。县委、县政府积极支持政协搞好自身建设，尽可能帮助改善政协工作条件。

围绕中心，服务大局，发挥优势，履行职能，为宜宾县改革开放和“两个文明建设”

献计出力。县政协通过全委会、常委会、主席会、专题研讨会和主席、副主席参加县委常委会议、人大常委会议、政府常务会议、县长办公会等形式，对全县国民经济计划、经济项目、改革开放、社会稳定、精神文明建设重大事项和重要人事安排进行协商讨论。发挥专委会的基础作用，加强调研和对口协商，是过去一年县政协工作的一个重要特点：提案联谊委员会和经济委员会先后与长源电力分公司、天泉供水公司、县电信局，分别就贯彻落实县委、县政府关于发展个体、私营经济的50条优惠政策及乡村通讯工程实施情况进行了调研和对口协商，共提出15条意见和建议；文卫科教委员会组织部分政协常委、委员，先后就教育改革、教学研究和地方病防治工作进行了调查，对教改、教研工作提了9条建议，地方病防治工作提了7条建议。各专门委员会还派出政协委员，分别在纪检、监察、公安、检察、工商、邮政、审计、地税、律师事务所等部门担任特邀监督员。根据市委、市政协的部署，在县委领导和市政协的指导下，由县政协牵头，于1999年5—8月，组织政协委员、有关人士和个体私营业主开展了对有关单位执行非公有制经济政策情况的调查、评议工作。整个调查评议分为动员准备、调查了解、重点调查评议和整改落实四个阶段。全县共组织了28个调查组，通过召开宣传动员会、座谈会、个别走访和问卷调查等形式，走访了1086户个体私营业主和252名各界人士，发放调查评议表1000份，共收集意见724条，综合归纳为5类139条。及时向县委报送了问卷调查汇总表和调查中收集的意见，以及提出的整改建议，县委以宜县委发〔1999〕23号文件全文批转。8月6日召开了综合评议大会，对23个被评单位进行了有理有据、客观公正的综合评议，并提出了整改要求。这次调查评议在全市非公有制经济政策执行情况调查评议总结大会上被评为一等奖。《四川政协报》《宜宾日报》《宜宾政协》等报刊作了报道和介绍，宜宾电视台《记者访谈》栏目作了专题采访报道。六届二次会议以来，县政协进一步完善了提案工作的激励机制，建立了优秀提案表彰制度，与县委、县政府联合表彰了上年办理落实提案工作成绩突出的单位和个人。县政协专门举办了政协组成单位负责人参加的集体提案征集培训会，对征集集体提案的目的、意义和要求作了认真探讨。县政协文卫科教委员会编纂的《宜宾县辉煌五十年》一书出版，向新中国成立五十周年献上了一份厚礼。该书精编农林水、公交、邮电、集镇建设、商贸金融、教科文体等22个部门的约15万字的22篇文章，通过亲历、亲见、亲闻的“三亲”材料，客观地再现了宜宾县改革开放、经济社会发展和50年巨变的历史轨迹，展示了改革名县的风貌。

加强与各组成单位的联系，广泛开展联谊工作，为民主政治建设和社会稳定服务。一方面，政协各组成单位积极参与政协工作，支持配合政协履行职能，壮大了参政议政的整体力量；另一方面，各组成单位按照各自的章程，通过多种途径，采取多种形式，积极参政议政，建言献策：有效地促进了民主政治建设、社会稳定和民族团结。加强与上级政协以及市内外政协的联系，通过走出去请进来的方式，增进相互的了解，开阔了眼界，学习了经验，促进了政协工作的开展。1999年，县政协接待了省政协文史委员会到县了解文物保护工作，市政协对县畜牧业和卫生防疫工作的调查、视察，长宁县政协文史委员会的到访，配合县人武部接待了成都军区驻川部队省政协委员到县视察。参加了在云南大关召开的滇川十二县（市、区）第九次政协工作联系会。文卫科教委员会参与了市政协组织的真武山庙群、李庄旋螺殿等名胜古迹的保护、修缮和天池公园开发的考察活动，接待了回宜探亲和学术交流的台湾高雄四川同乡会理事宋川琦先生。县政协办公室和有关专委会坚持了与部分市、县、区政协互相联系交换文件资料的制度。加强对政协委员的联系和指导，发挥委员的主体作用。据不完全统计，1999年全体委员共提供各类经济信息100余条，促成引进项目、资金、技术等10余项，搞了70余次调研，提出建议200多条，还为救灾、支教、扶贫、助残、修路、优抚等公益事业捐款捐物。

加强自身建设，提高政协的整体素质，为有效开展工作提供保障。除加强了对乡镇委员联系组的联系和指导，与组成单位的联系和合作之外，在政协机关还抓了以下几点：一是组织机关干部职工坚持思想和政治路线方面的学习教育；二是根据县委的统一要求，对机关作风进行整顿；三是修订完善了规章制度，使机关更加规范化、正规化；四是本着量力而行，少花钱多办事的原则，逐步改善办公条件；五是加强对机关干部的再学习和培训。

报告提出2000年县政协的工作重点是：围绕一个中心，突出一个重点，把握两大主题，健全两项制度，发挥三个方面作用，提高五个方面质量。即围绕县委、县政府的中心任务开展工作。认真贯彻中共宜宾县委九届四次全委（扩大）会议精神，紧紧围绕“一二三四五总体思路”，充分发挥人民政协的政治优势和人才优势，切实有效地参政议政、献计出力。以参政议政为重点，认真履行政协职能。本着尽力而为、量力而行的原则，积极踊跃参与党政中心工作，认真负责地做好本职工作，在参与中议大事，在支持中提建议，做到议大事与办实事相结合，不断提高参政议政实效。把握团结和民主两大主题，促进中华民族的大团结。县政协要加强同县民主党派、人民团体和各界人士联系和合作，充分发挥他们在政协中的独特作用，为其参政议政创造条件；全体政协委员要深入生活、深入群众，发挥桥梁和纽带作用，广泛宣传党和国家的方针政策，通报情况，反映社情民意，促进经济发展，保护改革开放成果，维护社会稳定。健全和完善委员联系制度、企业联系制度。2000年上半年，要在探索中制定和完善正副主席分片联系、专委会专题联系、政协委员联系组具体联系的制度；积极探索、建立健全以非公有制经济为主体的企业联系制度，搞好调查研究，为协商监督、参政议政提供依据，为县委、县政府制定和调整经济政策提供建设性意见和建议。加强自身建设，发挥三个机构的职能作用。政协的各专门委员会、各委员联系组是整个政协工作的基础，是组织委员开展经常性活动的工作机构；政协机关各科室是政协常委会、专委会的工作机构。政协的政治协商、民主监督、参政议政的质量和成效体现于三个工作机构职能作用发挥的程度。提高五个方面的质量，树立政协良好形象。即开好政协各种例会，提高例会质量；不断提高调查研究、对口协商的质量；加大民主监督力度，提高民主监督质量；进一步提高委员提案、意见和建议的质量；认真总结政协工作经验，提高宣传工作质量。

县政协副主席徐金友代表提案委员会，向大会报告六届二次会议以来的提案办理情况。

县政协六届二次会议以来，共收到提案 64 件，其中委员个人和联名提案 56 件，集体提案 8 件。经审查，确定作为立案办理的 14 件，立案率为 21.9%；作为意见办理的 50 件，占提案数的 78.1%。截至 1999 年 8 月底，全部提案已办复完备，符合办理时限要求，办复率达 100%，规范化要求达 100%。按照办理落实质量，经办理完全落实产生了较好效益的（A 类）有 20 件，占 31.25%；部分落实和正在落实之中的（B 类）有 31 件，占 48.4%；通过努力创造条件可以落实的（C 类）有 13 件，占 20.3%。收到提案委员对办理提案的反馈意见 25 份，对办理工作表示满意和基本满意的达 96% 以上。

报告归纳一年来的提案工作：一是抓好会前、会中和会后的提案征集、整理、交办、催办、督办和协调办案等日常服务工作。委员会建立了评选表彰优秀提案制度，坚持对办理提案的先进单位和个人进行表彰。二是选择重点提案开展跟踪调查和现场办案。

报告指出提案工作还存在一些问题：一是集体提案数量不多，未能充分发挥政协人才荟萃的优势；二是部分提案调查研究不够，可行性论证不充分；三是在办理落实上文来文往的现象仍然存在。

在会上，第六届宜宾县政协对六届二次会议以来的 5 件优秀提案予以了表彰。

会议期间，举办了选举大会，选举杨济凯为政协第六届宜宾县委员会主席，选举增补闵强、严云贵、唐德伦 3 人为第六届宜宾县政协常务委员。

会议期间，与会委员列席了宜宾县第十二届人民代表大会第三次会议，听取并讨论了《政府工作报告》和计划、财政、法院、检察院的报告，对全县改革开放、经济发展、社会稳定等方面工作提出了许多有价值的意见和建议。

新当选的县政协主席杨济凯向大会作六届三次会议的提案审查情况报告。大会期间共收到提案 75 件，其中委员个人和联名提案 63 件，集体提案 12 件。经认真审查，确定作为立案办理的 20 件，立案率 26.7%；作为意见办理的 55 件，占 73.3%。这次会议的提案数量较多，质量较好，内容丰富，涉及面广。大会闭幕后，提案委员会将按照分级负责、归口办理的原则，及时把提案分送有关部门办理。

中共宜宾县委书记张显富，代理县长赖青在闭幕会上作了大会讲话。

大会通过的宜宾县政协六届三次会议决议指出：2000年是本世纪的最后一年，承前启后，意义重大。新的形势、新的任务对人民政协工作提出了新的要求。县政协要始终不渝地坚持以邓小平理论和党的基本路线为指导，坚持中国共产党领导的多党合作和政治协商这一基本政治制度，认真贯彻江泽民在人民政协成立五十周年大会上的讲话精神，紧紧围绕县委、县政府的工作中心，牢牢把握团结、民主两大主题，切实有效地履行政治协商、民主监督、参政议政的职能，为加快建设宜宾经济强县、文明开放大县献计出力。

四、六届四次全会

2001年1月15—17日，政协第六届宜宾县委员会第四次全体会议在县城柏溪召开。会议的议程主要是：听取和审议政协第六届宜宾县委员会常务委员会工作报告；听取和审议政协第六届宜宾县委员会提案工作情况报告；列席宜宾县第十二届人民代表大会第四次会议，听取和协商宜宾县人民政府工作报告、“十五”计划纲要、国民经济计划报告、财政预决算报告和人民法院工作报告、人民检察院工作报告；补选政协第六届宜宾县委员会常务委员会组成人员；讨论和通过政协第六届宜宾县委员会第四次会议决议等。六届四次会议应到会政协委员235名，实到156名。39名特邀人员列席了会议。

县政协主席杨济凯向大会作政协第六届宜宾县委员会常务委员会工作报告。

开展政治协商、民主监督，为发展县域经济献计出力。对“一府两院”的工作报告、加快县域经济发展、实施“两基”、退耕还林、“十五”计划等进行了协商，有关领导到会通报情况，听取意见，使每项协商都取得了良好效果。根据市政协的部署，对开展非公有制经济政策执行情况调查评议后整改落实的情况又组织开展了追踪调查、评议工作。由县政协经济委员会牵头，组织全县27个乡镇政协联系组近百人，分别走访了16家非公有制企业，召开调查会、协调会、座谈会和协商会共10余次，了解宜宾县非公有制经济政策和“一站式”服务措施，以及“三公开一服务”体系的贯彻落实情况。同时走访了工商、质监、畜牧、卫生、国土、城管等政府职能部门，了解他们贯彻执行非公有制经济政策的情况，并向他们反馈个体工商业主的意见。各专门委员会分别同县林委、教育局、城管办、气象局、天泉供水公司等单位，就退耕还林、实施“两基”、城市管理、气象事业和城市居民饮用水等问题进行协商，督促有关部门解决个体私营企业反映强烈的问题。

发挥优势，建言献策，增强参政议政实效。由经济委员会牵头组织开展的加快县域经济发展的调研工作，历时4个月，先后组织15个专题小组共走访47个单位、16户企业、9个乡镇，召开各类座谈会28次，进行深入的调查研究，对推进县域经济的良性发展提出了“八点建议”。县委、县政府高度评价这次调研取得的成果，将建议中的有关内容列入“十五”规划纲要和2001年的工作要点。

加强提案工作，促进办理落实。六届三次会议以来，共收到委员提案、意见77件，提案委员会及时会同有关部门召开了2000年提案交办会，在办理过程中还召开了3次提案工作会议。到11月底，提案办理工作已全部结束，从收到的提案办理反馈意见看，满意和基本满意率达98%。

加强学习和宣传，认真做好文史资料工作。乡镇政协联系组集中学习最多的达5次，最少的不低于3次；驻宜柏两地的政协委员进行了2次集中辅导学习。县政协文卫科教委员会编印出版了《白花镇专辑》，现已向省内外地市县政协、文史馆，和北京大学、清华大学、四川大学等几十所大专院校图书馆赠阅；2000年，文史资料《下食堂村史》获市政府颁发的宜宾市第二次哲学社会科学优秀科研成果评比优秀奖；还完成了市政协布置的《宜宾非公有制经济》一书宜宾县的组稿工作。县政协成立了宣传报道组，制定了宣传报道奖励办法，一年来向省、市、县各类报刊和广播电台发新闻稿件90余件，被采用70件。

加强联系，扩大交流，发挥委员作用，强化政协整体功能。在联系委员方面，实行了正副主席分片联系、专委会专门联系、委员联系组具体联系的办法，加强了同委员的联系和对委员学习、调查、视察的指导。10月中旬组织了27个乡镇政协联系组组长和县城9个联系组正副组长近50人参加的党的方针政策、政协章程、政协统战理论业务培训。由提案联谊委牵头，深入10多个乡镇，走访看望了工作在基层单位和生产第一线的政协委员。在联系企业方面，同惊雷科技股份有限公司、花园建司等十几家私营企业建立了定期联系和走访制度，听取他们的意见，了解企业存在的困难和问题，帮助他们协调解决在发展中遇到的难题。在联谊工作方面，参加了在屏山举办的“川滇十二县（市）政协工作联系会”、“两省三县”书画艺术交流展、市政协文史专辑《美酒慰忠魂》首发式、市政协白塔山僰人文化景点及唐君毅故居的考察规划活动，参加了市政协组织的李庄文化与古文物观音镇尹升墓的考察，接待了台湾学者宋川崎及香港唐君毅学术研究机构刘国强教授等到访，还接待了云南水富县政协文史资料工作人员的到访。在发挥委员作用方面，利用其工作在基层第一线、生活在群众身边的优势，广泛收集社会信息，沟通上下情况，宣传方针政策，及时化解各种矛盾。加强了与政协各组成单位的联系和合作，同心同德，共同致力于“两个文明建设”。

切实搞好“三讲”教育，加强政协自身建设。通过“三讲”集中教育和机关作风整顿及效能建设，政协机关的面貌有了较大变化，大家认识提高，作风转变，纪律性增强，增强了服务、奉献意识，为认真履行好人民政协职能打下了坚实的思想基础。

报告提出2001年县政协工作的基本思路是：围绕一个中心，抓好两个建设，开展好六项活动，发挥好三个促进作用。即围绕我县经济社会发展的决策和实施这个中心，抓好政协的自身建设和政协工作的规范化、制度化建设，开展好对口协商、专题调查、委员视察、提案办理、文史编撰、民主评议六项活动，充分发挥政协组织在促进民主决策、促进决策的实施、促进社会稳定三个方面的重要作用。

一是努力实践“三个代表”重要思想，认真履行人民政协的职能。不断加深对“三个代表”重要思想的重大意义和丰富内涵的认识，以“三个代表”重要思想总揽政协的各项工作，按照江泽民对人民政协提出的“围绕中心，服务大局；坚持发扬民主，推进民主政治；协调关系，化解矛盾；广泛团结，实现统一”四个希望，为推进经济和社会事业的发展作出贡献。

二是加强调查研究，拓宽参政议政的渠道。

三是加强政治协商，加大民主监督力度。政治协商要切实做到“三在前”“三在先”，即重大决策要协商在党委决定之前，人大通过之前，政府实施之前；制定经济和社会中长期规划，重要的人事安排和人民群众生活中的重大问题，出台的重要措施等要协商于决定之先。要按照市政协的部署，对县国土系统进行民主评议；发挥政协委员中的特约监督员、检察员、审计员和教育督导员的作用，充分反映社情民意；发挥提案在民主监督中的重要作用；维护委员的民主监督权利，对委员提出的意见、批评，要及时反馈给有关部门，并督促问题的解决和落实。

四是切实抓好提案工作，进一步提高提案质量。

五是认真做好学习宣传和文史资料工作。县政协重点抓好1～2次政协委员的集中辅导学习，召开1次各联系组正副组长参加的政协统战基本知识的学习和工作研讨会。要加强通讯员队伍建设，进一步落实宣传报道责任制，继续实行优秀新闻年度评比制和奖励办法，提高新闻的用稿率，力争报道上档次。再编印出版1辑《文史资料专辑》。

六是加强联谊工作，为维护稳定和实现祖国完全统一多作贡献。县政协在年内召开1次县政协领导与民主党派、工商联负责人和无党派代表人士座谈会。积极开展同宜宾县籍台湾同胞、港澳同胞和海外侨胞及唐君毅在外亲友、学生，唐君毅学术研究机构、学者的友好联谊活动，协助有关部门做好县内“三胞”亲属工作。

七是巩固“三讲”成果，进一步加强自身建设。加强县政协领导班子建设，坚持“讲学习、讲政治、讲正气”，努力实践“三个代表”重要思想，努力把班子建设成团结、廉洁、勤政、高效的战斗集体。加强制度建设，从实际出发，制定和完善政协的工作制度、管理制度，用科学合理、切实可行的制度规范自身的工作程序。加强政协委员队伍建设，组织和推动委员加强学习，在做好本职工作的同时，认真履行职责，充分发挥委员的作用和政协的整体功能。加强机关干部队伍建设，要加强思想政治工作，加强业务培训，提高干部的政治素质和业务水平；进一步改善办公条件，创造较好的内部和外部环境，把政协机关建成委员之家和各界人士之家。

县政协副主席徐金友向大会作关于六届三次会议以来提案工作报告。

六届三次会议以来，共收到提案 77 件，比上次会议的提案增加了 13 件，上升了 20.3%；参加提提案的委员 185 人次，增加了 43 人次，上升了 21.5%；集体提案 12 件，增加了 4 件，上升了 33.3%。截至 2000 年 7 月底，全部提案办复完毕，办复率为 100%，办理规范化要求达 100%。按办理落实质量：经办理完全落实产生了较好效益的（A 类）有 25 件，占提案总数的 32.5%；部分落实和正在落实之中的（B 类）有 41 件，占提案总数的 53%；通过努力和创造条件可以落实的（C 类）有 6 件，占提案总数的 7.8%；所提问题无法解决，需向提案者解释说明的（D 类）有 5 件，占提案总数的 6.5%。收到委员对办理提案的反馈意见 28 份，表示满意和基本满意的达 98%。

会议期间举行了选举大会，补选凌元东为政协第六届宜宾县委员会秘书长。

会议期间，共收到提案 78 件，其中委员个人和联名提案 70 件，集体提案 8 件，提出提案的委员 131 人次。经审查，确定作为立案办理的 30 件，立案率占 38%；作意见办理的 45 件，占 58%；作为人民来信的 3 件，占 4%。

在会上，政协宜宾县委员会对六届三次会议以来的 10 件优秀提案分别给予一、二、三等奖的表彰奖励。

与会委员列席了宜宾县第十二届人民代表大会第四次会议，听取并讨论了《政府工作报告》、宜宾县“十五”计划纲要和计划、财政、法院、检察院的报告。委员们对上述报告、纲要表示肯定和满意，并就当前人民群众普遍关心的一些突出矛盾和问题提出了许多有益的意见和建议。

会议要求，全体政协委员要有不负重托、不辱使命的自豪感和责任感，增强做好政协工作的自觉性和主动性；要努力做好团结各界、听取意见、协商问题、协调关系的工作；要立足本职，不断提高自身的政策理论水平和参政议政能力，树立良好形象，起好表率作用，真实反映社情民意。

中共宜宾县委书记张显富、县人民政府县长赖青作了大会讲话。

五、六届五次全会

2002 年 3 月 4—6 日，政协第六届宜宾县委员会第五次全体会议在县城柏溪召开。会议的议程是：听取和审议政协第六届宜宾县委员会常务委员会工作报告；听取和审议政协第六届宜宾县委员会提案工作情况报告；列席宜宾县第十二届人民代表大会第五次会议，听取和协商宜宾县人民政府工作报告、国民经济计划报告、财政预决算报告和人民法院工作报告、人民检察院工作报告；听取政协第六届宜宾县委员会第五次会议提案审查报告；其他事项。宜宾县政协六届五次会议时，实有政协委员 235 名。另有 39 名特邀人员参加了会议。

县政协主席杨济凯向大会作政协第六届宜宾县委员会常务委员会工作报告。

报告回顾，2001 年是新世纪的开端之年，县政协坚持以邓小平理论和“三个代表”重要思想为指导，深入贯彻中共十五大和十五届五中、六中全会精神，突出团结和民主的主题，围绕县委、县政府的中心工作，积极主动履行职能、参政议政、发挥优势、服务大局，为推进改革、开放、发展和社会的全面进步作出了贡献，政协工作也取得了新的进展。

开好例会，建言献策，增强政治协商实效。在六届四次全委会期间，委员们对《政府工作报告》提出协商意见 60 多条，对“十五”计划纲要和“两院”、计划、财政等报告进行了协商，提出了很多好的意见和建议。2001 年共召开常委会议 4 次，每次常委会议确定一个中心议题，听取县政府的情况通报，审议专委会的调查报告，协商讨论后形成建议案报送县委、县政府。经济委员会、提案联谊委员会、文卫科教委员会分别同县建环局、县人寿保险公司、县科协、县文体局、县卫生局就治理县城环境污染、小城镇建设、中小学生平安保险、开展科普宣传、加强文化市场管理和医疗卫生体制改革等问题进行了协商，提出了意见和建议。

办理提案，反映民意，拓宽民主渠道。六届四次会议以后，共收到委员提案 78 件。在办理过程中，召开了 3 次提案工作会议，专题研究解决提案办理中出现的问题。提案联谊委员会先后组织部分常委、委员对《加强文化市场的整顿治理工作》《加强对网吧的管理》等重点提案进行了跟踪调查，促进了提案的办理落实。到 11 月底，提案办理工作已全部结束，办复率达 100%，办理规范化达 100%。从收到的提案办理反馈意见来看，满意和基本满意率达 98%。

精选题目，深入调研，为经济和社会发展献计出力。按照市政协统一部署，组织开展了“培育和发展农业支柱产业，推进农业产业化”的调查，向县委、县政府提出了“在稳定粮食、油料、生猪三大基础的前提下，着力培育油樟、肉兔、木业、魔芋四大支柱产业，实行产业化经营，形成县域经济新的增长点”的建议，得到认真采纳。由于调研工作扎实，效果显著，县政协获市政协“农业支柱产业调查工作”一等奖。各专委会重点对卫生医疗改革、小城镇建设、旅游资源开发及唐君毅故园进行了专题调研，部分乡镇联系组也组织委员对调整农业结构、培植财源税源、改善投资环境等问题进行了调研，提出了意见和建议。

评议行风，督促整改，增强民主监督力度。2001 年 4 月至 8 月，市政协统一部署对全市国土系统行风进行民主评议，县政协积极参加。共组织调查评议组 31 个，参加调查评议的政协委员 168 人，占委员总数的 71%；共召开座谈会 131 次，走访群众 970 余人；发出调查问卷 707 份，收回 650 份，收集意见 33 条，提出建议 32 条；形成了分项《评议意见》和《综合评议意见》。10 月受省政协视察组委托，对宜宾县公安机关开展“三项教育”情况进行了调查和评议。县政协召开了各界人士代表座谈会，听取意见和建议；向社会各界发调查问卷 300 份，收回 300 份，对宜宾县公安机关的服务态度、服务质量和社会治安表示满意和基本满意的占 95% 以上。省、市政协和市、县公安机关对县政协的调查评议表示满意。县政协加强民主监督的实践和探索得到肯定，全国政协机关报《人民政协报》2001 年 12 月 3 日第 11 版作了报道，县政协获市政协“国土系统行风评议工作”一等奖。

组织学习，开展宣传，做好文史资料工作。据统计，乡镇联系组集中学习最多的达 5 次，最少的有 3 次；为帮助委员深入学习“三个代表”重要思想和六中全会决定，县政协 2 次组织驻宜柏两地的委员集中辅导学习。县政协宣传报道组向省、市、县报刊和广播电台发新闻稿件 90 余件，采用 70 余件。县政协文卫科教委员会在宜宾干部学校校史研究会的配合下，征集编印了文史资料——《热血春秋》征粮剿匪专辑；还积极完成市政协布置的《政协与统战》一书宜宾县的组稿工作。

加强联系，扩大交流，发挥政协的整体作用。一是加强与乡镇和企业的联系。尽力帮助解决一些实际困难，努力完成年初确定的目标任务。二是加强与委员的联系。坚持执行了委员联系制度。三是加强了联谊工作。2001 年，县政协接待了省、市政协委员视察和市政协、内江市东兴区政协，云南省水富县、丽江县政协的工作调研和工作交流，参加了在水富县召开的川滇十二县市区第十一次政协工作联系会。县政协办公室和有关专委会坚持了与部分市、县、区相互联系交换文件资料的制度。四是加强了与政协组成单位的联系与合作。壮大了参政议政的整体力量，有效地促进了民主政治建设、社会稳定和民族团结。

完善制度，改进作风，加强自身建设。县政协机关按照县委的部署，开展了“三个代表”重要思想的学习教育，组织干部、职工认真学习江泽民“七一”重要讲话、中共十五届六中全会文件、全国统战工作会议精神和人民政协的理论政策，在办事、办文、办会和内部管理上抓好规范化、制度化建设。结合机构改革，进一步明确了内设机构的工作任务和工作人员的岗位职责，强化了集体领导和分工负责制；结合实际，修订完善了主席会工作规则、常委会工作规则、提案工作细则和机关的各项管理制度，认真落实了整改措施。

报告提出2002年的工作：

一是加强学习，提高思想政治素质和参政议政能力。要坚持主席办公研讨会、常委学习会、委员小组学习会、专题座谈会、培训会等形式的学习；县政协重点抓好1～2次政协委员的集中辅导学习，召开一次各联系组正副组长参加的政协统战基本知识的学习和工作研讨会。

二是围绕中心，服务大局，认真搞好政治协商和民主监督。县政协六届五次会议要着重对全县的重大决策、部署和大政方针进行协商，常委会议要根据县委、县政府工作大局的要求选择议题进行协商，经济委员会、提案联谊委员会、文卫科教委员会就有关工作开展对口协商。要按照市政协的部署，对县工商系统的行风建设情况进行民主评议；政协委员要积极参与政协及党政部门组织的调查、检查、考核、测评活动，根据了解的情况和问题，用建议、提案、社情民意等方式进行反映；政协组织要维护委员的民主权利，把他们提出的意见、批评及时反馈给有关部门，并督促问题的解决和落实。

三是加强调查研究，努力提高参政议政水平。要配合市政协组织委员对发展绿色食品、无公害食品，尤其是食品安全问题进行深入调查，并提出建议；充分发挥专委会的作用，分别在各自的工作范围开展小型多样的调查视察活动；各委员联系组也要本着“节约、实效、小型”的原则，组织委员进行调查研究。

四是认真做好提案工作，进一步提高提案质量。县政协提案联谊委员会要开展多种形式、多层面的委员撰写提案的培训活动，进一步完善优秀提案表彰制度。加强与县委办、县政府办和承办单位的联系，注重提案办理质量，认真做好重点提案的跟踪调查和对口协商办案等工作。

五是加大政协宣传的力度，继续做好文史资料工作。要按照中央和省委、市委、县委的指示精神，加强和改进政协的宣传工作，提高宣传工作的质量和水平。要加强通讯员队伍建设，进一步落实宣传报道责任制，继续实行优秀新闻年度评比制度和奖励办法。

县政协文卫科教委员会要在总结过去工作经验的基础上，进一步改进工作，提高编撰质量，再编辑出版一辑《文史资料专辑》。

六是加强联系，团结各界，为维护稳定多作贡献。要认真贯彻落实中共中央《关于加强统一战线工作的决定》精神，在年内召开一次县政协领导与民主党派、工商联负责人和无党派人士座谈会；要积极开展同宜宾县籍台湾同胞、港澳同胞和海外侨胞，及唐君毅在外亲友、学生、唐君毅学术研究机构、学者的友好联谊活动，协助有关部门做好县内“三胞”亲属工作；要坚持执行委员联系制度和企业联系制度。

七是进一步加强自身建设，营造协调规范的工作环境。县政协要在县委的领导下，在人大、政府的支持和各个方面的配合下，不断推进政协工作的规范化、制度化建设；要继续在政协委员中开展“办一件实事、提一条合理化建议、完成好一年本职工作任务”的“三个一”活动，注重发挥委员在政协工作中的主体作用；根据政协章程的规定，配合有关部门，积极做好换届的组织、人事推荐和常委会对新一届县政协参加单位、委员名额及人选的协商、决定等工作；要进一步完善政协机关的机构改革，强化政协机关“服务、秘书、参谋、协调”的功能作用，努力改善县政协的办公条件和生活条件。

县政协副主席徐金友代表提案委员会，向大会报告六届四次会议以来的提案工作情况。

自县政协六届四次会议以来，共收到提案 79 件，其中委员个人和联名提案 71 件，集体提案 8 件。根据提案工作条例的规定，确定作为立案办理的 31 件，立案率为 39.2%；作为意见办理的 47 件，占提案数的 59.5%；作为人民来信办理的 1 件，占提案数的 1.3%。提案办复率为 100%，办理规范化要求达 100%。其中，经办理完全落实产生了较好效益的（A 类）有 32 件，占提案总数的 40.5%；部分落实或正在落实中的（B 类）有 32 件，占提案总数的 40.5%；通过努力和创造条件可以落实的（C 类）13 件，占提案总数的 16.5%；所提问题无法解决，需向提案者解释说明的（D 类）2 件，占提案总数的 2.5%。收到委员对办理提案的反馈意见 18 份，对办理工作均表示满意或基本满意。

报告总结提案委员会过去一年的工作：一是抓好会前、会中和会后的提案征集、整理、交办、催办督办和协调办案等日常工作。每季度定期召开委员会全体成员会议，通报研究提案办理情况，学习提案知识，总结推广提案和办案经验。二是抓好提案的跟踪调查、现场办案和对口协商工作。如组织部分常委、委员对《加强我县文化市场整顿治理工作，特别是对各类网吧加强管理，保证中小学生身心健康和正常学习》的重点提案进行跟踪调查，到文体局开展现场办案；与县人寿保险公司就人寿保险事业的现状、加入 WTO 后面临的机遇和困难，特别是中小学生投保问题等开展了对口协商，并就有关问题提出一些建设性的意见和建议。三是抓好政协联谊和委员提案的表彰奖励工作。县政协组织常委、委员和政协机关干部到部分乡镇联系组，走访看望政协委员，鼓励他们积极参政议政。提案联谊委员会在79件提案中认真筛选、评比，评选出5件优秀提案报经主席会议、常委会议研究决定予以表彰。

在会上，政协第六届宜宾县委员会常务委员会对县政协六届四次会议以来的5件优秀提案分别予以一、二、三等奖的表彰奖励。

与会委员列席了宜宾县第十二届人民代表大会第五次会议，听取并讨论了《县政府工作报告》和计划、财政、法院、检察院的工作报告。委员们认为，政府工作报告对去年的工作总结实事求是，对2002年的工作任务、总体要求和安排部署符合实际、切实可行。委员们对计划、财政、检察院、法院的工作报告表示满意。

会议通过了政协第六届宜宾县委员会第五次会议提案审查情况报告。大会期间，共收到提案72件，提出提案的委员137人次。提案委员会根据提案工作条例的有关规定，对上述提案进行了认真审查，确定作为立案办理的27件，立案率占37.5%；作为意见办理的44件，占61.1%；作为人民来信办理的1件，占1.4%。大会闭幕以后，提案委员会将按照分级负责、归口办理的原则，及时把提案分送有关部门办理。

县委书记张显富、县长赖青在大会上作了讲话。

第七节　第七届全体会议

一、七届一次全会

2003年1月9—11日，政协第七届宜宾县委员会第一次全体会议在县城柏溪召开。会议议程是：听取和审议政协第六届宜宾县委员会常务委员会工作报告；听取和审议政协第六届宜宾县委员会提案办理情况报告；列席宜宾县第十三届人民代表大会第一次会议，听取和协商讨论政府工作报告和计划、财政、法院、检察院工作报告；选举政协第七届宜宾县委员会常务委员会组成人员；听取政协第七届宜宾县委员会提案审查委员会关于七届一次会议提案审查情况的报告；通过政协第七届宜宾县委员会第一次会议决议。宜宾县政协七届一次会议应到会委员230人，实到会委员215人。46名特邀人员列席会议。

政协第七届宜宾县委员会委员名表

表 3-8

姓　名	性别	民族	出生年份	籍贯	文化程度	党派	界别
陶天华	男	汉	1956	宜宾县	大学	中共	中共
徐金友	男	汉	1953	宜宾县	大学	中共	中共
周福全	男	汉	1953	宜宾县	大学	中共	中共
夏晓玲	女	汉	1953	翠屏区	大专	中共	中共
凌元东	男	汉	1959	江苏海安	大学	中共	中共
李　荣	男	汉	1955	宜宾市	大学	中共	中共
丁常平	男	汉	1956	宜宾县	大专	中共	中共
刘　玮	男	汉	1970	宜宾县	大学	中共	中共
李建培	男	汉	1963	宜宾市	大学	中共	中共
张　勇	男	汉	1964	宜宾县	大学	中共	中共
钟建华	男	汉	1965	宜宾县	大学	中共	中共
廖运宜	男	汉	1954	资中县	大学	中共	中共
廖时权	男	汉	1956	富顺县	大学	中共	中共
李云龙	男	汉	1952	宜宾市	大专	中共	中共
秦　兵	男	汉	1967	隆昌县	大学	中共	中共
邓世涛	男	汉	1964	宜宾县	大学	中共	中共
蒋　明	男	汉	1969	宜宾县	大学	中共	中共
郑春霞	女	汉	1963	宜宾县	大学	中共	工会
张腾根	男	汉	1962	宜宾县	大专	中共	工会
曾良玉	女	汉	1958	成都市	高中	非党	工会
萧耀康	男	汉	1950	宜宾县	初中	民盟	工会
唐德伦	男	汉	1956	宜宾县	大专	中共	工会
王永成	男	汉	1954	宜宾县	初中	中共	工会
陈　婷	女	汉	1968	宜宾县	大学	非党	妇联
龙兴田	女	汉	1963	宜宾县	大专	中共	妇联
杨　丽	女	汉	1970	宜宾县	高中	非党	妇联
罗万才	女	汉	1963	宜宾县	初中	非党	妇联
苏　耘	女	汉	1975	宜宾市	大专	非党	妇联
王申琼	女	汉	1974	宜宾县	大专	非党	妇联
廖　勇	男	汉	1970	宜宾县	大学	中共	共青团
曾健梅	女	汉	1975	隆昌县	中专	非党	共青团
黄亚萍	女	汉	1973	翠屏区	大学	中共	共青团
李清际	女	汉	1974	宜宾县	中专	非党	共青团

续表 3-8

姓　名	性别	民族	出生年份	籍贯	文化程度	党派	界别
张应洪	男	汉	1976	宜宾县	中专	非党	共青团
虞　斗	男	汉	1978	宜宾县	大专	非党	共青团
吴亨华	男	汉	1964	宜宾县	初中	非党	工商联
李兴海	男	汉	1969	宜宾县	高中	非党	工商联
王永洪	男	汉	1962	宜宾县	初中	非党	工商联
王万刚	男	汉	1979	自贡市	大专	非党	工商联
杨泽金	女	汉	1953	宜宾县	初中	中共	工商联
舒兴友	男	汉	1949	宜宾县	小学	非党	工商联
王学斌	男	汉	1963	宜宾县	高中	非党	工商联
田永康	男	汉	1949	宜宾县	初中	非党	工商联
李红专	女	汉	1952	宜宾县	初中	非党	工商联
谭显开	男	汉	1966	宜宾县	初中	非党	工商联
屈坤林	男	汉	1978	宜宾县	大学	—	工商联
邓　平	女	汉	1965	察布察尔县	初中	非党	工商联
章英启	男	汉	1962	筠连县	大学	—	工商联
李世才	男	汉	1948	宜宾县	高中	非党	工商联
吴利财	男	汉	1953	宜宾县	大专	民建	工商联
冉寅吾	男	汉	1953	邛崃县	大学	非党	工商联
陈仁兴	男	汉	1954	宜宾县	高中	中共	工商联
甘　奎	男	汉	1968	宜宾县	大学	中共	工商联
杨本德	男	汉	1964	宜宾县	初中	非党	工商联
张克生	男	汉	1963	宜宾县	大专	非党	工商联
李家银	男	汉	1950	宜宾县	高中	非党	工商联
周润兴	男	汉	1962	宜宾县	高中	非党	工商联
张　杰	男	汉	1958	宜宾县	大专	非党	工商联
文宗荣	男	汉	1959	宜宾县	高中	非党	工商联
颜　奎	男	汉	—	宜宾县	大专	非党	工商联
张建国	男	汉	1957	宜宾县	高中	非党	工商联
林乔和	男	汉	1953	宜宾县	初中	非党	工商联
燕朝飞	男	汉	1970	宜宾县	高中	非党	工商联
黄国初	男	汉	1948	宜宾县	初中	非党	工商联
向　阳	男	汉	1969	宜宾县	高中	非党	工商联
陈建德	男	汉	1967	宜宾县	初中	非党	工商联
邹绍平	男	汉	1963	宜宾市	大学	—	无党派

续表 3–8

姓　名	性别	民族	出生年份	籍贯	文化程度	党派	界别
何家彩	女	汉	1954	宜宾县	中师	—	无党派
冯　文	男	汉	1958	富顺县	大专	—	无党派
余义伟	女	汉	1956	宜宾县	中师	—	无党派
胡为民	男	汉	1971	宜宾县	大学	—	无党派
杨昌均	男	汉	1957	宜宾县	中专	—	无党派
何　峰	男	汉	1967	宜宾县	研究生	—	无党派
罗　勇	男	汉	1968	宜宾县	大学	—	无党派
曾　勇	男	汉	1963	宜宾县	大学	—	无党派
骆全超	男	汉	1965	宜宾县	大学	—	无党派
罗　毅	女	汉	1968	宜宾市	大专	非党	台侨
肖　一	男	汉	1965	宜宾县	中专	非党	台侨
尤德孚	男	汉	1949	宜宾县	中专	非党	台侨
易小孟	女	汉	1950	隆昌县	初中	非党	台侨
邓　琼	女	汉	1968	宜宾市	中专	中共	台侨
晏禄昌	男	汉	1948	宜宾县	初中	非党	台侨
饶宜屏	女	汉	1964	宜宾市	大专	中共	台侨
王庭锋	男	汉	1962	宜宾县	初中	非党	台侨
李隆高	男	汉	1947	翠屏区	初中	非党	台侨
陶泽华	男	汉	1968	宜宾县	大学	民革	台侨
李仲明	男	汉	1966	宜宾县	大学	非党	科技科协
刘天根	男	汉	1966	荣　县	大学	非党	科技科协
田兴友	男	汉	1950	宜宾县	中专	中共	科技科协
曹益平	男	汉	1964	翠屏区	大学	非党	科技科协
邵光滏	男	汉	1943	重庆市	大专	非党	科技科协
魏常坤	男	汉	1947	宜宾市	初中	非党	科技科协
邹　兵	男	汉	1969	宜宾县	大学	非党	科技科协
彭　雄	女	汉	1967	宜宾县	大专	非党	科技科协
曾云辉	男	汉	1959	宜宾县	大专	非党	科技科协
伍家明	男	汉	1950	宜宾市	中专	中共	科技科协
陈益根	男	汉	1963	宜宾县	大专	非党	科技科协
吴慕铎	男	汉	1955	泸　县	中专	非党	科技科协
王国银	男	汉	1951	宜宾县	大专	民盟	科技科协
赵全斌	男	汉	1962	安岳县	高中	非党	科技科协
邓　江	男	汉	1964	宜宾县	高中	非党	科技科协

续表 3–8

姓　名	性别	民族	出生年份	籍贯	文化程度	党派	界别
杨德华	男	汉	1969	宜宾县	大专	非党	科技科协
吴作平	男	汉	1965	宜宾县	中专	非党	科技科协
王淑蓉	女	汉	1957	宜宾县	大专	非党	科技科协
龙霞华	女	汉	1954	宜宾县	中专	非党	科技科协
唐龙敏	女	汉	1962	宜宾县	中专	非党	科技科协
牟修伦	男	汉	1967	宜宾县	初中	非党	农民
邱国华	男	汉	1948	宜宾县	初中	非党	农民
陈述林	男	汉	1957	宜宾县	高中	非党	农民
樊尚富	男	汉	1964	宜宾县	大专	非党	农民
蒋太秀	女	汉	1972	宜宾县	初中	非党	农民
古学才	男	汉	1954	宜宾县	小学	非党	农民
冯春风	男	汉	1955	宜宾县	初中	非党	农民
涂树文	男	汉	1952	宜宾县	初中	非党	农民
陶祥云	男	汉	1953	宜宾县	高中	非党	农民
胡远坤	女	汉	1963	宜宾县	高中	非党	农民
张国熹	男	汉	1969	宜宾县	小学	非党	农民
刘玉勤	女	汉	1964	内江市	大专	非党	经济
任光旭	男	汉	1958	兴文县	大专	中共	经济
邓海波	男	汉	1963	宜宾市	大专	非党	经济
井厚亮	男	汉	1967	兴文县	大专	非党	经济
王长平	男	汉	1957	宜宾县	大专	非党	经济
罗小燕	女	汉	1957	宜宾县	大专	非党	经济
吴忠源	男	汉	1964	越西县	大学	中共	经济
郎洪荣	男	汉	1952	成都市	中专	中共	经济
曹　彬	男	汉	1973	宜宾县	大专	非党	经济
赵琼尧	女	汉	1963	兴文县	大专	非党	经济
徐金毅	男	汉	1966	宜宾县	初中	非党	经济
郭艳妮	女	汉	1957	宜宾县	大专	中共	经济
向培均	男	汉	1967	长宁县	初中	非党	经济
钱　敏	女	汉	1962	安　徽	大专	中共	经济
林泽怀	男	汉	1952	宜宾市	大专	中共	经济
刘　忠	男	汉	1956	重庆市	大学	非党	经济
蒋甫铨	男	汉	1950	宜宾市	大学	中共	经济
李志刚	男	汉	1966	富顺县	大学	中共	经济

续表 3–8

姓　名	性别	民族	出生年份	籍贯	文化程度	党派	界别
陶　晓	男	汉	1969	安岳县	大学	非党	经济
李志明	女	汉	1964	宜宾市	中专	非党	经济
曹富军	男	汉	1963	宜宾县	大学	中共	经济
黄　河	男	汉	1963	宜宾县	大学	非党	经济
杨　宁	男	汉	1956	乐山市	大学	中共	经济
蒋　洪	男	汉	1964	宜宾县	大专	非党	经济
向友成	男	汉	1951	宜宾市	大专	中共	经济
邱华锐	男	汉	1947	宜宾县	高中	非党	经济
张天成	男	汉	1976	宜宾县	高中	非党	经济
蒋家财	男	汉	1965	宜宾县	大专	非党	经济
徐仲明	男	汉	1955	宜宾县	初中	非党	经济
尹　志	男	汉	1966	宜宾县	大学	中共	经济
刘文胜	男	苗	1969	彭水县	大专	中共	经济
张　水	男	汉	1967	宜宾县	大学	中共	教育
罗　洋	男	汉	1964	宜宾县	大学	中共	教育
雷云萍	女	汉	1966	宜宾县	大学	民盟	教育
赵聚玉	男	汉	1948	宜宾县	大学	民盟	教育
黄元寿	男	汉	1964	宜宾县	大学	非党	教育
邓　沛	男	汉	1958	宜宾县	大学	非党	教育
丁良岑	男	汉	1956	宜宾县	大学	中共	教育
彭光伦	男	汉	1969	宜宾县	大学	非党	教育
陈雪山	男	汉	1957	宜宾县	中专	非党	教育
黄元平	男	汉	1966	宜宾县	大学	中共	教育
高清云	男	汉	1965	宜宾县	大专	中共	教育
石明英	女	汉	1965	宜宾县	大专	非党	教育
胡　平	女	汉	1974	宜宾县	大专	非党	教育
陈伯康	男	汉	1950	宜宾县	中师	非党	教育
谢君发	男	汉	1963	宜宾县	大学	中共	教育
蒋宗元	男	汉	1965	宜宾县	大学	非党	教育
江宗明	男	汉	1965	宜宾县	大学	非党	教育
曹　峻	男	汉	1966	宜宾县	大学	中共	教育
张文琼	女	汉	1968	宜宾县	大学	非党	教育
郑剑奇	男	汉	1949	宜宾县	大专	非党	教育
骆为荣	男	汉	1945	纳溪县	大专	中共	文体

续表 3-8

姓　名	性别	民族	出生年份	籍贯	文化程度	党派	界别
张　典	男	汉	1951	简　阳	大专	非党	文体
陈佑贫	男	汉	1970	宜宾县	大学	非党	文体
周小川	男	汉	1969	泸　县	大专	非党	文体
杨鹏飞	男	汉	1964	宜宾县	大专	非党	文体
李代煊	男	汉	1944	宜宾县	高中	中共	文体
侯彩利	女	汉	1981	宜宾县	大专	非党	文体
刘德明	男	汉	1955	泸州市	大专	非党	医卫计生
张仁英	女	汉	1949	泸州市	大专	非党	医卫计生
郑朝炳	男	汉	1953	宜宾县	大专	非党	医卫计生
杨旭东	男	汉	1968	宜宾县	大学	中共	医卫计生
邓代敏	女	汉	1952	宜宾县	大专	中共	医卫计生
袁习伟	男	汉	1963	宜宾县	大专	非党	医卫计生
江茂林	男	汉	1964	宜宾县	大专	非党	医卫计生
汪辉连	女	汉	1963	宜宾县	大专	非党	医卫计生
张德珍	女	汉	1942	宜宾县	高中	非党	医卫计生
余永琼	女	汉	1962	宜宾县	中专	非党	医卫计生
杨晓东	男	汉	1968	荣　县	大专	非党	政法
陈洪英	女	汉	1968	宜宾县	大专	非党	政法
刘　拯	男	汉	1971	珙　县	大学	中共	政法
蔡　宇	男	汉	1966	宜宾县	大学	非党	政法
陈　敏	女	汉	1966	宜宾县	大专	非党	政法
任树彬	男	汉	1950	宜宾县	高中	中共	政法
胡红英	女	汉	1966	宜宾县	大学	中共	政法
苏增权	男	回	1963	宜宾县	大学	中共	民族宗教
释本源	女	汉	1962	宜宾县	初中	非党	民族宗教
李学哲	男	朝鲜	1972	吉林省	大学	非党	民族宗教
杨友章	男	苗	1962	宜宾县	初中	非党	民族宗教
吴文俊	男	汉	1964	宜宾县	大学	中共	特邀
黄定培	男	汉	1954	宜宾县	大专	中共	特邀
徐仕跃	男	汉	1958	宜宾市	大专	中共	特邀
陈　备	男	汉	1974	宜宾县	大学	中共	特邀
谭政权	男	汉	1975	宜宾县	中专	中共	特邀
贺光友	男	汉	1977	宜宾县	中专	中共	特邀
杨泽彬	男	汉	1949	宜宾县	初中	中共	特邀

续表 3-8

姓　名	性别	民族	出生年份	籍贯	文化程度	党派	界别
陈昌松	男	汉	1971	宜宾县	中专	中共	特邀
曹富财	女	汉	1965	宜宾县	大专	中共	特邀
吴水清	男	汉	1955	宜宾县	大专	中共	特邀
雷锡元	男	汉	1948	宜宾县	中师	中共	特邀
张承富	男	汉	1956	宜宾县	初中	中共	特邀
张　萍	女	汉	1969	宜宾县	大专	中共	特邀
邢宗旭	男	汉	1956	宜宾县	高中	中共	特邀
肖德荣	男	汉	1973	宜宾县	大学	中共	特邀
胡克文	男	汉	1959	宜宾县	高中	中共	特邀
饶　瑜	男	汉	1969	宜宾县	大学	中共	特邀
胡　刚	男	汉	1973	宜宾县	大学	中共	特邀
陈春来	男	汉	1975	宜宾县	大学	中共	特邀
谢龙香	女	汉	1973	宜宾县	大学	中共	特邀
刘宏辉	男	汉	1963	宜宾县	大专	中共	特邀
刘代琼	女	汉	1963	宜宾县	高中	中共	特邀
卢永江	男	汉	1947	宜宾县	中专	中共	特邀
杨　容	女	汉	1964	宜宾县	高中	中共	特邀
张吉镜	男	汉	1956	宜宾县	高中	中共	特邀
倪良乾	男	汉	1950	宜宾县	高中	中共	特邀
吴　海	男	汉	1964	宜宾县	大学	中共	特邀
邱忠高	男	汉	1955	宜宾县	中师	中共	特邀
陈德辉	男	汉	1960	宜宾县	高中	中共	特邀
刘光容	女	汉	1974	宜宾县	中专	中共	特邀
李燕培	男	汉	1964	宜宾县	大专	中共	特邀
彭光华	男	汉	1966	宜宾县	大学	中共	特邀
兰　荣	男	汉	1958	宜宾县	大学	中共	特邀
陈　静	女	汉	1969	宜宾县	中专	中共	特邀

杨济凯受政协第六届宜宾县委员会常务委员会的委托，向大会作工作报告。

报告回顾，政协第六届宜宾县委员会的五年，是全面贯彻落实中共十五大精神的五年。五年来，在中共宜宾县委的领导和省、市政协的指导下，在县人大、县政府、县级有关部门和乡镇党委、政府、政协联系组的支持配合下，坚持以邓小平理论和“三个代表”重要思想为指导，深入贯彻中共十五大精神，紧紧围绕全县经济社会发展这条主线，认真履行基本职能，积极开展协商监督、调查视察、参政议政、建言献策、加强大团结大联合等工作，取得了明显成效，在经济社会事业和民主法制建设中发挥了重要作用。

突出重点，提高质量，认真搞好政治协商。五年间，通过全委会议、常委会议、主席会议、专题座谈会和主席、副主席列席县委常委会议、县人大常委会议、县政府常务会议等形式，对宜宾县大政方针的制定实施、政治经济和社会发展中的重大问题，尤其是对全县“十五”计划纲要、机构改革方案，关于县域经济、非公有制经济、工业经济的发展，农业支柱产业的培育、城市规划建设、基础设施建设、教育事业的发展，以及换届时领导班子的人事安排等，进行了多种方式的协商。

拓宽渠道，加大力度，切实加强民主监督。针对以往民主监督处于弱项的实际，在搞好例会监督、提案监督、社情民意监督的同时，按照宜宾市政协的部署和要求，采取上下联动、委员广泛参与、评议与整改相结合等措施，连续四年组织开展了有声有色的调查、评议活动，对行政执法部门和某些垄断性行业的服务管理工作和行风实施民主监督，收到了较好的效果。1999 年 5—8 月，与乡镇政协联系组联动，组织 143 名县、市政协委员参与，各界人士配合，对工商等 23 个职能部门贯彻执行非公有制经济政策情况进行了调查和评议；2000 年上半年，又组织政协委员对被评单位的整改情况进行了跟踪调查，促其进一步搞好整改。2001 年和 2002 年，市政协先后部署对全市国土系统和工商行政管理系统的行风建设进行民主评议，县政协和乡镇联系组组织占委员总数 70% 的政协委员参加了这两次评议活动，取得了领导满意、被评单位满意、广大群众满意、政协委员满意的良好效果。

深入调查研究，积极建言献策，增强参政议政实效。在县域经济、非公有制经济的发展方面，在与部分乡镇、县级有关部门联合调查的基础上，向县委写出了专题报告，提出了加快发展县域经济和贯彻落实非公有制经济政策的具体建议。县委给予高度评价，把报告中的许多重要建议写进了县委的有关文件。特别是通过农业支柱产业的调查，县政协向县委、县政府提出了“在稳定粮食、油料、生猪三大基础的前提下，着力培育油樟、肉兔、木业、魔芋四大支柱产业，实行产业化经营，形成县域经济新的增长点”的建议。建议引起县委、县政府的高度重视，得到认真采纳，将发展油樟、肉兔列为全县推进农业产业化的重点项目，并召开专门会议进行动员部署，会后迅速启动了以油樟、肉兔、种苗为主的“高场农业产业化科技生态园”建设，有力地推动了全县农业产业化的发展。

认真办理提案，反映社情民意，发挥提案在履行政协职能中的作用。五年来，县政协收集的提案共 386 件，作意见处理的 277 件，提案的办理率达 100%。六届一次全委会期间，提出了解决以街为市、搬迁农贸市场和县城创卫等提案，县委、县政府领导分别作了批示，把县城的建设、管理和创建市级卫生县城作为勤政为民的实事来办。在县级有关部门的密切配合监管下，县城的脏、乱、差问题初步得到解决，为成功创建市级卫生县城和市级文明县城打下了基础。为办理民盟宜宾县支部提出的《制止砍树挖根，加强油樟资源保护》的提案，县政府办先后制发了《切实制止破坏油樟资源违法活动的紧急通知》和《关于保护油樟资源的通知》，广泛宣传政策，加大执法力度，使毁樟煮油现象得到遏制，为保护发展油樟产业优化了环境。

组织学习，开展宣传，认真做好文史资料工作。领导班子成员积极参加县委、政协组织的各种形式的学习活动，机关职工坚持了每周一次的学习制度，坚持了每年为乡镇联系组订阅《四川政协报》，县政协每年两次组织驻宜柏两地的委员集中辅导学习。县政协宣传报道组五年共向省、市、县报刊和广播电视台发新闻稿件 460 余件，被采用 300 余件；《宜宾县报》、县广播电视台对政协重大活动认真及时地作了采访报道。五年来，文卫科教委员会克服了许多困难，共收集、编辑、出版了《下食堂村史》《宜宾县辉煌五十年》《赵一曼家乡白花镇》《热血春秋》《委员风采》5 个专辑，编入文章 150 余篇，计 60 余万字。宜宾县文史资料 20 余件（次）被贵州人民出版社、省政协文史资料、《四川政协报》、《宜宾日报》、《当代宜宾》、《宜宾政协》、宜宾人民广播电台采用。《下食堂村史》获市政府宜宾市第二届哲学社会科学优秀科研成果评比优秀奖；《宜宾县辉煌五十年》《赵一曼家乡白花镇》《热血春秋》3 辑文史资料被市政协评为优秀文史资料图书。县政协文卫科教委员会还被市政协评为 1998—2002 年先进文史资料工作单位。

加强联系，扩大交流，促进爱国统一战线的大团结大联合。

一是加强与各界人士、各界群众的广泛联系。县政协建立了领导班子和机关干部联系群众、走访群众的工作制度，围绕群众反映的“难点”“热点”问题，开展调查研究，在反映问题的同时，尽力为群众办实事、做好事。

二是加强与政协组成单位和民盟支部的联系与合作。县政协的学习研讨、调查研究、民主评议都尽可能请工商联、民盟支部、总工会、共青团、妇联、科协等单位参加，以充分发挥政协组成单位和民主党派的重要作用；另一方面，县政协的领导尽可能参加政协组成单位和民盟支部的会议及活动，支持他们按照各自的章程，积极参政议政、建言献策。

三是加强与政协委员的联系。坚持执行了委员联系制度，通过走访、座谈，组织调查、视察等活动，密切与委员的联系。

四是加强与乡镇和企业的联系。县政协负责联系王场乡和孔滩镇、安边镇、复龙乡的领导同志，还坚持执行了企业联系制度，出主意、想办法，积极呼吁、协调，帮助解决一些实际问题。

五是加强了联谊工作。几年来，县政协接待到县视察、检查工作的省、市政协领导20余次，同省内20多个县（区）政协加强联系、增进了解。1998年，成功地承办了川滇十二县（市、区）政协工作联系会，以后几年参加了在大关、屏山、水富、筠连等县召开的政协工作联系会，形成会议交流材料5篇近3万字。政协办公室和有关专委会坚持了与部分市、县、区政协相互交流文件资料的制度。

积极实践“三个代表”重要思想，加强自身建设。加强了政协领导班子建设和制度建设，在历届政协工作的基础上，从实际出发，制定和完善了工作制度和管理制度；加强了政协委员队伍建设，除组织委员学习活动以外，还在委员中开展了办一件实事、提一条合理化建议、完成一年本职工作的“三个一”活动；加强政协机关建设，突出抓机关的思想、作风和制度建设，同时本着量力而行、少花钱多办事的原则，逐步改善办公条件。

报告指出政协工作还有一定的差距：规范化、制度化建设还不够完善；发挥委员主体作用的方法和形式还有待进一步探索和改进；密切联系群众、广泛反映社情民意的力度还不够；对乡镇政协联系组的联系和指导还需进一步加强。

报告概括了五年政协工作的四点体会：

一是党委重视，加强领导，是搞好政协工作的根本保证。县委把政协工作纳入了重要议事日程，在每年的《县委工作要点》中对政协工作都作了安排，还以正式文件批转县政协年度工作计划；除县委书记亲自抓政协工作外，明确了县委1位副书记、人大1位副主任、县政府1位副县长分别联系政协工作；凡有关全县政治、经济和社会发展的重大事项，都要事先听取县政协的意见和建议，不少意见和建议进入了党政决策之中；县委还加大了对政协工作的宣传力度。

二是坚持基本政治制度，贯彻统一战线的重大政策，是政协工作不断开拓创新、有所作为的基础。认真贯彻执行坚持中国共产党的领导，坚持实行多党合作，坚持“长期共存、互相监督、肝胆相照、荣辱与共”和“一国两制”“和平统一”的方针，坚持发扬民主，实行“三不主义”等重要方针政策，建立了民盟支部的联系制度，密切了与社会各族各界的交流，巩固和发展了爱国统一战线。

三是围绕党委、政府中心工作履行职能，是政协工作的生机和活力所在。落实好政协领导列席县委和政府重要会议的高层次协商，全委会的整体协商，主席会议的重点协商，常委会议的专题协商，专委会的对口协商，委员小组的经常性协商；搞好调查研究，组织委员有计划、有步骤地开展调查、视察活动，为县委、县政府实施全县跨越式发展战略提供决策依据；加大民主监督力度，促进被评单位的行风建设，对改善宜宾县投资环境起到了重要作用。

四是高度的政治责任感和良好的自身形象，是做好政协工作的两个重要条件。通过政协机关干部和全体委员的共同努力，近年来开展的各项重点调查、评议工作均被市政协评为一等奖；2002 年，宜宾县政协首次被省政协评为全省地方政协工作先进集体。

报告对政协第七届宜宾县委员会的工作建议是：进一步加强学习，用邓小平理论和“三个代表”重要思想来指导政协工作；进一步加强履行职能的工作，使政协工作不断开拓前进；进一步加强政协自身建设，不辜负党和人民的殷切希望。

陈其敏代表提案委员会（第六届），向大会报告六届一次会议以来的提案办理情况。

六届一次会议以来，提案委员会共收到提案 386 件，参加提出提案的委员共 958 人次。其中，委员个人及联名提案 347 件，民主党派、工商联、人民团体、各专门委员会提案 39 件。经审查，确定立案办理的为 109 件，占收到提案总数的 28.2%，有 277 件作为意见转交有关部门参考办理。提案委员会从立案的提案中选出 10 件分别作为一至五次会议以来的重点提案进行跟踪督办。提案委员会按照分级负责、归口办理和分层次处理的原则，将 386 件提案分别交由 30 多个县属单位、部门和有关乡（镇）人民政府办理，截至 2002 年 9 月 2 日全部提案均已办复。从办理结果统计，提案反映的问题当年已经或基本得到解决的（即 A 类）共有 129 件，占办复提案总数的 33.4%；正在解决或已经列入计划逐步解决的（即 B 类）175 件，占办复提案总数的 45.3%；因条件尚不成熟或其他原因目前难以解决，需要创造条件以后加以解决的（即 C 类）74 件，占办复提案总数的 19.2%；所提问题无法解决，需向提案者解释说明的（即 D 类）8 件，占办复提案总数的 2.1%。一至五次会议以来，共收到提案办理情况征求意见表 135 份，其中对办理情况满意或基本满意的 131 份，占收到办理情况征求意见表的 97%，对办理情况不满意的 4 份，经提案委员会与承办单位协商再次办理后，提案者已表示基本满意。

300 余件提案的内容，涉及经济建设、农业和农村工作、扶贫工作、城市建设和管理、教育、科技、文化、卫生、精神文明建设等方方面面。为了办好提案，县委、县政府除制发《关于认真办理人大代表建议、政协委员提案的暂行办法》外，每年都召开提案交办会，并实行目标责任制。县级各承办单位也基本做到了有领导分管，有专门工作人员办理。对有些提案还采取了面商办案、现场办案、联合办案等方式，有力地促进提案办理工作。

报告指出提案工作的不足是：提案工作的宣传力度不大，服务质量有待进一步提高；少数提案调查研究不够，可行性论证不充分，达不到提案最终的目的；极少数提案办理质量不高，注重落实不够，个别单位存在办理拖沓，甚至推诿等现象。

报告对五年提案工作概括为：一是制定、健全了提案工作制度。1998年经县政协六届一次常委会议审议通过，制定了《政协宜宾县委员会提案工作细则》。二是积极推动提案的办理落实工作。除抓好会前、会中、会后的提案征集、整理、交办等日常工作外，还通过请进来、走上门、电话催办、会同承办单位面商办案等方式，加强了同承办单位和提案者的联系，认真做好提案办理过程中的协调工作。三是对重点提案进行跟踪督办。四是抓好政协联谊和委员提案的表彰工作。在六届三次会议至五次会议上对20件优秀提案进行了表彰。

在会上，政协第六届宜宾县委员会对六届五次会议以来的7件优秀提案及提提案的委员予以了表彰。

会议举行了选举大会，选举产生了政协第七届宜宾县委员会主席陶天华，副主席徐金友、周福全、夏晓玲、魏常坤、曾云辉、曹益平，秘书长廖运宜和38名常务委员，组成了新一届政协的领导班子。

与会委员列席了宜宾县第十三届人民代表大会第一次会议，认真听取并协商讨论了《政府工作报告》和计划、财政、法院、检察院的工作报告。委员们对上述报告表示满意，提出了一些意见和建议。

新当选的县政协副主席曹益平向大会作政协第七届宜宾县委员会第一次会议提案审查情况报告。大会期间共收到提案93件，经审查，确定作为立案办理的32件，立案率占34.4%；作为意见办理的60件，占64.5%；作为人民来信处理的1件，占1.1%。

会议期间，宜宾市政协主席魏在禄专程到会，代表政协宜宾市委员会向宜宾县政协七届一次会议的召开表示热烈祝贺。

中共宜宾县委书记赖青，县委副书记、代理县长李世华作了大会讲话。

会议通过的宜宾县政协七届一次会议决议要求：新一届政协委员要有不负重托、不辱使命的自豪感和责任感，增强做好政协工作的自觉性和主动性；努力做好团结各界、听取意见、协商问题、协调关系的工作；立足本职，加强学习，不断提高自身的政策理论水平和参政议政能力，树立良好形象，起好表率作用，真实反映社情民意。

二、七届二次全会

2004年3月2—4日，政协第七届宜宾县委员会第二次全体会议在县城柏溪市农行干校召开。会议的主要议程是：听取和审议政协第七届宜宾县委员会常务委员会工作报告；听取和审议政协第七届宜宾县委员会第一次会议以来的提案工作情况报告；举行“农民增收”专题发言；列席宜宾县第十三届人民代表大会第二次会议，听取和协商讨论政府工作报告和计划、财政、法院、检察院工作报告；通过政协第七届宜宾县委员会第二次会议决议等。会议应到县政协委员238名，实到210名。48名特邀人员列席了会议。

县政协主席陶天华受政协第七届宜宾县委员会常务委员会的委托，向大会作工作报告。

换届工作圆满完成。组成了新一届政协宜宾县委员会以及经济、提案联谊、文卫科教3个专门委员会。

政治协商有效推进。2003年在成功召开七届一次会议的基础上，通过召开4次常委会、5次主席会、7次专委会、多次专题对口协商会，以及主席、副主席列席县委常委会议、县人大常委会议、县政府常务会议等形式，对宜宾县大政方针的实施、政治经济和社会发展中的重大问题进行了广泛协商。在制度建设上建立和完善了政协领导、专委会联系相关部门制度，实行了乡镇政协联系组长列席乡镇党委会、乡镇政协委员列席乡镇人代会制度。县政协各专委会与近20个单位和部门进行了专题对口协商。

民主监督进一步加强。县政协领导、常委、委员先后参加了县级后备领导干部民主测评、市级机关民主评议、县党政班子及领导年度考核测评、组织系统作风整顿测评、县级机关民主评议以及县纠风办组织的部门行风评议等，部分政协委员受聘为纪检、公安、工商、司法、检察、建环、国土、教育、电力等部门的行风义务监督员，坚持了政协委员旁听重大案件审判制度，并按市政协部署结合宜宾县实际扎实开展了电力、国土、工商、建环系统行风建设的跟踪调查工作。

参政议政成效明显。组织县政协经济委员会、县农村税费改革办公室于3—5月就农村税费改革后出现的新情况、新问题进行了专题调研，先后深入6个乡镇、10个部门，共有115名市、县政协委员参加，召开24次座谈会，形成了《宜宾县农村税费改革后新情况新问题的报告》，呈报市政协和县委、县政府。4—6月，县政协就加快推进城镇化进程进行了专题调研，共走访了11个部门、5个省级试点小城镇，召开各类座谈会15次，50余名市县政协委员参与，形成了《关于加快我县城镇化进程的调查和建议》，得到了县委、县政府的肯定，以县委《调查研究》简报的形式转发各乡镇和部门参考借鉴。

委员主体作用充分发挥。在全县政协委员中开展了“提一件有质量的提案、反映一条有价值的信息、引进一笔资金或一个项目、参加一次就地视察或专题调研活动、为群众办一件实事”的“五个一”活动和“诚信从我做起”活动，加强了对政协委员的维权和走访两项工作，组织委员广泛联谊、学习考察，激发了委员履职热情，增强了政协组织的凝聚力。

文史工作取得新成果。编写了具有“三亲”特色的文史专辑——《热血春秋》续集，收入反映新中国成立初期征粮剿匪斗争的文章45篇，共16万字；完成了市政协交办的《宜宾市志·政协篇》宜宾县部分的资料报送工作；组织部分委员参加了全国政协教科文卫委、中国新闻出版社主办的纪念毛泽东诞辰110周年诗书画摄影征文活动，报送作品30余件。

学习宣传卓有成效。按照市政协把2003年确定为政协学习年的要求，把学习放在政协工作的首位。政协领导班子成员积极参加县委和政协组织的各种学习，机关职工坚持周五学习制度，委员通过各种例会和专题学习会得到培训。2003年8月，县政协召开了“以‘三个代表’重要思想为指导，为全面建设小康县积极履职”的专题学习会，常委会组成人员、乡镇政协联系组组长以及驻县城的全体委员参加了学习。县政协加强了政协宣传工作，建立了政协机关新闻信息宣传报道制度，落实了工作人员，通过《四川政协报》、《宜宾日报》、《宜宾政协》、《宜宾县报》、宜宾县电视台等媒体以及县《政协简讯》简报，广泛宣传县政协坚持基本政治制度、积极开展工作的经验和成效。七届县政协被省政协确定为工作联系点，被省政协评为2003年度全省学习宣传工作先进单位。

机关建设跃上新台阶。县政协提出了“四个良好”要求，即保持良好的精神状态、营造良好的外部环境、树立良好的社会形象、创造良好的工作业绩。购置了车辆、整修了办公楼、更换了办公设施；建立健全了12个机关管理和工作制度，强化机关工作纪律，转变机关工作作风；县政协2003年初确定的争创“市级文明单位”“市级综治模范单位”“市级卫生先进单位”和“省档案二级达标单位”目标，全部创建成功。

报告指出工作中的问题和不足主要是：履行职能规范化、制度化、程序化建设不够，联系群众反映社情民意的渠道还不够畅通，政协委员主体作用有待进一步发挥。

报告提出2004年县政协工作的指导思想是：坚持以邓小平理论、“三个代表”重要思想和中共十六大以及十六届三中全会精神为指导，认真学习贯彻省、市、县委政协工作会议精神，围绕中心服务大局，创新政治协商、民主监督、参政议政的内容和方法，进一步推动县政协工作迈上新台阶，为宜宾县“三个文明建设”作出新的贡献。主要工作是：加强学习，提高认识，着力增强委员履职责任感；总结经验，开拓创新，着力推进政协工作制度化、规范化、程序化建设；服务大局，关注民生，着力提高政协工作质量；团结民主，积极进取，着力加强政协自身建设。

县政协副主席曹益平向大会作政协第七届宜宾县委员会常务委员会《关于七届一次会议以来的提案工作情况报告》。

七届一次会议以来，共收到提案93件，其中委员个人和委员联名提案91件，集体提案2件，提出提案的委员共198人次。提案联谊委员会按照《政协宜宾县委员会提案工作细则》的规定，对收到的93件提案进行了认真审查，确定立案办理的39件，立案数占提案总数的42%，其余54件作为意见转有关部门参考办理。县委办、县政府办联合召开了代表建议、委员提案的集中交办会议，将93件提案按分级负责、归口管理和分层次处理的原则交由37个部门、单位办理。截至2003年7月12日，39件提案和54件意见已全部办理答复完毕，办理进度比上年快2个月。从办理结果统计，提案反映的问题已经解决或基本解决的（A类）28件，占总数的30.1%；正在解决或已列入计划准备解决的（B类）45件，占总数的48.3%；因条件限制或其他原因只能以后研究解决的（C类）17件，占总数的18.3%；留作参考或不可行，需向提案者解释说明的（D类）3件，占总数的3.3%。从收到的30份反馈意见来看，委员对办理工作的满意或基本满意度达100%。

县政协常务委员会及提案联谊委员会在提案工作中的主要做法是认真抓好提案的整理、交办、催办等日常工作；加强对提案办理的督促检查，积极推动提案的落实；努力提高提案质量；做好优秀提案的表彰工作。

提案工作的不足主要表现在：一是部分承办单位对办理政协提案的重要性认识不够，存在办理拖沓、迟缓甚至推诿现象。少数单位存在重回复、轻办理的情况。二是个别办复件行文还不完全规范。三是有的提案缺乏调研、内容空泛、建议笼统，缺乏针对性和可操作性；有的提案多事并提；还存在提案集中在大会期间，平时提案极少的问题。四是提案联谊委员会在协调、督促提案的办理落实等服务工作方面还有待进一步加强。五是委员对反馈办理意见重视不够，反馈意见不多。

报告对2004年提案工作要求是：进一步提高提案质量；积极推动提案的办理落实；提案联谊委员会要进一步提高提案工作服务质量；加大提案办理工作的宣传力度，大力宣传政协提案所取得的经济、社会效益，扩大政协提案在政治、经济生活中的影响。

在会上，宜宾县政协对七届一次会议以来的7件优秀提案予以了表彰。

与会委员列席了宜宾县第十三届人大第二次会议，认真听取并协商讨论了政府工作报告和计划、财政、法院、检察院工作报告。会议赞同政府工作报告及其他重要报告。

会议期间，举办了“农民增收”的委员专题发言，何峰等7名县政协委员在大会上发了言。

县政协副主席曹益平向大会作七届二次会议提案审查情况报告。

会议期间，共收到提案115件，经大会提案审查委员会审查，立案96件，占收到提案总数的83.5%。19件没有立案的将作为委员意见转有关部门研究处理。对抓住重大工程建设机遇推进县域经济加快发展，加强民工的劳动技能培训，关心困难群众生活，加强游戏厅、录像厅、网吧的管理，改革门诊医疗费报销制度，农村电价和电力安装收费等方面的问题，提案者给予了特别的关注。

中共宜宾县委书记赖青，县人民政府县长李世华作了大会讲话。

三、七届三次全会

2005 年 3 月 7—9 日，政协第七届宜宾县委员会第三次全体会议在县城柏溪召开。会议的主要议程是：听取和审议政协第七届宜宾县委员会常务委员会工作报告；听取和审议政协第七届宜宾县委员会第二次会议以来的提案工作情况报告；举行“工业经济发展”论坛；列席宜宾县第十三届人民代表大会第三次会议，听取和协商讨论政府工作报告和计划、财政、法院、检察院工作报告等。七届三次会议应到会委员为 239 人。56 名特邀人员和 69 名列席人员参加会议。

县政协主席陶天华向大会作政协第七届宜宾县委员会常务委员会工作报告。

加强学习，着力打造学习型政协队伍。继续把加强学习作为政协工作的首要任务和提高委员履职能力的重要前提。除坚持个人自学外，政协领导坚持参加县委中心组学习，委员和政协干部积极参加委员学习培训会、理论研讨会、经验交流会和职工学习会。4 月召开了有县政协常委、乡镇联系组长、驻柏溪的市县政协委员以及县级各部门主要负责人 150 余人参加的新修订的宪法、政协章程学习会；8 月召开了纪念邓小平诞辰 100 周年座谈会; 9 月召开了专委会主任、副主任,政协机关在职人员和离退休老同志参加的学习会，深入学习了《中共中央关于加强党的执政能力建设的决定》；县政协机关 10 名中层以上的领导干部先后参加了为期 20 天的全国政协干部培训班的学习培训。县政协领导班子成员在省市媒体发表理论文章 10 篇次，其中《找准统筹城乡发展的着力点》一文获得了四川政协报社“人民政协‘理论与实践’优秀论文建言献策奖”，《邓小平政协理论基本观点之我见》一文被省委宣传部、省委党校等单位评为全省“邓小平生平和思想研讨会”优秀论文。

围绕中心，切实履行政协职能。坚持“三在前、三在先”原则，政治协商形式更多样、程序更规范、意识更增强。全年召开了 5 次主席会、4 次常委会和多次专委会，对有关专题进行了重点协商和对口协商；县委将《2005 年的工作要点（初稿）》提交县政协常委会协商、讨论，县委书记到会听取常委们的意见和建议；县长、常务副县长分别就城北新区建设、工业强县战略实施等政府重要工作及阶段性进展向县政协常委会作了情况通报；县委、县政府有关领导以向政协主席会议通报情况的形式就其分管工作与政协领导班子进行了多次专题沟通、协商；县人民检察院检察长、县人民法院院长分别就各自的工作向政协常委会作了汇报；多个县级部门积极向专委会报送资料，主动邀请政协委员视察考察。在提案监督，政协委员受聘为部门义务监督员和参加各种测评会议监督等日常监督的基础上，2004 年主要抓了两项工作。一是创办《社情传真》简报，及时反映委员及社会各界的意见、建议，开辟了反映基层呼声的新渠道。二是开展民主评议，完成了省政协组织的“全省民营经济发展环境民主评议”宜宾县部分的工作；根据市政协安排，组织委员对全县药监系统进行了行风评议，提出了八个方面的意见和建议。3—5月，开展了民间资金向民间资本转变的专题调研，向县委、县政府报送了《关于加快民间资金向民间资本转变的调查与建议》；6—8月开展了“农民工维权专题调研”，向县委、县政府报送了《关于农民工维权的调查报告》，建议为农民工进城创造公平就业环境。

求实创新，努力推进三化建设。认真学习贯彻政协章程，落实省、市、县委政协工作会议精神，努力推进政协工作的制度化、规范化、程序化建设，使党委领导政协工作有章可循，人大、政府支持政协工作有章可循，政协履行职能有章可循。协助中共宜宾县委出台了《关于加强政协工作制度化、规范化、程序化建设的意见》（宜县委发〔2004〕23号）；县政协常委会研究制定了《宜宾县政协委员、常委履职规范》，明确了委员、常委履职的基本要求，建立了委员履职档案；还制定了《关于进一步做好专委会工作的意见》，明确了专委会每年度工作的基本目标任务、工作形式和保障措施。

搭建平台，充分发挥委员主体作用。形成了以主席会、常委会、专委会、团体界别、乡镇政协联系组等为载体的多层次、全方位的组织体系，广泛参与全县政治经济事务的民主协商和监督。委员们还立足本职岗位，充分发挥其智慧和力量，在不同的战线取得骄人业绩。

突出主题，积极营造和谐的社会环境。始终突出团结和民主两大主题，围绕发展第一要务，通过组织委员视察调查、交友联谊等形式，对改革发展稳定中的难点、热点、焦点问题予以关注，积极做好统一思想、增进共识、凝聚人心、化解矛盾、减少阻力、形成合力的工作。同时，也营造出政协工作的良好环境。

增添措施，加强政协自身建设。充实了政协党组，政协全委会议、主席会议、常委会议质量得到提高；增设了调研室和法制群团委员会，调整充实了4个专委会领导及组成人员，进一步明确了各委、室的职能职责；县政协机关继续保持了省档案达标单位，市级文明、卫生、综治先进单位的荣誉。

报告提出，2005年是实施经济和社会发展“十五”计划的最后一年，也是抢抓机遇、促进新跨越的重要一年。

一是进一步调动委员的履职积极性，切实发挥委员的主体作用。坚持把学习作为政协的重要工作来抓，坚持把维护委员权益作为调动委员履职积极性的关键环节来抓，坚持政协主席、副主席、专委会联系委员制度，坚持把“相信和依靠委员”作为政协工作的基本原则来抓。

二是进一步加强专委会工作，切实打牢政协工作基础。认真落实《政协宜宾县委员会关于进一步做好专委会工作的意见》，把整个政协工作的重心逐步转移到专委会工作上来，努力探索专委会工作的新路子。

三是进一步促进履职成果转化，切实提高履职成效。要全面贯彻《中共宜宾县委关于加强政协工作制度化、规范化、程序化建设的意见》精神，严格按《意见》要求进行政治协商、民主监督和参政议政；要精心选择履职课题，力求有较高的经济社会价值。

四是进一步推进“三化”建设，切实提高政协工作水平。建立健全政协工作各项制度，着重进行政协履职、政协组织管理和政协机关事务三个方面的建章立制；加强政协理论工作，由政协调研室牵头，以政协机关干部为骨干，组织委员中有一定理论功底的人员，形成县政协理论工作队伍，承担起县政协理论学习、宣传、教育和研究任务；探索在政协组织中发挥组成单位作用，加强同民盟、工商联、群团和各界别代表人士的沟通联系，建立政协与组成单位之间的工作机制，创新政协工作；继续加强机关建设，坚持以“四个良好”为目标，加强机关学习、严格机关纪律、提高机关效率、改善机关作风，更好地担负起为委员服务的职责。

县政协副主席曹益平向大会作政协第七届宜宾县委员会常务委员会关于七届二次会议以来提案工作情况的报告。

县政协七届二次会议以来，共收到提案118件。其中，七届二次会议上115件，闭会后3件；民盟宜宾县支部、工商联、团委、妇联和政协提案联谊委的集体提案10件；委员个人和委员联名提案108件。提出提案的委员共计219人次。经提案委员会审查，立案99件，占所提提案总数的83.9%，没有立案的19件转为意见办理。七届二次会议以来的提案具有三个特点：一是提案数量较一次会议有较大幅度增长，增加25件，增幅26.9%；二是抓住发展第一要务，有关经济发展的提案占全部提案的一半以上；三是对抓住金沙江水电开发机遇加快区域经济发展、加大对“三农”的支持力度、改善投资环境推进民营经济跨越式发展、完善农网改造、实行城乡同网同价、加强网吧管理、关心弱势群体生活等社会热点、难点问题，提案者给予了特别的关注。县政协于2004年3月将提案送交县委、县政府所属有关部门，县人民法院、有关乡镇人民政府及有关公用企业共28个单位承办。截至2004年12月底，除闭会后的1件提案外，其余提案已全部办理完毕。从收到的委员反馈意见来看，对办理结果的满意率为63.3%，基本满意率为36.7%。

政协提案受到了县委、县政府的高度重视。书记、县长签批重点提案，县委、县政府首次将办理政协提案列入对部门和乡镇的目标考核内容，县委办、县政府办联合转发了《政协宜宾县委员会办公室关于认真办理政协提案的意见》，县政府加大了提案办理的跟踪督查力度，承办单位坚持“三个结合”（办理工作同接受政协民主监督相结合，同增强政府决策的科学化、民主化相结合，同促进改革开放和经济建设相结合），在“办”字上狠下功夫。

在会上，政协第七届宜宾县委员会常务委员会对七届二次会议以来的7件优秀提案予以了表彰。

会议期间，举行了“工业经济发展”论坛。魏常坤等8名县政协委员在大会上作了专题发言。

与会委员列席了宜宾县第十三届人大第三次会议，认真听取并协商讨论了政府工作报告和计划、财政、法院、检察院工作报告。一致认为政府工作报告和其他几个报告是实事求是的，符合实际的。

会议通过了政协第七届宜宾县委员会第三次会议《关于七届三次会议提案审查情况的报告》。七届三次会议期间，共收到提案98件，其中集体提案9件，提出提案的委员共有184人次。经大会提案审查委员会审查，共立案84件，占收到提案总数的85.7%。没有立案的14件将作为委员意见转有关部门研究处理。

会议通过了宜宾县政协七届三次会议决议。

在闭幕会上，县委书记赖青、县长李世华作了讲话。

四、七届四次全会

2006年2月14—16日，政协第七届宜宾县委员会第四次全体会议在县城柏溪召开。这是第七届宜宾县政协的最后一次全体会议。会议的议程是：听取和审议政协第七届宜宾县委员会常务委员会工作报告；听取和审议政协七届三次会议以来的提案工作情况报告；列席宜宾县第十三届人民代表大会第四次会议，听取和协商讨论政府工作报告、宜宾县“十一五”规划纲要（草案）和计划、财政、法院、检察院工作报告；通过政协第七届宜宾县委员会第四次会议决议等。宜宾县政协七届四次会议应到会委员为239人。51名特邀人员和116名列席人员参加会议。

县政协主席陶天华向大会作政协第七届宜宾县委员会常务委员会工作报告。

政协履职目标圆满实现。县委将《2005年工作要点》在定稿前交县政协主席扩大会议协商，县委书记赖青亲自到会听取意见和建议；县政府将《政府工作报告》于“两会”前交县政协常委会议协商，常务副县长李戎到会作说明；县发展改革局将宜宾县“十一五”规划提交政协主席会议成员、民盟代表、政协各专委会主任参加的会议审议，县政府副县长景世刚到会听取意见，与会人员对《规划》提出了数十条修改意见。县人民法院、县人民检察院在政协全委会期间分别安排了法官和检察官到各委员讨论小组征求意见；检察院党组还对收集到的意见作了专题研究和安排落实，并向县政协报送了《关于落实县政协七届三次会议对〈检察工作报告〉意见建议的情况报告》。针对经济、社会发展中的重大问题并结合政协实际，精选了“农资市场管理”和“农村医疗卫生状况”两个课题组织委员进行广泛、深入的调研，形成了《关于农资市场管理的调查与建议》和《农村卫生亟待“进补”——宜宾县农村医疗卫生状况调查与建议》。在对以上建议进行审议的政协七届十次、十一次常委会议上，县政府分管副县长朱志刚、罗若飞分别到会听取了意见，并作了相关工作的情况通报，县委副书记、县长高泽彬在关于农村卫生的报告上亦作了批示，财政对农村公共医疗卫生的投入已有较大增加，农村三级卫生防疫体系建设逐步得到加强，农村新型合作医疗制度正在全县扎实推进；农资市场的违规现象得到有效遏制，保护了农民利益。

政协工作方法不断创新。县政协各专委会认真落实《政协宜宾县委员会关于进一步做好专委会工作的意见》，工作趋于计划性和规范性，充分发挥了专委会联系政协组织和政协委员的纽带作用。县政协主要的履职任务在年初时向各专委会分解下达，由各专委会相对独立地完成，提高了政协履职的效率和质量。全年专委会共召开了主任会议10次，专委会议4次，提出集体提案3件，开展视察活动9项，重点对口协商6项，发出简报、信息、反映社情民意30余条，组织专题调研课题2个，报送政协工作典型经验材料2份。2005年的提案办理及督办工作进行了两个方面的制度创新：一是制发了《关于县政协主席会议和专委会督办提案的通知》和《提案跟踪督办实施办法》，明确了重点提案由主席会议督办、集体提案由专委会主任会议督办、一般提案由专委会分组督办，改变了过去提案跟踪督办由提案联谊委单独承担的做法；二是实行由提提案的委员参与县内各种需要政协委员参加的对部门、单位的测评、评议的办法，调动了承办单位办案的积极性和与提案者沟通、交流的主动性。

政协团结民主更促和谐。把构建社会主义和谐社会作为全年政协学习的主要内容，认真学习中央领导同志关于构建社会主义和谐社会的一系列重要讲话及有关学习资料、理论文章。9月召开了“以构建社会主义和谐社会”为主题的委员集中学习会，县城柏溪地区的县政协委员、县政协常委、乡镇政协联系组组长以及被邀请的驻县市政协委员共110余人参加了学习。另一个学习重点是《中共中央关于加强中国共产党领导的多党合作和政治协商制度建设的意见》，通过学习使委员对我国的基本政治制度有了更深刻的理解，提高了对新时期新阶段政协工作重要性的认识。围绕团结民主主题，切实发挥委员主体作用：一是坚持把委员在本职岗位上的表现作为表彰委员、树立典型的首要条件，利用政协组织的力量，给委员营造良好的创业、发展环境；二是注重维护委员个人合法权益，增强政协组织的凝聚力，为委员履职创造良好条件，形成同舟共济的和谐氛围。广泛开展联谊活动和对外宣传，扩大宜宾县的知名度和影响力。接待了温江、双流、江油、安岳、简阳、都江堰、攀枝花、凉山以及市内区县政协的到访，参加了在江油召开的省政协地方政协工作经验交流会，成功举办了以“促进区域发展”为主题的川滇十八区县政协第十七次工作联系会，参与接待了省市政协委员对向家坝水电工程的视察等；反映宜宾县政协工作的消息在省、市报刊上稿 30 余篇，政协的重大履职活动和例会都及时得到了县电视台和县报的报道。县政协办在机关作风建设和“先教”整改测评中满意度名列县级机关第一名，支部、工会、信访、信息、调研、综治、普法、计生等工作都被评为特等奖或一等奖。

报告提出了 2006 年的工作意见：

一是围绕中心，始终贴近发展要务。学习好、宣传好、落实好宜宾县“十一五”规划，增进政协委员和各界群众与党委、政府的共识，鼓励、支持政协委员结合自身实际，积极投身到各项建设事业中；继续支持重点工程建设，加强与各重点企业的联系，从各方面为经济发展营造良好环境；高度关注生态保护和建设，建立资源节约型、环境友好型社会，促进经济与环境协调发展；关注各项社会事业协调发展。

二是求真务实，切实关注新农村建设。要紧扣发展农村经济、解放和发展农村生产力、增加农民收入、加强农村基础设施建设、加强农村公共服务、改善农村面貌等重点，了解乡情，反映民意，调查研究，建言献策。

三是团结民主，努力促进社会和谐。要充分发挥政协委员人才荟萃、智力密集的特点和优势，积极为经济社会发展建言献策；协助党委政府做好团结群众、反映民意、化解矛盾、维护稳定的工作；传递委员诉求，畅通委员与党委政府的联系；加强政协联谊工作。

四是开拓创新，认真总结政协工作经验。要牢固树立创新意识，不断完善、创新政协工作，努力提高履职质量，着重于履职成果的转化工作；各专委会都要把总结经验作为一项基本任务，县政协也要召开会议，组织委员交流、总结经验，形成经验成果；政协机关要进一步加强机关建设，努力学习、转变作风、健全制度、提高能力，更好地为政协履职工作服务。

县政协副主席曹益平向大会作七届三次会议以来提案工作情况的报告。

县政协七届三次会议以来，共提交提案 110 件，其中在七届三次会议上提出 106 件，闭会期间提出 4 件。经提案委员会审查，立案 93 件，占所提提案总数的 84.5%。没有立案的 17 件转为意见办理。县政协于 2005 年 4 月将提案送交有关县级部门、乡镇政府及企业共35个单位承办。截至2005年底，93件提案、17件意见已全部办理答复完毕。提案所提问题已解决或基本解决的37件，占32.7%；所提问题正在解决或列入计划逐步解决的53件，占48.2%；所提问题因受目前条件限制暂时不能解决或权限不在县里，需向委员说明情况的16件，占14.5%；所提问题留作参考的4件，占2.7%。从收到的委员反馈意见看，委员对办理结果都表示满意或基本满意。

2005年提案工作的规范和创新：

一是夯实基础，确保提案的质量。政协常委会加强了对提案撰写的培训和指导；在七届三次会议召开前，提案联谊委向全体委员寄发了撰写提案的信函；召开了政协参加单位和各专委会的座谈会，为向大会提交集体提案做好准备。

二是强化制度，落实提案办理的责任。即会商确定承办单位，县政府办和政协提案联谊委共同研究提案，力求准确确定提案的主办单位和协办单位；坚持提案会议交办制，有承办任务的35个单位的负责人及其经办人员参加了会议，县委、县人大、县政府、县政协相关领导到会提出办理要求；重要提案由县委、县政府、县政协主要领导签批，县委书记、县长、县政协主席分别对所确定的3件重要提案的办理作出了批示；县政府办制定了《宜宾县两会办理工作考核评分细则》，首次对提案办理工作进行了量化考核。

三是坚持创新，加大提案督办的力度。县政协探索实行提案分类跟踪督办制，将93件提案分类交由主席会、专委会跟踪督办，解决了督办人员不够、专业政策了解不广、督办力度不强的问题。

四是兑现奖惩，建立提案工作激励机制。县政府办去年初对2004年提案办理工作突出的单位进行了表彰，年底又根据《宜宾县两会办理工作考核评分细则》，对各承办单位进行考核评分，拟对办理工作好的单位进行表彰，对办理工作差的单位进行扣分。

报告提出，2006年是实施“十一五”规划的开局之年，要进一步做好提案工作，充分发挥提案在政协工作中的重要作用，必须在提高提案质量、提案办理质量和提案工作服务质量上下功夫。

在会上，政协第七届宜宾县委员会常务委员会对自七届一次会议以来的邓沛等24名优秀政协委员给予了表彰；同时，对七届三次会议以来的9件优秀提案予以表彰。

会议期间，举办了“构建和谐社会”论坛。张克生等10名县政协委员在大会上作了专题发言。

与会委员列席了宜宾县第十三届人大第四次会议，认真听取并协商讨论政府工作报告和计划、财政、法院、检察院工作报告。

会议期间，共收到提案99件，经大会提案审查委员会审查，立案60件，占所提提案总数的 60.6%。其余 39 件作为意见处理。

县委书记赖青、县长高泽彬在大会上讲话。

会议通过了政协第七届宜宾县委员会第四次会议决议。

第八节　第八届全体会议

一、八届一次全会

2007 年 1 月 6—9 日，政协第八届宜宾县委员会第一次全体会议在县城柏溪召开。会议的议程是：听取和审议政协第七届宜宾县委员会常务委员会工作报告和提案工作报告；选举政协第八届宜宾县委员会常委会组成人员；列席宜宾县第十四届人民代表大会第一次会议，听取并协商讨论政府工作报告和法院、检察院、计划、财政工作报告；听取政协第八届宜宾县委员会提案审查委员会关于八届一次会议提案审查情况的报告；通过政协第八届宜宾县委员会第一次会议决议等。八届一次会议安排的县政协委员共 268 名。另有 51 名特邀人员和 125 名列席人员参加会议。

政协第八届宜宾县委员会委员名表

表 3-9

姓　名	性别	民族	出生年份	籍贯	文化程度	党派	界别
陶天华	男	汉	1956	宜宾县	大学	中共	中共
徐金友	男	汉	1953	宜宾县	大学	中共	中共
周福全	男	汉	1953	宜宾县	大学	中共	中共
明　杰	男	汉	1970	乐　山	研究生	中共	中共
涂廷友	男	汉	1965	宜宾县	大学	中共	中共
魏　菁	女	汉	1964	宜宾县	研究生	中共	中共
段运平	女	汉	1968	翠屏区	大学	中共	中共
屠　华	男	汉	1963	翠屏区	大学	中共	中共
向友成	男	汉	1951	宜宾县	大专	中共	中共
蒋甫良	男	汉	1955	宜宾市	大专	中共	中共
邓　锐	男	汉	1973	屏山县	研究生	中共	中共
邓　良	男	汉	1964	宜宾县	大学	中共	中共

续表 3–9

姓　名	性别	民族	出生年份	籍贯	文化程度	党派	界别
陈　备	男	汉	1974	宜宾县	大学	中共	中共
邹国水	男	汉	1962	宜宾县	大学	中共	中共
刘顺清	男	汉	1963	宜宾县	大专	中共	中共
李建培	男	汉	1963	翠屏区	大学	中共	中共
韩礼兰	女	汉	1957	宜宾县	中专	中共	中共
陈春来	男	汉	1975	宜宾县	大学	中共	中共
唐　瑶	女	汉	1975	宜宾县	大学	中共	工会
周立群	女	汉	1971	宜宾市	大专	中共	工会
李树康	男	汉	1956	宜宾县	初中	—	工会
郑春霞	女	汉	1963	宜宾县	大专	—	工会
雷云萍	女	汉	1966	宜宾县	大学	民盟	工会
钱　敏	女	汉	1962	安　徽	大学	中共	工会
萧耀康	男	汉	1952	宜宾县	高中	民盟	工会
袁明江	男	汉	1969	宜宾县	大学	—	工会
李　强	男	汉	1981	宜宾县	大学	中共	共青团
向　华	男	汉	1980	宜宾县	大学	—	共青团
陶　俊	男	汉	1978	宜宾县	大学	—	共青团
郑　波	男	汉	1980	宜宾县	大学	—	共青团
周庆华	女	汉	1981	宜宾县	大专	—	共青团
冉三川	男	汉	1981	宜宾县	大学	—	共青团
陈俊锋	男	汉	1981	长宁县	大专	—	共青团
吴　敏	女	汉	1978	宜宾县	大专	—	共青团
钟朝红	女	汉	1966	宜宾县	大学	中共	妇联
刘纯香	女	汉	1970	宜宾县	大专	—	妇联
陈　婷	女	汉	1968	宜宾县	大学	—	妇联
赵琼尧	女	汉	1963	兴文县	大专	—	妇联
李清际	女	汉	1967	宜宾县	高中	—	妇联
兰　兰	女	汉	1977	宜宾县	大学	—	妇联
李　虹	女	汉	1963	宜宾县	大学	中共	妇联
滕　惠	女	汉	1969	云　南	大专	—	妇联
陈　勇	男	汉	1971	宜宾县	大学	中共	工商联
张克生	男	汉	1963	宜宾县	大专	—	工商联
章英启	男	汉	1962	筠连县	硕士	—	工商联
吴利财	男	汉	1953	宜宾县	大学	民建	工商联

续表 3-9

姓　名	性别	民族	出生年份	籍贯	文化程度	党派	界别
程孝义	男	汉	1973	宜宾县	大学	中共	工商联
胡昌明	男	汉	1950	宜宾县	大学	中共	工商联
陈良友	男	汉	1958	宜宾县	大专	中共	工商联
张天成	男	汉	1976	宜宾县	大专	—	工商联
樊尚富	男	汉	1964	宜宾县	大专	—	工商联
杨从伦	男	汉	1966	宜宾县	高中	—	工商联
田永康	男	汉	1949	宜宾县	初中	—	工商联
周润兴	男	汉	1957	宜宾县	初中	—	工商联
文宗荣	男	汉	1959	宜宾县	大专	—	工商联
毛义萍	女	汉	1964	宜宾县	高中	—	工商联
林乔和	男	汉	1953	宜宾县	小学	—	工商联
李世才	男	汉	1948	宜宾县	高中	—	工商联
罗元洪	男	汉	1972	宜宾县	大专	—	工商联
李永红	男	汉	1970	宜宾县	高中	—	工商联
康　麟	男	汉	1955	宜宾县	大学	中共	工商联
徐金毅	男	汉	1966	宜宾县	大专	—	工商联
谢　强	男	汉	1968	宜宾县	中专	—	工商联
欧阳亭	男	汉	1972	宜宾县	高中	—	工商联
李忠才	男	汉	1963	宜宾县	高中	—	工商联
赵全斌	男	汉	1962	宜宾县	高中	—	工商联
邓　江	男	汉	1964	宜宾县	高中	—	工商联
杨本德	男	汉	1964	宜宾县	初中	—	工商联
徐仲明	男	汉	1955	宜宾县	初中	—	工商联
罗小燕	女	汉	1957	宜宾县	大专	—	工商联
徐　翰	男	汉	1963	宜宾县	大专	中共	工商联
李兴海	男	汉	1969	宜宾县	大专	—	工商联
吴小春	男	汉	1969	宜宾县	大专	中共	工商联
何志勇	男	汉	1971	宜宾县	大学	—	工商联
吴亨华	男	汉	1963	宜宾县	初中	—	工商联
李利民	男	汉	1969	宜宾县	大学	—	工商联
宋仁能	男	汉	1952	宜宾县	初中	—	工商联
刘旭东	男	汉	1970	宜宾县	大学	中共	工商联
曹益平	男	汉	1964	翠屏区	大学	—	无党派
曾云辉	男	汉	1959	宜宾县	大专	—	无党派

续表 3-9

姓 名	性别	民族	出生年份	籍贯	文化程度	党派	界别
蒋 兵	男	汉	1963	宜宾县	大专	—	无党派
魏 宇	女	汉	1967	宜宾县	大专	—	无党派
张 红	男	汉	1965	富顺县	大学	民盟	无党派
杨筱虹	女	汉	1976	宜宾县	大学	—	无党派
罗 勇	男	汉	1968	宜宾县	大学	—	无党派
杨昌均	男	汉	1957	宜宾县	中专	—	无党派
余 述	男	汉	1963	宜宾县	大学	—	无党派
胡为民	男	汉	1971	宜宾县	大学	—	无党派
彭 雄	女	汉	1967	宜宾县	大学	—	无党派
曹 彬	男	汉	1973	宜宾县	大专	—	无党派
侯建国	男	汉	1962	宜宾县	大学	中共	台侨
彭奇文	男	汉	1942	隆昌县	大学	中共	台侨
饶宜萍	女	汉	1964	翠屏区	大学	中共	台侨
邓 琼	女	汉	1968	宜宾县	大专	中共	台侨
雷 洁	女	汉	1968	宜宾县	高中	—	台侨
肖 一	男	汉	1965	宜宾县	大专	—	台侨
罗 毅	女	汉	1968	宜宾县	大学	—	台侨
晏禄昌	男	汉	1948	宜宾县	初中	—	台侨
葛礼寿	男	汉	1976	宜宾县	中专	中共	台侨
李隆高	男	汉	1947	重 庆	初中	—	台侨
张 锐	女	汉	1983	台 湾	中专	—	台侨
曾 易	男	汉	1972	宜宾县	大学	—	台侨
何昌银	男	汉	1958	宜宾县	大专	中共	科技科协
邵光滏	男	汉	1943	重庆万州	大专	中共	科技科协
蒋勤久	男	汉	1966	宜宾县	大学	中共	科技科协
翁春明	男	汉	1953	福 建	大专	—	科技科协
肖天才	男	汉	1965	宜宾县	大学	中共	科技科协
杨德华	男	汉	1969	宜宾县	大专	—	科技科协
彭蜀川	男	汉	1965	宜宾县	大学	中共	科技科协
吴泽琴	女	汉	1962	宜宾县	中专	—	科技科协
任美宜	男	汉	1955	宜宾县	高中	—	科技科协
姚兴林	男	汉	1949	宜宾县	初中	—	科技科协
肖智丹	男	汉	1981	宜宾县	大专	中共（预备）	科技科协
黄家灿	男	汉	1965	宜宾县	大学	—	科技科协

续表 3-9

姓　名	性别	民族	出生年份	籍贯	文化程度	党派	界别
廖景涛	男	汉	1965	宜宾县	大专	中共	科技科协
彭　凯	男	汉	1975	宜宾县	大专	—	科技科协
柴进友	男	汉	1971	宜宾县	初中	—	科技科协
陈镭剑	男	汉	1980	宜宾县	大学	—	科技科协
吴慕铎	男	汉	1955	泸　县	中专	—	科技科协
陈益根	男	汉	1963	宜宾县	大学	—	农业
骆全超	男	汉	1965	崇州市	大学	—	农业
吴文俊	男	汉	1964	宜宾县	大学	中共	农业
黄亚萍	女	汉	1973	翠屏区	大学	中共	农业
罗常华	男	汉	1954	宜宾县	高中	—	农业
张永雄	男	汉	1971	宜宾县	中专	—	农业
孙　彬	女	汉	1968	宜宾县	大专	—	农业
邓三权	男	汉	1962	宜宾县	高中	—	农业
陶祥荣	男	汉	1954	宜宾县	初中	—	农业
陈　林	男	汉	1959	宜宾县	高中	—	农业
蒋利萍	女	汉	1978	宜宾县	大专	—	农业
邱华国	男	汉	1949	宜宾县	初中	—	农业
李云星	男	汉	1964	宜宾县	高中	—	农业
肖乾华	男	汉	1955	宜宾县	中专	中共	农业
龚太平	男	汉	1956	宜宾县	大专	中共	农业
涂树文	男	汉	1952	宜宾县	初中	—	农业
冯春风	男	汉	1955	宜宾县	初中	—	农业
杨　溢	男	汉	1973	翠屏区	大专	—	农业
王国银	男	汉	1951	宜宾县	大学	民盟	农业
张明甫	男	汉	1952	宜宾县	高中	—	农业
王　斌	男	汉	1958	宜宾县	大专	中共	经济
黄　河	男	汉	1963	珙　县	大学	中共	经济
陈　严	男	汉	1962	宜宾县	大专	中共	经济
莫　炼	男	汉	1967	泸　县	中专	—	经济
欧　伟	男	汉	1962	重庆市	高中	—	经济
邓海波	男	汉	1963	内　江	大专	—	经济
江昆琴	女	汉	1964	宜宾县	大专	—	经济
魏　联	男	汉	1956	宜宾县	大学	中共	经济
杨成方	男	汉	1954	江安县	中专	中共	经济

续表 3-9

姓　名	性别	民族	出生年份	籍贯	文化程度	党派	界别
李志明	女	汉	1964	宜　宾	大专	中共	经济
王　静	女	汉	1971	宜宾县	大专	—	经济
吴春燕	女	汉	1968	宜宾县	大学	—	经济
尹　志	男	汉	1966	宜宾县	大学	中共	经济
陶江林	男	汉	1965	宜宾县	大学	中共	经济
肖友才	男	汉	1952	宜宾县	初中	—	经济
廖浩凌	男	汉	1974	宜宾县	大学	—	经济
陈　东	男	汉	1970	巴中县	大学	—	经济
梁树高	男	汉	1969	宜宾县	大专	—	经济
郑为勇	男	汉	1970	宜宾县	大学	中共	经济
曹卫东	男	汉	1967	宜宾县	大专	中共	经济
唐　智	男	汉	1962	宜宾县	大专	—	经济
罗冀蜀	女	汉	1968	宜宾县	高中	—	经济
邱和明	女	汉	1970	宜宾县	大专	—	经济
曾　勇	男	汉	1963	宜宾县	大学	—	经济
张茂君	女	汉	1970	宜宾县	中专	—	经济
何　俐	女	汉	1957	宜宾县	大学	—	经济
王正武	男	汉	1970	宜宾县	大学	—	经济
杨继新	男	汉	1973	宜宾县	初中	—	经济
钟　华	女	汉	1967	南溪县	高中	—	经济
曾德春	男	汉	1962	宜宾县	初中	—	经济
刘　忠	男	汉	1956	重　庆	大学	—	经济
何德斌	男	汉	1964	宜宾县	大学	中共	经济
张　水	男	汉	1967	宜宾县	大学	中共	教育
康　良	男	汉	1965	宜宾县	大学	—	教育
郑宽俭	男	汉	1964	宜宾县	大学	中共	教育
郑宽学	男	汉	1962	宜宾县	大学	中共	教育
肖盛琼	女	汉	1962	宜宾县	大专	—	教育
蒋宗元	男	汉	1965	宜宾县	大学	—	教育
丁良岑	男	汉	1956	宜宾县	大学	中共	教育
黄光兰	女	汉	1976	宜宾县	大专	—	教育
董树芬	女	汉	1962	宜宾县	大专	—	教育
梁志刚	男	汉	1977	宜宾县	大学	—	教育
宫秀平	女	汉	1973	宜宾县	大学	—	教育

续表 3-9

姓　名	性别	民族	出生年份	籍贯	文化程度	党派	界别
杨天海	男	汉	1962	宜宾县	大学	中共	教育
刘仁秀	女	汉	1962	宜宾县	大学	—	教育
邓　沛	男	汉	1958	江安县	大学	—	教育
李　红	女	汉	1966	宜宾县	大专	—	教育
刘　胜	男	汉	1968	宜宾县	大专	—	教育
李相林	男	汉	1969	宜宾县	大学	—	教育
周　蓉	女	汉	1966	宜宾县	大专	—	教育
张文琼	女	汉	1968	宜宾县	大学	—	教育
黄维秀	女	汉	1966	宜宾县	大学	—	教育
黄定海	男	汉	1962	宜宾县	大学	—	教育
李建平	男	汉	1963	宜宾县	大学	中共	文体
李代煊	男	汉	1944	宜宾县	高中	中共	文体
周小川	男	汉	1969	泸　县	大专	—	文体
王　洪	男	汉	1969	宜宾县	大学	—	文体
杨鹏飞	男	汉	1964	宜宾县	大专	—	文体
肖　芳	女	汉	1973	宜宾县	大专	—	文体
李永洪	女	汉	1981	宜宾县	大专	—	文体
胡晓玲	女	汉	1963	南充市	大学	—	医卫计生
杨季行	男	汉	1952	宜宾县	中专	—	医卫计生
张　杰	男	汉	1958	宜宾县	大专	—	医卫计生
廖宗芳	女	汉	1969	宜宾县	中专	—	医卫计生
彭桂平	女	汉	1973	宜宾县	大专	—	医卫计生
潘　宇	女	汉	1976	宜宾县	大学	—	医卫计生
李春开	男	汉	1965	宜宾县	大专	—	医卫计生
邓勋礼	男	汉	1963	宜宾县	大专	中共	医卫计生
周　鑫	男	汉	1974	宜宾县	大学	中共	医卫计生
肖云岩	男	汉	1963	宜宾县	大专	—	医卫计生
余永琼	女	汉	1962	宜宾县	中专	—	医卫计生
张永萍	女	汉	1966	宜宾县	大专	—	医卫计生
杨大富	男	汉	1970	宜宾县	大学	—	医卫计生
李树军	男	汉	1959	宜宾县	大专	—	医卫计生
陆云杰	男	汉	1970	宜宾县	大专	—	医卫计生
魏月云	女	汉	1968	宜宾县	中专	—	医卫计生
郑朝勇	男	汉	1957	宜宾县	大专	中共	政法

续表 3-9

姓 名	性别	民族	出生年份	籍贯	文化程度	党派	界别
周玉平	男	汉	1968	宜宾县	大学	中共	政法
杨晓东	男	汉	1969	宜宾县	大专	—	政法
胡红英	女	汉	1966	宜宾县	大学	中共	政法
陈云丽	女	汉	1964	宜宾县	大学	中共	政法
陶泽华	男	汉	1968	宜宾县	大学	民革	政法
陈 敏	女	汉	1966	宜宾县	大学	—	政法
苗占国	男	汉	1960	宜宾县	大专	—	政法
赵林君	男	汉	1964	宜宾县	大专	中共	民族宗教
李学哲	男	朝鲜	1972	吉 林	大学	民盟	民族宗教
刘文胜	男	苗	1969	重 庆	大专	中共	民族宗教
释本源	女	汉	1962	宜宾县	初中	—	民族宗教
王忠义	男	苗	1969	宜宾县	初中	—	民族宗教
张仕贵	男	汉	1963	屏山县	大学	中共	社会福利
杨昌文	男	汉	1957	宜宾县	大学	中共	社会福利
梁宗洪	男	汉	1971	宜宾县	大专	—	社会福利
陈发河	男	汉	1938	自贡市	初中	—	社会福利
袁凤文	女	汉	1964	宜宾县	大专	—	社会福利
尤德孚	男	汉	1949	宜宾县	中专	—	社会福利
张家容	女	汉	—	宜宾县	初中	—	社会福利
谢礼平	女	汉	1980	宜宾县	大专	—	社会福利
吴利庭	男	汉	1974	宜宾县	大学	中共	特邀
刘代举	男	汉	1964	宜宾县	大学	中共	特邀
王仕明	男	汉	1965	宜宾县	大学	中共	特邀
魏 萍	女	汉	1963	宜宾县	大学	中共	特邀
江林富	男	汉	1963	宜宾县	大专	中共	特邀
杨元超	男	汉	1970	宜宾县	大学	中共	特邀
彭 韬	男	汉	1974	宜宾县	大学	中共	特邀
杨 伟	男	汉	1973	宜宾县	大学	中共	特邀
李春平	男	汉	1963	宜宾县	大学	中共	特邀
李元齐	男	汉	1964	宜宾县	大学	中共	特邀
侯淑容	女	汉	1963	宜宾县	研究生	中共	特邀
黄小平	女	汉	1964	宜宾县	大专	中共	特邀
李德钦	男	汉	1974	宜宾县	大学	中共	特邀
陶开伟	男	汉	1976	宜宾县	大学	中共	特邀

续表 3-9

姓　名	性别	民族	出生年份	籍贯	文化程度	党派	界别
邱顺平	男	汉	1965	宜宾县	大学	中共	特邀
廖景光	男	汉	1963	宜宾县	大学	中共	特邀
曾小东	男	汉	1975	宜宾县	大专	中共	特邀
徐向东	男	汉	1968	宜宾县	大学	中共	特邀
郭　彬	男	汉	1974	宜宾县	大学	中共	特邀
韩旅程	男	汉	1966	宜宾县	大学	中共	特邀
杨　喜	男	汉	1972	宜宾县	大学	中共	特邀
颜朝华	男	汉	1966	宜宾县	大学	中共	特邀
陈春华	男	汉	1973	宜宾县	大学	中共	特邀
徐仕跃	男	汉	1958	宜宾县	大专	中共	特邀
张先贵	男	汉	1973	宜宾县	大专	中共	特邀
李国江	男	汉	1963	宜宾县	大学	中共	特邀
曾康军	男	汉	1967	宜宾县	大学	中共	特邀
黄野强	男	汉	1963	宜宾县	大学	中共	特邀
王　翔	男	汉	1965	宜宾县	大学	中共	特邀
高　鹏	男	汉	1965	宜宾县	大专	中共	特邀
龙兴田	女	汉	1963	宜宾县	大学	中共	特邀
唐　俊	男	汉	1962	宜宾县	大学	中共	特邀

陶天华受政协第七届宜宾县委员会常务委员会的委托，向大会作政协第七届宜宾县委员会常务委员会工作报告。

加强学习，增强素质，参政议政能力有新提高。县政协把学习放在了工作的首位，坚持了内容广泛、形式多样、方法灵活的学习，收到了明显成效。积极参加省市政协和县委组织的各类学习，组织机关职工的定期学习，每年举行一次有政协常委会组成人员、驻县城全体政协委员和各乡镇政协联系组组长参加的委员学习会，学习专题主要有“以三个代表重要思想为指导，为全面建设小康县积极履职”“新修订的宪法和政协章程”“构建社会主义和谐社会”“贯彻和落实科学发展观”等；县政协领导、各委室负责人共12人先后参加了全国政协干部培训中心的学习，从较高层面系统地学习政协的基本理论和履职方法；分两次组织80余位委员赴香港、澳门、广州、深圳、珠海学习考察，开拓视野。县政协机关有10余篇理论文章被全国、省、市有关媒体采用，有的文章获得了省政协和省委宣传部的表彰奖励。

围绕中心，服务大局，履行职能有新作为。中共宜宾县委逐步把政协的政治协商纳入了全县重大问题的决策程序，“三在前、三在先”的原则基本得到落实；坚持和完善了政协主席列席县委书记办公会、县委常委会议，副主席列席县人大常委会议、县政府常务会议等重要会议制度；县委的年度工作要点和县政府的年度工作报告在定稿前送交政协常委会议协商讨论已经成为惯例；2006 年县政协常委会议还分两次对乡镇换届的党政领导拟任人选和县级机关科级领导班子调整人选进行了民主测评。“全委会整体协商、常委会重点协商、主席会高层协商、专委会对口协商”的多层次协商格局已经形成。政协组织及委员通过撰写提案、反映社情民意、进行大会发言、受聘为部门行风监督员等形式履行日常监督职能，参与了近几年的县级、科级领导干部公推公选以及市县机关作风测评；本届政协报送《社情传真》13 期，将委员们对经济社会发展和关系民生民本的批评、建议直接反映到县委、县政府决策层；先后对电力、国土、工商、建环系统进行了行风建设跟踪监督，对药监系统、农行系统进行了行风建设民主评议，督促上述部门及时纠正问题，改进工作，简化办事程序，提高服务水平。举办委员论坛，开展专题调研和视察考察。在七届二次、三次、四次政协全委会上，分别举办了“农民增收”“工业经济发展”“构建和谐社会”3 次委员论坛，来自不同界别、不同行业、不同阶层的委员，通过会前调研思考并结合工作实际，充分发表意见和建议；针对宜宾县经济社会发展实际，先后开展了“农村税费改革后的新情况新问题”等课题的专题调研，向县委、县政府提交了 7 个调研报告和建议案，促进了党委政府的科学决策和民主决策；本届政协委员的视察考察范围广泛，涵盖了工业农业、金融税务、财政审计、文化教育、医疗卫生、城乡建设、人口计生、交通安全、工商质监、组织人事、公检法司、纪检监察、群团组织、劳动社保、行政审批、民政扶贫、社会福利等诸多领域，搭建了政协组织和委员知情参政的平台。县政协从提案培训、撰写、审查、交办、督办等环节加大力度，实现了提案质量提高、数量增长、办理基本落实的目标。七届一次会议以来，共收到委员个人和集体提案 416 件，并全部办理完毕。编辑出版了具有“三亲”特色的反映征粮剿匪战斗历程的文史资料——《热血春秋》续集，编印了展现第七届政协履职活动和委员业绩的大型画册；制定了政协宣传报道制度，政协机关人员和委员积极报送宣传稿件，省市县有关新闻媒体对宜宾县及县政协的工作予以了较为充分的宣传报道。

积极探索，勇于创新，“三化”建设有新进展。2004 年协助中共宜宾县委出台了《关于加强政协工作制度化、规范化、程序化建设的意见》，明确了政协履行三大职能的原则、内容、形式、程序和要求；制定了《宜宾县政协委员、常委履职规范》，明确了委员、常委履职的基本要求，落实了委员履职考核办法，建立了委员履职档案，对考核结果的使用作了规定；研究制定了《政协宜宾县委员会关于进一步做好专委会工作的意见》，深化了对专委会工作的认识，加强了专委会建设，创新了专委会工作方法；制定了《提案跟踪督办实施办法》，明确了重点提案由主席会议督办、集体提案由专委会主任会议督办、一般提案由专委会分组督办，改变了过去提案跟踪督办由提案委单独承担的做法。

团结民主，同心同德，构建和谐有新贡献。围绕团结民主主题，切实发挥委员主体作用。鼓励委员立足本职建功立业，坚持把委员在本职岗位上的表现作为表彰委员、树立典型的首要条件；注重利用政协组织的力量，给委员营造良好的创业、发展环境，关注政协委员所在企业的发展；注重维护委员的经济、人身等合法权益；增强政协组织的凝聚力，形成同舟共济的和谐氛围。围绕党政工作中心，促进社会和谐稳定，县政协对于群众普遍关注、事关宜宾县改革发展稳定大计的向家坝建设、城北新区建设、平安创建、民营经济发展、张窝电站建设、市政工程建设、劳动和社会保障、教育发展、医疗卫生改革等给予了高度关注和支持，提出了许多意见建议，做了大量释疑解惑、统一思想、增进共识的工作。

优化队伍，改进服务，机关建设有新面貌。政协党组、科级领导班子加强自身建设，认真开展创“四好”活动，提高政协工作水平；制定和完善了近20个机关管理制度和工作规范，机关办文、办会、办事水平进一步提高；全面维修和扩建了办公楼，更新了办公、交通设备，办公条件大为改善；县政协被省政协确定为地方政协联系点，县政协机关先后被评为“市级文明单位”“市级综合治理模范单位”“市级卫生单位”“省档案二级达标单位”，县政协办公室领导班子被县委表彰为“四好班子”，县政协机关支部被县委表彰为“先进支部”。

第七届宜宾县政协四年来的主要经验和体会是：党的领导是做好政协工作的根本保证；围绕中心，服务大局是政协工作的出发点；团结、民主是政协工作的两大主题；勇于创新是政协工作的不竭动力。

报告认为工作中存在的不足是：履职成果转化不够，以界别为单位组织委员开展活动有待加强，对基层委员的联系关心较少，政协自身工作的宣传报道还不够等。

报告对今后的工作提出了五个方面的建议，即以学习贯彻中共十六届六中全会精神为重点，进一步抓好委员学习培训；以促进发展为履职的第一要务，进一步履行好政协职能；以团结民主为主题，进一步营造和谐稳定的发展环境；以贯彻落实中央5号文件精神为契机，进一步推动政协履职的“三化”建设；以不断创新为动力，进一步开创政协事业新局面。

曹益平受政协第七届宜宾县委员会常务委员会的委托，向大会报告政协第七届宜宾县委员会四年来的提案工作。

县政协七届一次会议以来，政协委员、政协各参加单位、政协各专门委员会共提交提案416件，民盟宜宾县支部、工商联、总工会、团县委、妇联、科协和政协提案委、经济委、法群委、文卫科教委提出的集体提案30件，委员个人和委员联名提案386件。参加提出提案的委员共772人次。经提案审查委员会审查，确定立案办理的289件，占收到提案总数的69.5%。七届政协提案不仅数量增幅较大，质量也有明显提高。提案大多紧扣发展主题，内容涉及经济、政治、文化和社会生活的方方面面，对于推动社会全面进步、构建社会主义和谐社会产生了积极的促进作用。

按照分级负责、归口办理和分层次处理的原则，县政府办公室与县政协提案委共同协商，慎重确定提案的承办单位。承办七届政协提案的单位共有39个，按时办结答复，办结率为100%。从收到的委员对提案办理的反馈意见来看，都表示满意或基本满意；对初次办理答复不满意的7件提案，经承办单位重新办理后，委员已表示基本满意。

报告总结七届政协提案工作的规范及创新情况：

一是夯实基础，确保提案提出的质量。在第七届委员任职之初就对委员们进行了提案基本知识的培训，要求委员多学习、多观察、多思考、多调查研究，及时将所获得的情况转化为提案；在每次全会召开前，提案委都向全体委员寄发撰写提案的信函，召开政协各参加单位和各专门委员会的座谈会，为向大会提交集体提案作好准备。

二是党政高度重视，落实提案办理责任。县委、县政府制发了《办理人大代表建议、政协委员提案暂行办法》《关于认真做好“两会”建议、提案办理的通知》，转发了《政协宜宾县委员会办公室关于认真办理政协提案的意见》，以推进提案办理的制度化、规范化；每年“两会”后，县委、县政府都召开“两会”建议、提案专题交办会，就保证提案办理质量提出具体要求；对政协主席会议确定的重要提案，由县委书记、县长签批，督促有关单位认真办理落实；县政府办还制定了《宜宾县“两会”办理工作考核评分细则》，促进部门重视提案办理。

三是健全制度，加强提案督办力度。县政协制定了《提案跟踪督办实施办法》，对提案实行分类跟踪督办制度。同时，注意让提提案的委员更多地参与对部门、单位的测评、评议，以调动承办单位办理提案的积极性。

四是强化服务，促进提案办理质量的提高。提案委认真抓好会前、会中、会后的提案收集、整理、审查、交办等日常工作，同时，通过请进来、走上门、电话催办等方式，加强同承办单位和提案者的联系和协调。

五是评比奖优，建立提案工作激励机制。每年都对提案进行评比择优，先后对33件优秀提案进行了表彰奖励。

报告认为提案工作存在的不足是少数提案的调查研究不深，论证不充分，建议的可操作性不强；关于民主政治建设、党的建设方面的提案不多，闭会期间的提案也较少；个别承办单位对提案办理还不够重视，重回复，轻落实；对提案工作的宣传不够；跟踪督办力度有待进一步加强。

报告对第八届政协提案工作提出建议：提高认识，注重提案质量；加强制度建设，增强提案办理实效；加大宣传，扩大提案影响。

在会上，政协第七届宜宾县委员会常务委员会对七届四次会议以来的 10 件优秀提案予以了通报表彰。

会议召开了选举大会，241 名委员参加选举，收回有效选票 240 张。选举产生了政协第八届宜宾县委员会常委会组成人员：陶天华任第八届宜宾县政协主席，徐金友、周福全、曾云辉、曹益平任副主席，邓良任秘书长，以及 41 名常务委员。

会议期间，陈益根等 9 名县政协委员就如何贯彻落实中共宜宾县第十一次党代会精神作了大会专题发言。

与会委员列席了宜宾县第十四届人民代表大会第一次会议，听取并协商讨论了政府工作报告和法院、检察院、发展计划、财政工作报告。

会议期间，安排了委员集体视察国家重点工程——向家坝水电站建设。

中共宜宾县委领导分别参加了委员分组讨论，听取了委员的意见建议。县委书记高泽彬，县委副书记、代理县长王光柱在会议闭幕式上作了讲话。

八届一次会议期间，共收到提案 118 件，经大会提案审查委员会审查，立案 52 件。提出提案的委员共 182 人次。

二、八届二次全会

2008 年 1 月 15—17 日，政协第八届宜宾县委员会第二次全体会议在县城柏溪召开。会议的议程是：听取和审议政协第八届宜宾县委员会常务委员会工作报告和提案工作报告；列席宜宾县第十四届人民代表大会第二次会议，听取并协商讨论政府工作报告和发展改革、财政、法院、检察院工作报告；听取政协第八届宜宾县委员会提案审查委员会关于八届二次会议提案审查情况报告；通过政协第八届宜宾县委员会第二次会议决议等。八届二次会议前，政协第八届宜宾县委员会已增补陈希森等 12 名政协委员，应到会委员 280 名。50 名特邀人员和 128 名列席人员参加会议。

县政协主席陶天华向大会作政协第八届宜宾县委员会常务委员会工作报告。

报告回顾了 2007 年工作。县政协在中共宜宾县委的领导和省、市政协的指导下，在县人大、县政府、县人武部和社会各界的大力支持下，高举爱国主义、社会主义两面旗帜，坚持团结和民主两大主题，认真贯彻《中共中央关于加强人民政协工作的意见》，把促进发展作为履职第一要务，切实履行政治协商、民主监督、参政议政职能，努力加强自身建设，各项工作取得新进展，被市政协表彰为2007年度区县政协工作先进集体。

履职目标全面实现。坚持“三在前、三在先”原则，不断完善全体会议整体协商、常委会议专题协商、主席会议重点协商、专委会对口协商的多层协商格局。闭会期间，县委、县人大、县政府主要领导到县政协征求工作意见；县委组织部就重要人事任免提交县政协协商；在政协常委会议、主席会议上，县委县政府联系政协工作的领导两次通报工作情况；各专门委员会就法院执行工作、企业科技创新等议题进行对口协商。加强和改进政协视察工作，完善视察工作制度，提高视察工作质量，重点就推进蚕桑肉兔产业化、农机推广和新农村建设、“五五”普法工作、职业教育发展、场镇爱国卫生工作等，组织委员视察，提出意见和建议。县政协向县委县政府、市政协报送的《关于对企业获得的财政科技项目资金免征企业所得税的建议》等6期《社情民意》，均得到县委县政府领导批示，其中有2期被市政协采纳。县政协始终围绕党委政府重视、人民群众普遍关注的热点难点问题开展调查研究，献计献策。3—5月，由经济委牵头对宜宾县工业发展软环境进行专题调研；6—9月，县政协教科文卫委组织对宜宾县新型农村合作医疗运行情况进行专题调研；都形成了调研报告报送县委县政府。加大对政协工作的宣传报道力度，积极鼓励机关干部、政协委员向新闻媒体投稿，2007年共在国家、省、市、县级媒体发表文章、信息62篇。先后组织3批委员赴新疆、内蒙古、北京等地考察学习，与翠屏区共同承办十区县政协主席联系会，参加了川滇十八区县第20、21次政协工作联系会，参加了省政协地联委联系点第4次工作交流座谈会，赴东兴、乐至、威远、泸县等地学习交流等，交流经验，增长见识，扩大宜宾县的知名度和影响力。

自身建设整体推进。县政协以学习为抓手，突出界别特色，整体推进自身建设，在政协四川省委员会第九届五次会议上，县政协被省政协表彰为全省先进政协组织。县政协根据形势发展和社会阶层的新变化，适当调整界别设置，制定《界别活动规范》，下发《关于按委员界别开展履职活动的通知》，16个界别结合自身特点和委员结构，开展形式多样的履职活动。为搭建好政协委员履职平台，把宜宾、柏溪地区的委员编入各专门委员会，把各乡镇的委员按片区编为委员联系组，以便于开展各种履职活动。立足为委员服务、为履职服务，努力建设学习型、服务型、效率型、和谐型政协机关。扎实开展干部作风整顿、干部读书月活动，继续做好城乡共建、扶贫等工作，建立健全机关管理制度，成功创建“省级卫生单位”，继续保持“省档案二级达标单位”“市级文明单位”“市级综治模范单位”

等称号。县政协办公室被县委表彰为“四好班子”，县政协机关党支部被县委表彰为“先进支部”。

“三化”建设不断完善。在总结第七届县政协以来的工作经验和进行新的探索实践基础上，结合贯彻中央意见精神，着眼于新时期政协工作特点，修订完善《政协全体会议工作规则》《政协常委会议事规则》《政协委员、常委履职规范》《委员界别活动规范》《政协提案工作条例》等13项规章制度，进一步推进人民政协工作的制度化、规范化、程序化。

报告提出2008年县政协工作是：认真学习，深刻领会，用中共十七大精神统领政协工作；围绕中心，服务大局，努力促进县域经济又好又快发展；了解民情，体察民意，努力促进惠民助民改善民生行动；突出特色，发挥优势，努力促进社会和谐和民主政治建设；巩固提高，开拓创新，努力推进人民政协自身建设。

县政协副主席徐金友向大会作县政协八届一次会议以来的提案工作情况报告。

八届一次会议以来，广大政协委员、政协各参加单位和政协各专门委员会，着眼于科学发展与和谐社会建设，以高度的政治责任感和使命感，紧紧围绕县委“重农、强工、活商、兴教、夯基、建小康、构和谐”的总体思路，积极运用提案方式建言献策，共提交提案125件，经审查，立案119件，占提案总数的95.2%。从办理结果看，所提问题已经解决或基本解决的A类53件，占44.5%；所提问题正在解决或已经列入计划解决的B类40件，占33.6%；所提问题因目前条件尚不成熟，需要创造条件解决的C类22件，占18.5%；所提问题无法解决，留作参考的D类4件，占3.4%。从收到委员对提案办理的反馈意见来看，都表示满意或基本满意，没有不满意件。

2007年的提案工作着重突出的是：围绕中心选题，确保提案质量；党政高度重视，落实提案办理责任；坚持创新，加大跟踪督办力度；评先选优，建立提案工作激励机制。

报告提出2008年的提案工作要在提高提案质量、提案办理质量和提案工作服务质量上狠下功夫，不断开创政协提案工作新局面。即进一步提高提案质量，积极推动提案的办理落实，不断提高提案工作服务质量，加大提案工作宣传力度。

在会上，政协第八届宜宾县委员会常务委员会对八届一次会议以来的10件优秀提案进行了表彰。

大会期间举行了“推动科学发展，促进社会和谐”委员专题发言，陈益根等11名经界别推荐的政协委员就此作了大会发言。

与会委员列席了宜宾县第十四届人民代表大会第二次会议，认真听取并协商讨论了政府工作报告和发展改革、财政、法院、检察院工作报告，委员们提出了一些富有建设性的意见和建议。

县委书记高泽彬，县委副书记、县长王光柱作了大会讲话。

会议期间，共收到提案 145 件。

三、八届三次全会

2009 年 1 月 9—11 日，政协第八届宜宾县委员会第三次全体会议在县城柏溪召开。会议的议程主要是：听取和审议政协第八届宜宾县委员会常务委员会工作报告和提案工作报告；列席宜宾县第十四届人民代表大会第三次会议，听取并协商讨论政府工作报告和发展改革、财政、法院、检察院工作报告；通过政协第八届宜宾县委员会第三次会议决议等。应到会政协委员 286 名，出席会议政协委员 276 名。51 名特邀人员和 118 名列席人员参加会议。

县政协主席陶天华向大会作政协第八届宜宾县委员会常务委员会工作报告。

加强学习，履职水平进一步提高。常委会、主席会认真学习政协理论、科学发展观、物权法等相关理论和法规；在中共十七届三中全会召开后，及时召开有县政协委员、驻县市政协委员和乡镇党委副书记参加的 300 余人的学习培训会；加强政协机关干部业务培训，定期组织学习讨论，召开专题学习会，交流学习心得。

注重规范，履职实效进一步增强。将全体会议规则等 13 项规章制度编印成《政协工作手册》，发给每位政协委员。适时召开政协常委会议，先后围绕“蔬菜产业发展”“扶持创业、促进就业”“扩权强县试点运行情况”等课题与县政府及相关部门开展专题协商；各专门委员会就“民政低保运行情况”等议题与相关部门开展对口协商。2008 年，县政协把追踪质监行风评议整改情况作为民主监督的重要内容，县纪委监察主要领导、县纠风办等参加了评议追踪活动，对发现的问题提出了批评意见；针对政策环境、金融环境、服务环境中存在的行政执法不规范，行政收费不透明、不合理，工作效率低等诸多问题，县政协主要领导专门约请有关部门负责人，原汁原味地向他们反馈调研中发现的问题，提出整改建议。县政协组织部分委员于 4—7 月对宜宾县“扶持创业、促进就业”情况进行了专题调研，深入 4 个乡镇 10 个社区，实地走访 32 户中小企业，听取 11 个单位的情况汇报，归纳整理出 5 个方面 16 条问题，提出了 5 个方面 19 条建议，向县委报送了调研报告；县政协采取专委会与乡镇委员联系组上下联动的方式，开展蔬菜产业发展情况专题调研，深入 7 个乡镇及周边区县市场了解情况，向县委报送了调研报告。县政协反映的社情民意中有关就业培训、移民政策问题受到县委和市政协的重视，均作出了批示；《向家坝电站施工区两岸移民政策不一致存在严重不稳定因素》一文被省政协采编，受到省级有关各方重视。

勇于创新，自身建设进一步加强。县政协制定了界别活动规范，探索建立界别活动长效机制，并不断拓展延伸。县政协召开政协创新工作座谈会，探索创新政协工作；在委员学习会上印发“2009 年履职活动征求意见表”，征求到委员对履职活动及政协机关建设的意见建议 101 条；开通了宜宾县政协网，设置了网上“委员论坛”。县政协机关努力建设学习型、服务型、创新型、效能型、和谐型“五型”机关，积极推进机关效能建设；争取市、县编委同意，增设提案工作、经济工作和社会工作 3 个综合办事机构，完善了县政协机关的组织机构。

情系灾区，积极参与抗震救灾。号召政协各组成单位、各界别、广大政协委员为灾区人民献爱心，全县政协委员及所在企业共捐款 200 余万元，捐赠物资价值 50 余万元；组织政协机关各委室认真学习省政协办公厅《关于全力做好抗震救灾工作的紧急通知》、防震避震知识等相关文件精神，迅速行动起来。

传承文化，成立政协诗书画院。为弘扬中华优秀文化，积极打造宜宾县文化名片，通过诗书画等艺术创作和交流，团结社会各界人士，更好地发挥政协爱国统一战线组织作用，经县民政局批准，于 2008 年 6 月 21 日成立了“宜宾县政协诗书画院”。之后，出版发行《墨海金沙》诗书画集，举办首届书法、绘画、摄影作品展览，庆祝中国人民政治协商会议成立 60 周年、新中国成立 60 周年、改革开放 30 周年。

报告提出 2009 年工作重点：一是深入学习，践行科学发展观。深刻理解、全面把握科学发展观的科学内涵、精神实质、根本要求，精心组织好学习实践活动；要利用政协的各种例会、学习会和专委会、界别、联系组的活动，组织委员更加深入地学习中共十七届三中全会精神，为促进农村改革积极履职。二是把握重点，献计农村改革。为完善农村制度建设、提高农业综合生产能力、推进城乡基本公共服务均等献计出力。三是服务大局，助推县域经济发展。促进工业集中区和大工程建设，促进中小企业化“危”为“机”，促进经济社会可持续发展。四是关注民生，努力促进社会和谐。关注民生工程，关注社会稳定。五是开拓创新，不断加强自身建设。继续完善专委会和界别活动机制，创新政协工作方法，抓好宣传信息工作，加强机关自身建设。

县政协副主席徐金友向大会作政协第八届宜宾县委员会常务委员会《关于八届二次会议以来提案工作情况的报告》。

县政协八届二次会议以来，广大政协委员、政协各参加单位、政协各专门委员会着眼于科学发展与和谐社会建设，以高度的政治责任感和使命感，紧紧围绕县委“重农、强工、活商、兴教、夯基、建小康、构和谐”的总体思路，积极运用提案方式建言献策，共提交提案147件。经提案委员会审查，立案138件，占提案总数的93.9%。承办政协八届二次会议以来提案的单位共有36个，在3个月时限内完成答复的有27个单位，占承办单位的75%；在6个月时限内完成答复的有9个单位，占承办单位的25%；办结率为100%。从办理结果看，所提问题已经解决或基本解决的A类50件，占总数的36.2%；所提问题正在解决或已经列入计划解决的B类55件，占总数的39.9%；所提问题因目前条件尚不成熟，需要创造条件解决的C类32件，占总数的23.2%；所提问题无法解决，留作参考的D类1件，占总数的0.7%。从收到委员对提案结果办理的反馈意见看，都表示满意或基本满意。

2008年的提案工作着重突出了几个环节：重视提案征集，确保提案质量；落实提案办理，组织措施到位；创新提案督办，提升办案质量；坚持评先选优，稳定激励机制。

在会上，政协第八届宜宾县委员会常务委员会对八届二次会议以来的11件优秀提案，以及2008年度李代煊等15名优秀政协委员予以了表彰。

会议期间，举办了“促进发展，构建和谐”委员论坛。周玉平等10名县政协委员作了论坛发言。

与会委员列席了宜宾县第十四届人民代表大会第三次会议，认真听取并协商讨论了政府工作报告和发展改革、财政、法院、检察院工作报告。

县委、县政府领导分别参加了委员分组讨论，听取了意见建议。县委书记高泽彬，县委副书记、县长王光柱作了大会讲话。

会议期间，共收到提案130件。

会议通过了《中国人民政治协商会议第八届宜宾县委员会第三次会议决议》。

四、八届四次全会

2010年1月9—10日，政协第八届宜宾县委员会第四次全体会议在县城柏溪召开。会议的主要议程是：听取和审议政协第八届宜宾县委员会常务委员会工作报告；听取和审议政协第八届宜宾县委员会常务委员会第三次会议以来的提案工作情况报告；增补选举政协第八届宜宾县委员会常务委员；列席宜宾县第十四届人民代表大会第四次会议，听取和协商讨论政府工作报告和法院、检察院、发展计划、财政工作报告等。应到会政协委员278名，出席会议政协委员267名。51名特邀人员和129名列席人员参加会议。

县政协主席陶天华向大会作政协第八届宜宾县委员会常务委员会工作报告。

深入学习，认真践行科学发展观。把学习实践活动与履职活动相结合，开展调研视察，形成3篇调研报告和3件建议案，为促进科学发展献计献策；把学习实践活动与贯彻中共十七届三中全会精神有机结合，听取县政府关于贯彻落实中央一号文件暨当前“三农”工作情况的通报，召开学习践行科学发展观“三农”工作调研座谈会，组织政协委员深入乡镇调研“三农”工作。

服务大局，助推又好又快发展。围绕县委、县政府“工业强县”战略，组织中共、政法、经济、工商联等界别委员视察向家坝电站、复龙换流站、乐宜高速公路、关河流域梯级水电开发等大工程建设，建言献策；4—7月开展了金融危机对中小企业影响的专题调研，提出建议，并对调研中发现的主要问题形成了《化危为机，企业有五期待》的社情民意信息，被省、市政协采纳，送党政领导参考；向县政府提交了《关于促进房地产市场健康发展的建议案》，促进政府出台了《关于促进房地产市场平稳健康发展的实施意见》(宜县府发〔2009〕21号)，收到满意效果；3—5月对全县水利基础设施建设情况进行了专题调研，提出“抢抓国家投入机遇，建立以场镇为重点的防洪体系，重视水源保护，建立水务运行新机制”等建议；围绕职教三年攻坚目标，组织教育、科技科协、文体界别委员对柳嘉和高场职中、三峡机电校、科普职校进行视察，主席会议督办《大力发展职业教育促进我县职教迅速发展》提案；结合省委提出的城乡环境综合治理要求，组织教育、科技科协、文体界别部分委员对城乡环境综合治理工作进行视察，对县城垃圾处理、市容市貌、建筑工地管理等进行详细了解，提出意见和建议。

关注民生，努力促进社会和谐。组织农业、共青团、妇联、工会、医卫计生、社会福利、民族宗教、台侨等界别委员视察农民工返乡创业、中小企业的职业健康安全、住房公积金管理、人才引进、保障性住房建设等，以稳定低生育水平、食品质量与安全为题与有关部门开展对口协商，提出意见建议；针对大工程大项目遗留问题影响社会稳定问题，把《关于加强我县重点工程建设遗留问题的善后处理》提案作为1号提案，召开主席会议专题督办，并组织部分委员深入复龙、安边、李场、柏溪等乡镇进行跟踪督办，就督办中发现的较突出问题向县政府提出书面办理建议，并撰写了4期《社情民意》简报上报。

开拓创新，自身建设不断加强。政协八届十二次常委会议讨论通过《政协宜宾县委员会关于完善服务管理充分发挥委员主体作用的试行办法》，拓宽委员参政议政平台；建立秘书长协调制度，统筹政协各委室的履职活动；加强政协机关干部学习培训，选派10名干部参加了全国政协培训中心、省市社会主义学院、四川大学、四川农业大学学习培训。

精心组织，隆重庆祝人民政协60华诞。庆祝活动期间，还在金沙江广场、翠柏商贸城广场举办了县政协履职成就展和政协诗书画摄影展，充分展现了新中国成立60周年、改革开放30年人民政协的光辉历程。

报告提出2010年县政协工作的基本思路是：以科学发展观为统领，认真贯彻落实省、市、县委政协工作会议精神，紧紧围绕县委十一届五次全会战略部署，坚持团结民主两大主题，切实履行政治协商、民主监督、参政议政三大职能，为推进新型工业化、新型城镇化、农业现代化和民主法治进程，全面发展社会事业，建设“中国西部经济强县”，构建和谐新宜宾县献计出力。

县政协副主席徐金友向大会作《关于八届三次会议以来提案工作报告》。

县政协八届三次会议以来，共收到提案133件，经提案委员会审查，立案127件，立案率为95.5%。承办提案的单位有县级部门27个，乡镇3个，全部承办单位都在办理时限内办理答复提案人，办结率100%。从办理结果看，所提问题已经解决或基本解决的A类52件，占40.9%；所提问题正在解决或已经列入计划解决的B类44件，占34.7%；所提问题因目前条件尚不成熟，需要创造条件解决的C类22件，占17.3%；所提问题无法解决，留作参考的D类3件，占2.4%；未标明类型的6件，占4.7%。从收到的反馈意见看，提案人都表示满意或基本满意。其中，委员对4件提案的办理首次答复表示不满意，通过重新办理答复后，委员表示满意或基本满意。

2009年的提案工作的亮点是：切实加大了主席会议督办提案的力度；政府重落实，重效果；工商联界别督办，创新了督办形式；拍摄专题片，弘扬正面典型。

报告提出2010年的提案工作要继续坚持“围绕中心、服务大局、提高质量、讲求实效”的工作方针，在提高提案质量、提案办理质量和提案工作服务质量上狠下功夫，不断开创提案工作新局面。

会议召开了选举大会，增补陈善明、韦仕祥、向华、李果伟为第八届宜宾县政协常务委员。

在会上，第八届宜宾县政协常务委员会对八届三次会议以来的10件优秀提案予以表彰，对2009年度魏菁等15名优秀政协委员给予了表彰。

与会委员列席了宜宾县第十四届人民代表大会第四次会议，认真听取并协商讨论了政府工作报告和法院、检察院、发展计划、财政工作报告。

会议期间举办了“关注民生”委员论坛。刘学文等8位县政协委员作了论坛专题发言。

会议期间，县委、县政府领导分别参加了委员分组讨论。县委书记曾勇，县委副书记、县长王光柱作了大会讲话。

会议期间，共收到提案149件，经提案委员会审查，立案144件，立案率96.6%。其他5件转为意见办理。

五、八届五次全会

2011 年 1 月 11—12 日，政协第八届宜宾县委员会第五次全体会议在县城柏溪蓝天宾馆召开。会议的主要议程是：听取和审议政协第八届宜宾县委员会常务委员会工作报告和提案工作报告；列席宜宾县第十四届人民代表大会第五次会议，听取和协商讨论政府工作报告和法院、检察院、计划、财政工作报告；通报满意度测评结果以及委员协商意见和建议；通过政协第八届宜宾县委员会第五次会议决议等。应到会政协委员 278 名，出席会议政协委员 271 名。50 名特邀人员和 130 名列席人员参加会议。

县政协主席陶天华向大会作政协第八届宜宾县委员会常务委员会工作报告。

学习更加扎实，履职能力不断提高。以提高委员"四种能力"为目的，以贯彻落实省委《关于加强人民政协工作的实施意见》（川委发〔2009〕18 号）精神为契机，开展了内容丰富的学习活动。中共十七届五中全会闭会后，县政协赓即召开县政协常委会全体成员、驻宜柏两地县政协委员、宜宾县籍市政协委员和乡镇联系组组长专题学习会。

履职更加规范，履职成果更为丰富。常委会议和界别委员代表先后对《宜宾县国民经济和社会发展"十二五"规划纲要》《宜宾县政府机构改革方案》《宜宾县重大行政决策规范》《宜宾县 2010 年县本级部门预算》、柏溪金沙江防洪护岸工程暨滨江路综合开发、"九大民生"工程（就业促进、扶贫解困、教育助学、社会保障、医疗卫生、百姓安居、基础设施、生态环境、文化教育）实施情况进行了重点协商；新提拔科局级领导干部在政协常委会议进行了满意度测评；专委会就招商引资、向家坝工业集中区建设、小城镇建设、乡镇卫生院建设、教育均衡发展、农业产业化、城乡环境综合整治等与有关方面进行了对口协商。2010 年初进行了民主评议工作创新探索，形成了由委员推荐，政协常委会审议，征求县政府意见，报县委批准确定民主评议对象的办法。在此基础上，制定了《政协宜宾县委员会全体会议民主测评和协商意见通报办法》，提出了在全委会期间对县政府、县政协、县人民法院、县人民检察院、计划、财政等工作报告进行满意度测评，对县政府职能部门、直属事业和公用事业单位进行满意度测评，根据测评结果选择 1 ~ 2 个部门作为当年政协民主评议对象。2010 年，县政协对县地方税务局、国土资源局进行了民主评议。收集、梳理委员在全会期间的意见和建议，经主席会议审议通过后，在全会闭幕式上及时反馈、通报。县政协组织经济界别和部分乡镇委员联系组，近 80 名政协委员参与，对 20 个白酒生产企业、10 个职能部门进行专题调研，向县委提交了《关于白酒产业发展的调研报告》；围绕新型城镇化战略，组织 50 多名委员对观音、蕨溪小城镇建设情况，金沙江柏溪防洪护岸工程、城北新区西北地块整理与开发进行了视察，向县委提交了《关于加快城镇化建设工作的视察报告》；组织农业界别和26个乡镇委员联系组近160名委员参与种粮惠农政策执行情况专题调研，向县委提交了《关于我县种粮补贴工作实施情况的调研报告》。此外，还向县委提交了《城乡环境综合治理工作视察建议》和《关于乡镇卫生院建设的视察报告》。在进行调研、视察活动中，注意挖掘收集信息，共形成8期《社情民意》，其中4期被省政协采用。加强对外交流联谊工作，不断扩大宜宾县的知名度。2010年3月，承办了四川省政协联系县（市、区）政协工作经验交流会，围绕“发挥委员作用，服务科学发展”交流了履职经验。

服务更加优质，自身建设富有成效。以“创建和谐政协机关、争做团结民主典范”为活动主题，突出县政协机关“创先争优”活动特色，机关建设平稳推进。政协机关服务政协委员、服务履职活动的能力，办文、办会、办事水平进一步提高。

报告提出县政协2011年的工作重点：

一是坚持理论学习，提高委员素质。委员要以中共十七届五中全会和中央经济工作会议精神，政党政协理论、统战理论、科学发展观和政协制定的各项制度、准则以及人代会即将通过的我县“十二五”规划为学习重点，自觉提高政治把握能力。

二是增强履职实效，服务发展大局。搞好各层次协商，增强协商的针对性和可操作性；为优化创业、就业和招商引资环境，认真负责地搞好民主评议；坚持提案跟踪督办，增强监督力；树立精品提案意识，充分发挥提案参政的优势；进一步畅通反映社情民意的渠道，形成公民有序政治表达机制。

三是把握政协主题，共促社会和谐。充分利用政协联系广泛的优势，团结各界人士，广泛听取社会各界对宜宾县改革发展的意见和建议，努力构建和谐社会。

四是加强自身建设，提升履职能力。突出委员主体作用，继续坚持在委员中开展“四个一”活动（每年提交一份提案，反映一条社情民意，参加一次调研或视察，以多种形式为人民群众办一件好事），激发委员履职热情；突出专门委员会的基础作用、界别的代表作用、机关的服务作用。

县政协副主席徐金友向大会作第八届宜宾县政协常务委员会《关于八届四次会议以来提案工作情况的报告》。

宜宾县政协八届四次会议以来，委员们围绕县委联动推进“三化”（新型工业化、新型城镇化、农业现代化）、统筹社会事业发展、建设中国西部经济强县的工作思路，积极建言献策，共提交提案156件，经审查立案151件。2010年承办提案的单位共31个，全部在规定时限内完成了答复，其中，在3个月时限内完成答复的有29个单位，占承办单位的93.5%。委员所提问题已解决或基本解决的A类68件，占45%，比上年提高4.1%；

委员所提问题正在解决或列入计划逐步解决的B类49件，占32.5%；委员所提问题因目前条件限制难以解决或权限不在县里，向委员说明情况的C类31件，占20.5%；委员所提问题不能解决，留作工作参考的D类1件，占0.75%；无标注2件，占1.3%。从收到的反馈意见看，提案人都表示满意或基本满意。

2010年的提案工作特点是：领导重视，抓得有力；数量上升，质量提高；制度健全，狠抓落实。

报告提出2011年的提案工作要求：在提高提案质量上狠下功夫，即在选题上下功夫，做到问题抓得准，建议和意见提得到位；在提案办理落实上狠下功夫，即加大提案承办单位与提案人的沟通协调，切实转变办理方式，加强部门协调配合，增强办理工作实效；在提案服务上狠下功夫，即加强对委员的培训指导，精心打造遴选“1号提案”，加强主办、协办单位间的沟通协调；在提案工作宣传上狠下功夫，即通过媒体对提案关注的事项、提案办理落实情况和提案办理先进单位进行宣传报道，扩大政协提案在经济、政治、文化和社会生活中的影响。

在会上，政协第八届宜宾县委员会常务委员会对八届四次会议以来的14件优秀提案和2010年度高鹏等15名优秀政协委员予以表彰。

会议期间，举办了“企业的社会责任”委员论坛。钟国祥等9名政协委员作了论坛发言。

与会委员列席了宜宾县第十四届人民代表大会第五次会议，听取和协商讨论了王光柱县长代表县人民政府所作的政府工作报告，协商讨论了人民法院、人民检察院、计划、财政工作报告和《宜宾县国民经济和社会发展第十二个五年规划纲要》。

根据《中共宜宾县委、宜宾县人民政府批转〈政协宜宾县委员会全体会议民主测评和协商意见通报办法〉的通知》（宜县委发〔2010〕25号）精神，会议对县政府、县政协、县人民法院、县人民检察院、发展改革、财政预决算工作报告，以及对50个政府职能部门，直属事业、公用企事业单位工作进行了满意度测评，并将测评结果和委员协商意见作了大会通报。

县委、县政府领导分别参加了委员分组讨论，听取了委员意见和建议。县委书记曾勇，县委副书记、县长王光柱在大会闭幕式上作了讲话。

会议通过的政协《第八届宜宾县委员会第五次会议决议》同意大会所作的常务委员会工作报告和提案工作报告，对县人民政府工作报告和县人民法院、县人民检察院、计划、财政工作报告表示满意。

第九节 第九届全体会议

一、九届一次全会

2011年12月26—29日，政协第九届宜宾县委员会第一次全体会议在县城柏溪召开。会议的议程是：听取和审议政协第八届宜宾县委员会常务委员会工作报告和提案工作报告；选举政协第九届宜宾县委员会主席、副主席、秘书长、常务委员；列席宜宾县第十五届人大第一次会议，听取并协商讨论政府工作报告和法院、检察院、计划、财政工作报告；举行“社会诚信”专题发言；通报全体会议满意度测评结果和委员协商意见等共十项。本届县政协委员共285名，出席会议260名。54名特邀人员和117名列席人员参加了会议。

政协第九届宜宾县委员会委员名表

表3–10

姓　名	性别	民族	出生年份	籍贯	文化程度	党派	界别
陶天华	男	汉	1956	宜宾县	大学	中共	中共
郭时凯	男	汉	1957	宜宾县	研究生	中共	中共
邓　良	男	汉	1964	宜宾县	研究生	中共	中共
罗　涛	男	汉	1977	高　县	大学	中共	中共
涂廷友	男	汉	1965	宜宾县	大学	中共	中共
邹国水	男	汉	1962	宜宾县	大学	中共	中共
陈善明	男	汉	1962	宜宾县	大学	中共	中共
韦仕祥	男	汉	1963	宜宾县	大学	中共	中共
黄　奎	男	汉	1968	宜宾县	大学	中共	中共
刘光容	女	汉	1974	宜宾县	大学	中共	中共
刘顺清	男	汉	1963	宜宾县	大学	中共	中共
黄春祥	男	汉	1973	宜宾县	大学	中共	中共
李红艳	女	汉	1977	宜宾县	大学	中共	中共
李国江	男	汉	1963	宜宾县	大学	中共	中共
杨　伟	男	汉	1973	宜宾县	大学	中共	中共
罗　莉	女	汉	1974	宜宾县	研究生	中共	中共
侯建国	男	汉	1962	宜宾县	大学	中共	中共

续表 3-10

姓　名	性别	民族	出生年份	籍贯	文化程度	党派	界别
符　滨	女	汉	1964	湖南桃江	大学	中共	中共
唐　瑶	女	汉	1975	宜宾县	大学	中共	工会
谢秀英	女	汉	1977	宜宾县	大学	中共	工会
张　燕	女	汉	1979	宜宾县	本科	—	工会
徐利忠	男	汉	1975	浙江奉化	高中	—	工会
龙兴田	女	汉	1963	宜宾县	大学	中共	工会
张义蓉	女	汉	1966	宜宾县	研究生	—	工会
彭宏刚	男	汉	1955	河南清丰	大学	中共	工会
郑　勇	男	汉	1981	宜宾县	大学	中共	工会
陈　琰	男	汉	1975	宜宾县	大学	—	工会
袁明江	男	汉	1969	宜宾县	大学	—	工会
张　夏	女	汉	1983	翠屏区	研究生	中共	共青团
罗　银	男	汉	1980	宜宾县	大学	—	共青团
李　雷	男	汉	1984	宜宾县	大专	—	共青团
杨叶权	男	汉	1986	宜宾县	大专	中共	共青团
罗燕翔	女	汉	1975	宜宾县	大学	—	共青团
周春燕	女	汉	1976	宜宾县	大学	—	共青团
余　海	男	汉	1978	宜宾县	本科	—	共青团
刘莉莉	女	汉	1984	宜宾县	本科	中共	共青团
刘学文	女	汉	1978	宜宾县	本科	中共	妇联
钟朝红	女	汉	1966	宜宾县	本科	中共	妇联
刘纯香	女	汉	1970	宜宾县	本科	—	妇联
邱和明	女	汉	1970	宜宾县	大学	—	妇联
黄亚萍	女	汉	1973	宜宾县	大学	中共	妇联
刘　兰	女	汉	1978	宜宾县	中专	—	妇联
李昌英	女	汉	1978	宜宾县	大学	—	妇联
蒲开祥	女	汉	1957	宜宾县	高中	—	妇联
徐红玉	女	汉	1974	宜宾县	大学	中共	妇联
文　艺	女	汉	1971	宜宾县	大学	—	妇联
陈益根	男	汉	1963	宜宾县	大学	—	工商联
陈　勇	男	汉	1971	宜宾县	大学	中共	工商联
徐剑平	男	汉	1968	宜宾县	大学	中共	工商联
陈　浩	男	汉	1968	宜宾县	大学	中共	工商联
唐　智	男	汉	1962	宜宾县	大专	—	工商联

续表 3-10

姓　名	性别	民族	出生年份	籍贯	文化程度	党派	界别
吴作平	男	汉	1965	宜宾县	本科	—	工商联
郑忠华	男	汉	1958	宜宾县	大专	—	工商联
吴贞孝	男	汉	1977	宜宾县	大专	—	工商联
伍永彬	男	汉	1966	宜宾县	大专	—	工商联
胡德元	男	汉	1958	宜宾县	大专	—	工商联
谢　敏	女	汉	1976	宜宾县	本科	—	工商联
唐　山	女	汉	1977	宜宾县	本科	—	工商联
汪桂亮	男	汉	1965	宜宾县	研究生	—	工商联
廖浩凌	男	汉	1974	宜宾县	大专	—	工商联
梁佩刚	男	汉	1969	宜宾县	大专	—	工商联
罗正彬	男	汉	1972	宜宾县	大专	—	工商联
康　麟	男	汉	1955	宜宾县	大学	—	工商联
徐金毅	男	汉	1963	宜宾县	大专	—	工商联
肖卫华	男	汉	1960	宜宾县	大学	—	工商联
邓　江	男	汉	1964	宜宾县	高中	—	工商联
陈希森	男	汉	1950	宜宾县	初中	—	工商联
刘旭东	男	汉	1968	宜宾县	大学	—	工商联
孙廷贵	男	汉	1969	宜宾县	高中	—	工商联
文　芳	女	汉	1976	宜宾县	大学	—	工商联
蓝秀彬	男	汉	1967	宜　宾	大专	—	工商联
李忠才	男	汉	1964	宜宾县	高中	—	工商联
吴亨华	男	汉	1964	宜宾县	高中	—	工商联
李利民	男	汉	1969	宜宾县	本科	—	工商联
周润兴	男	汉	1957	宜　宾	初中	—	工商联
徐仲明	男	汉	1955	宜宾县	初中	—	工商联
杨从伦	男	汉	1966	宜宾县	高中	—	工商联
张卓君	男	汉	1968	四　川	大专	—	工商联
曾云辉	男	汉	1959	宜宾县	大学	—	无党派
曹益平	男	汉	1964	翠屏区	研究生	—	无党派
张　红	男	汉	1965	富顺县	大学	民盟	无党派
冉三川	男	汉	1981	宜宾县	大学	—	无党派
虞永康	女	汉	1973	宜宾县	大学	—	无党派
罗　勇	男	汉	1968	宜宾县	大学	—	无党派
余　述	男	汉	1963	宜　宾	大专	—	无党派

续表 3-10

姓　名	性别	民族	出生年份	籍贯	文化程度	党派	界别
滕　惠	女	汉	1969	云南玉溪	大专	—	无党派
杨筱虹	女	汉	1976	宜宾县	大学	—	无党派
吴　平	男	汉	1973	宜宾县	本科	—	无党派
吴代秀	女	汉	1978	宜宾县	大专	—	无党派
陶　涛	男	汉	1981	宜宾县	本科	民盟	无党派
吴净陈	女	汉	1981	宜宾县	专科	—	无党派
伍仕杰	男	汉	1973	宜宾县	本科	—	无党派
杜　鹏	男	汉	1982	宜宾县	本科	—	无党派
马永龙	女	汉	1976	宜宾县	专科	—	无党派
陈　波	男	汉	1982	翠屏区	研究生	—	无党派
陈　芯	女	汉	1979	宜宾县	本科	—	无党派
王天华	男	汉	1966	宜宾县	大学	中共	台侨
饶宜萍	女	汉	1964	宜　宾	本科	中共	台侨
陶泽华	男	汉	1968	宜宾县	大学	民革	台侨
曾　易	男	汉	1973	宜宾县	大专	—	台侨
肖　一	男	汉	1965	宜宾县	大专	—	台侨
罗　毅	女	汉	1968	宜宾县	大学	—	台侨
杜懋萍	女	汉	1946	宜宾县	中专	—	台侨
雷　洁	女	汉	1968	宜宾县	高中	—	台侨
张克生	男	汉	1963	宜宾县	大专	—	科技科协
邵光滏	男	汉	1943	重庆万州	大专	—	科技科协
蒋勤久	男	汉	1966	宜宾县	大学	中共	科技科协
肖天才	男	汉	1965	宜宾县	大学	中共	科技科协
廖景涛	男	汉	1965	宜宾县	大专	中共	科技科协
彭蜀川	男	汉	1965	宜宾县	大学	中共	科技科协
张来仲	男	汉	1963	河　北	大专	中共	科技科协
翁春明	男	汉	1953	福建福清	大专	—	科技科协
陈志源	男	汉	1949	富顺县	大专	—	科技科协
李泽平	男	汉	1974	宜宾县	大专	—	科技科协
夏炳奇	男	汉	1968	宜　宾	大专	—	科技科协
余永琼	女	汉	1962	宜宾县	大学	—	科技科协
肖佑兵	男	汉	1970	宜宾县	中专	—	科技科协
姚世松	男	汉	1972	宜宾县	高中	—	科技科协
杨继新	男	汉	1973	宜宾县	大专	—	科技科协

续表 3-10

姓　名	性别	民族	出生年份	籍贯	文化程度	党派	界别
彭祖军	男	汉	1979	宜宾县	中专	—	科技科协
魏月云	女	汉	1968	宜宾县	大专	—	科技科协
陈　艳	女	汉	1988	宜宾县	本科	—	科技科协
张仕贵	男	汉	1963	宜宾县	本科	中共	农业
吕　宾	男	汉	1965	宜宾县	大学	—	农业
杨　溢	男	汉	1973	翠屏区	大学	—	农业
骆全超	男	汉	1965	崇州市	大学	—	农业
唐　刚	男	汉	1964	南溪县	大学	—	农业
宋　华	男	汉	1975	宜宾县	大专	—	农业
张永雄	男	汉	1971	宜宾县	中专	—	农业
袁梧芳	男	汉	1978	宜宾县	大专	—	农业
刘川秀	女	汉	1964	宜宾县	大专	—	农业
杨德华	男	汉	1969	宜宾县	大专	—	农业
林书权	男	汉	1970	宜宾县	初中	—	农业
肖乾华	男	汉	1955	宜宾县	中专	中共	农业
钟维均	男	汉	1978	宜宾县	初中	—	农业
陈建松	男	汉	1962	宜宾县	初中	中共	农业
宋仁伦	男	汉	1952	宜宾县	初中	—	农业
何　明	男	汉	1962	宜宾县	高中	—	农业
赵金槐	男	汉	1951	宜宾县	初中	中共	农业
宋顺畅	男	汉	1973	宜宾县	初中	—	农业
蒋利萍	女	汉	1978	宜宾县	专科	—	农业
李　洪	男	汉	1974	宜宾县	大专	—	农业
黄　洪	男	汉	1967	宜宾县	高中	中共	农业
肖祥惠	女	汉	1972	宜宾县	大专	—	农业
李勋富	男	汉	1977	宜宾县	本科	—	农业
冯春风	男	汉	1955	宜宾县	初中	—	农业
肖有才	男	汉	1952	宜宾县	初中	中共	农业
樊　进	男	汉	1968	宜宾县	专科	—	农业
樊尚富	男	汉	1964	宜宾县	大专	—	农业
李　文	男	汉	1970	南溪县	高中	—	农业
邓　君	男	汉	1963	宜宾县	大学	中共	经济
韩礼兰	女	汉	1957	宜宾县	中专	中共	经济
江昆琴	女	汉	1964	宜宾县	大专	—	经济

续表 3-10

姓　名	性别	民族	出生年份	籍贯	文化程度	党派	界别
李继军	男	汉	1965	宜宾县	大学	—	经济
程　强	男	汉	1977	宜宾县	大专	—	经济
魏　联	男	汉	1956	宜宾县	大学	—	经济
傅　春	女	汉	1965	宜宾县	大学	—	经济
刘清禄	男	汉	1974	宜宾县	大专	—	经济
兰　辉	男	汉	1963	宜宾县	大专	—	经济
陶　俊	男	汉	1978	宜宾县	本科	—	经济
任明川	男	汉	1966	翠屏区	大学	—	经济
何德斌	男	汉	1964	宜宾县	大学	—	经济
唐　宏	男	汉	1966	宜宾市	大学	—	经济
彭　丽	女	汉	1981	宜　宾	大学	—	经济
钱　敏	女	汉	1962	安　徽	大学	—	经济
张绿萍	女	汉	1973	长宁县	本科	—	经济
张淑海	男	汉	1960	广东汕头	中专	—	经济
王杨洋	男	汉	1973	云　南	中专	—	经济
向　杨	男	汉	1969	通江县	大专	—	经济
欧　伟	男	汉	1962	重　庆	高中	—	经济
储齐晓	男	汉	1962	江苏泰州	大学	—	经济
杨凤英	女	汉	1972	宜宾县	大专	—	经济
刘万贵	男	汉	1954	南溪县	高中	—	经济
陈俊锋	男	汉	1981	长宁县	大专	—	经济
李世才	男	汉	1948	宜宾县	高中	—	经济
梁云华	男	汉	1969	宜宾县	大专	—	经济
何承军	男	汉	1966	宜宾县	大专	—	经济
郑光华	男	汉	1953	宜宾县	中专	—	经济
杨　岗	男	汉	1975	宜宾县	大专	—	经济
欧阳亭	男	汉	1972	宜宾县	高中	—	经济
李永红	男	汉	1970	宜宾县	高中	—	经济
熊江波	男	汉	1966	内江市	高中	—	经济
吴泽友	男	汉	1967	宜宾县	大专	—	经济
郑万华	男	汉	1975	宜宾县	大专	—	经济
李　彬	男	汉	1969	宜宾县	大学	—	经济
徐　华	男	汉	1964	宜宾县	高中	—	经济
罗　成	男	汉	1973	宜宾县	初中	—	经济

续表 3–10

姓 名	性别	民族	出生年份	籍贯	文化程度	党派	界别
张 杰	男	汉	1958	宜宾县	大专	—	经济
李德金	男	汉	1967	宜宾县	大学	中共	教育
郑宽学	男	汉	1962	宜宾县	大学	中共	教育
郑宽俭	男	汉	1964	宜宾县	大学	中共	教育
康 良	男	汉	1965	宜宾县	大学	—	教育
何 伟	男	汉	1976	宜宾县	本科	民盟	教育
黄定海	男	汉	1962	宜宾县	大学	—	教育
彭志名	女	汉	1969	隆昌县	大专	中共	教育
官秀平	女	汉	1973	宜宾县	本科	—	教育
蒋宗元	男	汉	1965	宜宾县	本科	—	教育
林成阳	男	汉	1966	宜宾县	大学	—	教育
刘仁秀	女	汉	1962	宜宾县	本科	—	教育
黄维秀	女	汉	1966	宜宾县	本科	—	教育
王建川	男	汉	1960	青海西宁	大专	中共	教育
李群玲	女	汉	1974	宜宾县	大专	—	教育
钟林昌	男	汉	1966	宜宾县	大学	中共	教育
刘世萍	女	汉	1973	宜宾县	大专	中共	教育
刘 胜	男	汉	1968	宜宾县	本科	—	教育
赵德君	男	汉	1964	宜宾县	本科	—	教育
董素芬	女	汉	1962	宜宾县	大专	—	教育
杨霞容	女	汉	1975	宜宾县	大学	—	教育
李建平	男	汉	1963	宜宾县	本科	中共	文体
吴厚强	男	汉	1967	宜宾县	大学	中共	文体
王 洪	男	汉	1969	宜宾县	本科	—	文体
周小川	男	汉	1969	宜宾县	专科	—	文体
陈静川	女	汉	1973	宜宾县	本科	中共	文体
钟 臣	女	汉	1979	宜宾县	本科	—	文体
李代煊	男	汉	1944	宜宾县	高中	—	文体
田若川	男	汉	1946	南溪县	中师	—	文体
眭银贵	男	汉	1938	宜宾县	大专	—	文体
罗景高	男	汉	1946	宜宾县	大专	—	文体
罗正斌	男	汉	1968	宜宾县	大学	中共	医卫计生
王李梅	女	汉	1971	威远县	研究生	中共	医卫计生
邬艳春	女	汉	1965	宜宾县	大学	民盟	医卫计生

续表 3-10

姓　名	性别	民族	出生年份	籍贯	文化程度	党派	界别
杨大富	男	汉	1970	宜宾县	本科	—	医卫计生
李树军	男	汉	1960	宜宾县	大专	—	医卫计生
景　洪	男	汉	1967	江安县	大学	中共	医卫计生
吴小春	男	汉	1969	宜宾县	大专	—	医卫计生
谷名宏	男	汉	1973	宜宾县	大专	—	医卫计生
吴文华	男	汉	1961	宜宾县	大专	—	医卫计生
徐子俊	男	汉	1975	万源县	研究生	中共	医卫计生
邓勋礼	男	汉	1963	宜宾县	大专	中共	医卫计生
黄远芳	女	汉	1968	宜宾县	大专	—	医卫计生
刘小平	男	汉	1966	宜宾县	大专	—	医卫计生
彭泳杰	男	汉	1976	宜宾县	大学	—	医卫计生
牟　容	女	汉	1968	宜宾县	大专	—	医卫计生
周　鑫	男	汉	1974	宜宾县	大学	中共	医卫计生
罗　勇	男	汉	1973	宜宾县	研究生	中共	政法
胡　浩	男	汉	1974	宜宾县	大学	中共	政法
陈云丽	女	汉	1964	宜宾县	大学	中共	政法
周玉平	男	汉	1968	宜宾县	大学	中共	政法
杨晓东	男	汉	1968	宜宾县	大专	—	政法
曹明均	男	汉	1962	宜宾县	大学	中共	政法
周　丹	男	汉	1978	宜宾县	大学	中共	政法
张晓玲	女	汉	1981	宜宾县	大学	民建	政法
范慈高	男	汉	1954	宜宾县	大专	—	政法
郭文皓	男	汉	1959	宜宾县	大专	中共	政法
胡明贵	男	汉	1977	宜宾县	大学	中共	民族宗教
周　琼	女	土家	1966	贵州德江	本科	中共	民族宗教
熊金华	男	苗	1985	筠连县	大学	中共	民族宗教
李学哲	男	朝鲜	1972	吉林省	大学	民盟	民族宗教
刘文胜	男	苗	1969	重庆彭水	大专	—	民族宗教
王　静	女	苗	1989	宜宾县	中师	—	民族宗教
释本源	女	汉	1962	宜宾县	初中	—	民族宗教
释禧缘	男	汉	1977	泸　州	小学	—	民族宗教
肖吉英	女	汉	1964	宜宾县	大学	中共	社会福利
唐益礼	男	汉	1967	宜宾县	本科	中共	社会福利
魏　萍	女	汉	1963	宜宾县	大学	中共	社会福利

续表 3-10

姓　名	性别	民族	出生年份	籍贯	文化程度	党派	界别
祝万平	男	汉	1968	宜宾县	本科	中共	社会福利
肖　锐	男	汉	1953	宜宾县	本科	中共	社会福利
梁宗洪	男	汉	1971	宜宾县	专科	—	社会福利
谢礼平	女	汉	1980	宜宾县	大学	中共	社会福利
屠　华	男	汉	1963	翠屏区	大学	中共	社会福利
廖德金	男	汉	1972	宜宾县	大学	中共	特邀
邓代荣	男	汉	1963	宜宾县	大学	中共	特邀
曹　斌	男	汉	1966	宜宾县	大学	中共	特邀
王　卫	男	汉	1970	宜宾县	大学	中共	特邀
黄清久	男	汉	1965	宜宾县	大学	中共	特邀
朱甫林	男	汉	1967	宜宾县	大学	中共	特邀
练　武	男	汉	1965	宜宾县	大学	中共	特邀
向　衍	男	汉	1965	宜宾县	大学	中共	特邀
赵　华	男	汉	1964	宜宾县	大学	中共	特邀
王　翔	男	汉	1965	宜宾县	大学	中共	特邀
张　兴	男	汉	1965	宜宾县	大学	中共	特邀
牟仕玲	女	汉	1972	宜宾县	大学	中共	特邀
周伟峰	男	汉	1977	宜宾县	大学	中共	特邀
黄野强	男	汉	1963	宜宾县	本科	中共	特邀
余忠懿	男	汉	1965	宜宾县	大专	中共	特邀
彭光田	男	汉	1971	宜宾县	大学	中共	特邀
易宗海	男	汉	1966	宜宾县	大学	中共	特邀
侯　燕	女	汉	1981	宜宾县	大专	中共	特邀
郭覃彬	男	汉	1970	宜宾县	大专	中共	特邀
邓庚强	男	汉	1975	宜宾县	大学	中共	特邀
杨再彬	男	汉	1975	宜宾县	大专	中共	特邀
罗光敏	女	汉	1967	宜宾县	大学	中共	特邀
张　萍	女	汉	1969	宜宾县	本科	中共	特邀
张启彪	男	汉	1977	宜宾县	大专	中共	特邀
刘　益	女	汉	1979	宜宾县	本科	中共	特邀

陶天华受政协第八届宜宾县委员会常务委员会的委托，向大会作《第八届宜宾县委员会常务委员会工作报告》。

强化学习，筑牢思想基础。县政协始终坚持把加强学习摆在突出位置，紧扣“突出学习重点、改进学习方式、务求学习实效”，大力推进学习型政协组织建设，努力夯实参加人民政协的各党派团体、各界人士团结合作的思想政治基础。五年来，共举办专题讲座5次，参加学习人员达1000多人次，并坚持每年安排1～3名政协干部到全国政协培训中心接受培训。

把握原则，坚持政治制度。县政协积极开展政治协商，政协各参加单位在政协组织中真诚合作共事，积极主动参与，认真履行职责。五年来，县政协召开了60次主席会议、19次常务会议和5次全体会议，协商讨论“扩权强县试点工作的运行”“职业教育发展”“县城柏溪规划修编”“柏溪金沙江防洪护岸工程暨滨江路综合开发规划”“政府机构改革”“县乡（镇）换届人事安排方案”等全县经济社会发展的重要问题和重要人事安排。

增进团结，充分发扬民主。县政协十分重视并坚持各种联系制度，邀请民主党派、工商联、人民团体、无党派人士中的负责人及有关人士参加政协组织的报告会和座谈会，联合开展专题调研；主动与各族各界、各行各业、县内县外广泛联谊，广交朋友，增进团结，推进大联合；突出界别特色，开展界别视察、调研、座谈、联谊等。

围绕中心，积极建言献策。坚持继承与创新相结合，努力扩大委员调研、视察活动的参与范围，丰富调研、视察内容，围绕热点、难点问题选课题，精心组织各类履职活动。五年来，形成专题调研报告14篇，反映社情民意43期，在省政协联系点会议和川滇黔政协联系会议上提供经验交流材料16篇。

积极主动，开展民主监督。县纪委监察局每年向县政协常委会议通报一次党风廉政建设情况，主动为政协提供知情平台；县人民法院、县人民检察院每年主动向县政协主席会议通报工作情况，自觉接受政协监督；通过县政协例会，对县政府工作提出了600多条意见、建议；政协委员、政协各参加单位、各界别和各专门委员会共提交提案718件；就“医疗卫生改革”等人民群众关心的热点问题，组织开展了106次视察活动；每年选取1～2个人民群众关注的行业和部门，组织了政协的民主评议活动。

维护稳定，服务和谐建设。县政协积极服务和谐社会建设，围绕构建和谐社会的总目标，畅通渠道，反映民意，维护稳定，促进和谐。五年来，受理重要来信来访130多件次；“关于企业获得财政科技项目资金应免征企业所得税的建议”等10篇信息，得到省、市领导的重要批示，引起高度重视；反映的关于“农村规模养殖污染应纳入城乡环境综合治理”等33篇社情民意信息，引起了县委、县政府的重视，得到了较好解决。

努力创新，提高“三化”水平。通过制度创新，先后落实、完善、创新工作事项20项；把制度创新的着力点放在建立健全与中央、省、市委有关文件和政协章程相配套的各项制度上，先后制定、修订、完善了全体会议工作规则等15项制度，提高了履行职能的制度化、规范化、程序化水平。

拓宽渠道，扩大联系交流。五年来，接待了省内外客人30批共500多人次的参观学习；2010年3月，承办了四川省政协地方政协和委员联络委员会联系县（市、区）政协工作经验交流会。

严格要求，加强自身建设。高度重视政协委员和机关干部的作风建设，不断增强大局意识、责任意识、协作意识和服务意识。政协机关积极开展“创建和谐政协机关，争当团结民主典范”为主题的创先争优活动，工作效率明显提高，展示了良好形象；注重对委员履职情况的考核，表彰了62名优秀政协委员和61件提案；县政协连续五年被省、市政协表彰为“宣传工作先进单位”“提案工作先进单位”，县政协办公室领导班子被县委表彰为“四好班子”。

第八届宜宾县政协的工作体会是：坚持党的领导，是做好政协工作的根本保证；贯彻科学发展观，是人民政协的重要任务；上级政协的指导，是做好政协工作的动力；坚持务实创新，是做好政协工作的重要理念；加强制度建设，是做好政协工作的重要基础；发挥整体优势，是做好政协工作的重要方法。

第八届宜宾县政协对今后工作的建议是：加强学习，坚持正确政治方向；围绕中心，为科学发展献良策；发挥优势，服务建设和谐宜宾县；锐意创新，推动政协事业发展；广泛联谊，扩大友好交往成效；改进作风，不断加强自身建设。

曹益平受政协第八届宜宾县委员会常务委员会的委托，向大会报告五年来的提案工作。

自宜宾县政协八届一次会议以来，广大政协委员、政协各参加单位、各界别和各专门委员会，紧紧围绕县委“重农、强工、活商、兴教、夯基，建小康、构和谐”和“联动推进‘三化’（新型工业化、新型城镇化、农业现代化），统筹城乡发展”的总体思路，建设中国西部经济强县的工作目标，以促进加快转变经济发展方式为主线，以改善民生、构建和谐为己任，切实履行职能，积极运用提案方式建言献策，共提交提案718件，经提案委员会审查，立案687件，占提案总数的95.7%，没有立案的31件转为意见办理，其中，县政协各参加单位及各专门委员会提出的集体提案73件。提出提案的委员共1101人次。这些提案主要体现在四个方面：关注工业化进程，推动重点工程建设；关心新农村建设，促进社会事业发展；建言住建交通城管，助推基础设施建设；关注防灾与弱势群体，维护社会安全稳定。

提案及办理的特点：一是加强学习培训，提高提案质量。坚持每年一次集中委员培训学习，讲解撰写提案的业务与技巧，点评上年委员提案的优点与不足；组织撰写高质量的集体提案。二是创新办理方式，加大督办力度。每年确定由主席会议督办的1号、2号重要提案，待县政府办公室会同相关部门办理答复后，主席会议成员率部分政协委员还要到实地视察调研办理落实情况，及时提出书面督办建议反馈县政府。三是党政高度重视，落实办理责任。县委县政府高度重视提案办理工作，把提案办理列入政府工作的目标考核；政府各部门积极配合，及时办理，认真落实。四是加大宣传力度，完善激励机制。县政协坚持每年对提案质量较高、办理落实较好的优秀提案进行表彰，将典型提案制成专题片播放宣传；县政府坚持每年对提案办理工作突出的单位进行通报表彰。

报告认为第八届宜宾县政协提案工作还存在不足：少数提案的论证不充分，前瞻性和可操作性不强；有的承办单位对提案办理还不够重视，有重回复、轻落实的现象；提案跟踪督办力度有待于进一步加大。

报告对今后提案工作建议：切实加强委员培训，提高提案撰写质量；完善提案办理制度，增强提案办理实效；坚持评优激励机制，树立委员的自豪感；宣传优秀典型提案，扩大提案的影响力。

在会上，第八届县政协常委会对八届五次会议以来的16件优秀提案和2011年度的17名优秀政协委员予以了表彰。

宜宾县政协九届一次会议期间举行了选举大会。选举产生陶天华为第九届宜宾县政协主席，曾云辉、曹益平、郭时凯、邓良为副主席，黄奎为秘书长，以及50名常务委员。为了保证换届工作顺利进行，根据中央纪委、中央组织部《关于严肃换届纪律保证换届风清气正的通知》精神，中共宜宾县委组织部发出了《给政协第九届宜宾县委员会委员的函》，传达了相关精神，并在选举结束后，由政协委员就“换届风气的总体评价”“本地严肃换届纪律工作的总体评价”“认为本地在换届风气方面存在哪些相对突出问题”等重要情况填写了“宜宾县换届风气测评表”。

会议期间，举行了“社会诚信”委员专题发言，杨筱虹等11名县政协委员作了大会发言。

会议期间，委员们列席了宜宾县第十五届人民代表大会第一次会议，就政府工作报告和法院、检察院、计划、财政工作报告进行了协商讨论，并连同50个宜宾县政府职能部门、直属事业单位、公用企事业单位的工作情况通报材料一道，进行了满意度测评。县委、县政府领导分别到政协委员讨论组听取了意见和建议。县委书记王光柱，县委副书记、主持政府工作的常务副县长丁应虎在闭幕会上作了讲话。

会议期间，共收到提案188件，经大会提案审查委员会的审查，立案181件，立案率96.3%。提出提案的委员共237人次。

二、九届二次全会

2012 年 12 月 25—28 日，政协第九届宜宾县委员会第二次全体会议在县城柏溪蓝天宾馆召开。会议的主要议程是：听取和审议政协第九届宜宾县委员会常务委员会工作报告和提案工作报告；增补选举常务委员会委员；列席宜宾县第十五届人民代表大会第二次会议，听取并协商讨论政府工作报告和法院、检察院、计划、财政工作报告。应到会政协委员 287 名，实际出席会议政协委员 277 名。特邀人员 54 名、列席人员 127 名参加会议。

县政协主席陶天华向大会作常委会工作报告。

致力科学发展，在服务大局协商议政上谱写新篇章。推进工业化和城镇化是促进发展的两个抓手，县政协组织委员对全县工业招商引资情况、县城“规划修编”进行了专题调研，视察农业产业化龙头企业“好耕农业”等，就农村产业发展在推进城镇化进程中的作用展开讨论，形成共识。县政协常委会分别就普安乡、双谊乡“撤乡建镇”“县政府驻地迁建”“行政区划调整”等进行协商讨论，为县域经济发展献计献策。一年来共开展专题视察、调研活动 20 余次，提交专项建议 60 多条，撰写调研报告 4 份，得到了县委、县政府和有关部门的高度重视。

关注社情民意，在凝心聚力改善民生上展现新作为。针对 2011 年夏旱、秋旱、冬旱和 2012 年春旱相连，农村生产生活用水困难的情况，开展了“农村小微型水利基础设施情况调研”，提出了“放开水利工程建设权、管理权和经营权，建立长效的水源保护机制”等建议；就群众普遍关心的“新农保”“新居保”（新型农村和城镇居民养老保险）工作进行了视察，助推城乡居民养老保险工作平稳、健康、安全运行；对交通系统、燃气系统进行了民主评议，督促其整改；全年编发《社情民意》12 期，市委书记杨冬生对其中 2 期作了批示。

立足政协优势，在构建和谐促进协作上作出新贡献。“发挥政协界别作用，服务社会管理创新”是政协工作的一项新举措；组织教科文卫等有关界别委员认真学习中共十七届六中全会和十八大精神，鼓励政协委员就培育文化产业、打造文化品牌、繁荣文化市场等献计出力；组织编撰了《宜宾县文史资料汇编（第一卷）》《宜宾知青・宜宾县部分》《英雄含笑——革命老区宜宾县诗书画摄影作品集》等。

着眼经常性工作，在创新履职提升实效上实现新突破。以“发挥委员主体作用”为主题，为委员履职创造条件，搭建知情平台、履职平台，夯实履职载体；以“强化提案办理落实”为主题，开展优秀提案评比，坚持提案督办机制和协商反馈制度；以“深化交流密切合作”为主题，进一步活跃政协工作，承办市政协在宜宾县召开全市政协分管副主席、秘书长、办公室主任、研究室主任工作座谈会，在川、滇、黔25县（市、区）政协工作联系会上提交了《政协全体会议履职方法探索》的交流材料；组织部分政协委员到成都金堂县、遂宁射洪县以及江苏华西村考察学习新型工业化、新型城镇化工作；配合市政协开展了“民主评议交通系统工作”，进行了“环境保护成效”等课题的调研、视察活动。

着力强基固本，在自身建设和创先争优上又有新突破。抓好领导班子建设、委员队伍建设和机关“三化”建设。

报告提出2013年的工作要围绕中心，为实现宜宾县经济社会更好更快发展积极议政建言；把握主题，为进一步巩固和谐稳定的良好局面广泛凝心聚力；关注民生，为助推各项惠民政策更好落实更加完善认真履职；发挥优势，为推动文化资源大县向文化强县的跨越献计出力；勇于创新，为不断提高政协工作的科学化水平作出不懈努力。

县政协副主席曾云辉向大会作《关于九届一次会议以来的提案工作情况的报告》。

报告回顾县政协九届一次会议以来，紧紧围绕县委“发展、团结”主题，落实“公、正、勤、廉”要求，按照“两化互动，统筹城乡”的战略部署，以提高提案质量为基础，以增强办理实效为目标，以完善制度机制为保障，认真组织县政协各参加单位、专门委员会和广大委员积极运用提案履行职能。全年共收到提案190件，立案183件，立案率96.32%。没有立案的7件作意见办理。全年办复提案183件，办复率达100%。所提问题已经解决或基本解决的A类110件，占60.1%；正在解决或列入计划解决的B类45件，占24.6%；因条件限制暂时难以采纳落实的C类25件，占13.7%；留作工作参考的D类3件，占1.6%。从收到的提案办理反馈意见看，满意和基本满意达100%。

报告认为工作中存在的问题是一些提案前期调研不够深入，所提建议针对性、可行性不强；少数承办单位不够严谨，个别承办单位对提案办理重视不够，有的重答复轻落实，有的搞错提案人姓名，有的把提案写成建议；督办不够，提、办双方沟通协调不够，委员参与提案督办的形式还很单一。

报告提出2013年提案工作的思路是找准着力方位，服务发展大局；提高提案质量，强化基础工作；加强重点督办，健全完善制度；增强办理实效，促进成果转化；切实加强宣传，扩大社会影响。

会议经过选举，增补李洪、李泽田、陈备、蔡宇为第九届县政协常务委员。

会议对九届一次会议以来的19件优秀提案予以表彰，同时表彰了2012年度的杨伟等19名优秀政协委员。

会议期间举行了“两化互动、统筹城乡”专题发言，刘学文等12名委员作了大会或书面发言。

与会委员列席了宜宾县第十五届人大第二次会议，认真听取并协商讨论了政府工作报告和法院、检察院、计划、财政工作报告，经满意度测评，均表示满意，并提出了131条协商意见（含对政协工作意见）。

中共宜宾县委、县人民政府领导分别在各委员讨论组听取了意见和建议。县委书记王光柱，县委副书记、县长丁应虎在闭幕会上作了讲话。

与会委员还对50个政府职能部门、直属事业单位、公用企事业单位在2012年的工作情况进行了民主测评。

会议期间，共收到提案213件。经审查，立案204件，立案率95.8%，提案数量比九届一次会议有增加，提案质量亦比九届一次会议有进一步提高。

三、九届三次全会

2013年12月27—30日，政协第九届宜宾县委员会第三次全体会议在县城柏溪召开。应到会政协委员287名，到会政协委员278名。52名特邀人员和139名列席人员参加会议。会议的主要议程是：听取、审议政协第九届宜宾县委员会常务委员会工作报告和提案工作报告；列席宜宾县第十五届人大第三次会议，听取并协商讨论政府工作报告和法院、检察院、计划发展、财政工作报告；通报全体会议满意度测评结果和委员协商意见等。

县政协主席陶天华向大会作常委会工作报告。

加强学习，营造氛围，努力打牢工作基础。县政协党组、常委会议、主席会议带头学习中国特色社会主义理论，组织委员重点学习中共十八大和十八届三中全会精神，深入学习贯彻科学发展观，不断提高政治把握能力。通过视察调研、专题协商、民主评议、基层走访、座谈对话等形式，委员们参与了近20项主题鲜明、独具特色的务实建言、助推发展的履职活动。坚持举办“政协委员论坛”“历届政协委员代表联谊座谈会”“各界人士代表座谈会”，围绕县域经济发展、推进“两化互动”保障民生、实施文化强县丰富人民生活、破解中小企业融资难等课题出谋献策。协助县委出台了《宜宾县充分发挥人民政协协商民主重要渠道作用实施办法（试行）》，进一步规范协商程序，建立协商督办机制，推进政治协商纳入决策程序；健全和完善参政议政工作机制，坚持落实专题调研、视察、提案办理、履职成果反馈等制度，促进履职成果的转化运用。

围绕中心，服务大局，积极有效履行职能。政治协商规范有序，全体会议、常委会议、主席会议按相关规定进行整体的、专题的协商，专委会进行对口协商，对新提拔的正科级领导由政协常委会进行民主测评。民主监督注重实效，县政协整理上报的社情民意信息，多数得到上级政协、县领导甚至市领导的批示和部门重视；政协的民主评议较好地发挥功能，成为民主监督的有效形式，对县住房和城乡建设系统、医疗卫生系统进行了民主评议，并按照市政协的安排对农业系统进行了民主评议。参政议政彰显特色，调查研究精心选题、深度调研，组织有专业特长的委员，开展小场镇发展情况和农业产业化龙头企业发展情况调研，形成《宜宾县小场镇发展情况的调研报告》和《关于农业产业化龙头企业发展情况的调研报告》，并协助市政协完成了养老机构体系建设调研。提案工作狠抓落实，视察活动给委员提供了知情平台。服务发展虚功实做，始终与县委、县政府的中心工作同心、同向、同步，为促进发展尽责。

建章立制，固本强基，不断加强自身建设。抓好领导班子建设、委员队伍建设和机关“三化”建设。

报告提出2014年县政协工作总的要求是：坚持以邓小平理论和“三个代表”重要思想、科学发展观为指导，认真落实中共十八届三中全会精神，完善协商民主制度和工作机制，推进协商民主广泛、多层、制度化发展。深入进行专题协商、对口协商、界别协商、提案办理协商。动员参加政协的各单位和广大政协委员，在县委的坚强领导下，切实履行政治协商、民主监督、参政议政职能，充分发挥人民政协协调关系、汇集力量、建言献策、服务大局的作用。

县政协副主席曾云辉向大会作常委会《关于九届二次会议以来提案工作情况的报告》。

九届二次会议以来，委员们的履职热情高涨，共提交提案215件，提出提案的委员共281人次，提案数量创历史新高。闭会以后收到的提案，也及时进行了审查和交办。县委、县政府高度重视政协提案工作，将提案办理纳入了部门目标管理考核的内容，许多承办单位主要负责同志专门就办理工作提出要求并亲自参与提案办理。全年办复提案206件（共立案206件），办复率达100%。所提问题已经解决或基本解决的A类115件，占55.8%；正在解决或列入计划拟解决的B类65件，占31.6%；因条件限制暂时难以采纳落实的C类21件，占10.2%；留作工作参考的D类2件，占0.97%；未标明类型的3件，占1.5%。从收到的对提案办理反馈意见看，满意和基本满意达100%。

一年来，提案委员会在县政协常务委员会和主席会议的领导下，创新工作思路，注重工作实效。

一是认真落实提案办理工作，完善提案办理落实制度。坚持了承办单位与提案委员的联系沟通制度，坚持了承办单位对重要提案、重点提案、集体提案制定办理落实方案和按时报送提案办理落实进度情况制度，坚持了承办单位向县委、县政府汇报办理落实中的困难和问题的制度，坚持了主办单位与会办单位会商会办制度。

二是多措并举广泛收集素材，有效提高提案整体质量。提前召开提案筹备工作会，专题安排提案征集准备工作；全会前印发《致全县政协各参加单位和全体委员的一封信》，明确提案撰写要求，引导委员提出高质量的提案；召开听取县政府及各相关部门情况通报会，组织委员视察调研，为委员了解实情撰写提案创造条件；坚持标准，严把审查立案关口，确保提案质量。

三是完善提案办理协商制度，形成提案工作整体合力。县政协常委会坚持把提案工作作为一项全局性工作来抓，不断加大提案办理协商力度；县政协九届二次全会期间首次确定了“1、2号”重要提案，并经县委、县政府主要领导签批；坚持和完善了主席会议协商重要提案，专委会共同确定和分别协商重点提案，委员个人主动协商所提提案的制度；加强与县委、县政府督查目标办的沟通和协调；各专门委员会分别负责各联系部门的提案办理协商工作。

四是坚持撰写提案激励机制，有效提高提案工作活力。按照民主推荐和集中评审的原则，坚持优秀提案评审标准，在全会上予以通报表彰。

报告提出2014年提案工作是：不断提高提案质量，夯实提案工作基础；加大办理协商力度，提高提案办理实效；切实加强提案宣传，扩大提案社会影响。

会议期间，召开了委员学习大会，向委员宣讲中共十八届三中全会精神。

会议对县政协九届二次会议以来的20件优秀提案，以及2013年度刘光容等18名县政协委员进行了通报表彰。

会议期间，周玉平等11名政协委员作了大会或书面发言，就旧城改造、土地流转、新村聚居点建设、教育均衡发展、建企业孵化基地等诸多经济社会热点问题发表了意见。

与会委员列席了宜宾县第十五届人大第三次会议，听取并协商讨论了政府工作报告，计划发展和财政工作报告，以及法院、检察院工作情况通报，并对这些报告及县政府办公室、县教育局、烨烽天然气公司等50个政府职能部门、直属事业单位、公用企事业单位2013年的工作开展情况进行了满意度测评。

会议通报了上述报告、工作情况满意度测评结果，以及委员所提的125条协商意见（含对政协工作意见）。

会议期间安排了委员视察城北新区和滨江防洪堤综合开发情况。

中共宜宾县委、县人民政府领导分别参加了委员小组讨论会，听取了委员的意见和建议。县委书记王光柱，县委副书记、县长丁应虎作了大会讲话。

会议期间，共收到提案195件，经审查，立案187件，立案率95.9%。

四、九届四次全会

2014年12月22—25日，政协第九届宜宾县委员会第四次全体会议在县城柏溪召开。会议的议程是：听取和审议政协第九届宜宾县委员会常务委员会工作报告和提案工作报告；增补选举政协第九届宜宾县委员会常务委员；委员大会发言；列席宜宾县第十五届人民代表大会第四次会议，听取并协商讨论政府工作报告和法院、检察院、发展计划、财政工作报告；审议通过政协第九届宜宾县委员会第四次会议决议等。应到会政协委员288名，报到出席会议政协委员269名。53名特邀人员和133名列席人员参加了会议。

县政协主席陶天华向大会作常务委员会工作报告。

围绕中心、服务大局，推动创新发展做出新成绩。常委会坚持把促进创新发展作为履行职能的第一要务，围绕推进转型升级、破难攻坚、改善民生等中心工作献计出力。经县委批准，对城镇管理工作进行民主评议；根据市政协安排，对教育系统进行了民主评议。经委员们的调查研究，形成了《宜宾县农村电网改造升级情况调研报告》，分析了农村电网现状，针对存在问题提出了工作建议。

以人为本、亲民为民，促进社会和谐取得新进步。常委会坚持把实现和维护最广大人民群众的根本利益作为履职工作的出发点和落脚点，提案工作注重民生，社情民意反映民生，扶贫济困改善民生。全年编报《社情民意》11期，向上级政协报送6期，被省政协采用1期、市政协采用3期，促使一些社会反映强烈的问题得以重视和解决。

凝心聚力、互促共进，增进团结民主呈现新局面。常委会坚持大团结、大联合方针，努力适应社会阶层结构新变化，结合视察调研、民主评议、民情恳谈、对口协商、提案办理协商和反映社情民意信息、委员大会发言等多种形式，开拓参政议政渠道，引导不同利益群体和社会各界人士合法理性表达利益诉求。

突出特色、坚持创新，提升履职水平实现新突破。常委会立足政协自身工作特色，积极探索履行职能的新形式，改县政协专委会与县直部门之间的联系会为“政情通报会”，会议主要内容为“部门通报政情，委员协商议政”；改历届政协委员代表联谊会的活动方式为“民情恳谈会”，会议主要内容为“联谊会代表反映民意，政府领导听取意见”。

固本强基、积极作为，加强自身建设再上新台阶。常委会按照“为民务实清廉”的要求，结合党的群众路线教育实践活动，全面加强自身建设，力求各项工作体现时代性、把握规律性、富于创造性。

报告提出2015年政协工作的总体要求是：高举中国特色社会主义伟大旗帜，认真学习贯彻中共十八届三中、四中全会和省、市、县委全会精神，紧扣县委、县政府工作中心，突出“改革创新”主题，把握“发展团结、公正勤廉”取向，牢记“亲民协政、为民履职”

主旨，为进一步提升政协工作科学化水平而不懈努力。

县政协副主席曾云辉向大会作常委会九届三次会议以来的提案工作报告。

县政协九届三次会议以来，政协各参加单位、专门委员会和广大政协委员，紧扣县委“强化执行力，再上新台阶”的工作基调，切实把推动县域经济发展作为履行职能的第一要务，紧紧围绕全县经济社会发展、民生民本问题积极建言献策，共提交提案201件，提出提案的委员共268人次，共立案193件，立案率96%。总体来看，提案内容丰富、针对性强，通过提案办理，许多意见和建议被采纳，并落实或体现到县委、县政府相关政策和部门工作中，促进了决策的科学化、民主化，为助推全县经济和社会事业发展、促进民生改善发挥了积极作用。全年各单位共办复提案193件，办复率达100%。所提问题已经解决或基本解决的A类101件，占52.3%；正在解决或列入计划拟解决的B类76件，占39.4%；因条件限制暂时难以采纳落实的C类10件，占5.2%；留作工作参考的D类3件，占1.6%；未标明类型的3件，占1.6%。从收到对提案办理反馈意见看，满意和基本满意达100%。

提案工作的特点是：突出工作重点，撰写质量不断提高；突出“提”“办”互动，办理实效不断彰显；突出媒体监督，社会影响不断扩大。但是，也存在部分提案撰写质量不高，内容空泛，针对性不强；有的提案承办单位仍然重回复、轻落实，委员对办理情况不满意；重点提案协商办理工作的方式方法有待进一步完善等。

报告提出2015年的工作思路是：紧紧围绕县委“高位求好、创新求快”的工作基调，围绕中心，把握提案工作方向；掌握要领，提高提案撰写质量；注重实效，创新提案协商机制；强化基础，为提案办理服好务。

会议召开了选举大会，增补袁德松、郑云飞（女）、刘建伟为第九届宜宾县政协常务委员。

会议对九届三次会议以来的20件优秀提案予以表彰，对2014年度肖祥惠等21名优秀政协委员亦给予了表彰。

蒋利萍等10名县政协委员作了大会发言。

与会委员列席了宜宾县第十五届人民代表大会第四次会议，听取并协商讨论了县人民政府工作报告、发展计划工作报告、财政工作报告及人民法院、人民检察院工作情况通报，并提出136条协商意见（含对政协工作意见）。

大会对县人民政府、县政协、县人民法院、县人民检察院、发展计划、财政工作报告，以及50个政府职能部门、直属事业单位、公用企事业单位2014年工作开展情况的满意度测评结果进行了通报。

中共宜宾县委、县人民政府领导分别参加了委员小组讨论，听取了委员意见和建议。县委书记王光柱，县委副书记、县长丁应虎作了大会讲话。

会议期间召开了委员学习大会，对全体委员进行了中共十八届四中全会、习近平总书记在庆祝中国人民政治协商会议成立 65 周年大会上的讲话精神学习辅导。

会议期间共收到提案 191 件，立案 188 件，立案率 98.4%。

五、九届五次全会

2015 年 12 月 26—29 日，政协第九届宜宾县委员会第五次全体会议在县城柏溪召开。会议的议程是：听取和审议政协第九届宜宾县委员会常务委员会工作报告和提案工作报告；增补选举第九届宜宾县政协常务委员、秘书长；列席宜宾县第十五届人民代表大会第五次会议，听取并协商讨论政府工作报告和法院、检察院、计划、财政工作报告及《宜宾县国民经济和社会发展第十三个五年规划纲要》；审议通过政协第九届宜宾县委员会第五次会议决议等。应到会政协委员 290 人，实际出席会议政协委员 277 人。52 名特邀人员和 134 名列席人员参加了大会。

县政协主席陶天华向大会作第九届宜宾县政协常务委员会工作报告。

围绕发展大局，积极作为，履职水平全面提升。常委会充分发挥人民政协协商民主的重要渠道作用，以实现产业的有效转型和促进民生改善为主线，积极为县委、县政府的中心工作献计建言。九届四次会议期间，组织委员认真协商讨论政府、法检两院等工作报告，提交了各方面意见建议 136 条；组织委员协商农村饮水安全工作，从责任分工、科学规划、资金争取、水源保证、工程建设、供水管理等方面提出了务实的建议；还关注了学生营养餐改食堂供餐工作、计划生育奖励扶助工作和社区矫正工作。对县环境保护系统和县水务系统开展了民主评议。组织界别和政协委员，选择重点领域、重点项目，对小微企业发展、农村公路建设、政务中心运行、标准化电视台建设、成贵高铁（宜宾县段）建设和社会稳定风险评估等工作开展了系列视察活动，并向县委、县政府建言献策。

发挥委员作用，岗位建功，干事创业氛围浓厚。常委会不断总结履职实践中的经验，鼓励引导委员主动参与中心工作，服务大局干要事，立足岗位做实事，爱心奉献办好事。统筹安排委员参与社会监督管理，参加政风行风监督测评、重要规划和重大项目的评审论证、重点工作的监督等民主监督活动。委员们经过深入调查研究，形成了《关于宜宾县农村公路建管用调研情况的报告》《关于宜宾县小微企业发展情况的报告》等调研报告。实体经济领域的委员立足自身岗位，推进企业改革创新和结构调整；农业界别委员积极开展农业新技术示范推广，探索土地流转新模式，发展观光、休闲、设施农业；经济、工商联界别委员充分发挥自身在资金、资产和资源方面的优势，在调整产业结构、繁荣城乡市场、扩大社会就业等方面发挥了重要作用。在捐资助学、精准扶贫活动中，广大政协委员、政协机关干部积极捐款捐物，共计捐款 10 余万元。

弘扬团结民主，合作共事，广泛凝聚社会力量。常委会充分发挥政协协调关系、凝聚力量的作用，密切联系社会各界，加强沟通协调，做好宣传教育引导工作，积极开展对外交流。坚持政协领导与各人民团体、各界人士联系制度，政协领导约谈委员制度，政协领导联系乡镇委员小组、界别活动制度；走访委员创办的企业；召开历届政协委员民情恳谈会。促进宜宾县与省市有关部门的联系与交往，参与配合市政协完成了县域经济发展、扶贫开发、食品药品监督管理等 6 次调研活动，协助昆明市政协纪念护国运动 100 周年文献片《一隅而为天下》在宜宾县境内的拍摄工作，做好荣县政协、富顺县政协、大安区政协、泸县政协、峨边县政协和重庆璧山区政协到县考察农业产业发展、交流政协机关工作经验、观摩县重点工程建设的接待工作。完成 44 余万字的《宜宾县文史资料汇编（第五卷）》编辑出版工作和 150 余万字的《协力同——政协第七、八、九届宜宾县委员会文集》的编辑出版工作，协助市政协、县党史研究室完成了相关史料征集、编辑和出版工作，加强与《宜宾政协》《四川政协报》等新闻媒体的合作，多角度、多层面地宣传了宜宾县和宜宾县政协。

注重固本强基，提升效能，自身建设不断加强。坚持把自身建设作为提高履职能力和工作水平的基础性工作，通过抓学习、抓互动、抓作风，内强素质，外树形象。以建设“学习型组织”为目标，组织委员认真学习中共十八大，十八届三中、四中、五中全会和习近平总书记重要讲话精神，学习政协理论以及经济、文化、科技、法律法规等方面的知识；自觉坚持党的领导，强化委员履职管理，不断完善政协专委会与县委县政府工作部门对口联系制度；认真贯彻中央“八项规定”，对调研视察、会务会风、接待联谊、机关管理等方面作出了详细的规定，并严格执行。

报告认为工作中还有不少地方需要改进和加强：对口协商、界别协商还需要进一步探索和完善，民主监督工作还需要进一步规范，与各界人士的联络联谊工作还需进一步加强，履职成果转化和反馈机制还需进一步健全等。

报告提出 2016 年的工作思路是：发展为先，务实履职，为转型跨越献良策；民生为本，倾情履职，为改善民生建净言；合力为重，协力履职，为和谐稳定增共识；创新为要，科学履职，为民主建设搭平台；自身为基，用心履职，为政协工作强保障。

县政协副主席曾云辉向大会作第九届宜宾县政协常务委员会九届四次会议以来提案工作情况报告。

提案工作的基本情况是：充分发挥人民政协协商民主重要渠道作用，坚持提案工作方针，把提案工作作为政协全局性工作来谋划和部署，深入推进提案办理协商。一年来，共收到提案198件，提出提案的委员共268人次，立案195件，立案率98.4%。提案整体质量较高，内容丰富，针对性强，充分体现了广大政协委员履职建言的能力和水平。各单位共办复提案198件（含转为意见办理的3件），办复率达100%。所提问题已经解决或基本解决的A类143件，占72.22%；正在解决或列入计划拟解决的B类34件，占17.17%；因条件限制暂时难以采纳落实的C类21件，占10.61%。许多意见和建议被采纳，并落实或体现到县委、县政府相关政策和部门工作中，为加快推进“四个全面”发挥了重要作用。

提案工作的主要做法是：以质量为重点，努力夯实提案办理基础；以协商为抓手，切实提高提案办理实效；以落实为目的，完善落实提案办理机制。

提案工作存在的问题和不足是：少数委员参政议政的能力有待增强，提出提案的积极性不高，有的委员甚至自九届一次会议以来从未提交一件提案；有的提案调查研究不充分，内容空泛，过于简单，不能做到一事一案，建议笼统，使承办单位无法提出具有可操作性的办理方案；少数承办单位重视程度不够，疏于办理，与提案者缺乏沟通，提案建议落实效果差。

报告对2016年提案工作的要求是：紧扣大局，力求多出精品提案；注重办理协商，力求办理更有成效；增强责任意识，力求服务再上水平。

在会上，第九届宜宾县政协常委会对20件优秀提案予以表彰，对周伟峰等25名2015年度优秀政协委员亦给予了表彰。

幸享华等13名县政协委员在大会上作了大会或书面发言。

会议召开了选举大会，增补唐桂云为第九届宜宾县政协秘书长，黄春祥为第九届宜宾县政协常务委员。

与会委员列席了宜宾县第十五届人民代表大会第五次会议，听取并协商讨论了政府工作报告和人民法院、人民检察院、发展计划、财政工作报告，以及《宜宾县国民经济和社会发展第十三个五年规划纲要》，提出了72条协商意见（含对政协工作意见）。

会议期间，委员们对县人民政府、县政协、县人民法院、县人民检察院、发展计划、财政工作报告及59个政府工作部门、派出机构、直属事业单位及公用企事业单位2015年的工作开展情况进行了满意度测评，并在大会上进行了通报。

会议期间，安排了委员学习会，对全体委员进行了中共十八届五中全会精神的学习辅导。

县委书记王光柱，县委副书记、县长丁应虎作了大会讲话。

会议期间，共收到提案 185 件，经审查，立案 178 件，立案率 96.2%。

大会通过的政协《第九届宜宾县委员会第五次会议决议》强调：县政协要认真贯彻落实习近平总书记讲话精神中对人民政协工作的重要要求，积极推进协商民主广泛多层制度化发展，拓展协商内容、丰富协商形式、增加协商密度，建立健全协商议题提出、活动组织、成果采纳和反馈机制。充分发挥界别作用，积极开展政协界别与党政部门之间、界别与界别之间、界别内部的协商活动。巩固扩大党的群众路线教育实践活动成果，协同推进党派、界别、专委会、委员、政协机关自身建设，促进作风深入转变，切实提高履职实效。

第十节　第十届全体会议

一、十届一次全会

2016 年 12 月 12—15 日，政协第十届宜宾县委员会第一次全体会议在县城柏溪蓝天宾馆召开。会议议程为听取和审议政协第九届宜宾县委员会常务委员会工作报告和提案工作报告，选举政协第十届宜宾县委员会主席、副主席、秘书长和常务委员，列席宜宾县第十六届人民代表大会第一次会议听取并协商讨论政府工作报告和法院、检察院、计划、财政工作报告，举行委员论坛，通报有关满意度测评结果和委员协商的意见建议，审议通过政协第十届宜宾县委员会第一次会议决议等。第十届政协委员共 284 名，实际报到出席会议委员 279 名。另有 45 名特邀人员和 152 名列席人员参加会议。

政协第十届宜宾县委员会委员名表

表 3–11

姓　名	性别	民族	出生年份	籍贯	文化程度	政治面貌	界别
钟建华	男	汉	1965	宜宾县	大学	中共	中共
邓　良	男	汉	1964	宜宾县	研究生	中共	中共
文　华	男	汉	1970	翠屏区	研究生	中共	中共
曾康军	男	汉	1966	宜宾县	大学	中共	中共
黄春祥	男	汉	1973	宜宾县	大学	中共	中共
彭光华	男	汉	1966	宜宾县	大学	中共	中共

续表 3-11

姓　名	性别	民族	出生年份	籍贯	文化程度	政治面貌	界别
廖新林	男	汉	1969	宜宾县	大学	中共	中共
刘　玮	男	汉	1970	宜宾县	大学	中共	中共
李红艳	女	汉	1977	宜宾县	大学	中共	中共
胡开铭	男	汉	1986	宜宾县	大学	中共	中共
韩昌荣	男	汉	1975	宜宾县	大学	中共	中共
李　涛	男	汉	1979	自贡市	大学	中共	中共
李万刚	男	汉	1974	宜宾县	大学	中共	中共
黄　奎	男	汉	1968	宜宾县	大学	中共	中共
幸享华	男	汉	1968	宜宾县	大学	中共	中共
苏洪胜	男	汉	1974	河北昌黎	大学	中共	中共
文公平	男	汉	1971	宜宾县	大学	中共	中共
黄金穗	女	汉	1976	宜宾县	大学	非党	工会
秦　虹	男	汉	1974	隆昌县	大学	非党	工会
杨　建	男	汉	1971	湖北孝感	研究生	非党	工会
唐　宏	女	汉	1967	宜宾县	大学	非党	工会
陈洪英	女	汉	1968	宜宾县	大专	非党	工会
刘晓平	男	汉	1966	宜宾县	大专	非党	工会
张孝洪	男	汉	1971	宜宾县	大专	非党	工会
郑　琳	男	汉	1974	宜宾县	大学	中共	工会
王洪润	女	汉	1994	宜宾县	大学	非党	共青团
刘　钟	男	汉	1988	宜宾县	大学	非党	共青团
叶　翠	女	汉	1987	南溪区	大学	民盟	共青团
曹　宇	男	汉	1988	纳溪区	硕士	中共	共青团
李荣芳	女	汉	1990	宜宾县	大学	非党	共青团
晏英杰	男	汉	1992	宜宾县	专科	非党	共青团
吴思雨	女	汉	1993	宜宾县	大专	非党	共青团
杨　婷	女	汉	1991	宜宾县	大学	非党	共青团
曾　薇	女	汉	1986	宜宾县	大学	非党	妇联
周丽萍	女	汉	1980	甘肃天水	大学	非党	妇联
刘纯香	女	汉	1970	宜宾县	大学	非党	妇联
牟仕玲	女	汉	1972	宜宾县	大学	中共	妇联
刘　益	女	汉	1979	宜宾县	大学	中共	妇联
侯　燕	女	汉	1981	宜宾县	大学	中共	妇联
杨光祥	女	汉	1973	宜宾县	大专	非党	妇联

续表 3–11

姓 名	性别	民族	出生年份	籍贯	文化程度	政治面貌	界别
王 惠	女	汉	1973	宜宾县	大专	中共	妇联
周春燕	女	汉	1976	宜宾县	大学	非党	妇联
刘光敏	女	汉	1976	宜宾县	大专	非党	妇联
刘 琼	女	汉	1982	宜宾县	大学	非党	妇联
杨 博	女	汉	1986	宜宾县	大学	非党	妇联
蔡 宇	男	汉	1966	宜宾县	研究生	非党	工商联
周伟峰	男	汉	1977	翠屏区	研究生	中共	工商联
贺 秋	女	汉	1977	长宁县	大学	中共	工商联
陈 浩	男	汉	1968	合江县	大学	中共	工商联
李德容	女	汉	1975	宜宾县	大学	中共	工商联
张 聪	男	汉	1965	宜宾县	大专	非党	工商联
郑忠华	男	汉	1958	宜宾县	大专	中共	工商联
梁佩刚	男	汉	1969	宜宾县	大学	中共	工商联
陶 俊	男	汉	1978	宜宾县	大专	非党	工商联
李泽平	男	汉	1974	宜宾县	大专	中共	工商联
陈盈盈	男	汉	1981	宜宾县	大学	非党	工商联
胡鹊鸽	男	汉	1963	宜宾县	高中	非党	工商联
邓 江	男	汉	1964	宜宾县	高中	中共	工商联
李利民	男	汉	1969	翠屏区	大专	民建	工商联
童 亮	男	汉	1974	乐山市	大学	中共	工商联
伍永彬	男	汉	1966	宜宾县	大专	非党	工商联
吴作平	男	汉	1965	宜宾县	研究生	非党	工商联
魏 彪	男	汉	1969	云南安宁	大学	中共	工商联
肖卫华	男	汉	1960	宜宾县	大学	中共	工商联
康 麟	男	汉	1955	宜宾县	大学	中共	工商联
刘世鑫	男	汉	1949	富顺县	大专	中共	工商联
王 兵	男	汉	1972	宜宾县	大学	非党	工商联
刘小彬	男	汉	1968	宜宾县	大专	中共	工商联
刘 倩	男	汉	1987	湖北公安	研究生	民建	工商联
刘书群	女	汉	1974	仁寿县	大专	非党	工商联
熊 川	男	汉	1986	翠屏区	研究生	非党	工商联
李正林	男	汉	1968	宜宾县	初中	中共	工商联
樊尚富	男	汉	1964	宜宾县	大专	中共	工商联
孙廷贵	男	汉	1967	宜宾县	初中	非党	工商联

续表 3-11

姓　名	性别	民族	出生年份	籍贯	文化程度	政治面貌	界别
李松琼	女	汉	1974	宜宾县	初中	非党	工商联
吴亨华	男	汉	1964	宜宾县	高中	非党	工商联
唐　俊	男	汉	1978	宜宾县	大专	非党	工商联
李忠财	男	汉	1964	宜宾县	高中	中共	工商联
彭　鸿	男	汉	1967	宜宾县	大学	民盟	工商联
曹益平	男	汉	1964	翠屏区	大学	非党	无党派
曹　彬	男	汉	1973	宜宾县	大学	非党	无党派
于　洪	女	汉	1979	宜宾县	大学	非党	无党派
朱霞林	女	汉	1979	宜宾县	大学	非党	无党派
刘晓川	男	汉	1967	宜宾县	大学	非党	无党派
杜　鹏	男	汉	1982	宜宾县	大学	非党	无党派
吴　平	男	汉	1972	宜宾县	大学	非党	无党派
胡纯静	男	汉	1985	宜宾县	大学	非党	无党派
王　琦	男	汉	1987	宜宾县	大学	非党	无党派
平　静	女	汉	1980	宜宾县	大学	非党	无党派
陈冬梅	女	汉	1977	宜宾县	大学	非党	无党派
伍仕杰	男	汉	1973	宜宾县	大学	非党	无党派
刘泽全	男	汉	1974	宜宾县	大专	非党	无党派
杨煜知	女	汉	1977	宜宾县	大专	非党	无党派
唐　义	男	汉	1976	宜宾县	大学	非党	无党派
蒋利萍	女	汉	1978	宜宾县	大专	非党	无党派
王俊杰	男	满	1983	珙　县	大学	非党	无党派
吴代秀	女	汉	1978	宜宾县	大学	非党	无党派
陈丽敏	女	汉	1982	宜宾县	大学	非党	无党派
刘建华	男	汉	1976	宜宾县	大学	非党	无党派
曾　超	男	汉	1980	宜宾县	大学	非党	无党派
刘久祥	男	汉	1974	宜宾县	大专	非党	无党派
尹翔空	男	汉	1975	宜宾县	中专	非党	无党派
陈　勇	男	汉	1968	宜宾县	大学	中共	台侨
陆　敏	女	汉	1977	宜宾县	大学	中共	台侨
唐　兵	男	汉	1962	宜宾县	专科	非党	台侨
曾　易	男	汉	1973	宜宾县	大学	非党	台侨
岳绍良	男	汉	1976	宜宾县	大学	中共	台侨
雷　洁	女	汉	1968	宜宾县	高中	非党	台侨

续表 3-11

姓　名	性别	民族	出生年份	籍贯	文化程度	政治面貌	界别
江　平	男	汉	1969	宜宾县	大学	中共	科技科协
翟永忠	男	汉	1971	宜宾县	大学	中共	科技科协
杨　溢	男	汉	1973	宜宾县	大学	非党	科技科协
王恩平	男	汉	1972	合江县	大学	九三学社	科技科协
刘文静	女	汉	1979	宜宾县	大学	非党	科技科协
朱　屏	男	汉	1982	屏山县	大学	非党	科技科协
魏月云	女	汉	1968	宜宾县	大专	非党	科技科协
许　强	男	汉	1968	古蔺县	大学	非党	科技科协
陈志源	男	汉	1949	富顺县	大专	中共	科技科协
刘礼萍	女	汉	1974	宜宾县	大专	非党	科技科协
彭海清	男	汉	1969	三台县	大学	中共	科技科协
林正其	男	汉	1954	自贡市	大学	中共	科技科协
汪文华	女	汉	1977	宜宾县	大学	中共	农业
马永龙	女	汉	1976	翠屏区	大学	非党	农业
滕　惠	女	汉	1969	云南玉溪	专科	非党	农业
李　洪	男	汉	1974	宜宾县	大专	中共	农业
刘　勇	男	汉	1974	宜宾县	初中	非党	农业
任　琼	女	汉	1971	宜宾县	高中	中共	农业
谭宗利	男	汉	1983	宜宾县	大学	非党	农业
江　华	男	汉	1963	宜宾县	高中	非党	农业
赵金槐	男	汉	1951	宜宾县	初中	中共	农业
余　波	男	汉	1974	宜宾县	初中	非党	农业
阳　兵	男	汉	1985	宜宾县	研究生	中共	农业
余启兵	男	汉	1969	宜宾县	初中	非党	农业
范慈刚	男	汉	1965	宜宾县	初中	非党	农业
冯德桂	男	汉	1980	宜宾县	大专	非党	农业
张永雄	男	汉	1971	自贡市	中专	非党	农业
肖盛红	男	汉	1968	宜宾县	大学	非党	农业
廖兴玲	女	汉	1982	宜宾县	初中	非党	农业
杨德华	男	汉	1969	宜宾县	大专	非党	农业
汪启泉	男	汉	1963	宜宾县	高中	中共	农业
肖友才	男	汉	1952	宜宾县	初中	中共	农业
刘　梅	女	汉	1975	宜宾县	初中	非党	农业
马代连	男	汉	1975	宜宾县	大专	中共	农业

续表 3-11

姓　名	性别	民族	出生年份	籍贯	文化程度	政治面貌	界别
蒋龙声	男	汉	1976	宜宾县	大专	非党	农业
张　燕	女	汉	1976	宜宾县	大学	非党	农业
杨建平	男	汉	1964	宜宾县	大学	中共	经济
陈　宇	男	汉	1981	宜宾县	大学	民盟	经济
黄　萍	女	汉	1974	宜宾县	大专	非党	经济
程　强	男	汉	1977	宜宾县	大专	非党	经济
徐　翔	男	汉	1972	湖北宜昌	大学	非党	经济
肖佑兵	男	汉	1970	宜宾县	中专	非党	经济
侯晓红	男	汉	1970	宜宾县	大专	中共	经济
梁晓龙	男	汉	1969	仁寿县	研究生	中共	经济
徐利忠	男	汉	1975	浙江奉化	大专	非党	经济
陈俊峰	男	汉	1981	长宁县	大专	非党	经济
向　杨	男	汉	1969	通江县	大专	非党	经济
赵　华	男	汉	1964	宜宾县	大学	中共	经济
张淑海	男	汉	1960	广东汕头	中专	非党	经济
胡清文	男	汉	1977	自贡市	初中	非党	经济
冉小玲	女	汉	1966	宜宾市	中专	非党	经济
兰　辉	男	汉	1963	宜宾县	大专	非党	经济
谢小波	男	汉	1981	翠屏区	大专	非党	经济
杨从伦	男	汉	1966	宜宾县	高中	非党	经济
李德富	男	汉	1964	宜宾县	大专	非党	经济
唐　伟	男	汉	1982	宜宾县	大学	非党	经济
刘兆海	男	汉	1971	重庆万州	大专	非党	经济
樊元根	男	汉	1968	宜宾县	高中	非党	经济
王建勇	男	汉	1962	宜宾县	中专	非党	经济
邓　强	男	汉	1980	广东省	高中	非党	经济
舒　强	男	汉	1977	宜宾县	初中	非党	经济
罗　聪	男	汉	1980	翠屏区	大学	非党	经济
赵　忠	男	汉	1969	宜宾县	大专	非党	经济
袁腾杨	男	汉	1969	宜宾县	高中	非党	经济
薛慧敏	女	汉	1973	隆昌县	大专	非党	经济
赵　旭	女	汉	1992	宜宾县	大学	非党	经济
徐茂华	女	汉	1967	彭山县	大学	非党	经济
罗　玲	女	汉	1969	宜宾县	大专	非党	经济

续表 3-11

姓　名	性别	民族	出生年份	籍贯	文化程度	政治面貌	界别
付　静	女	汉	1979	宜宾县	大专	非党	经济
龚　南	男	汉	1962	宜宾县	大专	非党	经济
刘　华	男	汉	1969	宜宾县	大专	非党	经济
杨继新	男	汉	1973	宜宾县	大专	非党	经济
谢春艳	女	汉	1975	宜宾县	大专	非党	经济
柴朝武	男	汉	1968	宜宾县	高中	非党	经济
王　宇	男	汉	1982	宜宾县	高中	非党	经济
罗　成	男	汉	1973	宜宾县	初中	非党	经济
郭志刚	男	汉	1974	宜宾县	大专	非党	经济
宋　涛	男	汉	1972	宜宾县	大学	中共	经济
杨咏梅	女	汉	1971	宜宾县	大学	非党	教育
徐同烈	男	汉	1967	宜宾县	大学	中共	教育
蒋宗元	男	汉	1965	宜宾县	大学	非党	教育
刘　虹	女	汉	1969	宜宾县	大学	中共	教育
陈　蕾	女	汉	1983	宜宾县	大学	非党	教育
韩宇驰	男	汉	1974	宜宾县	大学	中共	教育
蔡　永	女	汉	1982	宜宾县	大学	非党	教育
蒋小川	男	汉	1976	宜宾县	大学	中共	教育
蒋朝彬	男	汉	1973	宜宾县	大学	中共	教育
张金强	男	汉	1973	宜宾县	硕士	非党	教育
杨寿权	男	汉	1963	宜宾县	大专	中共	教育
刘世萍	女	汉	1973	宜宾县	大专	中共	教育
邓代奎	男	汉	1981	宜宾县	大学	非党	教育
黄定海	男	汉	1962	宜宾县	大学	非党	教育
官秀平	女	汉	1973	宜宾县	大专	非党	教育
彭光伦	男	汉	1969	宜宾县	大学	非党	教育
刘仁秀	女	汉	1962	宜宾县	大学	非党	教育
钟林昌	男	汉	1966	宜宾县	大学	中共	教育
黄小军	女	汉	1978	宜宾县	大学	非党	教育
江紫阳	男	汉	1975	宜宾县	大学	非党	教育
兰　莉	女	汉	1985	宜宾县	大专	非党	教育
唐　敏	女	汉	1978	宜宾县	大学	非党	文体
李代煊	男	汉	1944	宜宾县	高中	中共	文体
周小川	男	汉	1969	泸　县	大专	非党	文体

续表 3-11

姓　名	性别	民族	出生年份	籍贯	文化程度	政治面貌	界别
王　洪	男	汉	1969	宜宾县	大学	非党	文体
陈静川	女	汉	1973	宜宾县	大学	中共	文体
田文静	女	汉	1988	翠屏区	研究生	中共	文体
吴厚强	男	汉	1967	宜宾县	大学	中共	文体
黄炳淋	男	汉	1983	宜宾县	大学	非党	文体
杨大富	男	汉	1970	宜宾县	大学	中共	医卫计生
廖德金	男	汉	1972	宜宾县	大学	中共	医卫计生
吴净陈	女	汉	1981	宜宾县	大学	非党	医卫计生
侯锡东	男	汉	1976	宜宾县	大学	民盟	医卫计生
张　维	男	汉	1975	宜宾县	大学	非党	医卫计生
王莉萍	女	汉	1976	宜宾县	大学	非党	医卫计生
陈　琰	男	汉	1975	宜宾县	大学	中共	医卫计生
张　杰	男	汉	1982	南溪区	大学	中共	医卫计生
牟　容	女	汉	1968	宜宾县	大专	中共	医卫计生
吴文华	男	汉	1961	宜宾县	专科	非党	医卫计生
邓勋礼	男	汉	1963	宜宾县	大专	中共	医卫计生
刘勇贤	男	汉	1971	珙　县	大专	民盟	医卫计生
谷名宏	男	汉	1973	宜宾县	大专	中共	医卫计生
杨　静	女	汉	1966	宜宾县	大专	非党	医卫计生
邱淑英	女	汉	1975	宜宾县	大学	非党	医卫计生
江雪群	女	汉	1964	翠屏区	大学	非党	医卫计生
刘　放	男	汉	1981	宜宾县	硕士	中共	医卫计生
张　红	男	汉	1965	富顺县	大学	民盟	政法
杨永和	男	汉	1972	宜宾县	大学	中共	政法
刘学文	女	汉	1978	宜宾县	大学	中共	政法
周玉平	男	汉	1968	宜宾县	大学	中共	政法
应兴平	女	汉	1987	宜宾县	大学	非党	政法
杨晓东	男	汉	1968	宜宾县	大专	非党	政法
胡　浩	男	汉	1974	宜宾县	大学	中共	政法
颜福涛	男	汉	1981	翠屏区	大学	非党	政法
罗厚玲	女	汉	1969	宜宾县	大学	中共	民族宗教
杨梦香	女	羌	1985	茂　县	大学	中共	民族宗教
李　琪	男	苗	1979	南部县	大学	民盟	民族宗教
田　力	女	土家	1991	湖北建始	大学	非党	民族宗教

续表 3-11

姓　名	性别	民族	出生年份	籍贯	文化程度	政治面貌	界别
释朗音	男	汉	1962	重庆江津	初中	非党	民族宗教
释能护	男	汉	1964	德阳市	大学	非党	民族宗教
秦旭昆	男	回	1986	成都市	大学	中共	民族宗教
释本源	女	汉	1962	宜宾县	小学	非党	民族宗教
陈　芯	女	汉	1979	宜宾县	大学	非党	社会福利
王　瑶	女	汉	1973	宜宾县	大学	非党	社会福利
梁宗洪	男	汉	1971	宜宾县	大专	非党	社会福利
何永胜	男	汉	1968	宜宾县	大学	中共	社会福利
谢礼平	女	汉	1980	宜宾县	大学	中共	社会福利
唐佐琼	女	汉	1965	宜宾县	大学	非党	社会福利
黄仲林	男	汉	1953	宜宾县	初中	非党	社会福利
陈　琼	女	汉	1970	宜宾县	大专	非党	社会福利
陈善明	男	汉	1962	宜宾县	大学	中共	特邀
邹国水	男	汉	1962	宜宾县	大学	中共	特邀
陶开伟	男	汉	1976	宜宾县	研究生	中共	特邀
唐益礼	男	汉	1967	宜宾县	大学	中共	特邀
王李梅	女	汉	1971	威远县	研究生	中共	特邀
赵　晴	女	汉	1983	屏山县	大学	中共	特邀
瞿宗强	男	汉	1980	宜宾县	大学	中共	特邀
吴利芬	女	汉	1977	宜宾县	大学	中共	特邀
唐于稀	女	汉	1985	珙　县	大学	中共	特邀
张　旭	男	汉	1985	自贡市	大学	中共	特邀
柳兴伦	男	汉	1977	宜宾县	大专	非党	特邀
彭泳杰	男	汉	1976	宜宾县	大学	非党	特邀
李红杰	男	汉	1977	宜宾县	大学	中共	特邀
赵海涛	男	汉	1989	陕西西安	大学	非党	特邀
钟登学	男	汉	1963	宜宾县	大专	非党	特邀
祝榕澧	女	汉	1986	宜宾县	大学	中共	特邀
曾　杰	男	汉	1973	宜宾县	大学	中共	特邀
杨叶权	男	汉	1986	宜宾县	大学	中共	特邀
唐章彪	男	汉	1975	宜宾县	大学	中共	特邀
罗　凯	男	汉	1979	宜宾县	大学	中共	特邀
彭　芳	女	汉	1979	宜宾县	大学	中共	特邀
郭　平	男	汉	1975	宜宾县	大学	中共	特邀

续表 3-11

姓　名	性别	民族	出生年份	籍贯	文化程度	政治面貌	界别
孙　健	男	汉	1981	宜宾县	研究生	中共	特邀
杨筱虹	女	汉	1976	宜宾县	大学	民建	特邀
夏　勋	男	汉	1986	宜宾县	大学	中共	特邀
李　俊	男	汉	1981	宜宾县	大学	中共	特邀
陈　剑	男	汉	1975	宜宾县	大学	中共	特邀
廖海波	男	汉	1978	宜宾县	大学	中共	特邀

邓良受政协第九届宜宾县委员会常务委员会的委托，向大会作九届一次会议以来的常务委员会工作报告。

报告回顾，五年来在中共宜宾县委的领导下，县政协常委会始终把服务科学发展和民生改善作为第一要务，坚持团结、民主两大主题，广泛凝聚社会各界力量，充分发挥政协组织作为协商民主的重要渠道和专门协商机构的作用，认真履行政治协商、民主监督、参政议政职能，在尽心履职中服务大局，在继承创新中增强活力，为全县经济社会发展和民生改善作出积极贡献。

把握履职方向，拓宽协商平台，政治协商创新开展。精心组织了全会协商，以提升协商高度。运用委员论坛、分组讨论、对“一府两院”及计划、财政报告等进行满意度测评、通报等形式，将 581 条协商意见分别在五次大会的闭幕式上逐一通报，并书面报送县委、县政府，由县委县政府督查逐项进行分解落实。认真开展专题协商，以拓展协商广度。五年来先后召开 58 次主席会议、23 次常委会议，提出建议 190 余条，其中形成专题协商意见函 10 期。不断丰富协商层次，以增加协商密度。五年来，县政协各专门委员会通过对口协商 19 次，提出了建议 150 余条；以联系界别委员为主体，与对口联系县级各部门召开政情通报会 16 次，就 21 项工作开展界别协商活动。

创新工作机制，畅通表达途径，民主监督稳步推进。五年来，经县委批准，县政协组织委员先后对交通运输等 10 个系统进行民主评议，共提出各类意见建议 143 条；共收到委员提案 988 件，立案 954 件，实现交办率和办复率两个 100%，不断加大提案协商办理力度。共收集社情民意信息 800 余条，整理上报 43 期《社情民意》，其中省政协采编 8 期，市政协采编 13 期，省、市、县领导多次对上报的社情民意作出批示，促进不少群众普遍关注的热点难点问题得到解决。

围绕科学发展，突出工作重点，参政议政成效显著。五年来，先后对农村小微型水利基础设施建设等 12 项工作开展专题调研，形成调研报告 14 份；组织委员先后对城乡环境综合治理等22项工作开展视察，提出了建议132条，还形成了4期视察建议。这些履职成果许多被有关方面重视采纳，转化成为推进改革发展、增进群众福祉的实际举措和成果。

紧扣两大主题，加强文化交流，和谐合力更加彰显。充分发挥了政协团结各界、联系群众的桥梁作用，增进了与工商联、各人民团体、非公有制经济代表人士之间的合作共事关系，加强了同民族、宗教、侨台人士间团结。

坚定理想信念，转变工作作风，自身建设不断加强。五年来，坚持在全会预备会上，就党中央全会、习近平总书记重要讲话精神和全国政协会议精神进行学习辅导，不断增强委员的道路自信、理论自信、制度自信和文化自信。不仅重视平时对政协机关干部的学习教育，而且坚持了每年派送5～6名政协干部参加各级政协组织培训学习活动，全面加强机关党的建设和学习型、服务型、创新型、和谐型机关建设。

报告认为工作中存在的薄弱环节主要是：政协理论的学习需进一步加强，参政议政的成果转化需进一步提升，服务于委员的工作需进一步完善，界别作用的发挥需进一步探索等。

报告总结政协第九届宜宾县委员会常务委员会工作的主要经验体会：一是坚持维护核心，政协工作才能有为。即坚持党的领导，是人民政协工作沿着正确方向发展前进的根本保证，做到与县委、县政府思想上同心，目标上同向，行动上同步。二是坚持服务中心，政协工作才能有位。只有把政协工作融入全县中心工作，为县委决策“补台”，为政府行为“帮忙”，为富民强县助力，政协工作才能政治有地位、出力有舞台、履职有平台。三是坚持紧贴民心，政协工作才能有效。人民政协只有坚持把群众利益放在第一位，把群众关切作为第一信号，把群众满意作为第一追求，多献遂民愿之策，多办顺民心之事，政协工作才能取得实实在在的效果。四是坚持凝聚人心，政协工作才能有力。人民政协只有牢牢把握团结和民主两大主题，坚持民主广开言路、协商凝聚共识，商以求同，协以成事，才有最广泛的统一战线，凝聚正能量，形成强大合力。五是坚持不忘初心，政协事业才能有成。政协委员既是荣誉，也是责任，更是一种担当。县政协常委会团结广大政协委员和社会各界，不断增强政治觉悟、责任意识，让以人为本、人民至上的理念植根于思想深处和行动细处，适应新时期政协工作的新要求。

曹益平受政协第九届宜宾县委员会常务委员会的委托，向大会作政协《第九届宜宾县委员会常务委员会提案工作报告》。

五年来坚持以科学发展观为指导，按照“围绕中心、服务大局、提高质量、讲求实效”的提案工作方针，充分发挥政协各界别的组织优势，以及广大委员的主体优势，积极撰写提案，并通过与承办单位的共同努力，提案工作取得了显著成效。五年来，共收到提案 988 件，其中立案 954 件，其余 34 件作为意见转交有关单位作为工作参考。所有提案均按时办复完毕，许多提案的建议被采纳，并落实到具体工作中，为推动全县经济、政治、文化、社会和生态建设发挥了积极作用。

报告将五年来提案工作的体会归纳为：领导重视，是做好提案工作的重要前提；知情明政，是做好提案工作的重要基础；多层协商，是做好提案工作的有效举措；各方配合，是做好提案工作的强力支撑；不断创新，是做好提案工作的不竭源泉。报告指出提案工作中的不足是：少数提案题目偏大，过于宏观不便办理；少数委员有追求数量忽视质量的现象；情况明、分析透、建议实的精品提案少；少数承办单位重答复、轻落实的现象还客观存在。

报告对今后提案工作的建议是：认真贯彻中共十八大，十八届三中、四中、五中、六中全会和习近平总书记重要讲话精神，践行“五正”要求，弘扬“三先”精神，围绕县第十三次党代会作出的决策部署，以提高提案质量为基础，以增强提案办理实效为目标，不断更新履职观念，努力创新工作方法，更好地发挥政协提案在促进“五个文明建设”中的作用。

在会上，第九届政协常务委员会对县政协九届五次会议以来的 22 件优秀提案予以了表彰；对 2016 年度周玉平等 22 名县政协委员亦给予了表彰。

为了加强对政协第十届宜宾县委员会第一次会议的领导，确保完成各项会议任务，中共宜宾县委于 2016 年 12 月 9 日发出《关于成立政协第十届宜宾县委员会第一次会议临时党委的通知》（宜县委干〔2016〕270 号），由县委书记丁应虎任临时党委书记，以下分界别设立了 9 个临时党支部，任命了各支部的书记、副书记。政协第十届宜宾县委员会第一次会议闭会后，临时党委及下设支部自行撤销。

为了贯彻党中央和中共四川省委有关加强换届风气风险防控、严肃换届纪律的精神，以及《中共宜宾市纪委机关、中共宜宾市委组织部关于认真做好县（区）人代会、政协会换届选举风气监督工作的通知》（宜组通〔2016〕151 号）、《中共宜宾市委组织部关于加强“两会”选举期间换届风气风险防控的通知》（宜组通〔2016〕152 号）文件精神，在县政协十届一次会议期间，中共宜宾县委副书记罗世俊向全体参会政协委员作了“严肃换届纪律专题会上集体谈心谈话”，县政协党组书记钟建华与各界别召集人签订了“严肃换届纪律责任书”，每名政协委员都签署了“严肃换届纪律承诺书”。中共宜宾市委向宜宾县政协十届一次会议派出了指导督查组，对会议进行全程指导、督导。

12 月 15 日，县政协十届一次会议召开选举会议，应到委员 284 人，实到 266 人，发出选票 266 张，收回选票 266 张，有效票 266 张。会议选出钟建华任第十届县政协主席，曹益平、邓良、蔡宇为副主席，文华为秘书长；于洪等 51 人当选县政协常务委员。

参会的政协委员列席了宜宾县第十六届人民代表大会第一次会议，听取并协商讨论政府工作报告和法院、检察院、计划、财政等工作报告，经满意度测评后，表示满意。在讨论中，委员们对这些工作（含对政协工作）提出了 68 条协商意见。

会议举行了“委员论坛”，幸享华等 8 名委员作了论坛发言。

中共宜宾县委和县人民政府的领导分别到政协各讨论组听取了委员的意见和建议。县委书记丁应虎，县委副书记、县长刘海昌在政协闭幕会上作了讲话。

在政协第十届宜宾县委员会第一次会议期间，共收到提案 203 件，经审查，立案 192 件，立案率为 94.6%。在立案的提案中，以政协参加单位、专门委员会、委员联系小组提出的集体提案有 93 件。

二、十届二次全会

2017 年 12 月 9—12 日，政协第十届宜宾县委员会第二次全体会议在县城柏溪蓝天宾馆召开。会前经县委同意，增补雷俊培、杨义奎、龙强、彭志名（女）、莫兴华、高剑茵、释果海、陈俊名、肖昌华、刘光平、张启彪 11 人为宜宾县政协委员，使第十届宜宾县政协委员达到 287 人。

会议议程为听取和审议政协第十届宜宾县委员会常务委员会工作报告、提案工作报告，听取并协商讨论政府工作报告及法院、检察院、计划、财政工作报告，选举增补第十届宜宾县政协常务委员，举行委员论坛，通过会议决议等共 10 项。会议列席人员 151 人。特邀的市政协委员及其他特邀人员共 62 人参加了会议。

县政协主席钟建华向大会作政协《第十届宜宾县委员会常务委员会工作报告》。

增强政治定力，筑牢思想根基，把好履职“方向盘”。县政协坚持把加强理论学习、重视思想引领作为增强政治定力的重要前提，不断增进思想共识，准确把握工作方向，努力提升履职素质，主动适应新形势、新要求。组织广大政协委员认真学习中共十八大以来提出的新理念、新思想，以及习近平总书记重要讲话精神，牢固树立政治意识、大局意识、核心意识、看齐意识，始终做到与县委保持思想上同心同德、目标上同心同向、行动上同心同行。

紧扣大局，建诤言献良策，唱响履职“好声音”。县政协始终坚持助推发展第一要务，自觉把政协工作放到全县大局中去谋划、去推进、去部署，精准发力，在服务大局中主动融入，在推动发展中发挥作用，在积极参与中有所作为。县政协充分利用全体会议、常委会议、主席会议、对口协商会议等形式，紧紧抓住事关全县经济社会发展中的重大问题，推动协商民主广泛、多层、制度化发展。县政协坚持“在参与中服务，在服务中监督，在监督中支持”的原则，努力把民主监督贯穿于履行职能的全过程。县政协坚持把促进发展作为参政议政重点，顺时而谋，应势而为，卓有成效地开展调研献策活动。一年来，县政协就“负债发展，滚动经营”“国有建设投资集团公司运行情况”“我县投资促进政策的走向与选择”“培育发展战略性新兴产业，增加县域经济增长点”4个课题开展专题调研，为县委、县政府提供决策参考。

牢记为民宗旨，察民情听民声，拓展履职“民生链”。县政协坚持以人为本，努力知民之所想、察民之所虑、帮民之所需，把履职为民贯穿于政协工作始终。组织市（驻县的）、县政协委员先后对脱贫攻坚、民营医院、油樟产业和天宫山茶海发展情况进行视察，组织全体县政协委员深入开展“我为扶贫攻坚做件事”的活动，使广大群众感受到了政协组织离他们很近，政协委员就在身边。

坚持两大主题，凝聚各方力量，画好履职“同心圆”。县政协始终坚持团结民主两大主题，把增进共识、凝聚人心、汇聚力量作为政协服务改革发展的切入点，竭力搭好团结联谊“大舞台”，努力画好凝聚力量“同心圆”。支持和保障工商联和无党派人士在人民政协中发挥作用，以政协会议为平台、调研视察为载体、界别活动为纽带，鼓励和支持他们踊跃发表意见和主张。主动加强与新经济组织、新社会组织和新社会阶层代表人士的联系，增进社会各界对宜宾县的认同感和向心力。主动协助县委、县政府做好协调关系、理顺情绪、化解矛盾、凝聚人心的工作。

着力高位起跳，狠抓自身建设，厚实履职“能量场”。县政协主动适应新形势下政协履职要求，主动拉高工作杠杆，狠抓自身建设，不断提高政协工作科学化水平和服务保障能力。县政协充分发挥政协党组核心作用和主席会议的总指挥作用，带头营造讲政治、讲大局、讲团结的氛围。县政协在政协机关深入开展中共十九大报告学习、“两学一做”教育常态化制度化、干部作风整顿提升行动等活动，要求机关干部在“学”上下真功，在“做”上见真章，增强机关干部的责任意识、协作意识、自律意识和服务意识，进一步提升机关的服务水平和战斗力。

报告认为工作中的主要不足是：协商议政的能力有待提高，协商途径有待进一步拓展；界别和乡镇政协委员联系小组的作用发挥有待进一步加强；县内个别单位还不能正视提案、社情民意反映的问题，在办理落实建议时存在应付等。

县政协副主席曹益平向大会作政协《第十届宜宾县委员会常务委员会提案工作报告》。报告认为自县政协十届一次会议以来，政协各参加单位、专门委员会、乡镇政协联系小组和广大委员，紧紧围绕县委、县政府中心工作，深入社会各阶层，倾听各界意见，积极运用提案建议献策，提交了许多具有前瞻性、全局性、可操作性的提案，其中立案191件，凝聚了广大政协委员的辛劳和智慧。报告总结一年来提案工作的主要做法是：注重引导，提案工作基础不断夯实；注重督办，提案工作成效不断提升；注重服务，提案工作能力不断加强。

报告提出在新的一年里要紧扣县委、县政府中心工作，围绕全面建成小康社会，以推进提案办理协商为主线，以提高提案质量和办理质量为出发点、落脚点，积极探索提案工作的新思路、新方法，以创新为动力，力求工作有突破。

在会上，政协常委会对政协十届一次会议以来的28件优秀提案，以及2017年度冯德桂等26名政协委员进行了表彰。

会上，经大会选举，增补王宇、杨义奎、胡清文、雷俊培4人为县政协常委，第十届宜宾县委员会常务委员计57名。

与会委员列席了宜宾县第十六届人民代表大会第二次会议，认真听取并协商讨论政府工作报告和法院、检察院、计划、财政等工作报告，并对上述报告（含对政协工作）提出了67条协商意见。

会议安排了“委员论坛”，刘学文等11名委员作了论坛发言。

会议期间，还安排了委员视察重点工程——普和大桥、佑之路西延三期、鼎仁国际商贸园（含莱克汽车城、居然之家）、嘉士伯集团（重啤宜宾公司）建设和委员分组讨论。安排委员对县政府、县政协、县人民法院、县人民检察院、计划、财政工作报告，对56个政府职能部门和企事业单位工作，对重点提案办理工作进行了满意度测评。

中共宜宾县委和县人民政府领导分别参加了政协委员分组讨论活动，听取了委员的意见和建议。县委书记丁应虎，县委副书记、县长刘海昌在政协闭幕会上作了讲话。

在宜宾县政协十届二次会议期间，共收到提案179件，经审查，立案152件，立案率为84.9%。其中，集体提案93件，委员个人或联名提案59件。

第十一节　宜宾市叙州区一届一次全会

2018年12月22—25日，政协第一届宜宾市叙州区委员会第一次全体会议在柏溪蓝天宾馆召开。会议议程为听取和审议政协第一届宜宾市叙州区委员会常务委员会工作报告，听取和审议政协第一届宜宾市叙州区委员会常务委员会提案工作报告，列席宜宾市叙州区第一届人民代表大会第四次会议，以及选举事项等。应到会政协委员305名，实际出席会议政协委员294名。另有56名特邀人员和158名列席人员参加会议。

区政协主席钟建华在大会所作的常务委员会工作报告中回顾了两年来第十届宜宾县政协的工作情况：

坚持党的领导，强化政治引领，在维护核心中凝聚共识。一是坚定理想信念不动摇。始终坚持把学习贯彻中共十九大精神和习近平新时代中国特色社会主义思想作为首要政治任务，确保政协事业方向不偏、立场不移。二是坚持融入大局不偏离。始终坚决贯彻县委的决策部署，主动把握大势、自觉服务大局，在宏观决策上搞好协商，在重大部署上搞好协同，在具体工作上搞好协调。三是强化党组作用不含糊。政协党组始终坚持把讲政治放在首位，全面加强政协党建工作的组织领导和统筹推动，着力强化对党员委员和机关党员干部的教育管理，确保全面从严治党在政协落到实处。

围绕中心履职，助推转型发展，在服务大局中献计出力。一是政治协商围绕党政中心献良策。充分运用全体会议、常委会议、主席会议等协商平台开展好协商议政活动。全体会议期间，24名政协委员紧扣全县经济、政治、文化、社会、生态五大建设进行论坛发言；广大委员就“一府两院”和政协常委会工作报告开展协商讨论，形成133条协商意见。常委会议分别就行政区划调整、乡镇财政管理体制、“振兴资产管理公司”组建等开展专题协商，提出了“科学评估撤县设区风险”“有效放活乡镇财政权”“严格审核企业借款的抵押物”等建议36条。主席会议分别就深化县属国有企业转型发展、交通大会战实施方案等重大问题进行协商，提出了“分类剥离债务”“规范治理结构”“完善‘建、管、护、运’机制”“健全工作推进监督机制”等建议23条。二是民主监督聚焦部门事业谋实招。两年来先后对畜牧水产、住建城管和水务系统开展民主评议，进行重点监督，并以民主评议报告形式分别提出了“应加强养殖环境治理”“应强化肉食品安全监管”“应加大环卫设施经费投入”“应保障城市管理执法权有效发挥”“应加快推进河道污染治理工作”“应强化‘河长制’责任落实督查工作”等建议40余条。同时，组织委员先后对乡村振兴战略推进情况、公共监控视频网络建设等开展专项视察，进行现场监督。三是参政议政助力转型发展建真言。两年来，通过委员荐题、专委会选题、主席会议定题、县委交题等方式，深入开展专题调研。组织进行了“负债发展与滚动经营”“投资促进政策的走向与选择”“战略性新兴产业的培育发展”“国有建设投资集团公司运行和发展”以及历史文化传承、农村公路建设、高中教育发展等重点调研，并形成了专题报告。这些调研报告由县委、县政府主要领导分别作出批示，责成相关部门会研，助推政协履职成果转化。

关注民生福祉，推进共享发展，在履职为民中促进和谐。一是深入基层察民情。两年共提交社会民生类提案182件；收集社情民意信息300余条，编发《社情民意》20期，其中有8期被县委、县政府主要领导签批办理，有5期被市政协转送市级相关部门办理。二是倾情建言惠民生。坚持把民众关注的热点作为倾情建言的重点，助力民生改善，就义务教育“4+1”工程使用和保障性住房建设与管理情况开展专题协商，就民营医院发展、企业职工养老保险征缴、保健品市场的监督管理和社会治理体系建设情况开展对口协商，就县人民医院服务能力建设、《工会法》贯彻落实、残疾人权益保障、科技成果推广应用情况等开展了界别协商，提出了建议。三是脱贫攻坚解民忧。主席会议成员均联系1个乡镇、2~3个贫困村的脱贫攻坚，深入联系村督查指导100余次；县政协发出倡议、编发活动方案、出台具体意见，强力推动“我为扶贫攻坚做件事”活动，委员们为贫困户解难事、办实事，为全县脱贫攻坚建有用之言、献务实之策。

紧扣团结民主，拓展广度深度，在交流交融中彰显优势。两年来，始终坚持团结、民主两大主题，努力为实现社会各界有序政治参与寻求最大公约数，画出最大同心圆，形成最大凝聚力。持续开展专委会联系界别委员与对口联系单位的“政情通报会”，组织召开“全县经济社会发展运行”和“党风廉政建设”情况通报会，组织召开“历届政协委员代表联谊会”；尊重和保障工商联、社会团体、无党派人士在人民政协中的民主权利，重要视察调研活动邀请他们参加，重要会议安排他们发言，为促进全县发展汇聚最广泛的力量；切实加强交流联谊工作，协助省、市政协就做好新形势下人民政协工作的研究、农业供给侧结构性改革、政府投融资平台运营情况等课题开展视察调研，接待米易县、纳溪区、华蓥市、大竹县、南溪区和辽宁省辽阳县等兄弟区县政协到县学习交流，组织政协委员外出考察学习、拓宽视野。

注重强基固本，夯实履职基础，在自身建设中提升能力。一是创新活动载体，充分发挥委员主体作用。专门举办了两期委员培训班，制定完善委员履职规范，召开“我为叙州发展献良策”常委会专题协商会议，讲好委员履职故事，展现委员履职风采。二是加强专委会建设，不断形成工作活力。各专委会充分发挥自身的专业优势，完成常委会议、主席会议调研任务；制定界别活动规范，体现了界别特色，充分发挥了界别优势。三是改进工作作风，切实加强机关队伍建设。高度重视机关党风廉政建设，把机关党建工作与政协履职同谋划、同部署、同落实，建立完善机关学习、办文办会办事等规章制度，不断改进服务方式，机关综合协调和服务保障水平进一步提高。

区政协副主席曹益平向大会报告了政协第十届宜宾县委员会第一次会议以来的提案

工作情况：

宜宾县政协十届一次会议以来，共提交提案383件，经审查立案335件，并案13件，转为意见25件，撤案10件。截至2018年8月，立案提案全部办复，合理化建议得到较好落实，为推动全县经济社会发展和民生改善发挥了积极作用。

宜宾县政协十届一次会议以来，在全市率先出台了由县委办、县政府办和县政协办联合制定的《宜宾县政协提案办理协商办法》，规范协商程序、提升协商高度、增加协商密度，使提案工作不断呈现新局面。以“三个抓手”（抓委员培训、提案线索征集、组织调研）为重点，确保提出的提案有情况、有分析，建议具体可行。完善了“三三三制”提案审查工作法，即大会提案组成员由提案联谊委员会成员、县督查目标办人员、部分承办单位代表三部分人员组成；审查程序实行大会提案组初审，提案联谊委员会会议二审，各专门委员会配合提案联谊委员会主任和分管副主席三审；审查重点把好选题关、文字关和分办关。首次建立完善了并案、撤案机制。在提案办理中，完善了“五定三访四满”工作机制。即提案办理定责任领导、定责任股室、定责任人员、定办理时限、定办理目标；办前“拜访”提案者，办中“走访”提案者，办后“回访”提案者；力争实现“三访”到位率、协商共识率、按时答复率、反馈意见率四个100%。创新提案督办机制，建立完善了“四督办”机制。即重点提案“领导督办”，遴选10件影响大、操作性强的提案分别由主席、副主席领衔督办；一般提案“联合督办”，由提案联谊委员会牵头，会同县督查目标办、政协相关委室进行督办；往年提案“跟踪督办”，对往年列入计划待办的B类提案予以登记造册，实行“跟踪销号”，纳入提案办理工作考核；办理成效“媒体督办”，首次在电视台开设“提案追踪”专栏，营造提案工作办理的舆论氛围。创新提案反馈机制，完善“阳光办理”制度。即首次建立提案办理结果公示制度，承办单位在县政府网站上将提案办理结果进行全面公示，接受社会监督，并将公示情况纳入目标考核；首次建立重点提案评议制度，在政协全体会议期间，将当年的10件重点提案的办理落实情况交全体委员进行满意度测评，促进承办单位增强责任意识。

会议增补选举虞永康为区政协副主席，于生和等5人为区政协常务委员。

会议通报表彰了2018年度优秀政协委员和优秀界别，以及宜宾县政协十届二次会议以来的优秀提案。

会议通过了《中国人民政治协商会议第一届宜宾市叙州区委员会第一次会议决议》。

第二章　常委会议

第一节　第一届常委会议

一、一届一次会议

1980 年 12 月 11 日，宜宾县政协一届一次常委会议在县城柏溪县工商联会议室召开。首届宜宾县政协常务委员会组成人员 15 人全部到会。

会议由县政协主席古远友主持。中共宜宾地委统战部罗明亮到会指导。

会议研究了常委的分工，工作机构的设置，讨论了会议制度和学习制度，以及应当开展的一些履职活动。

会议推选陈南风为县政协常务副主席。

决定县政协工作机构暂设“一处三组”（亦称“一室三组”），即秘书处（又作办公室）、文卫组、科技组和工商组。

常委分工：秘书处，任旭文、韩秀君；文卫组，黄德荣、赵勋达；科技组，赵康修、杨治祥、蒋基；工商组，张留陵、肖载渊。

副主席、秘书长分工：秘书处，秘书长宛西北；文卫组，副主席魏长青；科技组，副主席江华林；工商组，副主席高祥义。

会议要求，各组要根据县政协一届一次全体会议精神，尽快向常委会提出开展政协工作的具体建议。

会议决定，比照人大的制度，县政协每年至少召开 1 次全体会议，每两个月至少召开 1 次常委会议。

鉴于县政协尚无机关工作人员，会议议决选任 1 名县政协副秘书长负责政协机关工作；尽快选调熟悉文教、科技、妇女工作的干部充实到政协机关；从县工商联调 4 名干部到政协工作。

会议研究了当前应当开展的履职活动：一是积极组织县政协委员和各界人士努力学习马克思列宁主义毛泽东思想和党的路线、方针、政策，努力学习文化和科学技术，不断提高政治觉悟和专业水平，以适应新形势的更高要求。县政协要组织经常性的时事政策学习和业务经验交流活动，并提供必要的学习文件和参考资料。二是要重视政协委员的提案和各界人士的来信来访，及时向有关部门反映群众的意见、批评和建议，协助贯彻落实党和政府的各项政策。对政协委员的提案，要督促有关部门认真处理，做到有着落、有交代。三是密切县政协与各人民团体和各界人士的联系。

会议提出要印发县政协一届一次全体会议传达提纲，下发区、乡，使全县知晓首届政协会议精神。

会议通过了《中国人民政治协商会议宜宾县第一届委员会常务委员会第一次会议纪要》。

二、一届二次会议

1981 年 1 月 20 日，宜宾县政协一届二次常委（扩大）会议在县文化馆礼堂小会议室召开。会议邀请县城柏溪所在地县政协委员列席会议。

会议由县政协主席古远友主持。

会议集中学习了中央、省委近期所发的 7 个重要文件。

由县政协秘书长宛西北提名，常委会议同意何善全任第一届宜宾县政协副秘书长。

会议研究了政协委、组的设置，并研究了第二季度的政协工作。

三、一届三次会议

1981 年 5 月 16—20 日，宜宾县政协一届三次常委会议在县工商联会议室召开。除县政协副主席高祥义，县政协常委黄德荣、赵康修因病请假外，其余县政协常委会组成人员参加了会议。

县政协主席古远友主持会议。

会议的主要议程是：列席宜宾县第七届人大常委会第四次会议，听取省人大、省政协有关会议精神的传达；协商讨论县人大常委会提交的 3 个布告；总结县政协成立以来的工作，研究讨论今后工作意见；听取外出学习外地政协工作经验的汇报。

在 5 天的会议期间，前二天列席人大常委会议，后三天研究讨论政协工作。

16—17 日，县政协常委会列席了县人大常委会议，听取传达省人大五届三次会议和省政协四届三次会议精神，学习彭真在全国各省、自治区、直辖市人大常委会负责人的两次座谈会上的讲话纪要（中发〔1981〕16 号文件），学习省政府工作报告和省人大常委会工作报告等。

18—20日，县政协单独召开常委会议。

会议首先讨论修改了县人大常委会提请县政协协商的《宜宾县人民政府关于加强药业摊贩管理的规定》《宜宾县人民政府关于加强流送漂木管理的布告》以及《宜宾县人民政府关于加强柑桔管理的布告》3个告示文本，提出了柑桔管理不宜采用布告形式的否定意见，并对其他两个布告逐字逐句地提出了17条修改意见。

在会上，县政协秘书长宛西北传达了省委统战部部长任景龙在市、县政协工作会议上的讲话精神。即进一步广泛深入地宣传新时期人民政协的性质、任务和作用；加强政治协商工作，发挥民主监督作用；紧密围绕中心，动员知识分子开展为四化建设服务工作；进一步改善和加强党对政协工作的领导。讲话还对广泛联系各界人士，开展国际人民外交、政治协商、民主监督的内容和形式，处理好党、政与政协的关系等作了具体指导和阐述。与会者联系实际对省政协会议及任部长讲话精神开展了深入讨论。

会议还学习了省委书记杨超关于统一战线问题的讲话。

县政协常务副主席陈南风对县政协成立以来4个多月的工作作了总结汇报，并提出了下一步工作意见。即发扬社会主义民主，搞好政治协商工作；围绕国民经济调整，围绕加快宜宾县农业发展，进一步推动各界人士积极为四化建设服务；继续组织和帮助各界人士进行政治学习，积极协助党和政府做好宣传工作和思想政治工作；切实有效地开展对台工作，为完成祖国统一大业作出新贡献；开展和加强文史资料工作，为发展历史科学和社会主义现代化建设作出更多的成绩；调整和充实政协办事机构，扎实做好政协工作。

县政协副主席魏长青就4月下旬在合川、温江、峨眉学习政协工作经验作了汇报。这3个县是全川建立县政协较早的县，政协工作成效较为显著，为省统战部门所推崇。汇报从发挥县政协的民主协商作用，组织专题调查研究，组织参观视察，知识分子工作，文史资料工作，侨务对台工作，宗教和民族工作，组织成员定期学习，县政协的工作机构、办公制度和日常工作，县委加强领导10个方面全面介绍了3个县的政协工作。

在会上，与会者讨论激烈，经梳理，对县里和县政协的工作提出了35条意见和建议。县政协秘书处于会议结束当日（5月20日）用两期《政协简讯》连续编发了常委们的意见和建议。

古远友对常委会议进行了总结。最后还对县政协常委们提出了4点希望：一是继续加强政治和业务学习，深刻理解并坚决贯彻执行党的路线、方针和政策；二是政协常委们都要清醒地认识到自己是县里四套班子中的一套，是领导成员，这是党赋予的职责，必须团结一切可以团结的力量，做好政协各个方面的工作；三是常委分布于各个系统、各个单位，应该主动加强与本系统、本单位知识分子和科技人员的团结合作；四是密切联系群众，反映各界人士的意见和要求，多做调查研究工作，争取所在地或所在单位党组织的支持。

会议还邀请了党外的人大副主任、副县长列席会议。

四、一届四次会议

1981 年 8 月 21—24 日，宜宾县政协一届四次常委会议在县城柏溪县工商联会议室召开，会期 4 天。会议的议程是：传达和学习中共十一届六中全会精神；列席县人大七届 6 次常委会议，听取讨论县人民政府、县人民法院、县人民检察院上半年工作报告和工作意见；讨论县人大常委会《关于维护治安、保护森林告全县人民书》（讨论稿）；听取政协 3 个月来的工作情况汇报，研究下半年工作。

政协常委会成员列席了县人大七届六次常委会议，听取了县人民政府《一九八一年上半年工作报告》《宜宾县一九八一年国民经济计划安排意见》《关于恢复场镇建制的意见》，县人民法院《关于一九八一年一至七月的工作汇报》和县人民检察院《一九八一年上半年检察工作情况和下半年工作意见》。县政协常委们一致认为，今年上半年县政府进一步贯彻执行中共十一届三中全会的路线、方针、政策，狠抓调整、稳定经济，广大农村建立了各种形式的生产责任制，农民的生产积极性空前高涨，社员收入明显增加，各条战线都出现了安定团结、欣欣向荣的大好形势；县人民法院和县人民检察院以整顿社会治安为重点，积极开展检察和审判工作，依法从重从快打击反革命和刑事犯罪活动，取得了可喜的成绩。政协常委们对抓紧整顿社会治安、加强市场管理、抓好多种经营、完善各种形式的农业生产责任制、加强社队企业的领导、严格财经纪律、确保财政收入，以及抓好基础教育、努力提高中小学教学质量等许多方面的工作，提出了积极的意见和建议。

县政协常委会对县人大提请协商修改的关于维护治安、保护森林告全县人民书讨论稿进行了认真阅读，提出了修改意见。一致表示，坚决支持县人大常委会告全县人民书，应当采取坚决措施，组织有关部门密切配合，开展声势浩大的整顿社会风气的宣传教育，教育绝大多数，打击极少数违法犯罪分子，维护社会秩序，促进安定团结，发展大好形势。尤其提出要对杀人放火、拐卖妇女儿童、聚众赌博、偷盗抢劫、盗伐森林和倒卖木材等严重犯罪给以坚决的打击，并且要使打击犯罪经常化，而不是热一阵冷一阵。在常委会议的第二天，即 8 月 22 日上午，向县人大常委会送达了《宜宾县政协一届四次常委会议讨论县人大常委会关于整顿社会治安〈告全县人民书〉（讨论稿）的意见》。

常委会议重点学习了中共十一届六中全会通过的《关于建国以来党的若干历史问题的

决议》，以及省委负责同志关于十一届六中全会精神的传达提纲和中共宜宾县委四届三次扩大会议关于学习贯彻十一届六中全会精神的决定。通过学习，与会者认为中共十一届六中全会开得好，是继中共十一届三中全会之后又一次具有重大意义的会议，是党和国家拨乱反正、继往开来的一个新的里程碑。大家认为，这个《决议》恰如其分地评价了毛泽东的历史地位，坚持了毛泽东思想的伟大旗帜，在关系到党和人民的根本利益、党和国家命运前途的重大政治问题上，作出了符合历史真实的科学结论。县政协常委会议表示，要坚持“两个毫不动摇”，即毫不动摇地坚持四项基本原则，这是全国各族人民团结的共同政治基础，也是社会主义现代化建设事业顺利进行的根本保证；毫不动摇地团结一切可以团结的力量，巩固和扩大爱国的统一战线，团结一致向前奔，同心同德搞四化。政协常委会议强调，当前县政协的首要任务就是组织和推动政协委员及其所联系的群众，学习贯彻中共十一届六中全会精神，统一认识，增强团结，振奋精神，搞好生产和各项工作。

会议回顾了自县政协成立以来已经开展的四个方面的活动：发扬社会主义民主，实行政治协商和民主监督；推动成员认真学习和贯彻党的路线、方针、政策；把政协工作重点放在知识分子工作上，通过多种渠道，调动各方面知识分子为四化建设服务的积极性；对台工作和侨务工作。总的说来，是搭了架子，开了步子，探索了路子，初步发挥了人民政协的重要作用。

会议还对县政协1981年后几个月的工作，进行了安排部署，并将学习宣传中共十一届六中全会《关于建国以来党的若干历史问题的决议》作为中心任务。

会后，印发了《宜宾县政协一届四次常委会议纪要》。

五、一届五次会议

1982年1月5—7日，宜宾县政协一届五次常委会议在县城柏溪县工商联会议室举行。14名常委会组成人员到会。县委统战部副部长彭汉文、县政协副秘书长何善全列席会议。

会议由县政协常务副主席陈南风主持。

县委副书记温巨成到会并作了讲话。

会议的主要内容是学习、传达全国人大、全国政协五届五次会议精神；总结县政协一年来的工作；讨论、研究第二次全委会议上的常务委员会工作报告；协商、决定增补一批县政协委员的名单。

县政协副主席魏长青传达全国“两会”精神，并宣读重要文件。其中，重点讲解了全国政协对1982年政协工作的安排部署。与会者围绕贯彻“两会”精神，结合宜宾县政协的实际工作，展开了讨论。大家在如何发展宜宾县教育、商贸、科技、精神文明建设等方面提出了许多意见和建议。

会议对将在第二次全委会上所作的常务委员会工作报告初稿，进行了认真的讨论、修改。

在研究1982年县政协工作时，不少常委提出要加强侨务工作、文史资料工作和政协的宣传工作。

温巨成代表中共宜宾县委提出了应当在现有基础上增加一批县政协委员的协商意见。他说，县政协成立一年来，发挥了重要作用，全县各个方面发展都很快。1982年整个工作任务更重，要求更高，为了把工作做得更好，县政协必须得到加强。但全县仅有75名政协委员，有的区、有的学术团体、有的重要单位尚无政协委员，使得政协的广泛性和代表性不够，需要补充。为此，县委经与各个方面研究，提出了在中共、文教、卫生、科技、政法、文化、宣传、学术、特邀等界别增加的委员协商名单，交县政协常委会研究决定。

会议一致同意县委提出的增补27名县政协委员名单，并要求会后再进行物色。

六、一届六次会议

1982年2月20日，宜宾县政协一届六次常委会议在县城柏溪县工商联会议室召开。会议的主题是，通过县政协一届二次全体会议议程、工作报告、会议组织机构、人员安排等重要事项。县政协常委会组成人员中除古远友、赵康修、韩秀君外，其余12人到会。

会议由县政协常务副主席陈南风主持。

会议同意中共宜宾县委建议，增补谢家礼等4人为政协常务委员。

会议决定设立第二次全体会议主席团，且主席团成员由原常务委员、第一次全体会议不是常委会成员的主席团成员，以及新增常委（待选）组成。故主席团成员由第一次全体会议的13名增加到21名。

会议决定由宛西北担任大会秘书长，何善全、黄德荣担任副秘书长；设立大会提案委员会，由高祥义担任主任委员。

会议还决定了委员分组方案和其他会务事项。

七、一届七次会议

1982年3月2—3日，宜宾县政协一届七次常委会议召开。

会议由县政协主席古远友主持。

会议的主题是根据全国政协五届四次会议政治决议和县政协一届二次全体会议政治

决议，讨论县政协自身建设和当前工作，并作出相应决定。

会议认为，为了适应形势发展的新要求，发挥政协的政治协商和民主监督作用，有必要调整和充实县政协的办事机构，按专业和统一战线各个方面划分若干工作组。决定将县政协秘书处改为办公室，负责政协的日常工作；设立科学技术组、文化教育体育组、经济建设组、侨务对台组、医药卫生组和文史资料组；将原学习委员会改为政治时事学习组。形成了县政协办事、工作机构的“一室七组”，这些工作组由有关的政协委员和各界知名人士组成，县政协常委分工负责。会议还明确了工作组的主要工作任务。

会议提出要建立政协各工作组的联系和工作制度，采取多种形式，开展专题调查研究，大力支持和鼓励各方面人士积极献计献策，开展咨询服务，充分发挥自己的智慧和才能，为促进精神文明建设和完成今年各项经济建设任务贡献力量。

会议要求，县政协委员和各界人士坚决响应党中央的号召，按照县委的统一部署，立即行动起来，以身作则，积极参加第一个“全民文明礼貌月”活动，并且把“五讲四美”活动坚持不懈地开展下去，造成人人讲清洁、人人讲秩序、人人讲礼貌的强大社会舆论，使之成为行之久远的良好习惯，建设高度的社会主义精神文明，以保证物质文明建设沿着社会主义方向持久发展。

会议强调，县政协 1982 年的工作，应按照县政协一届二次全体会议通过的常委会工作报告和政治决议所提出的任务逐步贯彻落实。

八、一届八次会议

1982 年 5 月 10—13 日，宜宾县政协一届八次常委会议在县政协会议室召开。县政协主席古远友，副主席陈南风、高祥义、魏长青、江华林出席会议。

会议由县政协常务副主席陈南风主持。

这次会议重点学习讨论《中华人民共和国宪法修改草案》，并研究了 5—6 月政协工作，调整了县政协各工作组负责人。

大家一致认为，这部宪法修改草案以中共十一届六中全会《关于建国以来党的若干历史问题的决议》为指导，总结了新中国成立 30 多年来的历史经验，体现了中共十一届三中全会以来的路线、方针和政策，符合全国各族人民的根本利益和共同心愿，是一部反映了新时期、新特点的，比较完善的社会主义宪法。宪法修改草案肯定了统一战线和人民政协的重要地位和作用，并且明确指出在新的历史时期，统一战线将继续巩固和扩大；人民政协今后在国家的政治生活、社会生活和对外友好活动中，在进行社会主义现代化建设，维护国家的团结和统一的斗争中，将进一步发挥重要作用。对此，常委们深感满意。一致认为明确认识自己肩负的重大历史使命，在党的领导下，振奋精神，鼓足干劲，勤奋学习，努力工作，为四化建设作出更多的贡献。

常委会议还认真学习了中央批转《广东、福建两省座谈会纪要》和党中央国务院《关于打击经济领域中严重犯罪活动的决定》，表示政协成员要在当地党委的领导下，认真学习并向各界人士广泛宣传党中央和国务院的决定，协助党和政府，严格执行中央制定的一系列方针、政策和工作方法，坚决把打击经济领域中的违法犯罪活动的斗争进行到底。

会议研究了县政协5—6月的工作，并进一步对县政协工作组负责人进行了调整、充实。

县委统战部副部长彭汉文列席了会议。

九、一届九次会议

1982 年 8 月 4—7 日，宜宾县政协一届九次常委会议在县城柏溪县政协会议室举行。16 名县政协常委会组成人员出席会议。另有列席会议人员 2 名。

会议传达了胡耀邦在听取省委和重庆市委负责同志汇报工作时的重要指示，谭启龙在省委工作会议结束时的讲话，县委召开的区书会议精神；回顾了县政协上半年工作情况，研究了下半年工作。

与会常委认为，胡耀邦对四川省成绩大、破坏大、水平低的估价符合实际；思想不够解放，照章办事的情况严重，说到了问题的要害。常委会议希望全体委员和全县人民坚决贯彻党的各项方针政策，稳定和完善生产责任制，严格控制人口增长，搞好打击经济领域里的严重犯罪，巩固安定团结，建设物质和精神文明。

会议回顾了县政协半年来的工作。认为在总结去年工作经验的基础上，团结一致，努力工作，做了比去年更多的工作，取得了一定的成绩。通过政协例会和列席人大常委会议，参加县委、县政府工作会议，讨论了党的方针政策，研究了人大、政府的政令和措施，对县内的农业生产、工业发展、商业经营、文明礼貌活动、计划生育、人口普查等重大问题进行了政治协商，提出了意见和建议；民主监督的形式多样化，组织了广泛的参观、调查和视察活动，提出了改进工作的意见和建议；委员的政治学习得到坚持，除政协主席、副主席参加县委中心组学习外，还有常委学习、三个重点学习组学习、集中未脱产和退休的委员学习，召集各界人士参加座谈，转发文件和印发学习要点指导委员学习等多种学习形式；侨务及对台工作和文史工作有所加强；常委会先后两次研究了政协工作组的建设，取得了一些进展。

会议认真研究了下半年县政协工作，对政治协商和民主监督、开展政协工作组活动、加强政治学习、对台工作、文史资料工作、加强与委员和各方面人士的联系、做好提案答复和处理好人民来信来访等七个方面的工作提出了具体的目标任务，并作了安排部署。

会议决定为了适应情况，开展妇女工作，增设“妇女工作组”。这样，县政协的工作和办事机构为“一室八组”。

会后，以宜县政协发〔1982〕17号文件形式，印发了《政协宜宾县第一届第九次常委会纪要》。

十、一届十次会议

1982年11月3—6日，宜宾县政协一届十次常委会议在县城柏溪县政协会议室举行，专题学习中共十二大文件，以及全国政协关于学习十二大文件的决议。

县政协常务副主席陈南风主持会议。

会议认为，中国共产党第十二次全国代表大会是党的七大以来最重要的一次会议。这次大会标志着自从粉碎江青反革命集团，特别是十一届三中全会以来，经过全党、全军、全国各族人民的艰苦努力，已经在指导思想上完成了拨乱反正的艰巨任务，实现了历史性的伟大转变。大会制定了全面开创社会主义现代化建设新局面的正确纲领和一系列方针政策，制定了把党建设成为领导社会主义现代化建设事业的坚强核心的纲领、制度和各项组织原则，选举产生了新的中央委员会和中央顾问委员会、中央纪律检查委员会，圆满地实现了党的最高领导层的新老干部的合作和交替。县政协常委会完全拥护十二大各项文件和决议，完全拥护新的党中央领导机构和新的中央领导人。

会议号召，全体政协委员立即行动起来，把学习、宣传、贯彻中共十二大文件作为当前和今后一个时期的头等大事，切实抓紧抓好。

会议要求全体委员认真学习十二大文件，理解文件基本精神，明确经济发展的战略目标、战略重点、战略部署，认识社会主义精神文明的重大意义和重要作用，理解发展社会主义民主与加强社会主义法制的重要性与必要性。在此基础上，联系思想实际，通过讨论、交换意见，提高认识，增强信心，把思想统一到十二大确定的方针、政策上来，和党中央保持政治上的一致。

会议号召全体委员要团结全县各族人民、各界人士，同心同德，振奋精神，坚持四项基本原则，为实现十二大提出的宏伟目标，完成八十年代三大任务，争取三个根本好转，抓紧四项工作而奋斗。

11月6日，常委会议通过了《政协宜宾县委员会常务委员会关于学习和贯彻十二大文件精神的决议》。

十一、一届十一次会议

1983 年 2 月 3—4 日，宜宾县政协一届十一次常委会议在县政协会议室举行。县政协主席古远友等 16 名常委会组成人员出席会议。

会议由县政协常务副主席陈南风主持。

会议的主要内容是学习胡耀邦关于 1983 年工作要点的重要讲话，中发〔1982〕47 号文件，任景龙关于全国人大、全国政协五届五次会议精神传达报告和全国政协决议；研究开好新春茶话会的相关事宜。

与会者认真学习了胡耀邦在省、市、自治区第一书记会议上关于 1983 年工作的重要讲话，任景龙关于全国政协五届五次会议精神的传达报告，中发〔1982〕47 号文件，彭真关于修改政协章程的说明报告，全国政协五届五次会议决议，以及中共四川省委关于开展向蒋筑英、罗建夫学习的通知，并展开了学习讨论。

会议研究了知识分子工作、文史资料工作、调研视察工作等。

会议通过了《中国人民政治协商会议宜宾县委员会关于学习贯彻五届全国人大、全国政协第五次会议精神的决议》。

十二、一届十二次会议

1983 年 3 月 16 日，宜宾县政协一届十二次常委会议在县政协会议室举行。参加会议的常委会成员 16 人。

县政协主席古远友主持会议。

会议着重研究政协第一届宜宾县委员会第三次会议事务。

会议决定宜宾县政协一届三次会议的议程为七项：传达全国人大和全国政协五届五次会议精神；县政协常委会工作报告；提案工作报告；增选县政协副主席；列席县人大会议；通过宜宾县政协一届三次会议决议；协商宜宾县省人大代表人选。

县政协秘书长宛西北特别说明，根据新的政协章程的规定，除每届政协第一次会议设立主席团外，其他全体会议不设主席团。所以宜宾县政协一届三次会议不设主席团。

会议研究通过了常委会工作报告等相关会议文件，以及会议日程、提案委员会的组成、会务分工和委员编组等相关事宜。

十三、一届十三次会议

1983 年 7 月 5—7 日，宜宾县政协一届十三次常务委员会议在县城柏溪县政协会议室召开。12 名常务委员会成员到会。

县政协常务副主席陈南风主持会议。

会议学习讨论了全国人大、全国政协六届一次会议精神，研究了第三季度的政协工作，参加了中共宜宾县委召开的授予老干部荣誉证书的会议。

会议学习了全国人大六届一次会议开幕词和人民日报社论《走向新的胜利》，全国政协六届一次会议开幕词、闭幕词、政治决议和人民日报社论《巩固和发展中华民族的大团结大统一》；学习了赵紫阳所作的政府工作报告及其他会议文件。

与会人员对全国“两会”选举产生的国家领导人和政协领导人表示一致拥护。认为这是拨乱反正、彻底纠正“文化大革命”错误的胜利成果，是国家走向长治久安、把国民经济搞上去的新的里程碑，是全国人民政治生活中的大喜事。

会议认为，“两会”再次肯定了政协在团结各阶层、各民族等方面所起的积极作用，更加明确了政协的性质、地位和统一战线的方针政策，也是政协工作的新的起点。

会议研究了第三季度的几项工作。一是组织政协委员学习。通过有条件的地方集中委员学习、辅导、座谈讨论，其他委员分片区学或自学，县政协提供学习资料等方式，认真学习“两会”文献和邓小平文选。二是加强文史工作。准备召开一次文史资料座谈会。三是组织委员视察、参观。主要是了解农村的专业户、联营户情况和企业改革的情况。四是协助党委政府落实各项政策。

十四、一届十四次会议

1983 年 10 月 20—22 日，宜宾县政协一届十四次常委会议在县城柏溪召开。

县政协主席古远友主持会议。

会议传达省委〔1983〕60 号文件——《中共四川省委关于印发杨超同志〈学习东北三省经验，努力开创我省政协工作新局面〉的报告的通知》精神，传达宜宾地区政协工作会议精神，参观视察柏溪附近企业、个体工商户，总结一年来县政协工作。

县政协副主席魏长青传达了中共宜宾地委统战部近期召开的宜宾地区党外县政协主席会议精神。这次会议提出要开创政协工作新局面。一是要加强政协的学习和对政协的宣传，提高对新时期政协工作重要性和必要性的认识，把学习邓小平文选作为今冬明春的任务来抓。二是认真贯彻中央“长期共存、互相监督、肝胆相照、荣辱与共”的方针，政协的各种会议要形成制度，政协要听取委员的建议和批评。三是加强做好知识分子的工作。政协组织是知识分子高的集合体，要重点做好委员中的知识分子工作，多开座谈会、交流会，对知识分子问题开展专题调查。四是对台工作。五是文史资料工作。

会议对贯彻省委〔1983〕60 号文件精神进行了讨论。着重探讨了县级政协政治协商、民主监督的具体形式和内容，以及县政协怎样服务于经济建设工作。

针对政协几个工作组无专人负责，活动难以开展的实际情况，会议呼吁县里应当进一步落实县政协的人（增加人员编制）、钱（增加办公经费）和房（办公房和住房），以利于更好地开展政协工作。

与会人员还视察、参观了柏溪镇联合加工厂、正在建设中的县啤酒厂，以及柏溪镇的杨金海、杨明清两个专业户，听取了企业和专业户的意见。

会议决定根据省委〔1983〕60号文件精神提出县政协的贯彻意见，通过县委批转下发，将文件精神贯彻到全县各个方面。

十五、一届十五次会议

1983年12月22日，宜宾县政协一届十五次常委会议在县城柏溪县政协会议室举行。13名县政协常务委员会成员出席了会议。

会议由县政协常务副主席陈南风主持。

中共宜宾县委书记温巨成、县长彭铁肩参加会议。

会议议题是：协商县政协领导人选。

温巨成说，因为机构改革调整县级领导班子，建议古远友不再兼任县政协主席，回县委作专职副书记；建议彭铁肩作县政协主席，增加张国辉作县政协副主席；免去已离休的高祥义县政协副主席职务。并说明了调整领导人选的相关情况。

县政协主席古远友表示赞成，不再兼任县政协主席一职。

参会的常委会成员都作了发言，对县委的建议表示赞同，并对古远友任政协主席期间的工作给予了肯定。

会议根据政协章程，增补彭铁肩为第一届宜宾县政协委员。

彭铁肩表态，愿意担任县政协主席一职，积极做好政协工作。

会后，彭铁肩即调县政协主持工作。

十六、一届十六次会议

1984年1月20日，宜宾县政协一届十六次常委会议在县政协办公室召开。11名常委会组成人员参加会议。

会议由中共宜宾县政协党组书记彭铁肩主持。

会议主要内容是：学习中共中央〔1984〕1号文件；研究县政协一季度工作；准备召开春节茶话会的相关工作。

县政协副主席魏长青通读中央一号文件。

县政协常务副主席陈南风领学中共宜宾县委所发《中共宜宾县委转发县政协党组关于学习贯彻〈中共四川省委关于印发杨超同志《学习东北三省经验，努力开创我省政协工作新局面》的报告的通知〉的报告》（宜县委发〔1983〕80号）。县委指出，人民政协是发扬人民民主，联系各方面人民群众的一个重要组织。各级党组织一定要继续加强对政协工作的领导，充分发挥政协的政治协商和民主监督的职能，广开言路，集思广益，团结各界人士，办好国家和地方的事情，努力开创宜宾县政协工作的新局面。

会议研究了将在第二天（1月21日）召开的春节茶话会的相关事宜。决定所邀请的参会人员以县城柏溪地区的政协委员为主要对象，并确定了14名县政协委员作会上政协方面的发言人。

会议决定第一季度县政协的工作主要是政协换届工作、文史资料工作、设立政协科技服务中心筹备工作和政协委员有关政策落实的检查工作。

十七、一届十七次会议

1984年3月2—3日，宜宾县政协一届十七次常委会议在县政协会议室举行。15名常委会组成人员参加会议。县人大常委会副主任肖少平列席会议。

会议由县政协党组书记彭铁肩主持。

会议的主要内容是：学习中共中央文件及省委相关文件、通知；调整县政协工作组人员及办公室人员；安排几项政协工作。

会议首先学习了中共中央1984年1号文件《关于一九八四年农村工作的通知》，传达了中共四川省委宣传部印发的关于中央1号文件的宣传提纲，与会人员进行了讨论、交流。大家普遍认为，连续几年中央都发出了关于农村工作的1号文件，今年1号文件的着重点是大力发展农村的专业户、重点户，发展小商品生产，允许农村人口在城市做生意，允许自带粮食在城市落户，这又是一项新的改革。政协应就此开展宣传、视察和调研活动，促进各级干部、各个职能部门的思想解放，消除影响农村和农民发展的种种思想和政策障碍，加快农村发展。同时，也要促进农民自身的思想解放。政协还应当充分发挥智囊团的优势，在利用农村剩余劳动力实行联合、联营，进行加工、制造，组建包工队等方式方法上给以合理的建议和指导。

会议还学习了李先念关于全民文明礼貌月发表的广播电视讲话，习仲勋《在落实政策座谈会上的讲话》和中共四川省委关于开展全国第三次全民文明礼貌月的通知。还学习了有关方面关于开展维护和保障妇女儿童合法权益法制宣传月活动的通知。决定在3

月围绕文明礼貌月和维护保障妇女儿童合法权益这两个重点开展政协活动。

会议认为，要做好政协工作，还必须加强机关工作力量。县政协机关干部至今没能配足，建议组织、人事部门按照干部“四化”要求再配备3～4名较年轻的党内外干部。

会议提出将原来的“政治学习组”改为“学习委员会”，以利于更好地组织政协及各界人士的学习活动，推动政协的其他工作，加深委员对政协组织的感情；将原来的“文史组”改为“文史资料研究委员会”。并对各委、组的负责人进行了调整。同时，将政协机关工作人员与各办事、工作机构的联系进行了明确分工。

十八、一届十八次会议

1984年6月11—12日，宜宾县政协一届十八次常委会议在县政协会议室举行。12人参加会议。县委副书记古远友、县委统战部部长姜照荣、县委组织部副部长林世鸿、县政协副秘书长何善全列席会议。

会议由县政协党组书记彭铁肩主持。

会议专门协商确定下一届县政协委员名单。

会议按照县委提出的下届县政协委员原则上不超过200人或不超过县人大代表名额的控制数协商各界别委员。

会议还对第一届县政协常委会工作报告及二届一次会议会务工作进行了研究讨论。

十九、一届十九次会议

1984年6月15日，宜宾县政协一届十九次常委会议在县政协会议室召开。10人参加会议。

会议由县政协常务副主席陈南风主持。

会议对即将召开的宜宾县政协二届一次会议作最后的安排部署。

会议通过了22人组成的二届一次会议主席团名单，以江华林为主任的二届一次会议提案审查委员会名单；通过了二届一次会议秘书长为陈南风，副秘书长为何善全、张新时。

会议还提议新一届政协以区为政协委员小组，由区委副书记（均为县政协委员）作小组召集人，便于独立开展小组活动。

会议通过了政协第二届宜宾县委员会第一次会议议程、日程安排。

第二节　第二届常委会议

一、二届一次会议

1984 年 6 月 23 日，宜宾县政协二届一次常委会议在县政协会议室召开。应到 23 人，实到 19 人。

会议由县政协副主席陈南风主持。

会议研究县政协工作机构的设置问题。

经讨论，决议将原来的文教体育组分成 3 个组，增设提案委员会，形成“八组三委”的工作机构，并以区为单位设立联系小组。会议还明确了县政协常委分工及各委、组负责人和成员。

县政协副主席兼秘书长姜照荣提名，由何善全任县政协副秘书长，得到常委会的一致通过。

会议还研究了政协各委、组、联系小组活动的开展及经费保障等相关事宜。

二、二届二次会议

1984 年 9 月 20—22 日，宜宾县政协二届二次常委（扩大）会议在县文化馆茶园召开。参加会议的除全体常委会组成人员外，扩大到了县政协各委、组负责人和各区联系小组组长，共 38 人参加会议。

县委书记温巨成亦到会作了讲话。

会议由县政协主席彭铁肩主持。

会议的主要内容是学习传达中办转发中央落实政策领导小组扩大会、座谈会纪要文件；杨超赴天津政协学习回川后的讲话。研究各委、组和区联系小组工作。

彭铁肩对二届一次常委会议以来 3 个月的工作进行了小结，就各区政协联系小组工作提出了五点要求：同县政协秘书处保持联系；同当地区委、区公所保持密切联系；同本组委员和所联系的各界人士保持联系；积极就地参加人大、政协、县委、县政府需要的检查、视察工作；积极组织本地委员和所联系人士进行政治和时事学习。

同时，对县政协各委和工作组也提出了五个方面的任务：宣传党和国家有关方面政策、方针及其新成就、新动向；联系有关政协委员和专家学者、知名人士；协助党和政府有关部门推动落实政策，尤其是知识分子政策和统战政策；对重大问题组织专门座谈，提出批评和意见；组织相关专题报告会。

参加会议的县政协其他副主席、常委及各委、组负责人就各自的工作发表了意见。

县政协副主席陈南风对这次常委扩大会议的情况进行了小结。他强调，县政协 11 个委组（即三委八组）和 16 个联系小组就是政协工作的办事机构，虽然都是没有专职办事员的松散机构，但也有自己的工作任务，这就是联系、反映、监督、提批评建议；政协的政治协商、民主监督，在会上、会下和社会生活的方方面面都可以进行，发现问题就可以提出来协商，提出批评意见；各委组和联系小组工作的中心点是团结委员和各界人士，提高大家对党的政策的认识，识大体、论大事，搞好本职工作，充分发挥人才优势；要把委员组织起来，进行定期和不定期的学习，学习中要坚持贯彻“三不主义”和“三自”方针，以及委员自愿参加的原则；委、组及联系小组要订立一些工作制度，由县政协给一点开展活动的必要经费。

温巨成在讲话中说，县政协委组建立起来了就应发挥作用，中心是围绕“两个文明建设”，调动委员的积极性，提供见解，提供建议。他指出了在县里的工农业发展、经济建设、医疗卫生工作、落实相关政策方面存在的问题和障碍，希望得到全县 200 多名政协委员的支持和帮助。

会议决定形成“关于县政协各工作委、组任务和近期活动意见”印发到县政协各委组。

三、二届三次会议

1984 年 12 月 13—14 日，宜宾县政协二届三次常委会议在县政协会议室召开。15 人参加会议。县委副书记吴永坤（亦为县政协常委）参加了会议。

会议由县政协主席彭铁肩主持。

会议的主要内容是学习中共十二届三中全会决定，讨论 1985 年委、组工作计划，调整委、组工作机构。

在会上，各委、组及商州区政协联系小组都对各自一年来的主要工作及活动作了简要总结汇报，并提出在新一年的打算。

会议决定，根据宜宾县的实际和政协工作的需要，同意县政协主席会议的意见，将原来县政协“三委八组”的工作机构进行调整：将原科学技术工作组改为“科学技术委员会”；将原经济建设工作组分为“农业工作组”“工商工作组”和“经济工作组”。调整后，县政协工作机构形成了“四委九组”格局。同时，对各委、组负责人进行了调整。

在会上，与会人员还就筹备成立县教育协会、筹建县中医院，县政协开办补习班、成立科技咨询服务中心，开展老年人保健、体育活动等项重点工作进行了研究讨论。

县政协副主席魏长青在会上汇报了到江苏参观乡镇企业的情况。

四、二届四次会议

1985 年 2 月 10—11 日，宜宾县政协二届四次常委（扩大）会议在县人武部会议室举行。各委、组、联系小组不是常委会组成人员的负责人列席会议。共 22 人参加了会议。

会议由县政协主席彭铁肩主持。

会议的议程是学习中共中央 1 号文件和元旦献词；总结换届以来的工作；讨论研究 1985 年工作意见。

彭铁肩在会上作了换届后半年多来的工作总结。

会议认为，换届以来，县政协首先抓了政协工作机构的建立和工作制度的制定，使 13 个委组（即四委九组）及各区（口）联系小组明确了各自的工作任务和职责，开展活动的目的性和计划性更强了。在常委会，各委、组、联系小组的共同努力下，政协的学习、文史资料、科技、提案工作都进展顺利，取得了初步成效；文教体、群众、统一祖国等工作组都开展了有效的活动。

会议对 1985 年的工作进行了安排部署。

五、二届五次会议

1985 年 4 月 6 日，宜宾县政协二届五次常委会议在县政协会议室召开。14 名常委会成员参加了会议。

会议由县政协主席彭铁肩主持。

会议专题研究政协第二届宜宾县委员会第二次全体会议筹备工作。

会议确定了二届二次会议议程、日程、大会执行主席、会议编组等有关事项。要求县政协各委、组及个别委员要作好大会发言准备。决定会议委员编组原则上按地域块块（区、镇）划分，机关则按口划分。

会议对二届二次会议上的几个主要文件进行了讨论和修改。

六、二届六次会议

1985 年 4 月 12 日上午，宜宾县政协二届六次常委会议在县政协会议室召开，此时正值宜宾县政协二届二次会议期间。

有 16 名常委会组成人员参加了会议。另有张玉莲、邹国珍列席会议。

县政协主席彭铁肩主持会议。

会议根据中共宜宾县委的提议，专题协商县政协秘书长人选。

县政协副主席姜照荣向县委提出因为兼职过多（兼任县委统战部部长、县政协秘书长）、精力有限，自愿辞去县政协秘书长一职。同时，根据上级有关精神，县政协应当配备专职秘书长，确保政协各项工作落到实处。由此，中共宜宾县委提议由县科委主任黄家文到县政协任秘书长。

会议根据政协章程，协商同意黄家文为第二届县政协委员，并同意作为县政协秘书长候选人参加第二天的全委会选举。

会议还讨论研究了宜宾县政协二届二次会议决议草案。

七、二届七次会议

1985 年 7 月 23—24 日，宜宾县政协二届七次常委（扩大）会议在县委第二会议室召开。参加会议的常委会成员，各委、组负责人，各区联系组副组长共 32 人。

会议由县政协主席彭铁肩主持。

会议的主要议程：学习有关重要讲话精神和文章；小结二届二次全体会议以来的工作；研究下半年政协工作。

会上，学习了 5 月 21 日胡耀邦在省、自治区、直辖市负责同志会议上的讲话，中共四川省委书记杨汝岱在中共四川省委四届五次全委会上的讲话，政协报上特约通讯《固镇新步》（介绍安徽省固镇县政协工作经验），随即开展了讨论。通过学习，大家对农村第二步改革、城市经济体制改革以及政协怎样开展履职活动都有了新的认识。

大家一致认为，二届二次会议以来，政协工作是有成效的。大多数委组都开展了活动，而且有的委组开展活动较好，广泛联系了委员和各界人士，在反映意见、宣传政策、沟通思想、调整关系等方面起到了很好的作用。

会议认为，要搞好政协工作，除争取党的领导和群众的支持外，主要还靠委员们自身的努力。委员们要树立光荣感、责任感，把政协工作和本职工作结合起来。

会议在总结成绩的同时，也提了不少意见和建议：一是教育组反映，县上对地处区乡的中小学重视不够，教师分配不合理，造成有些学校教师奇缺，而县城一些中小学教师本来已经超编，每年还在不断分人去。大家认为，应大力扶持区乡中小学教育，以振兴宜宾县的教育事业。二是教育部提出今后要大力发展职业中学。泥溪中学是宜宾县第一所农业中学，受到省上的重视，据悉已拨款 25000 元给该校修房造屋、购置教具，但仍未到位，希望文教局查明原因。三是农业组反映，现在农民不愿交定购粮食，主要是一部分不合理的税收和硬性摊派增加了农民的负担，使农民有抵触情绪。相关部门为了完成任务，又鲁莽地进行“派购”，有些地方的“派购”任务比历年都重，严重地挫伤了农民的积极性。宜宾县是农业县，必须认真贯彻中央〔1985〕1号文件，切实保护农民利益，希望引起县委、县政府的重视。四是医卫组反映，社会上有些人卖假药，坑害了群众，甚至造成生命损失。为了保护人民的身心健康，医卫部门着力贯彻药品管理法，望广大群众密切配合，不要买没有合格商标的、过期变质的药品，更不要买“江湖医生”的药，以防上当受骗。五是为了预防狂犬病流行，县里一再宣传，并成立了专门的办公室。然而狂犬咬人的事情还在频频发生，建议立即采取更为积极有效的措施，防止造成更大恶果。六是机关人浮于事的现象依然存在。七是希望继续落实港、澳、侨台、起义投诚人员、知识分子等各项政策。八是最近宜柏两地的公共汽车各开一段，群众怨声载道，希望县委、县政府结合实际，尽快解决好此事。

会议还就如何贯彻落实县政协二届二次会议精神，深入开展委、组活动，进行了研究讨论，提出了具体措施。

彭铁肩在会议总结时强调，委员应做到“干、看、评、论”，既要干好本职工作，又要履行委员职责，并且一定要实际，不要浮夸。

八、二届八次会议

1985年11月19—20日，宜宾县政协二届八次常委会议在县政协会议室召开。到会17人。

会议由县政协主席彭铁肩和县政协副主席陈南风轮流主持。

会议的议程是：传达学习全国党代会、省委全会精神；听取县政协常委会对政协党组的意见；研究今冬明春的工作。

会议学习了中共中央（1985）19号文件、中央办公厅（1985）53号文件，即全国党代会主要精神；学习了四川省委书记杨汝岱在中共四川省委四届六次全委会上的讲话。对这些文件精神结合宜宾县的实际进行了充分、深入的讨论。

在会上，中共宜宾县政协党组根据整党工作的要求，向县政协常委会征求对党组工作的意见。有的提出，政协应该成为党外人士之家，但下半年因经费紧张，连正常的会也不能开，与政协委员的联系更少了，应该从制定联系委员的制度和增加政协工作经费上着手改进。有的认为政协党组应该加强政协机关的管理，纠正机关工作涣散、资料管理混乱、工作人员不在岗等不良现象。

会议还征求了大家对《宜宾县政协志》（1980年12月至1985年12月）初稿的意见。

九、二届九次会议

1986 年 1 月 27—28 日上午，宜宾县政协二届九次常委会议在县政协会议室召开。17 人到会。县委统战部副部长官忠羽列席会议。

县政协主席彭铁肩主持会议。

会议学习了中共中央〔1986〕1 号文件，回顾了 1985 年县政协工作，研究讨论了 1986 年的县政协工作。

在会上，各委、组对上年工作都作了汇报。

会议认为，委、组活动是县政协工作的基础。在新的一年里，要围绕改革、开放、搞活经济这个中心，积极开展委、组活动，开创政协工作的新局面。

十、二届十次会议

1986 年 3 月 21—22 日，宜宾县政协二届十次常委会议在县政协会议室召开。15 人参加会议。县委统战部副部长官忠羽列席会议。

县政协主席彭铁肩主持会议。

会议研究了宜宾县政协二届三次全体会议议程、日程，讨论了常务委员会工作报告初稿。

十一、二届十一次会议

1986 年 4 月 6 日，宜宾县政协二届十一次常委会议在县政协会议室召开。13 人参加会议。县委统战部副部长官忠羽列席会议。

县政协主席彭铁肩主持会议。

会议确定了即将召开的宜宾县政协二届三次全体会议议程日程、会议值日名单和大会上委、组发言名单。

会议讨论了宜宾县政协二届三次会议决议草案。

十二、临时会议

1986 年 4 月 9 日下午，在县委二会议室召开了宜宾县政协常委临时会议。此时，正值宜宾县政协二届三次全体会议期间。

会议根据中共宜宾县委建议及参加县政协的各人民团体、各界人士的意见，协商任旭文为第二届宜宾县政协副主席候选人。

经协商，一致同意任旭文作副主席人选并向大会推荐，进行大会选举。

会议通过了选举大会的监、计票员名单，并决定采取举手表决的选举方式。

会议还一致同意陈南风、宛西北二人因年事已高主动要求辞去县政协副主席、常委职务的意见。

十三、二届十二次会议

1986 年 8 月 8—9 日，宜宾县政协二届十二次常委会议在县政协会议室召开。15 名常委会成员参加会议。

县政协主席彭铁肩主持会议。

会议学习了《中共中央办公厅转发全国政协机关党组〈关于全国地方政协工作座谈会情况的报告〉》《宁夏回族自治区党委常委会议研究政协工作》《中共扬州市委就进一步加强和改善党委对政协工作的领导作出九项规定》《全国政协工作组组长联席会议纪要》等有关重要文件。

结合文件精神，回顾上半年政协工作，特别是委、组工作，与会者进行了座谈讨论。

会议认为，1986 年以来，县政协围绕改革和“两个文明建设”这个中心，发挥了应有的作用，经济建设、农业、科技、文化、教育、医药卫生、体育、统一祖国、文史、提案、群众等 11 个工作委、组都发挥了联系面广和人才聚集的优势，团结各方面的力量，在宜宾县“两个文明建设”中做了许多工作，取得了一定成绩。

会议强调，1986 年最后几个月，政协工作要取得新进展，必须进一步活跃委、组工作，首先必须保证活动时间。决定从 8 月起，每月三十日（二月为最末一日，逢假日则提前一日）作为委组活动日，由各委组负责人召集其成员进行活动。

会议还拟定了 1986 年最后几个月的工作提纲。其核心是围绕三项体制改革，深入典型调查研究，帮助总结经验教训，修改补充“七五”计划（本县及各单位的），提出关键措施，促进各条战线开创新局面。

十四、二届十三次会议

1986 年 10 月 22—24 日，宜宾县政协二届十三次常委（扩大）会议在县文化馆召开。县政协常委会除 3 人因病、因事缺席外，其余 20 人全部到会。县政协各工作组组长（非常委会成员的）列席了会议。

会议由县政协主席彭铁肩主持。

这次会议学习了中央、省有关重要文件，进行了座谈讨论，研究了今后一段时间的政协工作。

在会上，学习了中共十二届六中全会公报、决议，中办 10 号和川委 55 号文件；传达了省政协工作会议精神；介绍了宜宾地区各界人士经验交流会情况。大家一致认为，中共十二届六中全会公报和决议将是建设具有中国特色的社会主义国家的指南，中办 10 号和川委 55 号文件将对政协工作起重要指导作用；省政协为贯彻这两个文件精神召开的工作会议很及时，体现了党对人民政协这个统一战线组织的重视。

会议提出要乘强劲东风，开拓政协工作新领域，开创政协工作新局面，必须做好以下工作：一是认真学习、宣传、落实党的十二届六中全会和中办、川委两个重要文件精神，由县政协党组向县委写出贯彻意见，争取县委批示转发。二是积极主动争取党的领导。政协必须主动争取县委的领导，经常向县委汇报工作，并请县委指导、检查政协工作；有关地方的大政方针、四化建设和群众生活的重大问题，以及重要的人事安排，要主动争取协商，并诚恳地提出意见和建议；政协有些重要会议希望分管的书记能参加，直接听取群众的意见和建议。三是要继续宣传人民政协的性质、地位和作用。要利用各种机会，通过各种渠道，运用各种方式进行大力宣传，让各方面人士了解政协、信任政协，从而支持政协工作。希望县委、县政府利用各种机会向基层领导和群众进行宣传，建议有关部门订阅一些有关政协的资料，建议县委党校开设“统一战线理论课”。四是积极推动以城市为重点的经济改革，为对内搞活、对外开放和振兴经济作出更大的贡献。要帮助有关部门落实好各项统战政策，特别是政协委员的政策，争取在 1986 年内委员的问题得到基本解决。五是要进一步开展促进台湾统一工作。继续利用政协这个有利条件，采取灵活多样的方式，宣传大陆的形势，做好台、港、澳同胞和海外侨胞来大陆探亲、访友、旅游、观光等接待工作。六是要进一步发挥人民政协人才库的作用，团结所有知识分子、科技人员一道，为振兴宜宾县经济服务。七是加强政协机关思想建设。要加强政协干部理论、政策和业务的学习，不断提高干部素质。选送干部去省社会主义学院学习。让政协机关工作人员抽出一定时间到基层走访、调查，锻炼自己的实际工作能力。

十五、二届十四次会议

1987 年 1 月 19 日，宜宾县政协二届十四次常委会议在县政协会议室召开。15 人出席会议。县委统战部副部长凌受湘、官忠羽 2 人列席会议。

县政协主席彭铁肩主持会议。

会议的议题是：学习中共中央公报和中共中央〔1987〕1 号文件；讨论在宜宾县政协三届一次会议上所作的政协第二届宜宾县委员会常务委员会工作报告（草案）；通过彭铁肩的辞职申请。

会议一致表示拥护党中央的决定，坚决反对资产阶级自由化，加强对青年学生的教育工作。

会议全面总结了政协第二届宜宾县委员会的工作，对常务委员会工作报告提出了修改意见。

会议通过了彭铁肩辞去县政协主席职务的申请。

十六、二届十五次会议

1987 年 2 月 10 日，宜宾县政协二届十五次常委会议在县政协会议室召开。14 人参加会议。

中共宜宾县委副书记骆德富、县委统战部副部长凌受湘、县委组织部副部长杨俊卿、县委统战部工作人员邹国珍等 4 人列席会议。

会议由县政协主席彭铁肩主持。

骆德富代表中共宜宾县委提出了经各界协商产生的政协第三届宜宾县委员会委员名单，交县政协常务委员会协商决定。经过协商讨论，常委会一致通过了第三届宜宾县政协委员名单。

会议还通过了宜宾县政协三届一次会议主席团人员和列席人员名单、常委会工作报告、提案工作报告等有关事项。

第三节 第三届常委会议

一、三届一次会议

1987 年 2 月 25 日，宜宾县政协三届一次常委会议在县城柏溪召开。应到会 31 人，实到会 28 人。

中共宜宾县委书记徐洪金到会并作了讲话。

会议由县政协主席王方泽主持。

会议的议程是：研究 1987 年县政协的工作；研究决定秘书处人选及委、组的建立问题；讨论全委会上委员们提出的几条重要意见。

徐洪金在讲话中表示，这次政协选举的领导班子很成功，年龄结构合理。他向县政协班子提出了四点希望：一是要坚持四项基本原则，充分发挥政协人才聚集的优势，为经济建设服务；二是政协班子中无论党内的还是党外的，都要团结合作，多通气；三是要广交朋友，做好四属（台、港、澳、侨属）工作，争取大陆和台湾的早日统一；四是在工作中要解放思想，注意克服“左”的思想影响。

会议按照政协章程，由秘书长黄家文提名陈克玉（女）任县政协副秘书长，得到会议的一致通过。

会议按照黄家文的建议，明确了县政协秘书处的职责和人员的分工。

县政协副主席张国辉提出了县政协工作机构的设立建议方案。经会议研究决定，第三届宜宾县政协设立“四委八组”，即学习委员会、文史资料研究委员会、提案委员会、科技委员会“四委”，及经济（工商）、农业、教育、文化、体育、医药卫生、群众、祖国统一八个工作组；设立白花等14个区（含宜宾市区）政协委员联系组；并明确了各委、组及联系组的正副组长和成员。

会议还研究、讨论了下一步的工作内容及办法措施。

二、三届二次会议

1987年6月11日，宜宾县政协三届二次常委（扩大）会议在县委二会议室召开。会议扩大到各联系组组长。共27人参加会议。县政协原主席彭铁肩列席会议。

县政协主席王方泽主持会议。

会议通报了县政协换届以来的政协工作情况，研究部署了下半年政协主要工作。

上半年，县政协大力宣传学习中央关于坚持四项基本原则、批判资产阶级自由化的一系列文件，通过各种形式参与政治协商，继续收集、整理文史资料，积极参加县内群团活动及支教、扶贫工作。

会议要求下半年要认真贯彻中央统战工作会议精神，加强对各区联系组的工作指导，办好科技方面的系列讲座，搞好“七七事变”五十周年纪念活动等。

王方泽强调，会后各区联系组回到当地要认真组织传达贯彻全国统战工作会议精神，主动参与一些区上的活动，定期组织委员学习，并加强和县政协秘书处的联系，使区政协联系组的工作有声有色，活跃起来。

彭铁肩发言说，全国统战工作会议精神从广度和深度来看都是史无前例的，算得上是新的里程碑，对促进政协工作的发展十分有利。

三、三届三次会议

1987年7月20日，宜宾县政协三届三次常委（扩大）会议在县委会议室召开。参加会议人员除县政协常委会组成人员外，扩大到政协各委组正副主任及正副组长。共 24 人参加会议。

会议由县政协主席王方泽主持。

会议主要听取县长杨正友通报宜宾县上半年经济工作情况。

杨正友说，上半年与去年同期相比，农业生产形势很好，工业产值、效益同步增长，社会商品零售总额约增长 10%，税收基本完成计划，财政收入也有增加。在归纳了取得成绩的原因之后，他坦陈了还存在的一些问题，如上半年农业上缺肥、缺种、缺柴油的现象较严重；企业管理还存在问题，仍在摸索之中；偷税漏税现象仍然存在。他说，下半年的工作总的设想是深入开展双增双节运动，加快改革步伐，努力完成和超额完成全县国民经济各项任务。然后他阐述了抓工业、农业、商业、税收、财政收入的具体措施。

与会人员对杨正友县长到政协常委会议通报工作情况非常满意，认为这样更有利于县政协知情出力，更好地在“两个文明建设”中发挥作用。并建议各区公所和有政协委员的部门，采取各种形式向本地区、本部门的政协委员通报工作情况，开展多层次、多渠道的协商监督，以充分发挥政协组织的职能作用。

与会人员还在会上向县政府反映了一些基层情况，并提出了一些建议：

一是农民普遍对买不到计划内的生产资料意见很大，希望政府有关部门认真研究，适时供给生产急需物资。紧缺物资（如化肥）要严格控制，最好由供销社的生资部门统一调拨，直接出售给农民，严禁转手倒卖高价出售，坑害农民。

二是凤仪乡发展畜牧业得天独厚，虽然有草，但养兔基本失败；有的农民养了奶牛，但没有加工奶粉的条件，鲜奶又无销路，只好用来喂猪。这样直接影响了农民发展畜牧业的积极性。再如横江区种了多年烤烟，但总是投资大，收益小，许多农民不愿再种。类似情况，在边远山区屡见不鲜。究其原因，主要是缺乏科学技术知识，希望有关部门派出技术力量，加强技术指导。

三是凤仪乡民族村居住着苗、彝两个少数民族，生产落后，生活贫困。由于生活习惯不同，他们一般不愿与汉人接触，建议在当地选拔一个既懂生产、又能吃苦耐劳，且与少数民族合得来的干部帮助他们发展生产，干部费用由政府负担。

四是农民的蚕茧卖给本县比卖给外县价格低，希望本县适当提高收购价格，以提高农民养蚕积极性。

五是据初步了解，凤仪乡的煤和水泥资源丰富，希望县里深入调查，进一步论证。

六是有些工厂技术力量雄厚，产品销路也好，但长期亏损，其主要原因是管理不善。要扭亏为盈，除推行厂长负责制外，党委、工会、职代会必须很好配合，行政人员要精简，做到少而精。

七是部分农民对计划生育政策意见大，除认真做好宣传工作外，还必须解决农村缺医少药问题，保证孩子出生以后能健康成长；特别对五保老人的生活要妥善安排，以解除他们的后顾之忧；还必须提高搞计划生育干部的思想素质，要求他们严格按党的政策办事。

四、三届四次会议

1987 年 11 月 4—5 日，宜宾县政协三届四次常委会议在县政协会议室召开。到会 15 人。

会议由县政协常务副主席张国辉主持。

会议的主题是对赵紫阳在中共十三大所作的工作报告进行学习讨论。

大家一致认为，中共十三大是中国革命历史上的又一伟大转折点和里程碑；赵紫阳的报告是马克思列宁主义理论与中国实践相结合的典范，是指导全面改革继续深入，建设有中国特色社会主义的行动纲领。

与会人员对从严治党、纠正党内不正之风、改善知识分子特别是中年知识分子待遇、物价上涨过快等问题十分关注，并提出了一些建设性意见。

会议还学习了全国地方政协工作组（委）会议一系列文件。

会议将常委们按各自的专业分成三个组，安排于本月内视察观音区钩体病的发生与防治、蕨溪区的油樟基地建设、高场区的粮食生产情况。

五、三届五次会议

1988 年 3 月 9—10 日，宜宾县政协三届五次常委会议在县政协会议室召开。19 人参加会议。

会议由县政协常务副主席张国辉主持。

会议的主要议程是：学习中共中央〔1988〕1 号文件；讨论修改常务委员会工作报告；通过宜宾县政协三届二次会议议程、日程等会务事项。

会议学习了中共中央〔1988〕1 号文件，即中共中央政治局第四次全体会议纪要《关于经济形势和今年的工作》，并进行了讨论。

与会人员对将在三届二次会议上所作常务委员会工作报告初稿进行了讨论、修改，并一致通过。

会议还通过了三届二次会议的其他事项。

会议研究通过了在县政协成立“经济技术咨询服务部”的决定。

会议还就中共宜宾县委统战部提议的免去肖彰陵县政协常务委员职务、保留县政协委员一事进行了协商。

六、三届六次会议

1988 年 3 月 31 日，在宜宾县政协三届二次全体会议期间，召开了宜宾县政协三届六次常委会议。会议在县政协会议室举行，15 人出席会议。

县政协常务副主席张国辉主持会议。

会议的主要议程是：关于提名祝万明为县政协副秘书长；审议、通过宜宾县政协三届二次会议决议。

县政协秘书长黄家文提出，根据中共宜宾县委的建议和政协章程相关规定，提名祝万明任第三届宜宾县政协副秘书长。常委会议通过了该项提名。

常委会议一致通过了宜宾县政协三届二次会议决议。

经会议充分协商，通过了免去肖彰陵县政协常委职务的意见。

七、三届七次会议

1988 年 5 月 16—17 日，宜宾县政协三届七次常委（扩大）会议在县政协会议室召开。不是常委会成员的县政协各委、组及区联系组负责人列席了会议。共 20 人参加会议。

会议由县政协常务副主席张国辉主持。

会议学习了李鹏在全国人大七届一次会议上的工作报告中的部分内容，钱学森在全国政协七届一次会议上的政协工作报告，李先念在全国政协闭幕会上的讲话，以及政协会议决议。

会议对前几个月的县政协工作进行了小结。县政协副主席魏长青通报了县政协联系横江区的情况。

会议着重研究了下半年的政协工作：一是继续组织学习宣传中共十三大文件，全国人大、全国政协七届一次会议的有关文件。柏溪学习组要坚持每月学习一次，各区联系组至少每季度学习一次。重点学习中共十三大文献中关于社会主义初级阶段和党的基本路线的论述。二是继续发挥政治协商、民主监督作用。凡属本县内的重要事宜，如贯彻党和国家的大政方针，重要人事任免，群众普遍关心的物价、治安等问题，要按照中共十三大精神，积极主动与党政领导部门协商，提出意见和建议。尽可能做到协商在决策之前，监督于决策之后。三是围绕经济建设和深化改革这个中心，组织委员进行专题视察、调查（钩体病疫苗预防情况、科技扶持企业情况、柏溪镇庭院经济情况）。四是拟在 6

月举行棋牌赛，在秋天组织中老年人学跳老年迪斯科舞。五是筹划中秋至年底宜宾地区十县（市）政协举办的“宜宾风光书画联展”。六是呼吁各有关方面重视中年知识分子、科技人员身体健康状况，为他们组织体检。七是今年拟出版文史资料选辑两册。八是6月政协科技委员会和县科协联合组织到各区对农民进行科技咨询、宣传服务，主要宣传微量元素肥的作用、生长调节剂的使用方法、农作物病虫害的防治、科学养猪等知识。九是继续做好台、港、澳、侨人员回乡探亲访友的接待、宣传工作，并进一步做引进外资的牵线搭桥工作。十是为进一步做好政协性质、地位、作用等的宣传工作，由文化组出面组织一个政协报道组。十一是呼吁有关部门加强社会治安的管理（特别对台球的管理），严禁赌博风，净化社会环境。

会议通过了《政协经济技术咨询服务暂行规定》。

八、三届八次会议

1988年7月19—20日，宜宾县政协三届八次常委会议在横江区召开。会议应到23人，实到15人。县政协副秘书长，县委统战部副部长，横江区委书记、区长，及驻横江区的县政协委员等7人列席了会议。

县政协主席王方泽主持会议。

19日，与会人员在横江区区长和横江森林所所长的陪同下，考察了石城山森林。

20日，在横江区公所会议室召开会议。

在会上，县政协常务副主席张国辉传达了宜宾地委6月召开的政协、统战工作会议精神，学习了会议有关文件，并进行了座谈讨论。

横江区的区委书记陈天斗、区长欧成铭向县政协常委会议汇报了该区上半年生产、扶贫等工作情况。

会议根据地委政协、统战工作会议精神，结合宜宾县具体情况，明确了几个重要问题：一是在社会主义初级阶段，政协工作也和其他工作一样，根本任务就是为发展生产力服务，就是紧紧围绕经济建设这个总目标开展工作。要逐步地熟悉经济工作，了解经济工作的全局，主动介入经济领域，把政协工作寓于经济活动之中。二是摆正参政议政和为经济建设服务的关系。要积极围绕经济工作中的重大问题和改革开放中群众最关心的问题，有计划有目的地进行协商对话，开展调查研究和科学论证，提出有价值的意见和建议，进一步推动经济决策的民主化和科学化。三是发挥政协的优势，努力为发展生产力服务。完善协商对话制度，变“要我协商”为“我要协商”，进一步提高参政议政质量；继续发挥人才荟萃的优势，广泛开展科技咨询服务活动，有效扶持中小企业、边远山区贫困户、少数民族；举办各种培训班、文化补习班，为县里培养更多的建设人才；要利用政协中各界人士与“三胞”以及国际友人联系多的优势，广泛开展联谊交友活动，以吸引大量台资、外资到县里办企业，为祖国和平统一作出新贡献。四是要组织政协委员学习全国政协七届常委会第二次会议通过的工作规则和专门委员会通则这两个文件，使政协的活动进一步经常化和规范化。常委会同意将原来的每月定期集中学习改为不定期学习，有重要内容临时召集学习，主要倡导委员们自学。

九、三届九次会议

1988年11月4—5日，宜宾县政协三届九次常委（扩大）会议在柏溪召开。

会议分成两个阶段进行。

4日，参加会议的共86人，除县政协常委会成员外，柏溪地区的县政协委员、民盟成员、少数民族代表、各界知名人士代表参加了会议，县委、县政府、统战部、宣传部、工业局、农委、公安局、财办、县供销社、文教局、畜牧局、水电局、卫生局、纪委、县委办、粮食局、科协、体委的主要领导也应邀到会。县委书记徐洪金、县长杨正友、县委副书记罗清孝、副县长张家骧参加了会议。

会议由县政协主席王方泽主持。

会议传达了第六届省政协第三次常委（扩大）会议精神和县委常委（扩大）会议精神，这两个会议的主要内容都是贯彻中共十三届三中全会精神。

随后，县政协常委、委员，民盟成员、少数民族代表、各界知名人士就人民群众最关心的问题与县委、县政府及相关部门协商交流。

协商内容主要涉及物价上涨过快，近期凭票供应粮食、盐巴，社会上赌博风盛行，农用物资（种子、肥料、地膜）供应紧缺，中药材乱涨价，知识分子晋级与工资挂钩兑现问题，以及其他方面的存在问题。杨正友、罗清孝、张家骧及有关部门领导现场回答了各种提问，并表明了应对措施，与会者十分满意。县里主要领导参加，有较大规模，公开透明、开诚布公的协商对话会，尚属县政协成立以来第一次。

5日，县政协常委会议继续举行。14人参加会议。会议由常务副主席张国辉主持。

会议决定年底前组织人员看望驻区、乡政协委员，组织视察经济开发情况和食品的资源、价格、卫生情况。

会议确定已出国定居的县政协原副主席任旭文所分管的提案工作和统一祖国工作分别由黄家文和姜照荣分管。

十、三届十次会议

1989 年 3 月 3—4 日，宜宾县政协三届十次常委会议在县政协会议室召开。14 人参加会议。

副县长张家骧于 4 日列席会议。

会议由县政协主席王方泽主持。

会议的议程是：传达省政协六届二次会议精神；审议修改县政协常务委员会工作报告；研究决定县政协三届三次会议相关事项；协商讨论县政府工作报告。

县政协副主席张国辉传达了 1 月份召开的省政协六届二次会议精神，以及省委书记杨汝岱的讲话精神。在这次会议上，省政协提出了加强自身建设和政协工作经常化、制度化的意见；杨汝岱希望政协在治理整顿中发挥积极作用。

会议研究了宜宾县政协三届三次会议的议程、日程、特邀人员等相关会务，审议、修改了县政协常务委员会工作报告。

在会上，与会人员还提出了将县政协工作机构进行调整，“改组为委”的动议，即将原来的委、组工作机构改为提案委员会、学习委员会、文史资料研究委员会、经济科技委员会、文教医卫体委员会、联谊委员会 6 个专门委员会。得到了会议的一致通过。

会议审议通过了《政协宜宾县委员会常务委员会工作规则》《政协宜宾县第三届委员会专门委员会通则》，这是县政协首次自行制定的制度性文件。

会议对宜宾县人民政府将在县人大九届四次会议上所作的政府工作报告进行了协商审议。副县长张家骧到会听取了常委会意见。县政协主席王方泽认为，将政府工作报告在报告前提交县政协协商，为政协高层次协商开了个好的先例。

十一、三届十一次会议

1989 年 3 月 29 日，宜宾县政协召开三届十一次常委会议，时逢宜宾县政协三届三次会议期间，常委会议在县委党校会场召开。15 人出席会议。

县政协常务副主席张国辉主持会议。

会议的主要议程是：讨论通过宜宾县政协三届三次会议决议；审议修改《政协宜宾县委员会关于政治协商、民主监督经常化、制度化的意见（草案）》。

经过讨论、修改，会议通过了中国人民政治协商会议第三届宜宾县委员会第三次会议决议。

与会人员认真审议、修改了《政协宜宾县委员会关于政治协商、民主监督经常化、制度化的意见（草案）》。与会者认为，有了制度化的文本，可以使政协的政治协商、民主监督内容和形式都能更加明确，也使政协和政府相关部门各方面都心中有数，把政治协商、民主监督落到实处。因此，参照省政协出台的《关于政治协商、民主监督经常化和制度化的意见》，结合宜宾县的实际，制定这一制度很有必要。

会议还对县政协1989年的工作要点作了讨论修改。

十二、三届十二次会议

1989年7月4—6日，宜宾县政协三届十二次常委会议召开。

会议由县政协常务副主席张国辉主持。县政协主席王方泽出席会议。

会议学习了《中国共产党十三届中央委员会第四次全会公报》等3个重要文件。之后，会议进行了座谈讨论。

大家一致表示要与党中央保持高度一致，风雨同舟，患难与共。党政部门官倒腐败现象仍然不可忽视，影响坏，造成的损失也大，党中央已经采取了一些措施，但还不够，相信党中央对此是有能力、有办法的。

学习座谈会后，县财委、计经委、农委应邀在常委会议上通报了宜宾县上半年的经济工作，详细介绍了全县工业、农业、财政金融、物资供应等方面的情况。常委会议提出了意见和建议。

县政协各专门委员会负责人在会上汇报了上半年的工作。

十三、三届十三次会议

1989年12月5—7日，宜宾县政协三届十三次常委会议在县政协会议室召开。出席会议15人，列席会议2人。

会议由县政协副主席魏长青主持。

会议的主要议题是学习贯彻中共十三届五中全会精神；总结全年政协工作；研究县政协换届有关事项。

会议学习了《中国共产党第十三届中央委员会第五次全体会议公报》《江泽民在党的十三届五中全会上的讲话》等相关文件，对五中全会精神进行了认真讨论。

在会上，常委会成员汇报了各自所分管的工作，对全年的政协工作进行了总结。

会议研究了县政协换届事项。县政协副主席姜照荣强调了换届工作中的一些原则性规定，即按照省委68号文件精神，县政协委员规模保持在上届水平，中共委员的比例不超过40%，党外委员的比例不低于60%，以及年龄方面的要求等。中共宜宾县委已经批复成立了宜宾县政协换届工作筹备小组，由王方泽任组长。政协第四届宜宾县委员会委员仍由 18 个界别组成，与上届同。会议对换届工作进行了协商讨论。

十四、三届十四次会议

1990 年 1 月 18 日，宜宾县政协三届十四次常委会议在县政协会议室召开。到会 12 人。

县政协副主席魏长青主持会议。

会议专题讨论修改将在宜宾县政协四届一次全体会议上所作的第三届宜宾县政协常务委员会工作报告（草案）。

经过讨论，会议通过了该报告，并委托县政协主席会议定稿。

十五、三届十五次会议

1990 年 2 月 19—20 日，宜宾县政协三届十五次常委会议在县政协会议室召开。

会议分作两天两个阶段进行。两天的会议均由县政协主席王方泽主持。

19 日，常委会研究决定县政协换届相关事宜。14 名县政协常委会成员参加了会议。何世春、祝万明、陈克玉、彭德森、凌受湘 5 人列席会议。

在会上，县政协秘书长黄家文汇报了换届筹备工作总体情况。

县委统战部凌受湘提出了经县委同意的 172 名政协第四届宜宾县委员会委员名单，经会议协商，决定把公安、法院等政法界人员列入特邀界别，将委员人数定为 174 人。

会议决定了政协第四届宜宾县委员会第一次会议的议程、日程、会议正副秘书长、会议特邀人员名单等其他事项。

20 日，常委会议协商县政府工作报告。

12 名县政协常委会成员参加了会议。代理县长张明泉等 5 人列席会议。

与会人员对县政府工作报告提出了自己的修改意见。

第四节　第四届常委会议

一、四届一次会议

1990 年 3 月 8 日下午，宜宾县政协四届一次常委会议在县委党校会议室召开。常委会成员中，除 3 人因事请假外，其余 22 人出席会议。

会议由县政协主席何世春主持。

会议的主要议程是：协商通过政协第四届宜宾县委员会副秘书长人选；协商确定县政协各专门委员会和各区、镇联系组负责人；研究、讨论近期县政协工作。

县政协秘书长黄家文首先向新一届县政协常务委员会成员简要说明了县政协主席会议、常委会议、专门委员会及县政协秘书处的相互关系和职责，接着按照政协章程提名祝万明、陈克玉为县政协副秘书长，交常委会议协商。经表决，常委会议全票通过祝万明、陈克玉为政协第四届宜宾县委员会副秘书长。

何世春提出了关于县政协6个专门委员会及各区、镇联系组的设置和负责人名单方案，交常委会协商确定。经讨论，常委会议认为原第三届委员会设置的学习、提案、文史资料研究、经济科技、文教医卫体、统一祖国联谊6个专门委员会，及在各区镇均设一个政协联系组，适合宜宾县政协工作实际，故同意了该方案。

常委会议还对近期政协工作进行了安排部署。

二、四届二次会议

1990年4月21日，宜宾县政协四届二次常委会议在县政协会议室召开。23人出席会议。

会议由县政协主席何世春主持。

会议学习中发〔1990〕5号《关于加强党同人民群众的联系》文件，讨论县委七届二次扩大会议关于贯彻中共十六届六中全会精神的意见，讨论县政协1990年工作要点，协商县政协人事安排。

会上，宣读了县委关于人大政府政协党组成员名单，以及陈树田等（含政协领导）的任职通知。

县政协副主席甘智年宣读了中央5号文件，与会人员进行了讨论。

县政协常务副主席彭德森宣读了县政协1990年工作要点初稿，大家对要点提出了意见和建议。

为了解决区、镇委员分布不均的问题，根据县委统战部建议，增加商州供销社主任郭希生、横江集体商店经理万先玉二人为县政协委员。经协商，常委会一致赞同增补郭希生、万先玉为政协第四届宜宾县委员会委员。至此县政协委员总数为177名。

会议还研究了其他政协人事安排。

三、四届三次会议

1990年7月18日，宜宾县政协四届三次常委会议在县政协会议室召开。20人出席会议。

县政府副县长刘大胜率王万举、刘中仕等政府相关人员，加上县政协机关人员共9

人列席会议。

会议由县政协主席何世春主持。

会议的主要内容：学习省委 19、21 号文件，各专门委员会汇报半年工作；听取县政府关于工业生产的情况通报。

与会人员提议：县委、县人大、县政府应当派领导同志列席县政协的常委会议，直接了解政协意见；县政府在决策之前，应该先在县政协常委会议协商；与相关职能部门还应实行对口协商。

县政协各专门委员会向常委会议汇报了上半年的工作情况。

王万举受县政府委托向常委会议通报了上半年工业生产情况及下半年的计划。与会人员与县政府方面进行了交流对话，并提出了建议。

四、四届四次会议

1990 年 10 月 19—20 日，宜宾县政协四届四次常委会议在县政协会议室召开。19 人出席会议。

县委副书记阳通富、县人大副主任李伯章、县政府副县长张家骧等 6 人列席会议。

会议由县政协主席何世春主持。

会议的议程是：审议通过《中国人民政治协商会议宜宾县委员会关于政治协商、民主监督暂行规定的实施细则》；听取县政府关于治理“三乱”的工作通报。

在对《实施细则》的讨论中，阳通富首先表态，制定《实施细则》的目的，就是依据中发〔1989〕14 号文件，省委〔1990〕19 号、21 号文件，以及县委〔1990〕54 号文件的精神，使政协的政治协商、民主监督更加制度化；并对现行的党管干部政策中一定程度的保密原则与实施政协人事协商的相对关系作了解释说明。与会者对《实施细则》进行了充分的讨论，提出了各自的看法和修改意见。会议通过了《实施细则》，并请县政协党组定稿后呈报县委批转。

张家骧向常委会议通报了全县清理整顿“三乱”（乱收费、乱摊派、乱罚款）的工作情况。与会者肯定了全县治理整顿“三乱”所取得的成绩，同时也反映了在地方、部门、行业、单位中尚存的“三乱”现象，要求县政府按中央和省委的相关文件精神对照检查，坚决贯彻执行。

五、四届五次会议

1991 年 1 月 21—22 日，宜宾县政协四届五次常委会议在县政协会议室召开。19 人出席会议。列席会议 5 人。

会议由县政协主席何世春主持。

会议的议程是讨论将在县政协四届二次全委会上所作的常务委员会工作报告；研究县级机关政协委员对口分组问题；讨论修改县政协 1991 年工作要点。

会议对常务委员会工作报告进行了讨论、修改，责成县政协秘书处完成修改任务，交县政协主席会议定稿。并确定何世春为报告人。

县政协常委副主席彭德森向会议公布了县政协主席会议初拟的县级机关委员对口分组方案，与会者就此进行讨论。经表决，一致通过了将县级机关委员分为计建委、农委、财委、文教、卫生、党群政法 6 个组开展活动，还明确了各组的正、副组长。

会议研究了县政协 1991 年的工作要点，拟请县政协党组呈报县委予以批转。

六、四届六次会议

1991 年 2 月 23 日，宜宾县政协四届六次常委会议在县政协会议室召开。25 人出席会议。

县委副书记阳通富、县长张明泉、副县长张家骧等 6 人列席会议。

县政协主席何世春主持会议。

会议专题协商县政府 1990 年工作报告、财政预决算报告和国民经济计划报告。

县政协常委会议对三个报告进行了认真讨论，提出了应当修改的意见和建议。

七、四届七次会议

1991 年 6 月 4 日上午，宜宾县政协四届七次常委会议召开，16 人出席会议。

县委副书记阳通富、县委组织部部长张学文列席会议。

会议由县政协主席何世春主持。

会议专题协商宜宾县政府代县长、副县长人选。

张学文向县政协常委会议通报，因原县委书记徐洪金调走，根据上级文件通知，由县长张明泉任县委书记，拟任副县长张家骧为县政府代理县长；另外原副县长周宏光调走，拟任省人行下派的甘全中任宜宾县副县长。提请县政协常委会议协商。

经常委会议充分协商，一致赞成由张家骧任代理县长、甘全中任副县长，并对他们提出了殷切希望，要把宜宾县的经济搞上去。

常委会议还研究了县政协其他工作。

八、四届八次会议

1991年6月18—19日，宜宾县政协四届八次常委会议在县政协会议室召开。19名常委会组成人员出席会议。

中共宜宾县委副书记阳通富，县政府副县长刘云开、任自力等9人列席会议。

会议由县政协主席何世春主持。

会议的议程是：刘云开通报全县蚕桑生产情况；阳通富通报全县农村社会主义教育开展情况；传达学习全国政协七届四次会议文件精神。

刘云开介绍了全县栽桑养蚕的基本情况，展现了大力发展蚕桑生产对发展农村经济、增加农民收入的显著成果和美好远景，批评了有的区乡干部思想认识落后于形势，没有正确处理好蚕桑生产与粮食生产以及农民增收致富之间的辩证关系。县政府要求蚕桑生产还要加快发展的速度和规模，层层落实责任制。

阳通富向常委会议通报了近来一段时间在全县各区、乡普遍开展的农村社会主义教育基本情况。

县政协副主席魏长青领学全国政协七届四次会议相关文件。常委会议进行了认真讨论。

九、四届九次会议

1991年9月14日，宜宾县政协四届九次常委（扩大）会议在县政府招待所召开。县政协常委会组成人员、各专门委员会正副主任、各区联系组组长、县级机关对口联系组组长共38人参加了会议。

县委、县人大有关领导也应邀列席了会议。

会议由县政协主席何世春主持。

会议的议程是：县政府通报全县社会治安综合治理工作情况；县监察局通报纠正行业不正之风工作情况；通过县政协工作机构人事任免。

会前，县政协秘书处于8月19日向县政府送交了《请政府通报有关情况的函》，函请通报社会治安综合治理和纠正行业不正之风工作情况。

副县长任自力向会议通报了全县社会治安综合治理工作情况：

一是宣传贯彻上级文件，布置落实综治工作。4月初，县级几套班子领导集中学习了中央、国务院《关于加强社会治安综合治理的决定》和省委〔1991〕16号文件，县委下发了〔1991〕33号文件，将原综合治理小组改建为综合治理委员会。县里制定了《关于全县开展社会治安综合治理的实施办法》和《综合治理五年规划》，将综合治理工作纳入农村社教内容，层层建立组织领导机构，签订了1991年治安目标管理责任书，整顿了区乡治保、调解组织，广泛开展群防群治工作。

二是运用各种手段从各方面治理社会治安。运用打击、防范、教育、管理、建设、改造6种手段，从政治、经济、行政、文化、教育等各方面入手治理社会治安，开展了“严打”工作，捕、判了一批罪犯。1—6月全县共逮捕罪犯159名，判处各类罪犯185名，同时还开展了除“六害”专项治理，收效甚好。公安机关在抓“严打”的同时，狠抓了社会治安管理，对基层治安室、治保组进行整顿建设，查处治安案件653件，处罚545人。

三是存在的问题。组织机构目标管理、治理措施还未全部落实；齐抓共管局面未完全形成；一些地方的赌博、拐卖妇女儿童的情况仍然较严重，多发案、暴力性案件居高不下等。

与会人员针对通报情况建议：消除条块分割、互相推诿的现象，共同担起治理的责任；进一步健全组织，落实制度，明确职责，推广经验；县级机关各大口领导，也应纳入柏溪镇综合治理领导组成员内等。

县监察局副局长张春阳向会议通报了纠正行业不正之风工作情况：

县委、县政府于5月上旬召开了有各区（镇）秘书、县级各部门有关领导、专兼职监察员参加的会议，研究安排部署了今年的纠风工作。农委派员深入乡、村，调查农民负担情况，并向县委、县政府写了调查报告。县监察局也作了调查，并帮助农民解决一些具体问题。白花、柳嘉、高场、喜捷等区和县级一些部门已把纠风工作摆上议事日程。

但纠风还存在一些问题：个别单位有本位主义，存在只纠别人，不纠自己的现象；一些部门表现很软弱，不敢碰硬，有些部门的下属单位至今未办收费许可证。

与会者普遍认为，存在的问题尚须努力整改，建议：通报的材料比较粗糙，以后应该更细致些；有些必须的收费，要规定收费项目和标准；医药问题较多，希望对医药部门进行认真整改；县内工程建设，应搞公开招标，可杜绝一些腐败现象；等等。

何世春、县政协副主席魏长青及与会者就围绕这两项工作县政协所开展的调研、视察活动情况，以及所收集到的社会各方面反映出的种种问题，同政府方面交换了意见。

在会上，常委会议还一致通过补任姜照荣为学习委员会副主任委员。

十、四届十次会议

1991年10月14日，宜宾县政协四届十次常委会议在县政协会议室召开。18名常委会组成人员出席会议。5人列席会议。

县委副书记阳通富等4人参加会议。

会议由县政协主席何世春主持。

会议专题协商《中共宜宾县委关于制定我县国民经济和社会发展“十年规划”和“八五计划”的建议》（宜县委发〔1991〕73号）。

阳通富向与会者作了县委《建议》的解读。

常委会议就县委《建议》开展了讨论，赞成县委以大力发展工业为全县工作重点，改变以粮猪为主的传统农业结构，加强科技和教育工作的战略构想。

十一、四届十一次会议

1991年11月19日，宜宾县政协四届十一次常委会议在县政协会议室召开。15人出席会议。5人列席会议。

副县长李世庄受邀参加了会议。

会议的议程是：听取县政府关于世行贷款造林情况通报；协商通过在部分专委会设置专职副主任事项；协商通过宜宾县科协成为宜宾县政协组成单位。

刘中能受县政府委托通报了全县利用世界银行贷款植树造林的工作情况。常委会议对世行贷款造林工作中的质量、管理、资金及承包方式等问题表示了关注。李世庄回答了与会者提出的一些问题。

会议通过了由县政协党组提交的任命几个专门委员会的专职副主任委员的建议，即彭思云任提案委员会专职副主任委员；黄锐林任文史资料委员会专职副主任委员；肖万能任经济科技委员会专职副主任委员；刘帝坤任学习联谊委员会专职副主任委员。

会议还通过了宜宾县科协为宜宾县政协组成单位。

会议安排部署了近期县政协工作。

十二、四届十二次会议

1992年元月9—10日，宜宾县政协四届十二次常委会议在县政协会议室召开。16人出席会议，县政协机关5名工作人员列席会议。

会议由县政协主席何世春主持。

会议首先学习了中发〔1991〕21号文件，即中国共产党十三届八中全会决议，以及省委书记杨汝岱在省全委会上的讲话、中共宜宾县委〔1992〕1号文件。会议围绕上述文件精神并结合宜宾县的实际开展了讨论。与会者认为中央21号文件，意义很重大，让宜宾县这个改革开放试点县增强了信心。虽然宜宾县改革的力度大、收效微，但是改革必须深化，不能忽左忽右，也要允许失误。关键是要坚定信念，工作务实，认真总结经验教训。

会议对县政协 1991 年的工作进行了总结。

会议讨论了县政协 1992 年的工作要点。

会议决定由何世春代表常委会，在宜宾县政协四届三次会议上作常务委员会工作报告。

十三、四届十三次会议

1992 年 2 月 17 日，宜宾县政协四届十三次常委会议在县政协会议室召开。16 名常委会人员出席会议。县政协机关 3 人列席会议。

县委、县政府领导张家骧、阳通富、张学文及相关工作人员共 9 人列席会议。

会议由县政协主席何世春主持。

会议首先协商讨论《政府工作报告》《关于 1991 年国民经济和社会发展计划执行情况及 1992 年计划的报告》《关于 1991 年财政决算和 1992 年财政预算的报告》，与会者提出了自己的意见和建议。

会议接着协商了宜宾县政府领导人选。县委组织部向常委会议提出了由代理县长张家骧任宜宾县县长的建议，并介绍了张家骧的简历和工作表现。经协商，县政协常委会议一致同意张家骧为宜宾县县长候选人。

会议还研究了宜宾县政协四届三次会议的议程、日程及会务事项。

十四、四届十四次会议

1992 年 6 月 12—13 日，宜宾县政协四届十四次常委会议在县政协会议室召开。16 人出席会议。

县政府副县长李世庄，县政府、县保险公司及县政协机关工作人员共 13 人列席会议。

县政协常务副主席彭德森主持会议。

会议的议程是：县政府通报保险工作情况；传达宜宾地区十县（市）政协联系会及川滇十二县（市）政协工作会议精神；学习宜宾县体制改革有关文件。

刘运火受县政府委托向常委会议通报了保险工作情况。与会者对保险工作中的宣传、农村普及和及时足额赔付等问题，提出了意见和建议。

在会上，传达了近期在珙县召开的宜宾地区十县（市）政协联系会和在高县召开的川滇十二县市政协工作会议精神，大家对照外地政协工作的先进经验，查找了自己的不足。尤其是各地政协充分发挥智囊团作用，积极牵线搭桥，直接或间接服务于经济建设的事例，给与会者留下了深刻的印象。

会议还学习了县体制改革的相关文件，研究、讨论了县政协领办、协办企业工作。

十五、四届十五次会议

1992年9月8日，宜宾县政协四届十五次常委会议在县政协会议室召开。14人出席会议。县政协机关6人列席会议。

县政府副县长雷智灵参加了会议。

县政协主席何世春主持会议。

雷智灵向会议通报了宜宾县大林业开发情况。与会者就大林业开发工作提出了意见、建议。

会议还介绍了宜宾县建经济开发区的情况。

十六、四届十六次会议

1992年9月28日，宜宾县政协四届十六次常委会议在县政协会议室召开。13人出席会议。5人列席会议。

县委副书记李世庄、县政府副县长任自力参加了会议。

县政协主席何世春主持会议。

会议专题通报宜宾县撤区、并乡、建镇工作情况。

会议学习了省民政厅川府民政〔1992〕69号《关于同意宜宾县撤区并乡扩建镇的意见》和宜宾地委宜委发〔1992〕19号《关于调整区乡镇建制的意见》文件精神。就此，宜宾县县以下调整为27个乡、镇。

李世庄向会议通报了全县撤区并乡建镇工作情况。

会议决定县政协原有的区联系组暂时不变，待换届时再按新区划进行调整。

县政协副主席魏长青通报了宜宾地区政协工委到县了解政协文卫科教委工作的情况，并传达了省政协绵阳会议精神。

十七、四届十七次会议

1992年11月27—28日，宜宾县政协四届十七次常委会议在县政协会议室召开。14人出席会议。5人列席会议。

县政府副县长杨为民参加会议。

会议由县政协主席何世春主持。

会议的议程是：学习贯彻中共十四大精神；县政府通报房改情况。

会议学习了省委有关文件和县委关于宣传落实中共十四大精神的通知。与会者围绕建立社会主义市场经济展开了深入的讨论，对兴起的全民经商办企业、开公司也谈了各自的认识。

杨为民向会议通报了自去年成立房改办以来，全县的房改情况。与会者就房改过程出现的一些问题与政府方面交换了意见。

何世春就政协换届工作和下届政协委员人选的协商问题向会议作了简要的说明。

十八、四届十八次会议

1993 年 1 月 11 日，宜宾县政协四届十八次常委会议在县委常委会议室召开。17 人出席会议。

县委副书记李世庄、县人大副主任文昭奎、县委组织部部长张学文、县人武部政委殷国庆等有关领导及县纪委人员参加了会议。

县政协主席何世春主持会议。

会议的议程是：商定下届县政协委员名单；讨论修改第四届宜宾县政协常务委员会工作报告。

李世庄表示，就县委提出的下届县政协委员名单征求本届县政协常委会的意见，以企下届政协委员的构成更符合基层实际。

县委提出的政协委员名单共 220 名，其中乡镇 112 名，机关 108 名；中共党员 84 名，占 38.2%。

经充分酝酿讨论，常委会议同意了县委提出的 220 名下届县政协委员名单。

会议对第四届县政协常务委员会工作报告进行了审议、修改，通过了该报告。

李世庄、文昭奎、殷国庆及县纪委人员等分别代表县级几套班子，对政协第四届宜宾县委员会的工作表示了充分肯定和赞许，希望新一届政协在中共十四大精神的指引下，更好地参与中心、服务中心，参与改革、服务改革，在服务经济建设中发挥更大的作用。

第五节 第五届常委会议

一、五届一次会议

1993 年 2 月 26—27 日，宜宾县政协五届一次常委会议在县委党校礼堂举行。一人因事缺席，26 人出席会议。

县委副书记李世庄参加了会议。

会议由县政协主席何世春主持。

会议的议程是：设置政协专委会机构；讨论1993年工作要点；研究决定政协联系组的划分和负责人；协商县人大、县政府领导候选人。

宜宾县政协上届设立6个专委会，没设编。本届建议设置3个专委会，即学习提案联谊委员会、经济科技委员会、文教医卫体委员会；将政法部分列入文教医卫体委员会中。经会议讨论后，一致表决通过，设3个专门委员会，名称暂定为：提案学习联谊委员会、经济科技委员会和文史社会事业委员会。相关专委会负责人待下次常委会议确定。

关于政协委员联系组的划分问题，会议确定了两个原则：一是镇乡按块块（即分乡镇）划分，二是机关按界别划分。经讨论，乡镇委员划分为27个乡镇政协联系组，以乡、镇党委的统战委员为组长。机关的划分留待下次常委会议再定。会议一致同意双谊乡蒋太升等27人为乡镇政协联系组组长。

会议认真研究讨论了宜宾县政协1993年的工作要点，并交县政协秘书处整理后，再交县政协党组转报县委批转。

李世庄就本届宜宾县人大、政府候选人情况向常委会议作了一一介绍，并宣读了候选人简历。会议通过了县人大主任、副主任、常委，县政府县长、副县长，法院院长及检察院检察长候选人名单。并对候选人的选择和政府工作提出了意见、建议。

二、五届二次会议

1993年4月8日，宜宾县政协五届二次常委会议在县政协会议室召开。

会议由县政协主席何世春主持。

会议的议程是决定各工作委员会负责人及组成人员；确定政协机关联系组的划分及正副组长；学习全国政协主席李瑞环的讲话；明确县政协正、副主席的分工；研究宜宾县政协1993年工作。

会议首先由县政协副主席任自力领学全国政协主席李瑞环在全国政协会议上的讲话。

根据政协章程的规定，结合宜宾县的实际，会议决定设立学习提案联谊工作委员会、经济科技工作委员会和文史社会工作委员会3个专门委员会，任命了委员会主任、副主任，各专门委员会明确了5～7个专委会委员。

会议决定在县级机关设立8个联系组，即党群、政法、财贸、计经、农口、教委、卫生和综合联系组，分别从第一至第八命名并确定了各组的组长和副组长。至此，县政协共设立了27个乡镇联系组、8个县级机关联系组。会议明确这些联系组均不作为一级政协机构，仅为便于开展政协活动而设置。

在会上，围绕县委批转的县政协1993年工作要点，大家对全年学习、视察、专题调研活动提出了意见和建议。

最后，何世春通报了正副主席和政协机关工作人员的分工情况，地委于3月10日召开的扩大会议情况和政协联系乡镇、企业的情况。

三、五届三次会议

1993年9月22日，宜宾县政协五届三次常委会议在县政协会议室召开。27人出席会议。

副县长陈其敏参加了会议。乡镇企业局甘道富列席会议。

县政协主席何世春主持会议。

会议专题听取县政府关于乡镇企业发展的情况通报。

陈其敏代表县政府通报了全县乡镇企业的情况，并指出，全县乡镇企业发展势头是好的，企业的发展对于减轻农民负担、改善人民生活起到很大的作用。与会者就乡镇企业发展中怎样处理好巩固和发展的关系、建立科学的考核标准、老企业的管理和改造、加强企业审计等问题提出了意见和建议。

在听取通报前，会议还学习了中央、省、地、县的几个关于政协工作的重要文件。

四、五届四次会议

1993年11月16日下午，宜宾县政协五届四次常委（扩大）会议在县政协会议室召开。18人出席会议。另有县内5名非党知名人士应邀列席会议。

县委副书记李世庄、县纪委书记李光银参加了会议。

会议由县政协主席何世春主持。

会议专题听取中共宜宾县委关于党风建设和反腐倡廉情况通报。

李世庄代表县委向会议通报情况。

县纪委公布了全县副县级以上领导干部廉洁自律“五不准”及在企业入股情况，以及县级机关办经济实体、干部经商办企业的清理、查处情况。

常委会议对全县反腐倡廉和党风建设工作尚存在的问题提出了意见、建议。参会的各界知名人士也提出了自己的看法和建议。多数与会者要求县里在纠正乱收费问题和切实减轻农民负担问题上继续抓实抓好，并在制度建设上下功夫。

五、五届五次会议

1993年12月16—17日，宜宾县政协五届五次常委会议在县政协会议室召开。23人出席会议。

副县长刘大胜参加了会议。

会议分别由县政协主席何世春和县政协副主席任自力主持。

16 日，在何世春的主持下，会议传达学习了省、地、县委政协工作会议精神，以及省政协主席聂荣贵、宜宾地委书记高万权在政协工作会议上的讲话。然后，对中共宜宾县委拟就的政协工作意见进行了讨论。

会议对县委关于政协工作的意见进行了充分的讨论，提出了修改意见。

17 日，在任自力的主持下，常委会议听取县政府关于标准计量情况通报。

刘大胜、县技监局局长王万举向会议作了县技术监督工作的情况通报。

会议肯定了这些年技术监督工作做出的成绩。

会议严肃批评了有的领导在会上公开称不能打假，要保护企业利益的错误说法，要求政府切实保护消费者利益，加强对技术监督工作的领导。与会者提出对市场上不断出现的假冒伪劣商品要坚持长期打下去，不能手软，要强化全社会产品的质量意识。会议还提出要严格检查检测标准，杜绝乱收费现象。

六、五届六次会议

1994 年 1 月 7 日，宜宾县政协五届六次常委会议在县政协会议室召开。20 人出席会议。

县政协主席何世春主持会议。

会议专题讨论即将召开的宜宾县政协五届二次全体会议上的常务委员会工作报告。

经讨论，会议原则通过了县政协五届二次会议上的常务委员会工作报告初稿。建议作细小修改后由县政协主席会议定稿。

会议还提出按省政协的通知精神，县政协委员所在单位应该为其订一份政协报。

七、五届七次会议

1994 年 2 月 22 日，宜宾县政协五届七次常委会议在县委二会议室召开。17 人出席会议。

副县长游柱先等参加了会议。

会议由县政协主席何世春主持。

会议专题协商讨论宜宾县政府 1993 年工作报告和国民经济发展情况报告。

在会上，游柱先和县计委蒋万林分别对县政府工作报告和国民经济发展情况报告作了介绍和说明。

与会人员对这两份报告进行了认真阅读和协商讨论，并提出了自己的修改意见。

会议认为政府一班人在过去的一年作了很大的努力，取得了较为满意的成绩，希望今后在进行社会主义市场经济改革、转换企业经营机制、防止国有资产流失、两个文明一起抓、加大农业投入等方面做出更大的成绩。

八、五届八次会议

1994年7月6日，宜宾县政协五届八次常委会议在新落成的县政协办公楼会议室召开。20人出席会议。

县人大副主任李伯章、县农委主任陶天华列席会议。

会议由县政协主席何世春主持。

会议的议程是：听取县政府关于农业“稳粮增收，调结构”的情况通报；传达宜宾地区十县（市）政协第九次联系会议精神。

会议开始后何世春宣布，从这次常委会议起，县人大、县政府领导都要列席县政协常委会议，但这次因特殊情况，县政府领导没来参加，由农委主任陶天华通报农业稳粮增收调结构情况。

陶天华作通报后，常委会议进行了讨论，并提出了意见、建议。

县政协经济科技工作委员会在这之前所进行的调研基础上，提出了七点建议，即加强科技种田，引进良种，以提高粮食产量；尊重农民种植自主权，提高农民种田积极性；关于农业方面的有关文件应送县政协，以便知情出力；修复水利设施，加强水利建设；加强农技干部队伍建设和技术知识培训，提升农业科技水平；有计划地进行劳务输出，增加农民收入；给予农村专业户一定的扶持和优惠政策，巩固专业户经济。

会议还传达了宜宾地区十县（市）政协第九次联系会议的相关精神。

九、五届九次会议

1994年9月23日，宜宾县政协五届九次常委会议在县政协会议室召开。19人出席会议。

县人大副主任赵希英、县政府副县长陈其敏等列席会议。

会议由县政协主席何世春主持。

会议的议程是：听取县政府关于国有资产管理的情况通报；参观“四〇二发电总厂”。

陈其敏向会议作“宜宾县企业产权制度改革中国有资产评估和管理情况的通报”，县国有资产管理局负责人就国有资产的分布情况、国有资产的管理工作和国有资产管理下一步的工作向会议作了补充介绍。

县政协经济科技工作委员会主任肖万能向会议作“关于对国有资产评估和管理情况

的调查情况”的汇报。

与会人员一致认为，宜宾县国有企业转制时间短、任务重、措施具体、效果很好，受到中央、省、地的肯定，为全国县级综合改革作出了贡献。但是，还有一些问题需要解决和完善。

与会人员与县政府交换了调查中所发现的问题，并提出了五点建议：

一是认真贯彻《国有企业财产监督管理条例》；

二是各主管部门应督促未申请评估的国有企业申请资产评估，明晰产权，完善产权制度改革，以适应现代企业的要求；

三是国有资产管理局应抓紧搞好确权工作，尽快与企业签订国有资产转让、承包或入股合同，理顺产权关系，并作好国有资产的监督管理；

四是狠抓扭亏增盈工作，防止国有资产再度损失，对个别扭亏无望的企业要采取“关停并转破”等行之有效的措施；

五是“六七三厂”电雷管生产线是一个创收项目，如县上同意上马，县内配套资金可否考虑用收回的国有资产转让金和占用费部分兑现，促进其早日投产。

对常委会议提出的问题、建议和意见，陈其敏表示要在以后的县长办公会上认真研究、采纳。

会议还组织参观了“四〇二发电总厂”（即黄桷庄电厂）。

十、五届十次会议

1994 年 11 月 24 日，宜宾县政协五届十次常委会议在县政协会议室召开。20 人出席会议。

县政府副县长陈其敏率国税局、地税局人员列席会议。

会议由县政协副主席甘智年主持。

会议的议程是听取税制改革情况通报；学习中共十四届四中全会文件；讨论增补县政协委员。

陈其敏向会议通报了县税收体制改革的情况，即原县税务局分设县国税局和县地税局的情况。县国税局、地税局相关人员作了补充。

县政协常委会议就税制方面的问题同县政府及两家税务局进行了交流。

会议组织学习了中共十四届四中全会主要文件，甘智年作了主要的学习体会发言。

会议讨论了由县委统战部提出的增加 8 名县政协委员的建议名单。经表决，常委会议一致通过郑锡林、廖云华、彭学华、付兴桥、张成富、袁明惠、文汝金、赵希禄 8 人为政协第五届宜宾县委员会委员。

经会议研究，任命郑锡林等 8 人为永兴镇等 8 个乡镇政协联系组组长；同时免去李伯军等 8 人乡镇政协联系组组长职务。

常委会议还任命王斌为文史社会工作委员会副主任、陈荣贵为学习提案联谊工作委员会副主任，免去王敏学习提案联谊工作委员会副主任职务。

十一、五届十一次会议

1995 年 1 月 6 日，宜宾县政协五届十一次常委会议在县政协会议室召开。20 人出席会议。

县政协主席何世春主持会议。

会议的议程是：传达政协地工委总结会议精神；研究、修改县政协常务委员会工作报告（草案）；提出县政协 1995 年工作意见；通报县政协对十几个乡镇的政协委员和知名人士的慰问走访情况。

何世春传达了有各县（市）政协主席和文史委主任参加的地区政协工委会议精神。地区会议要求加强政协工作，提高和发挥政协民主监督和政治协商作用，着力提高政协委员参政议政的素质。地区会议还强调了政协文史工作的重要性，要求解决好政协文史工作的人员、编制和经费问题。

会议通报了 1994 年 12 月县政协慰问、走访十几个乡镇所在政协委员和知名人士的情况，反映了他们对政府及政协工作所提的意见和建议。

会议对县政协常务委员会工作报告（草案）进行了讨论、修改。

会议还对 1995 年政协工作要点进行了研究。

十二、五届十二次会议

1995 年 2 月 23 日，宜宾县政协五届十二次常委会议召开。20 人出席会议。

宜宾县政府县长肖健康率政府办、财政、计划部门人员列席会议。

会议由县政协主席何世春主持。

会议的议程是：听取和协商县政府、财政、国民经济计划 3 个报告；通报宜宾县政协五届三次会议筹备工作。

在宣读了县政府工作报告（草案）和县财政预决算报告（草案）后，肖健康就两个报告作了说明。在对全县财政赤字压力、改革重点、经济建设措施、社会热点等方面进行了详尽分析说明之后，肖健康表示，要虚心听取县政协常委会议对政府工作报告的意见并进行修改，最后再提交县人大会议请人大代表审议通过。

常委会议就两个报告进行了认真的协商讨论。与会者纷纷提出了各自的修改意见。

会议认为县政府工作成绩是主要的，有目共睹的；1995年的工作安排是可行的，但难度很大。希望政府作好充分的思想准备，拟定切实可行的工作措施，加大检查落实的力度。

会议听取了县国民经济和社会发展计划报告和说明，并进行了协商讨论。

最后，由何世春通报了县政协五届三次会议的筹备工作及会议召开时间。

十三、五届十三次会议

1995年3月2日上午，宜宾县政协五届十三次常委会议在县委党校大礼堂召开。24人出席会议。

县政协主席何世春主持会议。

会议专题讨论修改宜宾县政协五届三次会议决议（草案）。

经讨论，常委会议原则通过了《中国人民政治协商会议第五届宜宾县委员会第三次会议决议》。

十四、五届十四次会议

1995年6月6日，宜宾县政协五届十四次常委会议在县政协会议室召开。23人出席会议。

宜宾县政府常务副县长游柱先率县教委人员列席会议。

县政协副主席甘智年主持会议。

会议的议程是：听取县人民政府关于普及初等义务教育、普及初级中等义务教育的情况通报；学习孔繁森的先进事迹报告；传达宜宾地区十县（市）政协工作会议精神。

县教委通报普及义务教育情况后，游柱先作了补充说明。游柱先全面分析、介绍了宜宾县义务教育的优势和特点，以及发展前景，同时也剖析了存在的问题。他特别指出存在的两大困难和问题：一是教育经费严重不足，全县差9600多万元；二是教育结构严重不合理，造成了生源、师资的很大浪费。希望引起政协和全社会的关注。

与会人员围绕全县义务教育的情况发表了意见和建议。县政协文史社会工作委员会主任黄锐林代表其专门委员会作了普教工作的调查情况汇报，并提出了切实解决好教育经费问题、加大教育方面的社会宣传和多办职业学校3点建议。

常委会议充分肯定了县政府、县教委在普及义务教育工作中所取得的成绩，同时提出：

加大宣传贯彻“一纲三法”的力度，确保全县“普六”“普九”目标任务如期完成；县政府要督促各乡镇确保普教硬件的投入和落实，确保今年“普六”工作的全面验收达标；搞好教育经费使用的审计和监督，坚决杜绝乱收费和挪用教育经费的不正之风；全面提高教育教学质量，进一步巩固和提高“四率”。

会议组织学习了《领导干部的楷模——孔繁森》一文，以及中纪委〔1995〕7号文件《国家机关领导干部收受礼品试行登记制的规定》。

县政协主席何世春传达了地区十县（市）政协工作经验交流会议的精神。

会议还通报了县政协副主席邱级士因工作调动向县政协常委会递交的辞职书，得到了一致通过。

十五、五届十五次会议

1995年9月27日，宜宾县政协五届十五次会议在政协会议室召开。23人出席会议。

县政府副县长陈其敏及县农业局、农机局、水电局人员列席会议。

会议由县政协主席何世春主持。

会议的主要议程是：学习省委〔1995〕31号文件；听取县政府关于粮专工程实施情况的通报；提名县政协副秘书长。

县政协副主席任自力领学了省委〔1995〕31号文件，即省委转发省政协《关于政治协商、民主监督、参政议政的实施细则》。会议认为，省里出台的这个文件是对中央〔1995〕13号文件的具体响应和实施，是政协工作中的一件大事；县政协常委会及政协机关干部要带头学、认真学，并组织全体委员学习贯彻；宜宾县政协也应比照这个文件搞个本县的《细则》出来，以利于推动政治协商、民主监督、参政议政的制度化和规范化。

在会上，陈其敏作了“关于我县粮专工程实施情况”的通报，从投资情况、主要成效、主要作法和措施、存在的主要问题4个方面对粮专工程情况进行了介绍和说明。县农业局、农机局和水电局从各自专业部门的角度，对粮专工程实施中的具体情况进行了补充说明。

肖万能代表县政协经济科技工作委员会对粮专工程实施情况发表了意见，提出了建议措施。其他与会人员也提出了意见和建议。

县政协秘书长黄家文提名王斌为县政协副秘书长，得到县政协常委会议通过。

县政协副主席甘智年向会议传达了县委扩大会议精神。

会议还研究、讨论了其他事项。

十六、五届十六次会议

1995 年 11 月 28 日，宜宾县政协五届十六次常委会议召开。19 人出席会议。

县政府副县长王梅棣、县劳动局局长李长春等列席会议。

县政协主席何世春主持会议。

会议的议程是：听取县政府养老保险情况通报；讨论修改《宜宾县政协关于政治协商、民主监督、参政议政的实施细则》；增补县政协委员。

李长春向会议作《关于我县社会养老保险工作的情况通报》。王梅棣就通报作了补充说明，并希望这项工作得到县政协的监督和支持。

之前，县政协学习提案联谊工作委员会曾组织了对社会养老保险工作的调查了解，县政协秘书长兼学习提案联谊工作委员会主任黄家文就此作了发言，并建议：采取措施提高社保的信誉，为企业排忧解难；严格按照“四统一”原则搞好社会养老保险工作，纳入省、地统一轨道；按照国发〔1985〕6 号文件精神，建立健全监督机构，不能把执行机构和监督机构混为一谈；县政府要加强对社保经费征收工作的领导，要有一定的硬措施作保障；确保离退休职工经费按时兑现；县财政应给尚未走上正轨的社保一定的资金支持。

其他与会者亦提出了意见和建议。

会议对《宜宾县政协关于政治协商、民主监督、参政议政的实施细则》初稿进行了讨论、修改。县政协秘书长黄家文将地区政协工委长宁政协工作会议上各县（市）制定《细则》的情况向会议作了通报，与会者着重在《细则》的明确性、制度性和可操作性方面提出意见、建议。

会议对增补吴利财（花园建司经理）为县政协委员进行了讨论，得到一致通过。

十七、五届十七次会议

1996 年 1 月 16 日，宜宾县政协五届十七次常委会议在县政协会议室召开。18 人出席会议。

县政协主席何世春主持会议。

会议专题审议、修改宜宾县政协常务委员会工作报告（在县政协五届四次会议上）初稿。

经审议、修改，常委会议通过了报告，并请县政协办公室全面修改整理后，委托县政协主席办公会最后定稿。

十八、五届十八次会议

1996 年 1 月 23 日上午，宜宾县政协五届十八次常委会议召开。16 人出席会议。

中共宜宾县委书记游柱先率县委办公室、县计委人员列席会议。

会议由县政协副主席甘智年主持。

会议专题讨论协商《中共宜宾县委关于制定宜宾县国民经济和社会发展“九五”计划和 2010 年远景目标的建议》。

县计委主任王万举宣读《建议》，并说明了起草《建议》的经过和依据。

与会人员围绕《建议》发表了各自的意见和建议。

游柱先对《建议》作了进一步的补充和说明，并感谢常委会议十分负责地提出了很多很好的意见。

十九、五届十九次会议

1996 年 2 月 29 日下午，宜宾县政协五届十九次常委会议召开。19 人出席会议。

副县长陈其敏及县委统战部人员等列席会议。

会议由县政协主席何世春主持。

会议的议程是研究县政协人事工作；协商讨论宜宾县政府、财政、计划 3 个工作报告。

关于县政协人事工作：县政协原副主席邱级士因工作调动已辞去一切职务（已于五届十四次常委会议通过其辞职申请），待全会通报；县政协副主席任自力提出辞去副主席职务，经常委会议表决通过；县政协秘书长黄家文提出辞去政协秘书长、学习提案联谊工作委员会主任职务，经常委会议表决，同意其辞去秘书长职务和学习提案联谊工作委员会主任职务；因工作需要并经县委同意，推荐彭思云为第五届宜宾县政协委员、常委和学习提案联谊工作委员会主任，经常委会议表决，同意彭思云为县政协委员和常务委员候选人（待全会正式选举为常委），学习提案联谊工作委员会主任一职待下一次常委会议任命；常委会议任命王忠元为凤仪乡政协联系组组长，免去燕明福凤仪乡政协联系组组长职务。

经县政协党组研究并报中共宜宾县委同意，县政协今后不再设秘书长和副秘书长职务，机关事务由县政协办公室主任、副主任具体负责。县政协常委会议一致通过此项决定。

会议协商讨论了县政府工作报告和财政、计划报告。陈其敏就报告中有关数据调整等情况作了说明。

与会者着重对科技投入较上年大幅下降，对私营企业重视、支持不够等问题提出了八点意见、建议。陈其敏表示将常委会议的建议再交回县政府，以作修改报告的重要依据。

在会上，何世春还通报了县政协五届四次全委会议的准备情况。

二十、五届二十次会议

1996 年 3 月 14 日上午，宜宾县政协五届四次全委会议期间，在县委党校会场召开了宜宾县政协五届二十次常委会议。16 人出席会议。

会议的议程是：审议通过五届四次会议的大会选举办法；审议五届四次会议决议。

会议对增补彭思云为县政协常务委员进行了讨论，同意彭思云为五届四次会议增补常务委员候选人；同意了实行等额选举的大会选举办法。

会议原则通过了宜宾县政协五届四次会议决议。

二十一、五届二十一次会议

1996 年 7 月 10 日，宜宾县政协五届二十一次常委会议在县政协会议室召开。20 人出席会议。

县政府副县长陈其敏率县蚕丝绸总公司人员列席会议。

县政协主席何世春主持会议。

会议的议程是：听取县政府关于春茧收购的情况通报；学习江泽民关于《努力建设高素质的干部队伍》的“七一”讲话，李瑞环《在全国政协八届十七次常委会议上的讲话》，及《中国人民政治协商会议全国委员会常务委员会工作规则》；传达县委常委扩大会议精神等。

陈其敏代表县政府向会议作《关于一九九六年春茧收购和管理的情况通报》，蚕丝绸总公司相关人员作了补充说明。县政协文史社会工作委员会主任黄锐林代表其专委会作了《关于蚕桑生产情况的调查报告》。

面对全县蚕丝行业亏损巨大、困难重重的不利局面，常委会议以高度的政治责任感，积极建言献策。针对全县蚕桑生产“五起五落”的发展历程和当前蚕桑生产、经营、茧价以及管理体制中存在的困难和问题，在认真总结经验教训的基础上，提出了意见和建议：一是县委、县政府以及乡镇、村社各级要统一思想、坚定信心、树立风险意识，切实把发展蚕桑生产作为农村调整产业结构、脱贫致富、增收创税的一条重要途径来抓，恢复和完善原有的蚕桑生产发展的目标责任制和各种激励机制。二是因地制宜，合理布局，巩固现有基础，抓好蚕桑基地乡（镇）村社和专业大户的发展规划、资金扶持和技术指导。三是加强技术培训，广泛宣传栽桑养蚕科技知识，积极推广良桑良蚕品种，提高桑树单株产叶量和桑叶品质，提高蚕茧产量和质量。四是县公司要加强公司、蚕茧站和蚕桑员的专业技术培训和职业道德教育，改善收购服务态度，公开茧价、量化等级标准。公司要建立联系帮扶基地村社和专业大户制度，搞好科普宣传、技术培训和指导，加强蚕桑病虫害的预防和整治。五是加强领导，进一步完善县蚕丝绸总公司内部改革。

常委会议还认真学习了江泽民《努力建设高素质的干部队伍》的“七一”讲话，李瑞环在全国政协八届十七次常委会议上的讲话，以及全国政协制定的《常务委员会工作规则》。会议要求常委会组成人员会后对这三个重要文件再自行深入学习、理解和把握运用，进一步搞好政协常委会工作。

县政协副主席甘智年在会上传达了近期中共宜宾县委常委扩大会议精神。

县政协常委会议还提议在政协开辟《委员论坛》园地，常委会成员要带头积极投稿。

何世春在会上谈了自己参加全国政协培训中心政协干部培训班的学习体会。

二十二、五届二十二次会议

1996 年 10 月 10 日，宜宾县政协召开五届二十二次常委会议。16 人出席。

中共宜宾县委副书记张显富、县政府副县长王梅棣及县交通局、地税局领导列席会议。

会议由县政协主席何世春主持。

会议有两项议程：一是听取县政府关于公路建设的情况通报；二是听取县地税局工作情况通报。

县交通局局长刘守金受副县长王梅棣的委托，向会议作《关于我县公路建设、整治和管理的情况通报》。通报反映全县公路有省道 41.4 千米，县道 274.5 千米，乡道 421.1 千米，养护段职工 246 人（其中退休人员 83 人）。通报对近年来全县公路建设方面的主要成绩、方法措施、今后工作思路和存在问题都进行了归纳总结。王梅棣作了补充发言，欢迎常委会议对公路建设提出意见、建议和批评。

县政协经济科技工作委员会主任肖万能在会上作了《关于视察县道公路情况的报告》。

与会人员对公路建设提出了各自的建议。

县地税局在下午的常委会议上作了县地税局成立二周年的工作情况通报。会议对县地税局的工作进行了评议，提出了建议。

二十三、五届二十三次会议

1996 年 12 月 6 日，宜宾县政协五届二十三次常委会议召开。18 人出席会议。

中共宜宾县委副书记张显富、赖青，县人大副主任李伯章，县委宣传部部长杨济凯，县人民检察院检察长周志坚参加会议。

县委宣传部、县委统战部、县文明办、县人民检察院、县政协机关等相关人员列席会议。

会议分别由县政协主席何世春、县政协副主席甘智年主持。

会议的议程是：听取县人民检察院开展反贪污贿赂斗争的情况通报；协商《宜宾县社会主义精神文明建设“九五”规划》。

会前，围绕这两项议程，县政协主席办公会议进行了认真研究部署，由5名县政协常委牵头，组织部分委员分成5个小组，分别到45个县级机关、企事业单位召开座谈会，听取党政领导、政协委员和社会各界人士共82人对反贪工作、精神文明建设的意见和建议，并形成了书面材料。

县人民检察院检察长周志坚在会上作了《充分运用检察职能，严厉打击一切经济违法犯罪活动》的通报，并对县人民检察院整个工作、运行基本情况作了介绍。

常委会议公布了县政协关于反贪工作调研的书面材料，与会者作了发言。会议建议：加大对反贪工作的宣传教育力度，要在公民、法人代表、党政机关干部中广泛开展宣传教育活动，使之明确政策界线和执行标准，增强法律意识；加大监督和执法力度，充分发挥检察机关的职能作用，坚持依法办案不动摇，排除各种干扰；从严治警，加强反贪队伍建设，加强干警的政治、业务培训和职业道德教育，造就一支纪律严明、作风过硬、依法执法、执法必严的反贪队伍。

杨济凯宣读了《宜宾县社会主义精神文明建设“九五”规划》，并作了规划的起草说明。

常委会议通报县政协关于精神文明建设调研情况，与会人员进行了讨论发言，对《规划》提出了许多意见和建议。会议认为：精神文明建设关键在党，在党的各级干部，特别是领导干部和政工干部，应突出干部队伍建设；加大社会公德、职业道德、家庭美德和伦理道德教育，建立扶正祛邪、见义勇为激励机制；在突出重点的基础上，兼顾各行各业各方面精神文明建设要求，避免遗漏；调整、处理好精神文明建设的任务与社会事业发展的任务、任务与措施、任务与工程的关系，避免重复；对阶段性成果要有具体、明确的要求、规划；目标中的量化指标，要做到口径统一、切实可行。

二十四、五届二十四次会议

1997年1月6日，宜宾县政协五届二十四次常委会议召开。18人出席会议。

县委副书记张显富、县政府副县长雷智灵列席会议。

县政协主席何世春主持会议。

会议的议程是：传达宜宾地区撤地建市工作会议精神；讨论、修改县政协常务委员会工作报告；研究县政协五届五次全委会议程及筹备工作；县政协人事任免。

何世春传达了宜宾地区撤地建市工作会议精神。建市后首届市政协委员共240名，分给宜宾县20名（中共党员8名，非中共12名），党员委员由县委组织部考察推荐，非党委员由县委统战部考察推荐。

会议讨论、修改了将在五届五次全会上作的政协第五届宜宾县委员会常务委员会工作报告，并原则上通过该报告，交县政协主席办公会定稿。

会议讨论了县政协五届五次会议议程及会议筹备工作。

在会上，何世春提议，由彭思云担任县政协学习提案联谊工作委员会主任委员。经表决，得到一致通过。

二十五、五届二十五次会议

1997年1月14日上午，宜宾县政协召开五届二十五次常委会议。17人出席会议。

县政府副县长雷智灵率蒋兵、陈冲、邱兴林等人列席会议。

县政协主席何世春主持会议。

会议专题协商县政府工作报告和财政预决算、国民经济和社会发展计划3个报告。

在会上，县政协副主席徐金友宣读了县政府工作报告，蒋兵、陈冲分别对国民经济和社会发展计划报告、财政预决算报告作了起草说明。

雷智灵对3个报告的总体思路和报告中所涉及的重要数据、财政赤字、基础设施建设、企业改制等作了进一步的解释和说明。

常委会议围绕三个报告展开了协商讨论，提出了修改意见。

二十六、五届二十六次会议

1997年1月16日上午，宜宾县政协五届五次全委会议前夕，县政协召开了五届二十六次常委会议。18人出席会议。

县委副书记赖青列席会议。

县政协主席何世春主持会议。

会议的主要议题是增补1名县政协委员。

赖青说明，因何世春主席年龄关系，已超期工作了一段时间，根据中共宜宾地委意见，中共宜宾县委推荐县委副书记张学文作县政协主席候选人人选，按照政协章程，需要先推荐张学文为县政协委员，请常委会议协商。

经表决，县政协常委会议同意增补张学文为政协第五届宜宾县委员会委员。

据此，常委会议还对县政协五届五次会议的议程、日程、会议执行主席等事项进行了调整。

二十七、五届二十七次会议

1997年1月17日下午，宜宾县政协五届二十七次常委会议召开。21人出席会议。这天上午，宜宾县政协五届五次全委会议已经开幕。

县委副书记赖青列席会议。

会议由县政协主席何世春主持。

会议的议题是再次专题协商增补县政协委员。

赖青向会议通报，自昨天协商增补张学文为县政协委员后，张学文向县委提出书面申请，因年龄和身体等原因，要求不担任县政协主席职务。地委、县委已经同意了他的请求。因此，中共宜宾地委决定由中共宜宾县委书记游柱先兼任宜宾县政协主席，今天请县政协常委会议协商，增补游柱先为县政协委员。

经会议协商表决，以18人同意、3人弃权，赞成县委意见不再推荐张学文为县政协委员；以20人同意、1人弃权，通过了增补游柱先为政协第五届宜宾县委员会委员。

随后，县政协五届五次全会的相关事项亦进行了修改。

二十八、五届二十八次会议

1997年1月19日，宜宾县政协召开五届二十八次常委会议。应到会24人，实到21人。

中共宜宾县委书记游柱先参加会议。

县委副书记赖青等列席会议。

县政协副主席甘智年主持会议。

会议的主要议程是协商县政协主席候选人和县政府县长候选人。

甘智年宣读了县政协主席何世春要求辞去主席和委员职务的申请，得到会议鼓掌通过，同意其辞去县政协主席职务，保留县政协委员职务。

游柱先表示，个人接受地委、县委的人事安排，自愿出任（兼任）宜宾县政协主席职务，尽心尽力把政协的工作做好，希望大家支持。会议对提名游柱先为县政协主席候选人进行了协商讨论，经表决，同意游柱先为政协第五届宜宾县委员会主席候选人，推荐到第二天的全体大会进行选举。

会议一致协商同意县委副书记张显富作宜宾县政府县长候选人。

会议还讨论修改了五届五次会议的选举办法。

二十九、五届二十九次会议

1997年1月20日，宜宾县政协五届二十九次常委会议举行。19人出席会议。

县委书记、县政协主席游柱先主持会议。

会议专题讨论审议五届五次全委会议决议。

经讨论、修改，会议通过了决议（审议稿）。

三十、五届三十次会议

1997年6月5日，宜宾县政协五届三十次常委会议召开。18人出席会议。

县人大副主任李伯章、县政府副县长袁映雪等列席会议。

会议由县政协副主席甘智年主持。

会议的议程是：听取县政府关于职业技术教育工作情况通报；学习讨论中共中央办公厅、国务院办公厅《关于香港回归问题的情况通报》。

袁映雪向会议作了关于职业技术教育工作的情况通报。与会者围绕职业教育工作的现状和发展前景，提出了意见和建议。

会议学习了中办、国办《关于香港回归问题的情况通报》。县级机关党委书记、县政协常委凌受文作了学习辅导发言。会议表示要把思想统一到中央的精神上来，为香港顺利回归祖国多做有益的工作，要同全国人民一道热烈庆祝香港回归。

会议还检查了县政协1997年工作要点的执行和实现情况。

三十一、五届三十一次会议

1997年9月9日，县政协召开五届三十一次常委会议。18人出席会议。

县人大副主任李伯章、县政府副县长陈三等列席会议。

会议由县委书记、县政协主席游柱先，县政协副主席甘智年分别主持。

会议的议程是：听取县政府关于工业企业创建精神文明活动情况报告；学习江泽民“5·29”讲话；传达其他会议精神。

陈三向会议作《关于县属工业企业精神文明建设的情况通报》。

县政协学习提案联谊工作委员会主任彭思云通报《关于县属工业企业创建精神文明建设活动的调查报告》。报告反映了创建活动的基本情况和存在的主要问题，并建议：继续提高加强社会主义精神文明建设的重要性和紧迫性的认识；精神文明建设关键在党，以及各职能部门齐抓共管；加强思想道德建设，提高职工整体素质；强“文明细胞”工程建设；抓好创建活动的阵地建设。

在会上，游柱先介绍了绵阳抓精神文明建设的先进事迹，强调了抓好精神文明建设的重要性和必要性，以及创建活动的组织保障、物质投入、规划先行和整体联动，阐明了精神文明建设与物质文明建设的相互关系。

与会者对县属工业企业精神文明创建活动发表了意见。

会议认真学习了江泽民 5 月 29 日在中央党校省部级干部进修班毕业典礼上的讲话——《在跨越世纪的新征途上一定要高举邓小平建设有中国特色社会主义理论的伟大旗帜》。

会议还传达学习了市政协的有关文件。

三十二、五届三十二次会议

1997 年 11 月 14 日上午，宜宾县政协五届三十二次常委会议在市农行干校工会会议室召开。16 人出席会议。

县政府副县长李世华等列席会议。

会议由县政协副主席徐金友主持。

会议专题听取县政府关于农业产业结构调整情况的通报。

李世华向会议通报情况。

县政协经济科技工作委员会主任肖万能向会议通报《关于农业产业结构调整的调查报告》。报告提出的意见和建议是：贯彻中共十五大精神，把农业放在经济建设的首位；总结推广调整农业产业结构经验，加速其进程；高度重视、扶持龙头企业的发展；进一步加强对农业产业化经营的领导。

县委书记、县政协主席游柱先说，政协通过调查研究为县委、县政府决策提供了真实的、科学的、具有建设性和改进性的意见建议，发挥了积极的作用。他指出，全县近年来（自 1994 年后）粮食连年获得大丰收，粮食人均占有量已超过了八百斤，接近一千斤；农民人均收入增加，贫困户数量也在不断减少；农村社会也比较稳定。但是，农村发展速度不够，产业化规模不大，农民增收路子少，解困脱贫步伐慢。下一步继续把农村工作放在经济工作的首位，加大产业化力度，加速科技投入并发挥其作用，想尽一切办法把农民安顿好。

与会者发表了意见和建议。

会议还通报了市委对区县班子的调整工作。

三十三、五届三十三次会议

1997 年 12 月 24 日，宜宾县政协五届三十三次常委会议召开。17 人出席会议。

县委宣传部部长杨济凯等列席会议。

会议分别由县委书记、县政协主席游柱先，县政协副主席甘智年主持。

会议的议程是：讨论新一届县政协委员名单；通过召开县政协六届一次全会的决定；讨论修改政协第五届常务委员会工作报告。

游柱先通报了政协换届的筹备情况：市委对全县四套班子人选作调整后，县委就成立了政协换届筹备领导小组，由杨济凯任组长，在后勤、会务、文秘和组织等方面做了大量工作，基本就绪。在广泛协商、征求意见的基础上，提出了新一届政协委员名单，交常委会议协商决定。

会议一致同意，通过了召开宜宾县政协六届一次会议的议程、日程等事项。

县政协副主席、县委统战部部长徐金友通报了新一届县政协委员名单的协商过程，以及对新一届县政协委员的原则规定事项。而提名的基本程序是：党内由县委组织部提名（中共界别），其他界别由县委统战部提名；交县政协党组协商；报县委批准；提交县政协常委会议协商决定。

交县政协常委会议协商的下届县政协委员共 230 名，其中中共 90 名，其他 140 名；分为 16 个界别。会议进行了协商讨论并进行了个别调整。

会议对将在六届一次会议上作的政协第五届宜宾县委员会常务委员会工作报告进行了修改、审议。

第六节　第六届常委会议

一、六届一次会议

1998 年 3 月 9 日，政协第六届宜宾县委员会召开第一次常委会议。常委会组成人员共 35 人，其中 26 人出席会议。

会议由县政协常务副主席杨济凯主持。县委书记、县政协主席游柱先出席会议。

会议的主要议程是：审议通过县政协制定的规则、细则；讨论决定县政协专门委员会的设置和负责人的任命；讨论决定县政协联系组的划分和负责人的任命。

会议对《宜宾县政协主席会议工作规则》《宜宾县政协常委会议工作规则》《宜宾县政协专门委员会工作规则》《宜宾县政协提案工作细则》四个文件进行讨论、修改，杨济凯、副主席陈其敏和秘书长王斌分别就几个文件的起草作了说明。

经表决，一致通过了上述规则和细则。

会议研究了县政协专门委员会的设置。决定设立经济委员会、提案联谊委员会、文卫科教委员会3个专门委员会，并任命了各专门委员会的主任、副主任委员，明确了各专门委员会成员。

会议研究了县政协委员联系组的划分。决定分散在乡镇的委员不分界别，以乡镇为单位划分为一个联系组；县级机关、企事业单位的委员原则上以推荐界别为单位划分为一个联系组，等同于县政协设立的各专委会，属县政协设立的工作机构。故全县有27个乡镇委员联系组和9个县级机关委员联系组，共36个政协委员联系组，可独立开展活动。会议还任命了乡镇联系组的组长和县级机关联系组的组长、副组长。

游柱先对县政协工作提出了4点要求：一是要继续发扬人民政协学习的光荣传统。特别是新的历史时期，更要加强理论学习，要把学习党的十五大文件和邓小平理论放在首位，用以指导政协工作实践。二是切实履行政治协商、民主监督、参政议政的职能，围绕经济建设这个中心，积极献计出力。要发挥政协人才荟萃的整体优势，选准课题、找准角度，进行深入的调查研究，为实现县委提出的奋斗目标做一些看得见、摸得着的实事。三是要加强政协工作规范化、制度化建设，提高协商监督、参政议政的质量和实效，真正做到协商于党委决策之前、政府实施之前。继续搞好对委员联系组的指导工作，组织委员开展提一个有质量的提案、反映一条有价值的信息、引进一笔资金或一个项目、参加一次就地视察或调查、为基层和群众办一件实事的“五个一活动”。四是搞好政协机关的自身建设，发挥参谋、服务和办事职能作用。努力把政协机关建设成为各界人士和政协委员之家。

会议还传达了宜宾市政协全委会议精神。

二、六届二次会议

1998年6月9日，宜宾县政协召开六届二次常委会议。28人出席会议。

县人大副主任赵希英、县政府副县长李戎等列席会议。

会议由县政协常务副主席杨济凯主持。

会议专题听取县政府关于个体、私营经济发展的情况通报。

县工商局局长周大川受县政府委托向会议通报了全县个体、私营等非公有制经济的发展情况。李戎作了补充，并希望政协委员充分发挥监督作用，促进非公有制经济的发展。

县政协经济委员会主任杨俊卿代表其专委会，向会议汇报了关于个体、私营等非公有制经济发展的调查情况。

在听取情况通报后，与会人员进行了讨论，并较为集中地提出了以下建议：进一步提高认识，加强对非公有制经济的领导，把发展非公有制经济作为解决当前下岗职工就业的主要途径；全面落实各项政策，国有企业享受的一些优惠政策，也应扩大到非公有制经济组织，努力为非公有制经济发展创造宽松的外部环境；坚持对非公有制经济依法管理，照章纳税，促进非公有制经济发展的规范化、法制化；努力提高非公有制经济从业人员的素质，加强政治思想教育和职业道德教育，促进企业稳定和壮大，营造非公经济的航空母舰。

县委书记、县政协主席游柱先在会上通报了全县农村扶贫攻坚、大春栽插情况，以及公路、铁路、通讯建设和城市管理工作。他希望政协委员们在促进非公有制经济发展中，积极参政议政，建功立业。

县政协副主席陈其敏在会上传达了市政协第十次常委会议精神。

会后，县政协将会议精神整理成《宜宾县政协六届二次常委会议建议》送宜宾县政府供决策参考。

三、六届三次会议

1998 年 9 月 25 日，宜宾县政协六届三次常委会议召开。25 人出席会议。

县人大副主任李伯章、县政府副县长李世华等列席会议。

县政协常务副主席杨济凯主持会议。

会议的议程是：传达省委书记谢世杰在省委政协工作会议上的讲话；传达市政协提案工作会议精神；听取县政府关于扶贫工作情况通报。

县政协副主席陈其敏传达了四川省委书记谢世杰在省委政协工作会议上的讲话。

县政协副主席徐金友传达了市政协提案工作会议精神。

县扶贫办主任王化虎作全县扶贫工作通报。李世华作了补充说明。在全县的共同努力下，使 1995 年末全县 250 个贫困村、9083 户建卡贫困户如期摆脱了贫困。县政府提出今后扶贫方针应走扶贫与经济增长、扶贫与计划生育、扶贫与教育发展相结合的新思路。

县委书记、县政协主席游柱先肯定了扶贫工作所取得的成绩，指出：仍然要把扶贫工作作为农村工作基础的基础，扶贫班子不能散，扶贫工作力度不能减，走好开发式扶贫的路子，防止边缘户返贫和出现新贫困户，保持扶贫工作的连续性，带领农民奔向小康。

与会人员认真听取了扶贫工作通报，对今后的扶贫工作提出了许多建设性意见。李世华表示，对这些意见经县扶贫办整理后，在即将召开的全县农村工作会议上予以采用。

四、六届四次会议

1998 年 11 月 30 日，宜宾县政协召开了六届四次常委会议。21 人出席会议。

县人大副主任李伯章、县政府副县长赵刚等列席会议。

会议由县政协常务副主席杨济凯主持。

会议的议程是：传达中共宜宾市委政协工作会议精神；增补县政协委员；听取县人民政府关于素质教育试点工作情况通报。

县政协副主席徐金友传达了中共宜宾市委政协工作会议精神。这次市委政协工作会议精神的主题是传达省委政协工作会议精神，并布置全市政协工作。要求为政协工作创造好的内、外部环境，发挥政协职能作用，搞好政协自身建设，推动政协工作规范化、制度化。

县委统战部副部长于政宣读了宜县委〔1998〕83 号《关于同意增补县政协第六届委员会委员的批复》，建议增补闵强、廖进贤、舒兴友、黄松洋 4 人为县政协委员。经会议举手表决，同意 4 人为政协第六届宜宾县委员会委员。

赵刚向会议作《宜宾县人民政府关于开展素质教育的情况通报》，通报了素质教育的组织情况、实施实验情况、取得的阶段性成果及存在的问题。县政协文卫科教委主任黄锐林通报了《宜宾县政协文卫科教委员会关于宜宾县实施素质教育试点的情况调查》。

县委书记、县政协主席游柱先强调，要改革应试教育的弊端，因材施教，使素质教育适应社会发展，为社会培养、造就更多更好的各类人才，迎接跨世纪的挑战。

与会人员就素质教育的推行和实施提出了以下主要意见和建议：进一步提高认识，扩大宣传，动员全社会支持实施素质教育，营造素质教育的良好外部环境；加强和改进学校思想政治工作，增强教职工的事业心和责任感，建设一支高素质的师资队伍；多渠道筹措资金，落实素质教育的场地、设施等硬件，为推进素质教育提供必要的物质基础；构建科学的素质教育考评机制，激发教师的工作热情，真正让学生成才、家长放心、社会满意。

会议向县委、县政府送交了《关于在试点的基础上逐步推进素质教育的建议》。

五、六届五次会议

1999 年 1 月 12 日下午，宜宾县政协六届五次常委会议召开。26 人出席会议。

县政协常务副主席杨济凯主持会议。

会议的主要议程是：通报县委政协工作会议精神；通过县政协六届三次会议有关事项；讨论、修改县政协常务委员会工作报告。

在会上，中共宜宾县委书记、县政协主席游柱先通报了全县 1998 年的经济、社会发展基本情况；指出 1999 年的政协工作应当量力而行、逐步推进，重点抓好政协委员的视察工作。

杨济凯向会议通报了中共宜宾县委召开的政协工作会议精神，以及县政协主席会议协商审议县政府工作报告，财政、计划、“两院”工作报告的情况。

会议通过了县政协六届三次会议的议程、日程、会议执行主席名单等相关事项。

会议对县政协常务委员会工作报告进行了讨论、修改。

六、六届六次会议

1999 年 6 月 8 日，宜宾县政协六届六次常委会议召开。

会议由县政协副主席陈其敏主持。

上午，县政协常委会组成人员全体参加了中共宜宾县委九届四次全委（扩大）会议，听取了县委书记张显富题为《抓住机遇发挥优势，加快铸造宜宾经济强县文明开放大县步伐》的讲话，以及《中共宜宾县委关于进一步解放思想深化改革加快发展的决定》。《决定》提出：紧紧围绕铸造宜宾经济强县、文明开放大县这个总目标，发挥改革名县和独特的区位两大优势，加快工业化、城市化、产业化三个进程，实施强农稳县、兴工富县、民营立县、科教兴县四大战略，着力从优化发展软硬环境、加速工业扩张增效、扩大内外开放招商引资、加速非公有制经济发展、加强精神文明建设五个方面实现新突破。《决定》共分八个部分三十条。

下午，常委会议围绕讲话精神和《决定》条款开展了讨论。

在讨论发言中，大多数与会者对《决定》如何真正落到实处表现出极大的关注。

七、六届七次会议

1999 年 9 月 20 日，宜宾县政协六届七次常委（扩大）会议在县城柏溪市农行干校会议室召开。县政协常委会议成员、县政协离退休干部、县政协组成单位负责人参加了会议。县委书记张显富、县人大主任陈达春、代理县长赖青等县级领导到会。

会议主题是：热烈庆祝中国人民政治协商会议成立五十周年。

会议由县政协副主席陈其敏主持。

县政协常务副主席杨济凯致欢迎词。

与会者就人民政协成立五十周年畅谈了认识和体会。

到会县级领导表示了祝贺。

八、六届八次会议

1999 年 10 月 28 日，宜宾县政协召开六届八次常委会议。20 人出席会议。

县政府副县长张乃富率县卫生防疫部门人员列席会议。

县政协常务副主席杨济凯主持会议。

会议的议程是：传达全市非公有制经济调查评议总结会议精神；听取县政府关于地方病防治工作情况通报；听取县卫生防疫站关于非公有制经济调查评议后的整改情况汇报；县政协人事任命。

杨济凯传达了全市非公有制经济调查评议总结会议精神，以及市政协常委会议精神。

张乃富代表县政府向会议作关于地方病防治工作的情况通报。县政协文卫科教委员会主任黄锐林在会上通报了对高场、普安等乡镇开展地方病防治工作的调查情况。

会议针对地方病防治工作中存在的问题提出了 3 点建议：一是进一步加大对地方病防治的宣传力度，增强全民的卫生知识，食用加碘食盐和控制疟源滋生，保障人民群众的身体健康；二是加强和巩固农村卫生防疫站建设，完善三级防保网络，控制地方病的传播；三是各级党政要高度重视地方病的防治工作，严禁挪用和挤占地方病防治经费，并切实按政府规定足额提取发展卫生事业经费。

县卫生防疫站站长吕和平就开展非公有制经济政策执行情况调查评议后的整改工作向会议作了汇报。会议对其整改措施和效果表示满意。

杨济凯提议，任命严云贵为宜宾县政协经济委员会副主任委员，主持该委员会日常工作，得到常委会议的一致通过。

九、六届九次会议

2000 年 1 月 6 日，宜宾县政协六届九次常委会议在县政协会议室召开。22 人出席会议。

县政府代理县长赖青、县委副书记刘岗列席会议。

会议由县政协常务副主席杨济凯主持。

会议的议程是：协商、通过宜宾县政协六届三次会议议程、日程、特邀人员等事项；讨论、修改并通过表彰优秀提案的办法；协商县政府工作报告；协商县政协人事任免事项；讨论、修改县政协常务委员会工作报告。

县政协秘书长王斌宣读中共宜宾县委关于召开县政协六届三次会议的批复。会议举手表决，一致通过了六届三次会议的议程、日程等事项。

县政协提案联谊委员会主任彭思云宣读《政协宜宾县委员会关于表彰优秀提案的暂行办法（草案）》。会议经讨论、修改，一致通过该暂行办法。接着，讨论决定了将在六届三次会议上表彰的优秀提案。

会议对县政府工作报告进行了协商讨论。

赖青表示，听取县政协常委会议对政府工作报告的意见，是民主的必要程序，对搞好2000年的政府工作有十分重要的意义。欢迎政协为全县经济发展献计献策，支持政府工作。

会议对县政府工作报告开展了讨论，并提出了意见、建议。

会议根据政协章程，讨论增补委员，增补常委和政协主席人选。

会议同意刘德华因退休辞去县政协常委、委员职务；同意中共宜宾县委提议免去罗元海常委、委员职务。

会议一致同意，增补任光旭、唐德伦为政协第六届宜宾县委员会委员。

会议同意县委提议，通过了增补杨济凯为县政协主席人选，增补唐德伦、闵强、严云贵为县政协常委人选，交宜宾县政协六届三次会议选举。

会议还通过了主席、常委的大会选举办法，监、计、唱票员名单。

会议最后讨论、修改了宜宾县政协常务委员会工作报告。

十、六届十次会议

2000年3月28日，宜宾县政协六届十次常委会议召开。19人出席会议。

县政府常务副县长李世华列席会议。

3名驻县市政协委员应邀参加了会议。

县政协机关各科室负责人列席会议。

会议由县政协主席杨济凯主持。

会议的主要议程是：传达市政协会议精神；围绕“西部大开发，宜宾县怎么办”开展讨论；县政协人事调整事项。

杨济凯传达了市委书记高万权在市政协一届四次会议上的讲话，以及市政协关于开展加快县域经济发展调查研究工作会精神。

会议围绕“西部大开发，宜宾县怎么办”开展了讨论。李世华表示，这些年县政协围绕县域经济发展积极建言献策，开展民主评议，对政府的工作有很大的促进。他向会议通报了2000年以来县政府围绕西部大开发做好“三篇文章”、抓好“六项工程”的情况。

与会者进行了讨论，就如何发挥改革名县优势、独特的区位优势和丰富的资源优势，抢抓机遇，结合实际发展区域特色经济，实现宜宾县经济追赶式、跨越式发展，提出了意见和建议。

会议根据中共宜宾县委的推荐，通过了增补凌元东、幸文彬、邓锐、李国江、陈昌松、李建培、罗庆方 7 人为政协第六届宜宾县委员会委员。

会议根据杨济凯的提名，通过了凌元东任县政协副秘书长，幸文彬为政协文卫科教委员会副主任，陈昌松等 4 人为乡镇政协委员联系组组长的任职决定。

因王斌工作调离县政协，会议还根据其书面辞职申请，同意王斌辞去县政协第六届委员会秘书长职务。

十一、六届十一次会议

2000 年 7 月 20 日，宜宾县政协在市农行干校会议室召开六届十一次常委会议。24 人出席会议。

县人大副主任李伯章及县政府办、县教育局相关人员列席会议。

会议由县政协主席杨济凯主持。

会议专题听取县人民政府关于宜宾县“两基”达标工作情况通报。

县政府办主任汪焘受县长赖青的委托，向会议通报了宜宾县“两基”达标工作的进展情况，以及工作中尚存的问题。县政协文卫科教科副科长张克生，在会上通报了县政协文卫科教委员会深入白花、孔滩、柳嘉、合什、隆兴、双谊 6 个乡镇 20 余所学校，对“两基”达标进行专题调查的情况。

李伯章指出，根据人大和政协的调查，“两基”达标有两个瓶颈问题必须切实解决：一是资金问题，是制约“普九”完成的“硬件”，而主要是财政投入不到位；二是学生辍学问题。

会议就“两基”达标进行了热烈讨论，对“两基”工作所取得的成绩予以充分肯定，同时，针对存在的问题提出建议：一是进一步加大“两基”宣传力度，在全县形成“两基”攻坚高潮，把实现“两基”达标变为广大干部群众的自觉行动。二是切实按照县委、县政府〔2000〕13 号文件规定，完善和逗硬各项规章制度，发动全社会捐资办学，多渠道筹集教育资金，做到专款专用，确保“两基”投入落实到位。三是继续抓好软件建设。千方百计动员流失学生入学、复学；利用暑假抓紧完善各种资料表册，做到资料齐、数据准、规范化，达到验收的标准。四是进一步加强教师队伍建设，有计划地安排教师学历达标，大力开展继续教育，狠抓中青年骨干教师学科带头人队伍建设，促进教师队伍整体素质的提高。五是进一步加大检查督促力度，对各乡镇“两基”责任落实情况进行一次检查，找差距、添措施、抓落实，确保 10 月份全县“两基”工作顺利通过上级的检查验收。

会后，向县委、县政府送交了《宜宾县政协六届十一次常委会议关于推进“两基”工作，确保“两基”达标的建议》（宜县政协〔2000〕14号）。

十二、六届十二次会议

2000年10月18日，宜宾县政协召开六届十二次常委会议。17人出席会议。

县委副书记刘岗、县人大副主任李伯章、县政府副县长李毅，及县林委、县政协科室有关人员列席会议。

县政协主席杨济凯主持会议。

会议专题听取县政府关于退耕还林试点工作的情况通报。

会议学习了国务院《关于进一步做好退耕还林还草试点工作的若干意见》。

李毅通报了全县实施退耕还林试点工作的情况。县政协经济科通报了县政协经济委员会关于退耕还林工程实施情况的调查报告。

会议一致认为，宜宾县退耕还林试点工程进展顺利，第一年度的计划已经超额完成，试点工程第一次的政策兑现（预拨）工作亦顺利完成，为下一阶段工程的开展夯实了基础。

针对退耕还林试点工程中的存在问题，会议提出以下建议：

一是进一步加大宣传力度，利用各种宣传工具，采取多种形式，广泛深入地宣传退耕还林的重大意义及国家实施退耕还林工程的方针、政策，切实把这项工作作为保护生态环境和农民增收、财政增收、发展县域经济的大事来抓，帮助农民解除思想顾虑，自觉地、积极地搞好退耕还林。

二是认真调查研究，结合本地实际，做好统一规划和相互衔接的工作。建议县政府积极向上级争取逐年实施退耕还林和天然林保护工程的面积。林委一定要把总体规划搞好，这不但关系到退耕还林工程能否顺利实施，而且关系到几年后农村经济的发展和农民的生计，不可掉以轻心，力求因地制宜，合理布局，切忌违背实际和农民意愿。

三是搞好试点工作。宜宾县应实施退耕还林的面积近30万亩，遍及全县各乡镇。宜宾县传统的经济林木除油樟等少数品种外，没有竞争优势，必须引进高产优质、适销对路的新品种，因此建议先搞试验性的种植，以便及时调整，防止造成大面积的损失。

四是在具体的规划和实施过程中要抓好“六个结合”，即与发展农村经济、与旅游资源开发利用、与小城镇建设和城镇的绿化、与扶贫工作、与抓好“坡耕地综合治理工程”和保护好现有生态环境、与农业产业结构调整相结合。

五是以多种形式落实退耕还林工程。本着农民自愿协商的原则，主要采取由承包商向农民承包经营、由种植大户与农民联合经营，以解决农民缺乏资金、技术和市场信息不灵的问题。

六是建议县财政在农发基金和扶贫资金中适当安排一些资金扶持有偿还能力、经营有方的种植大户，支持其以“公司加农户”的形式，带动农民搞好此项工程。

七是为实施退耕还林工程解决必要的工作经费，用于退耕还林分户建卡、签订合同、作业设计、检查验收、政策兑现及工作会议等方面的支出。

会后，向县委、县政府提交了《宜宾县政协六届十二次常委会议关于推进我县退耕还林工作的建议》（宜县政协〔2000〕19号）。

十三、六届十三次会议

2001年1月5日，宜宾县政协六届十三次常委会议召开。23人出席会议。

县政府县长赖青参加了会议。6名各界人士代表列席会议。

会议由县政协主席杨济凯主持。

会议的议程是：协商讨论《政府工作报告》（征求意见稿）；决定宜宾县政协六届四次会议的议程、日程、执行主席名单、提案委员会成员名单等；讨论通过增补政协第六届宜宾县委员会秘书长提名；通过关于表彰优秀提案的决定；讨论修改县政协常务委员会工作报告。

会议就《政府工作报告》（征求意见稿）组织了讨论。县长赖青听取了与会者的意见和建议。

会议宣读了中共宜宾县委对县政协党组关于召开县政协六届四次全委会议请示的同意批复。经协商讨论，会议通过了召开县政协六届四次全会的决定，以及会议的议程、日程、执行主席名单、大会秘书长等事项。

会议通过了增补凌元东为政协第六届宜宾县委员会秘书长的提名，交六届四次会议选举。

会议讨论通过了关于表彰六届三次会议以来的优秀提案的决定。

会议讨论、修改了将在六届四次会议上作的县政协常务委员会工作报告。

十四、六届十四次会议

2001年4月6日，宜宾县政协六届十四次常委会议召开。21人出席会议。

县政协主席杨济凯主持会议。

会议专题传达宜宾市“两会”精神。

杨济凯传达了市政协一届五次会议精神，并着重传达市委书记李敦伯在市政协闭幕会上的讲话。

县政协副主席陈其敏传达了市人大一届五次会议精神。着重讲述了今年全市要实现的十件大事。会议围绕市“两会”精神，集中讨论了“宜宾县怎么办”，对宜宾县的发展建言献策。

十五、六届十五次会议

2001 年 7 月 6 日，宜宾县政协六届十五次常委会议召开。21 人出席会议。

县政府副县长罗志君（亦为县政协常委）出席会议。

县委副书记王梅棣、县人大副主任李伯章，以及县卫生局、国土局负责人等列席会议。

会议由县政协主席杨济凯主持。

会议主要听取县政府关于医疗卫生改革情况通报。

听取罗志君关于医疗卫生改革情况通报后，县政协文卫科教科科长幸文彬向会议通报了县政协文卫科教委员会关于县医疗卫生改革专题调查报告，县卫生局负责人就医疗卫生改革问题作了补充发言。

会议就医疗卫生改革进行了协商讨论。

在会上，杨济凯通报了国土系统行风评议情况。

十六、六届十六次会议

2001 年 10 月 25 日，宜宾县政协六届十六次常委会议在县政协会议室召开。21 人出席会议。

县政府副县长罗若飞，县农工办、建环局负责人，县政协机关副科级以上干部列席会议。

会议由县政协主席杨济凯主持。

会议主要听取县小城镇建设情况通报。

罗若飞向会议作关于小城镇建设的情况通报。

县政协经济委员会通报了《关于全县小城镇建设情况的调查报告》。

与会者就小城镇建设中的规划、交通、环境保护、资金投入、户籍管理、配套政策等问题发表了意见。会议向县委、县政府提交了《关于加快我县小城镇建设的建议》。

县政协副主席、县委统战部部长徐金友在会上传达了全省统战工作会议精神。

十七、六届十七次会议

2002 年 2 月 1 日，宜宾县政协六届十七次常委会议召开。23 人出席会议。

县政府常务副县长李世华列席会议。

会议由县政协主席杨济凯和县政协副主席陈其敏分别主持。

会议的主要议程是：讨论修改政协常务委员会工作报告；协商增补县政协委员；县政协人事任命；通报省政府办公厅关于木桥沟水库两村划归宜宾县管理的情况；传达李瑞环的讲话。

杨济凯宣读县政协常务委员会工作报告（草案），会议进行讨论修改。其间，有常委发言提出，能否在全委会上安排政协委员作大会自由发言。

会议经过协商讨论，通过了召开宜宾县政协六届五次全委会议的决定，以及会议的议程。

杨济凯介绍说明增补县政协委员的情况，并宣读了县委同意增补县政协委员的批复。县政协副主席徐金友介绍了所增补委员人选丁常平、张克生的简历。会议同意增补丁常平、张克生为政协第六届宜宾县委员会委员。

会议对县政协主席杨济凯提议的任命事项进行了协商讨论，同意丁常平任提案联谊委员会副主任，张克生任文卫科教委员会副主任，李荣任经济委员会副主任。

会议传达学习了李瑞环在全国地方政协工作会上的讲话。

会议通报了省政府办公厅议事纪要第九期“关于木桥沟水库两村划归宜宾县管理的情况”及宜宾县此项工作的进展情况。

十八、六届十八次会议

2002 年 3 月 3 日，宜宾县政协召开六届十八次常委会议。20 人出席会议。

县政协主席杨济凯主持会议。

会议专题审议通过召开县政协六届五次全委会议的有关事项。

经会议协商讨论，审议通过了六届五次会议的大会秘书长、提案审查委员会名单、议程日程、执行主席分组名单、表彰优秀提案的决定、特邀人员名单等。

十九、六届十九次会议

2002 年 6 月 4 日，宜宾县政协召开六届十九次常委会议。18 人出席会议。

县委副书记刘岗、县政府副县长罗若飞，以及县农工委、畜牧局、水电局、农业局相关人员列席会议。

会议的主题是讨论修改《宜宾县发展绿色食品产业的调查报告》。

县政协副主席陈其敏就报告的一些重点内容作了介绍。与会者进行了讨论发言。

罗若飞谈了发展绿色食品产业的意见。相关政府部门人员发了言。

在会上，县政协主席杨济凯还传达了省、市政协会议精神。

二十、六届二十次会议

2002 年 9 月 12 日，宜宾县政协六届二十次常委会议在县政协会议室召开。21 人出席会议。

县政府副县长罗志君（亦为县政协常委）出席会议。

县人大副主任李伯章，县工商局、文体局负责人列席会议。

会议由县政协主席杨济凯主持。

会议的议程是通报县工商系统行风评议工作情况；县政府通报关于文化市场建设与管理、文物保护工作情况。

杨济凯代表县工商行风评议组，通报了工商系统行风评议的工作情况，指出下一步将组织部分政协委员进行明察暗访，督促行风评议整改阶段的工作。县工商局负责人在会上作了感谢政协委员进行的评议，抓住机会积极整改的发言。

罗志君向会议通报了文化市场建设、管理和文物保护情况。

县政协文卫科教委员会向会议汇报了关于文化市场管理和文物保护的调查情况。

会议针对文化市场建设和文物保护工作进行了热烈讨论，并对文化市场建设和文物保护工作中的存在问题分别提出了意见和建议。

会议向县委、县政府提交了《关于我县文化市场建设与管理和文物保护工作的建议》（宜县政协〔2002〕12 号）。

二十一、临时会议

2002 年 12 月 10 日，第六届宜宾县政协召开临时常委会议，专题协商讨论中共宜宾县第十次代表大会报告。

17 名常委会组成人员出席会议。

县政协党组书记陶天华，党组成员周福全、夏晓玲列席会议。

会议由县政协主席杨济凯主持。

与会人员对报告进行了认真讨论，提出了修改意见和建议。

二十二、六届二十一次会议

2002 年 12 月 26 日，宜宾县政协六届二十一次常委会议召开。21 人出席会议。

县委副书记颜永祥，县人大副主任李伯章，县政府副县长李戎，县政协党组书记陶天华，党组成员周福全、夏晓玲，以及县政协有关人员列席会议。

会议由县政协主席杨济凯主持。

会议专题协商决定政协第七届宜宾县委员会委员名单和召开宜宾县政协七届一次会议的主要事项。

县委统战部工作人员介绍了各人民团体、各界人士及科协、妇联等政协参加单位推荐第七届县政协委员的产生情况，宣读了第七届县政协委员的建议名单。经协商，会议通过了政协第七届宜宾县委员会委员名单。

会议通过了召开县政协七届一次会议的决定、政协第六届宜宾县委员会常务委员会工作报告、提案工作报告以及表彰优秀提案的决定。

颜永祥、李伯章、陶天华在会上作了讲话。

杨济凯在会议结束时发表了讲话。

第七节　第七届常委会议

一、七届一次会议

2003 年 1 月 11 日，宜宾县政协七届一次常委会议在县政协会议室召开。应到会常委会组成人员 46 人，39 人出席会议。

会议由县政协主席陶天华主持。

会议的主要议题是：通过各专门委员会主任、副主任、委员名单；会议交流。

县政协主席办公会议认为，政协的三个专门委员会是政协的工作机构，故提出专委会组成人员建议名单，交常委会议讨论通过。经协商，会议任命廖运宜为文卫科教委员会主任，张克生、陈备为副主任；凌元东为提案联谊委员会主任，田兴友、李建培为副主任；丁常平为经济委员会主任，李荣、刘玮、林泽怀为副主任。会议还确定了三个专门委员会的委员。

陶天华阐述了新一届县政协的基本工作思路：坚持中国共产党领导的多党合作和政治协商的基本政治制度，以党的十六大精神和“三个代表”重要思想为行动指南，在中共宜宾县委的领导和市政协的指导下，围绕“团结、民主”两大主题，服务于改革、发展、稳定大局；要充分发挥政治协商、民主监督、参政议政的三大职能作用，与时俱进，创新工作，提升政协形象，为促进建成“经济强县、文明开放大县”和实现翻两番目标而努力奋斗。

与会的县政协副主席、秘书长和常委亦作了表态性的发言。

二、七届二次会议

2003 年 2 月 28 日，宜宾县政协七届二次常委会议在市农行干校会议室召开。37 人出席会议。

县委副书记颜永祥、县人大副主任刘建设、县政府副县长李毅列席会议。

县政协主席陶天华主持会议。

会议的议程是：讨论、审议县政协 2003 年工作要点；讨论、决定建立县级机关和乡镇政协联系组并确定其负责人；三个专门委员会作今年工作安排。

县政协副主席曹益平宣读了 2003 年县政协工作要点讨论稿，县政协秘书长廖运宜作起草说明，会议进行了讨论。县人大副主任刘建设和县政府副县长李毅均表示工作要点紧扣宜宾县的工作大局和政协职责，是切合实际的。

会议通过了县政协 2003 年工作要点。

县政协办公室主任凌元东对县政协设置机关政协联系组和乡镇政协联系组，拟任各联系组负责人名单向会议作了公布和说明。经协商讨论，同意设立 27 个乡镇政协联系组和 5 个县级机关政协联系组，任命了各组负责人。

经济委员会主任丁常平、提案联谊委员会主任凌元东、文卫科教委员会主任廖运宜分别就其专委会 2003 年的协商、监督、调研、学习等项具体履职工作向会议进行了汇报，并征求与会者的意见。

颜永祥在会上讲了话。他认为县政协 2003 年的工作创新意识强、任务明确、措施切实可行，并强调新一届县政协委员要加强学习，努力提高自己协商、监督、议政的素质和能力。

陶天华在会议的总结讲话中提出，本届政协要有一个良好的精神状态、良好的外部环境、良好的机关形象和良好的工作质量。

三、七届三次会议

2003 年 7 月 2 日，宜宾县政协七届三次常委会议在县政协会议室召开。38 人出席会议。

县委副书记颜永祥、县政府常务副县长李戎、县人大副主任刘建设列席会议。

会议由县政协主席陶天华主持。

会议的主要议程是审议县政协《关于加快我县城镇化进程的调查与建议》；听取《宜宾县人民政府关于宜宾柏溪工业园区建设情况的通报》。

在会上，县政协提案联谊委员会主任凌元东宣读了《关于加快我县城镇化进程的调查与建议》，县政协副主席曹益平就该建议的形成作了情况说明。与会人员发表了自己的意见和建议。会议审议通过了县政协“加快城镇化进程”调研组《关于加快我县城镇化进程的调查与建议》的调研报告。

李戎向会议通报了宜宾柏溪工业园区建设情况，分析了工业园区建设的重要性、必要性和紧迫性，阐述了工业园区建设的指导思想、规划选址、发展重点、实施步骤以及近期安排。与会人员作了发言。

会议认为县委、县政府制定的工业强县战略和建设工业园区的决策非常正确、及时、可行，表示坚决支持，并提出了在实施过程中进一步解放思想、创新机制、改进服务的要求和建议。

颜永祥对与会者的发言予以了充分肯定，并表示要认真梳理政协的意见，把可操作的、适合宜宾县发展实际的建议融入到县委、县政府的决策中去。

会议结束时，陶天华就县政协常委、委员如何履行职能，支持和服务大局提出了明确要求：坚持与时俱进，创新工作，认真学习，努力实践“三个代表”；认清县情，坚定信心，把思想和行动统一到县委县政府的重大决策上来；围绕中心，服务大局，认真履行委员职能，充分发挥政协委员联系面广、位置超脱的特点，为宜宾县经济社会发展贡献智慧和力量。

四、七届四次会议

2003 年 10 月 24 日下午，宜宾县政协七届四次常委会议在县政协会议室召开。34 人出席会议。

县委副书记颜永祥、县政府常务副县长李戎，县人大副主任刘建设，及县国土局、建环局、工商局、长源电力公司负责人列席会议。

县政协主席陶天华主持会议。

会议的议程是：听取县政协经济委员会关于对国土、工商、建环、电力 4 部门行风建设整改跟踪调查情况的汇报；县政府作关于贯彻落实国家西部大开发政策的情况通报。

在会上，县政协经济委员会主任丁常平作《关于对我县电力、国土、工商、建环系统行风跟踪调查情况的报告》，县国土局局长王万举、建环局局长曾永红、工商局副局长田蓉、长源电力公司董事长曾勇分别在会上作了本部门行风整改情况的汇报。

与会者就4部门行风整改情况进行了发言，并对4部门整改工作进行了满意度测评。

会议认为4部门近年来行风有大幅度好转，对部门整改情况感到满意。会议提出县政协将对4部门行风建设情况继续跟踪，并在11月进行阶段性总结，打造宜宾县良好的经济发展软环境。

李戎代表县政府作了《关于贯彻落实国家西部大开发政策的情况通报》，同时向会议通报了2003年1—9月宜宾县国民经济和社会发展情况及第四季度的工作安排。

与会者与县政府就贯彻落实国家西部大开发政策中的一些具体问题及办法措施进行了面对面的交流。

颜永祥充分肯定了县政协对4部门开展的行风跟踪调查工作。他指出，政协的监督是有别于其他监督的一种特殊的政治监督，代表了社会各界的意见。他认为政协的跟踪调查是对县委、县政府部门管理工作的一个促进，2004年还要有选择地对相关部门工作进行政协的民主监督。

五、七届五次会议

2004年2月18日，宜宾县政协七届五次常委会议召开。35人出席会议。

县委副书记刘岗、颜永祥，县政府常务副县长李戎，县人大副主任刘建设列席会议。

会议由县政协主席陶天华主持。

会议的议程是：协商通过政协委员变动名单；讨论决定县政协专委会调整及人员名单；审议县政协《2004年工作要点》；审议通过宜宾县政协七届二次全委会相关事宜。

在会上，中共宜宾县委统战部对县政协委员变动情况作了说明，提出增补严官华等14名委员的建议名单。经协商，会议同意增补严官华等14人为政协第七届宜宾县委员会委员；同时，同意丁常平辞去县政协委员、常委的申请。至此，第七届宜宾县政协委员总数为238名。

县政协副主席周福全向会议说明，因县政协专门委员会原有的设置不方便政协履职工作，提议增设“法制群团委员会”，并对各专委会人员及负责人进行相应调整。经会议协商，同意设立县政协经济委员会（35人），邹国水为主任，何峰、林泽怀、曹富军、郭艳妮、李建培为副主任；提案联谊委员会（31人），凌元东为主任，田兴友、唐桂云、秦兵、韩礼兰为副主任；文卫科教委员会（30人），廖运宜为主任，刘德明、张水、蔡宇、邓沛为副主任；法制群团委员会（28人），张勇为主任，陈备、刘拯、廖勇、陶泽华、胡红英为副主任。

县政协秘书长廖运宜向会议提交了县政协《2004年工作要点》，并作了起草说明。

与会人员进行了讨论。陶天华、颜永祥、李戎发表了意见。会议通过了该工作要点。

会议还审议通过了政协第七届宜宾县委员会第二次全体会议的议程、日程、常务委员会工作报告、提案工作报告、表彰优秀提案的决定、大会秘书长名单、执行主席名单、提案审查委员会名单等相关事项。

六、七届六次会议

2004年5月27日，宜宾县政协七届六次常委会议在县政协会议室召开。33人出席会议。

县委副书记刘岗、县人大副主任刘建设、县政府副县长郭晓霞列席会议。

会议由县政协主席陶天华主持。

会议的议程是：审议通过《宜宾县政协委员、常委履职规范》；审议通过政协《关于民间资金向民间资本转变的调查与建议》；通报《中共宜宾县委关于加强政协工作制度化、规范化、程序化建设的意见》（宜县委〔2004〕23号）；通报县中医中药工作情况。

会议审议了县政协制定的《宜宾县政协委员、常委履职规范》。县政协副主席夏晓玲对该制度的基本要求、考核办法、履职评价等要点作了说明。陶天华指出制定规范是省政协的要求，同时也是加强委员的组织纪律性，更好地珍惜政协委员这个政治荣誉的需要。经协商，会议通过了《宜宾县政协委员、常委履职规范》。

根据市政协的安排，县政协组织人员进行“民间资金向民间资本转变”专题调研，形成了《关于民间资金向民间资本转变的调查与建议》交常委会议审议。经协商讨论，会议通过了该《调查与建议》，并报送县委、县政府。

县政协秘书长廖运宜就代中共宜宾县委起草并已公布的《中共宜宾县委关于加强政协工作制度化、规范化、程序化建设的意见》（宜县委〔2004〕23号）作了通报和说明。陶天华强调了政协贯彻这个《意见》的重点工作。

会议还通报了宜宾县中医中药工作情况。

刘岗、刘建设和郭晓霞都在会上讲了话。

七、七届七次会议

2004年8月19日，宜宾县政协七届七次常委会议在县政协会议室召开。37人出席会议。

县长李世华、县委副书记颜永祥、常务副县长李戎、县人大副主任刘建设，以及县药监局负责人等列席会议。

会议由县政协主席陶天华主持。

会议的议程是：审议《关于民主评议宜宾县药品监督管理系统行风建设的报告》；

审议《农民工维权调查》；县政府通报宜宾县经济社会发展及县城规划等情况。

县政协秘书长廖运宜向会议说明了由县政协领导、文卫科教委员会牵头的整个民主评议县药监系统活动的组织安排、方法措施、阶段过程、问题梳理及反馈整改工作情况，并阐述了《政协宜宾县委员会关于民主评议宜宾县药品监督管理系统行风建设的报告》中的主要部分、重点内容。宜宾县药监局局长张斌着重汇报、说明了在这次评议活动中药监系统进行认真整改的工作情况，并同与会者进行了面对面的交流。

经审议，会议通过了该报告，并向宜宾市政协报送《关于民主评议宜宾县药品监督管理系统行风建设的报告》（宜县政协〔2004〕8号）。

县政协法制群团委员会副主任陈备向会议宣读其委员会调研形成的《关于农民工维权调查》报告，并就其重要方面作了说明。

经审议，会议通过了《关于农民工维权调查》（宜县政协〔2004〕9号）并报送中共宜宾县委。

李世华代表县政府向会议通报了1—7月全县经济社会发展情况，以及县城规划情况。

八、七届八次会议

2004年12月9日，宜宾县政协七届八次常委会议在县政协会议室召开。30人出席会议，列席人员7人。

县委副书记颜永祥、常务副县长李戎，县人民法院、县人民检察院负责人，及县政协机关相关人员到会。

县政协主席陶天华主持会议。

会议的议程是：县政府通报服务向家坝、新二中建设等重点工程建设情况；县人民法院、县人民检察院进行工作通报。

李戎代表县政府向会议通报了近期服务向家坝水电工程、移民搬迁工作，县二中新区建设，垃圾处理和污水处理、疾控中心建设等重点工程建设情况，啤酒厂、神州玻璃厂、天工机械、惊雷公司等重点企业运行情况，以及2004年全年县经济社会发展情况，并指出政府工作中的困难和不足。

县人民法院院长杨旭东向会议作了法院工作汇报。他着重介绍了县人民法院充分发挥刑事审判职能，推行刑事审判“三二一”效率考核机制的情况，呼吁县政协对法院工作给予关注和监督，促进司法环境得到改善，法院工作健康发展。

县人民检察院检察长屈锡文向会议作了检察院工作汇报，分为查办职务犯罪工作情况、预防职务犯罪工作情况、建设高素质的检察队伍、强化法律监督几个方面。

与会者就县政府、法院、检察院的工作进行了讨论，提出了意见建议。

颜永祥希望委员们以经济建设为中心，支持“两院”工作，关注法制建设，为“三个文明建设”积极建言献策。

九、七届九次会议

2005年2月22日，宜宾县政协七届九次常委会议在县政协会议室召开。33人出席会议。

会议由县政协主席陶天华主持。

会议的主要议程是：协商讨论县政府工作报告；审议通过县政协七届三次会议相关报告、决定、名单、议程日程等事项；通过增补县政协委员名单。

县政府办公室主任罗平就县政府工作报告作起草情况说明。会议对报告进行了协商讨论。

会议对县政协常委会工作报告、提案工作报告进行了修改、审议，通过了两个报告。

会议审议通过了宜宾县政协七届三次会议的议程日程、表彰优秀提案决定、提案审查委员会名单等相关事项。

县政协副主席、县委统战部部长徐金友对委员变动情况作了说明，提议增补8名县政协委员。经协商，会议同意增补明杰等8人为政协第七届宜宾县委员会委员。

会议决定将县城柏溪镇政协联系组的13名委员分别增补为县政协经济、提案联谊、文卫科教、法制群团4个专门委员会成员。

会议根据部分乡镇政协联系组组长工作变动情况，对组长进行了调整，任命了徐国兵等4人为古罗镇等4个乡镇的政协联系组组长。

会议还就县政协2005年工作要点征求了与会者意见。会议审议通过了《政协宜宾县委员会2005年工作要点》。

十、七届十次会议

2005年5月23日，宜宾县政协七届十次常委会议在县政协会议室召开。35人出席会议。

县政府副县长朱志刚及县质监局、农业局、工商局、广电局、物价局负责人列席会议。

会议由县政协副主席周福全主持。

会议的议程是：县政协人事调整；县政府通报农资市场监督管理情况；县广电工作情况汇报；常委工作交流。

县政协副主席、县委统战部部长徐金友宣布经中共宜宾县委同意的县政协人事调整方案。经协商，会议同意增补刘顺清为政协第七届宜宾县委员会委员；同意凌元东辞去县政协常委、提案联谊委员会主任职务(之前，县委已同意其辞去县政协办公室主任职务)；任命陈备为提案联谊委员会主任，余飞为文卫科教委员会副主任，刘顺清为法制群团委员会副主任。

朱志刚向会议通报了全县农资市场监督管理情况。县政协提案联谊委员会主任陈备就前段时间政协对农资市场调研工作情况向会议作了汇报。县相关职能部门对农资市场监管工作进行了补充说明。

会议对全县农资市场监督管理情况进行了协商讨论，审议通过了县政协对农资市场情况的调查与建议。会后，向县政府提交了《关于农资市场管理的调查与建议》。

县广播电视局书记曾业林向会议汇报了县广电工作的基本情况、工作成效、存在问题和下一步打算。县政协副主席夏晓玲、县政协秘书长廖运宜就县政协视察广电工作情况作了补充说明。听取汇报后，与会者提出了意见和建议。

本次会议为常委会议增添了一项新的内容，即在常委会议上县政协常委之间交流各自的工作情况，用以加强相互了解与合作，促进各自的工作。这次会上，政协常委胡为民介绍了县房管局的基本情况和自身的工作，政协常委陶泽华介绍了酒都律师事务所的基本概况和办案情况。

县政协主席陶天华作了会议小结。

十一、七届十一次会议

2005 年 9 月 27 日，宜宾县政协七届十一次常委会议在县政协会议室召开。

县政府副县长罗若飞，县监察局、卫生局负责人，县政协机关中层以上干部列席会议。

县政协副主席夏晓玲主持会议。

会议的议程是：县纪委监察局通报近两年来党风廉政建设及反腐败工作情况；审议县政协《宜宾县农村医疗卫生状况调查与建议》；常委工作交流。

县纪委、监察局负责人对纪委监察局工作职能和基本状况，以及近两年来全县党风廉政建设、反腐败工作情况进行了通报。与会人员就此作了评议，并提出了意见建议。

县政协秘书长、文卫科教委员会主任廖运宜宣读了《宜宾县农村医疗卫生状况调查与建议》，并对县政协开展调研的安排部署和报告的形成过程作了说明。

会议对农村医疗卫生状况和调研报告开展讨论，与会者提出了意见、建议。会议审议通过了该调查与建议。会后，向宜宾县政府提交了《农村卫生亟待进补——宜宾县农村医疗卫生状况调查与建议》。

县政协常委、县工商局副局长黄河在会上作了工作交流，介绍了县工商局管理职能和工作开展情况；县政协常委、县工商联会长张克生作了工作交流。

十二、七届十二次会议

2006年1月20日，宜宾县政协七届十二次常委会议召开。

县政协主席陶天华主持会议。

会议的主要议程是：通过宜宾县政协七届四次全体会议有关事项；审议通过《县政协2006年工作要点》；增补县政协委员。

县政协秘书长廖运宜宣读县委同意召开政协第七届宜宾县委员会第四次全体会议的批复。

会议协商通过了县政协七届四次会议的议程日程、常务委员会工作报告、提案工作报告、表彰优秀政协委员和优秀提案的决定以及大会执行主席、秘书长、提案审查委员会名单等事项。

会议审议通过了县政协《2006年工作要点》。

经协商，会议同意增补县妇联彭长芬、团县委向华、农机局杨溢、巨能公司李利民为政协第七届宜宾县委员会委员。

十三、七届十三次会议

2006年6月29日，宜宾县政协七届十三次常委会议召开。

县政府常务副县长李戎、县人民检察院检察长屈锡文、县农行行长陶江林、县教育局局长黄宗华等列席会议。

县政协主席陶天华主持会议。

会议的议程是：听取民主评议农行系统行风建设情况；听取县教育局全县教育工作汇报；听取县人民检察院关于开展人民监督员制度及工作情况报告；县政府通报上半年工作。

会上，县政协副主席夏晓玲通报了县政协组织委员开展民主评议农行系统行风建设的整个工作情况。陶江林就民主评议活动中收集到的意见建议，自身工作存在问题及原因，以及整改工作情况等作了说明汇报。县政协秘书长廖运宜对《关于民主评议农行系统行风建设的报告》的形成作了说明。

与会者对农行系统行风建设情况作了发言。

会议通过了上报市政协的《政协宜宾县委员会关于民主评议农行系统行风建设的报告》。

黄宗华向会议汇报了近五年教育工作取得的成绩、主要做法及存在的问题。

与会者就教育工作进行了讨论，提出了意见和建议：要进一步营造关心支持教育事业稳步发展的社会氛围；改善办学条件要处理好安全、适用、适度超前的关系，均衡配置教育资源，特别是普九阶段的学生应享受到公平的教育；打造名师名校，树立宜宾县的教育品牌；发挥两所职高的资源优势，大力发展职业教育，培养建设新农村的人才；素质教育与升学教育要结合起来，培养德、智、体、美、劳全面发展的学生。

屈锡文向会议报告了检察工作，着重介绍了县人民检察院实施人民监督员制度两年多来的情况。

李戎向会议通报了 2006 年上半年全县财政收入、招商引资、金融、计生、工业情况，以及重点工程项目的推进情况。

十四、七届十四次会议

2006 年 8 月 9 日，宜宾县政协七届十四次常委会议召开。

中共宜宾县委组织部部长魏红英列席会议。

会议由县政协主席陶天华主持。

会议专题对乡镇领导班子换届拟任人选，主要是党政一把手拟任人选和拟提拔的乡镇副科级以上领导干部进行满意度测评。

魏红英向会议通报了此次乡镇领导班子换届工作的基本情况，说明在政协常委会议进行测评就是贯彻《中共中央关于加强人民政协工作的意见》，对重要人事安排要纳入政协协商。

经过会议的现场测评、统计，这次拟任人选满意度均超过半数，得以通过。

十五、七届十五次会议

2006 年 12 月 8 日，宜宾县政协召开七届十五次常委会议。

县政协主席陶天华主持会议。

会议的主要议程是协商确定政协第八届宜宾县委员会委员名单；通过召开宜宾县政协八届一次会议相关事项。

经会议协商决定，政协第八届宜宾县委员会由 17 个界别、268 名委员组成。

会议审议通过了政协第八届宜宾县委员会第一次会议上的第七届宜宾县政协常务委员会工作报告、提案工作报告、关于表彰优秀提案的决定、议程日程等相关事项。

第八节　第八届常委会议

一、八届一次会议

2007 年 1 月 9 日，宜宾县政协八届一次常委会议在县政协会议室召开。应到会 47 人，44 人出席会议。

会议由县政协主席陶天华主持。

会议内容是协商任命县政协各专门委员会主任、副主任，确定各专委会组成人员。

会议同意由陈备任经济委员会主任，王斌、陈勇、曹卫东、刘顺清为副主任，陈良友等 36 人为经济委员会委员。

会议同意由邹国水任提案联谊委员会主任，邓锐、张仕贵、王翔、杨筱虹为副主任，魏菁等 32 人为提案联谊委员会委员。

会议同意由邓良任教科文卫委员会主任，张水、蒋甫良、蒋勤久、向华为副主任，郑宽俭等 29 人为教科文卫委员会委员。

会议同意由涂廷友任法制群团委员会主任，张红、郑朝勇、陶泽华、李建培为副主任，明杰等 24 人为法制群团委员会委员。

会议要求再将驻县城柏溪的委员安排进入相应的专委会。

会议还通报了县政协机关的基本情况，强调了政协的性质、主旨和职能。

二、八届二次会议

2007 年 5 月 14 日，宜宾县政协八届二次常委会议在县政协会议室召开。34 人出席会议。

县委副书记颜永祥、县人大副主任刘建设、县政府常务副县长谢德龙列席会议。

会议由县政协主席陶天华主持。

会议的议程：听取物权法辅导讲解；讨论《工业发展软环境的调研报告》；安排对县质监局的行风评议；增补县政协副秘书长。

县政协常委、酒都律师事务所主任陶泽华向与会者作关于物权法的辅导讲解。

县政协经济委员会主任陈备向会议汇报关于《工业发展软环境的调研报告》的主要内容及调研过程。与会者进行了讨论，提出了意见和建议。会议原则通过了该报告。

县政协副主席徐金友通报了对县质监局进行行风评议的安排方案，明确了行风评议的目的要求、组织领导和时间步骤。县质监局负责人向会议汇报了行风建设自查情况。陶天华对评议工作提出了基本原则和要求。

县政协秘书长邓良提名陈备、邹国水二人为县政协副秘书长。会议同意了该提名，任命陈备、邹国水为政协第八届宜宾县委员会副秘书长。

颜永祥和谢德龙在会上讲了话。

三、八届三次会议

2007年8月23日，宜宾县政协八届三次常委会议在县政协会议室召开。26人出席会议。

县政府常务副县长谢德龙、县人大副主任刘建设、县委宣传部部长赵修正列席会议。

会议由县政协主席陶天华主持。

会议的议程是：通过县政协几项制度；审议新型农村合作医疗运行情况调研报告；讨论民主评议县质监局行风建设报告；通报工业发展软环境调研及整改情况。

会议讨论、修改《政协宜宾县委员会全体会议工作规则》《政协宜宾县委员会常务委员会工作规则》《政协宜宾县委员会委员、常委履职规范》3个制度。县政协副秘书长、经济委主任陈备分别对3个制度的起草原则、制定调整过程等作了详细说明。会议通过了这3个制度。

县政协秘书长、教科文卫委员会主任邓良对县政协《关于新型农村合作医疗运行情况调研报告》作了重点说明，县政协办公室副主任、教科文卫委员会副主任向华宣读了报告全文。与会人员就报告进行了讨论，就新农合的监督问题、费用收缴、报销比例、宣传动员等方面提出了自己的意见建议。会议原则通过了该报告。

县政协副主席曹益平在会上通报了县政协组织的工业发展软环境调研及整改情况。

县政协副秘书长、提案联谊委员会主任邹国水向会议说明了《关于民主评议县质监局行风建设情况的报告》相关工作情况，县政协办公室副主任、提案联谊委员会副主任杨筱虹宣读了评议报告，与会者对县质监局行风建设情况进行了讨论。县质监局负责人在会议上听取了意见，接受了质询，汇报了整改工作。

会议审议通过了该评议报告。

谢德龙、赵修正在会上讲了话，对县政协开展的调研、评议工作给予了较高评价。

四、八届四次会议

2007年12月18日，宜宾县政协八届四次常委会议在县政协会议室召开。36人出席会议。

县委副书记颜永祥、县政府常务副县长谢德龙、县人大副主任刘建设等列席会议。

县政协主席陶天华主持会议。

会议的议程是：讨论通过宜宾县政协八届二次会议相关文件、决定；增补县政协委员；审议通过宜宾县政协民主评议工作实施细则和提案工作条例；通过2008年县政协工作要点；协商讨论县政府工作报告。

在会上，县政协办公室副主任向华作《政协第八届宜宾县委员会常务委员会工作报告（审议稿）》起草说明；县政协办公室副主任杨筱虹作县政协提案工作报告的说明；县政协调研室主任邹国水通报了《关于表彰八届一次会议以来优秀提案的决定》；县政协秘书长邓良作关于八届二次会议的议程日程，执行主席名单和提案审查委员会名单，大会秘书长人选等安排说明；县政协办公室主任陈备通报了关于召开宜宾县政协八届二次全体会议的决定。

会议经过讨论，同意上述决定和文件资料。

县委统战部在会上对提议增补的县政协委员进行了介绍。经表决，会议同意增补陈希森等12人为政协第八届宜宾县委员会委员。

会议对县政府工作报告进行了协商讨论。谢德龙对政府工作报告作了补充说明。

与会人员围绕县政府工作报告提出了自己的意见和建议。

会议认真修改、讨论了《政协宜宾县委员会关于政协民主评议工作的实施细则》和《政协宜宾县委员会提案工作条例》，并一致通过了这两项制度。

会议还通过了宜宾县政协2008年工作要点。

颜永祥在会上讲了话。

五、八届五次会议

2008年4月29日，宜宾县政协八届五次常委会议在县政协会议室召开。17人出席会议。

县委副书记颜永祥、县人大副主任刘建设、县政府副县长谭琦列席会议。

县政协主席陶天华主持会议。

会议的议程是：县政协人事调整事项；听取县政府关于扩权强县试点工作情况通报；审议通过县政协《宜宾县蔬菜产业发展情况调研报告》。

县政协秘书长邓良提名向华为县政协副秘书长。经协商，会议同意向华为政协第八届宜宾县委员会副秘书长。同时免去陈备县政协副秘书长职务。

会议决定，任命向华为经济委员会主任；侯淑容为提案联谊委员会副主任；杨筱虹为教科文卫委员会副主任；陶冶为教科文卫委员会副主任。同时免去陈备经济委员会主任职务；向华教科文卫委员会副主任职务；杨筱虹提案联谊委员会副主任职务。

谭琦向会议作《关于扩权强县试点工作运行情况的通报》。会议进行了讨论发言。

县政协法制群团委员会副主任李建培向会议作《宜宾县蔬菜产业发展情况调研报告》的形成说明。经协商讨论，会议通过了向中共宜宾县委报送的《宜宾县蔬菜产业发展情况调研报告》。

颜永祥、谭琦在会上讲了话。

六、八届六次会议

2008 年 8 月 13 日，宜宾县政协八届六次常委会议在县政协会议室召开。

县委副书记颜永祥、县人大副主任刘建设、县政府常务副县长谢德龙、县政府副县长谭琦列席会议。

县政协主席陶天华主持会议。

会议的议程是：讨论审议县政协《关于扶持创业、促进就业的调研报告》；听取县政府上半年工作情况和强农惠农政策落实情况的通报。

县政协教科文卫委员会副主任杨筱虹通读县政协《关于扶持创业、促进就业的调研报告》，并向会议作调研工作情况说明。县政协副主席徐金友向会议作了调研工作的补充说明，并指出：就宜宾县的实际而言，扶持创业促进就业主要是以中小微企业为主；这方面的存在问题没有在报告中点有关单位的名，但今后将梳理出来交予这些单位的主管部门，以促其自查自纠。

与会者围绕报告反映的问题开展了讨论，大多认为扶持创业、促进就业的关键是要营造出宽松的发展环境，政府必须在服务企业和劳动力的培训方面作出努力。

会议通过了报送中共宜宾县委的《关于扶持创业、促进就业的调研报告》。

在会上，谢德龙通报了县政府 2008 年上半年工作情况；谭琦通报了全县 2008 年强农惠农政策落实情况。

与会人员就上述两个通报中的工作提出了意见和建议。

颜永祥认为，政协的调研报告主题突出，体现了政协的参政议政水平，将利用政协的调研成果帮助部门改进作风，改进方法，促进工作。

陶天华强调了县政协常委会议的纪律问题，并对后几个月的工作进行了安排部署。

七、八届七次会议

2008 年 12 月 12 日，宜宾县政协八届七次常委会议在县政协会议室召开。29 人出席会议。

县人大副主任刘建设、县政府副县长汪渝列席会议。

会议的议程是：审议政协第八届宜宾县委员会第三次全体会议有关事项；审议《政协宜宾县委员会 2009 年工作要点》。

会议依次讨论通过了宜宾县政协八届三次会议的常务委员会工作报告、提案工作报告、表彰优秀政协委员决定、表彰优秀提案决定、议程日程等相关事项。

会议审议通过了《政协宜宾县委员会 2009 年工作要点》。

八、八届八次会议

2008 年 12 月 26 日，宜宾县政协八届八次常委会议在县政协会议室召开。23 人出席会议。

县政协主席陶天华主持会议。

会议的议程是：县委拟新提拔正科级领导干部通过县政协常委会议民主测评；县政协委员调整。

县委组织部工作人员向会议说明县委拟新提拔的一批正科级领导干部的基本情况、任职原因及拟任职务。县政协常委会组成人员填写评议票。经统计，会议通过了县委拟任干部人选。

县政协副主席、县委统战部部长周福全向会议作增、减委员原因说明。经协商，会议同意明杰等 11 人由于工作变动及其他原因不再担任县政协委员（其中有 3 人为常委），并向社会公告 9 人；同意增补文公平等 17 人为政协第八届宜宾县委员会委员。

会议还通报了近期县政协机关内设机构和人员调整情况。

九、八届九次会议

2009 年 4 月 15 日，宜宾县政协八届九次常委会议在县政协会议室召开。29 人出席会议。

县政府副县长汪渝及县政协机关有关人员列席会议。

会议由县政协主席陶天华主持。

会议的议程是：县政府工作通报；增补县政协副秘书长；调整县政协专委会负责人及专委会联系界别事项。

汪渝代表县政府向会议通报《关于贯彻落实 2009 年“中央一号”文件暨当前“三农”工作情况》。

会议围绕县政府通报进行讨论，与会者发表了自己的意见和建议。

根据县政协秘书长邓良的提名，会议同意增补张红为政协第八届宜宾县委员会副秘书长。

会议对县政协各专门委员会负责人及其成员进行了调整，并确定了各专委会联系界别的划分：邓良不再任教科文卫委员会主任；向华不再任经济委员会主任。韦仕祥任经济委员会主任，王斌、陈勇、陈益根、曹卫东、李国江、刘顺清任副主任，经济委员会联系经济、工商联、农业界别。陈善明任教科文卫委员会主任，张水、蒋勤久、李建平、蒋甫良、陶冶、杨筱虹任副主任，教科文卫委员会联系教育、科技科协、文体、医卫计生界别。涂廷友任法制群团委员会主任，张红任常务副主任，郑朝勇、唐瑶、李强、刘学文、陶泽华、李建培任副主任，法制群团委员会联系政法、工会、共青团、妇联界别。邹国水任提案联谊委员会主任，邓锐、侯淑容、王翔、张仕贵、侯建国、胡明贵、张克生任副主任，提案联谊委员会联系中共、特邀、社会福利、台侨、民族宗教、无党派界别。

十、八届十次会议

2009年7月16日，宜宾县政协八届十次常委会议在县政协会议室召开。27人出席会议。县政府常务副县长丁应虎、县人大副主任刘建设、县政府副县长罗平列席会议。

会议由县政协主席陶天华主持。

会议的议程是：县政协委员调整；听取县政府上半年工作通报；审议县政协《关于金融危机对中小企业影响的调研报告》。

县政协副主席、县委统战部部长周福全提出因工作变动等原因，对县政协委员、常委进行调整的意见。经协商，会议同意新增刘光容等6人为政协第八届宜宾县委员会委员；同意陈备辞去县政协委员、常委职务；同意曾晓东等12人辞去县政协委员职务。调整后的县政协委员总数为279人。

丁应虎向会议作关于2009年上半年工作情况及工业经济发展情况的通报，即上半年的政府工作情况、工业经济发展情况、存在的主要问题和困难、下半年的打算等。与会者对县政府工作进行了讨论，提出了意见建议。

在会上，县政协经济委员会主任韦仕祥对县政协《关于金融危机对中小企业影响的调研报告》进行了解读，并说明了报告的调研过程和撰写过程。会议对报告进行了讨论审议，通过了该报告。

十一、八届十一次会议

2009年10月22日，宜宾县政协八届十一次常委会议在县政协会议室召开。29人出席会议。

县政府常务副县长丁应虎、副县长郭真明，及县教育局、水利局负责人列席会议。

会议由县政协主席陶天华主持。

丁应虎向会议通报了全县职业教育情况。县政协教科文卫委员会主任陈善明在会上通报了县政协《关于我县职业教育工作的视察建议》，会议进行了讨论，审议通过了该建议。

在会上，通报了县政协《关于我县水利基础设施情况的调研报告》。县政协法制群团委员会常务副主任张红作了报告的起草说明。会议审议通过了该调研报告。

十二、八届十二次会议

2009 年 12 月 15 日，宜宾县政协八届十二次常委会议在县政协会议室召开。32 人出席会议。

县委副书记颜永祥、常务副县长丁应虎列席会议。

会议由县政协主席陶天华主持。

会议的议程是：传达学习县委书记曾勇到县政协调研时的讲话；审议召开宜宾县政协八届四次会议有关事项；审议县政协 2010 年工作要点；协商增补县政协常委。

县政协副主席徐金友向会议传达了县委书记曾勇到县政协调研时的讲话精神。

会议审议通过了县政协八届四次会议的常务委员会工作报告（草案），提案工作报告（草案），表彰优秀政协委员和优秀提案的决定，议程日程，执行主席、秘书长、提案审查委员会名单，大会选举办法等相关事项。

会议审议通过了《政协宜宾县委员会 2010 年工作要点》。

县政协经济委员会副主任李国江向会议作《政协宜宾县委员会关于完善服务管理充分发挥委员主体作用的试行办法》的起草说明。经会议协商讨论，审议通过了该《试行办法》。

县政协副主席、县委统战部部长周福全向会议提出增补县政协常委的建议。经协商，会议同意增补李果伟、向华、陈善明、韦仕祥为县政协常务委员，交政协第八届宜宾县委员会第四次全体会议选举。

十三、八届十三次会议

2010 年 3 月 4 日，宜宾县政协八届十三次常委会议在县政协会议室召开。31 人出席会议。

县政府副县长汪渝列席会议。

会议由县政协主席陶天华主持。

会议的主要议程是：听取县政府关于柏溪金沙江防洪护岸工程暨滨江路综合开发项目前期工作及项目区规划情况通报；听取县纪委（监察局）关于2009年度纪检监察情况通报；有关县政协事务。

汪渝代表县政府对柏溪金沙江防洪护岸工程暨滨江路综合开发项目的概况、规划、用地、进程等工作情况向会议作了通报。与会者提出了意见和建议。

县纪委监察局向会议作了关于2009年度县纪检监察工作情况通报。

会议同意县政协秘书长邓良建议，任命李国江为县政协提案联谊委员会副主任，免去其经济委员会副主任职务。

会议还讨论了县政协2010年专题调研和民主评议方案。

十四、八届十四次会议

2010年7月15日，宜宾县政协八届十四次常委会议在县政协会议室召开。32人出席会议。

县委副书记颜永祥、县政府常务副县长丁应虎，县地税局、国土局负责人列席会议。

会议由县政协主席陶天华主持。

会议的议程是：协商审议《关于民主评议宜宾县地方税务局的情况报告》和《关于民主评议宜宾县国土资源局的情况报告》；对两个被评议单位进行满意度测评；审议《关于白酒产业发展的调研报告》和《关于我县种粮补贴工作实施情况的调研报告》。

县政协提案联谊委员会主任邹国水向会议通报《关于民主评议宜宾县地方税务局的情况报告》，并作评议工作说明。县政协法制群团委员会常务副主任张红向会议通报《关于民主评议宜宾县国土资源局的情况报告》，并作评议工作说明。

会议讨论了两个报告，颜永祥和丁应虎亦针对两个部门的工作情况发了言。经协商，会议审议通过了向中共宜宾县委提交的《关于民主评议宜宾县地方税务局的情况报告》和《关于民主评议宜宾县国土资源局的情况报告》。

会议对县地税局和县国土局的工作进行了满意度测评，其结果为：县地税局满意占86.9%，基本满意占10.5%，不满意占2.6%；县国土局满意占84.2%，基本满意占13.2%，弃权占2.6%。

县政协经济委员会主任韦仕祥向会议通报《关于白酒产业发展的调研报告》并作起草说明；县政协教科文卫委员会主任陈善明向会议通报《关于我县种粮补贴工作实施情

况的调研报告》并作起草说明。会议通过了这两个报告。

会议还对黄家灿作出了撤销其政协第八届宜宾县委员会委员资格的决定。

十五、八届十五次会议

2010年11月11日，宜宾县政协八届十五次常委会议在县政协会议室召开。

县委副书记颜永祥、常务副县长丁应虎列席会议。

会议由县政协主席陶天华主持。

会议的议程是：协商审议《政协宜宾县委员会全体会议民主测评和协商意见通报办法》；协商县政协委员、常委变动事项；听取县政府关于"九大民生工程"推进情况及县政协八届四次会议以来的提案办理情况通报。

县政协副秘书长张红在会上通读了《政协宜宾县委员会全体会议民主测评和协商意见通报办法》，陶天华作了补充说明，会议组织了讨论。经协商，会议审议通过了此《办法》。

县政协副主席、县委统战部部长周福全就委员近期变动情况向会议作了说明，并提出了增减委员的方案。经协商，会议同意胡为民、段运平辞去县政协常委、委员职务；同意张水、李万钢、杜树林辞去委员职务；同意增补黄奎等6人为政协第八届宜宾县委员会委员。至此，县政协委员共有278名。

县政府办公室人员向会议通报了关于"九大民生工程"推进情况及2010年县政协八届四次会议以来提案办理情况，丁应虎作了补充说明。与会者发表了意见。

县政协副主席曹益平向会议报告了县政协主席会议2010年下半年的履职活动情况。

颜永祥在会上讲了话。

十六、八届十六次会议

2010年12月24日，宜宾县政协八届十六次常委会议在县城柏溪蓝天宾馆俱乐部会议室召开。30人出席会议。

县人大副主任刘建设、县政府副县长罗平列席会议。

会议由县政协主席陶天华主持。

会议的主要议程是：县纪委（监察局）通报党风廉政建设情况；审议县政协召开八届五次会议有关事项；协商委员变动事项。

县纪委（监察局）向会议通报了2010年全县纪检监察工作的基本概况及来年的工作思路。

会议审议通过了关于县政协八届五次会议的常务委员会工作报告、提案工作报告、表彰优秀县政协委员和优秀提案决定、议程日程安排、执行主席名单等相关事项。

县政协副主席、县委统战部部长周福全作增补县政协委员的提议。经协商，会议同意增补李德金、唐益礼 2 人为政协第八届宜宾县委员会委员。

罗平还向会议介绍了 2010 年政府工作概况。

刘建设在会上讲了话。

十七、八届十七次会议

2011 年 6 月 17 日，宜宾县政协八届十七次常委会议在县政协会议室召开。25 人出席会议。

县委副书记曾兴中列席会议。

会议由县政协主席陶天华主持。

会议的议程是：县委通报换届选举方案；审议县政协《关于推进城镇化建设的调研报告》和《关于向家坝工业集中区城北园入驻工业企业发展情况的调研报告》。

曾兴中向会议通报全县换届选举方案，即班子换届调整和干部提拔调整的主要依据、基本原则和拟变动提拔干部名单，干部的选拔方式包括公选、“三推两述”、两推、领导班子公推等。他希望县政协充分领会、正确理解县委决策，做好民主监督和正面宣传。

在会上，分别宣读了《政协宜宾县委员会关于推进城镇化建设的调研报告》和《政协宜宾县委员会关于向家坝工业集中区城北园入驻工业企业发展情况的调研报告》，并作了起草说明。

经讨论，会议审议通过了上述两个调研报告。

十八、八届十八次会议

2011 年 7 月 26 日，宜宾县政协召开八届十八次常委会议。33 人出席会议。

县政府常务副县长丁应虎、县人大副主任刘建设、县民政局负责人及县委组织部有关人员列席会议。

会议由县政协主席陶天华主持。

会议的议程是：县委组织部通报拟新提拔 18 名正科级人员情况并进行满意度测评；审议县政协《关于民主评议宜宾县民政系统工作的报告》，并对民政系统进行满意度测评；县政府通报上半年工作。

在会上，县委组织部人员通报了拟新提拔的正科级人员名单及任职说明，并在常委会议上进行满意度测评。

经测评结果统计，18 人均获通过。

县政协提案联谊委员会主任邹国水向会议通报了县政协民主评议县民政系统工作的活动情况，并对政协《关于民主评议宜宾县民政系统工作的报告》作了起草说明。县民政局负责人向会议汇报了在民主评议活动中民政系统的整改工作情况。会议对民政系统工作进行了讨论，提出了意见和建议。

会议通过了《政协宜宾县委员会关于民主评议宜宾县民政系统工作的报告》。

在随后举行的常委会议对县民政系统工作的测评中，无不满意票。

丁应虎向会议通报了县政府 2011 年上半年的工作情况及下半年的打算。

十九、八届十九次会议

2011 年 12 月 8 日，宜宾县政协八届十九次常委会议在县政协会议室召开。

县政府常务副县长汪渝、县人大副主任刘建设、县政府副县长罗春涛，及县委统战部部长郭时凯等列席会议。

会议由县政协主席陶天华主持。

会议的议程是：协商政协第九届宜宾县委员会委员名单；审议召开宜宾县政协九届一次会议的有关事项。

在会上，郭时凯提出了政协第九届宜宾县委员会委员的建议名单，并对新一届县政协委员的安排作了说明。

会议通过了第九届宜宾县政协委员名单。

会议审议通过了政协第八届宜宾县委员会常务委员会工作报告、提案工作报告、表彰优秀政协委员和优秀提案的决定；审议通过了召开宜宾县政协九届一次会议的决定、议程日程等相关事项。

第九节　第九届常委会议

一、九届一次会议

2011 年 12 月 29 日下午，宜宾县政协九届一次常委会议在蓝天宾馆主楼四楼学术交流厅召开。

中共宜宾县委副书记曾兴中列席会议。

县政协主席陶天华主持会议。

会议的主要议程是：审议通过县政协各专门委员会组成人员名单及所联系界别划分；审议《政协宜宾县委员会2012年工作要点》。

经协商，会议同意邹国水为提案联谊委员会主任，唐益礼、侯建国、吕宾、李国江、罗银为副主任，屠华等11人为委员，联系农业、特邀、社会福利、台侨、无党派5个界别；韦仕祥为经济委员会主任，邓君、陈益根、刘顺清、刘光容为副主任，陈勇等10人为委员，联系经济、工商联2个界别；陈善明为教科文卫委员会主任，李德金、王李梅、黄春祥为副主任，张克生等12人为委员，联系教育、科技科协、文体、医卫计生4个界别；涂廷友为法制群团委员会主任，张红为常务副主任，周玉平、罗勇、李红艳、周伟峰为副主任，杨晓东等13人为委员，联系中共、政法、工会、共青团、妇联、民族宗教6个界别。

会议审议通过了《政协宜宾县委员会2012年工作要点》。

二、九届二次会议

2012年4月10日，宜宾县政协九届二次常委会议在县政协会议室召开。39人出席会议。县委书记王光柱，县纪委书记宿斌，县政协乡镇联系组组长、副组长列席会议。

会议由县政协主席陶天华主持。

会议的议程是：对新提拔的正科级干部进行民主测评；增补县政协委员及县政协副秘书长；县纪委通报2011年党风廉政建设和反腐败工作。

县委组织部对3名新提拔的正科级干部作基本情况介绍，并交政协常委会议进行民主测评。经统计，3人均获得87.2%的满意票，12.8%的基本满意票。

会议同意增补蔡宇、陈备、罗厚玲3人为政协第九届宜宾县委员会委员；免去刘文胜县政协委员、常委职务。

经县政协秘书长黄奎提名，会议同意蔡宇、陈善明、邹国水、韦仕祥、张红、周伟峰6人为政协第九届宜宾县委员会副秘书长。

宿斌向会议作2011年全县党风廉政建设和反腐败工作情况通报。

王光柱在会上讲了话，向与会人员提出了“三个坚定不移”，即坚定不移地走中国特色社会主义道路，坚定不移地用中国特色社会主义理论武装自己，坚定不移地进行改革创新。

陶天华提出县政协工作要以服务为第一要务，抓好履职工作，促进民生改善；以调研评议为主线，促进部门工作改善；以和谐文化为内涵，探索政协文化建设；以自身建设为重点，谱写政协新篇章。

三、九届三次会议

2012年5月4日，宜宾县政协九届三次常委会议在县政协会议室召开。44人出席会议。县政府副县长何峰、县民政局负责人等列席会议。

县政协主席陶天华主持会议。

会议专题协商宜宾县“撤县设区”事项。

何峰通报了县政府《关于撤销宜宾县设立宜宾市天柏区（暂定）的征求意见函》，并向会议作了“撤县设区”的由来、利弊分析等情况说明。

会议就此展开了讨论。持反对意见者主要认为本县工业基础薄弱、财力不足，设区后仅仅改变了名称，而以往享有的“扩权强县”政策、部分行政审批权取消，上级转移支付减少，会对发展不利。支持者认为从长远看，“撤县设区”利大于弊。

经会议民主测评，在到会的44名常委会议组成人员中，对“撤县设区”的同意票27张，占61%；不同意票17张，占39%。

会后，向县政府报送了《政协宜宾县委员会关于“撤县设区”事宜协商意见的函》（宜县政协函〔2012〕3号）。

四、九届四次会议

2012年7月10日，宜宾县政协九届四次常委会议在县政协会议室召开。35人出席会议。县政府县长丁应虎、县委副书记曾兴中、县人大副主任陈明本列席会议。

会议由县政协主席陶天华主持。

会议议程：县政府通报上半年工作情况；对新提拔科级干部进行民主测评；审议关于农村小微型水利基础设施建设调研报告和关于民主评议燃气系统工作的报告；通过县政协设置文史委及其人选。

丁应虎向会议通报了上半年政府工作情况，以及在下半年坚定不移地推进新型工业化、稳步推进农业现代化、举全县之力推动重点项目建设、全面提升政府服务发展保障能力的工作思路。

县委组织部向会议通报了新提拔的6名副科级领导干部的情况，另将5名新提拔正科级领导干部交县政协常委会议民主测评。

经测评统计，5名新提拔正科级干部均得以通过。

会议审议了县政协《关于农村小微型水利基础设施建设情况的调研报告》和《关于

民主评议燃气系统工作情况的报告》，并通过了这两个报告。

县政协副主席邓良就县政协设立文史委员会作了说明，并提出了具体人选。经会议协商，同意设立文史委员会，由黄春祥任文史委员会主任，李建培、凌元东、侯淑容任副主任，张克生等12人为文史委员。

曾兴中在会上讲话，鼓励县政协在宜宾县基础设施建设上、教科文卫事业发展上、化解矛盾构建和谐上和政协自身建设上献计出力。

五、九届五次会议

2012年10月10日，宜宾县政协九届五次常委会议在县政协会议室召开。41人出席会议。

县政府常务副县长汪渝、县人大副主任陈明本列席会议。

会议由县政协主席陶天华主持。

会议议程：对新提拔正科级干部进行满意度测评；审议县政协《关于民主评议宜宾县交通运输系统工作情况的报告》，并对县交通运输系统进行满意度测评；审议县政协《宜宾县工业招商情况调研报告》。

会议对新提拔的1名正科级领导干部进行满意度测评。经测评统计，在发出并收回的40张有效票中，满意票39张，基本满意票1张，得以通过。

县政协提案联谊委员会副主任李国江在会上宣读《关于民主评议宜宾县交通运输系统工作情况的报告》，并向会议作了报告的起草说明。县交通运输局负责人在会上作了表态性发言。会议进行了讨论，审议通过了向县委、县政府报送的该报告。

会议还对县交通运输系统工作进行了满意度测评。经统计，在发出并收回的41张有效票中，满意票23张，基本满意票18张。

会议讨论、审议了由县政协经济委员会牵头组织的对宜宾县“十一五”期间工业招商情况调研形成的《宜宾县工业招商情况调研报告》，通过该报告并报送县委、县政府。

汪渝在会上通报了县政府近期工作。

六、九届六次会议

2012年12月6日，宜宾县政协九届六次常委会议在县政协会议室召开。

县政府副县长刘瑜列席会议。

会议由县政协主席陶天华主持。

会议的主要议程是：审议召开宜宾县政协九届二次会议有关事项；县政协人事调整。

会议依次审议通过了第九届宜宾县政协常务委员会工作报告、提案工作报告，九届二次会议议程日程、执行主席和秘书长名单，表彰优秀县政协委员和优秀提案的决定等相关事项。

县政协副主席、县委统战部部长郭时凯提出关于增补县政协委员、常委的方案。经协商，会议同意增补李泽田、尹梦、江平、高鹏 4 人为政协第九届宜宾县委员会委员；增补李洪、李泽田、陈备、蔡宇为政协第九届宜宾县委员会常务委员候选人，交宜宾县政协九届二次全体会议选举产生。

刘瑜向会议通报了自县政协九届一次会议以来的提案和意见的办理情况，以及 2012 年县政协提交的社情民意、视察建言、调研报告的办理落实情况。

会议还审议通过了县政协 2013 年工作要点。

七、九届七次会议

2013 年 3 月 21 日，宜宾县政协九届七次常委会议在县城柏溪蓝天宾馆学术报告厅举行。

县委副书记曾兴中、县人大副主任陈明本、县政府副县长罗春涛，以及县住建局、卫生局负责人列席会议。

县政协各乡镇政协委员联系组组长、副组长，县政协各界别召集人，县政协各委室主任、副主任，以及有关调研、评议组成员参加了会议。

会议由县政协副主席邓良主持。

会议的主要议程是：对新提拔的正科级领导干部进行满意度测评；对 2013 年度县政协专题调研和民主评议工作进行安排部署。

在会上，县委组织部就近期新提拔的 14 名正科级领导干部基本情况作了介绍，交县政协常务委员会进行满意度测评。县政协常委会组成人员中有 36 人参加了测评。

县政协副主席曾云辉在会上对 2013 年的提案工作以及“农业产业化龙头企业发展情况”和“推进城镇化过程中原乡镇办事处综合开发情况”两个专题调研工作进行了安排。

县政协副主席曹益平在会上就民主评议县卫生系统和住建系统作出了安排，并着重指出了民主评议的目的、方式和重点方面。

县住建局、卫生局负责人在会上通报了各自系统的工作，并对县政协的民主评议活动作了表态性发言。

曾兴中、罗春涛在会上讲了话。

八、九届八次会议

2013 年 7 月 11 日，宜宾县政协九届八次常委会议在县政协会议室召开。

县政府常务副县长汪渝、县人大副主任陈明本、县委组织部部长张瑞英列席会议。

会议由县政协主席陶天华主持。

会议的议程是：听取县政府上半年工作情况通报；听取县纪委监察局 2012 年度党风廉政建设情况通报；审议县政协《宜宾县农业产业化龙头企业发展情况调研报告》和《宜宾县小场镇发展情况调研报告》。

汪渝向会议通报了 2013 年上半年县政府工作情况。他说，上半年工业主导更加强劲、产城相融更趋一体、现代农业更新升级、项目投资持续强劲、要素保障逆势增强、民生事业全面进步，预计全县完成地区生产总值 74.5 亿元、公共财政预算收入 3.73 亿元、固定资产投资 83.5 亿元、实现社会消费品零售总额 29.44 亿元，分别同比增长 10.8%、12.17%、23.6% 和 13.5%。

县纪委监察局向会议通报了 2012 年度的党风廉政建设情况，以及 2013 年的工作目标任务。

县政协提案联谊委员会主任邹国水、法制群团委员会常务副主任张红分别向会议通报了《宜宾县农业产业化龙头企业发展情况调研报告》《宜宾县小场镇发展情况调研报告》，以及调研工作情况。会议围绕这两个调研报告开展了讨论。会议审议通过了这两个报告。

张瑞英在会上讲了话。

九、九届九次会议

2013 年 9 月 3 日，宜宾县政协九届九次常委会议在柏溪蓝天宾馆学术报告厅举行。46 人出席会议。

县委副书记张瑞英、县政府常务副县长汪渝、县人大副主任陈明本及县委组织部有关人员列席会议。

县政协主席陶天华主持会议。

县政协各委室主任、副主任，各乡镇政协委员联系组组长、副组长，各界别召集人，民主评议组成员，以及县卫生、住建系统中层以上干部参加了会议。

县委组织部向会议通报了新提拔科级干部名单，并将新提拔的 12 名正科级领导干部交县政协常委会议进行满意度测评。经测评结果统计，12 名新提拔的正科级干部得以通过。

县政协副主席邓良、曹益平分别向会议通报了《关于民主评议卫生系统情况的报告》和《关于民主评议住建系统情况的报告》，常委会议组成人员就这两个报告及这两个系统的工作进行了讨论，提出了意见和建议。

经协商，常委会议通过了两个民主评议报告。

陶天华、张瑞英、汪渝在会上讲了话。

十、九届十次会议

2013年12月10日，宜宾县政协九届十次常委会议在县政协会议室召开。

县政府县长丁应虎、县委副书记张瑞英、县人大副主任陈明本列席会议。

县政协机关全体工作人员参加会议。

丁应虎向会议通报了宜宾县2013年经济社会发展情况。

会议审议通过了关于召开县政协九届三次全体会议的决定，九届三次会议的议程、日程，九届三次会议上的常务委员会工作报告和提案工作报告，关于表彰优秀县政协委员和优秀提案的决定等相关事项。

会议审议通过了县政协2014年工作要点。

十一、九届十一次会议

2013年12月19日，宜宾县政协九届十一次常委会议在县政协会议室召开。

县政协主席陶天华主持会议。

会议专题研究增补县政协委员事项。

根据县委统战部增补委员方案，会议协商同意张夏等4人因工作调离宜宾县不再担任县政协委员职务；同意杨叶权等3人因职务变动辞去县政协委员职务；同意增补幸享华等7人为政协第九届宜宾县委员会委员。

十二、九届十二次会议

2013年12月29日，宜宾县政协九届十二次常委会议在县城柏溪蓝天宾馆召开。46人出席会议。

县政协主席陶天华主持会议。

会议专题对新提拔正科级领导干部进行满意度测评。

县委组织部副部长李彬向会议通报了新提拔科级领导干部情况，并将新提拔的7名正科级领导干部交会议进行满意度测评。在发出并收回的46张有效票中，满意度最高的为42票，满意度最低的为40票，无不满意票。

十三、九届十三次会议

2014 年 7 月 10 日，宜宾县政协九届十三次常委会议在县政协会议室召开。

县政府常务副县长汪渝、县纪委书记宿斌、县委办主任秦孟刚、县人大副主任陈明本等列席会议。

会议由县政协主席陶天华主持。

会议的议程是：县委组织部通报近期干部调整情况；县政府通报上半年政府工作情况；县纪委通报 2013 年度党风廉政建设工作情况；审议县政协关于食品安全管理和农村电网改造升级两个调研报告。

县委组织部副部长李彬向会议通报了 2014 年上半年干部任免调整情况。

汪渝向会议通报了 2014 年上半年县政府工作情况。

宿斌向会议通报了 2013 年度全县党风廉政建设工作情况。他强调 2014 年的工作主要方面是：推进改革创新，形成强大监督活力；严明党的纪律，切实保障政令畅通；落实“八项规定”，持之以恒纠正“四风”；加大查办力度，保持高压反腐态势；注意教育预防，有效规范制约权力。

县政协提案联谊委员会副主任李国江、经济委员会主任韦仕祥分别在会上作了关于食品安全管理情况调研报告和农村电网改造升级情况调研报告的起草说明。与会者对这两个报告开展了讨论，并提出了修改意见。

会议审议通过了《宜宾县食品安全管理情况的调研报告》和《宜宾县农村电网改造升级情况的调研报告》。

秦孟刚在会上讲了话。

十四、九届十四次会议

2014 年 9 月 29 日，宜宾县政协九届十四次常委会议召开。

县政协主席陶天华主持会议。

会议对县政协开展党的群众路线教育实践活动进行了满意度测评。

会议听取了县委组织部对近期干部调整情况的通报。

会议组织学习了习近平总书记在庆祝人民政协 65 周年大会上的重要讲话。

十五、九届十五次会议

2014 年 10 月 20 日，宜宾县政协九届十五次常委会议在县城柏溪蓝天宾馆学术报告厅召开。

县政府常务副县长汪渝列席会议。

县政协各委室主任、副主任，各乡镇政协联系组组长，有关民主评议组成员参加会议。

县住建局、交通局、城管局、教育局、农业局负责人到会。

会议由县政协主席陶天华主持。

会议的主要议程是：审议县政协关于民主评议城管系统、教育系统工作的两个报告；对5个政协提案重点承办单位办理情况进行满意度测评。

县政协副秘书长、法制群团委员会常务副主任张红，县政协文史委员会主任、教科文卫委员会副主任黄春祥分别代表两个评议组对民主评议城镇管理工作和民主评议教育系统工作报告作起草说明。县城管局局长罗青和县教育局局长邓德在会上作了整改情况说明。与会者进行了讨论发言。

会议审议通过了《关于民主评议全县城镇管理工作情况的报告》和《关于民主评议县教育系统工作情况的报告》。

会议对两个系统整改情况进行了满意度测评。经发放、收回的77张测评票统计：教育系统满意票70张、基本满意票7张，分别占91%和9%；城管系统满意票67张、基本满意票10张，分别占87%和13%。

会议对县住建局、交通局、城管局、教育局和农业局5个政协提案重点承办单位提案办理情况进行评议。5个单位负责人分别在会上通报了各自办理提案落实情况。

会议对这5个提案承办单位进行了满意度测评。其中县农业局满意票最高，占96%；其余单位满意票均在88%以上。

汪渝在会上对提案办理工作提出了要求。

十六、九届十六次会议

2014年12月5日，宜宾县政协九届十六次常委会议在县政协会议室召开。

县政府县长丁应虎、县人大副主任陈明本、县政法委书记钟建华列席会议。

县政协主席陶天华主持会议。

会议的议程是：县政府通报2014年工作；审议召开宜宾县政协九届四次会议有关事宜；协商增补县政协委员。

县长丁应虎向会议通报了县政府2014年工作情况和2015年工作打算。

县政协秘书长黄奎、县政协提案联谊委员会副主任李国江分别向会议作县政协常务委员会工作报告审议稿和提案工作报告审议稿的起草说明。会议对两个报告进行了讨论修改。经审议，会议通过了这两个报告。

会议通过九届四次会议的议程日程安排，会议执行主席、秘书长、选举大会工作员、民主测评组工作员名单；通过了表彰 2014 年度优秀县政协委员和九届三次会议以来的优秀提案的决定；通过了县政协 2014 年工作要点。

会议协商同意因工作变动等原因，罗莉等 3 人不再任县政协常委、委员，何德斌等 11 人不再任县政协委员；同意增补袁德松等 13 人为政协第九届宜宾县委员会委员。

钟建华在会上讲了话，希望县政协委员们在政治新生态、经济新常态、社会新环境的新形势下，继续更好地履职，作出更大的贡献。

十七、九届十七次会议

2015 年 4 月 29 日，宜宾县政协九届十七次常委会议召开。

县人大副主任陈明本、县政府副县长罗平列席会议。

会议由县政协主席陶天华主持。

罗平向会议通报了开年以来县政府的工作情况。

会议听取了县委组织部干部任免调整情况通报，并对新提拔正科级领导干部进行了满意度测评。

会议审议通过了县政协《宜宾县农村公路建管用情况调研报告》和《宜宾县小微企业发展情况调研报告》。

十八、九届十八次会议

2015 年 8 月 27 日，宜宾县政协九届十八次常委会议召开。

县委宣传部部长张云飞、县政府副县长廖运硕列席会议。

会议由县政协党组副书记、副主席邓良主持。

会议听取县委组织部对近期干部调整情况的通报，并对新提拔正科级领导干部进行了满意度测评。

会议审议通过了县政协《关于民主评议县环保系统工作情况的报告》《关于民主评议县水务系统工作情况的报告》《关于民主评议县食品药品监督管理系统工作情况的报告》。

十九、九届十九次会议

2015 年 12 月 3 日，宜宾县政协召开九届十九次常委会议。

县政府县长丁应虎、县纪委书记宿斌、县人大副主任陈明本列席会议。

会议由县政协主席陶天华主持。

县长丁应虎向会议通报了宜宾县 2015 年经济社会发展情况。

会议听取县委组织部对近期干部调整情况的通报，并对新提拔正科级领导干部进行了满意度测评。

会议审议通过了关于召开宜宾县政协九届五次全体会议的决定、议程日程、常务委员会工作报告、提案工作报告、选举办法等相关事项，以及表彰 2015 年度优秀县政协委员和九届四次会议以来优秀提案的决定。

会议协商同意彭宏刚、康良 2 人不再担任县政协常委、委员职务；张来仲等 8 人不再担任县政协委员职务；增补唐桂云等 12 人为政协第九届宜宾县委员会委员。

会议同意黄奎因工作调动辞去县政协秘书长职务，提名唐桂云为政协第九届宜宾县委员会秘书长候选人；同意黄春祥为政协第九届宜宾县委员会常务委员候选人。

会议同意邹国水辞去县政协副秘书长、提案联谊委员会主任职务，陈善明辞去县政协副秘书长、教科文卫委员会主任职务，李国江辞去县政协提案联谊委员会副主任职务，刘顺清辞去县政协经济委员会副主任职务，黄春祥辞去县政协文史委员会主任、教科文卫委员会副主任职务。

会议任命黄春祥为县政协副秘书长、提案联谊委员会主任；罗勇为县政协副秘书长、教科文卫委员会主任、文史委员会主任；廖新林为县政协教科文卫委员会副主任、文史委员会副主任；刘玮为县政协提案联谊委员会副主任；杨金龙为县政协经济委员会副主任；唐敏为县政协提案联谊委员会副主任。

二十、九届二十次会议

2016 年 5 月 19 日，宜宾县政协九届二十次常委会议在县政协会议室召开。会议应到 58 人，因公因事请假 18 人，实到 40 人。

县委副书记张瑞英、县委组织部部长伍绍彬列席会议。

会议由县政协党组副书记、副主席邓良主持。

会议专题审议县政协主席陶天华请辞申请。

伍绍彬向会议通报了相关情况。他说，因为陶天华达到法定退休年龄，且本人已申请辞去县政协主席和党组书记职务，故按政协章程启动相关程序。

会议审议陶天华辞去政协第九届宜宾县委员会主席申请。经协商，会议举手表决通过陶天华辞去县政协主席职务。

张瑞英在会上讲了话。她说，县委决定陶天华主席继续主持县政协全面工作，直到市上安排新的人选，完成平稳交接。

二十一、九届二十一次会议

2016年6月14日，宜宾县政协九届二十一次常委会议在县政协会议室召开。43人参加会议。

县政法委书记钟建华、县政府副县长罗平、县人大副主任陈明本，县委组织部副部长李彬，县政协机关副科级以上干部列席会议。

会议由县政协党组副书记、副主席邓良主持。

会议的主要议程是：对新提拔的正科级领导干部进行满意度测评；审议县政协关于我县小区物业管理情况和我县生猪规模养殖情况两个调研报告。

李彬向会议通报了近期干部调整情况，并将新提拔的47名正科级领导干部交县政协常委会议测评。

县政协经济委员会主任韦仕祥、县政协法制群团委员会常务副主任张红分别就县政协《我县小区物业管理情况的调研报告》和《我县生猪规模养殖情况的调研报告》向会议作起草说明，会议进行了讨论。经审议，会议通过了这两个报告。

罗平就两个报告反映的问题向会议作了解释说明。

二十二、九届二十二次会议

2016年9月27日，宜宾县政协九届二十二次常委会议在县政协会议室召开。50人出席会议。

县政府提名副县长向华和县民政局负责人列席会议。

会议由县政协党组副书记、副主席邓良主持。

会议专题听取县政府关于“县改区”的区划调整方案及工作情况通报。

与会者就区划调整中的一些重要问题发表了自己的意见，并提出了建议。

二十三、九届二十三次会议

2016年11月25日，宜宾县政协九届二十三次常委会议在县政协会议室召开。42人出席会议。

县政协党组书记钟建华、县政府常务副县长秦孟刚、县委统战部部长宋庆伍、县人大副主任陈明本列席会议。

会议由县政协党组副书记、副主席邓良主持。

会议的主要议程是：听取县委组织部干部调整情况通报；协商政协第十届宜宾县委员会委员名单；审议通过召开政协第十届宜宾县委员会第一次全体会议有关事项。

县委组织部副部长黄奎向会议通报了新提拔干部情况和2016年干部任免调整情况。

宋庆伍向会议作第十届县政协委员推荐说明。经协商，会议通过了政协第十届宜宾县委员会284名委员名单和56名常务委员会组成人员名单。

会议审议通过了政协第九届宜宾县委员会常务委员会工作报告审议稿和提案工作报告审议稿。

会议通过了关于表彰2016年度优秀县政协委员和九届五次会议以来优秀提案的决定。

会议还审议通过了召开政协第十届宜宾县委员会第一次全体会议的决定、议程日程等相关事项。

钟建华和秦孟刚在会上讲了话。

第十节　第十届常委会议

一、十届一次会议

2016年12月15日，宜宾县政协十届一次常委会议在县城柏溪蓝天宾馆四楼学术报告厅召开。应到会56人，实到53人。

县政协主席钟建华主持会议。

会议的主题是协商通过县政协各专门委员会负责人及成员名单。

县政协秘书长文华向会议提出了县政协各专门委员会主任、副主任、成员建议名单，以及各专门委员会对应的县政协机关工作人员和所联系界别的设置方案。

经协商，会议同意：提案联谊委员会主任黄春祥，副主任黄金穗、唐益礼、汪文华、刘益，联系特邀、社会福利、农业、无党派、台侨5个界别；经济委员会主任曾康军，副主任刘玮、周伟峰、侯晓红、贺秋、宋涛，联系经济、工商联2个界别；法制群团委员会主任张红，副主任李万刚、李红艳、牟仕玲、杨永和，联系中共、政法、工会、共青团、妇联、民族宗教6个界别；教科文卫委员会主任彭光华，副主任廖新林、刘虹、廖德金、陈静川、江平，联系教育、文体、医卫计生、科技科协4个界别；文史委员会主任文华（兼），副主任唐敏。

县政协秘书长文华还向会议通报了政协第十届宜宾县委员会主席会议成员分工情况。

二、十届二次会议

2017 年 1 月 12 日，宜宾县政协十届二次常委会议在县政协会议室召开。

县政府副县长向华及县民政局负责人列席会议。

会议由县政协主席钟建华主持。

会议的议程是：审议宜宾县撤县设区方案；协商县政协副秘书长人选；学习县政协常委会议有关规则。

县民政局副局长张显荣向会议公布了宜宾县政府关于宜宾县撤县设区调整方案，即宜宾县撤县设区，更名为宜宾市叙州区；将宜宾县管辖的孔滩、王场、白花、永兴、双谊 5 个镇划归翠屏区管辖，将翠屏区管辖的南岸街道、赵场街道、南广镇划归宜宾县（即今后的叙州区）管辖。

会议经过充分讨论，审议通过了“撤县设区”方案。

县政协秘书长文华向会议提出县政协副秘书长名单，并作了基本情况说明。

经表决，会议一致同意张红、黄春祥、曾康军、彭光华为政协第十届宜宾县委员会副秘书长。

在会上，钟建华领学了《政协宜宾县委员会常务委员会工作规则》和《政协宜宾县委员会委员、常委履职规范》。

三、十届三次会议

2017 年 4 月 20 日，宜宾县政协十届三次常委会议在县城柏溪蓝天宾馆俱乐部会议室召开。

县政协各界别召集人、乡镇政协联系组组长、县政协机关全体人员参加了会议。

县政协主席钟建华主持会议。

会议邀请原第七、八、九届宜宾县政协主席陶天华对与会人员进行了以“把握定位，履职入位”为题的政协履职辅导培训。

四、十届四次会议

2017年7月11日，宜宾县政协十届四次常委会议在县政协会议室召开。43人出席会议。

县政府常务副县长秦孟刚、县纪委书记李元虎、县人大副主任黄宗华列席会议。

会议由县政协主席钟建华主持。

会议的议程是：县政府通报上半年经济运行情况；县纪委通报上半年纪检监察工作情况；县委组织部通报近期干部人事调整情况；审议县政协关于宜宾县投资促进政策的

走向与选择和培育发展战略性新兴产业两个调研报告。

秦孟刚向会议通报了 2017 年上半年全县经济运行情况。

李元虎向会议通报了 2017 年上半年全县纪检监察工作情况。

县委组织部副部长黄奎向会议通报了近期干部调整情况。

县政协教科文卫委员会主任彭光华、经济委员会主任曾康军分别向会议作《我县投资促进政策的走向与选择调研报告》和《培育发展战略性新兴产业，助推县域经济增长的调研报告》的起草说明，会议对两个报告进行了讨论。

会议审议通过了这两个调研报告。

钟建华就县政协上半年的工作情况进行了小结。他认为，总的来讲呈现出了县委高度重视、县政府全力支持、各单位积极配合、政协主动作为的良好态势。

五、十届五次会议

2017 年 9 月 29 日，宜宾县政协十届五次常委会议在县政协会议室召开。38 人出席会议。

县政府副县长刘兴万列席会议。

会议由县政协主席钟建华主持。

会议的议程是：听取县委组织部干部调整情况通报；对县畜牧水产局在民主评议中的整改情况进行满意度测评，并审议关于民主评议县畜牧水产系统的报告。

县委组织部副部长黄奎向会议通报了近期干部人事调整情况。

县畜牧水产局党委副书记李洪全向会议报告了县畜牧水产系统经县政协民主评议后的整改情况，并对民主评议中所提出的 13 个具体问题一一作了解释、解答。

会议对县畜牧水产系统整改情况进行了满意度测评，在发出并收回的 38 张有效票中，满意票 37 张，占 97.37%；不满意票 1 张，占 2.63%。

县政协经济委员会主任曾康军向会议作《关于民主评议县畜牧水产系统工作情况的报告》起草说明。经讨论，会议审议通过了该报告。

钟建华、刘兴万就县政协民主评议工作讲了话。

六、十届六次会议

2017 年 11 月 24 日，宜宾县政协十届六次常委会议在县政协会议室召开。43 人出席会议。

县委副书记罗世俊、县委统战部部长宋庆伍、县政府副县长肖萍，以及县政协机关副科级以上领导干部列席会议。

会议由县政协主席钟建华主持。

会议的议程是：县政府通报有关工作情况；增补县政协委员、常委；通过召开县政协十届二次会议相关事项。

肖萍向会议通报了宜宾县2017年经济社会发展情况以及2018年县政府工作思路。

随后，县政府向会议书面通报了2017年度县政协专题调研报告、民主评议报告、社情民意反映等办理落实情况，以及县政协十届一次会议提案、意见、委员协商意见建议办理落实情况。

宋庆伍向会议提出因工作变动等原因对县政协委员、常委进行调整增补的方案，调整增补后的县政协委员有287名，常务委员会组成人员有58名。

经协商，会议同意增补雷俊培等11人为政协第十届宜宾县委员会委员；同意增补雷俊培等4人为政协第十届宜宾县委员会常务委员候选人。

会议审议通过了关于召开宜宾县政协十届二次全体会议的决定、议程日程、选举办法、执行主席和秘书长名单等相关事项；通过了第十届宜宾县政协常务委员会工作报告审议稿和提案工作报告审议稿；通过了关于表彰2017年度优秀县政协委员和宜宾县政协十届一次会议以来优秀提案的决定。

钟建华和宋庆伍就开好宜宾县政协十届二次会议讲了话。

七、十届七次会议

2017年12月12日，宜宾县政协十届七次常委会议在县城柏溪蓝天宾馆召开。应到会57人，实到会55人。

会议由县政协主席钟建华主持。

会议审议通过了宜宾县政协2018年工作要点。

会议同意张红辞去县政协副秘书长和法制群团委员会主任职务；任命雷俊培为政协第十届宜宾县委员会副秘书长和法制群团委员会主任。

八、十届八次会议

2018年1月15日，宜宾县政协十届八次常委会议在县政协会议室召开。

县委组织部部长伍绍彬列席会议。

县政协主席钟建华主持会议。

会议专题听取县政协领导班子述职。

县委组织部部长伍绍彬向会议作对县政协领导班子进行考核的说明。

钟建华向会议作县政协领导班子述职报告和个人述职报告。

会议对县政协领导班子和县级领导进行了满意度测评。

九、十届九次会议

2018 年 4 月 20 日，宜宾县政协十届九次常委会议在县政协会议室召开。

县委副书记罗世俊，县纪委书记、县监委主任李元虎，县政协机关副科级以上人员列席会议。

会议由县政协主席钟建华主持。

会议的议程是：传达学习习近平总书记来川视察重要讲话精神，传达学习省委书记彭清华在全省市厅级主要领导干部读书班上的讲话精神；通报宜宾县监察体制改革试点工作总体情况；审议县政协《关于农村公路建设情况调研报告》；审议通过县政协委员履职规范、常委履职规范和界别活动规范三个制度。

钟建华向会议传达了习近平总书记 2 月 10—13 日到川视察时的重要讲话精神，并对认真学习贯彻习近平讲话精神作了学习辅导；传达了四川省委书记彭清华在全省市厅级主要领导干部学习贯彻习近平新时代中国特色社会主义思想和习近平总书记对四川重要指示精神读书班上的讲话精神。

李元虎向会议通报了宜宾县监察体制改革试点工作的总体情况和下一步工作打算。

县政协经济委员会主任曾康军向会议作了农村公路建设情况调研报告的起草说明。会议进行了讨论，与会者提出了自己的意见和建议。会议审议通过了《关于农村公路建设情况调研报告》。

县政协秘书长文华向会议作关于委员、常委履职规范和界别活动规范 3 个文件的起草说明。经协商，会议通过了《政协宜宾县委员会委员履职规范》《政协宜宾县委员会常委履职规范》和《政协宜宾县委员会界别活动规范》。

钟建华强调，县政协委员、常委要认真学习全国政协十三届一次全会精神、学习新修订的政协章程；按县政协新修订的规范，认真履行委员、常委职责；围绕中心，服务大局，在本职岗位上起好表率作用。

十、十届十次会议

2018 年 8 月 31 日，宜宾县政协十届十次常委会议在县城柏溪蓝天宾馆召开。

县政府副县长廖运硕列席会议。

乡镇政协联系组组长、各界别召集人、县政协机关副科级以上人员参加了会议。

会议由县政协主席钟建华主持。

会议的议程是：县政府通报撤县设区工作情况；审议县政协《宜宾县历史文化传承调研报告》；县政协常委作专题发言。

廖运硕代表县政府向会议通报了撤县设区工作进展情况。

县政协教科文卫委员会主任彭光华向会议作《宜宾县历史文化传承调研报告》的起草说明。会议通过了该报告。

会议举行了“我为叙州发展献良策”专题协商议政发言。王李梅、梁晓龙、徐同烈、刘晓川、杨博5名县政协常委在会上分别作了“重改革、强发展，谱写撤县设区和园区发展新篇章”“撤县设区对农业农村工作的几点思考”“优化布局、创新奋进、开启叙州区教育新篇章”“新理念、新定位、新措施，迎接叙州旅游新时代”“宜居宜养宜旅的叙州区”的专题发言。

会议还传达学习了省委十一届三次全会和市委五届六次全会精神。

第四编　政协基础工作

第一章　学习

学习是统一战线和人民政协的优良传统和作风，是政协委员在自愿的基础上通过学习进行自我教育的过程。1982年全国政协五届五次会议通过的《中国人民政治协商会议章程》提出：“中国人民政治协商会议全国委员会和地方委员会组织和推动委员在自愿的基础上学习马克思列宁主义、毛泽东思想，学习时事政治，学习和交流业务和科学技术知识，增强为祖国服务的才能。”

第一节　组织推动

宜宾县政协自成立之初，就把政协的学习工作放在重要位置上。1980年12月10日，县政协一届一次会议通过的《中国人民政治协商会议宜宾县第一届委员会第一次会议政治决议》就提出“加强马列主义、毛泽东思想和时事政策学习，加强业务学习。”中共宜宾县委书记段志华在县政协一届一次会议结束时的闭幕式讲话中，号召全县政协委员努力学习马列主义、毛泽东思想，认真学习党的十一届三中全会以来的路线、方针、政策，掌握好思想武器，有正确的立场观点和方法，以此解放思想，把握“改革的指导原则和政治方向。”

1980年12月11日，县政协一届一次常委会议根据一届一次会议的决议并结合宜宾县的政协工作实际，把学习列为政协的第一项履职任务，即“积极组织县政协委员和各界人士努力学习马列主义、毛泽东思想和党的路线、方针、政策，努力学习文化和科学技术，不断提高政治觉悟和专业水平，以适应新形势的更高要求。”

1981年3月20日，县政协成立了“宜宾县政协学习委员会”（简称县学委会），由1名县政协副主席担任学委会主任。这是宜宾县政协成立的第一个专门委员会组织，其职责是“组织和推动政协成员和各界人士的政治学习”。在工作中，县学委会不仅负责县政协委员和县政协机关的政治学习的计划安排、组织实施和学习辅导工作，而且还经常邀请非县政协委员的民主党派成员、各界知名人士参加县政协的学习活动。同时，县学委会还在柏溪、横江、观音3个大镇分别成立了由所在地县政协委员和各界人士组成的学习小组，建立了每月集中学习一天的制度。

1984年7月5日，县政协在各区及城镇成立了16个政协委员联系小组，并规定这些联系小组也是县政协学委会领导下的学习小组，在学习方面接受县政协学委会的安排和指导。

1982年3月，县政协一届七次常委会议一度将学习委员会改为“政治时事学习组”。1984年3月，县政协一届十七次常委会议又恢复为学习委员会，直到1993年2月第四届宜宾县政协届满。

根据全国政协章程中关于“委员在自愿的基础上”参加政协学习的规定，为努力克服“文化大革命”后“左”的残余，打消委员思想上的政治顾虑，县政协在组织学习活动中坚持“三自”（自己提出问题、自己分析问题、自己解决问题）、“四不”（不抓辫子、不戴帽子、不打棍子、不装袋子）的原则，创设宽松的学习环境。在学习方式方法上，开展了以“两为主”（以委员自学为主和联系组集中学习为主）、“两集中”（集中委员专题学习和集中部分委员座谈讨论）为主要形式的灵活多样、适合委员工作生活实际的学习活动。同时，县政协学委会根据中共宜宾县政协党组和宜宾县政协常委会议的指示，加强了对政协学习活动的政治指导性，并向委员提供学习辅导资料。

在此期间，县政协的学习内容主要是中共中央重要文件，全国人大、全国政协的会议文件，《邓小平文选》等。重点内容是中共中央《关于建国以来党的若干历史问题的决议》、党和国家关于祖国统一的政策措施、邓小平南方谈话、中共十四大文献，都召开了委员专题学习会、辅导报告会、座谈讨论会，并编发了学习简报。1982年全国开展宪法和政协章程修改讨论活动中，县政协认真组织县政协常委会议和委员会议学习、讨论、修改《中华人民共和国宪法修改草案》和《中国人民政治协商会议章程修改草案》，并将修改意见报告四川省政协。自1987年2月至1990年3月，仅在县城柏溪就组织了委员集中学习活动21次。

1993年4月8日，县政协五届二次常委会议决定将原来的委、组设置为3个专门委员会，学习委员会不再单设，而是合并设立“学习提案联谊工作委员会”，由其负责县政协的学习工作。

从1993年2月至1998年1月的五年间，县政协委员学习重点是社会主义市场经济理论、中共十四大文献和《邓小平文选》（第三卷）。1993年组织委员集中听取两次关于社会主义市场经济体制和《邓小平文选》（第三卷）的专题辅导报告；1994年两次组织委员集中学习中共中央《关于建立社会主义市场经济体制若干问题的决议》和中共十四届四中全会《关于加强党的建设几个重大问题的决定》，还邀请韩国经济专家讲授市场经济和民营经济理论课；1995年组织委员对新颁布的《政协全国委员会关于政治协商、民主监督、参政议政的规定》及四川省政协制定的实施细则进行深入学习贯彻；1996年两次集中委员并请县委宣传部人员就江泽民《努力建设高素质的干部队伍》和中共十四届六中全会《关于加强社会主义精神文明建设若干问题的决议》进行专题辅导，召开常委会议学习《中国人民政治协商会议全国委员会常务委员会工作规则》；1997年学习、讨论中共中央办公厅、国务院办公厅《关于香港回归问题的情况通报》，并邀请有关专家学者进行学习辅导。

1998年3月9日，县政协六届一次常委会议再次对专门委员会进行了设置，没有设置负责学习的专门委员会，并制定出《政协宜宾县委员会专门委员会工作规则》。该规则第九条明确各专委会的主要职责之一是“组织委员学习宣传马列主义、毛泽东思想、邓小平理论，学习宣传党和国家的重大方针、政策，学习宣传各级政协的重要文件和决议、决定”，即专委会及其委员的学习工作由各专委会负责。另外，宜宾县于1996年9月机构改革后在县政协机关增设了3个办事机构，其中规定县政协提案联谊科负责“组织政协委员学习”，即县政协的学习工作转由县政协机关提案联谊科承担。在实践中，县政协的学习培训活动也时常由县政协常委会议或主席会议安排布置。以后，县政协机关工作办事机构（行政编制的）几经撤销、恢复，因此县政协学习工作基本上均由主席会议组织安排。

第六届宜宾县政协仍然把政协委员的学习放在重要位置上。县政协六届一次常委会议把学习工作列为新一届政协工作的第一项任务，即“要继续发扬人民政协学习的光荣传统，特别是新的历史时期，更要加强理论学习，要把学习党的十五大文件和邓小平理论放在首位，用以指导政协工作实践。”

1998年后，县政协的学习是以中共中央的重要文献、《邓小平文选》（第三卷）、社会主义市场经济理论、改革开放方针政策、政协理论、国际国内形势为基本内容，并结合县情组织重点学习。

1998年举办了一期县政协各专委会正副主任和政协联系组组长培训班，讲授政协理论，培训政协工作业务；邀请县委宣传部理论教员宣讲中共十五届三中全会精神及党对农村工作的重大政策措施。

1999年组织100余名县政协委员听取县委宣传部理论教员关于国际国内形势的时事讲座；利用会议开展批判李洪志"法轮功"和李登辉"两国论"的座谈讨论。

2001年两次组织县政协委员进行"三个代表"重要思想、中共十五届六中全会《关于加强和改进党的作风建设的决定》集中辅导学习。

县政协把2003年确定为学习年，于8月召开了第七届宜宾县政协第一次委员学习会，县政协常委会组成人员、各乡镇政协联系组组长、县政协机关工作人员和部分县政协委员120余人参加，集中学习胡锦涛"七一"讲话、"三个代表"重要思想和政协工作规章制度。

2004年4月，召开县政协委员、县级各部门主要负责人共150余人参加的关于新修订的宪法和政协章程学习会；9月，召开《中共中央关于加强党的执政能力建设的决定》县政协委员专题学习会。

2005年9月，召开以"构建社会主义和谐社会"为主题的委员集中学习会，县政协委员及驻县市政协委员110余人参加；11月，组织委员专题学习《中共中央关于加强中国共产党领导的多党合作和政治协商制度建设的意见》。

2006年4月，县政协召开《中共中央关于加强人民政协工作的意见》专题学习会，县政协委员及民盟、工商联、工会、共青团、妇联负责人参加。

2007年4月，围绕"协商民主是民主执政的重要形式"主题，召开县政协委员培训会，全体县政协委员和驻县市政协委员230余人参加。

2008年在中共十七届三中全会后，赓即召开县政协委员、驻县市政协委员和乡镇党委副书记共300余人参加的培训会，以"三中全会与农村改革发展"为主题，开展学习、讨论。

2010年11月，召开县政协委员、驻县市政协委员共270余人参加的专题学习会，根据中共十七届五中全会精神，围绕国家"十二五"规划，对委员履职提出了新要求。

2013年12月，召开政协委员学习培训会，由县政协主席宣讲中共十八届三中全会精神，以及推进协商民主广泛多层制度化发展。

2015年7月，召开县政协委员学习会，主题是"铭记历史、珍爱和平"；12月，召开政协委员学习培训会，认真学习、贯彻中共十八届五中全会精神。

2017 年 8 月，召开该年第二期政协委员培训会，全体县政协委员和县政协机关人员参加。会议邀请市政协调研室主任作“人民政协的实践与发展”专题报告。

第二节　交流提高

第一届宜宾县政协成立后，重视向政协组织建立较早、政协工作推动较好的地方政协学习。1981 年 4 月下旬，根据省委统战部的推荐，由 1 名县政协副主席带队，派员赴四川合江、温江、峨眉三县政协，全面学习他们在政协民主协商、视察参观、调查研究、文史资料研究、侨台宗教事务和工作机构设置等工作中的好办法、好经验。

1981 年 10 月，组织人员前往宜宾地区南溪县，学习该县政协文史资料研究工作经验。

以后，宜宾县政协陆续与省内广汉、夹江、中江、眉山、大邑、筠连、长宁等数十地县政协，以及云南、广西等一些地方政协建立了资料交换、学习往来关系，广泛吸取政协工作先进经验。

1990 年在四川省政协宜宾地区联络委员会的主持下，参加了“宜宾地区十县（市）政协工作联系会”。该会每年两次分别在两个县（市）轮流召开工作联系会，总结、交流政协工作经验。1993 年 6 月，宜宾地区十县市政协工作第七次联系会由宜宾县承办，四川省政协副主席陈祖湘到会并讲话。

1991 年 8 月，宜宾县政协作为发起者之一参加了“川滇十二县（市）政协联系会”。该会由四川省宜宾地区和云南省昭通地区的 12 个县市（四川省宜宾地区宜宾市、宜宾县、筠连县、高县、珙县、屏山县和云南省昭通地区昭通市、大关县、盐津县、威信县、绥江县、水富县）政协组成，每年 1 次轮流承办政协工作联系会，相互学习交流基层政协工作经验，四川省宜宾地区和云南省昭通地区政协工委均到会指导。以后，该组织又增加了若干县、区。1998 年 11 月，宜宾县政协承办川滇十二县（市、区）政协第八次工作联系会，交流“履行政治协商、民主监督、参政议政职能”经验和体会；2005 年 11 月，宜宾县政协承办川滇十八县（市、区）政协第十七次工作联系会，会议以“政协在区域经济发展中如何发挥作用”为主题进行了学习交流。

2003 年宜宾县政协被四川省政协确定为地方政协工作联系点（全省共 7 个点），定期参加由省政协召开的地方政协工作联系会，与其他先进地方政协一道相互学习交流，探索政协工作的新经验、新方法。2010 年 3 月，宜宾县政协承办了四川省政协地方政协和委员联络委员会联系县（市、区）政协工作经验交流会，会议的主题是“加强委员履职服务，发挥委员‘三个作用’”，四川省政协副主席曾清华、省政协地方政协和委员联络委正副主任、宜宾市政协领导，以及14个区县政协参加会议。

为了加强政协机关建设，提高政协机关干部思想政治素质和业务工作能力，宜宾县政协利用各种机会选送机关干部参加省、市社会主义学院，四川大学、四川农业大学等高校的相关学习和培训。1996年，县政协主席参加了全国政协培训中心政协干部培训班学习，接受政协最高层次的学习培训。2003年以后，宜宾县政协机关干部都轮流参加了全国政协北戴河培训中心的短期培训，深入学习政协理论，系统掌握政协工作业务。在第七届宜宾县政协的四年间，就有12名县政协领导、各委室负责人参加了全国政协干部培训中心的学习。

第二章　提案

提案是政协委员、政协参加单位和政协组织向政协全体会议或者常务委员会提出的，经提案审查委员会或者负责提案工作的专门委员会审查立案后，交承办单位办理并作出书面答复的意见和建议；是人民政协履行职能的一个重要方式和一项全局性工作；是发扬社会主义民主，协助中国共产党和国家机关实现决策民主化、科学化的重要渠道。历届宜宾县政协高度重视提案工作，坚持围绕中心、服务大局、提高质量、讲求实效的方针，认真做好提案的培训、征集、审查、交办、督办、服务各环节工作，推进政协提案工作的制度化、规范化、程序化建设。

第一节　征集、审查

1980年11月30日至12月10日，宜宾县政协一届一次会议召开，由预备会议通过会议提案委员会名单，即提案委员会主任高祥义，副主任江华林，委员张留陵、蒋基、朱国先。会议提案委员会只负责会议期间提案的征集、审查和转交工作。宜宾县政协一届一次会议规定的委员提交提案的截止日期为 12 月 9 日，共收到提案 76 件。会议提案委员会对委员提案做到了每日收集、当天审查、当天转交县人大提案审查委员会审核，由县人大交政府有关部门研究办理。提案审查情况于 12 月 10 日大会闭幕会上由县政协副主席江华林向大会报告。宜宾县政协一届一次会议将提案分为 5 个方面，即人民文化、卫生，社会治安，教育工作，干部作风和科技。县政协一届一次会议后的闭会期间，不再收集委员提案，会议提案委员会亦自行撤销。

1982 年 2 月 23 日至 3 月 1 日，宜宾县政协一届二次会议召开。会议的第一天，通过了宜宾县政协一届二次会议提案委员会（又称提案审查委员会）名单，由高祥义任主任，江华林为副主任，张留陵、杨治祥、刘昌烈为委员。截至 2 月 27 日下午，会议共收到提案 82 件（其中有 10 件是相同提案），意见、批评和建议 96 件，由会议提案委员会抄转有关部门研究办理。县政协副主席江华林于 3 月 1 日向会议作《宜宾县第一届委员会第二次会议提案审查报告》。江华林在报告中宣布，县政协委员不仅可以在会议期间提提案，而且在会议结束后也可以提提案，会后的提案交由县政协办公室审查处理。宜宾县政协一届二次会议将提案分为 7 个方面，即人民文化生活、财贸工作、场镇建设、卫生、干部作风、群众生活、社会治安。

1983 年 3 月 17—23 日，宜宾县政协一届三次会议召开。会议通过的提案审查委员会由 9 人组成，高祥义任主任，江华林任副主任，张留陵、杨治祥、刘昌烈、葛修泉、蒋基、陈永生、赵康修为委员。截至 3 月 22 日，经审查，确定立案（同时确定承办提案单位、部门）71 件，作为意见的 22 条。县政协副主席江华林向会议作《提案审查委员会关于提案的审查报告》。报告倡导县政协委员平时将有益的意见和建议写成提案交县政协秘书处（办公室）审查处理；提出以后县政协要将提案办理情况转告给各提案委员，做到件件有着落。宜宾县政协一届三次会议将提案分为 6 个方面，即政权、政法，工业、交通、计划，农林水电，财贸，教育、科技、文化、卫生，计划生育、幼托。

1984 年 6 月 16—22 日，宜宾县政协二届一次会议提案审查委员会由 8 人组成，江华林为主任委员，谢家礼为副主任委员。22 日，会议通过了县政协副主席江华林所作的提案审查报告。在二届一次会议中，共收到委员提案 165 件，经提案审查委员会审理后，立案 88 件，分为工业交通、农林、科学技术、文化教育、医药卫生、财贸、城乡建设和环保、群众生活福利、计划生育、其他共 10 个方面。在立案的 88 件提案中，转交县人民政府研究办理的 45 件，转县人大常委会办理的 1 件，交县政协常委会办理的 3 件，转省、市人大常委会答复的各 1 件，转交其他有关单位办理的 37 件。另外 77 件未立案作为一般性意见、建议转交有关单位答复。会议提案审查委员会对提案审查结束后，由县政协秘书处安排专人转交、办理。6 月 23 日，宜宾县政协二届一次常委会议决议增设提案委员会，作为专门委员会负责闭会后提案工作。主任委员由县政协副主席谢家礼担任，蒋基、蔡明皋任副主任，张克勋、张留陵为委员。

1985年4月召开的县政协二届二次会议仍然通过会议提案审查委员会处理提案工作。4 月 13 日，县政协副主席谢家礼受会议提案审查委员会的委托向大会作提案审查报告。截至 4 月 12 日，经提案审查委员会审查立案 53 件提案，分为文教文化、科技、交通建设、农村、医卫、群众生活、落实政策和其他共 8 个方面。在会议后期所收到的提案因来不及审查，同闭会后委员提出的提案一道，改由县政协提案委员会（专门委员会）一并处理。会议期间和闭会后经审查立案的提案，均由县政协秘书处根据审查意见分送有关单位研究办理。

1986 年 4 月 7—11 日召开的县政协二届三次会议上，会议提案由县政协提案委员会（专门委员会）审查。县政协副主席、提案委员会主任谢家礼受第二届县政协提案委员会的委托，向大会作提案审查报告。截至 4 月 10 日，共立案 50 件提案，涉及工交、财贸，农业、水利、电力，文教卫生，党群工作、政法、落实政策，人民生活福利和其他 6 个方面。提出提案的委员达 110 人次，这些提案均转交县政协秘书处处理。

1987 年 2 月 19—24 日，宜宾县三届一次会议召开，由县政协副主席任旭文代表会议提案审查委员会作三届一次会议的提案审查报告。截至 2 月 23 日，会议收到提案 142 件，经审查立案 94 件，其他未立案的 48 件提案作为一般性意见、建议处理，提出提案的委员有 554 人次。所立案的提案涉及工交、财贸，农林、水电，文教、卫生，党群、政法、落实政策，城乡建设和人民生活福利，其他共 6 个方面，会后由第三届宜宾县政协提案委员会转交相关部门办理。2 月 25 日，宜宾县政协三届一次常委会议设立县政协提案委员会，由县政协副主席任旭文担任主任委员，蒋基、严云贵任副主任委员。提案委员会是县政协常设机构，负责闭会后委员提案处理工作。三届一次会议闭会后，提案委员会又收到 3 件提案，及时进行了审查立案，送交有关部门处理。宜宾县政协机关尚无提案委员会专门办事机构的行政编制，所以实际工作由县政协秘书处“协助提案委员会办理好提案”。

因为当时全国政协及四川省政协没有具体的提案工作制度，所以宜宾县政协提案工作尚处于探索阶段，不具规范性，直至 1991 年全国政协《提案工作条例》出台。

之后，宜宾县政协四届二次会议收到提案 56 件，立案 15 件；闭会期间收到提案 2 件，立案 2 件。县政协四届二次会议后，认真学习贯彻全国政协《提案工作条例》和四川省政协《提案工作条例》，进一步明确了提案征集、审理程序和要求，注意把握提案审查中的三性（严肃性、科学性和可行性）原则；改变了过去对提案简单的“一收二转”为认真的“收集、审查、交办”。宜宾县政协四届三次会议收到提案72件，立案19件，作为委员意见送有关部门参考36件，作为委员来信处理16件；其中1件未受理的原因是不合提案条件要求，即该件是由非政协组成单位和非政协委员提出的。

1993年2月24—28日召开的宜宾县政协五届一次会议提案审查委员会由10人组成，负责会议期间委员提案的征集、审查工作。截至2月27日上午12时，共收到提案104件，提出提案委员462人次，根据政协章程和提案工作条例，立案26件，作意见转交有关部门68件，作人民来信8件，还有2件另作处理。4月8日，县政协五届二次常委会议重新设置专门委员会，提案工作由“学习提案联谊工作委员会”承担，学习提案联谊工作委员会认真组织学习全国政协、省政协提案工作条例，加强了提案的征集、审理和交办工作，会同县政府办编印了《宜宾县办理建议、提案工作手册》发至各乡镇政协联系组。第五届宜宾县政协届内，提案的征集、审查工作都按照全体会议期间由会议提案审查委员会负责，闭会期间由学习提案联谊工作委员会负责的模式进行。1996年9月，宜宾县机构编制委员会同意宜宾县政协机关办事机构设“三科一室”后，具体提案工作则由“提案联谊科”承担。五届四次会议后两次召集政协组成单位负责人、县级机关委员联系组长和柏溪地区县级机关、企事业单位政协委员，进行提案撰写培训，印发了省政协提案工作条例。

1998年1月至2003年1月的第六届宜宾县政协届内，提案的征集、审查工作全体会议期间由会议提案审查委员会负责，闭会期间由“提案联谊委员会”负责。县政协机关承担提案工作的办事机构是提案联谊科。其间，提案联谊科在2001年县级机关机构改革中撤销，县政协机关承担具体提案工作事务改为县政协办公室。1998年3月，宜宾县政协按照全国政协、省政协关于提案工作的制度，出台《政协宜宾县委员会提案工作细则》，进一步明确宜宾县政协提案的征集、审查等有关标准、程序。2000年1月，宜宾县政协六届九次常委会议通过《政协宜宾县委员会关于表彰优秀提案的暂行办法》，在六届三次会议上首次对5件优秀提案进行了表彰。

2003年1月至2007年1月的第七届宜宾县政协届内，提案的征集、审查工作全体会议期间由会议提案审查委员会负责，闭会期间由提案联谊委员会负责。县政协机关承担提案工作的办事机构是县政协办公室。第七届宜宾县政协重视提案的质量工作，2003年8月召开有县政协常委、县级机关委员和乡镇联系组长参加的150余人的提案知识培训会，就提案的选题、撰写等相关知识进行了培训；12月，召开政协组成单位负责人会议，就集体提案提出要求；在七届二次会议前，向每位委员发出了关于认真写好提案的通知。

七届三次、七届四次会议前，都召开了提案工作培训会、座谈会，向委员寄发如何撰写提案的信函，力求委员提案有分析、有解决办法，同时，发挥党派团体优势，提出了更多、更高质量的集体提案。

2007 年 8 月，第八届宜宾县政协八届二次常委会议通过《政协宜宾县委员会全体会议工作规则》，其第二十五条规定：每届第一次会议成立提案审查委员会，负责会议期间提案的审查立案工作；其他次会议，由提案联谊委员会负责。2007 年 12 月，县政协八届四次常委会议通过《政协宜宾县委员会提案工作条例》，规定：每届政协第一次会议闭会后，经常务委员会会议审议通过，提案审查委员会作为提案联谊委员会列入专门委员会序列，在常务委员会和主席会议领导下负责提案工作；政协全体会议期间设立提案组，受提案联谊委员会的委托，对收到的提案进行初步审查，提案立案不立案的最终裁决权在提案联谊委员会；闭会期间的提案，由提案联谊委员会审定。该条例更加明确了提案征集、审查的条件和程序。2008 年 8 月，经市、县编委同意，县政协机关增设“提案工作办公室”，为提案工作的机关办事机构。第八届宜宾县政协坚持每年一次委员培训学习会上讲解提案知识，点评上年委员提案的优点与不足；组织专委会、界别、政协组成单位研究集体提案的选题和撰写；坚持优秀提案的评选表彰。在八届三次、四次、五次会议前，将提案提得好、又办理落实好的典型提案、重点提案拍成专题片进行广泛宣传。

2011 年 12 月至 2016 年 12 月的第九届宜宾县政协和 2016 年 12 月至 2018 年 9 月的第十届宜宾县政协期间，每届第一次会议预备会议通过的提案审查委员会征集、审查会议提案；提案联谊委员会征集、审查其他全体会议及闭会期间提案；政协提案工作办公室负责提案工作事务。这两届县政协提案工作除坚持每年召开提案培训会、研究座谈会努力提高提案撰写质量外，还引导委员通过政协政情通报会、视察、调研、民主评议等履职活动，知民情、明政情，写出更有针对性的、更关乎全县大局的高质量提案，充分发挥提案在政协履职中的重大作用。

第二节　办理、反馈

1980 年 11 月 30 日至 12 月 10 日，宜宾县一届一次会议期间收集的提案由提案委员会立案后，转交县人大提案审查委员会再审核，由县人大交政府有关部门研究办理。当时，宜宾县政协尚未设立工作机构，故没有办理提案的机构和人员。一届一次会议后，设立宜宾县政协秘书处（办公室），即由秘书处负责处理提案事务。有关部门将提案办理结果反馈给县政协秘书处，由县政协秘书处在一届二次会议上印发给全体县政协委员。一届二次会议上没有专门作一届一次会议以来的提案工作报告，而是由常务委员会工作报告向会议报告提案办理情况。宜宾县政协一届三次会议对提案的处理情况与一届二次会议同。

一届二次会议提案办复一览表

（截至 1982 年 6 月 30 日）

表 4–1

提案号	提案人	案　由	承办单位
64	张志本	县城建设应有一个统一规划	县建设局
65	杨治祥	加强整修县城街道	县建设局
66	王光銮	交流食用菌栽培技术	县多办室
67	周成虎	发展蚕桑达到原料自给	县多办室
55	胡家玉	县工会应有专人分管教育	县工会
56	杨连双	所上交工会经费要用在解决职工集体福利上	县工会
57	杨治祥	工会应普遍在各单位建立起来	县工会
74	李明梁等	进一步加强县科协的活动，解决实际问题	县科委
35	毕克昌	恢复桐棬奖售粮	县财委
75	田天本	关于山林划分责任制的意见	县林业局
77	刘翰旌	加强税收管理，防止偷税漏税	县税务局
9	胡良怀	开放耕牛市场，加强管理	县工商局
10	刘全贵等	黄山茶厂茶叶被扣，据说因投机倒把问题	县工商局
70	陈燧强	建立退休干部职工代表会	县人事局
71	陈选皋	组织退休技术人员和知识分子为四化服务	县人事局
58	刘翰旌	加强物价管理，制止非法提价	县物委
59	吕昌斌	农民购生活必需品搞搭配问题必须解决	县物委
60	吕昌斌	加强市场管理，在各区设物价检查机构	县物委
53	陈选皋	整顿区、公社卫生部门领导干部	县卫生局
63	陈选皋	对新进卫生人员及时进行技术培训	县卫生局
52	邓典英	要求调整我所非医务人员	县卫生局
62	田天本	国家补助集体医疗机构的经费必须民主管理	县卫生局
61	田天本	建议医学会扩大会员	县卫生局
72	陈继泉	建议培训一期中医药剂人员	县卫生局
80	高　谊	动员全镇人民行动起来搞好公共卫生	柏溪镇政府

续表 4–1

提案号	提案人	案　由	承办单位
78、79	张新时等	加强公共厕所卫生管理	柏溪镇政府
42	杨连双	建议定期组织退休教师学习	县文教局
47	肖佑峰	建议双龙山区中小学提前放寒假推迟放暑假	县文教局
48、49	陈燧强等	解决蕨溪中学教室宿舍危房问题	县文教局
43	杨连双	每年召开一次三好学生、优秀学生干部群英会	县文教局
50	邓西平等	解决医药费每月发 2 元的问题	县文教局
44	杨连双	建议今年五一节对 30 年工龄以上的在职教师表彰慰问	县文教局
45	吕昌斌	关于解决好民办教师的若干问题	县文教局
46	傅英奎	建议根据各中学实际人员进行调整	县文教局
68	田天本	关于思波食品经营组以大秤收购毛猪问题	县商业局
69	刘权贵等	解决好百货公司亏损和经营作风等问题	县商业局

一届三次会议后，提案办理反馈方法改为收到承办单位答复一件，就由县政协秘书处及时转告提案人，没有再集中印发。

1984 年 6 月 16—22 日召开的宜宾县政协二届一次会议上，由江华林向大会作政协第一届宜宾县委员会《关于第一、二、三次会议提案办理情况的报告》。在第一届宜宾县政协三次全体委员会议中，共收到委员提案 249 件，立案 198 件，作为意见处理 51 件，全部交给有关部门办理，提案和意见办理完毕并答复提案人（含作意见处理的）236 件，占 94.7%。

宜宾县政协二届一次会议后，为了促进承办单位办好提案，县政协选取办得好、答复好的提案典型，利用简报形式予以报道，并分送有关部门和提案委员。

1987 年 4 月，宜宾县政府专门召开有关提案承办单位负责人和经办人员会议，对提案办理工作提出了质量和时间要求。县政府还发出（1987）44 号文件，提出了处理人大代表、政协委员提案、意见的具体办法，要求各承办单位要有领导分管这项工作，并落实专人负责办理。此后，每次政协全委会后，县政府都要召开专门的交办会议，提出提案办理的质量要求和时限规定。

1988 年 3 月，宜宾县政协三届二次会议后，根据全国政协提案工作试行条例，并参照、学习其他市、县办理提案的方法，县政协对提案办理及反馈有了新的举措。一是对提案办理结果进行了分类以体现成效，即主要问题已经或基本解决；问题正在解决之中或有关精神已被采纳、列入了计划，准备逐步解决；提案内容有一定价值，可供今后参考；提案反映问题因条件尚不成熟或其他原因所限，难于办理。二是要求各承办单位将办理情况直接函告提案人，增强承办单位与提案人之间的联系、沟通。三是提案办复后，发函征求提案人对办理落实情况的意见，提案人作出满意或不满意的评价向县政协提案委员会反馈，对提案人意见较大且又有条件办得更好的提案，由提案委员会转给承办单位，要求其重新办理。这些措施提高了提案办理质量，促进了提案办理工作。对一些办理难度大、与群众生活关系密切的提案，采取了组织专题调查，与承办单位和提案人共同研究解决的办法。1988 年办理“县城自来水供应紧张、高层用水尤为困难”的提案时，县政协科技委员会和提案人一起，邀请承办单位领导和工程技术人员共同进行现场调查，主管公交的县政府副县长亦陪同调查。经过现场调查和座谈研究，协商出了解决方案，县政府对该方案给予了财力、物力方面的支持。3 个月后，县城用水紧张状况即得以明显缓解。

1990 年 3 月宜宾县政协四届一次会议后，中共宜宾县委、宜宾县政府更加重视提案办理工作，宜宾县政府发出《关于认真办理县人民代表建议和政协委员提案的通知》，对办案指导思想、办理时限、文书规范等都作出明确要求；在 1990 年 4 月召开的提案交办会上，还表彰了上年度办复提案的先进单位和个人。县政协提案委员会向每一件提案都发出了“办复提案征求意见表”，全面收集提案人反馈意见。

1991 年 3 月宜宾县政协四届二次会议后，县政协认真学习贯彻《全国政协提案工作条例》和《政协四川省委员会提案工作条例》，对政协提案办理工作提出了更加明确的交办程序和办理要求。同时，改进了提案工作方法，即改复文标准为落实标准；改等待回复为跟踪调查、催办、督办。在提案办理质量的评价上，推行“四讲、四看”，即讲办案效率，看落实情况；讲主动办案，看完成办案时间；讲办案质量，看有无重办、补办；讲办案效果，看委员反馈意见。1991 年 6 月 25 日，县政协提案委员会针对“商州区卫生院医疗设备和技术差，服务态度更差”的提案，会同县政府办公室和县卫生局的负责人深入商州区开展实地调查和现场办案，就解决该卫生院基础设施差、医疗技术差的问题，提出了具体解决办法，同时亦对医院管理工作提出了批评、意见，促进该案办理取得了满意的效果。在第四届宜宾县政协的三年间，结合重点提案办理工作，采用了协商办案、现场办案、针对存在问题进行政协专题调研和视察等多种督办方式；提案委员反馈意见中表示满意和比较满意的达 95% 以上。

1993 年 2 月宜宾县政协五届一次会议后，对提案办理落实质量分 4 类评价，即 A 类：已经落实和基本解决的；B 类：正在解决和计划落实中的；C 类：需要等待和创造条件落实的；D 类：尚不具备落实条件，需要向委员解释说明的。建议县政府制定了《宜宾县人民政府关于认真办理政协委员提案暂行办法》，对办理提案的性质、作用、书写格式、工作要求等都作了明确规定。第五届宜宾县政协坚持了提案的跟踪调查和开门办案制度，先后对商州医院医风医德、龙池乡失学儿童增多、改造中小学校危房、中小学乱收费、蕨溪中学校园土地长期被村社占用、稳定文化专干队伍、清理整顿文化市场、社会养老保险、电视点播收费、稳定农村科技队伍、公路建设、党风廉政建设和精神文明建设等20多个提案开展了调查视察和现场办案，取得了较好效果，一些老大难问题得以解决。同时，实行了凡经立案的提案一律实行开门办案并请提提案委员参加共同办案。第五届宜宾县政协办理落实的366件提案中，A类137件，占37.4%；B类156件，占43%；C类41件，占11.2%；D类20件，占5.5%。委员对提案办理的反馈意见中，满意和基本满意的占95.8%。

1998年3月第六届宜宾县政协制定的《政协宜宾县委员会提案工作细则》对提案办理和反馈提出更加明确的规定，要求承办单位建立规范化的承办、会办、答复、归档等工作制度，规定承办单位应在收到提案后6个月内办理完毕，对复文的行文格式要求标准化，要求提案者及时作出反馈等。第六届宜宾县政协对保护油樟资源、中小学生减负、生猪经营收费、加强文化市场整顿治理工作等10件重点提案，采取跟踪督办的方式，提高了办理质量。

第七届宜宾县政协于2005年发出《关于县政协主席会议和专委会督办提案的通知》，制定了《提案跟踪督办实施办法》，实行重点提案由主席会议督办、集体提案由专委会主任会议督办、一般提案由专委会分组督办，改善了过去提案跟踪督办由负责提案的专委会独自承担所导致的督办人手不够、力度不强、专业知识受限等状况。县政协还实行了尽量让提出提案的委员参与对提案办理相关单位、部门的测评、考评、考核和民主评议的办法，从而促进提案承办单位与提案者之间的联系和沟通，提高办案质量。宜宾县政府办公室制定了《宜宾县两会办理工作考核评分细则》，首次对各部门提案办理工作进行量化考核。对政协主席会议确定的重点提案，县委书记、县政府县长都要签批，督促有关单位认真办理落实。

2007年12月，第八届宜宾县政协所制定的《政协宜宾县委员会提案工作条例》再次强化对政协提案办理工作的程序和质量要求。同时制作“提案者对提案办理意见反馈表”，要求提案者在规定时间内向县政协反馈。宜宾县政府对政协提案办理工作实行了由县政府负总责、县政府办牵头、各部门具体承办和分管县长分线负责、主任跟踪协调、办公室各科室具体跟踪的“双三级”机制，严格办理政协提案的责任和纪律。第八届宜宾县政协还利用各种会议和媒体，加大对提案办理先进单位的宣传力度，扩大政协提案的影响。

宜宾县政协八届一次会议提案督办安排表

（2007 年 3 月 27 日）

表 4–2

督办者	提案号	提案者	案　由	承办单位
主席会议	2	李学哲	关于扶持我县中小企业发展的几点建议	县政府办
	33	团县委	关爱农村“留守学生”，助其健康成长	县妇儿工委
经济委员会	1	经济界别	落实人员、资金，加速工业集中区选址、规划	县政府办
	3	县工商联	依法保护非公经济发展的建议	县经商局
	4	陈良友	加大对县域工业企业科技创新的政策扶持和激励	县经商局
	5	张天成	取缔保龄街非法临时市场，培育合法市场	县规建局
	10	张克生	调整和落实民营企业的税收政策的建议	县地税局
	11	何德斌	像发展工业园区一样发展农业园区	县农工办
	12	王正武	调整农业产业结构，发挥“龙头企业”作用	县农工办
	13	姚兴林	为农业增效农民增收财政增税，加快新农村建设	县农工办
	16	王忠义	加大对边远山区扶贫力度	县扶贫办
	17	曾康军	请求县政府立项扶持发展莲藕产业	县农业局
	18	刘　忠	抓住时机，使用好扶贫资金做强农业	县农业局
	19	骆全超	关于推行畜牧业“六方合作”模式的建议	县政府办
	20	周　鑫	修建张窝提灌站，解决该片区常旱问题	县农机局
	21	杨　溢	应加大乡村机耕道建设力度	县农机局
	22	曾小东	加大政策倾斜与转移支付力度，解决农村突出问题	县财政局
	24	冯春风	关于及时解决胭脂坝段占地补偿的建议	蕨溪镇政府
	50	余永琼	将乡镇计划生育服务中心人员经费列入财政综合预算	县计生局
	51	周　鑫	确保人口和计划生育事业费财政投入到位	县计生局
	52	魏月云	切实解决好计生技术服务队伍人员工资待遇	县计生局
	53	杨　喜	加大计划生育部门责任制建设	县计生局
	54	梁树高	要求解决“二二四”五十米大道铁路桥下排水问题	县规建局
	55	张天成	加快南兴大道建设，促进发展提升县城形象	县规建局
	56	杨昌均	改建从黑河公路大桥到烈士陵园公路	县规建局
	57	高　鹏	尽快编制并实施与县城污水处理厂配套排水管网	县规建局
	58	胡为民	多层面加大力度制止县城违法建设	县规建局
	59	邓　江	原革坪机砖厂及附近土地合理规划利用的建议	县规建局
	60	王　斌	提早规划屠宰场址，保障县城鲜肉供给	县规建局
	61	郑春霞	尽快铺设城北新区市政下水管网	县规建局
	62	程孝义	铁北新区 50 米大道建设及排雨污水管道施工	县规建局
	63	饶宜萍	关于“二二四”铁路隧道路灯亮化的建议	县规建局

续表 4-2

督办者	提案号	提案者	案　由	承办单位
经济委员会	64	吴利庭	建议将孔滩镇列为小城镇建设试点镇	县规建局
	65	胡昌明	关于开发商向购房业主代收水、电、气初装费	县规建局
	66	李世才	加强对新型节能建材的推广应用	县规建局
	67	王　洪	关于泥溪镇街道至镇小段路面硬化	泥溪镇政府
	68	邱和明	强令肠衣加工厂搬出居民区	县环保局
	69	颜朝华	加大对物管小区卡拉 OK 噪音扰民的整治	县环保局
	70	胡昌明	关于实行净地出让	县国土资源局
	71	高　鹏	解决环保执法现场监管专项工作经费	县财政局
	73	吴文俊	关于采取有效措施解决土地丢荒的建议	县国土资源局
	74	张先贵	制定解决煤炭开采造成垮山漏的长效机制	县国土资源局
	76	何昌银	关于规范县城商铺招牌管理的建议	县城管办
	78	肖耀康	再次恳请县政府尽快改变县城自来水被污染情况	县水利局
	79	何昌银	关于认真解决县城供水问题的建议	县水利局
	80	李世才	县城自来水污染严重居民吃水困难	县水利局
	96	肖　一	关于环城公交车费过高的意见	县物价局
	97	杨昌文	应加强对金沙广场的管理	县政府办
	98	曾　易	金沙广场的非法商业及赌博行为当禁止	县政府办
	99	向　华	住房公积金应切实为民谋利	县政府办
	100	徐仕跃	解决县供销社系统 800 名退休职工大病统筹	县政府办
	101	程孝义	完善政府工作计划意见	县政府办
	102	县残联	请划拨原建环局旧楼用于建县残疾人康复训练中心	县政府办
	112	杨　喜	加快启动城北新区道路及二期倒迁房建设	城北管委
提案联谊委员会	6	杨元超	加快石城山森林公园开发	县招商局
	7	邓　沛	开发石城山旅游资源	县招商局
	8	段运平	加快推进“二二四”北区仓储运业规划、包装和招商引资	县招商局
	9	彭蜀川	建议着手思考设计向家坝旅游开发	县招商局
	14	江林富	关于村干部待遇的建议	县民政局
	15	陈　林	农村村组干部待遇过低的问题	县民政局
	23	郭　彬	应提高农村五保户的集中供养率	县民政局
	75	廖景涛	整治使用建筑物配件和设备无生产许可证和不合格现象	县质监局
	77	吴泽琴	柏溪金江农贸市场存在不安全、不卫生的隐患	县工商局
	81	唐　瑶	关于进一步加强环城公交管理的建议	县交通局
	82	杨元超	推进横楼大桥建设加快南片发展	县交通局
	83	吴　敏	建议加宽改造白花镇至宜宾市区公路	县交通局

续表 4-2

督办者	提案号	提案者	案　由	承办单位
提案联谊委员会	84	刘仁秀	农村公路交通亟待改善	县交通局
	85	邱华国	关于泥坪路硬化的建议	县交通局
	86	陈春华	加大村社公路管护支持力度	县交通局
	87	陈　林	村道维护困难	县交通局
	88	李元齐	增大基础设施投入，切实助农增收	县交通局
	89	屠　华	关于调整宜柏线公交站点设置的建议	县交通局
	90	廖景光	强化安边镇基础设施建议	县交通局
	91	王仕明	关于加宽硬化柳观公路的建议	县交通局
	92	肖友才	关于尽快整顿高场镇交通环境秩序	县交通局
	103	刘纯香	打破身份限制，建立科学选人用人机制	县委组织部
	108	周立群	以人为本提高社保服务工作质量	县劳动社保局
	109	县总工会	关于切实保障农民工合法权益的建议	县劳动社保局
	110	钟朝红	关于规范县城柏溪临时劳动力市场的建议	县劳动社保局
	111	吴　敏	切实解决粮食企业下岗职工住院医疗费报销难问题	县劳动社保局
	113	江林富	关于退伍军人优待金问题	县民政局
	114	刘旭东	将安边镇政府及相关人事机构迁址豆坝的建议	县民政局
	115	谢礼平	关于减免县特殊教育学校学生交通费	县残联
	116	尤德孚	建议解决农村贫困残疾人的居住问题	县残联
	118	陈镭剑	构建和谐社会净化现代通信网络	县电信公司
教科文卫委员会	26	周玉平	消除柏溪镇中小学生早晨上学安全隐患	县教育局
	27	刘仁秀	代课教师工资待遇低	县教育局
	28	周　蓉	解决农村代课教师工资待遇低问题	县教育局
	29	黄定海	稳定发展私立育才，建设成为实验学校	县教育局
	30	吴利财	需要改变中学大班化教育现状	县教育局
	31	刘仁秀	解决学生活动难、吃饭难、住宿难	县教育局
	32	黄定海	加大投入，完善教师培训，储备后备教师	县教育局
	35	陈　勇	对宜宾县电影公司退休职工待遇遗留问题的解决建议	县文体局
	36	郑宽学	请救救这些“网瘾”少年	县文体局
	37	民盟支部	进一步加强我县农村文化建设的建议	县文体局
	38	肖智丹	开通宜宾县电视天气预报栏目的建议	县广电局
	39	周　鑫	减免农村独生子女合作医疗个人缴款并提高报销比例	县卫生局
	40	肖云岩	建立医疗救助基金构建和谐社会	县卫生局
	41	陆云杰	对乡镇卫生院重新核编以促进农村卫生发展	县卫生局
	42	侯淑容	农民参加新型农村合作医疗积极性降低	县卫生局

续表 4-2

督办者	提案号	提案者	案　由	承办单位
教科文卫委员会	43	杨大富	妥善处理医疗纠纷，维护正常医疗秩序	县卫生局
	44	陈　严	将农民在农村大药房购药列入新农合报销范围	县卫生局
	45	彭奇文	广电局电视收视独家经营作风应改进	县广电局
	46	李树军	配置医疗巡回救护车提高公共卫生应急能力	县卫生局
	47	杨季行	落实合医工作经费促进新农合健康发展	县卫生局
	48	杨大富	争取中央政策，解决县妇幼保健院用房和危房问题	县卫生局
	49	曾云辉	加强药品管理保障动物产品质量安全	县药监局
法制群团委员会	25	张文琼	关爱“留守儿童”	县妇儿工委
	34	县妇联	特殊家庭学生的教育问题需共同关注	县妇儿工委
	72	高　鹏	解决部分环保人员编制身份问题	县人事局
	93	段运平	翠柏大道“二二四”十字路应设立红绿灯	县公安局
	94	肖耀康	禁止在城区内乱停乱放车辆	县公安局
	95	陈良友	柏溪镇江坳口交通要道需综合整治	县公安局
	104	陈　勇	要求宜宾县人民法院加强已判决生效案件的执行力度	县法院
	105	陈　婷	建立专业技术人才引入机制的建议	县人事局
	106	黄亚萍	合理核定我县基层畜牧兽医站人员编制	县人事局
	107	邱华国	关于被集中清退计划外用工的生活问题	县人事局
	117	社会福利界别	对全县 90–99 岁老年人应该给予生活补助	县老龄办

自 2011 年 12 月宜宾县政协九届一次会议起，每年提案办理工作结束后，宜宾县政府都要向宜宾县政协发出关于会议提案和意见办理情况的函，专题通报办理情况。

2018 年 5 月，中共宜宾县委办、县政府办和县政协办联合印发《宜宾县政协提案办理协商办法》，使提案办理协商成为人民政协协商民主的重要形式，明确了提案办理协商的内容和类型，规范了提案办理前、办理中、办理后的程序，进一步推进了提案办理工作的制度化、规范化和程序化。

宜宾县政协十届一次会议提案办理成效表

表 4–3

分类	编号	案由	提案者	牵头承办责任单位	办理成效	备注
社会建设	1	加快县城义务教育公办学校建设，切实解决大班额问题的建议	县政协教科文卫委 柏溪镇政协委员联系小组	县政府办	一是加大财政投入，加强学校建设工程管理，全力推进县城学校扩容建设。安排中省市县各级项目资金 11017 万元用于教育项目建设，新安排 1500 万元债券资金用于学校建设项目征地，全力推进 2016 年、2017 年项目建设。 二是全力推进城区学校改扩建项目建设。柏小 B 区（五友路小学）已全面开工，预计 2018 年 9 月投入使用，办学规模为 36 个班，可以增加学位 1620 个；城北一小现有 27 个教学班，学生 1780 人，拟新建教学楼 2700 平方米，运动场 12600 平方米，扩建后办学规模为 48 个教学班、2160 名学生；城北初中建设项目已确定选址并形成方案上报，相关前期工作正在加快推进，建成后办学规模为 60 个教学班，3000 名学生，计划 2018 年 9 月投入使用。朝阳学校迁建拆迁工作已基本完成，正在加快建设，计划 2018 年 9 月投入使用，办学规模为 30 个班，满足 1260 名学生就读。其中：初中 9 个班 450 人，小学 12 个班 540 人，幼儿园 9 个班 270 人。已完成县教育和体育局、县研培中心搬迁，原教育和体育局办公区域 1630 平方米和县研培中心 1640 平方米分别作为柏溪小学和育才中学教学辅助用房。 三是大班额化解成效初显。县政府高度重视，及时完善机制，形成定期会研制度，县领导多次亲临城区项目建设现场督促学校改扩建工程，督办工程进度。截至目前，大班额化解成效显著。2017 年春期，全县共有大班额 421 个、超大班额 91 个，其中县城大班额 86 个、超大班额 58 个。2017 年秋期全县共化解大班额 107 个、超大班额 19 个，其中县城化解大班额 34 个、超大班额 10 个。2017 年秋期起，全县无新增大班额。2018 年春期，可以化解大班额 167 个。全县大班额按计划化解将在 2019 年全面完成	A 主席会议重点督办
生态建设	2	加强城乡环境综合治理，切实改善人居环境的建议	县政协提案联谊委	县城管办	一是加强组织领导，精心安排部署。2017 年，我县调整和充实县城市管理委员会，单独设立县城管办，实行独立运行，单独列入县委、县政府目标考核。各乡镇、县级各部门也相应调整充实了本单位、本部门城乡环境综合治理工作领导小组，形成了“一把手”亲自抓、分管领导具体抓的工作格局，做到各司其职，齐抓共管。我县制定了《关于进一步加强城市管理工作的实施意见（试行）》（宜县委发〔2017〕3 号）和《关于 2017 年城乡环境综合治理工作的意见》（宜县治理领〔2017〕1 号），明确了以“4 + 6”专项治理为载体，以“五乱治理”为重点的工作思路。 二是建立健全城乡环境综合治理考核制度。今年以来，我县制定了《宜宾县城乡环境综合治理工作考核办法（试行）及评分细则》（宜县督目〔2017〕11 号）、《宜宾县城市管理委员会办公室关于聘请何北英等 60 名同志担任县城市管理工作公众评审员的通知》（宜县城管办发〔2017〕2 号）等制度，考核评价机制进一步完善，考核结果更加科学。 三是广泛宣传，让环境整治理念深入人心。通过多种途径、多种载体、多种形式，加大宣传力度，形成强大的舆论声势，让环境整治的理念深入人心，营造了良好的治理氛围。 四是加大投入，不断完善城乡基础设施建设。县财政调整完善了新一轮县对乡镇财政管理体制（2017—2021 年），大幅提高了乡镇环境卫生整治的经费补助标准，还通过以奖代补的方式，对季度、半年考评优秀的乡镇给予适当的补助，环卫、市政基础设施建设等经费得到了有效保障。	A 主席会议重点督办

续表 4–3

分类	编号	案由	提案者	牵头承办责任单位	办理成效	备注
生态建设	2	加强城乡环境综合治理，切实改善人居环境的建议	县政协提案联谊委	县城管办	五是突出重点，狠抓城乡环境卫生和容貌秩序整治。大力开展“垃圾乱扔”“广告乱贴”“摊位乱摆”“车辆乱停”“工地乱象”农贸市场规划建设和管理，园林绿化提档升级，道路交通优化调整等治理工作，县城和乡镇的“五乱”现象得到了有效遏制。 六是落实城乡环境综合治理月检查、季评比工作。对乡镇和县级各部门城乡环境综合治理工作实行每月检查，季度评比，每季度评出4个“红旗”乡镇、2个“黄旗”乡镇、4个优秀单位、2个后进单位及2个“红旗”村社、2个“黄旗”村社，并进行通报。 截至目前，已连续9个月对乡镇和县级部门实行月检查考核，通报了3个季度城乡环境综合治理检查考核评比结果。在全市1—9月三区一县城市管理考核中，我县取得了2个第一名和5个第二名的好成绩；在全市双月检查评比中，我县高场镇、白花镇分别获得“十佳”乡镇称号	A主席会议重点督办
经济建设	3	加快天宫茶海“茶文游”产业融合开发的建议	中共界别	县旅游局	一是加强组织领导。调整成立县旅游产业发展领导小组和天宫山旅游开发工作领导小组，强化天宫山旅游开发工作组织领导和统筹协调；成立了宜宾县川茶产业融合发展项目推进工作领导小组，多部门联动，确保工作取得实质成效；出台《关于进一步加快旅游产业发展的意见》，明确把加快建设以天宫茶海为重点的生态旅游度假区作为重点任务之一，以乡村旅游带动特色农业产业做大做强；制定《宜宾县旅游产业发展专项资金使用管理办法（试行）》，设立旅游发展专项资金，为加快建设以天宫茶海为重点的生态旅游度假区提供强有力的工作保障。 二是科学规划布局。已编制完成《天宫山生态旅游度假区总体规划》和《天宫茶海概念性规划》，正在编制《天宫茶海核心区控制性详细规划》。 三是加速旅游商品开发。升华茶文化，发展茶产业，开发茶旅游。目前，县文广局在征集五张文化名片歌曲的基础上，正在着力打造1～2首（或系列）天宫山茶文化歌曲，筹划建设天宫山茶文化博物馆。 四是加大基础设施投入。屏山至泥南快速通道已完成方案设计工作，按双向四车道一级公路标准建设，概算总投资16亿元，目前县交通局正开展项目工程可行性研究报告的编制工作；加快推进天宫山旅游环线道路建设，已启动环线公路一期建设。 五是加强宣传营销推广。利用旅游微信公众号和省、市营销平台及微信、微博等新媒体营销手段，加强对宜宾县旅游资源的对外宣传；指导乡镇举办乡村旅游节庆活动，以节庆活动为载体凝聚人气，提高乡村旅游知名度，构建全域全时全景全产业旅游新格局	B
	4	关于促进宜宾县农特产品外销的建议	县工商联	县经济商务科技局	一是深入开展惠民购物全川行、川货全国行活动。积极开展“迎春购物月”“春季美食展销节”“宜宾啤酒节”“宜宾白酒文化节”“李场大塔荔枝节”“超市盛夏促销活动”等展销活动，组织我县酒类、茶叶、名优特新产品企业参加省商务厅举办的“川货全国行”活动，今年新签约订单2000余万元。 二是举办“2017年叙州美味·十佳（土特产）”评选活动，对获评的企业和产品优先列入宜宾县旅游产品推荐名单，并纳入宜宾县特色旅游产品整体营销。 三是加快推进阿里巴巴农村淘宝项目，目前全县已建成村级服务站点72个，县级营运中心1个、物流中心1个。 四是乡镇示范引领，积极搭建农产品上行通道，双谊镇通过整合项目资金筹建“双谊镇农特产品展销中心”，并与阿里巴巴合作，建立农村电子商务平台，已有5家企业近20种土特产入驻展销中心。	A重点督办

续表 4-3

分类	编号	案由	提案者	牵头承办责任单位	办理成效	备注
经济建设	4	关于促进宜宾县农特产品外销的建议	县工商联	县经济商务科技局	五是不断完善物流网络。日日顺、京东等专业电商物流网络覆盖全县所有乡镇；EMS、圆通、申通等快递网络逐步完善，实现全县 26 个乡镇全覆盖；佳家送物流公司的城市生活用品配送平台已建设完毕；新柏航物流公司和乐村淘合作打通了全县 4 条线路的物流通道	A 重点督办
	5	关于加大金融支持现代农业发展力度的建议	农业界别	县政府金融办	一是出台了《宜宾县深化农村金融服务体系建设的意见》。 二是通过财政注入风险金 3781 万元撬动银行投入资金、出台财经互动政策，为农业农村农户提供多样化融资服务，建立政府性资金存款与银行贡献度挂钩推动金融机构积极支持农村经济发展。 三是引导金融机构推出专合社贷款、家庭农场贷款、林权抵押贷款、留守贷、肉牛养殖贷等支农产品，支持农业发展转型和提升综合生产能力。 四是设立宜宾县农业融资担保有限责任公司，为农业发展融资需求提供有力保障	A
	6	确保精准扶贫对象更精准，扶贫政策更得民心的建议	民族宗教界别	县扶贫移民局	一是全县在推进精准扶贫工作中，通过不同阶段的“回头帮”“回头看”行动，整户识别清退和减少 4775 人，整户新增和识别新增 4771 人，现有建档立卡贫困人口 18164 户、59468 人。 二是已脱贫户按照脱贫不脱政策要求，全面落实了健康医疗卫生、教育扶贫等政策。 三是通过县领导上党课、开展“三勤”教育和技术培训，倡导吃苦耐劳、勤劳致富，实现贫困村向“四好村”转变	A
	7	关于加强基层农业技术推广体系建设的建议	农业界别	县农业局	一是强化了基层农技人员的知识更新培训，并将贫困村负责人纳入培训范围。 二是乡镇农技体系建设不断规范，每个乡镇都建立了农业技术推广综合服务站，并增挂农产品质量安全服务站，基本理清了农技、农机体系	A
	8	关于引导建立农村土地经营权流转。专业合作社提高农村土地资源向土地资本转变效率的建议	科技科协界别	县农业局	一是建立健全了县、乡、村三级流转服务体系。 二是健全完善了农村土地承包经营纠纷调处机制。 三是建立农村土地承包经营流转监管体系。 四是在登记监管、资格审查、合同管理、委托服务等方面不断规范农村土地流转工作	A
	9	关于加大油樟资源开发利用力度的建议	隆兴乡政协委员联系小组	县林业局	一是加快基地建设。完成油樟种植 2.1 万亩、丰产改造 1.5 万亩，新建和改建蓄水池（塘）5 万立方米，新建林区道路 139.1 公里，培育“万亩林亿元钱”立体高效林业产业基地 1 万亩。今年 4 月，正式启动油樟种植资源基因库建设。 二是强化园区建设。专门规划了现代林业产业园区，用于新引进宸煜林业公司、川汇香料油樟精深加工厂房和油樟产业技术研究院建设。2017 年 4 月，全面启动樟油集中初加工点建设，将于 11 月投产运行。目前，已有台湾“雨利行”、葵花药业、川雅林业、国森林业等大批企业拟来县投资合作建厂。 三是大力提升三产业。完成了龙溪谷油樟风情小镇总体规划，正规划申报国家级和省级湿地公园各 1 个。启动油樟文化展厅和油樟博物馆规划设计，正在筹备首届“油樟杯”钓鱼大赛。大力推进以油樟风情为主题的生态旅游、森林康养等新业态。	A 重点督办

续表 4-3

分类	编号	案由	提案者	牵头承办责任单位	办理成效	备注
经济建设	9	关于加大油樟资源开发利用力度的建议	隆兴乡政协委员联系小组	县林业局	四是加强合作共建。今年 2 月，县政府与中国经济林协会签订了共建油樟名县协议，在首届“油樟之春”文艺晚会上举行了“中国油樟名县”授牌仪式。3 月，“宜宾油樟”成功获得国家地理标志证明商标。8 月，我县以油樟为优势农产品申报“中国特色农产品优势区”已上报国家农业部和林业局待批。县政府与上海交大农业生物学院、省林科院分别签订了合作框架协议，实现科技支撑培育高产油樟基地。同时，加强与哈工大、台湾雨利行生化科技等校企合作，开发樟油终端产品。 五是组建林投公司。2017 年 3 月，组建了宜宾县金森林业投资开发有限公司。目前，正在全力对接建设银行发行的林业投资基金	A 重点督办
	10	关于加快油樟产业发展，促进农民增收的建议	侯晓红 李场镇政协委员联系小组	县林业局	一是立足巩固一产业。在现代林业产业发展省级综合试验区核心区乡镇分别成立了油樟农民专业合作社，采用“公司＋专合社＋农户”模式建设现代林业产业基地。并做好油樟良种培植繁育，连片集中发展产业基地，加速实现产业基地规模化经营。加快制定“油、材、景”三用林技术试行标准。 二是着力突破二产业。启动成立以院（校）企合作为主导的油樟产业技术研究院，建成一流的油樟技术研发中心；启动林产品交易及物流园建设。引进培育樟油精深加工企业，实现环保集中炼油，用生化领先技术开发系列优质产品，开发油樟古典家具及工艺品，利用废弃物生产生物燃料（肥料），提高油樟的综合利用，开发一流的油樟系列产品。 三是大力提升三产业。省级油樟湿地公园、油樟风情小镇、森林康养基地、油樟博物馆完成选址规划并启动建设。积极创建森林人家、油樟大院、森林农家乐。支持企业创造条件申报油樟和樟油地理标志证明商标和保护产品。组织油樟产业创意大赛、油樟类工艺产品、艺术作品等创新作品的展评活动，深入挖掘油樟文化。同时，积极争取上级支持，加快建设油樟生态旅游产业大道等基础设施	A
	11	加快晒烟产业转型，促进现代化农业发展的建议	古柏镇政协委员联系小组	县农业局	一是抓好园区规划，依托岷江现代蔬菜产业示范园，对晒烟进行科学合理的调整。 二是落实园区基础设施，目前园区道路正在建设，年底将有大的改善。 三是出台发展政策，引领园区农户和新型经营主体进行产业转型。抓好产业融合发展，大力推进三产融合。目前，全县晒烟面积稳定在 1.5 万亩，产量 0.38 万吨左右	A
	12	关于推动家庭农场发展的建议	横江镇政协委员联系小组	县政府金融办	一是涉农金融机构在坚持服务“三农”的同时，均制定了关于专业大户（家庭农场）贷款的相关管理办法。目前针对家庭农场的贷款发放呈现了授信额度高、贷款期限长、担保方式灵活的特点。 二是扩大商业保险覆盖面，增加商业保险险种充分发挥保险的“兜底”功能，确保家庭农场持续稳定健康发展	A
	13	加大科技投入，发展现代农业的建议	永兴镇政协委员联系小组	县经济商务科技局	一是充实科技特派员力量，选派了 46 名科技特派员服务基层。 二是强化农业科技创新和成果转化，加大财政对农业科技的投入力度，增加对农业项目的科研立项，引导企业和民间资金向农业科技创新的投向。 三是搭建农业科技服务综合平台，继续深化与泸州医学院的产学研活动，深化与科技支行合作，科技支行已累计发放贷款 2416 万元。 四是建立农业科技人员创新创业激励机制，出台《宜宾县激励农业科技人员创新创业实施方案》。 五是加强培训宣传，创新科技推广服务模式。开展送科技下乡等活动，加快农业科技的普及和推广步伐	A

续表 4–3

分类	编号	案由	提案者	牵头承办责任单位	办理成效	备注
经济建设	14	建立市花（黄桷兰）生产基地，带动一方百姓致富的建议	蕨溪镇政协委员联系小组	县林业局	经调查，蕨溪镇气候条件适宜黄桷兰生长，黄桷兰种植初具规模，为我县发展黄桷兰产业奠定了一定的基础。 一是加快市花示范基地认定。 二是提升基地建设质量，按照标准化、规模化、集约化要求建立黄桷兰生产示范基地，并已建立黄桷兰专合社。 三是促进三产融合发展，依托黄桷兰资源，挖掘文化，强化宣传，不断提高宜宾县黄桷兰产业知名度，培育森林康养和生态旅游基地，带动区域内的农户发展农家乐、森林人家等新兴业态。 截至目前，申请黄桷兰市花基地认定基地的面积已达到，正在完善相关资料，请相关专家现场核实后，上报市政府审批	B
	15	建立村级资产经营管理有限责任公司，壮大集体经济助推精准脱贫	安边镇政协委员联系小组	县农业局	我县已成功申报全国农村集体产权制度改革试点县，试点工作已全面铺开。全县村集体经营总收入 9309 万元，增长 5%；其中可分配收益为 920 万元，增长 6%；村集体公益性基础投入 32160 万元，增长 8%。经济合作社、股份经济合作社、村级集体资产经营管理公司正在筹建	A
	16	关于贫困村产业发展项目应“接地气”的建议	李场镇政协委员联系小组 经济界别	县委农工委	贫困村在发展扶贫产业的选择上：一是通过召开会议，充分听取贫困户的意见和建议；二是征求县级产业主管部门的意见；三是市场行情调查。综合各方面因素，最终确定拟发展产业。 但在扶贫产业的确定上，或多或少存在建议中所说的情况，如注重短期效益，选择一些短平快的种养殖项目，而忽视了长远发展和持续增收，未突出地方特色。考虑到贫困户劳动力、生产技术等方面原因，确定的种养殖产业也比较单一，多为传统产业	A
	17	关于进一步完善农村土地经营权流转和抵押融资问题的建议	蕨溪镇政协委员联系小组	县农业局	一是成立了宜宾县农村土地经营权抵押领导小组，县级相关部门分工协调，加强沟通，全力推进土地流转和抵押融资工作。 二是出台了抵押融资相关办法，规范农村土地经营权抵押登记，完成土地经营权抵押融资 7000 余万元。 三是建立农村土地经营权流转和抵押融资风险补偿机制，设立了农信贷风险补偿基金	A
	18	关于农业工程既要注重经济效益，又要注重社会效益的建议	白花镇政协委员联系小组	县财政局	一是组织县财政局、县农业局、县水务局相关技术人员对农业工程建设存在的问题进行认真梳理排查，责成项目监理单位督促各施工单位立即对存在的问题进行整改完善。 二是加强对农业工程项目建设的宣传，让广大群众了解农业综合开发真正内涵。 三是加强项目规划设计、实施过程的质量、项目验收、后期运行管理维护等相关工作的监管，把这件民生实事办实办好，提高农业综合效益	A
	19	关于加快观音镇电站大坝冲沙清淤工作的建议	观音镇政协委员联系小组	能投宜宾电力有限公司	一是冲沙闸改造工程已完成设计，由于今年水源丰富的因素，工程未进入施工程序，计划在本轮枯水期完成改造投入使用（资金已列入 2017 年计划）。 二是修订完善“观音电站冲沙闸门管理办法”和“观音电站进水口、引水渠段漂浮物打捞管理办法”，确保冲沙闸改造之后安全运行和进水口河面整洁、清爽	C
	20	关于做大做优王场豆腐干产业的建议	王场镇政协委员联系小组	县农业局	一是加强对大豆无公害生产基地的建设，进一步扩大种植面积。目前，全县大豆常年种植 3 万亩，总产量 6100 吨。 二是积极为大豆种植提供技术指导，加大项目争取力度，将大豆基地做大做强。 三是积极扶持王场豆腐干产业，引导王场豆腐干加工作坊扩大规模	A

续表 4–3

分类	编号	案由	提案者	牵头承办责任单位	办理成效	备注
经济建设	21	发挥农村合作经济组织联合社作用，推进农民专业合作社健康发展	钟登学	县供销社	一是印发了《宜宾县供销合作社综合改革实施方案》，同时出台了五个细化方案。并将供销社综合改革纳入目标考核，挂牌督办。 二是扎实推进农合联规范化建设，实现了全县农合联全覆盖。已成立了宜宾县农村合作经济组织联合会和 26 个乡镇分会，引导会员开拓市场业务，大力推动农合联发展。截至目前，县农合联会员 229 名，其中单位会员 119 名、个人会员 110 名；乡镇分会会员 762 名，其中单位会员 345 名、个人会员 417 名。 三是发挥县农合联引领作用，积极推进农村资金互助组织试点。成立了 5 家农村资金互助社，县财政分别给予每个农村资金互助社 15 万元开办补助费，入社社员 568 户，募集资金互助股本金 865 万元。今年 4 月，以现有的 5 家农村资金互助社为基础，成立了宜宾县金鑫农村资金互助社联合社，并给予 20 万元的补助。 四是创新谋发展，农村合作经济组织助力脱贫攻坚成效明显。行业指导体系和服务经营体系“双线运行”建设加快推进，初步形成了生产合作、供销合作、信用合作、消费合作“四位一体”新局面	A
	22	创新产业扶贫模式，振兴川红工夫红茶产业	江　华	县农业局	一是落实化肥、农药双减措施，提高茶叶品质。 二是创新企业生产管理方式，走“茶农 + 专合社 + 龙头企业 + 营销团队”模式，提升茶叶附加值。 三是在茶叶主产区推行二次返利激励机制，在保证农户利益的前提下，由龙头企业根据经营情况进行二次返利。 四是对投入到茶叶专合社、龙头企业的财政资金进行量化股权，将专合社、龙头企业经营收入的 5% 股权量化到贫困户，让更多的群众享受茶产业发展成果。截至目前，全县茶叶面积发展到 10.6 万亩，茶叶产量达到 5500 吨	A
	23	关于支持农业新型经营主体参与精准扶贫的建议	马代连	县委农工委	为打赢脱贫攻坚战，县委县政府出台了一系列政策措施，激励支持新型经营主体投入扶贫攻坚事业，带动贫困村产业发展，促进农民增收致富。 一是出台了《宜宾县扶持农业产业化龙头企业发展专项资金管理办法》，县财政拟每年预算 300 万元资金，专项支持农业企业发展； 二是出台了《关于以奖代补支持农民合作组织发展的意见》，县财政每年预算 200 万元资金，专项支持专合组织发展； 三是出台了《关于进一步推进农村土地承包经营权流转的意见》，对规范流转耕地集中连片 300 亩以上，且期限在 5 年以上的，县财政分别给予受让方一次性 100 元 / 亩的资金奖励，同时还明确了用地、项目、金融等保障性政策； 四是扩大风险基金投入范围，县财政专项安排“三农”服务风险补偿基金、农村产权抵押融资风险基金、中小企业联保基金、科技型企业信贷风险补偿基金、扶贫小额贷款风险基金、园保贷、小额担保贷款基金等各类基金 3861 万元，涉农贷款余额达 126.5 亿元； 五是落实财政金融奖补政策，出台《关于支持宜宾县小微实体经济企业加快发展的意见》《宜宾县深化农村金融服务体系建设的意见》等相关政策文件； 六是出资 500 万元（股东）支持市成立农业融资担保公司，2015 年、2016 年市农业融资担保公司为我县龙头企业融资担保额分别达到 1.79 亿元和 1.83 亿元，同时组建县农业贷款担保公司，即将正式运行，将有效解决我县龙头企业发展资金瓶颈问题。除上述刚性扶持政策外，县委县政府还从宏观上鼓励、支持企业投入精准扶贫	A

续表 4-3

分类	编号	案由	提案者	牵头承办责任单位	办理成效	备注
经济建设	24	关于加强扶贫工作队伍能力建设的建议	张　旭	县委组织部	一是壮大帮扶力量。制定《脱贫攻坚联系县领导工作职责》，按照省、市要求做好第一书记轮换工作，精心选派力量，切实做到轮换有序、无缝对接，保证帮扶队伍稳定；实行干部选村、村选干部“双向选择”，向全县 47 个非贫困村选派第一书记，对全县 18408 户贫困户全覆盖选派帮扶责任人；组建农业技术巡回服务小组 13 个。 二是开展培训交流。分批对驻村帮扶工作组组长、第一书记、农技员开展密集专题培训，编印《宜宾县脱贫攻坚政策指南》，提升驻村干部引领脱贫攻坚的能力素质；召开“五个一”业务交流、学习观摩会。 三是逗硬考核督导。采取帮扶力量自查、县级实地考察的方式进行综合考核评价，并向派出单位反馈考核结果，作为评先选优、提拔重用的重要依据；印发《关于开展“五个一”帮扶力量督查的工作方案》，及时向帮扶责任单位反馈并进行“回头看”督查	A
	25	加大农机科技投入，努力提升农业综合机械化水平	杨　溢	县农业局	一是狠抓农机购置补贴的落实，目前已累计兑现 5100 万元，新增各类农机 6 万余台套。 二是加强对新型服务主体的扶持和培育，县级财政每年安排了 200 万元用于对服务主体的奖励和补助	A
	26	整合资源聚力齐心，共同打赢脱贫攻坚战	杨　溢	县扶贫移民局	全县聚焦脱贫攻坚，将脱贫攻坚工作作为第一要务工作来抓，坚决打赢脱贫攻坚战，推动全面建成小康社会进程。大力实施精准脱贫“七大创建”，充分发挥“作战图、项目库、政策包、资金池、新模式、新产业、新机制”作用。 聚焦贫困村“一低五有”标准、贫困人口“一超六有”标准，下足“绣花”功夫，精准编制下达 66 个贫困村 1584 个项目 6.6 亿元。争取省 3153 万元，市 975 万元，县 9029.18 万元投入脱贫攻坚工作。同时，编制脱贫攻坚区域基础设施大项目、区域产业发展大项目 1664 个，涉及资金 137.9 亿元；编制 2016 年 14 个贫困村巩固提升项目 38 个，涉及资金 722 万元；硬化村组道路 390 公里。 同时，对 2014—2016 年脱贫人口 39098 人进行了巩固提升。22 个扶贫专项得以顺利开展，整合涉农项目资金、易地扶贫搬迁、乌蒙山连片区域土地整治、农村公路建设、农村电网改造等行业扶贫资金 15 亿元以上，县级资金（含政府平台公司融资）5 亿元，20 亿元的资金池得以保障	A
	27	关于加大闲置土地处置力度的建议	汪启泉	县农业局	一是为解决土地撂荒问题，多次在全县性会议上对减少耕地撂荒工作进行安排和部署，做到早安排、早部署，并对撂荒土地进行了全面清理，组织整改复垦。 二是加强宣传引导，使群众爱惜耕地，保护自身合法权益。 三是全面落实耕地地力保护补贴、农机购机补贴、种粮大户补贴等惠农政策，兑现“三项”补贴 8000 余万元。 四是对无力耕种、长期外出务工弃农、征而未用、占而未用造成土地撂荒，实行分类指导，组织及时复垦。 五是鼓励种植大户、专合社、龙头企业实施土地流转，集约经营，减少农村土地撂荒	A
	28	关于壮大肉牛产业，促进县域经济发展的建议	谭宗利	县畜牧水产局	一是加强领导。成立了由县长担任组长的宜宾县牛羊产业发展领导小组，负责牛羊产业发展的统筹推进和综合协调工作。 二是规划引领。制定了《宜宾县牛羊产业发展规划（2014—2018 年）》《宜宾县牛羊基地建设实施方案（2015—2020 年）》《宜宾县关于加快肉牛产业发展的意见》。通过典型推动与整体推进结合的发展模式，扶持肉牛产业科技示范园、标准化规模场、家庭牧场、适度养殖户建设。	A 重点督办

续表 4-3

分类	编号	案由	提案者	牵头承办责任单位	办理成效	备注
经济建设	28	关于壮大肉牛产业，促进县域经济发展的建议	谭宗利	县畜牧水产局	三是培育主体。重点引导和扶持生产经验丰富、技术能力强的养殖大户，通过培育骨干养殖大户带动普通养殖户发展，整体推进全县肉牛养殖基地建设。组建宜宾县众邦肉牛养殖专业合作社联合社，实施订单生产，统一销售，形成“利益共享，风险共担”的养殖机制。全县已发展肉牛养殖龙头企业 4 个，专合组织 20 个，家庭农场 23 个。 四是强化肉牛良繁体系建设。大力实施基础母牛扩群增量工程，扩大母牛群规模。计划用 6 年时间，引进母牛 1 万头、本地繁殖选育母牛 1 万头，建成以高场、李场、商州、蕨溪及凤仪等乡镇为核心区的新增 1 万头基础母牛繁育基地。截至目前，新增能繁母牛 4050 头、镇（乡）牛人工授精站点 1 个、县级牛冻精库 1 个。 五是加大政策支持力度。县财政从 2015 年起连续三年，每年安排牛羊发展专项资金 400 万元，扶持肉牛适度规模户、家庭农场、标准化养殖场圈舍建设和引种。整合肉牛标准化基地建设、能繁母牛补贴、退出贫困村肉牛养殖扶贫项目等县级以上财政资金 915 万元，拉动金融、企业、农户等社会资本 1.5 亿元投资肉牛产业建设。2017 年，我县获得宜宾市肉牛产业发展“1+N”联动机制奖补资金 100 万元	A 重点督办
	29	对产业发展精准扶贫的建议	肖佑兵	县委农工委	一是广泛宣传发动。县委、县政府多次召开县、镇、村三级大会，宣传贯彻落实党的脱贫攻坚政策，教育群众要自力更生，转变“等靠要”思想观念。选派农业技术人员驻村精准技术帮扶，实现技术指导全覆盖。 二是加大农业新型经营主体培育力度。出台了《宜宾县扶持农业产业化龙头企业发展专项资金管理办法》《宜宾县人民政府关于以奖代补支持农民合作组织发展的意见》《宜宾县示范性家庭农场认定管理办法（试行）》，县财政拟每年分别预算 300 万元、200 万元、160 万元专项资金，支持农业企业、专合组织发展，对发展较好的家庭农场实行奖励。 三是加大扶贫资金投入。县财政积极调整支出结构，确保各项农业支出，确保年增长比例达到 10% 以上；扩大风险基金投入范围，专项安排“三农”服务风险补偿基金、农村产权抵押融资风险基金、中小企业联保基金、科技型企业信贷风险补偿基金、扶贫小额贷款风险基金、园保贷、小额担保贷款基金等各类基金 3861 万元，涉农贷款余额达 126.5 亿元；落实财政金融奖补政策，出台《关于支持宜宾县小微实体经济企业加快发展的意见》《宜宾县深化农村金融服务体系建设的意见》等相关文件。 四是加强考核督查，签订脱贫攻坚目标责任书，将脱贫攻坚目标任务纳入年度重点工作进行考核，确保工作有序推进	A
	30	对成员在资金合作社借款给予相关费用补助的建议	肖佑兵	县财政局	由于农村资金互助社在获得财政项目支持（财政试点资金除外）、补贴社员借款资金占用费等方面缺少顶层设计，还未出台相关政策。今后，上级出台农村资金互助社有获得财政项目支持、补贴社员借款资金占用费等方面的相关政策，将严格按照上级有关规定认真贯彻执行	C
	31	关于蕨溪镇光华社区幸福美丽新村提灌站、蓄水池后续管网配套建设的建议	冯德桂	县水务局	县水务局派出专业技术人员对光华社区农田灌溉渠系进行了现场实地踏勘，并正在争取项目，多方筹措资金，争取尽快解决农田灌溉渠系问题	C

续表 4–3

分类	编号	案由	提案者	牵头承办责任单位	办理成效	备注
经济建设	32	进一步支持农民合作社联合社的建议	谢春艳	县供销社	一是印发了《宜宾县供销合作社综合改革实施方案》，同时出台了五个细化方案。并将供销社综合改革纳入目标考核，挂牌督办。 二是扎实推进农合联规范化建设，实现了全县农合联全覆盖。已成立了宜宾县农村合作经济组织联合会和 26 个乡镇分会，引导会员开拓市场业务，大力推动农合联发展。截至目前，县农合联会员 229 名，其中单位会员 119 名、个人会员 110 名；乡镇分会会员 762 名，其中单位会员 345 名、个人会员 417 名。 三是发挥县农合联引领作用，积极推进农村资金互助组织试点。成立了 5 家农村资金互助社，县财政分别给予了每个农村资金互助社 15 万元开办补助费，入社社员 568 户，募集资金互助股本金 865 万元。今年 4 月，以现有的 5 家农村资金互助社为基础，成立了宜宾县金鑫农村资金互助社联合社，并给予 20 万元的补助。 四是创新谋发展，农村合作经济组织助力脱贫攻坚成效明显。行业指导体系和服务经营体系“双线运行”建设加快推进，初步形成了生产合作、供销合作、信用合作、消费合作“四位一体”新局面	A
	33	关于加大对专业合作社扶持的建议	任　琼	县委农工委	一是出台优惠政策，营造合作社发展软环境。出台了《关于支持和促进农民专业合作社发展的实施意见》《关于进一步推进农村土地承包经营权流转的意见》，明确了专业合作社在工商登记服务、政府扶持、税收优惠、金融支持、用地用电及运输等方面的优惠、保障性政策。 二是加大财政投入，解决合作社发展硬需求。2013 年出台了《关于以奖代补支持农民合作组织发展的意见》，从 2013 年起，县财政每年预算专项资金 200 万元，采取以奖代补方式专项扶持农民专业合作社功能提升、基地发展和产品深加工建设，实施 5 年来，扶持合作社项目 130 个，拉动合作社投入 4125 万元。同时，积极争取上级项目扶持，2012—2017 年，我县共争取到涉农项目 107 个，获得国家、省、市扶持资金达 2550.1 万元，引导各专合社及成员投入发展资金 9224 万元，解决了部分合作社资金短缺和基础设施跟不上等问题，合作社整体实力不断增强。 三是加强各类培训，增强合作社发展内力。每年均组织合作社法人及生产骨干参加各种培训，培育了一批以合作社理事长为主的农民专业合作社经营管理人才，以会计为主的农民专业合作社理财能手，以生产技术为主的种养能人，以经管干部为主的基层业务辅导员。 四是加强示范引领，增强合作社带动能力。制定了《宜宾县县级示范专业合作社申报管理办法》，建立年申报和监测机制，每 2 年一认定一淘汰，将示范社建设制度化、规范化、程序化，构建示范社建设长效机制，催生了一批合作社县级典型和模范示范，带动全县合作社规范健康发展。截至目前，全县有县级示范合作社 102 个，市级示范合作社 32 个（新申报 12 个），省级示范合作社 15 个（新申报 4 个），国家级示范社 5 个	A
	34	关于创新驱动，促进小微企业绿色发展的建议	县工商联	县经济商务科技局	一是加强科技支撑。加快建成宜宾县创业创新中心、惊雷科技国家级技术研发中心、常达机械研发中心。落实 2016 年高新技术企业、省市重点科技项目资金 110 万元，积极申报高新技术企业 2 家，高新技术产值达 96 亿元。争取 2017 年省级科技项目立项 1 项，资金 50 万元，申报 2017 年市级科技项目 17 项。继续深化与西南医科大院县合作项目，完善 2015—2016 年具体项目研究内容。 二是强化政策落实。设立企业应急周转专项资金 2000 万元，扩大企业联保基金，增加注资小微企业风险补偿金 1000 万元，切实解决企业融资困难。	A

续表 4-3

分类	编号	案由	提案者	牵头承办责任单位	办理成效	备注
经济建设	34	关于创新驱动，促进小微企业绿色发展的建议	县工商联	县经济商务科技局	三是推进创新管理。按照“企业 + 资本 + 互联网 + 科技创新”的思路，引导小微企业加速推进管理创新，建立科学的决策机制和激励机制。 四是狠抓人才引进。对引进我县的高层次重点产业类人才给予补贴；加强对人才队伍的培训，组织多批次人才的异地考察和学习，提升队伍服务水平	A
	35	关于加强青年“二代”企业家培养的建议	团县委	县经济商务科技局	一是高度重视。将青年企业家的培养纳入宜宾县“十三五”发展规划，编制了青年企业家发展计划，并开始实施。 二是建立交流平台。组织青年企业家到名牌大学学习深造。指导青年企业家建立一个具有相互交流、相互学习、相互帮扶、相互促进的交流平台。 三是构建提升机制。举办青年企业家论坛，组织参加培训班、考察班。 四是改善创业环境。优化企业服务体系和问题破解机制，完善企业全程全方位全天候服务机制，为青年企业家创业营造了良好的环境。 五是引导回报社会。通过搭建平台，创建机制，引导青年企业家回报社会，使其在社会建设中发挥作用	A
	36	增强“造血”功能，促进宜宾县小微企业转型发展	中共界别	县经济商务科技局	一是着力培育龙头企业。以惊雷科技、威力化工、天工机械、吉鑫制酒等为龙头的工业企业加速壮大，带动县内其他小微企业协同发展。 二是组织黄山茶业、绿野农业、银皇花生等企业参加“川货全国行”上海、广州站以及“2017 川茶网购节”活动，签约金额达 2000 余万元。 三是完善企业融资的金融服务体系建设。制定了《宜宾县中小企业应急周转资金管理暂行办法》，德福名车、亿豪钢构、新思路纺织、厚泽农林等企业成功申请首期应急转贷和临时周转资金。 四是进一步完善对县域实体企业的扶持政策，指导企业争取省、市各类奖补资金 5000 余万元，兑现 2016 年度工业发展考核及创新奖励等 610 万元	A
	37	关于加快建设充电设施促进新能源汽车发展的建议	法制群团委	县交通运输局	一是已完善县城规划，拟规划建设一个大型充电站，合理规划小型充电桩的建设。 二是县住建城管局已与能投电力集团衔接，准备在滨江路和柏溪花园建设小型充电桩进行试点，试点总结好经验后准备全县推开	B
	38	关于推进优势产业转型升级的建议	合什镇政协委员联系小组	县经济商务科技局	一是狠抓产业发展促转型。持续提升传统优势产业，实现亿豪钢构一期竣工投产、二期开工建设等；大力发展新兴产业，引进玄武岩复合材料特种管阀件项目，加快形成战略性新兴产业集聚。 二是转变职能，加强引导。将传统产业向高新技术产业转变，以高新技术改造提升传统产业，将培育创新型产业集群作为促进产业结构转型升级的重要途径。 三是强化自主创新能力。以“特色产业化、产业特色化、特色产业规模化”为突破口，大力发展循环经济，着力培育具有竞争优势的特色产业群，推动产业科学化、集约化和可持续发展。 四是大力发展总部经济。制定细化方案与配套政策，鼓励行业龙头企业整合重组；将完善城市规划、制定政策体系、加快基础建设、优化配套服务等作为发展总部经济的重要保证。 五是大力引进和加快培育创新型企业人才。实施企院联姻，使科技成果最大程度、最快时速转化为生产力	A

续表 4–3

分类	编号	案由	提案者	牵头承办责任单位	办理成效	备注
经济建设	39	关于促进房地产业健康发展的建议	刘　钟	县住建城管局	一是针对企业融资难的问题，我县于今年9月召开了全县银企对接会，建立了“企业融资对接服务平台”，为企业与银行融资建立了良好的合作平台。 二是公开采购320套商品住房作为柏溪镇危旧房棚户区改造安置住房，一定程度上缓解了商品房过剩的情况。 三是通过实施一年半的购房补贴政策，房地产市场明显回暖，很大程度上促进了房地产市场健康发展。 四是当宜宾长兴房地产投资开发有限公司、宜宾万泰房地产开发有限公司、宜宾兴业房地产开发有限责任公司等开发企业出现重大困难和极端问题时，县政府专门成立了工作小组，因企施策，帮助企业化解问题，渡过难关	A
	40	关于继续促进宜宾县房地产市场健康发展的建议	曾　易	县住建城管局	同上	A
	41	关于促进房地产企业平稳健康发展的建议	柏溪镇政协委员联系小组	县住建城管局	同上	A
	42	关于促进房地产市场去库存的建议	李　洪	县住建城管局	一是加强对开发企业预售方案的审查和执行情况监督管理，在严格预售许可证发放同时灵活执行宜宾市商品房预售政策。 二是加强建设工程施工中监督管理。针对建设工程施工过程中规划放验线、桩基坑（正负零）复验转换层核验、主体核验、节能实施、规划综合核实、质量竣工验收、验收备案等到权属登记每个环节都做到监督、检查，确保房地产开发项目建设过程主要环节监管落到实处。 三是购买商品房作为棚户区改造安置住房，公开采购320套商品住房作为柏溪镇危旧房棚户区改造安置住房，一定程度上缓解了商品房过剩的情况	A
	44	关于加强装修行业正规化管理的建议	刘书琼	县工商局	一是提前介入，引导消费者理性消费。对装修行业，开展了专项检查行动，重点检查装修公司的主体资格、装修格式合同，查处装修行业的违法违规行为。同时，发布了家庭装修消费警示，提醒广大消费者理性家装。 二是大力推行用工合同制。加强对企业特别是小微企业实行劳动合同制度的监督、指导和服务，不断提高小微企业及农民工劳动合同签订率，全县企业劳动合同签订率稳定保持在92%以上。 三是建立健全工资支付及清欠、劳动保障监察、劳动争议调解仲裁、劳动关系群体性事件预防和应急处置、协调劳动关系三方等工作机制，切实保障工人合法权益	A
	45	直管公房实行市场化租赁，减少国有资产流失	周玉平	县住建城管局	由于国家对直管公房租金管理的相关政策不明确，县政府未批准调价方案。对于经棚改新安置的住房，采用一事一请示的方式，经县政府批准参照公租房租金，提高了租金。在今年9月租赁换约时，对全县直管公房营业房租金进行了调整，年增加租金60万元，从而逐步达到租金市场化，减少国有资产流失，达到保值增值的目的。由于政策层面的限制，未能达到周玉平委员提出的“直管公房不承担保障功能，全面市场化的目标”	C
	46	加快推进建筑产业化发展的建议	王　兵	县住建城管局	出台了《关于加快宜宾县建筑产业化发展的实施意见》，并于2017年3月17日颁布实施，为我县建筑业的发展奠定了坚实基础。今年1—9月，全县建筑业实现产值61.98亿元、增长22.5%，建筑业对GDP的贡献率为10.06%，拉动GDP增长0.9个百分点，建筑业呈现积极向好发展态势	A

续表 4–3

分类	编号	案由	提案者	牵头承办责任单位	办理成效	备注
经济建设	47	关于集中组建小微企业孵化园，促进机械制造业发展的建议	李泽平	县工业园区管委会	已建成城北新区文化中心九楼的宜宾创业创新孵化园，场地面积4800平方米；正在筹建的城北新区标准厂房，将改善目前小微企业场所分散、配套困难、管理不规范等问题	A
	48	关于加强重点实验室建设，服务我县主导产业发展的建议	翟永忠	县经济商务科技局	目前我县还不具备建立重点实验室的基础条件。而与之相似的工程技术（研发）中心并通过认定共10个，其中国家级爆炸焊接金属复合材料工程技术研究中心1家（惊雷）、省级5家（惊雷、天工、红星、威化、红楼梦）、市级4家（伊力、重啤、联合装备宜宾机械、志源高压），数量和规模均位于全市前列	C
	49	关于中小企业融资难的建议	吴亨华	县政府金融办	一是出台《关于支持宜宾县中小微实体经济企业加快发展的意见》，从加大财政贴息补助、鼓励企业做大做强、加大技改项目支持、支持企业品牌创建、鼓励专业人才创业发展、切实加强技能培训几个方面，明确了中小微实体经济企业加快发展的相关政策。 二是多次召开银政企恳谈会和企业融资能力培训会，提高企业自身融资能力和水平。 三是建立宜宾金融服务网，搭建银企融资平台，实现银企信息共享，有效解决企业融资难、融资慢的问题	A
	50	减负增收，降低企业用工成本	伍永彬	县人力资源和社会保障局	一是我县社会保险缴费比例、工伤保险药品报销剔除比例均是按《中华人民共和国社会保险法》和省、市出台的相关政策执行，县一级无权减免或调整解缴、报销比例。 二是我县社会保险各险种的征收完全在“宜宾市管理信息系统”内进行，杜绝了在征收过程中人为因素导致的任意减免。 三是我县社保机构严格按规定程序受理企业工伤医疗费报销事宜，并提供优质高效服务	C
	51	关于加速我县中、小、微企业和个体经济发展的建议	胡鹊鸰	县经济商务科技局	一是狠抓服务企业。成立了由县委书记任组长的工业强县领导小组，对全县工业发展实行统一领导。深入开展“三千”活动，由一名领导“一对一”帮扶一个企业发展，为企业发展建言献策，解决实际困难。 二是强化政策支持。积极对接省、市政策，出台一系列稳增长措施，创优企业发展环境，帮助企业走出困境。出台《宜宾县中小企业应急周转资金管理暂行办法》等政策，每年兑现工业发展专项资金近1000万元。 三是积极为企业争取上级资金支持。今年1—9月共为我县工业企业争取省、市各类财政资金4000余万元。 四是加强项目绩效评估。对所有项目实施跟踪评估，督促企业专款专用，严格抵制风险大、套取国家项目资金的项目投入，切实提高政府资金引导作用。 五是推进资源整合。建立健全行业抱团发展制度，实现资源和信息共享。坚持龙头带动，促进中小微企业协作配套发展，形成产业链条。整合农产品资源，依托合什、观音、泥溪、蕨溪等乡镇农产品基地，实现花生、手工面、芽菜、茶叶、香樟特色、优势农产品资源整合，一二三产联动发展	A
	52	关于改善民营企业经营环境的建议	熊　川	县工商局	一是优化政策环境。出台《关于支持宜宾县中小微实体经济企业加快发展的意见》《宜宾县扶持农业产业化龙头企业发展专项资金管理办法》《关于加快宜宾县建筑产业化发展的实施意见》等支持企业发展的相关政策，鼓励企业做强做大。 二是强化政务服务，建立项目并联审批全程跟踪服务机制，为在建项目开通“绿色通道”，实施一站式、保姆式的“跟踪服务”。	A

续表 4–3

分类	编号	案由	提案者	牵头承办责任单位	办理成效	备注
经济建设	52	关于改善民营企业经营环境的建议	熊　川	县工商局	三是认真解决企业融资难。《宜宾县中小企业应急周转资金管理暂行办法》设立企业应急周转专项资金2000万元，扩大企业联保基金，增加注资小微企业风险补偿金1000万元，切实解决企业融资困难。 四是加强与企业的沟通。通过民企座谈会和开展“三千”活动，了解掌握企业生产经营情况，为企业发展建言献策，解决实际困难	A
经济建设	53	进一步完善民营企业服务平台的建议	王　宇	县工商局	一是在沟通平台建立上，通过了民企座谈会、“三千”活动等加强与企业的联系沟通。 二是出台了《关于支持民营经济加快发展的实施意见》，从提升政务服务、企业转型升级、品牌建设、贷款融资、人才培育等方面给予政策支持，助推民营企业发展。 三是科研平台方面，引导天工机械、威力化工、红星电子申报国家级技术中心，支持颐高“互联网＋创新创业园”省级科技孵化器建设，鼎仁国际申报省级众创空间，玄武岩、油樟产研院申报省级产研院。 四是人才引进方面，出台了《宜宾县人才引进和激励暂行办法》，及时掌握民营经济组织人才需求情况。 五是品牌建设方面，推动质量强县工作，出台了《关于加强品牌建设工作的意见（2017—2020年）》，明确了品牌培育、扶持、认定、奖励、监管相关政策，引导企业树立品牌兴企意识。 六是落实金融支持，缓解企业贷款难问题，设立企业应急周转专项资金2000万元，扩大企业联保基金，增加注资小微企业风险补偿金1000万元，切实解决企业融资困难	A
经济建设	54	引导民营企业走出困境的建议	唐　宏	县经济商务科技局	一是实施企业创新主体培育。大力培育和建设高新技术企业、省级创新型企业和战略性新兴产品、重点新产品，形成以金属复合新材料、电子信息、汽车零部件生产、生物（医药）、能源化工、食品加工和现代生态农业为主的科技创新驱动发展示范企业，促进产业结构调整。全县高新技术企业11家，创新型企业18家，省级战略性新兴产品5个，省级重点新产品7个，国家级技术中心1家、省级5家、市级4家，规模数量居全市第二。 二是狠抓高科技人才引进。对引进我县的高层次重点产业类人才给予补贴。同时，加强对人才队伍的培训，组织多批次企业人才到异地考察和学习。 三是优化企业发展环境。进一步加大金融帮扶力度，改善民营企业融资服务环境；拓宽企业的融资渠道，加快发展中小银行以及中小企业直接融资平台，构建完善中小企业融资服务体系；出台《宜宾县中小企业应急周转资金管理暂行办法》，缓解中小企业资金难问题。 四是完善企业全程全方位全天候服务机制，完善项目并联审批全程跟踪服务机制，为在建项目开通“绿色通道”，实施一站式、保姆式的“跟踪服务”。继续深入开展“三千”活动，实行企业问题清单制度、县领导联系服务重点企业（项目）制度、县领导结对帮扶企业制度，破解企业困难和问题，营造企业发展的良好外部环境	A
经济建设	55	关于发展农产品电商促销增收的建议	县政协经济委	县经济商务科技局	一是大力发展电子商务。2017年宜宾县成功创建市级电子商务示范县，高场镇、古罗镇成功列入市级电子商务示范乡镇，今年新增邮政、易田电商网点120个，30家商贸企业实现线上线下同步运营；“互联网＋双创”正逐步成为我县经济发展的新引擎和新动力。	A

续表 4-3

分类	编号	案由	提案者	牵头承办责任单位	办理成效	备注
经济建设	55	关于发展农产品电商促销增收的建议	县政协经济委	县经济商务科技局	二是阿里巴巴农村淘宝项目有序推进。目前全县已建成村级服务站点 72 个，县级营运中心 1 个、物流中心 1 个，今年 1—9 月农村淘宝网络成交额达到 2000 万元。预计到年底，农村淘宝服务站覆盖全县 26 个乡镇，建成 100 个村级服务点。到 2020 年建成 200 个村级农村服务点，实现电子商务服务网络全覆盖，基本形成农产品上行和工业品下行的畅通渠道。 三是乡镇示范引领。积极搭建农产品上行通道，双谊镇通过整合项目资金，开始筹建“双谊镇农特产品展销中心”，并与阿里巴巴合作，建立农村电子商务平台，已有 5 家企业，近 20 种土特产入驻展销中心。 四是不断完善物流网络。日日顺、京东等专业电商物流网络覆盖全县所有镇；EMS、圆通、申通等快递网络逐步完善，已经实现全县 26 个乡镇全覆盖；佳家送物流公司的城市生活用品配送平台已建设完毕；新柏航物流公司和乐村淘合作打通了全县 4 条线路的物流通道	A
	56	关于加快我县现代物流业发展规划，新建城北新区现代物流产业园区的建议	工商联界别	县工业园区管委会	在“十三五”园区规划中，已将城北园的商贸物流业纳入规划。目前，园区已建成常达物流园一期（在城北新区 34–1/01 地块，占地约 66 亩），已投入运行，有 9 家物流企业入驻常达物流园区；常达物流园二期已全面启动建设，物流用地 50 亩	A
	57	关于加快推进普和新区后花园仙山村旅游开发的建议	政法界别	县旅游局	2016 年普安镇引进宜宾锦尚花生态农业开发有限公司，以仙山村自然资源为基础，发展现代观光农业，实现“农业 + 旅游”有机结合。该项目现已流转仙山村、风洞村土地 300 余亩，种植各类果树数千株，已初步建成优质果苗育苗场，修建了标准化育苗场办公室 200 平方米及 100 吨通风库房一个。此外，该公司鼓励当地村民自愿种植苗木，并为村民提供种植管理技术支持，带动仙山村建设美丽幸福新村和普和新区建设	A
	58	关于“互联网 +”助力宜宾县产业发展的建议	泥溪镇政协委员联系小组	县经济商务科技局	一是深入推进“互联网 +”行动。2017 年宜宾县成功创建市级电子商务示范县，古罗镇成功创建宜宾市电子商务示范乡镇。实施“互联网 +”，促进传统工商企业电商化，实现线上线下融合发展。全县规模以上工业企业电子商务普及应用率达 65% 以上，限额以上商贸流通企业电子商务普及应用率达 85% 以上，网络零售额呈逐年增长的态势，增长率达 30% 以上。 二是推进阿里巴巴农村淘宝项目建设。农村淘宝项目加快建设，新增邮政、易田电商网点 120 个。全县已建成村级服务站点 72 个，县级营运中心 1 个、物流中心 1 个，今年 1-9 月农村淘宝网络成交额达到 2000 万元。预计到年底，农村淘宝服务站覆盖全县 26 个乡镇，建成 100 个村级服务点。到 2020 年建成 200 个村级农村服务点，实现电子商务服务网络全覆盖，基本形成农产品上行和工业品下行的畅通渠道。 三是强化电商人才的培养。组织企业参加各类电商培训，县委的创新人才培训也把电商知识作为培训的主要内容	A
	59	关于我县普和新区休闲观光农业发展的建议	普安镇政协委员联系小组	县委农工委	县委、县政府高度重视乡村旅游发展工作，制定了《宜宾县十三五旅游产业发展规划》和《宜宾县乡村旅游发展总体规划》，出台了《关于进一步加快旅游产业发展的意见》和《宜宾县县级旅游产业发展专项资金使用管理办法（试行）》，通过政策引导，大力发展旅游产业。建议普安镇围绕我县旅游发展规划，用好用活相关政策，以产业为支撑，突出农旅结合，大力发展普和新区休闲旅游，做到乡村旅游与产业发展统筹推进，相融互动发展	C

续表 4–3

分类	编号	案由	提案者	牵头承办责任单位	办理成效	备注
经济建设	60	关于加快推进我县农村电子商务发展的建议	赵　晴	县经济商务科技局	一是深入推进“互联网 +”行动。2017 年宜宾县成功创建市级电子商务示范县，高场镇、古罗镇成功创建宜宾市电子商务示范乡镇。实施“互联网 +”，促进传统工商企业电商化，30 家商贸企业实现线上线下同步运营。全县规模以上工业企业电子商务普及应用率达 65% 以上，限额以上商贸流通企业电子商务普及应用率达 85% 以上，网络零售额呈逐年增长的态势，增长率达 30% 以上。 二是推进阿里巴巴农村淘宝项目建设。农村淘宝项目加快建设，新增邮政、易田电商网点 120 个。全县已建成村级服务站点 72 个，县级营运中心 1 个、物流中心 1 个，今年 1—9 月农村淘宝网络成交额达到 2000 万元。预计到年底，农村淘宝服务站覆盖全县 26 个乡镇，建成 100 个村级服务点。到 2020 年建成 200 个村级农村服务点，实现电子商务服务网络全覆盖，基本形成农产品上行和工业品下行的畅通渠道。 三是乡镇示范引领。积极搭建农产品上行通道，双谊镇通过整合项目资金，开始筹建“双谊镇农特产品展销中心”，并与阿里巴巴合作，建立农村电子商务平台，已有 5 家企业，近 20 种土特产入驻展销中心。 四是不断完善物流网络。日日顺、京东等专业电商物流网络覆盖全县所有镇；EMS、圆通、申通等快递网络逐步完善，已经实现全县 26 个乡镇全覆盖；佳家送物流公司的城市生活用品配送平台已建设完毕；新柏航物流公司和乐村淘合作打通了全县 4 条线路的物流通道	A
	61	关于加强“互联网 +”县域经济的几点建议	杜　鹏	县经济商务科技局	一是深入推进“互联网 +”行动。2017 年宜宾县成功创建市级电子商务示范县，高场镇、古罗镇成功创建宜宾市电子商务示范乡镇。实施“互联网 +”，促进传统工商企业电商化，30 家商贸企业实现线上线下同步运营。全县规模以上工业企业电子商务普及应用率达 65% 以上，限额以上商贸流通企业电子商务普及应用率达 85% 以上，网络零售额呈逐年增长的态势，增长率达 30% 以上。 二是推进阿里巴巴农村淘宝建设，新增邮政、易田电商网点 120 个。全县已建成村级服务站点 72 个，县级营运中心 1 个、物流中心 1 个，今年 1—9 月农村淘宝网络成交额达到 2000 万元。预计到年底，农村淘宝服务站覆盖全县 26 个乡镇，建成 100 个村级服务点。到 2020 年建成 200 个村级农村服务点，实现电子商务服务网络全覆盖，基本形成农产品上行和工业品下行的畅通渠道。 三是颐高电商产业园正式运营。已入驻小微企业 15 家及各类创客，并被多家主流媒体采访报道。项目全面建成投产后，预计每年营业收入可实现 3 亿元，创新创业项目每年税收贡献可达 2000 万元以上，可新增就业岗位近 2000 个，培育中小型企业 200 户以上。 四是乡镇示范引领。积极搭建农产品上行通道，双谊镇通过整合项目资金，开始筹建“双谊镇农特产品展销中心”，并与阿里巴巴合作，建立农村电子商务平台，已有 5 家企业，近 20 种土特产入驻展销中心。 五是不断完善物流网络。日日顺、京东等专业电商物流网络覆盖全县所有镇；EMS、圆通、申通等快递网络逐步完善，已经实现全县 26 个乡镇全覆盖；佳家送物流公司的城市生活用品配送平台已建设完毕；新柏航物流公司和乐村淘合作打通了全县 4 条线路的物流通道。 六是强化电商人才的培养。组织企业参加各类电商培训，县委的创新人才培训也把电商知识作为培训的主要内容	A

续表 4-3

分类	编号	案由	提案者	牵头承办责任单位	办理成效	备注
经济建设	62	关于打造蕨溪—龙池—箭板—泥南旅游环线的建议	泥南镇政协委员联系小组	县旅游局	一是蕨溪天宫山（含龙池牛青山）、商州包家岩、泥南万亩蔬菜产业园等资源已纳入《宜宾县十三五旅游产业发展规划》和《宜宾县乡村旅游发展总体规划》中的川南文化生态旅游环线和大峨眉休闲度假旅游环线，重点推出以自助、散客为主要出游方式的“一日游”“周末游”等短线旅游产品。 二是完成了天宫山总规编制，已梳理包装蕨溪天宫山旅游综合开发、商州包家岩旅游综合开发、泥南观光农业产业园等旅游项目并积极对外开展招商引资工作。 三是加大基础设施投入力度，规划建设屏山至泥南快速通道，目前县交通局正开展项目工程可行性研究报告编制工作；交通部门正在积极开展天宫山上山道路等基础设施建设，争取早日实现各旅游景区交通互联互通，为我县岷江片旅游产业融入川南文化生态旅游环线提供保障	A
	63	关于综合开发横江石城山的建议	陈　琰	县旅游局	一是已将石城山旅游项目纳入分工推进重大项目之一，由县林业局牵头解决和兴公司遗留问题，县投促局牵头做好石城山旅游项目招商引资工作。与和兴公司解除石城山开发协议已进入司法程序。 二是已将石城山纳入宜宾县“十三五”旅游产业发展规划，并把“古镇驿道石城山”作为全县五张旅游文化名片之一重点打造，依托石城山气候优势，开发山地康体运动项目，建设集文化体验、山地度假为一体的旅游目的地	A
	64	打造柏溪后花园，开发少峨湖旅游景区的建议	陈　浩	县旅游局	我县正在全力推进以安边、柏溪、喜捷、高场为主环线的宜宾两江近郊乡村旅游度假区和少峨山郊野公园生态旅游示范区建设，把以少峨山、少峨湖为中心的两江近郊旅游带打造成为柏溪旅游后花园。 一是调整成立了旅游产业发展领导小组和宜宾县旅游品牌创建领导小组，出台《关于进一步加快旅游产业发展的意见》和《宜宾县县级旅游产业发展专项资金使用管理办法（试行）》，设立旅游产业发展专项资金，为加快少峨山郊野公园生态旅游示范区建设给予了强有力的工作保障。 二是印发了《宜宾县两江乡村旅游度假区创建省级旅游度假区工作方案》《宜宾县少峨山郊野公园创建省级生态旅游示范区工作方案》。目前，两江乡村旅游度假区已顺利通过 2017 年度省级旅游度假区申报单位基础评价，少峨山郊野公园已提交申报省级生态旅游示范区材料，创建工作正在推进	A
	65	建好农业生态园，打造近郊旅游的建议	李　洪	县委农工委	县委、县政府高度重视乡村旅游发展工作，制定了《宜宾县十三五旅游产业发展规划》和《宜宾县乡村旅游发展总体规划》，出台了《关于进一步加快旅游产业发展的意见》和《宜宾县县级旅游产业发展专项资金使用管理办法（试行）》，通过政策引导，大力发展近郊生态休闲旅游。目前，我县正在筹备成立全县旅游协会，鼓励旅游开发业主抱团发展，避免同质竞争。同时，正在全力推进以安边、柏溪、喜捷、高场为主环线的宜宾两江近郊乡村旅游度假区和少峨山郊野公园生态旅游示范区建设，加快交通等基础设施建设，实现景区道路联网	A
	66	关于建设农产品自由交易市场的建议	陈　宇	县经济商务科技局	一是加快农贸市场建设。近年来已在县城柏溪和部分乡镇建设了 20 多个综合性的农贸市场，目前柏溪已建成了金江农贸市场、花园农贸市场、翠柏商贸城农贸市场。特别是二二四农贸市场，面积达 12000 余平方米，市场功能完善，布局合理，有自产自销区、蔬菜区、干鲜区、宰杀区、百货区等，满足了二二四一带群众的生活所需。 二是加快推进城中央农贸市场建设项目。已在长虹二期倒迁房规划了 3000 多平方米的农贸市场，现已开工建设，预计 2018 年 12 月底前建成投入使用	A

续表 4-3

分类	编号	案由	提案者	牵头承办责任单位	办理成效	备注
经济建设	184	关于加大农民农业生产实用技术培训力度的建议	肖佑兵	县农业局	一是组织农技人员参加省级调训 19 人、市级集中培训 60 人，不断提升基层农技推广队伍的专业水平； 二是根据主导产业分布情况，在 66 个贫困村遴选科技示范户 660 户，选派 66 名技术指导员指导； 三是培训了新型职业农民 370 人	A
政治建设	67	关于提高入室盗窃案破案率，提高居民安全感的建议	县政协法制群团委	县公安局	一是加大案件侦察和打击力度。我县公安机关高度重视入室盗窃类案件侦破工作，“雷霆行动”期间，共破侵财类案件 212 件，同比上升 40%；起诉 65 件，同比上升 71%；起诉 94 人，同比上升 100%。其中入室盗窃立案 187 件，同比下降 20%；破案 26 件，同比上升 85.7%。入室盗窃批捕 14 件 16 人，分别上升 133%、167%。 二是强化立体化治安防控体系建设。加强防范宣传，各派出所深入到社区、民警深入到户开展防范宣传。今年以来共开展宣传活动 20 多余次，发放安全防范知识资料上万份。加强群防群治，组织辖区小区物管公司定期对保安人员进行培训。成立了由“网安大队、情报中心、情报信息中队”组成的合成作战中心，深挖拓展线索收集、情报流转，建立信息实时共享数据库，确保所、队线索及时汇总，合成研判和研判结果、侦查建议迅速反馈所、队指导实战。加强天网建设，拟新增监控点位 104 个，城区主要干道和案件高发区将实现更好的覆盖。 三是加强刑侦基础建设。先后投入 380 余万元，建成 180 平方米的涉案财物管理中心、50 余平方米的案件管理中心和 140 余平方米的证据保管中心；投资 150 余万元升级改造了 14 个执法场所；投入资金 90 余万元升级改造刑事科学专业实验室、建立物证管理中心	A 重点督办
	68	关于加强未成年人法律宣传教育工作的建议	民族宗教界别	县司法局	一是整合资源，强化结合，注重实效。以学校为主体，坚持每天上、下午最后一节课进行 2～5 分钟的法制与安全教育，做到有计划、有教材、有教师、有教案、有课时，方法上注重“五个结合”，以创建法制示范学校为载体，扎实开展青少年普法教育。同时，进一步净化校园周边环境，强化综合治理。 二是内容丰富，形式多样，寓教于乐。开展青少年法治讲座、法治文化作品征集评选，利用“金沙法治行”“宜宾县之窗”公众号推送普法信息。同时，开展创建“零犯罪”学校，目前已有 8 所学校成功创建。经过“六五”普法，特别是“法律进学校”工作的开展，全县学校法治教育工作逐步完善，法治教育工作更加制度化、规范化，中小学生法治观念进一步提高，遵纪守法观念、权利义务观念进一步增强，用法律维护自身合法权益的观念进一步提升。2017 年 8 月，我县被中国关工委、司法部、中央综治办评为“全国青少年普法教育示范区”	A 重点督办
	69	切实提高村干部服务能力的建议	安边镇政协委员联系小组	县委组织部	一是选优配强村干部。积极拓宽村党组织书记选人渠道，注重村级人才队伍建设，在镇、村两级分别建立了村干部后备人才库，实行结对帮带、滚动培养。今年换届后 2 名大学生村干部、10 名贫困村第一书记、62 名机关干部及一大批社会优秀人才进入村“两委”班子。新一届村（社区）党组织班子平均年龄 47 岁，45 岁以下 904 人，占 42%；高中及以上文化程度 1275 人，占 59.2%。154 名新任村（社区）党组织书记，平均年龄 37.74 岁，40 岁以下 97 名，占 62.58%。	A

续表 4–3

分类	编号	案由	提案者	牵头承办责任单位	办理成效	备注
政治建设	69	切实提高村干部服务能力的建议	安边镇政协委员联系小组	县委组织部	二是保障村干部待遇。从 2016 年 1 月 1 日起，执行新的村（社区）干部基本报酬补助标准，即：各乡镇的行政村（含一村一社区）在任村党支部书记、村民委员会主任、村民委员会副主任（村党支部副书记），分别为每人每月 1430 元、1290 元、1140 元。在任的村民小组组长每人每月 515 元。同时，宜宾县从 2015 年起实行“基薪 + 绩效”政策，县财政按人均 300 元 / 月标准全额配套绩效报酬，由各乡镇党委根据村常职干部年终考核情况予以兑现。 三是加强管理和培训。在村干部中全面推行目标承诺制，接受党员群众监督。建立村干部差异化绩效考核办法、村干部任期制度和离任经济责任专项审查制度，教育督促村干部强化廉洁自律意识，正确行使手中权力。将村干部的教育培训纳入全县干部培训的整体规划，县、镇（乡）两级每年对党组织书记、村委会主任进行全覆盖培训，累计集中培训时间不少于 7 天，帮助村干部解放思想、更新观念、提升素质	A
	70	关于提高村干部离、退待遇，增强基层干部服务基层工作积极性的建议	柏溪镇政协委员联系小组	县委组织部	根据中共宜宾市委组织部、宜宾市财政局《关于调整村干部离职生活补助标准的通知》文件精神，宜宾县从 2015 年起，已按全面及时足额兑现了离职村干部生活补助，对累计任职满三周年及以上的正常离职村常职干部，实行每年定期补助，年补助金额为：60 元 × 任职年限；对累计任职三周年以下的正常离职村常职干部实行一次性补助 600 元。省、市有新的政策出台，我县将按新政策及时兑现村干部相关待遇	C
	71	关于将个人征信信用记录作为公职人员录用、提拔考察考核的建议	张孝洪	县人力资源和社会保障局	目前，我县公职人员的录用、提拔考察工作严格按照《四川省录用国家公务员录用考核办法》《国家公务员局关于做好公务员录用考察工作的通知》《宜宾市事业单位公开招聘工作人员聘用考核暂行办法》以及《宜宾市公开考试录用公务员（参公人员）的公告》所规定的招考对象、报考条件及具体职位要求，坚持“客观、公正、全面”的原则，对被考察者进行考察。已将个人征信信用记录作为国家公职人员录用的一个参考条件的建议上报上级部门，争取早日将个人征信信用记录作为国家公职人员录用、提拔考察考核的参考依据之一	C
文化建设	72	推进宜宾县特色文化品牌打造的建议	工商联界别	县文化广电局	一是依托历史文化，构建公共文化服务基本网络。依托我县独特的历史文化、自然资源，以“一城、三线、四园、五名片”为带动，构建公共文化服务基本网络。目前，已基本建成了县上以三馆两院一中心（文化馆、图书馆、博物馆、县电影院、县金江艺术研究院、县文化中心）、乡镇以“五有”建设（有文化站、有文艺团队、有文化专干、有文化广场、有活动开展）、村以综合文化服务中心建设（有文化室、有文化器材、有农家书屋、有文化广场、有健身器材、有宣传栏、有广播电视）为主的县、乡、村三级文化服务网络体系。 二是突出地方特色，大力培育特色文化乡镇。以建设“文化强县”为目标，以项目建设为重点，以服务群众为目的，发挥资源优势，突出地方特色，不断加大文化投入和扶持力度。开展了“2016 年宜宾县首届特色文化乡镇”评选活动。	A

续表 4-3

分类	编号	案由	提案者	牵头承办责任单位	办理成效	备注
文化建设	72	推进宜宾县特色文化品牌打造的建议	工商联界别	县文化广电局	三是打造文艺精品，不断提升文化名片。为弘扬社会主义核心价值体系，丰富人民大众精神营养，形成了春晚、金江大舞台、荷花节、荔枝节、书香宜宾县、清明诗会等品牌文化活动。有反映县委县政府执政理念的音乐说唱《公正勤廉建强县》，反映大塔由乱到治、由治到富的方言剧《荔枝红了》等一大批优秀作品应运而生。其中，歌曲《石城山之恋》获全国音协银奖；本土方言话剧《荔枝红了》在全市各区县和宜宾县各乡镇进行了巡演，并代表宜宾市参加了川南文化艺术节演出；大型话剧《赵一曼》从 2015 年 12 月至今，已在宜宾、成都、北京、上海等地演出 50 余场次，共青团中央宣传部同意将话剧《赵一曼》纳入文化精品巡演剧目，并作为主办方到部分高校巡演	A
	73	关于完善公共文化体育服务体系的建议	文体界别	县教育和体育局	一是广泛收集市民对公共文化体育服务的意见。市民健康意识普遍增强，大众运动健身需求日益旺盛，体育锻炼已成为广大市民生活中不可缺少的组成部分。但我县属人口大县，现有的体育运动资源不能满足市民健身的需求。 二是文化体育设施不断完善。县城体育中心、文化中心建成投入使用，近三年新增村级农民健身工程 78 个。设施不断更新、完善，有条件的学校正在加快规划建设。各中小学校体育场馆、体育中心向社会免费或低收费开放，最大限度地发挥各类体育资源的服务功能和社会效益。 三是加强公共健身设施建设。目前我县新建居住小区和社区严格落实《宜宾市规划管理技术规定（2015 版）》规定，确保公共健身设施与住宅主体工程“四同步”，不得挪用或侵占	A
	74	关于依托精准扶贫建设农村老年活动中心的建议	政法界别	县扶贫移民局	2017 年以来，依托脱贫攻坚，以“四好村”创建活动为契机，以丰富群众的文体活动、营造良好的文化氛围为目标，逐步推进村级老年活动中心的建设。以四川省贫困村退出标准和“三江一路”党建示范县建设标准，每个村投入 30 万元建设标准化党群服务中心。在 66 个贫困村修建 60 平方米的文化室和不低于 200 平方米的室外活动场地，增添老年人活动器材。同时，乡镇积极整合文化站、文化广场、闲置校舍等资源向老年人提供活动场地，丰富了农村老年人文化生活	A
	75	关于完善宜宾县农村老年人文化基础设施建设的建议	高场镇政协委员联系小组	县文化广电局	一是加强农村文化基础设施建设。以四川省贫困村退出标准和“三江一路”党建示范县建设标准，每个村投入 30 万元建设标准化党群服务中心，建设有村级图书室、文化室、电子阅览室、文化广场及小型舞台，配置健身球、健身腰鼓、舞扇、棋牌等，让广大农村老年人“老有所乐”。在 66 个贫困村修建 60 平方米的文化室和不低于 200 平方米的室外活动场地，增添老年人活动器材。同时，乡镇积极整合文化站、文化广场、闲置校舍等资源向老年人提供活动场地，丰富了农村老年人文化生活。 二是加大农村老年人文化活动经费投入。在乡镇综合文化站免费开放资金中拨出部分经费，组织主题文体活动，惠及农村老年人。深入开展“龙腾狮舞闹元宵”“农民运动会”“重阳节敬老活动”等文体活动，最大限度地满足全县广大农村老年人的精神文化需求。 三是发挥社会组织作用关心老年人生活。大力推广农村文化理事会机制建设。利用全县已建的 18 个乡镇农民文化理事会，汇聚的 168 支民间演艺团体，聚集的 400 多名各类演艺人才，开展送文化下乡等各类集中性文化活动，保证农村群众文化活动常态化、生活化、休闲化。今年底，将全面建成 26 个乡镇农民文化理事会，充分发挥社会组织作用关心老年人生活	A
	76	关于加快建设商州镇文化广场的建议	商州镇政协委员联系小组	商州镇政府	已纳入《宜宾县商州镇总体规划》和《宜宾县商州镇控制性详细规划》，正在积极向上级争取镇体育文化广场项目资金	B

续表 4–3

分类	编号	案由	提案者	牵头承办责任单位	办理成效	备注
文化建设	77	将孝道教育贯穿精神文明建设的各个环节的建议	黄定海	县委宣传部	通过中华嫘祖母亲节、九彩虹感恩文化节，王场镇相尧村和喜捷镇新联村建成感恩文化教育基地，引导广大党员干部群众弘扬孝道、践行孝道、传播孝道。在全县开展好家训家规评选、孝道红黑榜、道德讲堂、“十大孝子”、孝老爱亲道德模范评选等孝道文化宣传活动，营造了弘扬孝道文化的强大声势和浓厚氛围。通过选树典型，把孝道文化引进学校，开展孝道教育、“孝敬父母”系列教育和评选、孝道文化进校园等活动，引导未成年人言孝行孝，让孝道文化从小植根于学生心中，使每个学生成为孝道文化的传承者和实践者。组织孝老敬亲志愿服务队与五保户结成“亲人”，并将村两委干部培养拉入志愿服务者队伍，陪老人聊天，给老人读报，替老人理发，根据老人需求为老人购买生活用品等，为无人照顾的老人提供帮助，从而达到传承弘扬孝道文化、让行孝向善的良好社会风气深入人心的目的	A
	78	关于成立宜宾县佛教协会的建议	释能护	县民宗局	今年 4 月 21 日，宜宾县佛教协会第一届第一次理事大会在宜宾县佛光寺召开，会议讨论通过了协会章程，选举了理事、常务理事、监事、秘书长、副会长、会长。宜宾县佛教协会成立大会于 5 月 18 日在蓝天宾馆俱乐部会议室隆重召开	A
社会建设	79	关于加快推进县城小区配套幼儿园建设，缓解城区公益性学前教育资源不足的建议	教育界别	县住建城管局	一是根据我县“十三五”经济社会发展规划和县城总体规划，按照“城区功能定位、人口居住特点、原有学校布局”等情况，编制县城教育事业专项规划，做到提前谋划、统筹规划、科学布局中小学及幼儿园。 二是县城柏溪现有公办幼儿园 4 所，民办幼儿园 19 所，入园幼儿数近 4000 人。 三是今后将根据县城城市布局及房地产开发和人员居住情况，在新建商住小区合理规划配建幼儿园，以满足幼儿就近入园	A
	80	关于加强校园周边环境治理，切实保护师生身心健康的建议	教育界别	县教育和体育局	一是加强校园周边食品摊点的监管。今年 1—10 月，共组织执法人员 660 人次，对校园食品安全和校园周边食品经营户进行了监督检查，确保了师生食品安全。 二是加强对校园周边交通安全的整治。县交管大队每天安排警力加强早晚学生上下学期间的交通控制，对学生进行护送；特巡警大队不定期进行武装巡逻，屯警守卫，提高“见警率”。各乡镇派出所也加强对乡镇学校周边的交通管理和治安巡逻，保障师生安全。 三是对网吧、KTV、茶坊、旅店、按摩店等加强巡查，确保校园周边治安秩序良好。先后开展了 3 次治安大清查，对“黄赌”违法犯罪活动发起密集攻势，取缔校园周边涉赌游戏室 11 个，查处违规网吧 16 家。对违规销售管制刀具、仿真枪、牙签弩等进行收缴，收缴赌博机具 200 余台，管制刀具 5 把，淫秽物品 400 余件。 四是加强校园周边噪声的管理。县公安局制定了《城镇噪声集中整治工作方案》，加强对校园周边噪声的管控，保障了教师正常教学活动的开展，为学生营造了一个安静的学习环境	A
	81	切实加强商州镇小、镇中校园周边电子游戏厅（网吧）等场所整治的建议	刘世萍	县文化广电局	今年 2 月，由县文化广电局、县公安局、县工商局、商州镇政府等部门联合对商州镇文化市场进行了一次全面整治，取得了良好效果。专项整治期间，约谈了游戏厅（网吧）业主，共检查商州镇校园周边文化市场 19 家 / 次，县、镇出动检查人员 64 人 / 次，责令整改 3 家 / 次，警告 3 家 / 次，有效遏制了网吧、游戏厅等场所接纳未成年人的行为，网吧业主合法经营的自觉性有所提高。截至目前，商州镇文化市场经营场所违规经营行为举报投诉 0 起，文化市场日趋规范	A

续表 4-3

分类	编号	案由	提案者	牵头承办责任单位	办理成效	备注
社会建设	82	关于进一步规范“四点钟学校”管理的建议	妇联界别	县教育和体育局	一是县教育和体育局在充分听取家长意见的基础上，县城区两所开办“四点钟课堂”的学校调整了辅导时间，实行错峰放学，缓解了公交压力。 二是川南教育在学校的督促下，对课程设置进行了重新调整，优化了“四点钟课堂”课程设置，主要以发展学生特长、培养学生能力、丰富校园文化生活、打造学校特色为主，得到了学生家长的好评和学生的认同。 三是2017年春期开学，试点学校加大宣传力度，再一次重申了参加“四点钟课堂”的原则，希望家长理性决定是否参与。对个别教师瞒天过海、搭车收费进行查处	A
	83	关于促进城乡教育均等化的建议	妇联界别	县教育和体育局	一是加大投入，改善办学环境。今年1—9月，学前教育落实“三儿”资助投入资金218万元（全年）、义务教育保障资金20705万元、项目资金15000万元。县城柏小B区（五友路）、安边朝阳学校搬迁项目、柏溪镇城北一学二期、三期等重点教育项目有序推进。用融资租赁模式全力推进“两化”建设。 二是提高待遇，稳定教师队伍。教育教学考核奖、农村教师生活补贴和乡镇补贴得到落实。 三是加强交流培训，提升综合素质。以多种途径和方式开展校长教师定期交流、对口支援、名优教师送教下乡、乡（镇）中心学校教师走教等交流活动，引导优秀校长和骨干教师向乡村学校流动，提高乡村学校教师素质和教学质量。同时，认真开展教师培训，组织国家级培训828人、省级培训5人、市级培训493人、县级培训1714人	A
	84	关于加强全县教师队伍师德师风建设的建议	无党派界别	县教育和体育局	一是加强制度建设。出台了《宜宾县树立教育良好形象“十不准”》和关于加强师德师风建设的一系列文件。 二是坚持查处和教育并重。将师德教育纳入暑期教师学习内容，相继开展了师德评议年活动、师德规范年专项活动，开展师德宣誓和师德承诺及三查一争活动等学习活动。今年已查处典型师德师风问题6起。 三是严格检查考核。建立师德评价体系，对师德师风实施“一票否决”。公开师德师风举报投诉电话、意见箱等，接受学生、家长和社会监督。同时，将师德师风与教师绩效考核和教师评优晋职挂钩	A
	85	关于加快宜宾县职业教育发展的建议	高场镇政协委员联系小组	县教育和体育局	一是加大职业教育的财政投入。近年通过多渠道筹集资金6亿多元，加大柳嘉职中和高场职中建设，其中柳嘉职中完成图书楼改建和塑胶运动场建设，新租地40余亩建设农学实习基地；高场职中新征44亩新建实训楼4979M^2、学生宿舍4744M^2，教师周转房48套1998M^2，新建塑胶运动场，添置了实训和教育教学设备。 二是规范职业教育招生。制定《中职招生方案》，严禁违规招生。 三是加强现有人才的培训和再教育。坚持5年一周期的全员培训制度、教师至企业实践制度，完善非专业教师的培养培训制度和教师奖励制度。 四是建立和完善校企合作制度。中职学校与多家大中型企业签订协议，建立了稳定的合作关系，为学生到企业实习实训和就业提供了保障	A

续表 4-3

分类	编号	案由	提案者	牵头承办责任单位	办理成效	备注
社会建设	86	对完善宜宾县会计继续教育的建议	工商联界别	县财政局	根据《关于开展2016年会计人员继续教育工作的通知》（宜县财办〔2016〕35号）要求，“凡持有会计从业资格证人员可结合自身需要在必修课程中自选学习内容。总共应学习24个学时以上”，并列出了必修课程有十个大类和几十个小类的学习内容，就是为了更好满足从事不同行业的会计持证人员不同的学习要求。同时，明确了2016年继续教育方式是“统一参加中华会计网校网上学习”。但在实际工作中，若有单位和部门因要求统一组织集中培训，则提前单独制订培训计划和内容，由县财政局集中统一组织培训和考试。在校大学生只要提供有效依据，视同完成继续教育。今后，将结合我县实际，进一步完善会计人员继续教育方案，丰富学习内容和学习方式，不断提高会计继续教育质量	A
	87	关于落实教师定期身体健康检查的建议	合什镇政协委员联系小组	县教育和体育局	认真落实至少每两年对乡村教师进行一次健康体检，使教师体检制度化、定期化。对条件艰苦的偏远乡村学校，组织医疗专家下乡开展巡诊。教师体检经费主要由财政支出，减轻基层负担。出台了《教师健康体检实施方案》，并将组织教师体检纳入对学校的考核，确保工作落实	A
	88	关于建立我县教师定期体检制度的建议	周春燕	县教育和体育局	同上	A
	89	关于减少对基层学校的各类检查，让教师安心教学的建议	古罗镇政协委员联系小组	县教育和体育局	一是制定了《关于整合和优化教育系统各类检查评比活动的工作方案》，优化了检查方案，强化了制度保障。 二是整合检查项目。凡各种检查评比活动，能整合的进行整合，能通过电话或其他方式核实有关情况的不再组织专项检查，能由学校开展自查的不再组织检查，最大限度减少县教育和体育局内设股室（含研培中心）对学校检查评比的项目和次数，切实减轻基层学校负担。对各学校的联合检查，由县教育和体育局牵头，统筹安排。 三是提高检查评比工作效率，所有检查评比本着有利于督促工作，促进工作落实，注重实效的原则进行，不搞形式。 四是下放检查职权，各种常规性工作以基层学校自评自检为主，辅以各股室进行抽查或与学校间交叉检查，切实起到服务、监督和指导作用	A 重点督办
	90	关于进一步强化全县中小学生心理健康教育的建议	邓代奎	县教育和体育局	一是加强课堂教学，纳入考核。保证中小学校心理健康教育活动课每班每两周1课时，并纳入2017年春期、秋期开学检查和常规教学督查工作，同时纳入对学校的年终考核。 二是开展教研活动，提升教师素质。坚持开展学生心理健康公开课、教研活动、教案比赛，为班主任和学科教师提供交流平台，提高教师心理健康教育水平。 三是以宣传栏、文化长廊、电子显示屏集中开展心理健康知识宣传，营造良好的心理健康教育氛围。 四是关注单亲家庭学生、组合家庭学生、留守学生、高年级学生等特殊群体和个体，适时开展心理疏导，正面引导，舒缓学生学习压力并给予心理矫正。 五是通过家长会、亲子活动，帮助家长了解和掌握孩子成长的特点、规律及教育方法，共同解决学生心理问题，帮助孩子拥有一个良好的心态，促进其健康成长	A
	91	加大学校医疗保健室配置，确保学生身心健康齐成长	廖德金	县教育和体育局	目前，我县在学校配置医务室或保健室严重滞后，拟采取以下措施加快学校医务室、保健室建设，补齐短板。 一是争取编制，逐步配置学校执业医生和卫生技术人员。 二是争取资金，逐步配齐学校医疗保健室设备设施。 三是分步实施，力争在五年内全部达标，对暂时不能解决学校医疗卫生室配置的学校，采用学校与医院合作的方式解决	B

续表 4-3

分类	编号	案由	提案者	牵头承办责任单位	办理成效	备注
社会建设	92	加快推进县城教育硬件建设	陶开伟	县教育和体育局	一是城北一小现有 27 个教学班，学生 1780 人，扩建后办学规模为 48 个教学班。目前，城北一小二期工程已于 9 月投入使用，三期工程教学楼、运动场正在征地。 二是五友路小学（又名柏小 B 区）已全面开工，预计 2018 年 9 月投入使用，办学规模为 36 个班。 三是城北初中建设项目已确定选址并形成方案上报，相关前期工作正在加快推进，建成后办学规模为 60 个教学班，计划 2018 年 9 月投入使用。 四是长沙小学扩容改造工程，已完成建设方案审批、立项、设计、财评，正在开展征地拆迁。 五是柏小扩容已完成县教育和体育局、县研培中心搬迁至新建的县委党校办公，原县教育和体育局办公区域 1630 平方米和县研培中心 1640 平方米分别作为柏溪小学和育才中学教学辅助用房。 六是“两化”（教育信息化和标准化）建设已安装完毕且投入使用	B
	93	关于为农村初中寄宿制学校解决学生宿舍管理人员的建议	刘仁秀	县教育和体育局	根据宜县府办〔2017〕43 号规定：“对学校安保、工勤和寄宿制管理等服务，采取政府购买服务方式，纳入政府购买服务指导目录，所需资金由县财政统筹解决。”目前，已完成购买服务方案起草，待县政府审定后，力争年内实现	B
	94	关于在城北新区建初级中学的建议	龚　南	县教育和体育局	拟建公立城北初级中学位于新区北新国际旁，与县委新党校毗邻，占地 51 亩，项目投资约 14500 万元，全部纳入上级和地方财政预算。目前，相关前期正加快推进，城北初级中学设计方案已通过城规委会会审，待县政府审核	B
	95	改革义务教育阶段教师招聘形式，提升招聘教师素质	江紫阳	县人力资源和社会保障局	目前，我县教师招聘主要采用公开考核招聘，公开考试招聘，公开遴选县外、县内考试选调，引进高层次人才等方式。今年在公开遴选县外教师及县内教师考试选调公告中增加了“参加县城学校（除县二中）岗位遴选的教师还须具有县级及以上骨干教师或骨干教师培养人选合格证书（培养人选以结业证书为准），县二中岗位须具有市级及以上骨干教师或骨干教师培养人选合格证书（培养人选以结业证书为准）”这一报名条件，以确保教师素质。截至目前，今年共招聘教师 467 人，其中 2 名为研究生	A
	96	切实加强校园周边按摩店等场所整治的建议	罗厚玲	县公安局	对低俗庸媚歌舞团利用屠宰场场坝举办演唱会的问题，已通过综合施策，对县府路屠宰场采取了整体搬迁、拆除等措施，于今年 4 月彻底整治。对县城柏溪小学、私立育才、机关幼儿园分园及育才中学周围，有成片的按摩店的问题。 一是全面排查，摸清底数。组织警力对柏溪小学、私立育才、机关幼儿园分园及育才中学周围按摩店进行了摸排，涉及区域共有按摩场所 20 ~ 30 余家（因场所经营变化性较大，数据时有变化），并登记备案，定期或不定期地开展明察暗访。 二是加强安全保卫，严防涉校案事件。重点排查中小学校、幼儿园内部安全防范情况，及时整改安全隐患；交管大队每天安排警力指挥交通，对学生进行护送；特巡警大队不定期进行武装巡逻，屯警守卫，提高“见警率”。 三是加强治安整治，净化周边环境。组织公安、工商、卫生、城管等部门，对周边出租房、停车场、摊点、商店、饭馆等进行集中清理，先后开展了 3 次治安大清查，对“黄赌”违法犯罪活动发起密集攻势，取缔校园周边涉赌游戏室 11 个，查处违规网吧 16 家。对违规销售管制刀具、仿真枪、牙签弩等进行收缴，收缴赌博机具 200 余台，管制刀具 5 把，淫秽物品 400 余件	A

续表 4–3

分类	编号	案由	提案者	牵头承办责任单位	办理成效	备注
社会建设	97	关于加强县城体育设施建设的建议	陈洪英	县教育和体育局	一是制定了《宜宾县全民健身计划（2016—2020 年）》鼓励、支持、引导民营资本投资体育设施建设。 二是按县城运动设施统一规划，拟在水牛岩建设多功能休闲运动广场，配置塑胶跑道、轮滑运动场、4 个门球场、半个篮球场、四张乒乓球台；拟在滨江路高速桥所占用空地内建设一些体育设施。建设中的五友路小学（柏溪小学 B 区）将规划建设羽毛球场、乒乓球台、篮球场、足球场；拟在岷江社区建设羽毛球场、篮球场、乒乓球台、健身路径、广场舞场地。 三是充分利用已有体育设施面向社会开放。县体育中心室外场馆、县城中小学校运动场地向社会开放	A
	98	关于加强公益运动设施建设的建议	王莉萍	县教育和体育局	同上	A
	99	关于预防农民工职业病发生的建议	县总工会	县安全监管局	一是强化政府监察机制。进一步明确安全监管、卫生计生、人力资源社会保障、工会组织等职业健康监管部门的工作职责，积极开展联合执法，将职业健康监管纳入年度安全生产目标考核，督促企业开展职业病防护设施“三同时”工作，开展职业病危害因素检测及评估。 二是健全职业病防治制度。督促企业做好职工上岗前、在岗期间、离岗时和应急时的职业健康检查，及时安排疑似职业病病人进行职业病诊断或者医学观察，建立完善了职业健康监护档案。 三是加强农民工教育培训力度。 四是健全农民工保障机制。督促用人单位规范劳动用工管理，依法与劳动者签订劳动合同，加大劳动保障监察执法力度，督促、指导用人单位依法办理职工工伤保险，落实职业病工伤待遇，积极维护劳动者合法权益。 五是加强职业病诊断机构能力建设	A
	100	逐步增加财政投入，确保基层医疗机构可持续发展	医卫计生界别	县财政局	一是基层医疗机构人员工资由县财政实行定项差额补助，财政补助金额随人员工资调整而调整。 二是保障基层医疗机构顺利实施事业单位养老保险制度。对属于四类乡镇医疗收入少的边远山区卫生院，养老保险、职业年金保障比例为公益二类补助标准的 2 倍，缓解边远山区卫生院的压力。对符合条件并按规定参加养老保险的在岗村医，财政按年缴费实施补助。 三是健全基本公共卫生服务财政投入稳定增长机制。自 2010 年起，县财政按人均每年提高 5 元增加基本公共卫生服务投入；按标准下达实施基本药物制度补助资金，用于弥补实施新医改后乡镇卫生院人员薪酬。县财政将下达村医专项补助资金，逐步提高村医待遇；积极向上争取项目和资金，保障基层医疗机构日常运转，发展我县卫生事业。同时，对基层医疗机构历史债务进行了清理，减轻乡镇卫生院的债务。 四是创新绩效分配机制，对乡镇卫生院实施差异化资金补助，对业务收入较低、运行较困难的乡镇卫生院作适当倾斜。 五是县财政安排专项乡村医生培训经费，开展专科和全科特设人才的规范化培训，加强基层医疗卫生人才培养工作	A
	101	关于解决肺结核病人住院自费费用的建议	安边镇政协委员联系小组	县人力资源和社会保障局	2017 年 1 月起，居民医疗保险实行全市统筹，政策方案由市上统一制定，我县只能遵照执行。关于肺结核病人报销政策我县已多次向上汇报，争取市上能够出台相关政策。但市人力资源和社会保障局在《关于回复各区县在 2016 年人社工作座谈会所提问题建议的函》中明确回复：新居民医保政策是按照“广覆盖、保基本、多层次、可持续，以收定支，收支平衡，略有结余”的原则制定的，要改变个别区县的特殊人群已养成的“基本医疗保险基金保全部”的观念。因此委员建议暂无法得到落实	C

续表 4-3

<table>
<tr><th>分类</th><th>编号</th><th>案由</th><th>提案者</th><th>牵头承办责任单位</th><th>办理成效</th><th>备注</th></tr>
<tr><td rowspan="4">社会建设</td><td>102</td><td>关于清理社会“游医”，保障群众健康的建议</td><td>柳嘉镇政协委员联系小组</td><td>县卫生计生局</td><td>一是向社会公布打击非法行医举报电话 6203305，发现一起，取缔一起，全面排查，不留死角。
二是县卫生执法大队、各乡镇卫生院加强对非法行医的巡查。
三是建立了打击非法行医工作部门间联系会议制度，定期通报打击情况。今年 1—9 月，共取缔游医、巫医 16 人，处罚游医、巫医 4 人，罚款和没收违法所得 7560 元，没收医疗器材药品 18 公斤，销毁医疗器材药品 18 公斤</td><td>A</td></tr>
<tr><td>103</td><td>关于完善宜宾县分级诊疗制度的建议</td><td>泥溪镇政协委员联系小组</td><td>县卫生计生局</td><td>一是印发了《宜宾县分级诊疗及双向转诊工作实施方案》，促进我县分级诊疗及双向转诊工作开展。
二是采用报销比例、累计起付线等办法促进双向转诊工作。目前市级起付线 900，一档 50%、二档 60%；县级起付线 400，一档 75%、二档 80%；乡镇起付线 200，一档 85%，二档 90%。
三是夯实医疗基础，促进双向转诊。加大人才培养，今年完成引进研究生学历卫生专业人才 3 名。加大项目建设，医疗设备逐步完善，完成村卫生室建设项目 21 个，在建乡镇卫生院污水处理项目 4 个、乡镇卫生院综合大楼项目 1 个、县级医疗卫生机构 4 个（其中装修扩建 1 个、污水项目 1 个）。
四是县内就诊率达到 90% 以上，县转乡、市转县同比大幅上升</td><td>C</td></tr>
<tr><td>104</td><td>关于各乡镇就近在本乡镇实施孕前优生健康检查的建议</td><td>观音镇政协委员联系小组</td><td>县卫生计生局</td><td>孕检资格认定由省上确定，我县只有县妇幼保健院开展此项工作。我县已向市卫计委反映，由乡镇实施孕检，以方便群众</td><td>C</td></tr>
<tr><td>105</td><td>关于将残疾儿童医疗康复纳入医保建档贫困人口报销的建议</td><td>侯锡东</td><td>县人力资源和社会保障局</td><td>自 2016 年 1 月 1 日起，原新农合和医保局整合后，我市实现了统一医疗保险政策、统一医保报销待遇、统一信息系统平台“三个统一”；2017 年 1 月起，居民医疗保险实行全市统筹，政策方案由市上统一制定，我县只能遵照执行。目前我县的残疾儿童只能执行现有的相关政策。
一、住院费用报销政策：根据《宜宾市人力资源和社会保障局、宜宾市财政局关于印发宜宾市居民基本医疗保险实施细则的通知》（宜人社发〔2015〕89 号）第十五条参保居民住院，符合居民医保政策报销范围内的住院费用，其起付线、报销比例按下表执行：
<table>
<tr><td colspan="2" rowspan="2"></td><td colspan="3">市内定点医疗机构级别</td><td colspan="2">市外定点医疗机构级别</td></tr>
<tr><td>一级及以下</td><td>二级</td><td>三级</td><td>省内三级</td><td>其他</td></tr>
<tr><td colspan="2">起付线（元）</td><td>200</td><td>400</td><td>900</td><td>1000</td><td rowspan="3">按住院总费用先由个人自费 30%，剩余部分按 40% 报销</td></tr>
<tr><td rowspan="2">报销比例（%）</td><td>一档</td><td>85</td><td>75</td><td>50</td><td>40</td></tr>
<tr><td>二档</td><td>90</td><td>80</td><td>60</td><td>50</td></tr>
</table>
二、关于“增加残疾儿童康复训练报销项目”问题。根据宜人社发〔2015〕89 号第十六条规定：下列残疾人医疗康复项目纳入基本医疗保险报销范围，报销管理办法按国家、省、市相关文件执行：1. 以治疗性康复为目的的运动疗法。2. 偏瘫肢体综合训练。3. 脑瘫肢体综合训练。4. 截瘫肢体综合训练。5. 作业疗法。6. 认知知觉功能训练。7. 言语训练。8. 吞咽功能障碍训练。9. 日常生活能力评定。</td><td>C</td></tr>
</table>

续表 4-3

分类	编号	案由	提案者	牵头承办责任单位	办理成效	备注
社会建设	105	关于将残疾儿童医疗康复纳入医保建档贫困人口报销的建议	侯锡东	县人力资源和社会保障局	三、关于将残疾儿童医疗康复纳入医保建档立卡贫困人口医保报销”的问题。我县相关部门进行研究，并积极向上级反映，力争将残疾儿童纳入建档立卡贫困户，享受建档立卡贫困户医疗保险报销政策	C
	106	关于优化卫生人才引进政策的建议	张　维	县人力资源和社会保障局	我县主要通过遴选及考核招聘两种方式引进卫生人才，每年开展 2 次以上。2017 年第一次高层次人才引进卫生系统引进了 3 名硕士研究生，2017 年第二次考核招聘公招紧缺急需人才 20 名。对留住优秀卫生人才我县将适当提高待遇标准，完善和落实好待遇留人机制	A
	107	关于加大边远山区卫生事业发展财政投入的建议	牟　容	县财政局	一是加大专项经费投入。每年投入 100 万元用于边远山区卫生院配备医疗设备、房屋改造工程等提高边远山区卫生院的医疗水平，改善医务人员的工作条件。 二是实施分类财政保障。对属于四类乡镇医疗收入少的边远山区卫生院，养老保险、职业年金保障比例为公益二类补助标准的 2 倍，缓解边远山区卫生院的压力。对符合条件并按规定参加养老保险的在岗村医，财政按年缴费实施补助。 三是实施定向培养乡村医生，落实相关培训经费专款专用，有效缓解我县村级医疗机构人才缺乏问题。 四是建立长效激励机制。对表现突出的医务工作者进行表彰奖励，并授予“名医生”的荣誉称号，届期内每年给予 2000 元 / 人奖励，管理期为 3 年	A
	108	整合县内医疗资源，促进和加快我县卫生事业发展	邱淑英	县卫生计生局	一是我县医疗资源配置得到长足发展，2017 年我县共争取到中央资金（中央革命老区资金）129 万元，支持 26 个村卫生站建设，自筹资金项目 4 个，其中完成村卫生室建设项目 21 个，在建乡镇卫生院污水处理项目 4 个，在建乡镇卫生院综合大楼项目 1 个，在建县级医疗卫生机构 4 个（其中装修扩建 1 个、污水项目 1 个）；达康医院医疗部分已进入全面装修，康养部分截至 8 月 30 日已签约 276 人（实际入住 93 人）；妇儿医院已完成装修工程，准备消防验收阶段。采用政府办医改制、民间资本直接投资创办、公私合营模式等形式引进民营资金办医；区域次中心建设观音镇、白花镇、蕨溪镇中心卫生院在全市率先达到二级乙等综合医院标准。 二是我县医疗资源将进一步整合，满足群众不断增长的医疗卫生需求。继续鼓励社会办医，在规划中为社会办医留足空间，优先支持社会力量举办的非营利性医疗机构，力争到 2020 年社会办医床位数占全县比例超过 50%；建立和完善分级诊疗模式，建立不同级别医院之间，医院与基层医疗卫生机构之间的分工协作机制；加强社会办医机构与公立医疗机构的协调发展，提高医疗卫生资源的整体效率。 三是通过县域民营与公立医疗资源的整合和优化，激励社会资本参与的主动性，达到互利共赢，共同促进和加快我县卫生事业的发展	A
	109	积极争取结核病等三种特殊疾病报销政策，降低传染风险和社会管理成本	医卫计生界别	县人力资源和社会保障局	2017 年 1 月起，居民医疗保险实行全市统筹，政策方案由市上统一制定，我县只能遵照执行。目前，我县的肺结核、艾滋病、重性精神病只能执行现有的相关政策。根据《宜宾市人力资源和社会保障局宜宾市财政局关于印发宜宾市职工基本医疗保险门诊特殊疾病管理办法的通知》（宜人社发〔2016〕101 号）文件规定：	C

续表 4–3

分类	编号	案由	提案者	牵头承办责任单位	办理成效	备注
社会建设	109	积极争取结核病等三种特殊疾病报销政策，降低传染风险和社会管理成本	医卫计生界别	县人力资源和社会保障局	肺结核、重性精神病属于第一类门诊特殊疾病，产生的符合报销范围的费用按 70% 报销，每年限额报销 2000 元；艾滋病机会性感染属于第二类门诊特殊疾病，产生的符合报销范围的费用按 70% 报销，每年限额报销 5000 元。每年 1 月 1 日至 12 月 31 日到市内二级甲等及以上定点医疗机构申请门诊特殊疾病资格认定；市内三级甲等医院无相应科室或技术的，可凭市外三级医疗机构就诊相关资料，向参保关系所属的医保局申请门诊特殊疾病资格认定	C
	110	关于加强全县保健品市场监管的建议	县妇联	县食品药品监管局	一是强化宣传，营造氛围。充分利用“3·31”食品安全宣传日、“食品安全宣传周”、“安全用药科普宣传月”等宣传活动，广泛宣传保健食品安全相关知识。累计开展各类保健食品安全宣传活动 7 次，发放各类宣传资料 6000 余份，接受群众咨询 600 余人次。 二是严格执法，重拳整治。2017 年，我县开展了保健食品非法会议营销及虚假宣传专项整治工作，成立了由分管副县长任组长，食安委成员单位及各乡镇政府为成员的专项整治领导小组，以“乡镇政府统筹、部门具体执法”为模式，平稳有序推进整治工作。重点排查保健食品经营单位 185 家，发现存在隐患、问题 36 家，责令整改到位 36 家，取缔无证经营窝点 2 个，行政立案查处案件 39 件。今年 8 月，全市保健食品专项治理总结会在我县召开，我县保健食品治理工作得到市食品药品监管局的高度评价	A
	111	关于加强老年保健产品销售监管的建议	刘文静	县食品药品监管局	同上	A
	112	关于加强食品安全监督管理的建议	王　琦	县食品药品监管局	全面落实市场主体责任。与全县 35 个农贸市场开办者，食品生产、流通企业和大型餐饮服务单位签订了年度食品安全监管责任书。 强化监管执法工作。一是加强学校检查。每年春秋两季，对全县学校及其周边开展食品安全专项检查工作，强化学生营养餐原材料监管，全力保证学生饮食安全。二是加强市场巡查。对全县所有的食品生产经营单位每年至少要巡查两次，开展了保健食品、白酒、桶装水、食用油、大米、茶叶等 20 余项食品药品安全监管专项整治。三是加强农村自办群体性宴席和重大活动餐饮服务管理。确保全县重大活动和农村集体聚餐活动监督管理。截至目前，全县未发生一起农村集体聚餐活动食物中毒和食源性疾病。四是加强其他领域食品安全专项检查，开展了养老福利机构、景区（点）等专项检查。累计检查食品药品生产经营单位 9200 余次，办理数字城管案件 290 件，立案调查 82 件，涉案金额 24.74 万元，罚没款 38.49 万元，没收物品约 290.79 公斤，捣毁制假售假窝点 3 个，移交司法机关案件 1 件。 加强抽样检验检测工作。执行各级食品监督抽检 188 批次，完成食用农产品抽检 250 批次，食品快速检测 187 批次。 加强投诉举报工作。印发了《宜宾县食品安全举报奖励办法》，设立奖励基金 10 万元，通过 12331、12345 等平台受理并及时处理食品、药品投诉举报。2014—2017 年，共受理投诉举报 260 件，已兑现举报奖励金 1.24 万元	A
	113	关于加强农村“坝坝宴”食品安全监管的建议	县政协教科文卫委	县食品药品监管局	一是健全机制，明确责任。印发了《宜宾县农村自办宴席食品安全管理实施细则》，进一步明确食品安全委员会成员单位、各乡镇政府的工作职责，巩固食品安全管理网络，发挥县、乡、村三级监管作用，26 个乡镇设乡镇食安办，全县 589 个行政村（社区）分别设立 1 名食品药品安全协管员，将 589 名食品药品安全协管员工作经费 140 万元纳入年初预算，保证农村自办宴席食品安全监管工作的有序开展。	A 重点督办

续表 4-3

分类	编号	案由	提案者	牵头承办责任单位	办理成效	备注
社会建设	113	关于加强农村“坝坝宴”食品安全监管的建议	县政协教科文卫委	县食品药品监管局	二是加强宣传，营造氛围。利用食品安全宣传日、食品安全宣传周、安全用药科普宣传月等宣传活动，广泛宣传食品安全法律法规和食物中毒、农村自办宴席食品安全相关知识，提高农村群众的自我防范意识。截至目前，开展各类宣传培训 23 次，累计发放各类宣传资料一万余份，接受群众咨询 1600 余人次。 三是加强培训，提升素质。今年 4 月，对全县 508 名农村自办宴席专业加工服务队负责人和流动厨师组织开展食品安全知识培训。今年 2—5 月，对 26 个乡镇政府分管领导和食安办人员及全县 589 名村协管员进行食品安全和农村自办群体性宴席业务培训，培训覆盖率 100%。 四是加强监管，严格备案。对就餐人数 100 人以上的农村自办宴席实行备案管理，对聚餐达 1000 人以上的自办宴席，县食品药品监管局将会同乡镇开展现场技术指导和管理，并签订《农村自办群体性宴席食品安全承诺书》，发放《农村自办宴席食品安全告知书》，将聚餐加工场所、厨师健康证明、培训合格证和饮用水、餐饮具清洗消毒、食品原料采购规范作为现场指导重点。 五是强化考核，严格奖惩。制订了行政村（社区）食品药品安全协管员管理办法，加大农村自办宴席现场指导工作考核权重，并与奖惩挂钩。 六是提前研判，强化应急管控。今年 7 月，组织县卫生计生局、县食品药品监管局、县疾控中心、县乡医疗机构等部门专门召开了全县食品安全风险分析研判会，对农村自办群体性宴席食品安全存在的问题、隐患和防范措施进行了认真研究。近年来，先后组织多次食品安全（Ⅳ）应急演练，提升食品药品事故处置能力。截至目前，全县未发生一起重大农村自办宴席食品安全事故	A 重点督办
	114	关于加强农村“流动餐馆”监管的建议	台侨界别	县食品药品监管局	同上	A
	115	切实加强校园内及周边小卖部食品安全监管的建议	双谊镇政协委员联系小组	县食品药品监管局	一是强化日常检查。根据“五化”监管工作模式，各网格执法人员对学校及周边食品经营户开展不定期检查。 二是强化专项整治。今年 9 月，对全县 439 所学校（其中中学 55 所，小学 269 所，幼儿园 115 所）食堂、学校内超市、学校食堂配送中心、学生集体用餐配送单位进行全覆盖监督检查。下达监督意见书 81 份，立案调查 2 件。对 3 家学生营养餐配送企业实施约谈。 三是加强宣传教育。认真组织学校食品从业人员食品安全知识培训和食品安全“进校园”活动，增强学校食品从业人员及广大师生法律法规意识，引导学生健康消费，不购买“三无”食品，增强自我保护能力。 四是加强投诉举报工作。印发了《宜宾县食品安全举报奖励办法》，设立奖励基金 10 万元，通过 12331、12345 等平台受理并及时处理食品、药品投诉举报。2014-2017 年，共受理投诉举报 260 件，已兑现举报奖励金 1.24 万元	A
	116	关于加快观音镇备用饮用水源建设的建议	观音镇政协委员联系小组	县水务局	一是于 2015 年编制完成了宜宾县“十三五”农村饮水安全巩固提升实施方案，目前该实施方案已经省发改委审查通过。 二是已将观音镇饮用水源建设纳入“十三五”规划，预计在“十三五”期间内组织实施。 三是制定了水源污染环境治理方案和措施，并加大对污水乱排、乱放现象进行打击处理力度，保持现有水源不再受污染	C

续表 4-3

分类	编号	案由	提案者	牵头承办责任单位	办理成效	备注
社会建设	117	关于加强对免费健康讲座骗局监管的建议	李德容	县食品药品监管局	一是强化宣传，营造氛围。充分利用“3·31”食品安全宣传日、“食品安全宣传周”、“安全用药科普宣传月”等宣传活动，广泛宣传保健食品安全相关知识。累计开展各类保健食品安全宣传活动7次，发放各类宣传资料6000余份，接受群众咨询600余人次。 二是严格执法，重拳整治。2017年，我县开展了保健食品非法会议营销及虚假宣传专项整治工作，成立了由分管副县长任组长，食安委成员单位及各乡镇政府为成员的专项整治领导小组，以“乡镇政府统筹、部门具体执法”为模式，平稳有序推进整治工作。重点排查保健食品经营单位185家，发现存在隐患、问题36家，责令整改到位36家，取缔无证经营窝点2个，行政立案查处案件39件。今年8月，全市保健食品专项治理总结会在我县召开，我县保健食品治理工作得到市食品药品监管局的高度评价	A
	118	关于加强对农村地区阿咖酚散使用管控的建议	李　琪	县食品药品监管局	一是加大药品科普知识宣传。利用“3·15”消费者权益日、“3·31”食品药品安全宣传日、“12·4”法制宣传日等平台，药品安全宣传月、食品药品安全知识大讲堂等，向公众宣传安全合理用药知识，提高公众安全用药意识。 二是开展药品不良反应监测。我县建立了不良反应工作制度，在29个公立医院、4个私立医院、3个药品批发企业和100余家药品零售企业开展药物不良反应监测。 三是加强市场监管。开展药品流通领域专项整治，保持打假治劣的高压态势，对药品经营企业加强日常巡查，加大重点药品的管控力度，对危害老百姓健康及生命安全的药品制假售假行为予以严厉打击	A
	119	满街医疗店，监管应加强	康　麟	县食品药品监管局	一是健全监管工作制度，层层落实监管责任。药品零售企业的审批属于市级食药监部门，县级食药监部门只有监管权。我县按照“五化”监管模式，制定了《药品日常监管工作制度》《药品抽检工作制度》《特殊药品监管工作流程》等多项工作制度，明确了药品日常监管的重点品种、重点环节、监管频次、覆盖面，详细划分了食药监系统内部监管责任，监管做到全覆盖。 二是加大药品从业人员培训力度，提高从业人员业务水平。2011年至今，县食品药品监管局每年对全县药品经营企业负责人、质量负责人开展集中学习培训，7年累计培训负责人1500余人次。 三是建立企业监管档案，推动企业诚信建设。建立了辖区内药品经营企业的监管档案和安全信用档案。每年与辖区药品经营企业签订《药品质量安全承诺书》，督促企业诚信经营、规范经营。 四是强化认证换证工作，规范企业经营行为。按照新版《药品经营质量管理规范》要求，对我县250余家药品零售企业开展了新版GSP认证换证工作，对不符合新版要求的一律不予认证换证。同时，加强跟踪检查，对通过认证后未按GSP要求开展经营活动的企业责令限期整改。 五是强化药品安全监管，规范药品市场秩序。在全县开展了药品医疗器械质量安全大检查、药品流通领域“回头看”等5个专项整治行动。累计检查经营使用单位800家次，责令整改53家。开展药品监督抽验30批次，评价性抽验50批次（其中中药饮片10批次）。 六是加强ADR、MDR、化妆品不良反应上报。全县各单位累计上报ADR306例，MDR51例，化妆品12例	A
	120	关于推广绿色食品安全的建议	杨梦香	县农业局	一是加强示范区创建，创建双谊高粱、永兴莲藕、大塔荔枝等省级万亩基地。 二是制定地方标准，颁布了茵红李等4个地方技术标准。 三是推进农业品牌创建，全县无公害农产品达到46个、绿色食品9个、有机产品3个、地标1个，大塔荔枝地标正在申报	A

续表 4–3

分类	编号	案由	提案者	牵头承办责任单位	办理成效	备注
社会建设	121	关于加强三轮车整治的建议	县科协	县公安局	针对双休日和早、中、晚时段人力客运三轮车上路载客较多的规律和特点，我局交管大队科学合理地调整警力部署，采取设置检查点和流动巡逻相结合的方式，重点整治无牌无证上路行驶的人力客运三轮车，不按规定时间、规定区域行驶的人力客运三轮车，非法安装动力装置的人力客运三轮车，电、机动三轮车非法载人、载客等违法行为。平均每周查处、暂扣人力三轮车达 20 余辆	A
	122	关于加快推进万兴现代城到城北新区连接道路建设的建议	妇联界别	县工业园区管委会	城北园佑之路西延道路项目起于城北园佑之路西段，止于柏溪镇万兴现代城，是连接宜宾县新老城区的重要交通干道，道路建成后将有效促进新老城区联动发展，缓解老城区经二二四路口至城北新区的道路交通压力，目前，道路建设顺利，预计年底实现通车	A
	123	对完善公共交通的建议	工商联界别	县交通运输局	关于公交站台等基础设施建设。因权属问题，公交站牌暂无法统一管理。其中，站台式站棚由四川省广电传媒公司（成都经典、拓展广告传媒）投资建设，并由其进行经营及管理；太阳能站牌经公交公司采取竞争性谈判方式，由炫酷广告传媒公司承建并负责管理及维护；双脚不锈钢站牌由公交公司制作安装，用于粘贴公交线路图，无任何商业性广告，为美观已在部分双脚不锈钢站牌上粘贴了公益性广告。对于站台式站棚及太阳能站牌，公交公司已按相关要求，及时发布“两学一做”、“创卫”标语，社会主义核心价值观及宣传我市城市形象的公益性广告。 关于及时更换路线牌，并且当前站点应该突出标记。一是对于公交路线牌的更换及当前站点的突出标记，在线路变更时，公交公司提前在公交网站及公交公众号进行宣传，并随即发布公告。对线路变更涉及到的站牌都及时予以更换，对于破损的站牌限时整改。二是部分公交车内已经张贴路线图，对未粘贴的公交车，将尽快进行张贴。 关于公交车车身广告。一是由于部分公交车车身广告尚未到期，待到期收回后，公交公司将集中统一管理，加强对车身广告的审查，使其合法、健康、美观，具有正能量。同时加强公益广告的投放。因车身广告的发布具有一定的时间性和市场性，有些公交车暂无车身广告。二是公交车内的看板主要发布严禁携带“三品”上车、请勿随地吐痰、“创卫”标语及“让座”等温馨提示。 关于扩大公交上卡销售和充值点。目前，公交 IC 卡系统正处于升级改造阶段，升级改造完成后，除现有商业银行充值网点外，将陆续开通电信、超市等各类充值渠道，另外也将为市民开通网上充值、手机充值等多渠道充值方式进行充值，将解决市民所关心的买卡难和充值难的问题	A
	124	关于完善城乡基础设施和配套设施的建议	经济界别	县住建城管局	一是编制了城镇总体规划和控制性详细规划，规划编制充分征求群众和专家的意见，争取做到规划合理、功能完善、可实施性兼顾。 二是多渠道、多元化筹集资金进行城镇基础设施建设。积极争取上级补助资金，今年就地下综合管廊、地方政府债券资金、宜居县城建设等争取了大量资金；通过争取银行贷款方式筹集基础设施建设资金，如综合停车场项目、棚户区改造项目等。 三是采用 PPP 模式进行基础设施和配套功能的建设，如朝阳学校项目、地下综合管廊项目、柏树溪综合整治项目等	A

续表 4-3

分类	编号	案由	提案者	牵头承办责任单位	办理成效	备注
社会建设	125	切实加强县城早晚出行高峰时段交通规范管理的建议	特邀界别	县公安局	一是对城区部分道路交通组织作进一步交通优化，合理分流车辆，减少路口交通冲突。 二是加大投入，弥补交通设施短板。加大交通安全设施投入，对符合设置条件的路口及时增设信号灯，部分路段路口进一步完善道路交通标志标线，增设隔离设施，确保车辆、行人安全有序通行。加大科技投入，增设电子警察抓拍系统，自动抓拍违法停车、闯红灯、不按规定车道行驶、逆向行驶等交通违法行为。 三是不断完善勤务管理，建立以责任为导向的交通勤务体系，实施网格化管理勤务模式，定点执勤与巡逻防控相结合，确保管理无盲区、无死角。 四是开展综合整治，进一步加大对乱停乱放、逆向行驶等交通违法的现场查处，建立“交通严管街”“交通示范街”，有效解决因“乱”而堵、因“违法”而堵的问题	A
	126	关于解决县城停车难的建议	无党派界别	县公安局	一是科学规划，配备停车空间。在有条件的车行道上和有条件的人行道上尽可能施划占道停车位，目前城区内共施划车行道占道停车位和人行道占道停车位 2000 余个，其中车行道占道停车位已由交管大队移交县金城公司统一管理，人行道占道停车位正在移交中。 二是加快综合停车场项目建设，目前前期工作正在有序推进。 三是严格执法，遏制乱停乱放。交管部门加大警力投入，强化巡逻管控，严查机动车乱停乱放违法行为。 四是加大宣传，提升市民素质。通过广播、电视、报纸、网络、印发宣传单等方式广泛宣传，让广大市民养成文明停车、规范停车的良好习惯	A
	127	关于在县城—城北新区修建公厕的建议	特邀界别	县住建城管局	一是完成油樟文化广场公厕、一曼广场公厕、平交道公厕、南兴大道公厕、金江广场公厕、桂圆广场公厕建设。 二是城北新区启动新建 3 个公厕，改建 1 个公厕，目前在施工准备阶段。 三是将结合杨家祠棚户区改造在老城区新建 7 个公厕。 四是在房地产开发建设方案和市政工程建设方案审批过程中，在有条件的情况下设置公共厕所	B
	128	提升市民文明素质，巩固“创文创卫”成果的建议	县政协提案联谊委	县委宣传部	一是媒体联动，全域宣传“创文创卫”知识。在县报、县广播电视台、县新闻网设立了“文明大家谈”“文明卫生知识”等专栏，宣传普及文明卫生知识。同时，县广播电视台开设了《健康文明你我他》节目，定期推出道德、文明、卫生系列报道，重点宣传文明卫生理念、公共文明常识等，帮助市民养成良好的文明卫生习惯。 二是教育引导，全域传播匡正文明理念。修改了公民道德近期规划（2017—2020 年），并限期在 12 月底完成；从娃娃抓起，帮助青少年儿童从小养成文明卫生习惯；制作了一批文明公民手册，在城区广泛发放并号召市民参与垃圾收集、白色污染治理、植树绿化、我为城乡环境献份力、学习雷锋好榜样等志愿者服务活动。 三是创新形式，全域推广文明传播举措。结合精准扶贫农民夜校模式，定期开展文明卫生公民培训，提高市民的文明卫生素质；将利用县城文化中心区域集中的优势，打造独具特色的文明文化培训学校，力争年底正式运行。对网络、文化、文明交通行为、违规闯红灯、乱穿马路、乱吐痰等一系列不文明卫生行为进行处罚，并制定相应的处罚惩戒措施，广而告之，增加市民违规成本，从而逐步让市民养成文明卫生习惯	A

续表 4–3

分类	编号	案由	提案者	牵头承办责任单位	办理成效	备注
社会建设	129	加快乡镇原办事处地下排污管网的改造，防止污水乱排的建议	喜捷镇政协委员联系小组	县水务局	一是我县积极争取上级项目及资金支持，多渠道整合项目支持乡镇污水处理站的配套管网建设，督促项目乡镇政府做好项目设计、立项、建设等工作。 二是按照《迎接中央和省环保督查专题会议纪要》（第一期）会议精神，明确乡镇配套污水管网补助力度，县级财政资金补助由原来的 40% 提高到 80%。 三是根据国家有关法规、技术规范、标准，做好项目规划设计、资金筹措、工程建设等相关工作，逐步完成乡镇污水处理设施的全覆盖，解决乡镇污水直排、乱排、混排污染环境和农田的问题	A
	130	建议尽快建设城北新区“东延道路”至翠柏大道连接线	赵　华	县住建城管局	在宜宾县总体规划上已规划佑之路东延线作为缓解二二四拥堵的一条通道，正在启动相关工作。目前，我县城北新区段的 300 米道路已设计并财评，剩余道路均属翠屏区行政区域内。该条道路地形复杂施工难度大，工程量大，还涉及跨越铁路。县政府已通过多方面、多次与翠屏区对接该条道路的建设事宜，暂未得到实质性进展。我县将积极开展相关工作，争取该条道路早日开工建设	C
	131	关于进一步加强对违法建筑打击力度的建议	王李梅	县住建城管局	我县高度重视违法建设的打击，对违法建设保持高压态势，发现一起，拆除一起。今年以来，已拆除违建 22000 余平方米，其中拆除新增违建约 4000 平方米，历史违建 18000 平方米	A
	132	关于加强城北新区部分街道交通管制的建议	刘勇贤	县公安局	已对该道路进行了排查和整治，已对青龙街全段施划了交通标线，在龙文小学门口专门施划了人行横道标线，共增设了 6 块禁止停车标志，禁止车辆乱停乱放。同时，在金山路西段、青龙街中段两所学校大门两边及康宁路西段学生过街人行横道两侧共增设了 6 块“前方学校，注意儿童”警告交通标志，以提醒过往车辆减速慢行，确保行人过街安全	A
	133	关于在柏溪镇二二四油樟广场十字路口增设立交桥的建议 关于架设二二四路口行人及非机动车两用天桥的建议 推进二二四路口行人天桥建设	陈冬梅 刘　群 陶　俊	县住建城管局	在二二四路口建设立交桥或行人及非机动车两用桥的条件尚不具备条件。目前，我县正在全力推进县城“七纵七横”的建设工作，南星大道已全面贯通，滨江路至马鸣溪段的市政道路、科贸路南段市政道路正在建设，城北园佑之路西延道路项目建设推进顺利，预计年底实现通车，上述市政道路完成建设后将有效缓解目前二二四路口交通拥堵状况。同时，我县已将万兴现代城至江坳口、佑之路东延线市政道路建设纳入计划，目前正在启动相关工作，确保城区交通骨架布置合理，行驶通畅	C
	134	关于对摩托车、电瓶车在金沙江北路西段人行道上违规行驶现象进行整治的建议	柳兴伦	县公安局	一是开展专项整治。县交管大队最大限度投入警力，以金沙江北路西段为重点路段，采取现场管控、流动巡查、天网摄像和智能交通系统抓拍等手段，对机动车、非机动车辆不遵守交通规则，对摩托车、电瓶车违规在人行横道上行驶的行为，依法严惩，发现一起，查处一起。 二是强化协作配合。县交管大队、县联合执法大队的协作配合，抽调了 2 名民警、4 名辅警到联合执法大队工作，切实形成工作合力，共同对摩托车、电瓶车违规在人行横道上行驶的现象进行治理	A

续表 4-3

分类	编号	案由	提案者	牵头承办责任单位	办理成效	备注
社会建设	135	关于增设城北新区德福名城售楼部十字路口交通信号灯的建议	刘　群	县公安局	为改善县城道路交通安全设施基础条件，强化县城道路交通安全管理，促进县城缓堵保畅工作，县交管大队组织相关技术人员多次对城北新区道路进行了实地查勘。结合城北新区道路交通实际情况，2017 年 3 月已确定首期对包括康村街康宁路交叉口（德福名城售楼部十字路口）在内的共 3 个路口实施信号灯及电子警察抓拍系统建设。目前该工程正在施工中，现已安装好信号灯杆体，预计 11 月初竣工投入使用	A
	136	建议取消城北新区驾校科目三考点设置 关于取缔二二四路口至县政务中心路段“教练车”的建议	文公平 唐益礼	县公安局	2013 年，经县政府和市公安局交警支队同意，宜宾建中运业有限责任公司在城北新区设立了机动车驾驶人科目三考试线路。随着该区域交通发展，该考试线路因考试和训练给该区域的交通秩序带来的影响越来越大，更引发新的安全隐患，经报市交警支队批准同意，于 2017 年 3 月 13 日取缔城北新区机动车驾驶人科目三考试线路 1 号线（二二四路口至县政务中心路段）的考试	A
	137	关于加快推进畅通宜宾县建设的建议	王恩平	县住建城管局	目前，我县正在全力推进县城“七纵七横”的建设工作，南星大道已全面贯通、滨江路至马鸣溪段的市政道路、科贸路南段市政道路正在加快建设，城北园佑之路西延道路项目建设推进顺利，预计年底实现通车，上述市政道路完成建设后将有效缓解目前二二四路口交通拥堵状况。同时，我县已将万兴现代城至江坳口、佑之路东延线市政道路建设纳入计划，目前正在启动相关工作，确保城区交通骨架布置合理，行驶通畅	A
	138	关于完善县城交通网络，提升道路通行能力的建议	朱　屏	县工业园区管委会	同上	A
	139	关于加快交通建设，改善交通拥堵情况的建议	刘书群	县交通运输局	一是加大硬件投入，改善群众出行条件。南星大道已全面贯通，滨江路至马鸣溪段的市政道路、科贸路南段市政道路正在建设，城北园佑之路西延道路项目建设推进顺利，预计年底实现通车，上述市政道路完成建设后将有效缓解目前二二四路口交通拥堵状况。同时，我县已将万兴现代城至江坳口、佑之路东延线市政道路建设纳入计划，目前正在启动相关工作。同时，开展系列整治，完善并新增了道路交通标志、标线、隔离桩；在翠柏大道等具备条件的道路，规划非机动车道标线，实行机动车与非机动车隔离；实施“两向禁左”交通组织模式。目前，县城区道路通行能力得到了提高，交通拥堵现象得到一定缓解。 二是积极向上争取，优化县城公交线路。我县柏溪城区的公交发展由市上统筹，我县已通过多种方式向市上反馈意见，尽可能合理科学规划布局，方便市民出行。 三是出台优惠政策，鼓励市民低碳出行。鼓励市民使用“低碳环保”的新能源汽车（或小型电动车），同时通过对电动车开展上牌上户工作，进一步规范了电动车驾驶员的行车行为。2016 年底，我县上牌上户电动车已达 22000 余辆。截至目前，2017 年新增上牌上户电动车 1586 辆。 四是建立掌上公交，提供实时公交信息。我县积极与市公交集团对接沟通，目前市公交集团公司已向市政府申请发展智能公交，并且现阶段正在着手一些前期准备工作，相信不久就将实现“掌上公交”这一愿望。 五是加强宣传教育，提高群众交通素质。借助各种专题活动发放宣传资料、宣传车流动宣传、电视公益广告以及标语横幅等宣传方式，大力开展群众素质（包括交通素质）宣传教育，倡导文明出行	A

续表 4–3

分类	编号	案由	提案者	牵头承办责任单位	办理成效	备注
社会建设	140	对县城市政道路规划和建设的建议	唐　兵	县住建城管局	目前，我县正在全力推进县城“七纵七横”的建设工作，南星大道已全面贯通，滨江路至马鸣溪段的市政道路、科贸路南段市政道路正在建设，城北园佑之路西延道路项目建设推进顺利，预计年底实现通车，上述市政道路完成建设后将有效缓解目前二二四路口交通拥堵状况。同时，我县已将万兴现代城至江坳口、佑之路东延线市政道路建设纳入计划，目前正在启动相关工作，确保城区交通骨架布置合理，行驶通畅	A
	141	关于柏溪镇滨江路西段安装路灯问题的建议	祝榕澧	县金成投资集团公司	高速桥以上区域的 A 地块市政道路及景观工程，路灯作为项目的配套亮化工程于 2014 年在项目方案中进行了设计并纳入了工程施工内容。B 线道路因征地等原因导致无法推进施工，县政府领导多次出面积极协调解决，推进施工进度。目前，0+900（金江春天至水映金沙）已于 2017 年 9 月 30 日全面竣工，并投入使用；上段 900 米（水映金沙至水牛岩段）正在进行道路施工，还没有安装路灯，计划今年底完成建设。下一步将督促施工方加快工程建设进度，并在土建完成后及时完善路灯等亮化工程建设	A
	142	关于加强柏溪镇老城区环境综合治理，提升城市形象的建议	陈盈盈	县城管办	一是老城区杨家祠棚改工程正扎实推进，完成房屋拆迁工作，施工单位已进场施工。 二是采取专项治理和常规执法巡查相结合，占道经营现象、人行道违法停车的现象得到有效遏制。 三是道路扬尘治理工作成效显著。 四是认真落实城区临街商铺“门前三包”制度，加强了夜宵摊点卫生管理。 五是坚持每月一次大队集中培训和中队一次集中培训学习活动，着力打造一支“政治坚定、作风优良、纪律严明、廉洁务实”的城市管理执法队伍	A
	143	关于在县政务中心设立 21 路公交站点的建议	吴厚强	县交通运输局	一是公交 21 路线在设立时，主要是为了保障县二中、育才中学、柏小等三所学校的师生往来方便。21 路线在开通前县政府及相关部门通过多次实地查勘会研，并广泛征求市民意见，最后优化形成最终线路，从目前运营的情况看，群众十分满意。同时，经实地查看，乘坐 21 路公交的市民也可在城中央站、新二中站上下后，步行至县政务服务中心，此两站距县政务服务中心的直线距离不足 500 米，也在公交站点设置覆盖 300 ~ 500 米的范围内。 二是为满足市民出行的需求，新开通了公交 35 路，其大部分线路与公交 21 路重合，同时考虑到老城区群众到政务中心办事问题，专门在县政务中心设置站点，解决群众出行需要。因此，建议对公交 21 路运行线路暂不作调整，待下步条件成熟后再考虑	C
	144	关于加强城市拆迁工作的建议	刘晓川	县住建城管局	我县领导高度重视，及时明确责任，对照当前拆迁工作面临的主要问题，以及如何破解“拆迁难”问题的对策，结合已经开展的和即将开展的征收工作，认真总结经验教训，不断改进方法，增添措施，积极采纳建议。目前，我县已成立征收项目工作小组，并在杨家祠棚改项目的征收工作中试行“附条件征收补偿协议”的方法，使该项目进展较为顺利。现准备在即将进行的西城棚改项目、丝厂棚改等项目征收工作中加以推广	A
	145	建立长效机制，巩固创卫成果	杨　溢	县城管办	一是广泛宣传了创卫成果巩固工作，《城市管理面对面》栏目现已制作播出 13 期，扎实开展爱国卫生月宣传活动。 二是制定了巩固创建卫生县城工作的实施方案，使创卫工作日常化、常态化。 三是广泛开展了非法小广告、“牛皮癣”的清理整治工作，采取有效措施减少了车辆乱停乱放现象。 四是将巩固创卫工作和城乡环境综合治理工作有效结合起来，有效改善城乡环境卫生	A

续表 4-3

分类	编号	案由	提案者	牵头承办责任单位	办理成效	备注
社会建设	146	关于提升物业企业管理能力的建议	童　亮	县住建城管局	一是我县开展了宜宾县物业管理专家征集活动，让物业专家参与新建小区规划设计评审工作，提出合理化建议，为小区建设和更好管理小区奠定基础。目前有 8 名专家入库，并已开始参加建设小区或项目建设方案评审会。 二是建立地方性相关管理办法（宜县住管〔2017〕13 号），加强行政监管执法力度，促进物业服务企业在装修过程中对违章搭建、违章装修的有效监控	A
	147	关于加快农村客运发展的建议	县政协经济委	县交通运输局	一是领导高度重视，成立了以刘海昌县长为组长的城乡道路客运一体化发展工作领导小组，推动城乡道路客运建设。 二是按照中央、省、市文件精神和县政府工作要求，拟定了《宜宾县城乡道路客运一体化发展实施方案》，待县政府常务会通过后将印发实施。该方案中，对农村客运的发展目标、实施步骤、保障措施、长效机制、实施时间表等作了明确要求，确保在 2020 年前实施“村村通”	A
	148	关于加强道路交通安全治理的建议	县妇联	县公安局	一是强化宣传教育，提高交通参与者安全意识。通过一线警务人员、交通劝导员发放宣传手册，LED 显示屏播放文明交通须知等多种宣传方式，多渠道、多层次地开展道路交通安全宣传教育，积极倡导文明交通行为。 二是采取措施缓解警力不足。经市公安交警支队批准，在公安交警综合应用平台为宜宾县建立一个“派出所中队”，为所有派出所的交管民警设置交通违法处理用户名，赋予执法处罚权限，派出所全面参与交通管理工作。同时，各乡镇交管办、派出所、农村交通安全劝导员全面参与道路交通安全管理。 三是从严从重查处交通违法行为。截至今年 9 月底，全县共查获各类交通违法行为 98438 起，其中查处饮酒驾驶 552 起、醉酒驾驶 50 起、客车超员 25 起、无证驾驶 664 起，行政拘留 101 人，立危险驾驶及交通肇事刑事案件 68 件。 四是从县安监局、县交通运输局、县公安局抽调了 4 人，负责全县道路交通安全综合治理日常工作，持续发挥统筹推进作用	A
	149	关于拓宽黑化宜贾路（小岸坝至凤仪段）的建议	双龙镇政协委员联系小组	县交通运输局	宜贾路（小岸坝至凤仪段）全长 38.438 公里，途径安边镇、横江镇、双龙镇、凤仪乡，目前道路为 6.5 米 -5.5 米水泥混凝土路面，能够正常行驶车辆，该路目前尚能满足群众的出行需要。由于改建该路需要的投资巨大，《四川省基础设施建设扶贫专项方案》中的乡镇通油路是指的未通畅乡镇通油路，而不是已通畅乡镇必须由水泥路改建为沥青混凝土道路。为了避免重复建设的浪费，把有限的资金用于还未通畅的村道或者其他急需建设的扶贫道路上，我县暂无将该路改建为沥青路的规划。针对路面破损、滑坡等现象，我县道路养护单位对存在安全隐患的地方及时进行了整治，确保畅通避免道路状况进一步恶化	C
	150	关于设置超载货车检查站的建议	永兴镇政协委员联系小组	县交通运输局	一是治超站点基本情况。2004 年根据省厅文件，宜宾县设一个流动治超点，主要是在县道马小路和宜屏路上检查治超。2015 年根据省厅文件，省政府同意在全省新增Ⅱ类固定超限检测站 95 个，其中我县新增宜宾县观音站（Ⅱ类固定超限检测站）已进入网上招标阶段。 二是治超工作开展情况。由于县道斗白路没有固定治超站，大量重型货运车辆严重损坏该线公路。针对斗白路超限超载车辆情况非常严重，我县高度重视，会同相关部门于 2017 年集中开展了 2 次专项整治货运车辆超载超限行动，整治期间效果明显。开展的专项整治行动查处超载超限货运车辆 75 台，被查处的超载超限车辆由交警、路政一律顶格处理。同时，2016 年底翠屏区对岷江沿岸砂石场进行整顿并停业整改了部分砂石场，目前斗白路货运车辆超载超限情况明显转好。	C

续表 4–3

分类	编号	案由	提案者	牵头承办责任单位	办理成效	备注
社会建设	150	关于设置超载货车检查站的建议	永兴镇政协委员联系小组	县交通运输局	三是下一步将继续开展斗白路货运车辆超载超限的治理，加强路面执法和巡查力度；加强部门配合，联合治超，综合治理；积极与翠屏区相关部门沟通，抓好货运治超源头管理；积极争取上级部门支持，在斗白路建立治超站	C
	151	关于加大对双龙镇通村道路硬化支持力度的建议	双龙镇政协委员联系小组	县交通运输局	一是根据《中共宜宾县委宜宾县人民政府关于支持边远山区乡镇加快发展的意见》（宜县委发〔2015〕6 号）文件，全县的边远山区乡镇包含了商州镇、龙池乡、凤仪乡三个乡镇，但双龙镇不属于边远山区乡镇范围，暂无法按照边远山区乡镇补助标准进行补助。 二是我县是一个地域宽广的大县，交通基础设施薄弱，急需建设的道路众多，群众的需求也很大。双龙镇政府要做好群众动员工作，在县级政府现有补助标准下，加快村道公路建设工作，满足群众的出行需求	C
	152	关于尽快规划建设观音镇环城路的建议	观音镇政协委员联系小组	观音镇政府	已完成观音镇过境道路及产业园区连接道路建设项目立项，鉴于观音镇环镇公路建设资金需求大，将统一规划，分段实施启动建设，并多渠道争取项目，筹集和整合建设资金。第一期工程将先期启动产业园区道路 3 公里征地及道路基础整治工程，建设期限为四年。目前，我镇已完成可行性研究报告的编制，待可研报告及设计预算审批后，及时开展征地拆迁等相关工作	B
	153	关于建设南片乡镇快速通道的建议 关于尽快打通南片快速通道，促进南片乡镇经济快速发展的建议	复龙镇政协委员联系小组 凤仪乡政协委员联系小组	县交通运输局	该项目已被列为《2017 重大项目分工推进重大交通基础设施项目》。项目走向为普和、冠英、复龙、双龙、凤仪，建设标准采用一级公路标准，双向四车道，路基宽度为 20 米，设计速度 60 公里 / 小时，全长约 58 公里，估算总投资 34 亿元。目前，已完成项目前期方案设计编制工作，现正积极开展工程可行性研究报告编制工作	B
	154	关于提高边远乡镇基础设施和配套设施项目建设补助标准的建议	龙池乡政协委员联系小组	县交通运输局	一是边远乡镇属深丘地带，基础设施薄弱，安全防护安装量较大，群众经济十分困难，且受限于项目直接受益人口少、地形复杂、运输成本高等因素，项目建设成本非常高，群众负担很重。 二是县委县政府高度重视和关注边远山区的发展，为切实解决这一问题，于 2015 年决定将我县凤仪乡、龙池乡、商州镇列为边远乡镇，道路建设补助标准大幅提高，乡村道路补助标准已由 25 万元 / 公里提高至 35 万元 / 公里。2017 年，县委县政府对边远山区贫困村建设 4.5 米宽水泥路标准提高到了 50 万元 / 公里，补助力度非常大，贫困群众基本上不需要集资和捐资建设，最大限度减轻了群众负担。 三是积极向上级单位和县政府争取政策，建议边远乡镇基础设施和配套设施项目建设补助标准有所提高：通乡公路补助标准争取达 50 ~ 60 万元 / 公里；普通村道公路补助标准争取达 40 万元 / 公里；安全防护栏及安全配套措施建设补助标准争取达 13 万元 / 公里。缩小边远乡镇基础设施建设资金缺口。 四是引导乡镇整合“一事一议”财政奖补等资金，统筹打捆用在农村道路建设上，提高资金使用效率和项目支持力度，尽量减少群众负担。 五是关于将合什镇等乡镇纳入边远乡镇事宜，需要由县委县政府统筹全县决定	A
	155	关于建设孔滩镇紫金沟大桥的建议	孔滩镇政协委员联系小组	县交通运输局	我县组织人员对修建紫金沟桥进行了现场踏勘，并由孔滩镇政府委托设计单位编制了初步设计方案。因该项目建设涉及自贡市自流井区，需得到对方的大力支持。我县将加强与自流井区的沟通和协调，早日确定建设位置并积极向上级交通主管部门汇报，争取桥梁建设补助资金，推进桥梁建设，从而改善孔滩镇东林村的对外交通条件，促进当地经济发展	B

续表 4-3

分类	编号	案由	提案者	牵头承办责任单位	办理成效	备注
社会建设	156	关于新建合什高速出口到泥溪高速出口快速通道的建议	蒋小川	县交通运输局	一是在“十二五”期间，通过上级下达的公路建设计划，我县已完成合什至泥溪公路的路面硬化工作，极大地改善了合什至泥溪沿线广大人民群众对外出行交通条件。 二是成宜高速公路已于今年3月15日举行了开工动员大会，我县正在进行征地拆迁工作。同时，结合成宜路的建设，我县正在规划调整该区域内的路网，争取在“十三五”交通规划中期调整时，纳入规划统筹考虑，以切实解决该路段的通行问题	C
	157	关于连通喜捷镇30米大道和宜屏快速通道的建议	李正林	县交通运输局	喜捷镇玉龙场镇30米大道是喜捷镇政府于2016年实施的城市道路，该项目全长约1.03公里。该项目未列入交通建设规划，但该路段已纳入高捷园区规划，道路起于S307线（临玉鸭路起点）跨鸳溪河经规划的高捷大道最终与玉喜路相接，全长约2公里。随着高捷园区的高速发展，现园区已规划的道路正在逐步实施（中三路、中四路等已开工建设），目前该连接道路暂未列入近期实施计划。近期为初步解决喜捷镇30米大道连接通道困难问题，县政府已决定对玉喜路进行加快改造	C
	158	关于加强农村电动三轮车管理的建议	孙　健	县公安局	电动三轮车符合《中华人民共和国道路交通安全法》第119条关于“机动车”的定义，虽然尚未收入国家机动车产品目录，但一直是按机动车进行管理和要求的。对电动三轮车无牌无证上道路行驶，以及违规载人等道路交通安全违法行为，一律依照道路交通安全法以“未取得机动车驾驶证驾驶机动车”“违反规定载人”等给予处罚，凡发生交通事故，均按机动车的规定进行认责和处理。今年1—9月，全县共查处电动三轮车无牌无证上道路行驶、违反规定载人等交通违法行为400余起。按照道路交通安全综合治理的要求，县公安局、县工商局、县质监局等部门紧密配合，认真开展了非法生产、销售和改装拼装电动三轮车综合整治	A
	159	关于加快推进天宫山及周边交通建设的建议 关于完善蕨溪天宫山旅游环线道路的建议	袁腾杨 冯德桂	县交通运输局	泥溪岷江大桥拟采用“PPP”模式进行建设，正在进行环评、渔评、行洪通航等前期工作，力争尽快开工建设。宜屏快速通道延伸到泥南的项目，县委县政府正在进行方案分析，力争尽快开工建设。扩宽天宫山经蕨南到蕨溪场口蒋家坳的旅游路线，将胭脂坝到光明村未硬化的路线扩宽至5.5米并硬化，属于县旅游道路，已由蕨溪镇政府向县旅游局进行项目申报，争取纳入规划，逐步实施。商州镇晒金村经厂坝村至天宫山黄山茶场三岔口旅游联网公路路基已拓宽至7.5米，同时也在加快该路段的前期工作和施工图设计及预算的编制，预计在今年内开工建设	A
	160	应加强对乡镇自用船舶的管理	吴　平	县安全监管局	一是已于2012年7月印发《宜宾县乡镇自用船舶安全管理办法（试行）》（宜县府办〔2012〕71号），从制度层面规范乡镇自用船舶的建造、使用、登记和维护管理。 二是将加强乡镇自用船舶安全管理列入2017年乡镇安全生产目标考核内容。 三是县政府安委会印发了《关于开展乡镇自用船舶专项整治活动的通知》（宜县安委发〔2017〕15号），从2017年5月10日起至2017年8月10日，用3个月时间，在全县范围内集中开展乡镇自用船舶专项整治活动。县安委会开展专项督查、综合督查共计15次。乡镇自用船舶专项整治取得良好成效	A

续表 4–3

分类	编号	案由	提案者	牵头承办责任单位	办理成效	备注
社会建设	161	关于改建泥南镇坪桥码头的建议	王建勇	县交通运输局	泥南镇政府为保障过渡群众上下坪桥码头安全，积极向省航务局争取了 8 万元客渡小码头水毁修复资金，对月波渡口坪桥码头进行了修复整治，对原来水毁的码头平台进行修复，并在码头左侧修建了一条长 112m、宽 1.5m 的水泥便道，现今群众都可经此便道安全往返码头。同时，对摩托车上下船坡陡存在安全隐患事宜，泥南镇政府将及时开展整治。省、市交通航务部门对渡口码头的建设投入大幅减少，对原有渡口码头多采取“以桥代渡”“以路代航”的方式实施建设。坪桥码头搬迁重建当前暂无上级政策资金支持。泥南到泥溪的岷江大桥预计今年底将动工修建，大桥建好后将彻底解决群众的出行问题	C
	162	关于加快推进宜水高速公路冠英收费站大理进出口连接通道工程建设的建议	熊　川	县交通运输局	为有效改善路网，促进县域经济发展，县政府安排普安镇人民政府作为业主，负责宜水高速公路冠英收费站大理进出口连接通道建设。目前，万泰集团已完成了道路基层设施建设，待时机成熟时推进该项目建设的各项工作	C
	163	关于营造宽松软环境共育健康社会组织的建议	县总工会	县民政局	一是我县于 2016 年成立了社会组织孵化中心，社会组织孵化中心将进一步优化社会组织发展环境，对起步难、发展难的社会组织提供服务，帮助他们渡过难关。 二是今年 5 月，组织了对社会工作者的考前培训，优化社会组织管理者，提高管理者业务水平。 三是对于社会组织参与政府购买服务，正在积极指导有资质的社会组织积极准备评估工作。截至目前，我县共有各类社会组织 270 个，其中社会团体 155 个、民办非企业单位 115 个	A
	164	关于加快宜宾县志愿者服务事业常态化社会化发展的建议	团县委	县民政局	目前，我县登记的社会公益类社会团体有县慈善总会、县扶贫开发协会、春霞关爱儿童志愿者协会、宜宾县青年志愿者协会、缘聚金沙志愿服务队等。县扶贫开发协会 2015 年、2016 年分别发送 1794 个、1725 个爱心助学包裹到 26 个乡镇的贫困学生。扶贫“种子基金”达 150.6 万元，分布在 8 个乡镇 15 个村，帮助贫困种养户发展项目。春霞关爱儿童志愿者协会也已形成了以关注女童性侵为工作重点的特色品牌。我县将加大对社会公益类社会团体进行指导和服务，使我县各类志愿者服务活动形成常态化	A
	165	关于加强我县社会工作人才队伍建设的建议	刘学文	县民政局	目前，全县持社会工作者证书的总人数为 22 人，其中助理社会工作师（初级）16 人，社会工作师（中级）6 人。在社会工作职业水平考试前期积极宣传，在县委组织部的大力支持下向全县各机关事业单位、企业及社区发送了报考文件。同时，孵化中心在开展社区活动时，向社区居民传达报考信息。对有意向报考社会工作者证书的人员全程提供协助。组织开办社会工作职业水平考试考前培训班，2017 年参加考前培训共 70 余人	A
	166	关于加强老年维权体系建设的建议	社会福利界别	县司法局	老年维权体系进一步健全，老年人维权意识进一步增强，社会敬老、爱老、护老风尚进一步提升。 一是健全制度，为老年维权工作提供保障。严格落实“三优先”制度、开辟“绿色通道”、完善打假制度等。 二是构建全方位维权体系，扩大维权覆盖面。建立健全老年人法律援助服务网络、加强老年人法律援助和司法保护，构建老年维权体系，壮大维权队伍。 三是注重宣传引导，弘扬良好社会风尚。充分利用青少年普法教育，加强对青少年尊老爱老教育；广泛开展老年法律知识宣传，增强老年人维权意识；加大工商法律法规宣传教育力度，提高老年人识别能力。 四是严厉打击涉老侵害案件。加强信用约束，在司法裁判中依法重点保护老年人合法权益，对虐待、遗弃老年人构成犯罪的，严格依法追究刑事责任	A

续表 4–3

分类	编号	案由	提案者	牵头承办责任单位	办理成效	备注
社会建设	167	关于加快推进县老年活动中心及县老年大学建设的建议	社会福利界别	县住建城管局	县领导已明确在县城棚户区改造项目中统筹考虑县老年活动中心及县老年大学建设。县老龄办已就此与县住建城管局会商，拟在棚改第二批次项目中优先选点	B 重点督办
	168	关于有效遏制农村红白喜事大操大办越演越烈的建议	商州镇政协委员联系小组	县委宣传部	一是广泛宣传，制度约束。坚决破除婚丧嫁娶中铺张浪费愚昧落后的陋习，形成红白喜事简办风气，做到婚事新办、丧事简办，树立文明、节俭、科学、健康的社会风尚。建起了节俭办理红白喜事的规章制度，用制度约束大操大办行为。各村民委员会成立了“红白理事会”，建立红白喜事申报制度，老百姓的红白事均由本村红白理事会主持料理，丢掉不必要的旧礼节，有效推动了农村良好社会风气的形成。 二是干部带头，移风易俗。县、乡镇、村各级党员干部带头红白喜事简办，由纪委主抓，与各村签定了责任状，乡镇、村、组三级齐抓共管，压实责任，形成监管网络。加大监督检查力度，对于违反规定不听劝阻者，当事人给予批评教育和给予党政纪处分。 三是逗硬考评，严格考核。将移风易俗工作纳入年度考评范围，对各级文明村镇辖区内发现存在红白事大操大办、进行低俗表演活动的，一律取消文明村镇称号	A
	169	加大工作经费投入确保残疾人基层组织有效开展活动的建议	县残联	县财政局	一是按照宜委发〔2015〕8 号文件规定，对村（社区）具体从事群团工作的人员根据项目工作情况给予不少于100元/月的补助，县财政已按此标准对从事残疾人工作的专职委员进行补助，去年按 586 个村对专职委员补助共计 70.32 万元。 二是已于 2015 年底为我县残疾人工作者免费配置了由省残联和联通公司提供的手持终端机，县财政解决每台每年的手机使用资费 360 元。由于受区域网络信号弱等因素影响，加之部分残疾人工作者业务不太熟悉，致使部分配置的手持终端机不能正常使用。 三是与联通公司沟通联系，将不能正常使用的手持终端机进行维修，并解决好网络信号问题，同时加强对残疾人工作者进行业务培训，将已配置的手持终端机有效利用起来	A
	170	关于对边远村增加通信基站建设，解决手机通讯不畅问题的建议	龙池乡政协委员联系小组	县经济商务科技局	一是已督促未接入现有基站上的运营商接入启用。 二是督促铁塔公司按照《宜宾市宜宾县通信基站布点规划》加快在商州和龙池建设 10 个基站。其中龙池乡 2 个基站，分别位于蕨龙路柑家湾、龙池大屋基	A
	171	关于尽快完善“三中心”尾期工程和配套设施建设的建议	唐益礼	县工业园区管委会	“三中心”是县委、县政府决定的以 BT 投资模式建设的重点项目。由于多方面原因，“三中心”尾期工程和配套设施建设尚未彻底解决。2017 年 9 月，县委书记丁应虎主持召开宜宾县“三中心”扫尾工作部署会，成立了“三中心”扫尾工作领导组和工作小组，推进“三中心”工程建设遗留问题的整改完善。目前，由金工集团牵头对未完工程及质量缺陷正在进行整改，组织“三中心”消防工程审核验收，同时对“三中心”资金进行清理及结算审计。“三中心”使用管理暂维持现状，在 2017 年底全面完成扫尾相关工作后将移交机关事务管理办公室进行管理	A
	172	关于完善寺庙土地使用证和房产证的建议	释能护	县国土资源局不动产登记中心	安排专人对各乡镇寺庙用地基本情况进行初步摸底调查，针对土地权属不同情况分类处理。 一是若宗教管理单位能提供合法的土地来源手续，则按程序进行办理。 二是若无法提供合法的权属证件、历史档案资料和调查勘测记录的事实为依据	A

续表 4-3

分类	编号	案由	提案者	牵头承办责任单位	办理成效	备注
社会建设	173	关于减少因工程建设等人为活动引发地质灾害的建议	赵海涛	县国土资源局	一是县政府下发了《宜宾县人民政府办公室关于进一步加强地质灾害防治工作的通知》，强化措施，明确责任。 二是要求各乡镇政府、县级部门在重大工程实施中将地质灾害危险性评估措施纳入工程范围，转变思想观念，强化地质灾害防治意识，严格执行建设项目地质灾害危险性评估制度，对因工程建设等人为活动引发的地质灾害，严格按照《地质灾害防治条例》规定，由责任单位承担治理责任。 三是对尚未落实工程建设地质灾害危险性评估工作和防治措施的单位进行指导、监督，确保工程建设地质灾害危险性评估工作和防治措施落到实处	A
	174	关于进一步加强防灾减灾能力建设的建议	瞿宗强	县民政局	一是县级各灾害主管部门本着“安全第一、预防为主、综合治理”的方针，坚持“以防范为主、能力建设为本”的原则，均编制了“十三五”防灾减灾规划，对全面提高防灾减灾整体能力和水平做了详尽的规划。 二是 2017 年 5 月在全县民政系统启用了手机 APP 报灾系统，提高了灾害信息上报及时性。 三是及时通过手机短信、电视等手段发布重要灾害性天气、地质灾害、森林火险等预警信息，增强了各级各部门和广大群众防灾避灾意识。 四是做好防灾减灾物资储备，保障应急抢险救灾需要。 五是加强应急抢险救灾队伍建设，开展了防汛和地震灾害、石油泄漏、地质灾害应急抢险等救灾演练	A
	175	规范农村流动商贩销售行为的建议	魏月云	县工商局	一是认真开展调查，摸清了农村流动商贩虚假广告宣传的多种营销模式。 二是加强部门联动。公安、食药、工商等部门加强沟通，对农村流动商贩销售假冒伪劣商品、利用虚假广告的行为开展联合执法，切实维护消费者权益。 三是发布消费警示，提高消费者识别虚假广告宣传的能力。 四是加大查处力度，确保整治实效。开展专项行动以来，县工商局处理农村流动商贩消费投诉共 17 件。其中，“12345”市民热线举报 1 件、电话投诉 16 件，成功调处 11 件，挽回经济损失 3 万余元	A
	176	关于机关部门及事业单位实行“工间健身十分钟”的建议	田文静	县教育和体育局	一是制定了《宜宾县提高机关干部健康素质的实施方案》，对机关部门及事业单位实行“工间健身十分钟”进行了规定。 二是由县教育和体育局加强培训和指导，确保每名机关干部职工都会做工间操。 三是对各单位做工间操情况进行抽查，并纳入年度考核评比，促使实行工间操落实到位	A
生态建设	177	加强渔业监管，保护水生态环境	县政协教科文卫委	县畜牧水产局	一是加大渔业法律法规宣传。将渔业法规作为畜牧水产系统干部职工的普法必修课，并进行全系统集中培训和考试，设立了渔业法规和鱼类保护科普宣传栏，提高了广大干部职工的渔业法规知识水平。在全县重点江河特别是鱼类保护区江段的码头、人口集中区等安装鱼类保护宣传牌（碑），“禁渔期”在全县 26 个乡镇的场镇及重要码头悬挂宣传布标、张贴禁渔通告、印发渔政和鱼类保护宣传手册、开展法律科普下乡宣传活动等，将渔业法规和鱼类保护相关知识宣传到了每个乡镇和重点村（社）。凡是重大宣传活动、执法检查活动、重点案件查处等均邀请宣传部、县电视台全程参与和跟踪报道。 二是加强渔政执法队伍建设。拟从 2018 年度起，计划公开招聘水产渔政专业的大中专学生充实到基层畜牧水产队伍，增加新生力量。	A

续表 4–3

分类	编号	案由	提案者	牵头承办责任单位	办理成效	备注
生态建设	177	加强渔业监管，保护水生态环境	县政协教科文卫委	县畜牧水产局	三是力争将渔政执法经费从 2018 年起纳入县级财政预算，解决渔政执法经费不足的问题。 四是建立渔政联合执法工作机制。县畜牧水产局、县公安局联合印发了《关于乡镇兽医（水产）站、乡镇公安派出所建立渔政执法联动机制的通知》，建立起了渔政执法联动机制。特别是在电鱼等违法捕捞问题突出的江段，渔政和公安多次开展联合行动，采取晚上或凌晨江河巡查、岸边蹲守等办法，顺利端掉了多起电鱼的窝子和钉子户，现场抓捕了长期从事电鱼的违法人员，相关违法人员被追究了刑事（或行政）责任。 五是拟建立奖励举报制度，奖励举报人员，调动广大人民群众参与鱼类资源保护的积极性	A
	178	关于切实加强越溪河沿线水葫芦治理的建议	隆兴乡政协委员联系小组	县水务局	近几年，我县高度重视和关注水环境治理保护工作，一直把水环境治理保护工作作为提高人民群众生活质量的重要载体来抓。2016 年上半年，县域内李场、永兴、合什等乡镇流域水葫芦集中爆发，水葫芦污染严重，根据《宜宾县人民政府办公室关于开展水葫芦污染治理工作的通知》（宜县府办〔2015〕197 号），组织越溪河流域李场等乡镇开展了流域水葫芦污染治理工作并完成了县级验收，共打捞治理水葫芦面积 6600.1 亩。2017 年，根据相关要求，积极指导各乡镇开展了全县各流域水葫芦污染治理工作，共打捞治理水葫芦面积约 3260 亩。同时，建立巡查督查制度，组成督查组，定期对全县水葫芦治理工作进行监督检查，及时通报治理情况，确保水葫芦治理取得实效。并从 2017 年起将江河湖库水葫芦综合治理工作列入对乡镇环境保护目标考核	A
	179	关于加快城乡生活垃圾无害化处理的建议	柳嘉镇政协委员联系小组	县城管办	一是制定了《宜宾县城镇生活垃圾处理与利用规划》，并通过 2017 年第一次县城规委会评审。 二是我县城市生活垃圾填埋场，日处理能力 100 吨，主要处理县城及周边的普安镇、安边镇、喜捷镇、高场镇等 4 个乡镇生活垃圾。 三是近期规划建设 3 座（观音镇、白花镇、蕨溪镇）乡镇生活垃圾卫生填埋场，其中宜宾县第二垃圾填埋场（观音镇）工程正加紧施工，预计年底完工；白花、蕨溪生活垃圾填埋场正在开展前期工作，已确定招标代理机构。 四是将横江镇、凤仪乡、双龙镇、复龙镇、李场镇 5 个乡镇的生活垃圾运送至宜宾市生活垃圾焚烧发电处理	A
	180	关于立即治理少峨湖水葫芦灾害的建议	周玉平	县水务局	一是于 2017 年 2 月 14 日，通过竞争性谈判方式确定了解放水库（少峨湖）水葫芦打捞、清运及处置项目施工单位。3 月初，施工单位开始对水葫芦进行了打捞，历时一个月，总投入 24.96 万元，完成了全部打捞任务。 二是建立巡查督查制度，成立督查组定期对全县水葫芦治理工作进行监督检查，及时通报治理情况，确保水葫芦治理取得实效。 三是从 2017 年起将江河湖库水葫芦综合治理工作列入乡镇环境保护目标实施考核。 四是充分利用广播、电视、报刊、网络等媒体开展多层次、多种形式的水环境保护知识宣传教育	A
	181	大力推进河道综合整治力度的建议	永兴镇政协委员联系小组	县水务局	明确了乔巴河县级河长为县委常委、县政府常务副县长秦孟刚，毛桥河县级河长为县人大常委会副主任黄宗华。永兴镇也出台了《永兴镇全面贯彻落实河长制工作方案》，相应明确了乡镇级和村级河段长。建立了《宜宾县河长巡河制度》《宜宾县河长会议制度》等七项河长制配套制度，确保河长制工作能落到实处。乔巴河、毛桥河的现状调查工作已经启动	A

续表 4–3

分类	编号	案由	提案者	牵头承办责任单位	办理成效	备注
生态建设	182	关于加强自然水域生态环境管理的建议	邓　江	县水务局	一是下发了《宜宾县人民政府办公室关于开展水葫芦污染治理工作的通知》，督促李场等乡镇对越溪河流域水葫芦污染治理工作并完成了县级验收，共打捞治理水葫芦面积 6600.1 亩。 二是建立巡查督查制度，成立督查组定期对全县水葫芦治理工作进行监督检查，及时通报治理情况，确保水葫芦治理取得实效。 三是从 2017 年起将江河湖库水葫芦综合治理工作列入乡镇环境保护目标实施考核。 四是充分利用广播、电视、报刊、网络等媒体开展多层次、多种形式的水环境保护知识宣传教育	A
	183	加大环卫死角整治力度，营造园区良好发展环境	陈志源	县城管办	一是大力开展了宣传工作，发放了绿化宣传单，设立了宣传牌、宣传窗，张贴了绿化宣传画，悬挂了绿化宣传标语，形成浓厚氛围，增强了绿化环境意识。 二是根据《四川省城乡环境综合治理条例》，加强对园林绿化的监管力度，严格奖惩机制。 三是由宜宾金工集团宏厚园林公司负责设计整改方案，并认真组织实施，现已全部完工，彻底解决了城北新区和小区周边的园林绿化问题	A

宜宾县政协十届一次会议意见办理成效表

表 4–4

编号	案由	提案者	牵头承办责任单位	办理成效	备注
1	用好网络，让网络给工作带来便利	黄定海	县教育和体育局	一是管好和用好现有的网络公文平台，将在宜宾市网上办公平台制好的公文通过宜宾县教育网络办公系统传输到各校，并通过党政网上传至相关单位，提高工作效率。 二是进一步规范网络办公平台报送资料，最大化实现资源共享，减少下级学校的无效劳动。 三是对条件成熟的场所，鼓励将监控设备与互联网对接。实现对学校重点地段、时段全程监控，确保学校周边环境安全	C
2	关于对党群服务中心和异地扶贫搬迁农房建设的建议	秦　虹	县住建城管局	一是由于“党群服务中心和异地扶贫搬迁农房建设”项目单体工程量小、且分散，大多数不在规划区内。凡项目有涉及各项基本建设程序的，我县严格按照相关法律、法规执行，并监督各方责任主体行为。 二是项目地勘、设计、监理等为第三方中介机构服务，需要业主的委托，并收取一定的服务费，并由项目业主完成。 三是根据《村庄和集镇规划建设管理条例》第六条：“乡级人民政府负责本行政区域的村庄、集镇规划建设管理工作”，积极对乡镇管理人员的培训和指导给予支持，由各乡镇人民政府对项目的规划建设进行管理	C
3	关于建立公共自行车租赁服务体系的建议	江　平	县住建城管局	共享单车于今年 1 月起陆续在我县县城出现，目前县城共投放共享单车约 3000 辆，广泛分布在老城区及城北新区，为市民出行带来极大便利。同时，联合县城管办积极加强对共享单车行业的监管，在多处街道设置了共享单车停车点，杜绝乱停乱放现象的发生。今后，我县将进一步完善共享单车管理方案，引导共享单车企业为市民提供更好的服务	A

续表 4–4

编号	案由	提案者	牵头承办责任单位	办理成效	备注
4	关于加快建设县食品检验检测中心，支撑食品工业健康发展的建议	陈　琰	县食品药品监督管理局	2017 年 4 月，按照县委县政府要求设立宜宾县食品检验检测中心（宜县编〔2017〕28 号）。 一是完善组织架构。宜宾县食品检验检测中心是以县食品药品监管局主管的公益性一类股级事业单位。为整合全县资源，将县农产品质量安全检验检测中心并入宜宾县食品检验检测中心。县食品检验检测中心加挂“宜宾县农产品质量安全检验检测中心”和“宜宾县粮油质量检测中心”牌子。下设 6 个内设机构，核定事业编制 20 名。 二是明确职能职责。该检验检测中心主要承担县政府相关部门下达的食品及相关产品（含食品添加剂、保健食品、化妆品、食用农产品等）监督检验、专项抽查、风险监测等任务。负责收集整理、综合上报和反馈食品及相关产品质量信息，提供质量信息公告所需的技术数据和质量分析报告。接受单位和个人申请的食品及相关产品委托。 三是积极申报立项。食品检验检测中心项目是由省食品药品监管局统一向国家发改委申报。2017 年 3 月，已列入省食品药品监管局首批申报立项名单。目前，该项目正在申报办理流程中。下一步，将积极与省食品药品监管局对接，加快推进我县食品检验检测中心项目建设，力争项目尽快建成投入使用	B
5	关于加强保健品价格监管的建议	平　静	县发展改革局	一是保健品价格不属政府定价，其价格属市场调节价。 二是保健品价格虚高的行为取证较难，我县发展改革局等部门只能加强其明码标价的监管。 三是我县已向上级主管部门反映，建议上级部门尽快制定保健品价格管理相关法律法规，让保健品市场走上规范、健康的发展道路	C
6	关于加快推进越溪河新区（合什段）防洪堤建设项目的建议	蒋利萍	县水务局	我县已多次派出技术人员到现场踏勘，2015 年、2016 年申报的中小河流治理项目均把越溪河（合什段）防洪治理工程列入申报名录。但由于国家投资政策限制，至今尚无资金计划下达。今年，又加大了与省水利厅的项目对接力度，并将合什防洪堤工程列入“十三五”中小河流治理重点工程规划，将优先立项、优先安排项目资金	C
7	关于加大建档贫困户就医扶持力度的建议	张　杰	县民政局	从 2017 年起，对符合条件的对象由县财政按最低档次缴费标准给予全额代缴基本医疗保险个人缴费部分。同时，建立了医药爱心扶贫基金、县级卫生扶贫救助基金，对重特大疾病患者个人支付部分实施补助等惠民政策	A
8	建议加快学前教育实行义务教育的免费教育	吴思雨	县教育和体育局	一是对建卡贫困户家庭幼儿入学实行保教费全免，每期补助生活费 600 元，一年 1200 元。 二是按入园幼儿总数的 10% 给予保教费补助，每生每期 500 元。 三是进一步加大享受保教费补助的比例，逐步实现全免	A
9	关于在边远乡镇学校修建足球场的建议	刘建华	县教育和体育局	在凤仪乡建标准足球场目前条件不成熟。一是选址较难；二是目前暂无征地指标。目前计划在凤仪小学建立 5 ~ 7 人标准足球场，前期工作正进行中	C
10	关于让技术性的服务业更规范化、职业化、资质化的建议	李松琼	县人力资源和社会保障局	近三年来，宜宾县职业技能鉴定站共组织 19 批次职业技能鉴定，1635 人获得初、中级职业资格证书，人员对象涉及职业中学学生、城镇登记失业人员、农村转移就业人员和企业职工，为促进就业、稳定就业起到了积极的作用。我县将进一步整合技能鉴定机构资源，加大工作力度，强化技能鉴定专家库建设，扩大技能鉴定工种范围，提升技能鉴定能力和水平，最大限度满足各类人员鉴定需求	A

第三章 文史

早在20世纪50年代，文史工作就成为各级政协的基础性工作和特殊任务，并为之设立文史资料研究工作机构。1982年12月全国政协五届五次会议通过的《中国人民政治协商会议章程》第一章工作总则第十六条要求："中国人民政治协商会议全国委员会和地方委员会根据统一战线组织的特点进行关于中国近代史、现代史资料的征集、研究和出版工作。"宜宾县政协成立伊始，就高度重视文史资料研究工作。

第一节 收集整理

宜宾县政协1980年11月成立，1981年1月即派员赴南溪县，专程学习其政协文史工作。8月，宜宾县政协一届四次常委会议提出，立即开展文史资料研究工作，把抢救性发掘宜宾县文史资料作为县政协的一项重要政治任务。这时由宜宾县政协学习委员会承担文史工作任务，1981年编印了《太平军在横江》《横江庙宇、宫殿及寺院》两篇单页文史资料。

1982年3月，县政协一届七次常委会议决定设立"文史资料组"，负责县政协文史资料研究工作。1984年3月，文史资料组更名为"文史资料研究委员会"，由县政协副主席魏长青任委员会主任，县政协常务委员肖载渊任委员会副主任。之后，第二届、第三届、第四届宜宾县政协均设立文史资料研究委员会，并一直由县政协副主席魏长青兼任委员会主任职务。

1982年4月，县政协召开第一次文史资料座谈会，讨论收集文史资料的范围、重点内容、重点区镇，安排部署对文史素材的收集工作。5月，宜宾县县志、党史、文史部门联合成立"三史"办公室，县政协文史资料组有3人参加。期间，共同编辑印发了以宜宾县重大历史事件、英烈人物和革命斗争情况为主要内容的《三史资料》两期。1983年"三史"办公室撤销后，县政协文史资料组又独立开展工作，采取内部资料方式编印了《宜宾县文史资料选辑》第一辑和第二辑。

县政协文史资料组和以后的文史资料研究委员会的工作重点在 3 个方面：一是抢救性地收集文史资料。1982 年 3 月至 1983 年 6 月，县政协文史工作者走访了全县 14 个区、镇，28 个公社（当时全县 74 个公社），大量收集文史素材，经认真研究之后，初定文史题目 267 个。以后，又持续不断地对文史题目进行筛选和扩充。二是广泛寻访文史知情者。县政协依靠基层党委、政府分别召开了多种形式的、小型的座谈会，并进行个别走访，积极物色阅历丰富人士（不限于政协委员），发动他们或提供文史线索，或代收、传递文史资料，或撰写文史稿件。到 1985 年底，县政协文史资料研究委员会在全县聘请文史资料联络员 28 名，定期召集他们参加文史工作会议，有针对性地进行培训。三是将已成熟的文史资料及时编印成集。在对所收集到的文史资料进行研究整理之后，争取资金编纂成集，保证了《宜宾县文史资料选辑》每年新增 1 辑或 2 辑。

1984 年 8 月，县政协文史资料研究委员会召开第三次文史资料工作会，传达学习全国政协第四次文史资料工作会议和四川省政协第二次文史资料座谈会议精神，县级机关有关部门、全县 13 个区镇〔原宜宾县金坪区划归宜宾市（县级市）〕有关人员和各区文史资料联络员参加会议。会议强调政协文史资料的“三亲”（亲历、亲见、亲闻）原则，研究了征集文史资料的基本要求和方法。

1984 年 10 月 9 日，宜宾县政协《关于县政协各工作委、组任务和近期活动意见的通知》（宜县政协发〔84〕9 号）明确：文史资料研究委员会的任务是高举爱国主义旗帜，坚持“存真、实事求是”的原则，组织委员和各界人士，根据统一战线组织的特点，进行关于宜宾县近代史、现代史资料的征集、研究和出版工作，为保存史料、发展精神文明、教育年轻一代，为加强中华民族的大团结、大统一作出贡献。该通知要求县政协文史资料研究委员会组织和发动政协委员和社会各界人士撰写“三亲”资料，抢救价值高的史料，有主次地进行整理、编辑和出版，每年至少出两辑，并适当出专辑。

1984 年 3 月至 1993 年 2 月，由宜宾县政协文史资料研究委员会编印《宜宾县文史资料选辑》（1992 年 8 月，改名《宜宾县文史资料》）共 17 辑。

1993 年 4 月，第五届宜宾县政协设立“文史社会工作委员会”，文史资料研究工作是其职责之一。届内，编印《宜宾县文史资料》共 5 辑。

1998 年 3 月至 2007 年 1 月，第六、第七届宜宾县政协设立“文卫科教委员会”承担文史资料研究工作，期间，共编印《宜宾县文史资料》6 辑。至此，宜宾县政协以《三史资料》《宜宾县文史资料选辑》《宜宾县文史资料》形式共编印成册的文史资料共 32 辑。

为了广交朋友、提高文史资料的利用价值和扩大宜宾县的知名度，宜宾县政协不断加大文史资料的交换、赠阅范围，截至2000年，与382个省（自治区、直辖市）、地（地级市）、县政协文史单位进行了资料交换，所编印文史资料被国家图书馆、北京图书馆、南京图书馆、甘肃省图书馆等28个省级文史研究馆、图书馆和清华大学、复旦大学、中国科技大学、华东师范大学等32所大专院校图书馆收藏。同时，宜宾县文史资料亦作为乡土教材，进入了全县中小学课堂。

1992年，县政协文史资料研究委员会根据横江镇发展文旅产业，打造“石城山森林公园”的需要，由横江镇政府部分出资并提供基础文史稿件，合作编印《宜宾县文史资料（石城山专辑）》，既丰富了文史资料，又服务了地方建设，同时弥补了县政协文史工作经费的不足。自此，县政协采取与相关企事业单位、党政机关部门和社会团体共同出资的办法，“以文养文”，合作编印《宜宾县文史资料》共12辑。1995年9月13日，四川省政协文史委员会主任但汉然到宜宾县调研时，代表省政协文史委员会对县政协文史工作的发展方向、资金筹措方式和史料质量都给予了充分肯定。

2007年1月至2012年7月，第八、第九届宜宾县政协设立“教科文卫委员会”，由其承担文史资料研究工作。

2010年7月，县政协制定《政协宜宾县委员会文史资料工作规范》，对宜宾县文史工作的组织形式、工作程序和经费保障等都作了制度性的规定，并提出“适时编辑出版《宜宾县文史资料选辑》”，加强政协文史资料研究工作队伍建设。

2012年7月，宜宾县政协九届四次常委会议决定设立“文史委员会”，专职负责县政协文史资料研究工作。

从2007年开始，宜宾县政协结束了对宜宾县文史资料抢救性发掘工作，暂停编印《宜宾县文史资料选辑》（《宜宾县文史资料》），转入对以前32辑成书文史的重新修订和编印，以及对县政协履职工作和宜宾县文化的宣传展示。

2008年6月，第八届宜宾县政协成立了“宜宾县政协诗书画院”，由县政协主席任名誉院长，从事宜宾县诗词、书法、绘画和摄影文化的推广宣传。诗书画院每逢重大节日和纪念日举办面向公众的展览，并不定期编辑出版作品集。截至2018年，采取公开发行和内部资料形式共出版作品集5册。

2006年至2015年，第七、第八、第九届宜宾县政协文史工作编印反映县政协履职成果和委员业绩、风貌的纪念册两本、文集两部。

第九届宜宾县政协文史委员会对2004年以前所编印的文史资料进行了全面清理，查漏补缺、修订更正，重新编纂成5卷本196万字的《宜宾县文史资料汇编》，使宝贵的文史成果得以完整保存。

第八、第九、第十届宜宾县政协完成了宜宾市政协所需要的知青运动、古镇文化遗产保护、三线建设、酒文化、茶文化、交通史等文史资料征集任务；协助宜宾市政协编印完成《宜宾历史文化名人丛书》中的《抗日英雄赵一曼》等5本名人传记；与宜宾县政府、中共宜宾县委党史研究室、宜宾县革命老区建设促进会合作编印了《抗战时期的宜宾县——纪念抗日战争胜利70周年》等有关反映宜宾县党史、革命斗争史、英烈人物的文史书籍。

第二节　成果汇集

宜宾县政协文史工作在1980年底至2004年10月的25年间，收集文史资料3000余份，正式编印成集32期，对宜宾县文史资料完成了抢救性发掘任务。

1980—2004年编印文史资料目录

三史资料

第一期

编者的话 ……………………………………………………………………

太平军在四川的战斗 ……………………………………… 隗瀛涛　林寿荣（1）

叙府的起义 ………………………………………………………… 熊克武（6）

叙府之役 ………………………………………………………… 陈绍伯（7）

叙州府独立和滇军侵占川南 ……………………………………… 赖建侯（8）

护国军叙府之战 ……………………………………………………… 金汉鼎（11）

宜宾的护国之役 ……………………………………………………… 熊瑞文（14）

四川宜宾中共地下党组织的建立和初期斗争情况 ……………… 陈　林（16）

大塔农民暴动 ………………………………………………………… 傅培钊（23）

我所知道的观音乡平米价事件 ……………………………………… 李明元（31）

一九四五年宜宾大刀会进攻县城的前因后果 ……………………… 刘学超（33）

印制时间：1982 年 7 月 1 日

第二期

印制时间：1982 年 10 月 1 日

宜宾县文史资料选辑

第一辑

印制时间：大约 1983 年 8 月

第二辑

印制时间：1983 年 12 月

第一辑（总第五辑）

印制时间：1984 年 6 月

第二辑（总第六辑）

解放初期专辑

作者　罗学之

驻宜宾城

驻白花场

驻马佳场

驻真溪场

部队见闻

观音见闻

印制时间：1984 年 10 月

第三辑（总第七辑）

印制时间：1985 年 2 月

第四辑（总第八辑）

文化教育专辑

学校兴废

学校风波

教育名人

诗词歌曲

印制时间：1985 年 8 月

第五辑（总第九辑）

南三区专辑

第一部分　南三区的解放斗争

第二部分 南三区人民的抗争

第三部分　横双的文化古迹

第四部分　横双的出名人物

第五部分　南三区解放前的黑暗世道

印制时间：1986年7月

第六辑（总第十辑）

文献资料

解放斗争

历史事件

人物介绍

区镇粗谈

印制时间：大约 1986 年 5 月

第七辑（总第十一辑）

战斗英雄唐治平专辑

印制时间：大约 1986 年 11 月

第八辑（总第十二辑）

越溪专辑

登头溪至大塔滩段

大塔滩至隆兴段

隆兴至观音段

观音至合江镇段

印制时间：1987 年 7 月

第九辑（总第十三辑）

抗日战争、解放战争专辑

印制时间：1988 年 4 月

第十辑（总第十四辑）

名吃　名产　名胜

印制时间：1988年10月

第十一、十二辑（总第十五、十六辑）
合订本

庆祝建国四十周年专辑

第一部分　进军宜宾

第二部分　迎接解放

第三部分　平定匪患

第四部分　创造建设

印制时间：1989 年 7 月

总第十七辑

印制时间：1990 年 5 月

总第十八辑

印制时间：1990 年 12 月

总第十九、二十辑合辑

中国共产党建党七十周年专辑

印制时间：1991 年 6 月

宜宾县文史资料
总第二十一辑

石城山专辑

印制时间：1992 年 8 月

总第二十二辑

印制时间：1993 年 7 月

第二十三辑

印制时间：1994 年 9 月

第二十三辑（注：应为总第二十四辑）

宜宾县教育专辑

印制时间：1995 年 8 月

第二十五辑

印制时间：1996 年 9 月

第二十五辑（注：应为总第二十六辑）

观音镇专辑

印制时间：1997 年 10 月

第二十六辑（注：应为总第二十七辑）

下食堂村史

印制时间：1998 年 8 月

第二十七辑（注：应为总第二十八辑）

宜宾县辉煌五十年

印制时间：1999 年 9 月

第二十八辑（注：应为总第二十九辑）

赵一曼家乡白花镇专辑

印制时间：2000 年 9 月

第二十九辑（注：应为总第三十辑）

热血春秋——宜宾县征粮剿匪专辑

历史文献

书记史话

岁月留痕

人物春秋

金岷壮歌

生死之间

数字与事实

暴乱第一枪

剿匪大写真

城镇民改

鱼水情深

征粮史话

除霸安良

聚散依依

校友抒怀

印制时间：2001 年 10 月

第三十辑（注：应为总第三十一辑）
委员风采专辑

历史一页

民盟在线

科技扫描

创业之星

文化频道

教育春秋

杏林宗教

农业长廊

法制经纬

公仆之光

印制时间：2002 年 11 月

第三十一辑（注：应为总第三十二辑）

热血春秋续集

印制时间：2004 年 10 月

2006—2018 年文史成果编印一览表

表 4-5

发行时间	书　名	书类	编印方式	发行方式
2006 年 10 月	政协第七届宜宾县委员会纪念	图册	自办	内部资料
2008 年 12 月	墨海金沙——诗书画摄影作品集	图册	自办	公开发行
2009 年 9 月	历程——宜宾县政协建言献策三十年	文集	自办	内部资料
2009 年 12 月	古镇的记忆	文集	协办	内部资料
2010 年 9 月	情系“5・12”	文集	协办	内部资料
2011 年 8 月	红色意象——诗书画摄影作品集	图册	自办	公开发行
2011 年 9 月	足迹——政协第八届宜宾县委员会履职纪实	文集	自办	内部资料
2012 年 10 月	宜宾县文史资料汇编（第一卷）	文集	自办	内部资料
2012 年 12 月	英雄含笑——革命老区宜宾县诗书画摄影作品集	图册	自办	公开发行
2013 年 9 月	宜宾县文史资料汇编（第二卷）	文集	自办	内部资料
2013 年	宜宾知青	文集	协办	内部资料
2014 年 6 月	宜宾县文史资料汇编（第三卷）	文集	自办	内部资料
2014 年 9 月	宜宾县文史资料汇编（第四卷）	文集	自办	内部资料
2014 年 9 月	老区追梦——诗书画摄影作品集	图册	自办	公开发行
2014 年 12 月	儒学大师唐君毅	传记	合办	公开发行
2015 年 6 月	宜宾县文史资料汇编（第五卷）	文集	自办	内部资料
2015 年 6 月	宜宾政协工作史料	文集	协办	内部资料
2015 年 9 月	抗日民族英雄赵一曼（彩图版）	图册	合办	内部资料
2015 年 10 月	抗日英雄赵一曼	传记	合办	公开发行
2015 年 10 月	工运领袖刘华	传记	合办	公开发行
2015 年 10 月	抗战时期的宜宾县——纪念抗日战争胜利 70 周年	文集	合办	内部资料
2015 年	宜宾知青（续集）	文集	协办	内部资料
2015 年 11 月	协办同心——政协第七、八、九届宜宾县委员会文集	文集	自办	内部资料
2016 年 6 月	古县长歌——诗书画摄影作品集	图册	自办	内部资料
2017 年 12 月	宜宾白毛女罗昌秀	传记	合办	公开发行
2017 年 12 月	文博大师罗哲文	传记	合办	公开发行
2017 年 12 月	宜宾茶史茶文化	文集	协办	内部资料
2018 年 9 月	宜宾交通史话	文集	协办	内部资料

第四章　视察、调研

视察是各级政协组织和政协委员履行政治协商、民主监督、参政议政职能的一项基础性工作，是委员学习提高、知情明政、检查工作、研究问题、建言献策的重要途径，是实行中国共产党领导的多党合作和政治协商制度的工作方式。调研（即调查研究）则是视察活动的深化，是委员参政议政、建言立论的基础环节和重要抓手。参加视察活动也是政协委员的一项政治权利。1982 年全国政协五届五次会议通过的《中国人民政治协商会议章程》第八条规定："中国人民政治协商会议全国委员会和地方委员会组织委员视察、参观和调查，了解情况，就各项事业和群众生活的重要问题进行研究，向国家机关和其他有关组织提出建议和批评。"宜宾县政协的工作实践中，视察与调研是你中有我，我中有你，主要差别在于调研的针对性更强、形式更多、了解更深入、结果的使用更郑重。

第一节　视察

视察（考察）是宜宾县政协最经常的一项履职活动，其视察选题广泛，有经济、政治、文化、生态、社会建设各方面情况，以及政府机关及其工作人员的工作情况，还有群众所关注的社会热点、难点问题。其视察形式多样，可参观访问、听取情况汇报，可现场考查、掌握真实材料，可座谈讨论，听取各方意见。其视察成果亦有多种体现，可作为意见向有关方面反映，可形成报告向党委、政府或上级政协递交，可提出提案按程序处理等。宜宾县政协自成立以来，每年组织委员视察活动不少于 4 次，多的年份达 10 余次。将组织委员参加视察活动作为让委员深入实际、联系群众、反映民意、知情出力的一种有效方式，始终坚持视察活动的针对性、实效性原则，充分发挥了委员视察活动在政协履职和经济社会建设中的积极作用。

宜宾县政协的视察活动选题来源一般是以下几个方面，即年初工作计划或要点中安排的视察，针对社情民意重点、热点进行选择性的视察，提案督办或办理后进行验收的视察，对口协商中所涉及问题的视察，以及调研中所需要的视察。

1981 年 10 月 20—25 日，根据有关方面的情况反映，由一名县政协副主席带队，一行 7 人组成县政协视察组，视察安边区朝阳中学、安边中学、朝阳小学、安边小学及安边街村幼儿园、文化站，通过“一听”，听单位领导汇报，老师、群众反映；“二看”，看教师教学，学生学习、锻炼、生活，学校基础设施和制度建设；“三座谈”，召开教研组长座谈会、小型教师座谈会；“四讨论”，视察组分析、研究；“五交换”，将所了解情况和视察组建议分别同学校领导、区领导交换情况，形成了视察情况报告。回县后向中共宜宾县委递交了《关于视察安边区四所中小学情况的报告》。县委根据县政协视察意见，调整了中小学领导班子和管理结构，采取坚决措施，使安边幼儿园得以复课。

1982—1984 年连续三年的全国“全民文明礼貌月”期间，宜宾县政协组织部分委员以及所在地委员视察了柏溪、横江、观音等地的学校、医院、集贸市场和街道，就治理这些地方的脏乱差情况向县委提出了改进意见，经县委采纳后，使得这些地方及全县的卫生环境得到极大的改善，推进了文明礼貌月活动的开展。

1983 年 11 月，根据中央关于清除精神污染的指示精神，由县政协和县人大联合进行专题视察。视察组成员由县政协委员、县人大代表，并约请县相关部门负责人共 61 人组成，分为 3 个视察组深入柏溪、观音、横江 3 个大乡镇的中小学、文化站、书店、医院、供销社、粮站，以及县属厂矿、企业等 51 个单位，先后召开 34 个座谈会，广泛听取汇报、实地察看、个别走访，视察结束后及时与当地党政和企业领导交换了情况和意见，并向县委、县政府及省、地政协、人大报送了《县人大常委会、县政协联合视察柏溪、观音、横江清除精神污染的情况报告》。

为了宣传、贯彻 1984 年中共中央 1 号文件《关于一九八四年农村工作的通知》精神和国家一系列改革开放政策，宜宾县政协当年组织委员开展了广泛的视察活动，视察了县属工业 673 厂、化肥厂和观音酒厂，蕨溪区的供销社和食品经营站，白花区的教育改革和区乡医院改革，观音区的农村专业户、重点户和人才培养、使用情况等。通过视察活动，一方面让委员就各项工作提出了不少有益的意见、建议，另一方面也让参加视察的委员感受到改革开放的形势，对县情的了解更加深入。

1985 年宜宾县政协组织了两次较大规模的视察活动，先后视察了柏溪企业、观音工业、长沙渔业、横江供销社、观音酒厂、永兴橡胶厂、县油樟林基地和竹林基地、双龙苗族牧场，参观考察了柏溪、永兴、白花、柳嘉、高场、泥溪 6 所中学和柳嘉、观音、白花、永兴 4 所小学，视察了白花区、战天水库、白花乡、普安乡、真溪乡 5 所医院。视察采取先听后看、边听边看，召开座谈会、讨论会、群众访谈等形式，对这些厂、场、校、院的体制改革、生产建设、发展规划、产品质量、经营状况、遵纪守法、精神文明等情况进行了全面了解和考察，并分别与有关各方及时交换意见，肯定成绩，指出所存在的问题和不足。两次视察活动中发现的严重问题，都向县委作了反映，如对长沙渔业受侵犯、横江供销社经营混乱、真溪乡医院完全涣散的情况，都特别提出了严肃的批评和意见，希望能尽快给以解决。

1987 年 11 月，因一段时间以来宜宾县观音区钩端螺旋体病爆发，以及一些地方林业、农业生产方面的突出问题，根据宜宾县政协三届四次常委会议的决定，县政协将县政协常务委员、委员按照各自的职业、专业分成 3 个视察组，进行了 3 个专题项目的视察活动，即观音区流行最甚的钩端螺旋体病防治、蕨溪区的油樟林基地建设和高场区的粮食生产。当月视察结束后即分项向县委、县政府写了视察报告，提出了政协的意见、建议。其中，关于钩端螺旋体病防治和粮食生产情况的报告，县委以〔1988〕12 号文件的形式转发到各区镇及有关部门，促进了钩端螺旋体病大面积的防治工作和粮食生产。

1990 年 4 月 16—17 日，县政协文教医卫体委员会组织委员一行 16 人视察安边区中学、小学、幼儿园和医院，并走访了云南省水富县政协和中南设计院 306 队，听工程技术人员介绍国家重点工程——向家坝水电站建设的可行性计划。视察中发现教师住房不够、校领导班子管理差，五桂乡因民师多导致农民负担重，区医院外科和五官科急需增配医生等问题，迅即向有关方面反映并提出了建议。6 月和 7 月，针对县域经济滑坡问题，组织委员对县丝厂、啤酒厂、673 厂、植物油厂和柏溪羽绒厂进行视察，视察中还会同县总工会对丝厂、啤酒厂、673 厂和植物油厂的 229 名职工就当前形势和企业内部的有关问题进行了问卷调查。视察后，将了解到的情况和职工反映的问题综合整理后，一是分别向各企业领导提出建议和意见；二是对有些企业问题需要政府有关部门帮助解决的，分别同县政府领导和有关部门进行了对口协商，促使多数问题得到解决。10 月中旬，组织部分委员前往四川夹江、中江两县进行考察，就这两县认真执行科技兴农投标计划、建立健全农业推广体系、综合改造低产田土等好的经验写成专题报告，引起县委、县政府及有关部门的高度重视。县委、县政府决定推广中江县蚕桑综合开发示范乡的经验，在 1991 年即实现全县育桑苗 2 万亩、产茧 1 万担。

1994 年经中共宜宾县委批转的宜宾县政协《一九九四年工作要点》提出，县政协常委会议在听取县政府工作情况通报前，相关专门委员会应根据所通报内容组织委员视察和调查，写出调查报告或简报，为县政协常委会议听取政府工作报告后开展讨论，提出意见、建议提供依据。7 月 6 日，县政协五届八次常委会议听取宜宾县政府关于农业“稳粮增收调结构”工作情况通报后，县政协经济科技工作委员会随即向会议通报了之前组织委员视察调研的情况。常委会议根据政府通报和政协视察调研情况展开了讨论，最后向政府提出了加强科技种田、引进良种，以提高粮食产量；尊重农民种植自主权，提高农民种田积极性等 7 点建议。

之后，宜宾县政协的视察和调研活动大多融为一体，而视察成为调研的重要方式方法。

1996 年，第五届宜宾县政协为充分调动委员的履职积极性，确保基础性政协工作能顺利进行，在县政协委员中开展了“五个一”活动，其中之一就是要求“参加一次就地视察或调查”活动。

2000 年 11 月，为了开拓委员视野、学习先进经验，县政协组织乡镇联系组组长历时 6 天，到四川省内的雅安、洪雅、乐山、眉山等地政协进行了学习考察活动，重点学习他们围绕中心、服务大局，为发展农村经济特别是乡镇旅游业献计出力的具体办法。

2003 年 4 月，县人大办、县政协办联合发出《关于组织县人大代表、政协委员视察整体联动防范工程建设工作的通知》(宜县人大办〔2003〕30 号)。4 月 2—3 日，组织部分县人大代表、县政协委员分成 3 个组，分别深入宜宾县东大片、岷江片、南大片的 6 个乡镇、4 个社区居委会、2 个行政村、7 所学校和县公安局“110”指挥中心开展视察工作。视察采取看(看资料、看现场)、听(听汇报)、查(调查走访群众对整体联动和当地治安状况的评价)的方式，对整体联动领导机构、人员落实、职责任务和经费保障情况以及 9 大防范体系、7 项工作目标、5 项工作标准进行了考察，走访群众 100 余人。视察组全体成员还听取了县政府的情况汇报，并与县政府、县政法委、县级有关部门负责人交换了意见，提出了整改措施和工作建议。

2003 年 11 月，就社会各界普遍关注的高中教育扩大规模与提高质量问题，县政协文卫科教委员会组织委员开展了重点视察和调查，先后视察了县一中、蕨溪中学、横江中学、县二中、育才中学和县教育局 6 个单位，实地到学校食堂、教室、实验室、运动场以及城北新区县二中新校园建设工地了解情况，同各单位领导、教职工就高中教育问题交换意见，通过实地看、听、座谈，了解全县高中教育状况和主要存在问题，向县政府和教育局提出了妥善处理好扩大规模和提高质量的关系，确保 2004 年高考取得好成绩；要在统筹全县经济和社会发展的基础上扩大规模；建立稳定的高中教育经费保障机制；要重视高中职业教育等建议。在当年的“非典”期间，县政协还组织委员视察了县“留验站”建设和基层卫生保健网络建设，提出了卫生防疫工作建议。

2005 年 6 月，县政协对宜宾县公安工作尤其是打造“平安柏溪(县城所在地)”工作进行视察。委员们视察了天池片区警务室、天池派出所、县公安局办公大楼在建工地和

“110”指挥中心，听取了县公安局负责人的工作汇报。参加视察的县政协委员们充分肯定县公安局工作扎实、措施得力，打造“平安柏溪”成效显著，增强了人民群众的安全感。当年，县政协还组织委员视察了宜宾县安全监察工作，农村人才开发工作和柏溪镇社区建设工作。10月，组织部分县政协委员赴香港、澳门、珠海、广州、深圳进行了为期7天的学习考察，重点是民营经济发展和对外开放工作。

2006年4月，由县政协主席、3名县政协副主席带队，20余名县政协委员对宜宾县农村信用联社的工作进行视察。委员们首先到由信用联社组织社团贷款3.3亿元建设的张窝水电站，听取关于电站建设、施工、运行情况的介绍，参观了发电机房；随后参观了由县信用联社贷款支持的私营企业宜宾县横竖养殖场及玉龙九彩虹农家乐，仔细了解他们的经营发展情况；还视察了县信用联社在县城内的几家营业场所。政协委员们赞誉宜宾县农村信用联社对宜宾县社会主义新农村建设和县域重点工程建设的巨大支持。该年，还组织县政协委员视察了乡镇扶贫工作、民营企业工会发展工作和残疾人工作。

2007年7月，县政协部分委员到喜捷镇视察农机工作和新农村建设情况，观看了农业新机械示范、提灌站建设、机耕道建设、村道和水利建设，以及肉兔生产，了解农民的收入情况，对农机事业和新农村建设工作提出建议；10月，农业、经济界别委员到复龙、喜捷、高场视察蚕桑、肉兔产业，工会界别委员到民营企业寅吾公司视察女职工特殊权益保护工作，教育界别委员到柳嘉职中、三峡机电职业技术学校视察职业教育发展情况，无党派界别委员视察柏溪镇旧城改造及廉租房建设情况；12月，县政协部分委员对宜宾县“五五”普法工作的开展情况进行视察，听取有关负责人的汇报，查看相关普法资料，并召开座谈会交换了意见。

2007年11月，第八届宜宾县政协制定《政协宜宾县委员会视察工作规则》，首次对宜宾县政协的视察活动进行制度化的规范。该规则明确委员视察是委员学习提高、知情明政、建言献策，认真履行政治协商、民主监督、参政议政职能的重要形式，就视察内容、视察题目的提出和活动安排，视察活动的组织、方式方法和视察成果的使用等方面都作了规范。

2012年8月31日，县政协主席会议成员率部分县政协委员一行30余人组成督查组，在县委常委、县委宣传部部长张云飞、县政府副县长罗春涛的陪同下，督办宜宾县政协2012年“3号重点提案”——《关于文化强县的建议》。县政协委员们深入白花镇、永兴镇视察抗日民族女英雄赵一曼故居的修缮推进情况，以及永兴荷莲文化园的廉政文化长廊、文体小广场、省级综合示范文化站。县文广体新局负责人向督查组汇报全县宣传、文化工作进展情况。委员们对文化强县工作取得的阶段性成果表示肯定，并建议：文化工作要弘扬社会主义主旋律，把核心价值观和传统文化相结合，把文化产业作为重头戏，增加公共文化事业投入，和“两化互动、城乡统筹”结合好。11月，县政协组织部分县政协委员，并邀请县委农工办、县旅游局等部门负责人，视察高场镇革命老区连片开发、新农村建设与乡村旅游建设情况。县政协一行先后视察了高场镇凉山村新农村建设、“好耕现代农业示范园”、革命老区连片开发项目、农民体育健身场所、花卉苗木基地、林下土鸡扩繁场等，并沿途与园区业主和村民进行了交谈，听取了各个方面的情况介绍。县政协委员们对高场镇在农村基础设施建设、农业产业发展、乡村旅游开发方面取得的成绩给予了肯定，并提出高场镇要充分发挥交通便捷、环境优美、资源丰富、配套设施完善的优势，做好宣传和包装工作，打造独具特色的乡村小旅游，为场镇居民及市县游客提供一个生态休闲区、观光旅游带、体验休闲地、自然回归园，最终实现农民得实惠、游客得快乐、企业得效益、党政得民心、社会得和谐。

2014年10月，县政协经济委员会深入县城饮用水取水点和第二水厂，喜捷和高场等乡镇，专题视察水源保护工作。视察组实地对饮用水水源地进行了踏勘，听取了县环保、卫生等部门负责人对全县城乡饮用水源保护情况的汇报，召开了座谈会。委员们认为相关部门对城乡饮用水源保护和水质监测工作高度重视，工作扎实，特别是在规划扩建县城新水厂、严格项目准入等方面亮点突出。针对存在的困难和问题委员们建议：把用水和水资源保护列入各级政府的议事日程，督促相关部门切实做好工作；进一步提升水源供给能力，加快县城新取水点、新水厂的规划建设；特别要关注并解决好偏远山区的安全用水问题，加大对农村饮用水水质检测；合理调整县城供水价格，切实解决企业实际困难。

2017年9月，县政协主席带队，部分驻县市政协委员和县政协委员到高场镇乐安村开展贫困村精准扶贫工作专题视察。视察组先后到乐安村党群服务中心、红心柚基地、肉羊养殖场和贫困户家中，通过实地查看、听取介绍、召开座谈会等方式，详细了解该村阵地建设、产业发展和基础设施建设等情况。市、县政协委员就精准扶贫提出建议：对标脱贫任务，巩固脱贫成果，开展贫困村和贫困户对标核查，整合各方资源，合力抓攻坚；抓实稳定就业增收、住房安全保障、义务教育保障和基本医疗保障等，全面实现小康不返贫。

2017年10月10日，宜宾县政协主席会议成员率宜宾县政协教科文卫委员会部分县政协委员前往县城柏溪小学、育才中学、育才路小学、柏溪小学B区、城北一小、城北初中进行视察，督办宜宾县政协十届一次会议1号提案——《加快县城义务教育公办学校建设，切实解决大班额问题的建议》。该提案是县政协教科文卫委员会提出的集体提案，经审查立案后作为重点提案交县政协主席会议督办。县政府分管副县长率县政府办公室相关人员，县教体局、工业园区管委会、住建城管局、国土资源局、金成集团、柏溪镇政府分管领导，全程陪同视察活动。现场视察后召开了汇报座谈会，由提案牵头主办单位县政府办公室和协办单位作提案办理工作汇报，县人力资源社会保障局、县委编办、县财政局、县发改局分管领导亦参加了汇报座谈会。县政协主席会议成员和参会的县政协委员与提案主办、协办单位交换了意见。该提案经认真办理和督办，取得了良好效果：财政除安排中省市县各级项目资金 11017 万元用于教育项目建设，还新安排 1500 万元债券资金用于学校建设项目征地，全力推进城区学校改扩建项目建设；2018 年春期可化解大班额 167 个，全县大班额化解计划可于 2019 年全面完成。

第二节　调研

人民政协的调研(专题调研、调查)，是视察(考察)活动的深化和提高，是委员深入实际、联系群众，了解党和国家方针政策落实情况，收集和反映社情民意的重要途径和方法，是委员履行政协主要职能的必要准备和重要的基础性工作。自 1993 年第八届全国政协倡导将专题调研和反映社情民意作为参政议政的重要内容之后，专题调研就成为各级政协履职常用的和重要的形式。

政协的专题调研以专门委员为依托，以课题为纽带，联合组织各行各业的专家学者，围绕党和国家的中心工作，有重点地进行调查研究，形成内容翔实、观点鲜明、论证周密的调研报告，提出切实中肯的意见和建议。政协的调研报告经过不同的程序审核后，可作为建议案，亦可作为重要意见、建议、社情民意送交有关方面和部门参考，或形成对口协商意见。

1981 年 5 月，宜宾县政协一届三次常委会议提出：要加强调查研究，注意对经济调整中的新情况、新问题，如农业生产责任制、青少年教育、人才的发掘与使用、民办教师待遇、劳动就业、场镇建设、提高中小学教育质量等，进行专题调查研究，并将调查中的意见和建议及时送交有关部门研究处理。

1982 年 8 月，针对群众反映强烈的入学难问题，宜宾县政协商得县妇联、县文教局的同意，由县政协文化体育教育工作组牵头，组织委员并联合县妇联、县教育局有关人员，对县城柏溪附近儿童、适龄少年入学情况开展了调研。调研结束后，向宜宾县人民政府递交了《柏溪镇幼儿、青少年入园入学情况的调查报告》，提出了在县城周边的生产队恢复幼儿班，挖掘潜力为未升上初中、高中的落榜生开办补习班；新办一所初级中学校；尽快消除幼儿园的危房；修建中小学教师宿舍等建议。报告递交到县委、县人大、县政府和其他县级有关部门。

1986 年到 1992 年间，宜宾县政协围绕经济建设中心和人民群众生活中的热点、难点问题，本着讲实际、求实效的原则，结合政协工作的特点，开展了 40 多次专题调研、视察活动，写出了专题调研报告 30 余篇，其中有《关于促进少数民族地区经济发展的报告》《关于视察肉食品、蔬菜价格的调查报告》《关于当前我县柑桔生产存在的问题和我们的建议》《关于加快我县蚕桑生产的调查报告》《关于治理“三乱”，纠正行业不正之风的调查报告》《关于开发我县“馒头山”的调查报告》《关于高场区烤烟生产中的一些问题及种好烤烟的几点建议》《关于考察房改的情况报告》等。这些调研报告对推动宜宾县改革、开放和发展起到了凝聚人心、增进共识、建言献策的重要作用。

1994 年 9 月，宜宾县政协五届九次常委会议按照年初工作计划听取县政府关于国有资产管理的情况。之前，县政协经济科技工作委员会组织委员对宜宾县国有资产管理情况就进行了专题调研，形成了《关于对国有资产评估和管理情况的调查情况》报告。在会议听取县政府分管副县长和县国有资产管理局负责人关于“宜宾县企业产权制度改革中国有资产评估和管理情况”的通报及补充介绍后，县政协经济科技工作委员会随即向会议作了专题调查情况通报，并就调查报告中的 5 条建议作了详细说明。常委会议听取县政府和政协经科委的两个通报后，经过交流、讨论，又进一步提出了明确国有资产管理局机构性质、企业转制后的产权管理、改制企业退休职工的安置、无形资产如何评估等新的意见建议。

宜宾县政府根据县委批转的县政协工作要点，每年都要至少两次向县政协常委会议通报工作情况。为了提高通报会的质量，第五届县政协实行了会前对通报议题开展视察调研，形成书面调研报告，会上由有关常务委员和专委会作中心发言，及时就相关问题同县政府协商的制度。如县政府通报“关于农业稳粮增收调结构”“关于普及初等义务教育和普及初级中等义务教育”“关于粮专工程实施情况”“关于社会养老保险工作情况”“关于 1996 年春茧收购和管理情况”“关于公路建设、整治和管理的情况”“关于县属工业企业精神文明建设的情况”“关于农业产业结构调整情况”之前，县政协相关专门委员会都就相关问题进行了专题调研，形成书面调研报告提供会议参考并递交有关方面。县人民检察院向县政协常委会议作《充分运用检察职能，严厉打击一切经济违法犯罪活动》的通报，县委宣传部向县政协常委会议作《宜宾县社会主义精神文明建设“九五”规划》

起草说明前，县政协都组织委员进行了专题调研，用书面材料形式提出意见建议。

1996 年初，宜宾县政协经济科技委员会组织委员并邀请相关科技人员对王场乡稻田养鱼进行专题调研，调研人员深入该乡的仙源、茶园、木塘、花阳等村实地考察，形成了《积极发展稻田养鱼，转变经济增长方式》报告，全面总结了该乡稻田养鱼的成功经验，客观分析了存在的主要问题，提出了加强水产业这项农村经济支柱产业的领导；引进优良鱼种，淘汰退化品种；稳定和充实乡镇渔业队伍，加强渔政管理；为养鱼户创造良好的社会环境和技术服务的建议。这些建议得到了政府有关部门的采纳，得以在全县适宜地区推广。王场乡采纳政协意见后，当年稻田养鱼就达 209.5 吨，农民因此创收 168 万元。

第六届宜宾县政协积极探索履行参政议政职能和围绕中心、服务大局的最佳结合点，利用专题调研形式，努力为两个文明建设献计献策，仅在 1998 年就组织县政协委员进行了 5 次专题调研。3 月，县政协经济委员会为贯彻省委〔1997〕21 号文件精神，结合学习山东大力调整农业产业结构、走农业产业化经营路子，开展了关于宜宾县农业产业化经营的专题调研，提出抓好农村龙头企业建设、基地建设、服务体系建设形成一体化经营，做好农业产业化是农村实行家庭联产承包责任制后的第二次飞跃的宣传动员，深化农村供销社改革，建成具有县域优势的花生、土豆、水产、晒烟、蔬菜几大专业市场，积极推广先进农业技术，增大对农业产业化经营的资金、物质、技术、人才的投入等建议。当月，响应省委、省政府《关于进一步加快民营经济发展若干政策的意见》文件精神，县政协组织委员对宜宾县个体、私营等非公有制经济发展情况开展调查研究，向中共宜宾县委、县政府及宜宾市政协经济委员会递交了《宜宾县个体、私营等非公有制经济发展情况及对策建议》的调查报告。报告指出宜宾县个体、私营等非公有制经济数量少、规模小、档次低、经济效益不高的主要原因是认识问题、政策问题、管理问题和自身问题，提出了进一步解放思想，清除发展个体私营经济的思想障碍；全面落实各项政策，创造公平竞争的外部环境，及时查处违背政策的做法；规范个体、私营企业的行为，着重健全劳动管理制度、财务税收制度和监督制度；提高非公有制经济整体素质增强市场竞争能力等对策建议。报告递交到县委、县政府，并提供县政协六届二次常委会议作协商讨论依据。8 月，县政协经济委员会围绕全县扶贫攻坚工作，会同有关单位，对全县扶贫攻坚工作情况进行专题调研，调研组仅在王场、真溪两乡就分别进村入户调查了 120 户和 166 户建卡贫困户，形成了《关于全县扶贫攻坚工作情况的调查报告》。报告对进一步深化扶贫攻坚工作、巩固越温脱贫成果提出了 4 点建议，即切实做到扶贫班子不散，“两包、两定、三考核、五到户”责任制不变，扶贫工作力度不减；扶贫攻坚工作的重中之重是 2675 户接近温饱线的“边缘户”和 138 户温饱线下的“三缺户”，要做好分类指导，防止返贫和加深贫困程度；继续因地制宜贯彻开发式扶贫方针，把开发种养殖业作为重点，抓好农村、农业基础设施建设；继续稳定并进一步完善已有的国家、省、市、县扶持贫困地区、贫困户的各项政策，在扶贫资金投放上向贫困户相对集中的乡镇倾斜。12月，县政协文卫科教委员会深入古罗、观音、双谊、柏溪4个乡镇中小学调研后，向县政协六届四次常委会议提交了《关于宜宾县实施素质教育试点的情况调查》专题调研报告，经会议讨论后，在调研报告的基础上，县政协常委会议向县委、县政府提交了《关于在试点的基础上逐步推进素质教育的建议》。当月，县政协经济委员会会同县工商局对高场镇土豆市场进行考察，走访该镇石盘村、蒋坝村、黄伞村、半坡村土豆种植户，在听取高场镇分管农业领导、工商所和农技综合服务站工作汇报，查勘土豆市场后，对该镇土豆市场的形成、发展和存在问题进行认真分析、研究，提交了《关于考察高场镇土豆市场的情况调查报告》，提出了组建土豆公司、实行产业化经营、兴办股份制农贸综合市场、重视土豆等农副产品流通等建议，对宜宾县发展特色农产品，促进农村经济走"公司+农户"的产业化道路，有重要的参考价值。

2000年3月，根据宜宾市委、市政协关于加快发展县域经济的调研工作部署和县委、县政府提出的"做好三篇文章、抓好六项工作"的要求，由第六届宜宾县政协经济委员会牵头组织各方面人士组成"县域经济调查组"，开展"加快发展宜宾县县域经济"的专题调研活动。整个调研活动历时4个月，先后组织15个专题小组走访了47个单位、16户企业、9个乡镇，召开各类座谈会28次，围绕如何实现财政增收、群众致富主题，就农业结构调整、企业扩张增效、企业解困措施、财政收支状况、乡镇政府负债、行政事业性收费、企业发展的软环境、非公有制经济、小城镇建设、公路建设、农村电网建设改造、人才资源开发、农村越温脱贫和农村建房等情况，进行了分项、深入的调查研究，撰写了《宜宾县近三年经济发展情况分析及加快县域经济发展的建议》《关于县级各职能部门收费情况的调查》《宜宾县乡镇企业发展状况及发展战略的思考》等多篇分项调研报告。在此基础上，综合形成了《关于加快发展我县县域经济的调查报告》送市政协和县委、县政府。报告对宜宾县县域经济各个方面的现状、存在制约发展的因素等作了全面、深入的掌握、分析，就立足宜宾县实际，力争三至五年时间实现县域经济良性发展提出了制定规划明确县域经济良性发展目标；着力营造有利于县域经济良性发展软环境，坚决废止一切过时文件、政策，转变政府职能，发扬宜宾县改革名县传统；大力调整农村产业结构，加速实现农业产业化，调整种植业内部结构，提高养殖业比重，加快发展农村二、三产业；切实抓好骨干企业，大力发展个体私营等非公有制经济，认真落实"民营立县"战略；增强财政的宏观调控力度，千方百计增加投入，提高资金使用效率；

实施“科技兴县”战略，加快人才培养和引进；改进领导作风，讲究工作方法，在办实事、求实效上狠下功夫等建议。县委、县政府高度评价这次调研成果，并责成有关部门将建议中的有关内容列入“十五”规划纲要和2001年全县工作要点。2000年9月，宜宾县关于发展县域经济调查工作获宜宾市政协授予的一等奖。

2003年4—6月，第七届宜宾县政协响应中共十六大关于逐步提高城镇化水平，消除不利于城镇化发展的体制和政策障碍的精神，按照县委批转的县政协2003年工作要点，组织部分驻县市政协委员和县政协委员，就加快宜宾县城镇化进程开展专题调研。调研活动成立了“加快城镇化进程”调研组，县政协主席担任组长，1名正县级调研员和1名县政协副主席任副组长。整个调研活动分为3个阶段。第一阶段走访相关职能部门，收集中央、省、市、县出台的涉及城镇化和小城镇建设的法律法规和政策条文，开展调研宣传动员。第二阶段深入观音、蕨溪、白花、高场、横江5个省级小城镇试点镇和县城柏溪镇，走访干部群众，进行实地调查；召开农业、建环、国土、公安、劳动与社保、民政、教育、工商等相关职能部门的座谈会，了解各职能部门在城镇化进程中的具体工作、存在问题和建议打算。第三阶段对所收集资料和情况进行梳理分析，认真研究，形成了《关于加快我县城镇化进程的调查与建议》的调研报告。50余名市、县政协委员，100余名县、镇、村相关人员参与了调研活动，共召开15次座谈会。该调研报告呼吁全社会支持农民向非农产业和城镇转移，加快城镇化进程，实现城镇化与工业化的协调发展，提出5条建议。一是强力推进工业化进程，即推进柏溪工业园区建设，鼓励兴办民营经济创业园，大力发展劳动密集型产业，带动农村产业结构调整，推动农村劳动力向非农产业和城镇转移；二是增加国有土地储备量，为城镇化建设提供充裕的土地资本；三是逐步取消进城镇农民的歧视性政策，取消子女入学“借读费”，参军、招工、招干等与城镇居民同等对待；四是落实和完善小城镇建设的配套政策，加大对城镇供水、供电、供气、排污、街道、学校、通讯、交通等经营性和公益性基础设施建设的投入；五是切实保护进城务工经商农民的合法权益，逐步建立和完善进城农民的失业、医疗、工伤、养老、低保等社会保障体系。宜宾县政协七届三次常委会议通过了该调研报告，报送县委、县政府。县委以《调查研究》简报形式转发各乡镇和部门，县委书记作出批示要求参考借鉴；县政府召开专门会议研究并出台了新的小城镇建设相关文件。

2007年3—5月，为推进工业强县战略，优化其发展软环境，第八届宜宾县政协根据县委批转的县政协2007年工作要点，由县政协经济委员会牵头，组织对宜宾县工业发展软环境进行专题调研，调研方法主要采取视察、问卷调查、实地调查、座谈调查、查阅资料，共调查各类工业企业31户，其中实地调查走访“工考企业”11户，召开了企业负责人、相关业务经办人员、所在企业的县政协委员参加的座谈会；对18个相关部门、金融系统进行了实地走访调查，重点视察了县行政服务中心，听取了县经济商务局、招商旅游局服务工业发展的情况汇报，12个部门提交了书面调查材料；对柏溪、普安、高场3个重点乡镇进行了实地调研；收回调查问卷41份。其间，对县质量技术监督系统开展了行风评议。参加调研的县政协委员及其他相关人员100余人。调研形成的《关于宜宾县工业发展软环境的调查报告》经县政协八届二次常委会议通过后，报送县委、县政府。报告归纳出政务、政策、社会、市场、法治环境中存在的行政审批效率低、收费不透明、行政执法中“惩罚意识过强、服务意识过谈”、用地难、各种赞助摊派多、招投标和政府采购不规范等若干问题，提出围绕发展目标，优化政策环境；强化服务意识，优化政务环境；实施综合治理，优化社会环境；加强监督管理，优化市场环境；维护公平正义，优化法治环境的建议。县委、县政府收到报告后，主要领导分别作出采纳该报告的批示，县委办以《办公室通报》形式向各乡镇、部门全文转发，县委办、县政府办就此发出《督查通报》并召开调研情况通报会。县纪委、监察局召开26个职能部门参加的整改会议，责成3个认识不到位、整改措施不具体的部门限期重新整改。

2007年11月5日，为增强参政议政实效，提高建言立论质量，根据政协章程和《中共中央关于加强人民政协工作的意见》精神，第八届宜宾县制定了《政协宜宾县委员会专题调研工作办法(试行)》。该试行办法明确了调研课题的选定、调研组织准备、调研报告的撰写和审定、成果转化利用的条件和程序，就调研活动中的会议召开、方式方法、分析研究、注意事项等进行了规范，推进了政协专题调研工作制度化、规范化、程序化建设。

2014年3—7月，第九届宜宾县政协重视人民群众关注的食品安全问题，根据县委批转的县政协2014年工作要点，由县政协主席会议领导，县政协提案联谊委员会牵头，与各乡镇政协委员联系小组上下联动，进行全县范围内的食品安全监督管理情况的专题调研。调研组对白花、蕨溪、高场、双龙、普安等乡镇以及县城所在地柏溪镇进行了重点调查，深入学校食堂查看清洁卫生、食品储藏、采购登记、安全管理等情况和记录资料，与师生员工进行了访谈；视察了场镇食品生产企业、经营场所和集贸市场，了解食品安全监管情况；专题听取县食品药品监督管理局(简称食药监局)关于全县食品安全监管情况汇报，并召集县食药监局、经信局、工商局、畜牧局、卫生局、农业局、水务局、教育局等重点单位进行座谈。县政府分管副县长陪同参加了部分调研活动。调研组形成的《宜宾县食品安全监督管理情况的调研报告》经宜宾县政协九届十三次常委会议通过后，报送县委、县政府。报告指出宜宾县食品安全管理存在许多不容忽视的问题。一是安全食品监管工作不到位。全县食品安全管理的职能部门是县食药监局，近年来因体制改革面临工作量成倍增加、执法人员严重不足的局面。改制后监管领域增加了食品生产环节和流通环节的监管对象5000多户，而监管力量不够，特别是专业技术人才严重缺乏。二是食品安全监管投入不到位。办公场所、执法装备、检测设施设备不足、监管经费缺乏。三是食品安全监管的隐患多。因地方传统习惯和现实原因。食品“四小”（小作坊、小餐饮、小摊贩、小副食店）难监管，无证经营者大量存在，农村群体性聚餐多。四是食品安全监管考核力度不够。报告提出建议：一是完善监管体系，充实监管力量。进一步完善“横向到边，纵向到底”的食品安全监督管理体系，即纵向上健全县药监局、乡镇、村（社区）三级防检体系，横向上健全县药监局、农业局、畜牧局、水务局、卫生局、质监局、工商局、经信局、公安局、城管局等单位的防控体系。加强和完善村和社区食品安全协管员制度，探索村民小组信息员报送制度。二是增强责任意识，突出重点难点。即各级政府的领导责任意识，监管部门的监管责任意识，生产经营者主体责任意识，把学校食堂、校园周边小食店、“四小”和农村群体性宴席作为监管的重点、难点。三是加大财政投入，加强能力建设。即加强对食品生产经营者的服务能力建设，加强食品监管人员依法行政、严格执法的能力建设，加强监管执法的装备能力建设。四是完善协调机制，加强部门配合。县乡（镇）食安委要充分发挥牵头和协调作用，各成员单位要加强配合，认真履行食品安全监管相关职责。五是加强宣传工作，加大执法力度。建立黑名单制度，对不合格食品、违法企业通过新闻媒体及时予以曝光；加大查处打击食品安全违法犯罪力度，使违法生产经营的成本大于违法生产经营的利润。六是明确监管职责，强化考核机制。按《宜宾县食品安全工作职责分工的通知》要求，加强考核和问责。

宜宾县是四川省古县之一，历史久远，文化底蕴深厚。为了保护、传承宜宾县历史文化，根据县委批转的宜宾县政协2018年工作要点，2018年3—8月，在第十届宜宾县政协主席会议领导下，由县政协教科文卫委员会牵头，组织部分委员并邀请县内相关人士，对宜宾县历史文化传承情况开展了专题调研。调研人员到县委党史研究室和县地方志办公室、县档案馆、县文广局等相关单位认真查阅资料，走访部分专家、学者，召开研讨会议，形成了《宜宾县历史文化传承调研报告》。经宜宾县政协十届十次常委会议讨论通过，报送中共宜宾县委和宜宾市政协。报告深入分析了宜宾县历史文化资源现状，重点是书院文化、红色文化、油樟文化、古镇文化和非遗文化，指出其存在问题是书院文化发掘、扬弃不够，13所古旧书院均被损毁，书院文化传承不够理想；红色文化宣传、继承不够，如群众对出自故土的抗日民族女英雄赵一曼、秋收起义总指挥卢德铭、川南中共党组织创建人郑佑之、早期工人运动领袖刘华的事迹知之甚少，整个社会弘扬宜宾县革命老区精神不够；油樟文化开发利用不够，对具有世界性和唯一性，占全国同类樟油产量70%的宜宾县油樟宣传差，油樟种植技术和樟油深加工技术未能上档升级；古镇文化打造展示不够，如已获第六批“中国历史文化名镇”、四川省第一批特色文化乡镇的横江古镇保护、修缮进度缓慢，对标国家4A级旅游景区考核验收标准存在着较大差距；非遗文化保护利用不够，非遗文化传承后继乏人，非遗与产业融合发展不够，对非遗保护、开发没有详细规划，财政投入严重不足。报告提出继承书院文化精神，打造魅力人文教育；传承红色基因，营造干事创业氛围；挖掘油樟文化内涵，文化与产业齐发展；保护开发交相融合，促使古镇良性发展；延续民族文化血脉，充分彰显非遗价值的对策建议和具体措施。报告受到了县委、县政府的重视，横江古镇的保护开发、蟠龙书院的重建、革命烈士郑佑之故居的修缮等都加大了资金投入和工作力度，“一曼故里、油樟王国”成为宜宾县的标志性宣传名片。宜宾市政协主席在报告上批示：“提出的意见建议具有一定的文化价值深度，具有可操作性。特别是关于挖掘油樟文化内涵、文化与产业齐发展的建议应引起县委、政府的进一步重视，让“油樟王国”这张名片走向全国、走向世界。”

第七至第十届宜宾县政协调研报告一览表

表4-6

届	报告时间	报　告　名
七	2003年5月	宜宾县农村税费改革后新情况新问题的报告
	2003年7月	关于加快我县城镇化进程的调查与建议
	2004年5月	关于民间资金向民间资本转变的调查与建议
	2004年7月	关于农民工维权的调查
	2005年5月	关于农资市场管理的调查与建议
	2005年9月	农村卫生亟待“进补”——宜宾县农村医疗卫生状况调查与建议
	2006年5月	我县平安创建工作的情况及建议
八	2007年9月	关于宜宾县工业发展软环境的调查报告
	2007年9月	关于新型农村合作医疗运行情况调研报告
	2007年9月	关于越溪河水污染防治工作情况的调查报告
	2008年5月	宜宾县蔬菜产业发展情况调研报告
	2008年8月	关于扶持创业、促进就业的调研报告
	2009年7月	关于金融危机对中小企业影响的调研报告
	2009年7月	宜宾县煤炭资源开发利用与建立资源区补偿机制的调研报告
	2009年7月	关于我县水利基础设施建设情况的调研报告
	2010年8月	关于白酒产业发展的调研报告
	2010年8月	关于我县种粮补贴工作实施情况的调研报告

续表 4-6

届	报告时间	报　告　名
八	2011 年 7 月	关于向家坝工业集中区城北园入驻工业企业发展情况的调研报告
	2011 年 7 月	关于推进城镇化建设的调研报告
九	2012 年 7 月	关于农村小微型水利基础设施建设情况的调研报告
	2012 年 10 月	宜宾县工业招商情况调研报告
	2013 年 7 月	宜宾县小场镇发展情况调研报告
	2013 年 7 月	宜宾县农业产业化龙头企业发展情况调研报告
	2014 年 6 月	关于小区体育设施建设情况的调研报告
	2014 年 7 月	宜宾县食品安全监督管理情况的调研报告
	2014 年 7 月	关于农村电网改造升级情况的调研报告
	2015 年 4 月	宜宾县小微企业发展情况调研报告
	2016 年 6 月	我县小区物业管理情况的调研报告
	2016 年 6 月	我县生猪规模养殖情况的调研报告
	2016 年 9 月	建档立卡贫困村党组织第一书记工作情况的调研报告
	2016 年 10 月	宜宾县银行不良贷款情况专题调研报告
	2016 年 10 月	关于农民工返乡创业情况的调研报告
十	2017 年 6 月	我县负债发展、滚动经营情况的调研报告
	2017 年 7 月	我县投资促进政策的走向与选择调研报告
	2017 年 7 月	培育发展战略性新兴产业，助推县域经济增长的调研报告
	2018 年 6 月	宜宾县国有建设投资集团公司发展情况调研报告
	2018 年 6 月	关于宜宾县高中教育发展情况调研报告
	2018 年 7 月	关于农村公路建设情况调研报告
	2018 年 8 月	宜宾县历史文化传承调研报告

第五章 民主评议

民主监督是人民政协的重要职能，是人民政协通过提出意见、批评和建议的方式，对国家宪法、法律和法规的实施，重大方针政策、重大改革举措、重要决策部署的贯彻执行情况，涉及人民群众切身利益的实际问题解决落实情况，国家机关及其工作人员的工作等，进行的协商式的监督。政协的民主评议则是在政协民主监督工作中逐步形成，并且还在继续探索和发展的，一种特殊的、更加直接的监督形式，已经成为政协一项基础性工作。

第一节 评议制度

宜宾县政协民主评议工作开始于 1999 年。为了弄清非公有制经济政策的落实情况，扫除阻碍非公有制经济发展中的障碍，中共宜宾市委、宜宾市政协于 1999 年初向全市 10 县区政协安排部署了一项对全市非公有制经济政策贯彻执行情况的调查评议活动，整个活动于 1999 年 10 月底完成。这一活动是宜宾市政协历史上声势最大、牵涉面最宽、持续时间最长、影响力最强的一次民主监督活动，也是宜宾县政协首次参加、组织的政协民主评议。这次民主评议活动的发起者和领导者是中共宜宾市委和各区、县委，评议活动的主体是宜宾市政协和各区、县政协，评议对象亦为市委、市政协指定。

2000 年上半年，宜宾县政协根据中共宜宾市委、市政协的部署，参加、组织了对非公有制经济政策执行情况调查评议后整改落实情况的追踪调查、评议工作。

2001 年对全市国土系统行风民主评议，2002 年对全市工商行政管理系统的行风建设进行民主评议，2003 年对全市电力、国土、工商、建环系统行风建设的跟踪调查工作，均由宜宾市政协统一部署，宜宾县政协组织委员参加。

2003 年，根据中共宜宾县委和宜宾县纠风办的意见，宜宾县政协组织常委、委员先后参加了县级机关民主评议和部门行风评议。

2004年，完成了四川省政协组织的“全省民营经济发展环境民主评议”宜宾县部分的工作。

2004年5月，中共宜宾县委发出《关于加强政协工作制度化、规范化、程序化建设的意见》。该文件将“民主评议和跟踪调查”列为县政协履行民主监督职能的主要形式之一，并要求“对县政协组织的评议和跟踪调查活动，有关部门和所涉及单位应给予支持、配合并积极参加，同时认真听取政协的评议和跟踪调查意见，提出整改实施方案及时反馈政协并认真进行整改。政协民主监督的意见要按管理权限送交组织人事、纪检监察和相关上级部门，作为有关考核、评价的重要依据。”

2007年12月，经宜宾县政协八届四次常委会议通过，制定了《政协宜宾县委员会关于政协民主评议工作的实施细则》。实施细则规定县政协民主评议对象须根据政协全体会议民主评议结果，由县政协常委会议或主席会议确定后，商县政府同意，报县委批准后得以确定；被评单位是本县境内党的机关、国家机关，与社会公众生产生活密切相关的公共服务部门和行业；民主评议的目的旨在广泛吸收民意，提出批评和意见，帮助被评单位改进工作。实施细则还对民主评议的基本原则、主要内容、组织领导、评议过程、成果使用、注意事项等进行了规范。自此，宜宾县政协民主评议工作有了明晰的标准和要求，使之进一步制度化、规范化、程序化。

2010年初，宜宾县政协在民主评议确定被评单位方面有进一步的创新，即由委员推荐，政协常委会议审议，征求县政府意见，报县委批准确定民主评议单位的办法，使一般委员有了民主评议单位的建议权。

2010年12月，中共宜宾县委、县人民政府发出批转《政协宜宾县委员会全体会议民主测评和协商意见通报办法》的通知，提出在县政协全体会议上由县政协委员对政府职能部门、直属事业单位、公用事业单位进行满意度测评，会后从满意度测评结果中选择1～2个部门，经县政协常委会议研究确定，征求县政府同意，报请县委批准，作为当年（或来年）政协民主评议的单位。这一办法的实施，为宜宾县民主评议活动确定被评单位提供了一条新的途径。

第二节　评议活动

1999年5—8月，按照中共宜宾市委、宜宾市政协的统一安排部署，中共宜宾县委委托第六届宜宾县政协牵头，在全县组织开展非公有制经济政策执行情况的调查评议工作。调查评议的对象较为广泛，是与非公有制经济发展、监管、服务有关的单位部门，宜宾县政协所确定的被评单位有工商、税务、公安、水电、交通、卫生、金融等23个。调查评议的具体内容是贯彻执行省委、市委1997年两个33号文件和县委1997年18号文件关于发展非公有制经济政策的情况。参加调查评议的人员以县政协委员为主体，邀请驻县市政协委员和部分个体工商户、私营企业主和有关人士参加。整个调查评议分为动员准备、调查了解、重点调查评议和整改落实4个阶段，从5月26日启动，8月6日召开综合评议大会结束，历时两个多月，173名政协委员参与。全县共组织28个调查组（县上3个，乡镇25个），通过召开宣传动员会、座谈会、个别走访和问卷调查等形式开展调查工作。共走访1860户个体私营业主和252名各界人士，发放调查评议表1000份，收回888份，共收集意见724条，综合归纳为5类139条，其中涉及收费方面的意见50条，罚款方面的意见10条，反映执法行为不规范的意见47条，反映“吃拿卡要”方面的意见13条，其他方面意见19条。接着，组织力量对一些重点问题进行调查核实，及时向县委报送了问卷调查汇总表和调查中收集的意见，以及提出的整改建议，县委以宜县委发〔1999〕23号文件全文批转。在最后召开的综合评议大会上，对23个被评单位公开评议意见，并分别提出了整改要求。通过评议活动，各被评单位认真进行了整改，促进了优惠政策的落实；县委根据评议意见建议，修改出台了新的50条优惠政策，启动了以柏溪为中心的个体私营经济示范区建设，掀起实施民营立县战略的新高潮。宜宾县组织的对非公有制经济政策贯彻执行情况的调查评议工作，在全市总结大会上被评为一等奖。活动结束后，宜宾县政协还组织县政协委员对部分非公有制企业进行了回访，从中了解政府各职能部门的整改情况。

2000年上半年，根据宜宾市政协的部署，宜宾县政协又组织开展了对1999年开展非公有制经济政策执行情况整改落实情况的追踪调查、评议工作。由县政协经济委员会牵头，组织全县27个乡镇政协联系组近百名委员，分别走访了16家非公有制企业，召开调查会、协调会、座谈会和协商会10余次，了解宜宾县非公有制经济政策和“一站式”服务措施，以及“三公开一服务”体系的贯彻落实情况。同时走访了工商、质监、畜牧、卫生、国土、城管等政府职能部门，反馈了个体工商业主的意见，督促其进一步改进工作。在跟踪调查评议中，还帮助多家企业解决了在收费、办证、用电、用地上的实际问题。

在2001年、2002年全市政协开展的评议国土系统行风工作和工商行政管理系统工作中，第六届宜宾县政协均获得宜宾市政协一等奖的表彰。

2001年10月，宜宾县政协受四川省政协视察组的委托，对宜宾县公安机关开展“三项教育”情况进行了调查评议。县政协召开了各界人士代表座谈会，听取意见和建议，并向社会各界发出并收回调查问卷300份，对公安机关的服务态度、服务质量，以及社会治安作民意测评。省、市政协和市、县公安机关对宜宾县政协的工作表示满意。

2004年7—8月，根据宜宾市政协关于民主评议宜宾药品监督管理系统行风建设的安排部署，宜宾县政协由主席会议领导，文卫科教委员会牵头，对宜宾市宜宾药品监督管理局（药品监督管理系统）行风建设情况进行民主评议。整个评议工作以县政协文卫科教委员会委员及各乡镇政协联系组组长为主体，邀请部分驻县市政协委员和县政协其他委员参与，县纠风办、卫生局、物价局、工商局、计生局等相关职能部门对评议工作给予了大力协助，民盟、工商联等党派、社团人士和各界群众，涉药的部分医疗和经营单位负责人及职工都积极参加了评议活动。评议活动开始初期，召开了参评人员，相关部门、被评单位有关人员，以及涉药部分单位负责人和群众参加的民主评议动员会，同时进行了电视、报刊、简报宣传，形成了浓厚的社会舆论氛围。截至8月16日，召开各种座谈会22次，组织委员视察3次，发放问卷调查表198份，参与活动的市、县政协委员102人，其他人员250余人。评议活动注重3个方面：一是坚持评议是手段，整改是目的，关注被评单位的整改情况。评议组将收集到的意见综合为《县政协民主评议药监系统行风建设情况反映》及时反馈给被评单位，要求给予答复并形成整改意见；被评单位虚心接受意见，制定整改措施并付诸行动，及时向评议组报送整改情况。二是注意评议的公正性。对所收集意见慎重研究整理，对重大问题进行专题调查，剔除不实、不合理部分。三是注重建议的合理性和可操作性。对不符合现行法律法规、不属药监管理系统职权范围、目前尚不具备实行条件的意见建议均不予采纳。从民主评议中收回的问卷调查看，满意率为31.3%，比较满意率为63.8%，不满意率为5.1%。综合收到的书面意见和视察、调查中了解到的情况，宜宾市宜宾药品监督管理局工作成效显著，做到了既依法履职，又主动帮助医疗和药品经营单位克服困难、发展壮大。其存在的主要问题是：在行政执法方面依法行政的透明度还不高，对违法违规行为的处罚偏轻；在实施药品放心工程方面，对农村边远地区监管乏力，农村中非法游医用药和使用医疗器械事件还存在，一些药品经营单位销售人员业务知识差；在履行职责及综合协调方面宣传自身工作和药品法规不够，综合执法机制不完善；在行风建设方面药品的抽检政务不公开，有些抽检不合理。为此，宜宾县政协提出了 8 条主要建议。在宜宾县政协七届七次常委会议上，县政协文卫科教委员会汇报了民主评议县药监管理系统的工作情况，宜宾县药监局负责人汇报了根据民主评议意见进行的整改情况并同与会者进行面对面交流，会议审议通过了《关于民主评议宜宾县药品监督管理系统行风建设的报告》。之后，该报告报送到宜宾市政协和中共宜宾县委。

2010 年 3—7 月，根据中共宜宾县委批转的《政协宜宾县委员会 2010 年工作要点》，在县政协主席会议领导下，由县政协法制群团委员会牵头，组织工会、妇联、共青团界别部分政协委员，对宜宾县国土资源局 2008 年以来的工作开展民主评议。整个评议工作分别走访了 8 个机关单位、6 个乡镇、21 个企业和社区，召开相关座谈会 20 余次，发放问卷调查表 142 份，就国土资源系统支持地方经济建设和企业发展，遵守法律法规和国土资源政策，工作人员廉洁自律、履行职能、服务质量和效率等进行了摸底调查。评议工作按照《政协宜宾县委员会关于政协民主评议工作的实施细则》，基本按照组织准备、调查分析、评议审议、整改总结 4 个阶段进行。在调查分析阶段，县政协及时将收集反映的情况、意见梳理汇总，本着“客观真实、原汁原味、不加修饰”的原则，向县国土资源局送交了《宜宾县政协办公室关于民主评议国土资源局意见反馈的函》，并召开了有县国土资源局中层以上干部参加的反馈意见座谈会。在评议审议阶段，县国土资源局向县政协报送了《宜宾县国土资源局关于民主评议反馈意见的整改报告》，认真对照问题查找原因，逐项分析核实，逐条整改回复，并明确整改责任领导、责任人、责任科室，制定了整改措施。在宜宾县政协八届十四次常委会议上，县国土资源局负责人列席会议，报告整改工作，听取评议意见；县政协常委会议对国土资源局的整改工作进行了满意度测评，满意率为 97.4%。县政协常委会议审议通过了向中共宜宾县委提交的《关于民主评议宜宾县国土资源局的情况报告》。

2013 年 3—9 月，根据宜宾县政协九届二次全体会议民主测评结果，商宜宾县政府同意，经县委批准，宜宾县政协在主席会议领导下，由县政协教科文卫委员会牵头，成立了“卫生系统民主评议工作组”，开展对全县卫生系统的民主评议。民主评议调查组对县、乡（镇）、村（社区）32 个医疗卫生单位进行了走访调研，广泛发放了“宜宾县政协民主评议卫生系统调查问卷”（含 10 大项，51 个问题），收回 808 份。评议工作组成员以县政协教科文卫委员会委员为主体，26 个乡镇政协委员联系小组就地组织委员开展走访调查、召开座谈会，写出书面调查报告交县政协民主评议工作组汇总。3 月 14 日，宜宾县政协发出《关于开展 2013 年民主评议工作的通知》，向各乡镇政协委员联系小组和县级有关部门公布民主评议县卫生系统工作方案，告知评议主要内容和方法步骤。4 月 9 日，宜宾县卫生局向所辖医疗单位和机构发出《关于开展民主评议工作的实施意见》，对接受县政协民主评议作出安排部署。4月10日，宜宾县卫生局向宜宾县政协报送了《关于县政协2013年民主评议卫生工作的自查报告》。6月27日，经过一段时间的调查走访和意见收集，本着“客观真实、原汁原味、不加修饰”的原则，宜宾县政协向宜宾县卫生局发出《关于民主评议卫生系统有关情况的通报》，主要反馈了7个方面43个问题，有的属于卫生系统的普遍现象，有的属于个别医疗单位行为，有的属于医疗卫生管理机构职责范畴。同时，宜宾县政协召开了有分管卫生的县委、县人大、县政府领导，县卫生局中层（含副职）以上干部，县级医疗机构负责人，各乡镇卫生院（含民营医院）院长，县人社局、县编办、县财政局、县监察局负责人等参加的“民主评议卫生系统情况通报会”，通报了评议活动中收集到的意见、建议情况。8月10日，宜宾县卫生局向宜宾县政协报送《关于政协民主评议卫生系统通报情况的整改报告》，报告针对存在问题认真进行整改的办法措施。宜宾县政协九届九次常委会议对卫生系统的整改进行了测评，满意率为96%，基本满意率为4%。常委会议审议通过了提交中共宜宾县委的《关于民主评议卫生系统情况的报告》。

2017年3—9月，根据中共宜宾县委批转《政协宜宾县委员会2017年工作要点》，在县政协主席会议的领导下，由分管副主席负责，县政协经济委员会牵头，各乡镇政协委员联系小组联动，对全县畜牧水产系统开展民主评议。评议的主要内容是2014年以来全县畜牧水产工作成效，重大项目推进情况，畜牧水产的技术推广、防疫、执法监管状况，队伍建设、制度建设、行风建设等。3月，宜宾县政协召开了评议动员大会，印发了《民主评议县畜牧水产系统实施方案》，对评议活动进行安排部署。评议组深入永兴、柳嘉、泥溪、商州、高场、复龙、双龙、普安、安边9个乡镇21个村7个基层畜牧水产站，宜宾山沟沟、宜盛、正邦、春荣、铁骑好耕、太冬庆合、众邦（欣源）、保誉生香、安全兔业、楚才农机、荷乡观赏鱼等21家公司企业，以及县级相关部门，通过现场视察、个别访谈、查阅相关资料、发放《民主评议县畜牧水产系统调查问卷》、召开座谈会等形式，开展民主评议工作。8月17日，县政协综合整理、分析调查了解情况后，向宜宾县畜牧水产局发出《关于民主评议畜牧水产系统有关情况通报》，将总体反映、存在问题和调查问卷统计结果（发放2600份，收回2560份，满意率为94.8%）作了反馈。9月5日，县畜牧水产局正视自身存在的不足，根据县政协的情况通报进行整改工作，向全系统发出《关于县政协民主评议提出问题的整改方案》，要求认识到位、限期完成。9月19日，县畜牧水产局向县政协递交了《关于县政协民主评议整改落实情况的报告》，汇报了整改工作情况。10月10日，宜宾县政协十届五次常委会议审议通过了向中共宜宾县委报送的《关于民主评议县畜牧水产系统工作情况的报告》。

2003—2018 年民主评议报告一览表

表 4–7

通过时间	内　容	报送单位
2003 年 10 月	关于对县电力、国土、工商、建环系统行风跟踪调查情况的报告	宜宾市政协
2004 年 8 月	关于民主评议宜宾县药品监督管理系统行风建设的报告	宜宾市政协
2006 年 6 月	关于民主评议县农行系统行风建设的报告	宜宾市政协
2007 年 8 月	关于民主评议县质监局行风建设情况的报告	中共宜宾县委
2010 年 7 月	关于民主评议宜宾县国土资源局的情况报告	中共宜宾县委
2010 年 7 月	关于民主评议宜宾县地方税务局的情况报告	中共宜宾县委
2011 年 7 月	关于民主评议宜宾县民政系统工作的报告	宜宾市政协
2012 年 7 月	关于民主评议燃气系统工作情况的报告	中共宜宾县委
2012 年 10 月	关于民主评议宜宾县交通运输系统工作情况的报告	宜宾市政协
2013 年 7 月	关于民主评议县农业系统工作情况的报告	宜宾市政协
2013 年 9 月	关于民主评议卫生系统情况的报告	中共宜宾县委
2013 年 9 月	关于民主评议住建系统情况的报告	中共宜宾县委
2014 年 10 月	关于民主评议县教育系统工作情况的报告	中共宜宾县委
2014 年 10 月	关于民主评议全县城镇管理工作情况的报告	中共宜宾县委
2015 年 8 月	关于民主评议县环保系统工作情况的报告	中共宜宾县委
2015 年 8 月	关于民主评议县水务系统工作情况的报告	中共宜宾县委
2015 年 8 月	关于民主评议县食品药品监督管理系统工作情况的报告	宜宾市政协
2017 年 8 月	关于民主评议住建城管系统工作情况的报告	宜宾市政协
2017 年 9 月	关于民主评议县畜牧水产系统工作情况的报告	中共宜宾县委
2018 年 8 月	关于民主评议水务系统工作情况的报告	宜宾市政协

第五编　人物·荣誉

第一章　人物简介

第一节　县级负责人

张守愚

张守愚（1921—1975年），男，原名张志周，化名王愚，四川宜宾人。中共党员。宜宾县第一届、第二届各界人民代表会议常务委员会主席。

14岁时在重庆“益丰商号”当学徒。1937年春进宜宾“宝元通”，分配在南溪“宝元南”。1938年加入中国共产党，被安排在进步的“合众书店”做店员，在党内任中共宜宾店员支部干事。参加了“宜宾县商会抗敌晨呼队”，为骨干队员，从事抗日救亡宣传工作。

1940年，任中共庆符县委委员，在赴重庆向中共南方局汇报工作时，经南方局批准，介绍到陕北延安公学读书。一年学习期满后，被送到陕北中央研究院深造，在研究院中国文化研究室任研究员。1945年，调中央党校第四部文教科任科员。

抗日战争胜利后，调东北工作。1946年1月，任中共朝阳县委宣传部部长。1948年10月，调任中共锦州市委委员、秘书长。翌年1月，任宣传部部长。1949年8月，由锦州市调往南京，参加“西南服务团”干部培训工作。1949年底，宜宾和平解放，经中共川南区党委决定，由张守愚等4人组成中共宜宾县委，张守愚任县委书记。

1950年1月，宜宾县第一届各界人民代表会议第一次全体会议召开，张守愚当选常务委员会主席。当年11月，在宜宾县二届一次各代会上，又继续当选常务委员会主席。在此期间，张守愚团结带领宜宾县各界人民代表广泛动员和组织全县人民，积极支持、参与了征粮剿匪、清匪反霸、减租退押、土地改革和抗美援朝等项重大工作和运动，并取得了显著成绩。

1952年，张守愚任宜宾专署代理专员。1953年7月，调四川省委文化教育委员会工作。1954年任省委宣传部副部长，分管理论宣传、报刊发行、党员教育工作。

1966年“文化大革命”运动开始，张守愚任四川省文革小组副组长。因他不赞成运动中的某些做法，并两次上书毛泽东主席反映情况，于是被打成“现行反革命”，遭受摧残，送到西昌湾丘“五七”干校劳动改造。1975年被批准回家。当年含冤去世。

中共十一届三中全会以后，中共四川省委组织部为其恢复了名誉。

黄　藩

黄藩，男，四川达县人。中共党员。宜宾县第一届、第二届各界人民代表会议常务委员会副主席。

1949年12月，上级任命黄藩为宜宾县人民政府县长。

1950年1月，在宜宾县第一届各界人民代表会议第一次全体会议上，黄藩当选常务委员会副主席。

1950年初，宜宾刚刚解放，百废待兴。残余敌特分子，顽固不化的旧政权人员，以及乡间的土匪、恶霸相互勾结，在全县各地频频作乱，使新生红色政权面临严峻考验。1950年3月，宜宾县成立了剿匪指挥部，贯彻军事打击和政治攻势相结合、征粮和剿匪相结合的方针，指挥全县开展大规模的剿匪武装斗争。黄藩任副指挥长。

1950年5月，宜宾县成立剿匪委员会，黄藩任委员会副主任。

黄藩重视宜宾县各界人民代表会议工作，定期向各代会全体会议、常委会议作全县的征粮、剿匪、生产的工作报告和情况通报，注意听取各代会代表的意见和建议，改进政府工作，充分发挥了县各代会广大代表宣传党的政策、贯彻人民政府决定的积极作用。

1950年11月，黄藩再次当选宜宾县第二届各界人民代表会议常务委员会副主席。

1951年6月，宜宾市、县分置，黄藩调离宜宾县。

刘春晖

刘春晖（1899—1956年），男，四川宜宾人。宜宾县第一届、第二届各界人民代表会议常务委员会副主席。

毕业于华西协和大学乡村教育系，在校期间认识了共产党人恽代英、社会主义青年团团员张霁帆等人，经引荐参加了成都马克思读书会和学行励进社。在假期返宜时，邀尹绍洲、郑量澄等组织“宜宾青年读书会”。

1926年，刘春晖到川军刘文辉部任职，后编入28军作营副。1940年起，刘春晖先后任宜宾县征收主任、救济院院长、北城镇镇民代表主席等职。

1949年冬，刘春晖代理县商会主席时，眼见城内数以千计的国民党溃败官兵捣乱，便邀集5个城镇的镇长和各界知名人士，于12月6日成立“宜宾临时治安维持会”。刘春晖被公推为副主任。

1949年12月9日，刘春晖毅然接受国民党72军的邀请，作为宜宾民众代表与72军代表一道，秘密乘船赴南溪寻找解放军协商和平解放宜宾大计。

1950年1月24日，宜宾县第一届各界人民代表会议第一次大会召开，刘春晖当选常务委员会副主席。在1950年11月20日召开的宜宾县二届一次各代会上，再次当选常务委员会副主席。

在各代会任职期间，刘春晖实际主持常务委员会工作，积极组织各界代表协助政府开展征粮、剿匪、土改、镇反和“三反”“五反”等工作，大力宣传政府对资本主义工商业的保护政策，为新中国建立之初的宜宾政治稳定、经济快速恢复作出了贡献。

1951年宜宾市、县分设，刘春晖当选宜宾市各界人民代表会议协商委员会副主席，川南区各界人民代表会议代表。

1956年，刘春晖因病去世。

苗守溪

苗守溪，男，汉族，山东渭水县人，1917年出生。中共党员，宜宾县第三届、第四届各界人民代表会议常务委员会主席。

1949年12月，任中共宜宾县委委员、中共宜宾县委组织部部长。1951年7月至1952年11月，任宜宾县人民政府县长。

1951年9月，在宜宾县第三届各界人民代表会议上，苗守溪当选常务委员会主席。1952年6月，在宜宾县各代会四届一次大会上，又再次当选常务委员会主席。

在各代会任职期间，领导各界人民代表会议及其常务委员会动员各界人民订立爱国主义公约、完成抗美援朝增产捐献飞机任务、完成土地改革、镇反肃特、加强学校教育、投入“三反”“五反”运动、开展互助合作运动、开展增产竞赛。

1952年11月，苗守溪因工作需要调离宜宾县。

曹　均

曹均，男，山东日照人，1915 年出生。中共党员。宜宾县第四届各界人民代表会议常务委员会主席。

随解放军南下后留宜宾县，率队参加了宜宾县土改在思坡乡的试点工作。1952 年 11 月，任县人民政府县长。

1952 年 12 月，在宜宾县第四届各界人民代表会议第二次全体会议上，接任常务委员会主席。

因宜宾县第四届各代会未设副主席，故由曹均一人负责县各代会及其常务委员会的工作。任职期间，领导宜宾县各代会广泛宣传贯彻婚姻法和人大普选工作，大力发展农村互助组和初级社，掀起农业增产高潮；宜宾县各代会还作出了关于农业增产、宣传贯彻婚姻法、救灾备荒、优抚、调整工商业、爱国卫生运动、加强学校思想建设、提高农民政治文化水平等多项决议。

1954 年 7 月 2 日，普选后的宜宾县第一届人民代表大会第一次会议召开，曹均当选宜宾县人民委员会首任县长。

1954 年 11 月，曹均因工作需要调离宜宾县。

李箴言

李箴言，男，汉族，山东冠县人，生于 1912 年。初中文化，中共党员。第一届宜宾县各界人士学习委员会主任。

1938 年入伍，同年 1 月加入中国共产党。历任排长、区长、工作队长、营长、教导员、合作办事处主任、工会联合会专区办事处主任等职。1955 年 3 月，任中共宜宾县委副书记。同年 9 月，在宜宾县一届二次人代会上被补选为县人民委员会县长。1956 年 5 月，在中共宜宾县第一次代表大会上当选中共宜宾县第一届委员会书记（当时县委还设有第一书记）。

1956 年 8 月，宜宾县各界人士学习委员会成立，李箴言被选为学委会主任。在学委会任职期间，积极组织各界民主人士参加政治学习，加强各界人士与党和政府的联系，并逐步扩大学委会组织，除县学委会外，还成立了工商分会、卫协分会和横江、白花、观音、蕨溪分会。

1956年12月，李箴言因工作需要调离宜宾县。

孙贵斌

孙贵斌，男，汉族，河北武安人，1927年出生。初中文化，中共党员。宜宾县第一届、第二届各界人士学习委员会副主任。

1948年加入中国共产党。历任文化干事、区队长、民运干事等职。1950年1月至1950年10月，任宜宾县第十区（双龙）区长。1950年11月至1952年5月，任宜宾县第六区（双石）区长。1952年5月至1954年5月，先后任中共第二十区（永兴）工委副书记、书记。1954年5月至1957年7月，任中共宜宾县委统战部副部长，其间，1956年9月至1957年5月，任宜宾县体委主任。1957年6月至1959年5月，任宜宾县人委副县长。

1956年8月，当选宜宾县第一届各界人士学习委员会副主任。1959年2月，再次当选宜宾县第二届学委会副主任。

肖少平

肖少平（1917—1998年），男，汉族，四川宜宾思坡人。宜宾县第一届、第二届、第三届、第四届各界人士学习委员会副主任。

新中国成立初期，曾任思坡乡工商联主任，思坡乡武装部部长，县工商联副主任、主任等职。1954年，当选宜宾县第一届人民代表大会代表，后连续当选第二至第八届县人大代表。从县人大三届二次会议起，到县人大八届三次会议，他一直是会议主席团成员。1980年12月，当选宜宾县第七届人大常委会副主任，分管代表联络工作。1984年6月，再次当选宜宾县第八届人大常委会副主任，分管科教文卫工作。

1956年8月，肖少平当选宜宾县第一届各界人士学习委员会副主任。之后，连任宜宾县第二届、第三届、第四届各界人士学习委员会副主任。在任期间，积极参加并组织学委会成员学习马列和毛泽东著作，学习时事政治，进行自我思想教育；组织和推动各界人士在各自的岗位上建功立业，参加社会主义建设；协助宣传贯彻党的路线方针政策。

1980年11月，中国人民政治协商会议宜宾县委员会成立时，肖少平为首届县政协委员。1984年6月，再任第二届宜宾县政协委员。其间，在第一届、第二届宜宾县政协担任县政协学习委员会（曾经一度改为“政治时事学习组”）副主任，负责对政协委员的学习指导工作。

1998年，肖少平因病去世。

尹保安

尹保安，男，汉族，安徽寿县人，生于1922年。初中文化，中共党员。宜宾县第一届、第二届各界人士学习委员会主任。

1939年入伍，历任通讯员、副班长、区队副、区队长、大队长等职。1942年5月加入中国共产党。1949年6—12月，任西南服务团指挥参谋。1950年后，先后任珙县公安局局长、宜宾公安处科长。1952年10月至1954年3月，任宜宾县公安局局长。1954年5月至1960年3月，任中共宜宾县政法党组副书记。1955年3月至1956年12月，任宜宾县人委副县长。1956年12月至1959年6月，任宜宾县人委县长。

1957年3月，补任宜宾县第一届各界人士学习委员会主任。1959年2月，当选宜宾县第二届学委会主任。

在县学委会任职期间，发动各界人士支援春耕生产，争取农业丰收；将各界民主人士和工商业者的学习纳入学委会工作范畴。

宛西北

宛西北，男，汉族，四川宜宾县白沙人，生于1926年。初中文化，中共党员。宜宾县第一届、第二届、第三届、第四届各界人士学习委员会副主任，政协第一届宜宾县委员会秘书长，第二届宜宾县政协常务委员。

1950年7月至1951年5月，在宜宾县白沙乡村农会、乡农会工作，其间，于1951年1月加入中国共产党。1951年6月至1952年2月，在宜宾县农会工作，曾任县农会副主席。1952年2月至1953年1月，在高场区工作，后任中共高场区委副书记。1953年1月至1955年5月，任中共高场区委书记，其间于1952年11月至1953年11月兼任高场区副区长。1955年8月至1956年11月，任中共泥溪区委书记。1956年11月至1967年1月，任中共宜宾县委统战部副部长，其间于1960年3月至1966年7月，兼任中共宜宾县工商党组书记。1973年5月至1976年3月，任中共宜宾县委群工部副部长。恢复县委统战部后，1976年3月至1983年12月，任中共宜宾县委统战部副部长。1983年8月至1984年6月，任县委对台办主任。

1951年9月，当选第三届宜宾县各代会常务委员。1957年3月，补任第一届宜宾县各界人士学习委员会副主任，以后连任第二届、第三届、第四届学委会副主任。1980年

11 月，在政协第一届宜宾县委员会第一次全体会议上当选县政协秘书长。1984 年 6 月，在宜宾县政协二届一次全会上当选县政协常务委员。1984 年 3 月至 1985 年 11 月，任县政协侨台组（后改为统一祖国工作组）组长。

宛西北长期从事党的统一战线工作，并在统一战线组织中担任重要职务，为宜宾县各界人士学习委员会和政协宜宾县委员会的创立、运行、履职都作出了重大贡献。

1986 年 4 月，宛西北退休辞去了县政协职务。

黄叔相

黄叔相（1903—1968 年），男，汉族，别号朝钰，化名白心明，四川泸县人。中共党员。宜宾县第一届、第二届各界人民代表会议常务委员会委员，宜宾县第一届、第二届、第三届各界人士学习委员会副主任。

15 岁进泸州顺东瓷器店当学徒，三年后调至该店宜宾分号“吉盛东”任监察，后升任经理，被推为宜宾瓷器公会主席。1937 年抗日战争全面爆发后，参加筹组“宜宾抗日歌咏团”，并在团内起骨干作用，在宜宾城区广泛演唱抗日救亡歌曲。此时，由在宜宾活动的共产党员廖寒非（后任中共宜宾县委书记）吸收，加入了中国共产党。

之后，他在党组织的指示下，发动商界人士集资开办“民智印刷社”，并任经理，秘密安排从外地疏散来宜的中共党员，创办《后盾周刊》，翻印发行中共中央领导人周恩来、张闻天等人的文章、讲话；用党员集资款 1000 块银元成立“平凡书店”，任书店股权代理人，公开销售《资本论》等宣传无产阶级革命和抗日救亡的书籍、报刊。

他根据党组织的安排，加入了“宜宾抗战剧团”，负责团内的组织管理和宣传演讲工作，并在团内建立了秘密的中共组织和公开的“中华民族解放先锋队”（简称民先队）组织。还担任了“宜宾县商会抗敌晨呼队”副队长，宣传抗日主张。

黄叔相还奉党的指派，赴庆符县开辟和发展党的工作，任中共庆符县二区区委委员，公开的身份是该区征粮主任。

1941 年“皖南事变”后，中共宜宾党组织遭到破坏，黄叔相与党失去了组织联系。

其后，他仍自觉为党工作。尤其是利用他在商界和社会上的影响力，组织各方力量保护城市设施和稳定地方秩序，为宜宾和平解放作出了贡献。

新中国成立后，黄叔相在中共党员身份没有得以恢复的情况下，积极参加各项革命和建设工作，以民主人士、工商界代表的身份，当选宜宾县第一届、第二届各界人民代表会议常务委员会委员。1951 年被选为川南区各界人民代表会议代表，宜宾县工商联合会副主任。

宜宾市、县分设后，他于 1953 年被选为宜宾市（现宜宾市翠屏区）各界人民代表会议驻会委员。1956 年当选宜宾市政协副主席。

1956 年底调宜宾县工作，当选宜宾县第二届、第三届、第四届、第五届、第六届人大代表，连任宜宾县第二届、第三届、第四届、第五届、第六届人民委员会副县长，主要分管文教卫生工作。

1957 年 3 月，补任宜宾县第一届各界人士学习委员会副主任。其后，又连任宜宾县第二届、第三届学委会副主任。在学委会工作中大力组织各界人士学习党的路线、方针、政策，协助党委、政府加强与各阶层代表人物和知识分子的联系，努力巩固和发展党的统一战线事业。

1968 年，黄叔相病逝。

1985 年 1 月，中共宜宾县委为黄叔相恢复了党籍。

吕名扬

吕名扬，男，汉族，四川宜宾金城人，生于 1919 年。初中文化，中共党员。宜宾县第三届各界人士学习委员会主任。

1950 年任金城乡农会主席，以后参加土改工作，1951 年 1 月参加中国共产党，3 月，任区宣传干事。1951 年 9 月至 1953 年 1 月，任宜宾县第四区副区长、中共第四区工委副书记。1953 年 1 月至 1955 年 3 月，任中共第四区工委（后改为区委）书记。1955 年 1 月，被选为中共宜宾县委委员。1956 年 5 月至 1964 年 3 月，任中共宜宾县委书记（当时县委还设有第一书记）。1964 年 3 月至 1966 年 2 月，任中共宜宾县委副书记。1955 年 3 月至 1959 年 6 月，任宜宾县人委副县长。1959 年 6 月至 1963 年 7 月，任宜宾县人委县长。1963 年 7 月至 1967 年 1 月，任宜宾县人委副县长。从 1960 年 3 月至 1966 年 2 月，兼任中共宜宾县财经党组书记。

1961 年 12 月，当选宜宾县第三届各界人士学习委员会主任。

在学委会任职期间，进一步健全了学委会组织，建立了学委会制度，主持修订了集体公约和个人规划，总结了学委会工作经验。

王殿魁

王殿魁，男，汉族，河南沁阳人，生于 1911 年。初中文化，中共党员。宜宾县第四届各界人士学习委员会主任。

1945年参加革命，在太行四分区老二团当战士。1947年后历任班长、副排长、排长，1948年2月加入中国共产党。1950年任团军马管理员。1955年1月至1967年1月，当选中共宜宾县委委员。其间，1954年5月至1956年5月，任宜宾县供销社副主任；1956年5月至1959年3月，任县财经委副主任、县委财贸部部长；1959年6月至1960年3月，任中共宜宾县财经党组书记；1961年1月至1964年3月，任宜宾县粮食局局长；1964年1月至1967年1月，任中共宜宾县工交党组书记。

1959年3月至1967年1月，任宜宾县人委副县长；1973年1月至1975年6月，任宜宾县革委会副主任。其间，1970年1月至1973年5月，任宜宾县生产指挥组副组长；1973年5月至1975年9月，任中共宜宾县委工交部部长。

1977年1月，任宜宾县第四届各界人士学习委员会主任。

在学委会任职期间，组织各界人士贯彻中共十一届三中全会精神，解放思想，发展壮大革命的爱国统一战线，将各方面的积极因素转移到现代化建设上来。

1980年11月宜宾县政协成立后，学委会撤销。

古远友

古远友，男，汉族，四川巴县人，生于1932年。初中学历，中共党员。政协第一届宜宾县委员会主席。

1951—1952年，参加合江县望龙区土改工作。1952—1954年，在合江县消费社工作。1955年8月加入中国共产党。1955—1963年，任中共合江县委农工部、组织部干事。1964至1975年底，历任中共宜宾地委组织部干事、军工科副科长。1976年1月至1979年3月，任中共宜宾县委常委、组织部部长。1979年3月至1984年10月，任中共宜宾县委副书记兼组织部部长。其间，1979年3月至1983年7月，兼任中共宜宾县委纪委书记；1983年7月至12月，兼任中共宜宾县纪委书记。

1980年11月，政协宜宾县委员会成立，当选第一届宜宾县政协主席。

在政协任职期间，大力组织政协委员和各界人士参与学习、讨论、修改新宪法和新的政协章程；按宪法和章程规定，首次由县政协全体会议向县人大主席团提出县人大、政府、法院、检察院候选人建议名单；探索县政协办事、工作机构的设立和运作，以及政协履职的方式方法。

陈南风

陈南风，男，汉族，四川宜宾县白花人，1925 年 6 月出生。初中文化，中共党员。政协第一届、第二届宜宾县委员会副主席。

1947 年 1—6 月，在宜宾县永庆乡分校任教。1947 年 7 月至 1949 年 12 月，在家务农。1950 年初参加土改工作，历任村组长、乡组长。1952 年 5 月至 1954 年 5 月，任宜宾县第二十区副区长。1954 年 5 月至 1955 年 3 月，任中共永兴区委副书记。1955 年 4 月至 1956 年 3 月，任宜宾县人民法院副院长。1956 年 3 月至 1963 年 4 月，任宜宾县人民法院院长。1963 年 4 月至 1967 年 1 月，任宜宾县人委副县长。1970 年 1 月至 1973 年 5 月，任宜宾县生产指挥组副组长。1973 年 1 月至 1980 年 12 月，任宜宾县革命委员会副主任。1980 年 11 月至 1986 年 4 月，当选第一届、第二届宜宾县政协副主席。

在县政协任职期间，负责县政协常务工作，主管政协工作机构的设置、文化体育工作及落实政策工作。

魏长青

魏长青（1927—2019 年），男，汉族，四川高县人。大学文化。政协第一届、第二届、第三届、第四届宜宾县委员会副主席。

中华人民共和国成立之前，在高县加乐、渔舟、可久等地小学任教。1950 年之后，在高县、筠连县等地任小学教员。1955 年始，先后执教于宜宾县观音中学、柳嘉中学、高场中学，曾任柳嘉中学、高场中学教导主任。在此期间，当选宜宾县第五、第六届人大代表；1965 年获四川师范学院语文本科函授毕业证书。

1978 年调宜宾县共产主义劳动大学（简称“共大”），任教导主任。1979 年调宜宾县教师进修学校，任教导主任。

1980 年 11 月，在政协第一届宜宾县委员会第一次全体大会上当选县政协副主席。以后，连续担任第二届、第三届、第四届宜宾县政协副主席。

在政协任职的 13 年间，主抓政协文史工作。他通过外出学习取经，深入基层考察采访，组建、培训文史员队伍，克服了种种困难，亲力亲为，主持编纂出版了宜宾县文史专辑共 20 集。在其主持、撰写的政协视察、调研报告中，敢于向党委、政府反映基层的真实情况，认真负责地提出政协的意见和建议。

江华林

江华林，男，汉族，四川宜宾县仙马人，生于1924年。大专文化。政协第一届、第二届宜宾县委员会副主席。

1947年起，先后任宜宾县仙马小学教师、校长。1949年7—12月，在宜宾县柳嘉小学任教，其间，于1949年9月参加中共外围组织“新青社”。1950年1月起，在宜宾县十五、十六区（今宜宾市叙州区观音镇、柳嘉镇）搞征粮工作，任宣传干事。1952年7月起，先后任宜宾县三初中、四初中副校长，其间于1957年10月在四川省教育行政干校学习。1981年任宜宾县教师进修校副校长，1984年8月，任该校调研员。1980年11月至1987年2月，当选第一届、第二届宜宾县政协副主席。

在政协任职期间，主要分管科技、文体、教育工作，并负责县政协学习委员会工作。重视对政协委员的学习引导，创新学习形式；支持筹备成立“宜宾县教育协会”，帮助宣传、总结教育改革经验。

彭铁肩

彭铁肩（1928—2004年），男，汉族，四川宜宾县观音人。中共党员。政协第二届宜宾县委员会主席。

1947年4月参加中国共产党，从事党的地下斗争，曾任中共宜宾县凤翥、大塔（安靖）党支部书记。新中国成立后，历任宜宾县泥溪区征粮工作队队长、泥溪区副区长、白花区副区长、中共白花区委书记。1954年初任中共宜宾县委秘书处主任秘书。1955年1月至1960年2月，任中共宜宾县委宣传部部长。以后，历任县委工交部副部长、县生产指挥组副组长、县委农工部副部长、县委财贸部部长、宜宾县革委会副主任、中共宜宾县委常委等职。

1980年12月，在宜宾县第七届人民代表大会第一次会议上当选宜宾县人民政府县长。

1984年1月，任中共宜宾县政协党组书记，主持了第一届宜宾县政协1—6月的工作。在此期间，协商确定了第二届宜宾县政协委员人选，确定建立以区为单位的政协委员联系小组，并以区委副书记为各组召集人（组长），将政协工作下伸到基层。

1984年6月，在政协第二届宜宾县委员会第一次全体会议上，当选宜宾县政协主席。在任职期间，紧紧围绕经济建设中心开展政协工作，组织带领委员深入企业、学校、医院、农村和个体专业户进行参观、视察、调研，提出意见和建议；1985 年 12 月，县政协召开了“经济建设专题讨论会”，有县政协科技委员会和经济建设、工商、农业组的政协委员以及县内这几个方面的专家、学者、有关人士参加，对宜宾县经济建设工作提出了书面和口头的建议；重视落实党的统战政策，大力开展促进祖国和平统一的活动，使第二届县政协委员中应落实政策的 62 人全部得到落实，并协助成立了第一届宜宾县归侨、侨眷联合会和华侨联合企业公司；协助党委政府落实侨台属政策，大力帮助侨台属专业户的生产经营发展。

张国辉

张国辉，男，汉族，山东平原县人，1932年3月出生。大学文化，中共党员。政协第二届、第三届宜宾县委员会副主席。

1951 年 9 月至 1955 年 8 月，在西南农学院农学系农学专业学习，大学本科毕业。1955 年 9 月至 1956 年 9 月，在四川省荥经县建设科农技站工作（实习）。1956 年 10 月至 1961 年 10 月，在四川省宜宾农业学校任教。1961 年 10 月至 1984 年 4 月，在宜宾县农业局工作，历任技术员、副站长、副局长。

1980 年 11 月，任第一届宜宾县政协委员（科技界别）。1984 年 6 月，在宜宾县政协二届一次会议上当选县政协副主席；1987 年 2 月，再次当选第三届宜宾县政协副主席；1989 年 4 月，转任宜宾县政协调研员；1992 年 4 月退休。其间，于 1984 年 11 月加入中国共产党；1986 年 7 月，增补为中共宜宾县政协党组成员；1987 年 3 月，任中共宜宾县政协党组副书记。

在县政协工作期间，根据中共宜宾县委的安排，抽调承担了“宜宾县综合农业区划汇编”的主要工作，获得宜宾地区农业区划成果一等奖和四川省农业区划成果三等奖。

在任第二届宜宾县政协副主席时，分管县政协科技工作；在任第三届宜宾县政协副主席时，负责县政协常务工作，并分管科技、经济、农业工作。工作中，大力协助有关部门切实解决科技人员的生活待遇、住房问题，落实相关政策；组织科技界委员协助政府及科技职能部门、群众团体宣传、推广科技成果，开展科技调研和咨询服务工作；推行、实现了县政协工作机构“改组为委”。

姜照荣

姜照荣，男，汉族，四川宜宾县双龙人，1933年1月出生。初中文化，中共党员。政协第二届、第三届宜宾县委员会副主席。

1950年至1952年4月，在双龙中和乡任文书。1952年5月至1956年5月，任双龙供销社副主任，其间，1954年8月加入中国共产党。1956年5月至1958年3月，任宜宾县供销社物价信息股副股长。1958年4月至1959年8月，任蕨溪纤维厂副厂长。1959年9月至1970年5月，先后在宜宾县商业局、宜宾县工商联工作。1970年6月至1976年4月，先后在中共宜宾县委三反办公室、群工部工作。1976年5月至1976年10月，任宜宾县物资局局长。1976年10月至1980年12月，任宜宾县革命委员会副主任。1981年1月至1984年1月，任宜宾县人大办公室主任。1983年12月至1990年2月，任中共宜宾县委统战部部长。1984年6月，当选第二届宜宾县政协副主席，并自1984年6月至1985年4月，兼任县政协秘书长。1987年2月至1990年3月，再任第三届宜宾县政协副主席。

在政协任职期间，主管政协侨台和群众工作组工作，以及落实政策工作，促进了政协委员中冤假错案的纠正和政策落实。在兼任县政协秘书长职务时，还负责县政协秘书处文秘事务。

王方泽

王方泽，男，汉族，四川长宁县人，1942年5月出生。中专学历，中共党员。政协第三届宜宾县委员会主席。

1961年8月至1971年10月，在长宁县铜厂、林场、银行工作，其间，于1966年10月加入中国共产党。1971年10月至1980年12月，任中共长宁县委组织部干事、秘书。1980年12月至1983年10月，任中共长宁县纪委副书记。1983年10月至1987年1月，历任中共长宁县委常委、县政府常务副县长、县纪委书记、县委副书记。1987年1月至1990年4月，任中共宜宾县委副书记。

1987年2月，当选政协第三届宜宾县委员会主席。

在政协任职期间，“改组为委”，将县政协工作机构设置为提案、学习、文史资料研究、经济科技、文教医卫体、联谊六个专门委员会；组织县政协首次制定了《政协宜宾县委员会常务委员会工作规则》等制度性文件，以及《政协宜宾县委员会关于政治协商、民主监督经常化和制度化的意见》；组织政协委员专题学习了《中国共产党十三届中央委员会第四次全会公报》等相关重要文件，并进行座谈讨论，统一认识。

何世春

何世春，男，汉族，四川自贡人，1936 年 8 月出生。中共党员。政协第四届、第五届宜宾县委员会主席。

1958 年 8 月至 1959 年 2 月，宜宾县化肥厂工人。1959 年 3 月入伍，至副营长，其间于 1961 年 8 月加入中国共产党。1976 年 2 月退役后，历任宜宾县白花区革委会副主任，中共宜宾县永兴区委副书记、书记。1983 年 12 月，任中共宜宾县委常委、县纪委书记。1987 年 9 月，当选宜宾县第九届人大常委会副主任。1990 年 3 月、1993 年 2 月，分别在宜宾县政协四届一次、五届一次会议上当选宜宾县政协主席。

在任县政协主席期间，根据中央、省的有关文件精神，主持制定了《中国人民政治协商会议宜宾县委员会关于政治协商、民主监督暂行规定的实施细则》，推进了县政协工作的制度化；贯彻县委改革意见，对县政协机关实行了按联系乡镇和企业工作，引、领、帮办企业工作，政协日常工作三条线运行，建立全员风险保证金制度；领办了“成都客车厂宜宾装修厂”“宜宾县微量元素肥料厂”“富农饲料厂”；与县委宣传部合作创办了《宜宾县报》。

1997 年 1 月，何世春退休卸任县政协职务。

甘智年

甘智年，男，汉族，四川宜宾县白花人，1938 年 1 月出生。中师学历，中共党员。政协第四届、第五届宜宾县委员会副主席。

1960 年 12 月参加工作。1961 年 1 月至 1966 年 5 月，在宜宾县草堂信用社工作。1966 年 6 月至 1975 年 6 月，任宜宾县复兴公社副书记、书记。1975 年 7 月至 1983 年 12 月，任宜宾县贫协（后更名为宜宾县农协）副主席。1983 年 12 月至 1990 年 1 月，任中共白花区委书记。1990 年 3 月，在宜宾县政协四届一次会议上当选县政协副主席（兼任中共宜宾县委统战部部长）。之后，再任第五届宜宾县政协副主席。其间，1997 年 8 月至 1999 年 3 月，任中共宜宾县政协党组副书记。

在政协任职期间，重视贯彻执行党的统一战线方针政策，加强海外联谊工作，还兼任县政协统一祖国联谊委员会主任；1990 年 6 月，促成县政协，县委统战部、组织部、宣传部、党校共同举办了一期历时 6 天的“统一战线理论培训班”，57 人参训；分管政协宣传工作，曾任县政协通联组（报道组）组长。

刘桂生

刘桂生，女，汉族，四川宜宾人，1941 年 5 月出生。中专文化。政协第四届、第五届宜宾县委员会副主席。

1957 年 9 月至 1958 年 7 月，在内江糖厂化验室工作。1958 年 8 月至 1962 年 7 月，在内江市工业局工作。1962 年 7 月至 1978 年 1 月，在内江市茂市糖厂化验室任化验员（技术员）。1978 年 1 月至 1984 年 3 月，任宜宾 673 厂技检科科长、助理工程师。1984 年 3 月至 1988 年 5 月，任宜宾啤酒厂质检科科长、助理工程师。1988 年 5 月至退休，任宜宾啤酒厂副厂长、工程师。

1987 年 2 月，作为科技界别人员担任第三届宜宾县政协委员。1990 年 3 月，当选第四届宜宾县政协副主席。1993 年 2 月，再次当选第五届宜宾县政协副主席。

在政协任职期间，主要分管县政协经济科技委员会方面的工作，提出政府职能部门对企业进行各种检查应该严格依法进行，并要有明确、具体的方法和要求。

张乃富

张乃富，男，汉族，四川富顺县人，1954 年 7 月出生。大学文化程度。政协第四届、第五届宜宾县委员会副主席。

1971 年 9 月至 1978 年 8 月，在富顺县沱江小学教书。1978 年 8 月至 1982 年 7 月，在西南师范学院政治系哲学专业读书。1982 年 8 月至 1988 年 6 月，在泸州水电校任教师、学生科长、副校长、工会主席等。1988 年 7 月后，历任宜宾县二中政教处主任、副校长、校长。

1990 年 3 月，当选第四届宜宾县政协副主席。1993 年 2 月，再任第五届宜宾县政协副主席。

在政协任职期间，主要分管县政协文史、文教、卫生方面的工作，呼吁县财政对教育的投入只能增加不能减少，并应按时到位；提出宜宾县应把发展职业教育作为经济建设基础工作的重头戏来抓。

徐金友

徐金友，男，汉族，四川宜宾县横江人，1953 年 1 月出生。大学文化，中共党员。政协第五届、第六届、第七届、第八届宜宾县委员会副主席。

1975 年 1 月，四川师范学院中文系毕业。1975 年 2 月至 1979 年 10 月，先后在宜宾县教师进修校、宜宾县四初中（横江中学）任教，1976 年 7 月加入中国共产党。1979 年 11 月起，历任中共横江区委宣传委员，中共宜宾县委宣传部理论干事、副部长、部长。其间，1983 年于中共四川省委党校政治经济学专业毕业；1984 年于西南师范学院汉语言文学（函授）专业毕业；1990 年 6 月至 1992 年 9 月下派任中共观音区委书记。

1993 年 2 月，在宜宾县政协五届一次会议上当选县政协副主席（时任中共宜宾县委统战部部长）。之后，连续担任宜宾县政协第六届、第七届、第八届副主席。

在担任县政协副主席兼县委统战部部长的工作中，关心党外人士和非公有制经济代表人士，广交朋友，并认真负责地做好各界代表人士进人大、政府、政协的推荐工作；重视民族、宗教工作，大力协助凤仪民族村修建小学、公路、人畜饮水窖池，解决用电问题；长期分管县政协文史工作，先后组织编辑了石城山、教育、工业、下食堂村史、征粮剿匪等文史专辑；还多次主持了政协的视察、调研工作。

魏常坤

魏常坤，男，汉族，四川宜宾人，1947 年 7 月出生。政协第五届、第六届、第七届宜宾县委员会副主席。

1967 年在宜宾市南岸机器厂参加工作。以后在宜宾市拉丝厂、宜宾县农机修配厂、宜宾县农机修造厂、宜宾县机械厂工作，历任工人、技术员、工艺员、厂长等职。1993 年起，任宜宾天工机械有限公司第一届、第二届董事会董事长，兼任厂长、总经理；1998 年后，任宜宾天工机械股份有限公司董事长。

当选四川省第八届、第九届、第十届人大代表，第五届、第六届、第七届宜宾县政协副主席。1989 年，被四川省人民政府授予“四川省职工劳动模范”称号。还多次荣获省、市、县级“先进个人”“科技进步奖”“优秀企业家”等表彰奖励。

自 1984 年被宜宾县政府聘为宜宾县农机修造厂厂长起，就坚持带领企业走改革、转制之路，转换经营机制，建立股份制企业，公司注册资本从 1992 年的 300 万元增加至

2016 年的 5400 万元；在企业管理方面坚持以科技创新、产品升级作为企业之本，不断开发新产品、运用新技术。2003 年公司通过了德国莱茵公司 ISO/TS 16949：2002 国际质量体系认证，2006 年通过了四川方圆认证公司 ISO 14001—2004 及 GB/T 28001—2001 环境和职业健康安全体系的认证、审核。使企业从县级小农机生产企业，发展成为国内汽车发动机零部件市场具有良好品牌声誉的“国家高新技术企业”。

魏常坤在政协任职期间，积极参加履职活动，围绕经济建设和社会发展建言献策，关注改革开放和国家发展大业，表现出了较强的参政议政能力和水平。

游柱先

游柱先，男，汉族，四川威远县人，1946 年 11 月出生。大学文化，中共党员。政协第五届、第六届宜宾县委员会主席。

1968 年毕业于西南师范学院数学系。1970 年 6 月至 1987 年 3 月，历任珙县中学教师，珙县教师进修校教师、教导主任、副校长，珙县文教局副局长、局长。之后，任珙县人民政府副县长、宜宾县人民政府副县长。1995 年 7 月至 1999 年 5 月，任中共宜宾县委书记。

1997 年 1 月，在宜宾县政协五届五次全会上当选县政协主席。1998 年 1 月，在宜宾县政协六届一次全会上，再次当选县政协主席。

在县政协任职期间，要求政协把学习邓小平理论放在首位，用以指导政协工作实践；提出发挥政协人才荟萃的整体优势，围绕经济建设中心，选准课题，找准角度，积极献计出力，并为实现县委提出的奋斗目标做一些看得见、摸得着的实事；强调加强政协工作规范化、制度化建设，提高协商监督、参政议政的质量和实效；强调搞好政协机关建设，努力把政协机关建成各界人士和政协委员之家。

1999 年 5 月，游柱先因工作调动离任。

杨济凯

杨济凯，男，汉族，四川岳池县人，1943 年 9 月出生。大学文化，中共党员。政协第六届宜宾县委员会主席。

1967 年毕业于四川大学历史系。毕业后在宜宾县三初中（蕨溪中学）任教，之后，曾在宜宾县革委办事组任工作员，宜宾县安边果园劳动。1973 年起，先后在宜宾县知青办、中共宜宾县委调研室当工作员。1983 年后，历任宜宾县人民政府办公室副主任、主任，中共宜宾县委办公室主任等职。1993 年 3 月至 1997 年 10 月，任中共宜宾县委常委、宣传部部长。

1997 年 11 月，任中共宜宾县政协党组成员；1998 年 1 月，在县政协六届一次全会上当选县政协副主席；1999 年 3 月，任县政协党组副书记；5 月，任县政协党组书记。2000 年 3 月，在县政协六届三次全会上当选政协宜宾县委员会主席。

在县政协任职期间，主持制定了《宜宾县政协常委会议工作规则》等若干规范性文件，使政协履职工作更为制度化；在六届三次全会上，首次对政协委员的优秀提案实行表彰奖励；组织县政协委员对工商等 23 个职能部门贯彻执行非公有制经济政策情况进行调查评议，对国土系统和工商行政管理系统的行风建设进行民主评议，对政协履职形式作了有益的探索。2002 年 4 月，第六届宜宾县政协被政协第八届四川省委员会评为地方政协工作先进集体。

陶天华

陶天华，男，汉族，四川宜宾县双龙人，1956 年 2 月出生。大学文化，中共党员。政协第七届、第八届、第九届宜宾县委员会主席。

1976 年 6 月参加工作。1976 年 12 月至 1984 年 3 月，历任宜宾县双龙区双龙公社团委书记，双龙公社管委会副主任、主任等职。1984 年 3 月至 1991 年 10 月，先后任双龙区副区长、区长、区委书记，其间，于党政干部管理专业大专（自学考试）毕业。1991 年 11 月至 1999 年 4 月，历任宜宾县农委主任、扶贫办主任、林委主任、林业局局长，其间，于西南农业大学现代企业管理专业本科（函授）毕业。1999 年 5 月至 2002 年 11 月，任宜宾县人民政府副县长，其间，于四川大学法学院刑诉法专业研究生课程进修班函授学习结业。2002 年 11 月至 2016 年 9 月，任中共宜宾县政协党组书记。2003 年 1 月至 2016 年 5 月，任政协第七届、第八届、第九届宜宾县委员会主席。

在县政协任职期间，大力推进政协工作制度化、规范化、程序化建设，创新政协提案跟踪督办办法、全体会议民主测评和协商意见通报办法，促进制定政协参政议政成果转化和反馈制度；提出了“保持良好的精神状态、营造良好的外部环境、树立良好的社会形象、创造良好的工作业绩”政协工作“四好”要求，改善了政协工作的内外环境；始终把学习放在政协工作的重要位置，积极支持政协机关干部和政协委员参加各级政协组织的学习培训活动，定期开展委员培训；以县政协组织为依托，组织成立了“宜宾县政协诗书画院”“宜宾县历届政协委员代表联谊会”。

任职期间，宜宾县政协被四川省政协确定为“地方政协工作联系点”；第七届宜宾县政协被第九届四川省政协评为“先进政协组织”。

2016 年 5 月，县政协九届二十次常委会议同意陶天华辞去县政协主席职务。

周福全

周福全，男，汉族，四川宜宾县人，1953 年 3 月出生。大学学历，中共党员。政协第七届、第八届宜宾县委员会副主席。

1970 年 12 月至 1973 年 1 月，宜宾县观音区、双龙区下乡知识青年。1973 年 1 月至 1982 年 3 月，参加中国人民解放军，历任战士、文书、团政治处干事。1982 年 3 月至 1986 年 3 月，任宜宾县人民检察院经检科助理检察员、检察员。1986 年 3 月至 1989 年 3 月，历任宜宾县人民检察院经检科副科长、法纪科科长、经检科科长。1989 年 3 月至 2001 年 2 月，任宜宾县人民检察院副检察长，其间，参加中共四川省委党校法律专业本科函授学习毕业。2001 年 2 月至 2002 年 11 月，任中共宜宾县委政法委常务副书记、综治办主任。2002 年 11 月任中共宜宾县政协党组成员。2003 年 1 月至 2011 年 12 月，当选第七届、第八届宜宾县政协副主席，其间，于 2006 年 11 月至 2011 年 6 月兼任中共宜宾县委统战部部长。

在政协任职期间，分管经济委员会和法制群团委员会工作，牵头组织完成了“民间资金向民间资本转变”“关于农民工维权的调查”等专题调研任务。在兼任县委统战部部长期间，协助县委及时进行县政协委员、常务委员、界别的补充、调整工作。

曾云辉

曾云辉，男，汉族，四川宜宾县古柏人，1959 年 2 月出生。大专学历。政协第七届、第八届、第九届宜宾县委员会副主席。

1978 年 4 月至 1981 年 1 月，在四川省畜牧兽医学院读中专。1981 年 2 月至 1982 年 10 月，在宜宾县泥溪区畜牧兽医站工作。1982 年 10 月至 1989 年 2 月，在宜宾县畜牧局兽医防疫站工作员、副站长。1989 年 2 月至 1992 年 5 月，任宜宾县畜牧局办公室主任、业务股长。1992 年 5 月至 1998 年 3 月，先后任宜宾县畜牧局兽防站副站长、站长。1998 年 3 月至 1999 年 3 月，任宜宾县科学技术协会副主席。1999 年 3 月至 2000 年 3 月，任宜宾县畜牧局副局长。2000 年 3 月至 2002 年 11 月，先后任宜宾县科协副主席、主席，其间，于中共四川省委党校函授经管专科毕业。2002 年 11 月至 2003 年 1 月，任宜宾县畜牧局副局长。2003 年 1 月至 2011 年 6 月，任第七届、第八届宜宾县政协副主席（兼宜宾县畜牧局副局长）。2011 年 6 月后，任宜宾县政协副主席并连任第九届宜宾县政协副主席。

在政协任职期间，分管、协管科教文卫、提案工作；组织委员多次进行交通运输、农网改造、食品安全、环保、茶叶产业等调研、视察、协商、民主评议工作。

曹益平

曹益平，男，汉族，四川宜宾高店人，1964 年 12 月出生。大学学历。政协第七届、第八届、第九届、第十届宜宾县委员会副主席。

1982 年 9 月至 1987 年 7 月，四川农业大学兽医学专业毕业。1987 年 7 月至 1992 年 4 月，在宜宾县畜牧局饲草站、兽医站工作。1992 年 4 月至 1996 年 3 月，任宜宾县畜牧兽医卫生监督检验所工作员、副所长。1996 年 3 月至 2002 年 11 月，任宜宾县畜牧局副局长。2002 年 11 月调宜宾县政协工作。2003 年 1 月，当选第七届宜宾县政协副主席。之后，连任宜宾县政协第八届、第九届、第十届副主席。

在政协任职期间，曾分管办公室、调研室、提案、经济等工作；牵头制定了《提案跟踪督办实施办法（试行）》，创新了提案督办形式；组织政协委员完成“关于加强我县城镇化进程的调查与建议”“关于农资市场管理的调查与建议”“关于工业发展软环境的调查报告”等多项专题调研，以及进行重点工程建设、移民工作、安全工作、城镇管理等多项视察、协商、民主评议活动。

2018 年 9 月宜宾县撤县设区后，转任政协宜宾市叙州区委员会副主席。

邓　良

邓良，男，汉族，四川宜宾县沙沟人，1964 年 10 月出生。研究生学历，中共党员。政协第九届、第十届宜宾县委员会副主席。

1987 年参加工作，任宜宾县沙沟乡、征远乡计生办工作员、主任。1992 年 8 月至 1995 年 2 月，先后任宜宾县合什乡乡长助理，宜宾县合什镇行政办主任、人事干事。1995 年 2 月至 1998 年 11 月，历任合什镇副镇长、党委副书记。1998 年 11 月至 2001 年 6 月，历任宜宾县复龙乡党委副书记、乡长，党委书记。其间，于中共四川省委党校经济管理专科函授毕业。2001年6月至2004年2月，任宜宾县复龙镇党委书记。其间，于中共四川省委党校法律本科函授毕业；西南师范大学区域经济研究生（函授）毕业。2004年2月至2006年11月，任中共宜宾县委党史研究室主任。2006年11月，任中共宜宾县政协党组成员。2007年1月至2011年12月，当选第八届宜宾县政协秘书长。2011年12月至2018年9月，连任第九届、第十届宜宾县政协副主席，其间，于2015年4月，任中共宜宾县政协党组副书记。

在政协任职期间，曾分管办公室、调研室、文卫科教、法制群团、文史等项工作；主持编辑《历程——宜宾县政协建言献策三十年》《协力同心——政协第七、八、九届宜宾县委员会文集》《宜宾县文史资料汇编》（第一至第五卷）等政协文集，负责宜宾县政协诗书画院工作；组织委员进行卫生、教育、文化、农村农业工作等多项调研、视察、民主评议活动。

2018年9月宜宾县撤县设区后，转任政协宜宾市叙州区委员会党组副书记、副主席。

钟建华

钟建华，男，汉族，四川宜宾县白花人，1965年7月出生。研究生学历，中共党员。政协第十届宜宾县委员会主席。

1981年8月参加工作。1986年3月至1990年3月，为中共宜宾县委组织部科员。1993年3月至1998年2月，任宜宾县团县委书记。1998年2月至2000年2月，任宜宾县计生局党组书记、副局长。2000年2月至2008年12月，历任中共宜宾县委组织部副部长、县委党建办主任、县委老干局局长。2008年12月至2011年11月，任宜宾县人民政府副县长。2011年11月至2016年9月，任中共宜宾县委常委、政法委书记。2016年9月，任中共宜宾县政协党组书记。2016年12月至2018年9月，任政协第十届宜宾县委员会主席。

在政协任职期间，主持修订了宜宾县政协委员、常委履职规范和界别活动规范，加强了县政协对委员、界别的服务管理工作；提出政协委员要始终不忘人民政协的性质和地位，始终不忘政协委员的身份和地位，始终坚持和维护党的领导，切实发挥好主体作用、代表作用和带头作用；探索酝酿将政协工作向基层拓展、延伸的新形式，在全县乡镇设立政协工作平台——政协工作委员会。

2018年9月宜宾县撤县设区后，转任政协宜宾市叙州区委员会党组书记、主席。

第二节 知名人士

邹谷君

邹谷君(1907—1970年),又名邹元香,男,汉族,四川宜宾县永安(今属云南省水富市)人。宜宾县第三届各界人士学习委员会副主任。

1926年春考入宜宾县立初级中学,初中毕业后在云南新安、宜宾县横江等地教书。1932年春入读云南昆明陆军讲武堂,后考入黄埔军校(中央军校)第十期,毕业后加入国民党军云南卢汉部队,历任排长、连长、营长、团长、师参谋长和副师长等职。

1945年抗日战争胜利后,随卢汉将军入越南河内接受日军投降,时任中校副团长,承担受降仪式的警戒任务。此间,其所见所闻写有“受降日记”留世。

1949年12月9日,率部随卢汉将军在云南昆明起义,随即参加“昆明保卫战”,保卫了云南和平解放的成果。之后,其部队编入中国人民解放军第13军39师,邹谷君任副师长。1950年1月,邹谷君所在部队平定了滇中土匪李润之的“反共自卫义勇军”暴乱,后又参加了在滇西歼灭国民党军教导师残部的战斗。

1951年7月,邹谷君复员后回到宜宾县家乡务农。1957年被安排当了小学教员。1956年12月被选为宜宾县第二届人民代表大会代表,后又连选为宜宾县第三届、第四届、第五届、第六届人大代表。

邹谷君是宜宾县重点统战工作对象,被推荐为宜宾县第一届各界人士学习委员会委员,1959年又安排进四川省政治学校学习一年,并在1961年12月被选为宜宾县第三届各界人士学习委员会副主任。他在学委会活动中积极参加政治学习,真心实意地向党和政府建言献策,提出自己的见解,支持社会主义建设和国家的发展。1956年3月,他在座谈会上向党建议,希望在当时的《全国农业发展纲要》对农业合作社中的鳏寡孤独社员实行“五保”——保吃、保穿、保烧(燃料)、保教(儿童和少年)、保葬上面再加上“保医”一款,提出生病是鳏寡孤独者的最大困难。

在“文化大革命”中,邹谷君被错误处理,于1966年从教师岗位上被清退回乡,生活陷入困境,于1970年病逝。

1979年12月,宜宾县革命委员会发出《关于撤销邹谷君所受处分的通知》,恢复邹谷君的政治名誉和身份。

罗昌秀

罗昌秀（1919—2002年），女，汉族，四川宜宾县凤仪乡人。宜宾县政协第二届、第三届、第四届、第五届委员。人称“宜宾白毛女”或“真实的白毛女”。

罗昌秀出生在宜宾县凤仪乡一个贫苦农民家庭，少时在地主家当丫头。因不堪地主的剥削和欺侮，于1938年的一天逃进深山（当地称作“断头山”）密林之中，住岩洞，食野果，衣不蔽体，与世隔绝，过了17年野人般的生活。人民政府1956年得知情况将其解救出山，回归社会。这时的罗昌秀身患多种疾病，满头白发，浑身是长长的褐色汗毛，不懂人情世故，难以与人沟通。人民政府将罗昌秀送到宜宾专区医院进行了全面检查、治疗，使其得以康复。县妇联专程派妇女干部到她家与她同吃同住同劳动，手把手地教她生活、劳动的技能和常识，帮助她正常融入社会。1957年，罗昌秀与本乡青年结婚，后育有一子一女。

经历过新旧社会两重天的罗昌秀热爱党和政府，积极参加农业生产劳动，多次被评为先进。她是宜宾县第五届、第六届、第七届、第八届人民代表大会代表，四川省第五届人民代表大会代表。

1984年8月，中共宜宾县委、县人民政府将罗昌秀作为特殊代表人物进行照顾，安排为宜宾县政协专职委员，按行政23级定了薪资，并将其从农村户口转为城镇户口。之后，罗昌秀连续担任了第二届、第三届、第四届、第五届宜宾县政协委员。从1994年7月起，县里对罗昌秀按月拨发定额生活补助，重大疾病的医疗费用则以专项资金解决，由县政协代管。

2002年，罗昌秀因病逝世，享年83岁。

刘佐高

刘佐高，男，汉族，四川宜宾县凤仪乡人，1944年11月出生。高中文化。宜宾县政协第三至第六届委员，第四至第六届常委。全国劳动模范。

1984年起，他响应党的号召，承包荒山，开山造林，退耕还林，当年便植树造林1400多亩。经过20年的不懈努力，植树造林达2600多亩，成为宜宾县造林专业大户。通过植树造林，他不仅富了自己，而且带动了附近村、社的乡亲致富，获得了不小的经济效益和社会效益。

1984年被推荐为政协第三届宜宾县委员会委员，之后，又连续为第四、第五、第六届县政协委员，还当选宜宾县政协第四、第五、第六届常务委员。

其间，刘佐高被评为省、市科技致富能手，1988 年被推选为四川省第七届人大代表，1989 年荣获“全国劳动模范”光荣称号，1993 年任政协第七届四川省委员会委员。

刘佐高在任政协委员和人大代表期间，不辱使命，经常了解和反映基层困难，积极提出意见和建议，具有较强的参政议政能力。1987 年他在县政协会议上提出了“解决凤仪乡中心校师生饮水问题”的提案，真实地反映了偏远山区学校师生的疾苦，在有关部门的支持下，很快就使学校师生饮水问题得到解决。1988 年他在省人大会议上提出了“退耕还林减免农税”的议案和“综合治理凤仪乡的专题报告”，前者得到了省财政厅的答复，对退耕还林地减免了农税；后者经省转宜宾地区办理，肯定了其报告的必要性和可行性。他还在县政协提出或附议提出了“开发和利用关河水资源”和改造凤仪荒山秃岭、开发大林业等多项提案，并收到了实效。

李兴海

李兴海，男，汉族，四川宜宾县喜捷人，1969 年 3 月出生。政协第六届宜宾县委员会委员，第七届、第八届宜宾县政协常务委员会委员。全国劳动模范。

1988 年组建宜宾县玉龙建筑队。1999 年创建宜宾县九彩虹生态农业科技园。后任四川宜宾九彩虹生态农业科技有限公司董事长。

在创业过程中，始终坚持带领乡亲共同致富，坚持捐资助学、支助贫困学生，坚持孝亲敬老，先后被评为“四川省百佳经纪人”“四川省农村优秀人才”“四川省劳动模范”“四川省优秀民营企业家”“四川省十大杰出青年农民”“全国孝亲敬老之星”“CCTV2010 年三农领域年度贡献人物”等。2005 年获“全国劳动模范”称号。

在担任宜宾县政协委员、常委的 12 年间，积极履职，为农村经济发展和乡村建设建言献策。

第二章　履职荣誉

第一节　优秀委员

2004年5月，县政协七届六次常委会议通过的《宜宾县政协委员、常委履职规范》提出："对积极参加履职活动并作出突出成绩的委员，由县政协常委会确认，每年在全委会上予以表彰奖励。"2007年8月县政协八届三次常委会议和2018年4月县政协十届九次常委会议都分别修订并坚持了对县政协委员的表彰制度。

一、第七届优秀委员

经2006年1月20日县政协七届十二次常委会议通过，县政协七届四次会议对自七届一次会议以来的24名优秀县政协委员进行了表彰：

邓　沛	尤德孚	卢永江	田兴友	冉寅吾
刘光容（女）	刘德明	伍家明	吴水清	张吉镜
杨泽彬	杨晓东	杨鹏飞	陈益根	郑春霞（女）
胡为民	钟朝红（女）	徐仕跃	倪良乾	郭艳妮（女）
钱　敏（女）	韩礼兰（女）	雷锡元	廖　勇	

二、第八届优秀委员

经2008年12月12日县政协八届七次常委会议通过，县政协八届三次会议对2008年度15名优秀县政协委员进行了表彰：

李代煊	郑春霞（女）	肖云岩	陈　严	尤德孚
冉三川	刘文胜	周玉平	罗常华	胡为民
段运平（女）	侯建国	陶开伟	康　麟	董树芬（女）

经2009年12月15日县政协八届十二次常委会议通过，县政协八届四次会议对2009

年度 15 名优秀县政协委员进行了表彰：

魏　菁（女）	廖景光	尤德孚	李学哲	罗　毅（女）
胡为民	郑春霞（女）	胡红英（女）	钟朝红（女）	郑宽学
李树军	康　麟	胡昌明	杨　溢	蒋勤久

经 2010 年 12 月 24 日县政协八届十六次常委会议通过，县政协八届五次会议对 2010 年度 15 名优秀县政协委员进行了表彰：

高　鹏	屠　华	李学哲	曾　易	余　述
周玉平	唐　瑶（女）	刘学文（女）	郑宽学	邵光滏
李代煊	邓勋礼	张茂君（女）	邓　江	吴文俊

经 2011 年 12 月 8 日县政协八届十九次常委会议通过，县政协九届一次会议对 2011 年度 17 名优秀县政协委员进行了表彰：

邓　锐	郑春霞（女）	冉三川	钟朝红（女）	陈益根
余　述	饶宜萍（女）	蒋勤久	吴文俊	肖友才
刘仁秀（女）	杨鹏飞	杨大富	周玉平	刘文胜
尤德孚	王　翔			

三、第九届优秀委员

经 2012 年 12 月 6 日县政协九届六次常委会议通过，县政协九届二次会议对 2012 年度 19 名优秀县政协委员进行了表彰：

杨　伟	周　丹	龙兴田（女）	刘莉莉（女）	黄亚萍（女）
谢　敏（女）	肖卫华	陈希淼	杨筱虹（女）	曾　易
李学哲	李继军	官秀平（女）	周小川	姚世松
邵光滏	谷名宏	屠　华	王　翔	

经 2013 年 12 月 10 日县政协九届十次常委会议通过，县政协九届三次会议对 2013 年度 18 名优秀县政协委员进行了表彰：

刘光容（女）	曹　斌	祝万平	蒋利萍（女）	吴代秀（女）
饶宜萍（女）	刘世萍（女）	牟　容（女）	肖佑兵	王　洪
周玉平	钟朝红（女）	熊金华	周春燕（女）	梁云华
罗厚玲（女）	陈　浩	康　麟		

经 2014 年 12 月 5 日县政协九届十六次常委会议通过，县政协九届四次会议对 2014 年度 21 名优秀县政协委员进行了表彰：

肖祥惠（女）	何承军	李永红	伍永彬	邓　江
邓代荣	唐益礼	吴净陈（女）	曾　易	刘顺清
曹明均	李泽田	李　雷	孙　冰（女）	胡明贵
刘仁秀（女）	彭志名（女）	陈静川（女）	肖佑兵	陈志源
黄远芳（女）				

经 2015 年 12 月 3 日县政协九届十九次常委会议通过，县政协九届五次会议对 2015 年度 25 名优秀县政协委员进行了表彰：

周伟峰	王　翔	屠　华	李汉秋	吕　宾
冯春丰	杨筱虹（女）	王天华	魏　联	郑光华
唐　山（女）	肖卫华	钟林昌	刘世萍（女）	周小川
陈静川（女）	彭泳杰	肖佑兵	陈志源	张义蓉（女）
张晓玲（女）	罗　银	黄亚萍（女）	涂廷友	李　琪

经 2016 年 11 月 25 日县政协九届二十三次常委会议通过，县政协十届一次会议对 2016 年度 22 名优秀县政协委员进行了表彰：

周玉平	李红艳（女）	陈　琰	黄亚萍（女）	孙　冰（女）
蒋宗元	刘世萍（女）	王　洪	张仕贵	樊尚富
李汉秋	吴代秀（女）	张　兴	兰　辉	邓　君
陈俊锋	谢　敏（女）	廖德金	陈希淼	康　麟
杨大富	王李梅（女）			

四、第十届优秀委员

经 2017 年 11 月 24 日县政协十届六次常委会议通过，县政协十届二次会议对 2017 年度 26 名优秀县政协委员进行了表彰：

冯德桂	田　力	朱霞林（女）	任　琼（女）	刘　虹（女）
刘　益（女）	刘学文（女）	江　平	李　洪	杨咏梅（女）
陈洪英（女）	陈善明	陈静川（女）	幸享华	赵　旭（女）
赵　晴（女）	钟林昌	侯晓红	贺　秋（女）	唐佐琼（女）
唐益礼	唐章彪	袁腾杨	曹　宇	蒋龙声
廖德金				

经 2018 年 12 月 6 日宜宾市叙州区政协一届一次常委会议通过，宜宾市叙州区政协一届一次会议对 2018 年度 24 名优秀区（县）政协委员进行了表彰：

王　洪	王莉萍（女）	王恩平	邓　江	平　静（女）
叶　翠（女）	刘世萍（女）	牟仕玲（女）	李　俊	李德容（女）
肖佑兵	吴代秀（女）	吴净陈（女）	何永胜	汪文华（女）
张　旭	张　燕（女）	陆　敏（女）	幸享华	周玉平
官秀平（女）	莫兴华	舒　强	樊尚富	

第二节　优秀提案

2000年1月，宜宾县政协六届九次常委会议制定了《关于表彰优秀提案的暂行办法》之后，首次在宜宾县政协六届三次全会上对优秀提案进行了表彰。2009年12月，宜宾县政协八届十二次常委会议通过了《关于完善服务管理充分发挥委员主体作用的试行办法》，对优秀提案表彰办法作了进一步的完善。

一、第六届优秀提案

2000年1月6日，县政协六届九次常委会议通过宜宾县政协六届二次会议以来优秀提案表彰决定（5件）：

1. 杨济凯、骆为荣、甘自强等委员提出的第二号提案——《增加防火设施，在县城主要街道设置消防栓》；

2. 彭奇文、李云龙、蔡邦宁等委员提出的第五号提案——《将育才职中改为柏溪初中，以适应新的形势，节约教育资源》；

3. 徐金友等委员提出的第二十六号提案——《将文化卫生事业单位进行产权出售改革试点》；

4. 唐顺祥、马兴明等委员提出的第三十九号意见——《利用扶贫贷款，发展南江黄羊》；

5. 甘自强、骆为荣、杨济凯等委员提出的第四十号意见——《继续抓好扶贫工作，巩固全县越温脱贫成果》。

2001年1月5日，县政协六届十三次常委会议通过宜宾县政协六届三次会议以来优秀提案表彰决定（10件）：

1. 黄松洋委员提出的第二十号提案——《切实减轻农民负担应从清退乡镇临时工作

人员做起》（一等奖）；

2. 彭奇文、朱永红、陈刚、丁良岑、蒲贵彬、陈明体、陈明本、蔡邦宁、凌之熙委员提出的第六号提案——《建议对县办中学的管理体制和布局进行再调整》（一等奖）；

3. 县政协提案委员会提出的第十四号提案——《建议彻底整治县城英烈巷脏、乱、差现象》（二等奖）；

4. 蔡邦宁、陈刚、朱永红、丁良岑、蒲贵彬、彭奇文、凌之熙、张德虎、陈明体、陈明本委员提出的第二十三号提案——《全社会行动起来预防青少年犯罪》（二等奖）；

5. 民盟支部提出的第十二号提案——《制止砍树挖根，加强油樟资源保护》（二等奖）；

6. 陈明本委员提出的第七号提案——《建议减轻中小学生负担》（三等奖）；

7. 县政协文史委员会提出的第十三号意见——《建议在城镇郊区建设大棚蔬菜基地》（三等奖）；

8. 县政协经济委员会提出的第二十号意见——《限制向水电气部门安置和调入人员，控制水电气价格上涨》（三等奖）；

9. 李家德委员提出的第二十二号提案——《打击社会流氓、敲诈团伙》（三等奖）；

10. 姚荣洪委员提出的第二十四号提案——《关于加强政协委员管理，提高参政议政能力和质量的建议》（三等奖）。

2002年3月3日，县政协六届十八次常委会议通过宜宾县政协六届四次会议以来优秀提案表彰决定（5件）：

1. 县政协文卫科教委员会提出的第五号提案——《建议将“青少年宫文化中心”划归文体局，作为青少年活动中心》（一等奖）；

2. 王学成、邓锐委员提出的第七号提案——《建议加强网吧管理，保证中小学生身心健康和正常学习》（二等奖）；

3. 张晓虎委员提出的第十六号提案——《建议加强育才职中周围治安整治，以保证学生安全》（二等奖）；

4. 李燕培委员提出的第二十一号提案——《建议改造斗白公路》（三等奖）；

5. 张玲芳委员提出的第二十三号意见——《要求尽快落实白马中学建校经费》（三等奖）。

2002年12月26日，县政协六届二十一次常委会议通过宜宾县政协六届五次会议以来优秀提案表彰决定（7件）：

1. 县民盟支部提出的第一号提案——《关于进一步重视我县中、小学生安全工作的建议》（一等奖）；

2. 杨济凯、伍家明、曹平、戴述成、刘启华委员提出的第十三号提案——《关于切实把好引进项目“环保关”的建议》（一等奖）；

3. 张克生、刘帝坤委员提出的第二十二号提案——《对破产、解体前的国有企业正式职工养老保险进行全面的清理，接上已中断的保险》（一等奖）；

4. 骆为荣、李世才、徐仲明委员提出的第七号意见——《加大力度，尽快搞好旧城改造》（二等奖）；

5. 徐光新委员提出的第二十四号意见——《要求宜宾县政府尽快完善全县计划生育服务站建设，切实维护育龄夫妻接受避孕、节育手术的权益》（二等奖）；

6. 周树华、汤一力委员提出的第二十八号意见——《落实个协、私协管理，促进民营经济健康发展》（二等奖）；

7. 肖乾华委员提出的第四十九号意见——《认真落实政策，尽快解决好孔滩镇羊石村、王场乡相尧村及花阳村沟头组群众生产生活问题》（二等奖）。

二、第七届优秀提案

2004 年 2 月 18 日，县政协七届五次常委会议通过宜宾县政协七届一次会议以来优秀提案表彰决定（7 件）：

1. 夏晓玲委员提出的第一号提案——《抓天柏组团机遇，建独具特色的文化园区》；

2. 骆为荣、李代煊委员提出的第二十九号提案——《关于建立社科联，大力促进社科研究与普及工作的建议》；

3. 王国银、雷云萍、吴慕铎委员提出的第三十六号提案——《关于开展科技下乡服务活动的建议》；

4. 黄定培、吴文俊、陈静委员提出的第十号提案——《尽快整治柏溪火车站进站公路》；

5. 陈雪山委员提出的第十三号提案——《彻底整治鱼王街路面》；

6. 邱忠高委员提出的第三十二号提案——《观音镇中心校、镇小学、镇幼儿园在一起，严重制约观音教育发展》；

7. 雷锡元委员提出的第三十三号提案——《敦促横江中心小学迁址，将横江中心小学划归横江中学，减少资源浪费》。

2005 年 2 月 22 日，县政协七届九次常委会议通过宜宾县政协七届二次会议以来优秀提案表彰决定（7 件）：

1. 廖时权委员提出的第二号提案——《抓住金沙江水电开发历史机遇，找准宜宾县经济发展的战略定位》；

2. 徐金友委员提出的第四号提案——《建议县委、县政府按照中央国务院 1 号文件尽快制定我县可行的实施细则政策》；

3. 黄定培委员提出的第一号提案——《切实加强对农民的技能培训，努力促进农民向非农业和城镇转移》；

4. 县政协提案联谊委员会提出的第七十七号提案——《加快柏溪地区治安防范建设，着力打造“平安柏溪”》；

5. 团县委提出的第四十号提案——《金沙江广场被茶座挤占，青少年缺少健康活动场所》；

6. 民盟宜宾县支部提出的第二十三号提案——《关于对我县农村独生子女升学给予适当照顾的建议》；

7. 钟朝红委员提出的第二十八号提案——《采取措施留住优秀教育人才发展教育事业》。

2006 年 1 月 20 日，县政协七届十二次常委会议通过宜宾县政协七届三次会议以来优秀提案表彰决定（9 件）：

1. 县政协经济委、县工商联提出的提案——《推进县城改造，提升城市形象的建议》；

2. 县总工会提出的提案——《贯彻劳动法，督促用人单位签订劳动合同的建议》；

3. 县政协文卫科教委提出的提案——《从建设村级卫生站入手，构建我县卫生防控体系的建议》；

4. 陈仁兴委员提出的提案——《对全县中小学费用收支进行专项审计的建议》；

5. 尤德孚委员提出的提案——《减免残疾人学生学费、书本费的建议》；

6. 张天成委员提出的提案——《取缔非法市场，禁止以街为市占道经营的建议》；

7. 胡克文委员提出的提案——《调整林业政策，维护林农利益的建议》；

8. 倪良乾委员提出的提案——《拨款修建凤仪民族社道路的建议》；

9. 黄定培委员提出的提案——《尽快下决心治理黑河污染问题的建议》。

2006 年 12 月 8 日，县政协七届十五次常委会议通过宜宾县政协七届四次会议以来优秀提案表彰决定（10 件）：

1. 文卫科教委提出的第二号提案——《必须尽快消除县城学生交通隐患》；

2. 县工商联提出的第四号提案——《建议制定好社会主义新农村建设规划》；

3. 陈德辉委员提出的第五号提案——《加快向家坝水电站服务项目建设进程》；

4. 萧耀康委员提出的第七号提案——《尽快解决因高速路大桥修建导致县城自来水

源污染的问题》；

5. 田兴友委员提出的第十三号提案——《解决民师待遇，促进教师队伍和谐》；

6. 陈仁兴委员提出的第三十一号提案——《抓好经济适用房和廉租房建设》；

7. 张应洪委员提出的第三十九号提案——《关于农村公路建设和养护的建议》；

8. 李清际委员提出的第四十二号提案——《关于尽快解决村级不良债务的建议》；

9. 县总工会提出的第四十七号提案——《加强非公有制企业劳动安全卫生监督的建议》；

10. 尤德孚委员提出的第四十八号提案——《建议民政部门严格审查低保对象的建议》。

三、第八届优秀提案

2007 年 12 月 18 日，县政协八届四次常委会议通过宜宾县政协八届一次会议以来优秀提案表彰决定（10 件）：

1. 经济界别提出的第一号提案——《落实人员确保资金，加速工业集中区选址规划，促进工业经济快速发展》；

2. 李学哲委员提出的第二号提案——《关于扶持我县中小企业发展的建议》；

3. 王正武委员提出的第十二号提案——《调整农业产业结构，发挥“龙头企业”的作用》；

4. 周玉平委员提出的第二十六号提案——《关于消除柏溪镇中小学生早晨上学安全隐患》；

5. 侯淑容委员提出的第四十二号提案——《农民参加新型农村合作医疗积极性受影响》；

6. 程孝义委员提出的第六十二号提案——《城北新区 50 米大道建设及排雨污管道施工的建议》；

7. 何昌银委员提出的第七十九号提案——《关于认真解决县城供水问题的建议》；

8. 萧耀康委员提出的第九十四号提案——《禁止在城区乱停、乱放车辆的建议》；

9. 徐仕跃委员提出的第一百号提案——《解决县供销社系统 800 名退休职工大病统筹》；

10. 周立群委员提出的第一百零八号提案——《实施以人为本提高社保服务工作质量》。

2008 年 12 月 12 日，县政协八届七次常委会议通过宜宾县政协八届二次会议以来优秀提案表彰决定（11 件）：

1. 章英启委员提出的提案——《整合资源培育优势产业》；

2. 张克生等委员提出的提案——《关于建立民营中小企业信息网络平台的建议》；

3. 农业、科技科协界别提出的提案——《建议政府将蔬菜产业列为重点产业扶持做大做强》；

4. 邱顺平委员提出的提案——《高度重视通乡通村公路的质量监管》；

5. 陈希森等委员提出的提案——《切实关注民生，加快贫困城区改造》；

6. 妇联界别提出的提案——《强化城市规划执行力，惩防并举，防患于未然》；

7. 肖天才等委员提出的提案——《完善县城公交车停车站点硬件设施的建议》；

8. 曾康军等委员提出的提案——《加强食品质量安全监督检查，严防食品安全事故发生的建议》；

9. 蒋宗元委员提出的提案——《加大职教投入，大力发展我县职业教育》；

10. 蒋甫良委员提出的提案——《关于增加门诊统筹病种，扩大参合群众受益面的建议》；

11. 王国银等委员提出的提案——《关于我县常旱片区开展农田水利规划设施的建议》。

2009 年 12 月 15 日，县政协八届十二次常委会议通过宜宾县政协八届三次会议以来优秀提案表彰决定（10 件）：

1. 陈云丽等委员提出的第一号提案——《加强对我县重点工程建设遗留问题的善后处理》；

2. 教育、文体界别提出第二号提案——《大力发展职业教育，促进我县职教迅速发展》；

3. 张克生等委员提出的第十四号提案——《培育宜宾县高新技术品牌的建议》；

4. 周玉平委员提出的第二十五号提案——《沉着应对农民工返乡潮》；

5. 樊尚富等委员提出的第三十二号提案——《建议将油樟树作为县城区绿化的主栽乔木品种》；

6. 余述委员提出的第三十六号提案——《加强县城环境综合治理的建议》；

7. 屠华等委员提出的第三十七号提案——《关于金沙江防洪护岸及滨江路开发建设的几点建议》；

8. 王正武委员提出的第七十八号提案——《加强师德建设的思考与建议》；

9. 涂廷友等委员提出的第一百零八号提案——《加强对县城及周边治安管理，增强市民安全感》；

10. 邓锐委员提出的第一百一十二号提案——《在二二四十字路口设置红绿灯的建议》。

2010 年 12 月 24 日，县政协八届十六次常委会议通过宜宾县政协八届四次会议以来优秀提案表彰决定（14 件）：

1. 妇联界别提出的第一号提案——《关于形成长效机制，关爱留守儿童的建议》；

2. 县工商联界别提出的第三号提案——《建议政府多途径破解企业融资难题》；

3. 蒋勤久委员提出的第五号提案——《着力发展高新技术产业，加速宜宾县新型工业化进程》；

4. 吴慕铎委员提出的第八号提案——《加强农经管理工作，促进农村经济发展》；

5. 杨元超委员提出的第二十三号提案——《妥善处理历年公益事业占地问题，切实维护公益设施安全和农村社会稳定》；

6. 县政协提案委员会提出的第二十八号提案——《加强推进城北新区基础设施建设的建议》；

7. 王洪委员提出的第四十九号提案——《打造宜宾黄山自然生态人文旅游景区》；

8. 向友成委员提出的第五十八号提案——《加快豆坝片区供电供水改造的建议》；

9. 何昌银委员提出的第六十三号提案——《认真治理黑河流域的建议》；

10. 涂廷友委员提出的第七十四号提案——《加强育才路交通管理保障小学生安全出入》；

11. 李清际委员提出的第九十五号提案——《怎样筹措资金硬化村道公路的建议》；

12. 何德斌委员提出的第一百一十八号提案——《改进新农合住院费报销比例的建议》；

13. 社会福利界别提出的第一百二十三号提案——《进一步加强城镇职工（居民）基本医保基金监管的建议》；

14. 王翔委员提出的第一百三十号提案——《环卫工人和城监队员均属临聘人员，要求按〈劳动合同法〉落实其相关待遇》。

2011 年 12 月 8 日，县政协八届十九次常委会议通过宜宾县政协八届五次会议以来优秀提案表彰决定（16 件）：

1. 中共界别提出的第一号提案——《解决县城柏溪城区交通拥堵问题的建议》；

2. 县政协提案委员会提出的第二号提案——《建立县乡医院执行国家规定的“住院病人日消费清单制”的建议》；

3. 县政协经济委员会提出的第五号提案——《进一步选好入园企业，提高工业集中区发展质量》；

4. 康麟委员提出的第九号提案——《切实重视中小企业发展，支持中小企业做强做大的建议》；

5. 罗常华委员提出的第十九号提案——《建设宜宾县岷江以东优势特色早茶产业带的建议》；

6. 谭光琼委员提出的第三十一号提案——《加大农村电网改造力度，改善农村生产生活条件》；

7. 杨溢委员提出的第六十三号提案——《建公共停车设施，缓解市民停车难》；

8. 陈春华委员提出的第六十七号提案——《加大对农村自建房安全及质量的监管力度》；

9. 共青团界别提出的第七十四号提案——《加快我县防灾应急避难场所体系规划建设的几点建议》；

10. 王洪委员提出的第八十六号提案——《关于打造横江古镇的建议》；

11. 程孝义委员提出的第九十六号提案——《关于金沙江普和大桥建设的建议》；

12. 郑宽俭委员提出的第一百零三号提案——《让宜宾县二中从沉重的债务中解脱出来，狠抓质量再提高》；

13. 县政协法制群团委员会提出的第一百一十三号提案——《从预防医疗差错事故入手，减少医疗纠纷的建议》；

14. 黄维秀委员提出的第一百二十号提案——《清除乡镇“黑网吧”，还孩子一片静土》；

15. 郑忠华委员提出的第一百四十九号提案——《建筑材料（砖）垄断造成的社会危害》；

16. 戴天水委员提出的第一百五十号提案——《加大张窝常旱片区水利工程建设力度，确保粮食增产农民增收》。

四、第九届优秀提案

2012 年 12 月 6 日，县政协九届六次常委会议通过宜宾县政协九届一次会议以来优秀提案表彰决定（19 件）：

1. 县政协提案委员会提出的第一号提案——《加大水利建设的建议》；

2. 中共界别提出的第三号提案——《关于文化强县的建议》；

3. 郑忠华委员提出的第五号提案——《加强软环境建设的建议》；

4. 县工商联提出的第九号提案——《关于解决中小企业融资困难的建议》；

5. 胡德元、张义蓉委员提出的第十九号提案——《加快宜宾威力整体搬迁进程，强推宜宾民爆产业做强做大》；

6. 梁云华委员提出的第二十四号提案——《关于将蟠龙湖水库灌区渠系配套与节水改造工程纳入宜宾县“十二五”农业综合开发项目的建议》；

7. 杨溢委员提出的第二十九号提案——《加强对财政资金的引导，加快农业机械发展》；

8. 何伟委员提出的第三十二号提案——《在少峨山种植特色植物的建议》；

9. 钟维均委员提出的第四十号提案——《加大专合组织的扶持力度，促进农业增效、农民增收》；

10. 彭光田委员提出的第四十二号提案——《加大对接收安置移民乡镇的基础设施建设的投入》；

11. 何承军委员提出的第五十一号提案——《落实环城公路建设，改善县城交通和卫生环境的建议》；

12. 杨叶权委员提出的第六十五号提案——《加快推进横江防洪堤建设的建议》；

13. 黄定海委员提出的第八十号提案——《加快乡镇政府驻地与原“办事处”支干道规划建设》；

14. 黄维秀委员提出的第一百一十二号提案——《建设教师周转房，稳定农村教师队伍》；

15. 康良、林成阳委员提出的第一百一十三号提案——《进一步加强中小学生法制教育的建议》；

16. 陈静川委员提出的第一百二十五号提案——《增加县财政投入，保障宜宾县文化艺术团正常运转》；

17. 钟朝红委员提出的第一百三十六号提案——《关于县级医院住房病房完善配套设施的建议》；

18. 魏萍委员提出的第一百五十号提案——《建设一所县级老年活动中心的建议》；

19. 肖吉英、梁宗洪委员提出的第一百七十一号提案——《加强城镇社区基础设施建设，提高社区服务功能》。

2013 年 12 月 10 日，县政协九届十次常委会议通过宜宾县政协九届二次会议以来优秀提案表彰决定（20 件）：

1. 县残联提出的第一号提案——《加快推进宜宾县新型工业化的建议》；

2. 中共界别提出的第二号提案——《加快旧城改造步伐，建设清新靓丽、富有文化底蕴的滨江生态园林县城的建议》；

3. 县政协教科文卫委提出的第三号提案——《加快宜宾油樟开发利用力度的建议》；

4. 县工商联提出的第五号提案——《做好以本地企业资源招商引资的建议》；

5. 经济界别提出的第六号提案——《多措并举缓解“两化”用地矛盾的建议》；

6. 农业界别提出的第七号提案——《大力推进农业产业化发展的建议》；

7. 县政协提案委提出的第十号提案——《加快推进农业机械化进程的建议》；

8. 教育、文体界别提出的第十三号提案——《加快推进学前教育的建议》；

9. 无党派界别提出的第二十号提案——《加强小作坊、小摊点食品安全监管的建议》；

10. 妇联界别提出的第二十五号提案——《提高见警率，减少偷抢扒窃违法犯罪行为的建议》；

11. 王卫委员提出的第二十六号提案——《积极协调向家坝水电站运营公司注册宜宾县的建议》；

12. 汪桂亮委员提出的第三十五号提案——《加快企业已供土地效益发挥的建议》；

13. 吕宾委员提出的第四十三号提案——《加强项目整合，加大财政投入，发展蔬菜产业》；

14. 官秀平委员提出的第一百四十六号提案——《农村义务教育阶段学生营养餐应多样化》；

15. 李继军委员提出的第七十八号提案——《加快黑河两岸综合开发的建议》；

16. 谢敏委员提出的第八十三号提案——《改善二二四交通及树立门户形象的建议》；

17. 钟林昌委员提出的第一百四十二号提案——《建立偏远乡镇农村学校教师“关爱工程”的建议》；

18. 魏月云委员提出的第九十七号提案——《进一步改善城乡环境的建议》；

19. 杨筱虹委员提出的第一百一十九号提案——《大力整治摩托车违章载人，预防和减少道路交通事故》；

20. 郭覃彬委员提出的第一百八十号提案——《乡镇敬老院走社会化之路，缓解人口老龄化压力》。

2014 年 12 月 5 日，县政协九届十六次常委会议通过宜宾县政协九届三次会议以来优秀提案表彰决定（20 件）：

1. 中共界别提出的第一号提案——《加强农村“三资”管理，激活农村发展活力的建议》；

2. 县工商联提出的第二号提案——《完善食品安全监管体系建设，推动食品安全规范管理的建议》；

3. 经济界别提出的第三号提案——《发展培育工业经济新增长点的建议》；

4. 政法界别提出的第六号提案——《完善对重大项目资金和惠民涉农资金的全程监督的建议》；

5. 县政协法群委提出的第七号提案——《完善我县乡镇集中式供水水质卫生检测体系的建议》；

6. 县工商联提出的第八号提案——《加强金沙江防洪堤综合管理，保持优美环境的建议》；

7. 县政协经济委提出的第九号提案——《巩固县城创文创卫成果的建议》；

8. 县残联提出的第十号提案——《加强宜宾县无障碍环境建设的建议》；

9. 县政协提案委提出的第十二号提案——《多措并举解决县城交通高峰期公交拥挤的建议》；

10. 县政协教科文卫委提出的第十六号提案——《稳定农村义务教育教师队伍，促进教育均衡发展的建议》；

11. 医卫计生界别提出的第十九号提案——《建立完善预警调处机制，有效防范恶性伤医案件发生的建议》；

12. 县妇联提出的第二十号提案——《完善人民陪审员制度的建议》；

13. 涂廷友委员提出的第二十七号提案——《加强对建成后的农综项目监管的建议》；

14. 郑忠华委员提出的第五十九号提案——《治理城乡违章建筑的建议》；

15. 王洪委员提出的第六十四号提案——《金沙江广场改造后的文化形象打造及提升的建议》；

16. 赵金槐委员提出的第九十号提案——《加大道路交通安全检查力度的建议》；

17. 李文委员提出的第一百零三号提案——《改造马小路的建议》；

18. 周玉平委员提出的第一百二十号提案——《探索开通通村公交的建议》；

19. 蒋宗元委员提出的第一百五十一号提案——《进一步加强农村文化建设的建议》；

20. 邓庚强委员提出的第一百八十六号提案——《加强农村司法服务工作的建议》。

2015 年 12 月 3 日，县政协九届十九次常委会议通过宜宾县政协九届四次会议以来优秀提案表彰决定（20 件）：

1. 经济界别提出的第一号提案——《加强重点流域污染治理，助推生态县建设的建议》；

2. 中共界别提出的第二号提案——《关于有序推进农村土地流转，促进新型农业经营主体发展的建议》；

3. 科技科协界别提出的第三号提案——《关于实施创新驱动战略，加快县域经济转型升级的建议》；

4. 县政协提案联谊委员会提出的第九号提案——《关于加快宜宾黄山生态茶产业发展的建议》；

5. 县政协经济委员会提出的第十七号提案——《关于建立宜宾县环境保护工作联席会议制度的建议》；

6. 县政协教科文卫委员会提出的第十八号提案——《关于加强农村生活垃圾集中处

理的建议》；

7. 妇联界别提出的第十九号提案——《疏通小区消防通道，保护群众生命财产安全》；

8. 医卫计生界别提出的第二十二号提案——《扩建县人民医院，提升服务能力的建议》；

9. 县残联提出的第二十五号提案——《关于促进残疾人就业的建议》；

10. 县政协法制群团委员会提出的第二十八号提案——《尽快建立社区矫正集中教育监管中心的建议》；

11. 罗厚玲等4位委员提出的第二十九号提案——《关于建设宜宾县非公经济网格平台的建议》；

12. 邓代荣委员提出的第三十号提案——《关于加强小微企业政策扶持，促进县域实体经济健康发展的建议》；

13. 张永雄委员提出的第五十五号提案——《关于创新生猪养殖模式，促绿色健康持续发展的建议》；

14. 陈希森委员提出的第五十八号提案——《加强柏溪县城管理，提升对外开放形象》；

15. 李世才委员提出的第八十七号提案——《加快少峨湖开发，打造县城后花园》；

16. 刘小平委员提出的第一百二十一号提案——《村级公路安全隐患多，亟待整治》；

17. 肖乾华委员提出的第一百三十三号提案——《加大学校周边商店食品监管力度，确保学生健康成长》；

18. 刘莉莉委员提出的第一百三十七号提案——《关于加强青少年心理健康教育的建议》；

19. 李代煊委员提出的第一百五十八号提案——《城北新区文化建设应体现“一曼精神”及红色传统元素》；

20. 杨宏斌委员提出的第一百七十二号提案——《关心空巢老人和留守儿童的建议》。

2016年11月25日，县政协九届二十三次常委会议通过宜宾县政协九届五次会议以来优秀提案表彰决定（22件）：

1. 教科文卫委员会提出的第一号提案——《大力扶持贫困村种养业发展，确保如期实现全面小康的建议》；

2. 提案联谊委员会提出的第二号提案——《大力发展休闲旅游农业，促进农村发展农民增收的建议》；

3. 工商联界别提出的第三号提案——《落实好小微企业扶持政策，促进县域经济发展的建议》；

4. 经济委员会提出的第十一号提案——《关于提高建制村客运班车通达率的建议》；

5. 县妇联提出的第十二号提案——《优化21路公交，方便群众出行的建议》；

6. 经济界别提出的第十八号提案——《关于增加编制，配备物流、电商工作人员的建议》；

7. 曹斌委员提出的第二十一号提案——《加大投入，支持电子商务发展的建议》；

8. 赵华委员提出的第二十七号提案——《加快县属国有企业体制改革面向市场集群整合的建议》；

9. 骆全超委员提出的第四十二号提案——《执行国家农业生产用电价格，支持畜牧渔业生产发展的建议》；

10. 肖佑兵委员提出的第五十五号提案——《关于加大返乡青年农民工就业创业扶持力度的建议》；

11. 吴净陈委员提出的第五十九号提案——《金沙江广场应该“亮”起来》；

12. 李继军委员提出的第六十一号提案——《借力创“国卫”，推进城市管理新跨越的建议》；

13. 陈勇委员提出的第六十四号提案——《关于加强湿地公园建设，助推生态文明建设的建议》；

14. 唐益礼委员提出的第七十五号提案——《关于加强物业公司规范管理的建议》；

15. 邹国水委员提出的第七十八号提案——《应高度重视电梯安全的建议》；

16. 罗厚玲委员提出的第九十五号提案——《关于加强县城城区停车位收费管理的建议》；

17. 胡明贵等4名委员提出的第一百零五号提案——《关于加大县城人行道整治力度的建议》；

18. 何承军委员提出的第一百二十六号提案——《关于整治电瓶车、摩托车违规行驶现象的建议》；

19. 唐瑶委员提出的第一百三十七号提案——《学校应加强中小学生心理健康教育的建议》；

20. 钟林昌委员提出的第一百三十八号提案——《提升乡村教师工作幸福感的建议》；

21. 郑云飞等2名委员提出的第一百四十一号提案——《关于加强对县城中小学周边娱乐场所整治的建议》；

22. 陈善明委员提出的第一百六十九号提案——《关于进一步优化县政务中心服务环

境的建议》。

五、第十届优秀提案

2017年11月24日，县政协十届六次常委会议通过宜宾县政协十届一次会议以来优秀提案表彰决定（28件）：

1. 教科文卫委员会提出的第一号提案——《加快县城义务教育公办学校建设，切实解决大班额问题的建议》；

2. 提案联谊委员会提出的第二号提案——《加强城乡环境综合治理，切实改善人居环境的建议》；

3. 中共界别提出的第三号提案——《加快天宫茶海“茶文旅”产业融合开发的建议》；

4. 县工商联提出的第四号提案——《关于促进宜宾县农特产品外销的建议》；

5. 农业界别提出的第五号提案——《关于加大金融支持现代化农业发展力度的建议》；

6. 隆兴乡政协委员联系小组提出的第九号提案——《关于加大油樟资源开发利用力度的建议》；

7. 钟登学委员提出的第二十一号提案——《发挥农村合作经济组织联合社作用，推进农民专业合作社健康发展》；

8. 杨溢委员提出的第二十六号提案——《整合资源聚力齐心，共同打赢脱贫攻坚战》；

9. 团县委提出的第三十五号提案——《关于加强青年“二代”企业家培养的建议》；

10. 刘钟委员提出的第三十九号提案——《关于促进房地产业健康发展的建议》；

11. 李泽平委员提出的第四十七号提案——《关于集中组建小微企业孵化园，促进机械制造业发展的建议》；

12. 王宇委员提出的第五十三号提案——《进一步完善民营企业服务平台的建议》；

13. 法制群团委员会提出的第六十七号提案——《关于提高入室盗窃案破案率，增强居民安全感的建议》；

14. 民族宗教界别提出的第六十八号提案——《关于加强未成年人法律宣传教育工作的建议》；

15. 工商联界别提出的第七十二号提案——《推进宜宾县特色文化品牌打造的建议》；

16. 教育界别提出的第七十九号提案——《关于加快推进县城小区配套幼儿园建设，缓解城区公益性学前教育资源不足的建议》；

17. 妇联界别提出的第八十二号提案——《关于进一步规范“四点钟学校”管理的建议》；

18. 古罗镇政协委员联系小组提出的第八十九号提案——《关于减少对基层学校的各类检查，让教师安心教学的建议》；

19. 县总工会提出的第九十九号提案——《关于预防农民工职业病发生的建议》；

20. 县妇联提出的第一百一十号提案——《关于加强全县保健品市场监管的建议》；

21. 双谊镇政协委员联系小组提出的第一百一十五号提案——《切实加强校园内及周边小卖部食品安全监管的建议》；

22. 特邀界别提出的第一百二十五号提案——《切实加强县城早晚出行高峰时段交通规范管理的建议》；

23. 刘晓川委员提出的第一百四十四号提案——《关于加强城市拆迁工作的建议》；

24. 经济委员会提出的第一百四十七号提案——《关于加快农村客运发展的建议》；

25. 社会福利界别提出的第一百六十七号提案——《关于加快推进县老年活动中心及县老年大学建设的建议》；

26. 商州镇政协委员联系小组提出的第一百六十八号提案——《关于有效遏制农村红白喜事大操大办越演越烈的建议》；

27. 龙池乡政协委员联系小组提出的第一百七十号提案——《关于对边远村增加通信基站建设，解决手机通讯不畅问题的建议》；

28. 永兴镇政协委员联系小组提出的第一百八十一号提案——《大力推进河道综合整治力度的建议》。

2018 年 12 月 16 日，宜宾市叙州区政协一届一次常委会议通过宜宾县政协十届二次会议以来优秀提案表彰决定（28 件）：

1. 提案联谊委员会提出的第一号提案——《大力实施乡村振兴战略，激发乡村发展新活力的建议》；

2. 教科文卫委员会提出的第二号提案——《加快推进普及高中阶段教育工作的建议》；

3. 古罗镇政协委员联系小组提出的第十三号提案——《关于加大产业发展政策支持的建议》；

4. 赵华委员提出的第十七号提案——《建议进一步完善国有集团公司的管理》；

5. 李泽平委员提出的第十九号提案——《充分发挥工业园区平台作用的建议》；

6. 经济界别提出的第二十号提案——《关于打造市县共建的重点工业园区的建议》；

7. 工商联界别提出的第二十三号提案——《关于推进中小微企业扶持政策落地的建议》；

8. 政法界别提出的第三十七号提案——《关于整合项目和资金推进公共监控视频建设联网应用的建议》；

9. 法制群团委员会提出的第三十九号提案——《关于加大我县法律援助工作人力物力保障的建议》；

10. 区总工会提出的第四十三号提案——《关于为困难职工群众提供法律援助的建议》；

11. 刘泽全委员提出的第四十七号提案——《关于依法治访的建议》；

12. 特邀界别提出的第五十一号提案——《关于红色文化产业发展的建议》；

13. 刘虹委员提出的第五十四号提案——《开展全民阅读，打造书香县城，提升城市品位的建议》；

14. 中共界别提出的第五十九号提案——《在全县大力开展文明素质提升行动的建议》；

15. 无党派界别提出的第六十五号提案——《加强学生抗挫折教育，提高学生心理素质的建议》；

16. 台侨界别提出的第七十二号提案——《关于加强教师队伍建设和管理的建议》；

17. 合什镇政协委员联系小组提出的第七十三号提案——《高度重视乡村教师队伍建设，促进农村教育均衡发展的建议》；

18. 区科协提出的第八十二号提案——《关于重视民办教育发展，促全县教育质量提升的建议》；

19. 教育界别提出的第八十三号提案——《关于科学设置招聘条件，优化教师队伍结构的建议》；

20. 张维委员提出的第八十七号提案——《关于将新生儿疾病筛查项目纳入医保定额补助的建议》；

21. 文史委员会提出的第九十八号提案——《充分发挥乡镇交管站管理职能作用的建议》；

22. 陈琰等委员提出的第一百零一号提案——《优化公共交通线路，确保长沙学校师生安全的建议》；

23. 观音镇政协委员联系小组提出的第一百零二号提案——《关于加快推进观泥路改扩建工程的建议》；

24. 经济委员会提出的第一百零四号提案——《关于加快农村公路建设的建议》；

25. 区工商联提出的第一百一十号提案——《关于规范管理县城临街商铺门店招牌的建议》；

26. 陈宇委员提出的第一百一十二号提案——《强化物业小区整治，提升物业管理服务能力的建议》；

27. 廖德金委员提出的第一百三十三号提案——《探索违章建筑治理新方法，努力构建和谐社会的建议》；

28. 农业界别提出的第一百四十五号提案——《关于建立禁止露天焚烧秸秆长效机制的建议》。

第三节　优秀界别

2007 年 11 月 5 日，县政协八届 10 次主席会议通过的《政协宜宾县委员会界别活动规范（试行）》指出，“由界别组成是人民政协组织的显著特色”，并提出了由各界别向县政协推荐优秀政协委员给予表彰奖励的办法。2018 年 4 月 20 日县政协十届九次常委会议修订的《政协宜宾县委员会界别活动规范》进一步提出：“对开展活动有创新、有成果的界别，县政协给予通报表扬。”

经政协各专门委员会推荐，主席会议审核，宜宾市叙州区政协一届一次常委会议通过，2018 年 12 月 18 日政协宜宾市叙州区委员会发出《关于表彰 2018 年度优秀界别的通报》，对 5 个界别进行表彰，即农业界别、特邀界别、工商联界别、政法界别、教育界别。

第四节　获奖工作

囿于政协特殊的统战组织性质和原则，有关方面对基层政协工作的评价不甚统一和规范，再加上档案资料的缺失，故谨将部分所能收集到的受到市级以上单位表彰的政协工作中的单位及人员录入。

获奖工作者名录

表 5-1

获奖者	荣誉称号	表彰时间	颁奖机关
黄锐林	优秀政协文史工作者	1996 年 12 月	四川省政协文史资料委员会
刘　玮	优秀通讯员	2002 年 8 月	四川省政协办公厅
刘　玮	优秀通讯员	2003 年 8 月	四川省政协办公厅
廖运宜	四川省邓小平生平和思想研讨会优秀论文	2004 年 7 月	中共四川省委宣传部等
廖运宜	第五次哲学社会科学优秀科研成果	2006 年 11 月	宜宾市政府
李红艳	新闻宣传工作先进个人	2008 年 9 月	四川省政协办公厅
刘光容	2009 年度政协宣传报道先进个人	2009 年 10 月	四川省政协办公厅
李建培	法制宣传教育先进个人	2012 年 3 月	宜宾市委办、市政府办
曹益平	向家坝电站移民迁建工作先进个人	2013 年 6 月	中共宜宾市委、宜宾市政府
黄春祥	2013 年度新闻宣传工作先进个人	2013 年 10 月	四川省政协办公厅
唐　敏	2013 年度《四川政协报》优秀通讯员	2013 年 10 月	四川省政协办公厅
黄春祥	2014 年度政协宣传工作先进个人	2014 年 10 月	四川省政协办公厅
唐　敏	2014 年度《四川政协报》优秀通讯员	2014 年 10 月	四川省政协办公厅
李代煊	楷书《一曼赋》一等奖	2015 年 9 月	宜宾市政协
蔡　强	草书《李商隐诗》等二等奖	2015 年 9 月	宜宾市政协
袁明江	草书《陶渊明诗文》三等奖	2015 年 9 月	宜宾市政协
黄元平	版画《向家坝》三等奖	2015 年 9 月	宜宾市政协
田若川	摄影《金江之歌》三等奖	2015 年 9 月	宜宾市政协
吴厚强	楷书《晏几道诗九首》优秀奖	2015 年 9 月	宜宾市政协
方　正	行书《王维诗选》优秀奖	2015 年 9 月	宜宾市政协
眭银贵	国画《旭日东升》优秀奖	2015 年 9 月	宜宾市政协
黄春祥	2015 年度政协宣传工作先进个人	2015 年 10 月	四川省政协办公厅
黄春祥	2016 年度政协宣传工作先进个人	2016 年 10 月	四川省政协办公厅
胡开铭	2016 年度《四川政协报》优秀通讯员	2016 年 10 月	四川省政协办公厅
黄春祥	2017 年度政协报刊发行先进工作者	2017 年 10 月	四川省政协办公厅
郭汝玲	2018 年度政协报刊发行先进工作者	2018 年 11 月	四川省政协办公厅

获奖集体名录

表 5-2

获奖单位	奖项	表彰时间	颁奖机关
宜宾县领导组	非公有制经济政策贯彻执行情况调查评议一等奖	1999 年 10 月	中共宜宾市委办公室
宜宾县政协	县域经济情况调查一等奖	2000 年 9 月	宜宾市政协
宜宾县政协	宜宾市第二次社科成果优秀奖	2000 年 12 月	宜宾市人民政府
宜宾县政协	评议市国土系统行风工作一等奖	2001 年 10 月	宜宾市政协办公室
宜宾县政协	县政协工作先进集体	2002 年 3 月	第八届四川省政协
宜宾县政协	优秀文史资料图书（共三集）	2002 年 6 月	宜宾市政协
宜宾县政协	开展绿色食品调查工作一等奖	2002 年 7 月	宜宾市政协
宜宾县政协	评议市工商行政管理系统工作一等奖	2002 年 10 月	宜宾市政协
宜宾县政协	学习宣传先进单位	2003 年 1 月	四川省政协文史学习委员会
宜宾县政协办	市级卫生先进单位	2003 年 9 月	宜宾市爱卫会
宜宾县政协	档案工作达到省二级标准	2003 年 12 月	四川省档案局
宜宾县政协办	市级文明单位	2003 年 12 月	中共宜宾市委、宜宾市政府
宜宾县政协办	社会治安综合治理模范单位	2004 年 1 月	中共宜宾市委、宜宾市政府
宜宾县政协	2006 年度政协新闻宣传工作先进单位	2006 年 12 月	宜宾市政协
宜宾县政协	表彰二届三、四、五次会议以来优秀提案	2006 年 12 月	宜宾市政协
宜宾县政协	全省先进政协组织	2007 年 1 月	第九届四川省政协
宜宾县政协	2007 年度政协工作先进集体	2008 年 1 月	宜宾市政协
宜宾县政协	2007 年度办公室工作先进集体	2008 年 1 月	宜宾市政协
宜宾县政协	2007 年度视察工作先进集体	2008 年 1 月	宜宾市政协
宜宾县政协办	省级卫生先进单位	2008 年 1 月	四川省爱卫会
宜宾县政协机关	政协系统首届运动会团体第五名	2008 年 6 月	宜宾市政协
宜宾县政协	政协宣传工作先进单位	2008 年 9 月	四川省政协办公厅
宜宾县政协	反映社情民意信息工作先进单位	2008 年 10 月	宜宾市政协
宜宾县政协	新闻通联工作先进单位	2008 年 10 月	宜宾市政协
宜宾县政协	政协工作先进集体	2008 年 12 月	宜宾市政协
宜宾县政协	学习创新工作先进集体	2008 年 12 月	宜宾市政协
宜宾县政协	信息工作先进集体	2008 年 12 月	宜宾市政协
宜宾县政协	办公室工作先进集体	2008 年 12 月	宜宾市政协
宜宾县政协	2008 年度政协工作先进单位	2008 年 12 月	四川省政协地联委
宜宾县政协	提案工作先进集体	2008 年 12 月	宜宾市政协
宜宾县政协办	2006—2008 年文明单位	—	中共宜宾市委、宜宾市政府
宜宾县政协	2009 年度社情民意信息工作先进单位	2009 年 10 月	宜宾市政协
宜宾县政协	2009 年度新闻通联工作先进单位	2009 年 10 月	宜宾市政协

续表 5-2

获奖单位	奖项	表彰时间	颁奖机关
宜宾县政协	2009 年度新闻宣传报道先进单位	2009 年 10 月	四川省政协办公厅
宜宾县政协	2009 年度办公室工作先进集体	2009 年 12 月	宜宾市政协
宜宾县政协	2009 年度视察工作先进集体	2009 年 12 月	宜宾市政协
宜宾县政协	2009 年度提案工作先进集体	2009 年 12 月	宜宾市政协
宜宾县政协	2009 年度区县政协工作先进集体	2009 年 12 月	宜宾市政协
宜宾县政协办	2009—2011 年文明单位	2010 年 1 月	中共宜宾市委、宜宾市政府
宜宾县政协	2010 年度区县政协工作先进单位	2010 年 12 月	宜宾市政协
宜宾县政协	2010 年度机关工作先进集体	2010 年 12 月	宜宾市政协
宜宾县政协	2010 年度委员服务管理工作先进集体	2010 年 12 月	宜宾市政协
宜宾县政协机关	政协系统第三届运动会优秀组织奖	2012 年 4 月	宜宾市政协
宜宾县政协	2012 年度政协工作成效突出单位	2013 年 1 月	宜宾市政协办
宜宾县政协	2013 年度新闻宣传工作先进单位	2013 年 10 月	四川省政协办公厅
宜宾县政协办	2013 年度办公室工作先进单位	2013 年 12 月	宜宾市政协办
宜宾县政协办	2013 年度公文处理无差错活动先进单位	2013 年 12 月	宜宾市政协办
宜宾县政协办	2013 年度办公室系统好公文二等奖	2013 年 12 月	宜宾市政协办
宜宾县政协	2013 年度政协新闻宣传工作先进单位	2014 年 1 月	宜宾市政协办
宜宾县政协	2013 年度政协工作突出单位	2014 年 2 月	宜宾市政协
宜宾县政协	2013 年度提案工作先进单位	2014 年 2 月	宜宾市政协
宜宾县政协	2013 年度文史资料工作先进单位	2014 年 2 月	宜宾市政协
宜宾县政协机关	第四届职工运动会团体一等奖	2014 年 9 月	宜宾市政协
宜宾县政协	2014 年度新闻宣传工作先进单位	2014 年 10 月	四川省政协办公厅
宜宾县政协	2012—2014 年文明单位	—	中共宜宾市委、宜宾市政府
宜宾县政协	方言小品首届艺术节二等奖	2015 年 9 月	宜宾市政协
宜宾县政协	配乐诗朗诵首届艺术节三等奖	2015 年 9 月	宜宾市政协
宜宾县政协	2015 年度新闻宣传工作先进单位	2015 年 10 月	四川省政协办公厅
宜宾县政协	2015 年度新闻通联成绩突出单位	2016 年 1 月	宜宾市政协
宜宾县政协机关	第五届职工运动会团体第一名	2016 年 4 月	宜宾市政协
宜宾县政协办	2015—2017 年度文明单位	2016 年 5 月	中共宜宾市委、宜宾市政府
宜宾县政协	2016 年新闻宣传工作先进单位	2016 年 10 月	四川省政协办公厅
宜宾县政协	2016 年度宣传工作成绩突出单位	2016 年 12 月	宜宾市政协
宜宾县政协	2017 年度报刊发行工作先进单位	2017 年 10 月	四川省政协办公厅
叙州区政协	2018 年度报刊发行工作先进单位	2018 年 11 月	四川省政协办公厅

附　录

一、规则制度

（一）

中共宜宾县委文件

宜县委发〔1994〕2号

中共宜宾县委关于进一步加强人民政协工作的决定

各乡、镇党委，县级机关各部门党组织：

党的十一届三中全会以来，我县政协在中共宜宾县委的领导下，以建设有中国特色的社会主义理论为指导，高举爱国主义、社会主义两面旗帜，坚定不移地贯彻党的“一个中心、两个基本点”的基本路线，在维护全县安定团结的政治局面，推进改革开放和经济发展，加强社会主义精神文明建设和民主政治建设，促进和平统一的事业中发挥了重要作用。当前，我县已进入一个加快改革开放和经济发展的新阶段，若要经济建设再上新台阶，人民政协工作也必须有新进展。为此，特决定：

一、加强人民政协性质、地位和作用的宣传，提高对新时期人民政协工作重要性的认识

中国共产党领导的多党合作和政治协商制度是我国的一项基本政治制度。人民政协作为我国最广泛的爱国统一战线组织，是实现这一基本政治制度的重要组织形式和发扬社会主义民主的重要渠道。做好人民政协工作，对于加强和改善党的领导，发扬社会主义民主，维护国家稳定，促进社会进步，有着十分重要的作用。党的十四大提出，要进一步完善中国共产党领导的多党合作与政治协商制度，巩固和发展新时期的爱国统一战线，充分发挥人民政协在政治协商和民主监督中的作用。各级党委、政府一定要从建设有中国特色的社会主义民主政治的战略高度，从维护安定团结、实现国家长治久安的战略高度，充分认识人民政协的必须性、重要性，真正关心和支持人民政协工作。

进入八十年代以来，我县通过贯彻中央、省委、地委和县委的有关文件精神，广大干部、群众的民主意识不断增强，爱国统一战线不断壮大，人民政协的政治协商、民主监督职能作用得到较好地发挥，历届政协各个方面的工作都取得了显著成绩，这同各级党委、政府的重视和支持是分不开的。但是，也要看到，由于换届之后有些新到领导岗位的同志对统战政协工作不够熟悉，加之少数地方有的领导同志民主意识较差，对人民政协的性质、地位、作用缺乏认识，甚至把人民政协看成是无足轻重的机构，认为协商监督是可有可无的事。这种状况，不利于加强和改善中国共产党的领导，不利于政府改进工作，不利于党的统一战线工作，不适应社会主义经济建设和民主政治建设的需要，必须认真加以改变。

在贯彻省委、地委政协工作会议精神中，一个十分重要的问题，就是要广泛深入宣传新时期人民政协的性质、地位和作用，提高全党领导干部的认识，增强做好政协工作的自觉性与主动性。要充分运用各种宣传舆论工具，采取多种形式，宣传统一战线和人民政协的理论、方针、政策及其重要作用。

各级党委、组织、宣传部门，要把统一战线和人民政协的理论、方针、政策的宣传教育列入党员教育和干部培训计划，认真落实。对于党的统战、政协、民族、宗教等方面的宣传舆论，一定要正确导向，严格把关。党校要把统战政协方面的内容列入必修课程，形成制度，一并加以考核。教育、文化及宜宾县报、广播电视台等新闻单位要积极宣传人民政协工作，报道政协的重要活动和工作经验，介绍政协委员在现代化建设中的先进事迹。县政协和各联系组要积极提供有关情况，主动同有关方面加强联系，共同做好宣传工作。

二、进一步强化人民政协的主要职能，使“政治协商、民主监督”更加制度化、规范化

政治协商、民主监督是人民政协的主要职能。政治协商，主要是指对国家大政方针、政治生活中的重大事项，经济和社会发展中的重要问题，在决策之前进行协商。民主监督，主要是指对国家的宪法和法律实施情况，重大方针政策的贯彻执行情况，以及工作人员履行职责的情况进行监督。江泽民同志指出：“关系国计民生的重要部门，要通过人民政协进行协商，广泛听取各民主党派、各人民团体以及各族各界代表人士的意见，由人民代表大会及其常委会行使国家权力进行决策，由人民政府执行实施”。这种施政格局，对于实现党政决策的民主化、科学化，避免和减少失误，保证各项方针政策的贯彻执行，具有非常重要的意义。为此，必须逐步建立起有规范性和约束性的机制，使协商监督工作逐步做到规范化、制度化。当前要着重做好以下几点：

（一）各级党委要进一步采取具体的措施，把中发〔1989〕14号文件和川委〔1990〕19号文件，中央和省委批转全国政协、省政协的两个“关于政治协商、民主监督的暂行规定”及其“实施细则”，省委今年批转政协党组“关于加强政治协商和民主监督几点建议的通知”，《政协四川省委员会地区工作委员会暂行工作条例》，地委批转政协地区工委关于《暂行工作条例的实施意见》和县委〔1990〕67号文件认真落到实处，并在实践中日臻完善。

（二）党委、政府必须把政协的政治协商、民主监督纳入决策程序，真正做到协商于决策之前，监督在实施之中。凡是有关地方的政治经济和社会生活中的重大事项，统一战线中的重大事务，涉及面广覆盖面大的地方性重要法规、条例、规章草案，人大、政府、政协换届时领导班子成员的人事安排和换届后领导班子的个别成员的人事变动，要提交政协协商。不能将“通报情况”或事后征求意见当作协商。协商要在时间上留有余地。重大事项的协商应提前将有关内容资料送达政协办公室。

（三）政府要进一步加强与政协的联系，增进相互理解、信任和支持，要主动开展协商、自觉接受监督。党政所属部门要同政协的专门委员会建立对口联系制度，经常沟通信息、交换意见、对口协商，有关重要会议，应邀请有关专门委员会的主任或副主任参加。政协专门委员会可根据工作需要与某些部门同党政职能部门进行联合调查和研讨，提高协商监督的质量。

（四）调查研究是政协履行政治协商、民主监督职能的基础工作。各级党委、政府要积极支持，并为政协开展调查研究提供方便。政协要通过各种形式，组织委员和有关方面的代表，对我县改革开放和各项建设事业中的重大部署，对人民群众普遍关心的热点、难点问题，认真进行调查研究和科学论证，提出一些真知灼见，供党政领导决策参考。

（五）工商联是人民政协的组成部分，党委、政府要注意开好团体负责人、各族各界爱国人士代表参加的政治协商座谈会。并继续坚持由县委办公室主任和统战部长牵头的县委办、政府办、人大办、政协办主任联系会议制度，通过会议，互通情况、协调关系，更好地发挥人民政协的作用。

（六）各级党政部门要切实保障政协委员的民主权利。凡政协委员提出的建议案、提案、报告及批评意见，经政协立案或以正式文件送达党政有关方面和部门后，要认真对待，抓紧办理，并将办理结果以正式文件作出答复。对政协提出的建议案、提案和批评意见采取不负责任态度，造成严重后果，影响很坏的，要及时查明情况，严肃处理。

三、充分发挥人民政协在政治经济和社会生活中的作用

根据人民政协的特点和优势，在实现中国共产党各个时期的奋斗目标中是大有可为的。

政协的领导成员，应把县委一经决定的工作任务很好地担当起来，积极工作，努力完成。特别要围绕经济建设这个中心，积极参与，真抓实干。

人民政协是“人才库”“智囊团”，荟萃着各条战线的专家、学者和专门人才。各级党政要把握政协的特点和优势，通过政协，调动广大委员和广大专家、学者的积极性，为新时期深化改革、发展经济和稳定社会作出积极的贡献。

政协组织和委员要发扬主人翁精神，坚定不移地贯彻执行以建设有中国特色的社会主义理论为指导的基本路线，围绕党和政府的中心工作献计献策，要配合有关部门为建立和完善社会主义市场经济体制服务。

人民政协要积极开展各种形式的海外活动，做好引进外资、项目、技术和牵线搭桥等工作。要广泛团结台湾同胞、港澳同胞和国外侨胞，共同致力于统一祖国、振兴中华的宏伟事业。各级党委、政府的一些外事活动，应邀请政协的领导参加。对政协开展的各种联谊活动要大力支持。政协的一些重大联谊活动，党政主要领导应亲自参加，要充分发挥政协在促进祖国和平统一和四化建设中的作用。

人民政协要最大限度地团结各方面人士，积极协助党和政府做好团结、沟通和协调工作。对社会上出现的各种敏感问题，以及人民群众极为关注的热点和难点，要通过民主的方式互相沟通，增进理解，化解矛盾，协调关系，调动一切积极因素，团结一切可以团结的力量，为两个文明建设提供一个良好的社会环境和政治氛围。

四、加强政协的自身建设

（一）加强思想建设。政协要有计划地组织政协委员和机关干部，坚持学习马列主义、毛泽东思想，学习邓小平同志建设有中国特色的社会主义理论，学习党的统一战线方针政策。当前要重点学习《邓小平文选》第三卷和党的十四届三中全会精神。通过学习，提高政协组织的整体素质，增强政协委员参政议政能力，增强政协机关干部的事业心和使命感。

（二）加强组织建设。从广泛的爱国统一战线组织的特点出发，在政协委员、常委和领导班子的人事安排中，要坚持非中共人士多于中共党员的原则，按照规定的比例进

行配置。政协委员的安排，要从发挥政协职能的需要出发，注重广泛性、代表性和参政议政能力，政协领导班子的人事安排，要坚持党的统一战线政策，注意代表性和影响力，并要形成梯次结构，以保持政协工作的连续性和稳定性。在政协兼任副主席的党员干部和党外人士，应享受所兼职务的待遇。加强政协党组的建设，政协党组应参与政协换届的人事安排工作，与组织部、统战部一道共同制订方案，协商拟定政协委员的人选和政协班子的人选。政协专门委员会应配备专职主任或副主任，其职级与政府职能部门相同。专门委员会的办事机构要本着精干的原则，配备适当数量的工作人员。

（三）加强政协机关建设。要按照“团结、服务、效率、廉洁”的要求，搞好机关建设，特别是干部队伍的思想作风建设。政协机关干部的配备要注意使用和提拔党外干部。政协机关干部要纳入整个党政机关干部交流的序列，合理流动，做到有进有出，在培养、教育、使用和提拔上同党政机关一视同仁，以保持政协机关的活力。政协机关的人员编制数额应根据当前机构改革的精神，按工作的实际需要合理定编。政协委员的视察、活动经费，要列入政府的财政预算，予以保证。

五、进一步加强和改善党委对政协工作的领导，开创政协工作的新局面

适应新的形式，开创政协工作的新局面，关键在于各级党委要进一步加强和改善对政协工作的领导。各级党委必须把统战政协工作提上党委重要议事日程，党委一班人都要重视和关心政协工作，因为政协工作是中国革命和建设的重要组成部分之一，巩固和发展最广泛的爱国统一战线和政协的政治协商、民主监督是我们党坚定不移的战略方针，不断夺取革命和建设胜利的一大法宝。因此，县委拟定一年至少研究两次政协工作，定期听取政协党组的工作汇报，及时解决政协工作中存在的问题。

县委决定一名副书记分管政协工作，政府一名副县长联系政协工作。县委、政府常务会议成员，都分别联系二至三名党外知名人士，广交深交朋友，交诤友。各级领导干部都要做到广开言路，虚怀若谷，博采众议，自觉支持和鼓励政协委员开展参政议政工作。

坚持不是县委常委的政协主席列席县委常委会议，一名政协副主席列席人大常委会议，一名政协副主席列席县政府常务会议，形成制度。党政领导就有关重大部门召开的会议，应视需要邀请政协领导和有关专委会参加。

在政协兼任副主席的领导干部，其供给关系不变，住房、工作用车由原单位解决，差旅费用原则上也由原单位报销，并在原单位阅读文件。政协委员参与视察等活动的差旅费，应回原单位报销。所在单位党政对政协在当地的活动要加强领导，对政协联系组开展活动和参加各种活动要大力支持，并提供方便。

政协党组要认真履行党委赋予的职责，在贯彻执行党的方针政策中充分发挥政协作为统一战线组织的作用。要真诚尊重党外同志的权利，虚心听取党外同志的意见，积极支持党外副主席大胆负责地工作。政协委员和政协机关中的共产党员，要同党外同志深交朋友，严以律己，诚以待人，团结合作，共同努力做好人民政协工作。

以上决议，各乡、镇党委和县级各部门党委（党组）要结合自身实际，认真贯彻执行。执行中出现的重大情况和问题，请及时报告县委。

中共宜宾县委

一九九三年十二月二十日

抄送：省政协办公厅，宜宾地委办，地区政协工委办，县委常委、副县长、调研员，县人大、县政府、县政协、县纪委、县人武部。

（二）

宜宾县第二届各界人民代表任务十条

（1951 年 1 月 15 日第二次常委会议通过）

一、由于我们是人民代表，因此，必须遵守共同纲领，及共同纲领精神下所产生之各种政策和一切决议。

二、由于我们是人民代表，应站在人民里边，为人民服务，无任何特权站在人民之上。

三、与群众密切联系，坚决站在人民立场，与一切反人民之敌人作坚决斗争。

四、我们是政府与人民之间的纽带，必须是人民政府各种政策法令之积极宣传者及拥护者。

五、必须起积极带头作用与模范作用。

六、我们有责任倾听群众呼声，把人民意见随时向人民政府反映，向常务委员会反映。

七、因此，我们发现了各级人民政府工作人员有缺点时，应当善意地向当地政府及常务委员会报告。

八、努力学习——向新社会、新时代学习。

九、有责任经常向常务委员会作汇报、提意见。

十、有责任完成常务委员会所作之各项决议及布置的一切任务；常务委员会有责任督促各代表：①随时将常务委员会重要决议通知各位代表；②随时解答各代表所提问题；③经常发给代表有关刊物和文件。

（三）

中共宜宾县委办公室文件

〔1987〕80号

中共宜宾县委办公室　宜宾县人民政府办公室
政协宜宾县委员会秘书处
关于保证县政协委员行使职务有关事项的通知

各区、镇、乡党委，各区公所，镇、乡人民政府，县级机关各部门，县属各公司、厂矿、企事业单位，各中学，县政协各联系组：

根据《中国人民政治协商会议章程》规定，政协要组织委员视察、参观和调查，了解情况及学习，对国家的大政方针和群众生活的重要问题进行政治协商，并通过建议和批评发挥协商监督作用。为了保证县政协委员顺利地行使职务，特作如下通知：

一、县政协委员出席本级政协全委会、列席工作所在地的有关会议，平时参加县政协组织的视察、参观活动和调查工作及委员小组活动等，都属于执行委员职务的活动。委员所在单位在安排工作时，要充分考虑委员的实际情况，在时间上给予保证。

二、政协委员执行职务的时间，应按正常出勤对待，不应影响本人的奖金、工资及其它福利待遇，也不影响其晋级晋职。

三、政协委员执行职务的旅差费，由所在单位报销。无固定收入的委员由县政协机关报销。

四、凡有县政协委员的单位，公费订购一份《四川政协报》。

请各地各部门按此通知执行。

一九八七年十月二十二日

抄送：县委常委、顾问、调研员，县人大正副主任，县府副县长、顾问、调研员，县政协副主席，县纪委。

（四）

政协宜宾县委员会常务委员会工作规则

（2007年8月23日政协第八届宜宾县委员会第三次常委会议通过）

为了加强政协宜宾县委员会常务委员会（以下简称常务委员会）的工作，进一步健全工作制度，根据《中国人民政治协商会议章程》，参照全国、省、市政协有关规定，结合宜宾县实际，制定本规则。

第一章　总则

第一条　常务委员会的活动以《中华人民共和国宪法》为根本准则，以《中国人民政治协商会议章程》为基本依据，以邓小平理论和“三个代表”重要思想为指导，高举爱国主义和社会主义的旗帜，围绕团结和民主两大主题，坚持中国共产党领导的多党合作和政治协商制度，进一步巩固和发展爱国统一战线，树立和落实科学发展观，围绕中心，服务大局，积极履行政治协商、民主监督、参政议政职能。

第二条　常务委员会主持政协宜宾县委员会的会务，在全体会议闭会期间，处理政协宜宾县委员会的重要工作。

第三条　常务委员会由主席、副主席、秘书长和常务委员组成。

第四条　常务委员会的工作由主席主持，副主席、秘书长协助主席工作。

第五条　常务委员会的职权：

（一）协商决定本届政协宜宾县委员会的增加或变更参加单位、委员名额和人选；协商决定下届政协宜宾县委员会的参加单位、委员名额和委员人选及界别设置；

（二）召集并主持政协宜宾县委员会全体会议；下一届政协宜宾县委员会第一次全体会议前召开全体委员参加的预备会议，委托主席会议主持，选举第一次全体会议主席团，由主席团主持第一次全体会议；

（三）组织委员视察、参观和调研等重要活动；

（四）政协宜宾县委员会全体会议闭会期间，审查通过提交县委、县人大、县政府的重要建议案；

（五）听取并审议主席会议工作报告；

（六）执行政协宜宾县委员会全体会议的决议；

（七）常务委员会组成人员发生变动时，常务委员会提出建议名单，由政协宜宾县委员会全体会议决定；

（八）根据秘书长的提议，任免政协宜宾县委员会副秘书长；

（九）决定政协宜宾县委员会专门委员会及其他工作机构的设置和变动，并任免其领导成员；

（十）政协章程规定的其它职权。

第六条 常务委员会组成人员要认真执行政协章程、政协宜宾县委员会及常务委员会的规定、决议，积极参加常务委员会的活动，加强同各方面人士的联系，广交朋友，及时反映社情民意。

第二章 常务委员会会议

第七条 常务委员会会议每季度举行一次，如有特殊情况可以提前或推迟召开。

第八条 常务委员会会议的时间、地点、议程草案和日程由主席会议确定，由办公室于会前一周左右通知参会人员；临时举行的会议，可以临时通知。

第九条 常务委员会会议由主席主持，也可由主席委托的副主席主持。

第十条 常务委员会会议的主要任务：

（一）组织学习政协章程、理论和党的统一战线方针、政策，传达贯彻全国、省、市政协以及县委、县政府重要会议精神；

（二）协商讨论县委、县政府的重大政策、措施以及涉及民生民意的重大问题，听取有关部门的报告或说明，提出意见和建议；

（三）审议提交政协宜宾县委员会全体会议的会议报告、常务委员会工作报告、提案工作报告、会议决议草案等重要文件；

（四）审议重要的建议案、提案、视察报告、调查报告和其他报告，听取并讨论专门委员会的重要工作汇报；

（五）审议常务委员会任务规定的其它事项。

第十一条 常务委员会举行会议时，不是常务委员的副秘书长、专门委员会专职副主任、机关其他干部及与议程有关的其他人员列席。视会议内容和需要，邀请有关党政部门负责人参加。

第十二条 常务委员会会议须有全体组成人员的三分之二多数出席方能举行；会议要充分发扬社会主义民主，对议题进行充分协商讨论，全面反映委员发表的各种意见和建议；会议的议案或其它需要表决的事项，须经常务委员会全体组成人员过半数通过方能生效。

第十三条 常务委员会组成人员因病或其它特殊原因不能出席会议时，须请假。

第十四条 常务委员会会议闭会期间，由主席会议主持常务委员会的日常工作。

第三章 文件

第十五条 常务委员会会议作记录。重要的意见和建议应在会议结束后由办公室或专门委员会及时整理印送县委、县人大、县政府、县政协领导和常务委员以及有关部门。

第十六条 以政协宜宾县委员会的名义发出的文件由主席签发，或由主席委托的副主席或秘书长签发。涉及其他副主席分管的工作，须经有关副主席审阅后再签发。

第十七条 常务委员会会议一般应作新闻报道，由办公室编发会议简报或会议纪要。

第四章 附则

第十八条 本规则经常务委员会会议通过后实行，其解释权和修改权属常务委员会。

（五）

政协宜宾县委员会提案工作条例

（2007年12月18日政协第八届宜宾县委员会第四次常委会议通过）

第一章 总则

第一条 为发挥人民政协提案（以下简称提案）在履行政治协商、民主监督、参政议政职能中的重要作用，根据《中国人民政治协商会议全国委员会提案工作条例》和《中国人民政治协商会议四川省委员会提案工作条例》，结合我县实际情况，制定本条例。

第二条 提案是政协委员和参加政协的各党派、各人民团体以及政协各专门委员会（以下统称提案者）向政协全体会议或者常务委员会提出的，经提案审查委员会或者提案联谊委员会审查立案后，交承办单位办理的书面意见和建议。

提案是履行人民政协职能的一个重要方式，是坚持和完善中国共产党领导的多党合作和政治协商制度的一种重要载体，是协助中国共产党和国家机关实现决策民主化、科学化的一条重要渠道。

第三条 提案工作以邓小平理论和“三个代表”重要思想为指导，深入贯彻落实科学发展观，坚持社会主义初级阶段的基本路线和基本纲领，遵循“长期共存、互相监督、肝胆相照、荣辱与共”的方针，充分发扬民主，广开言路，调动一切积极因素，继续解放思想，坚持改革开放，推动科学发展，促进社会和谐，为夺取全面建设小康社会新胜利积极建言献策。

第四条 提案工作要坚持围绕中心、服务大局、提高质量、讲求实效的方针，切实加强制度化、规范化、程序化建设，努力提高提案质量、办理质量和服务质量。

第五条 提案工作是人民政协的一项全局性工作，政协委员、各人民团体以及政协各专门委员会应当密切协作，充分利用提案的方式履行职能。

第六条 政协全体会议听取和审议常务委员会关于提案工作情况的报告。

第七条 每届政协第一次会议成立提案审查委员会，由主任、副主任和委员若干人组成，成员从本届政协委员中产生，由第一次会议预备会议决定；负责第一次会议期间提案的审查立案工作，并向全体会议报告提案审查情况。

第二章 提案联谊委员会

第八条 每届政协第一次会议闭会后，经常务委员会会议审议通过，提案审查委员会作为提案联谊委员会，列入专门委员会序列，在常务委员会和主席会议领导下负责提案工作，每届任期五年。提案联谊委员会组成人员的调整，依据《政协宜宾县委员会专门委员会通则》有关规定办理。

第九条 提案联谊委员会的职责：

（一）制定政协全体会议期间提案工作方案和提案联谊委员会年度工作计划；

（二）依照本条例的规定，组织征集提案；

（三）对收到的提案审查立案，协商确定承办单位；

（四）对提案办理工作进行检查和督促，对办理不符合要求的，及时商请承办单位重新办理；

（五）向政协全体会议、常务委员会会议、主席会议报告工作；

（六）对提案进行综合分析，采取多种形式向有关部门反映重要意见和建议；

（七）组织对提案工作的宣传报道；

（八）加强与县委办公室、县人大常委会办公室、县政府办公室、县政协办公室以及各承办单位的联系与协作；

（九）加强与政协委员、有关人民团体以及政协其他专门委员会的联系与协作，听取意见，改进工作；

（十）主动接受上级政协提案委员会的指导，认真学习各地区县政协提案工作的先进经验，不断提高提案工作水平。

第十条 对于在经济、政治、文化及社会生活中发挥重大作用的提案，对于办理提案有显著成绩的承办单位，提案联谊委员会可以适当方式给予推荐表彰。

第十一条 以提案联谊委员会名义形成的重要文件材料和开展的重要活动，须经提案联谊委员会全体会议或者主任会议讨论通过，由主任或者副主任审定、签发。提案联谊委员会要将提案原件、承办单位的办复件、提案者的反馈意见及提案联谊委员会的有关报告、文件、资料等，按规定立卷归档。

第十二条 提案联谊委员会会议一般每半年举行一次，必要时可以临时召集；提案联谊委员会主任会议根据工作需要举行。

第十三条 提案联谊委员会配1名专职主任或副主任和1～2名工作人员，具体负责提案联谊委员会的日常工作。

第三章 提案的提出

第十四条 提案的提出方式：

（一）政协宜宾县委员会委员，可以个人名义或者联名方式提出提案；

（二）可以界别、小组或者联组名义提出提案；

（三）县政协的各参加单位可以本单位名义提出提案，也可几个单位联合提出提案；

（四）县政协各专门委员会可以本专门委员会名义提出提案。

第十五条 提案的基本要求：

（一）提案应当坚持严肃性、科学性、可行性，围绕县委、县政府的中心工作和经济、政治、文化和社会生活中的重要问题以及人民群众普遍关心的问题建言献策；

（二）提案须一事一案，实事求是，简明扼要，在深入调查研究的基础上，做到有情况、有分析、有具体的建议；

（三）提案要使用统一印制的提案纸，可以直接打印在提案纸上，也可用钢笔、碳素笔、毛笔书写，字迹要工整，符合提案规定的格式，提案纸首页要逐项填写清楚；

（四）提案的提交可采取直接投送、信件寄送和网上递交等方式；

（五）委员联名提出的提案，发起人应作为第一提案人，签名列于首位；以界别名义提出的提案，须由召集人签名；以政协参加单位、政协专门委员会名义提出的提案，须由该组织署名并加盖公章。

第十六条　提案可以在全体会议期间提出，也可以在闭会期间提出。

第四章　提案的审查和处理

第十七条　提案审查委员会和提案联谊委员会本着尊重和维护提案者的民主权利、保证提案质量的原则，对收到的提案进行审查，符合本条例第三章规定的，予以立案。

经审查立案的提案，应当根据提案内容和有关单位的职责分工确定承办单位。凡涉及两个或两个以上承办单位办理的提案，应明确主办单位和会同办理单位。

第十八条　有下列情形之一的，不予立案：

（一）涉及党和国家秘密的；

（二）国家明令禁止的；

（三）中共党员对党内有关组织、人事安排等方面有意见或者民主党派成员反映本组织内部问题的；

（四）进入民事、刑事、行政诉讼以及仲裁程序的；

（五）属于学术研讨的；

（六）为本人或亲属解决个人问题的；

（七）宣传、推荐具体作品、产品，带有商业广告性质的；

（八）指名举报的；

（九）字迹潦草、无法辨认或内容空泛、没有具体建议的；

（十）超出本县职权范围内的；

（十一）其他不宜用提案形式提出的。

经审查不予立案的，应及时通知提案者。所提意见和建议视不同情况以其他方式转送有关单位处理或参考。

第十九条 提案联谊委员会对涉及全局问题的重大提案，可提请主席会议审定或者常务委员会审议通过，作为政协建议案。

第二十条 政协全体会议期间，设立提案组。提案组受提案联谊委员会的委托对收到的提案进行初步审查，并提出处理建议。提案立案或不立案的最终裁决权在提案联谊委员会。全会期间提案审查委员会或提案联谊委员会向全体会议报告提案审查情况，并提请审议通过。闭会期间的提案，经提案联谊委员会主任会议或负责日常工作的主任审查，向下次提案联谊委员会全体会议报告认定。

第二十一条 提案经审查立案后应及时交办。全体会议期间的提案，在闭会后一个月内由县政府办公室牵头，县委办、县人大办、县政协办联合召开提案交办会议交办。闭会期间的提案，由提案联谊委员会转交县政府办公室交办。承办单位对提案的交办有异议的，应在收到提案 15 日内与交办单位协商，经同意后可退回交办单位重新交办，不得自行转送其他单位。

第五章 提案的办理

第二十二条 提案承办单位应当根据有关规定办理提案，并对提案者作出书面答复。

（一）承办单位应当保证提案办理质量，在规定的时限内对提案进行答复。对提案的答复应当按规定的格式行文，并加盖公章。凡是能够解决的问题，应当采取措施、抓紧解决；对因条件限制，短期内无法解决的问题，应当列入规划，积极创造条件逐步解决；对确实不能解决的，应当说明情况。

承办单位当年提案办结后，应当对办理工作进行复查。

（二）承办单位应当确定一名领导分管提案办理工作，明确承办机构和承办人员，建立健全承办工作制度，规范承办工作程序，保证办理质量。

（三）涉及两个或两个以上单位会同办理的提案，主办单位应当主动协商，会同办理单位应当积极配合，在接到提案一个月以内将会办意见送达主办单位，由主办单位汇总后答复提案者，抄送县政协提案联谊委员会，并根据隶属关系抄送县委办、县政府办。

（四）县政协全体会议期间，提案联谊委员会根据工作需要规定提案统计截止日期，承办单位应当自闭会之日起三个月以内办结，办理难度较大的不超过六个月办结。闭会期间的提案，要在收到提案之日起三个月内办结。提案交办时间截止到当年 10 月 1 日，之后的提案一般转到下一年度办理。

（五）委员个人提案，办理复文寄送提案人；联名提案，复文寄送第一提案人；界别提案，复文寄送召集人；县政协参加单位、政协专门委员会提案，复文寄送提案单位。向提案者寄送复文时应附“提案者对提案办理意见反馈表”。

（六）承办单位应主动加强与提案者的沟通，共同协商解决问题的办法，并征询提案者对办理复文的意见。提案者对办理结果不满意的提案，承办单位要重新研究，再次办理和答复。提案者对承办单位的走访征询意见应当予以配合。在办理提案中，提案者可以通过提案联谊委员会向承办单位了解有关提案办理情况，参与提案的办理。

（七）办理政协参加单位、政协专门委员会提案，在书面答复前，应先征求该组织的意见。

（八）承办单位对于办理提案有显著成绩的下属部门和个人，可以适当方式予以表彰。

（九）办理结果，承办单位应在复文的右上角分四类标明：所提问题已经解决的标“A”；所提问题正在解决或列入规划逐步解决的标“B”；所提问题因目前条件限制或其他原因需待以后创造条件解决的标“C”；所提问题无法办到或留作参考的标“D”。

第二十三条 提案者收到承办单位办理提案的答复函后，应认真填写“提案者对提案办理意见反馈表”，并在15日内向县政协提案联谊委员会反馈。

第二十四条 每年选择2～5件反映县委和县政府亟待解决、人民群众普遍要求改进的，对推动工作有重要作用并具有较强可行性的提案作为重要提案，报送县委、县政府和县政协领导阅批，进行重点办理。

第二十五条 重要提案实行主席会议督办。可以采用提案联谊委员会、提案者、承办单位相结合的协商座谈、实地考察、专题调研、走访等方式，推动办理工作，保证办理质量。对提案中近期不能解决的重要问题，要跟踪督办，促进落实。

第二十六条 政协各参加单位、政协专门委员会等集体提案由专委会主任会议督办，一般提案由专门委员会组织委员督办。

第六章 附则

第二十七条 本条例经县政协常务委员会会议通过后施行，由县政协提案联谊委员会负责解释。

（六）

政协宜宾县委员会关于政协民主评议工作的实施细则

（2007年12月18日政协第八届宜宾县委员会第四次常委会议通过）

民主监督是人民政协的基本职能，是人民政协通过提出意见、批评和建议的方式，对国家宪法、法律和法规的实施，重大方针政策的贯彻执行，国家机关及其工作人员的工作，参加政协的单位和个人遵守政协章程和执行政协决议的情况进行的政治监督。政协的民主评议则是民主监督的一种特殊形式，是按照党委的部署，在政协常委会的领导下，有计划、有步骤地组织政协委员，集中时间对某些重大问题所涉及到的部门或行业开展的专项集体民主监督行为。为了使政协的民主评议工作制度化、规范化、程序化，根据《中共中央关于加强人民政协工作的意见》《中国人民政治协商会议章程》和《中国人民政治协商会议宜宾市委员会关于开展民主评议工作的试行办法》等有关精神和规定，并结合本县政协工作的实际，特制定本细则。

第一条 民主评议由县政协组织。参评人员以政协委员为主体，适当邀请相关专业人士和基层群众参加。被评单位是本县境内党的机关、国家机关、与社会公众生产生活密切相关的公共服务部门和行业。民主评议的目的旨在广泛吸收民意，就被评单位及其工作人员履行职责、遵纪守法、工作业绩、社会贡献等方面进行综合评价，提出批评和意见，帮助被评单位改进工作。

第二条 民主评议的基本原则：

（一）围绕中心，服务大局；

（二）关注经济社会生活中的重点、热点；

（三）贴近本地实际；

（四）客观、公正，实事求是；

（五）坚持广泛性、群众性；

（六）遵循现行法律法规；

（七）促进事业发展、社会进步。

第三条 民主评议的主要内容：

（一）工作成效：是否认真履行职责、成绩显著。

（二）职业道德：是否公正文明、遵纪守法、勤政（事）为民。

（三）团体作风：是否顾全大局、积极向上，坚持工作效率与服务质量、经济效益与社会效益相统一。

第四条 民主评议对象的确定：根据政协全体会议委员民主测评结果，由县政协常委会议或主席会议确定后，商县政府同意，报县委批准。

第五条 民主评议工作由县政协主席会议具体领导，根据评议事项和被评单位指定政协专门委员会牵头，组织政协委员、相关专业人士和基层群众参加。民主评议必须以政协委员为主体，充分发挥相关专门委员会和界别的优势，深入基层和群众。

第六条 民主评议任务确定后，民主评议工作大体按照组织准备、调查分析、评议审议、整改总结四个阶段进行，整个评议工作时间和各个阶段工作时间应视评议任务和具体情况而定，各个阶段工作内容亦可适当交叉进行。

（一）组织准备阶段：成立政协民主评议工作领导组和办公室，明确相关负责人和工作人员；组织、确定参评人员和参评单位；拟定民主评议实施方案，准备评议所需资料，落实评议物质保障；与被评单位商榷评议有关事项，被评单位按评议要求向县政协提交自查报告；组织参评人员了解掌握评议的基本方法和要求。

（二）调查分析阶段：县政协召开民主评议动员会，由参评人员、参评单位、县级机关有关部门领导、被评单位部分成员和部分公众代表参加，一般应邀请县委、县人大、县政府主要领导或分管联系领导到会指导；参评人员采取集中与分散相结合、明查与暗访相结合的方式，通过走访、视察、问卷调查、座谈会、查阅相关资料等多种形式调查研究；经归纳分析，初步梳理出被评单位的存在问题，经民主评议工作领导组同意，书面向被评单位通报。在此阶段，民主评议工作办公室与被评单位要加强联系、沟通，认真制定整改措施，做到边评边改。

（三）评议审议阶段：被评单位向县政协提交书面整改意见和措施；民主评议工作办公室根据所了解情况、评议意见和被评单位整改情况撰写民主评议报告，民主评议报告应包括对被评单位的总体评价、存在问题、批评建议等主要内容；召开县政协常委会议，与被评单位负责人进行面对面的质询、评议，审议通过民主评议报告；将审议通过的民主评议报告送达县委、被评单位及其上级部门、县级有关部门和上级政协。

（四）整改总结阶段：被评单位根据民主评议报告全面总结自身工作，向县政协和有关方面报送关于接受评议和积极整改情况的综合报告；县政协对被评单位的整改情况可适时跟踪调查，并及时将跟踪调查情况反馈给有关方面。

第七条 民主评议报告是政协重大的民主监督成果，代表政协对被评单位及党政工作的政治评价和意见。县委、被评单位的上级部门、县级有关部门在收到政协民主评议报告后应及时向政协回复其处理意见。

第八条 民主评议工作中应注意的问题：

（一）民主评议既是政治监督，也是舆论监督和群众监督、社会监督。要加强与新闻媒介的联系，对民主评议活动进行全程或重点报道，扩大民主评议的影响。

（二）对民主评议中所反映的重大问题，要认真核实、及时汇报、慎重处理，参评人员不得轻易下结论或擅自扩散。涉及保密事项的必须按保密规定向主管部门请示。

（三）在调查分析阶段向被评单位通报的初步反馈意见可以尽量“原汁原味”，以便客观反映社情民意；在评议审议阶段向县政协常委会提交的民主评议报告则要去粗取精、去伪存真、由表及里、突出重点，以求评议的准确性、科学性和严肃性。

第九条 本细则自宜宾县政协常务委员会通过之日起实行。

（七）

政协宜宾县委员会委员视察工作规则

（2007年11月5日政协第八届宜宾县委员会第十次主席会议通过）

第一条 为了促进委员视察工作的制度化、规范化、程序化，提高委员视察效果，根据《中国人民政治协商会议章程》有关规定，制定本规则。

第二条 委员视察是委员学习提高，知情明政，建言献策，认真履行政治协商、民主监督、参政议政职能的重要形式。

第三条 委员视察工作要高举中国特色社会主义伟大旗帜，以邓小平理论和“三个代表”重要思想为指导，深入贯彻科学发展观，坚持围绕中心，服务大局，深入实际，深入基层，深入群众，了解社情民意，提出意见建议，为促进我县经济建设、政治建设、文化建设、社会建设服务。

第四条 委员视察的主要内容：国家和地方法律法规的实施以及重大方针政策的贯彻执行情况；委员和人民群众关心的经济、政治、文化、社会建设中的重要问题；改革开放和社会主义现代化建设的重大成就；政府机关及其工作人员的工作情况等。

第五条 委员视察工作坚持统筹安排、统一组织、上下协作、周到服务的原则。

第六条 视察题目可由常委会议、主席会议、界别、专门委员会、委员提出，也可由党委、政府及其有关部门提出。

第七条 根据视察题目制定视察计划。每年年初，在广泛征求意见的基础上，由秘书长会议就视察题目和年度视察活动安排提出建议，拟定视察计划，报主席会议研究确定。

第八条 政协宜宾县委员会组织的视察活动，可委托专门委员会或界别具体组织实施，由秘书长会议统筹协调。按照政协宜宾县委员会确定的视察题目，专门委员会、界别可以单独或联合组织视察。

第九条 根据视察的相关内容，由视察的组织者邀请委员参加视察。委员参加视察时，要遵守视察纪律，认真了解情况，研究问题，履行职责。

第十条 视察活动一般采取情况介绍、实地考察、座谈、查阅有关资料等方式进行。视察活动中，应与视察地党、政领导或有关单位负责人交换意见，就有关问题提出意见和建议。

第十一条 视察活动结束后，应视情况形成视察材料。视察材料一般应送政协宜宾县委员会主席、副主席、秘书长阅，如需要可在政协宜宾县委员会常委会议上印发常务委员参阅。重要的报告可提请主席会议审议，报送中共宜宾县委或县人民政府和有关部门。视察活动中委员个人的建议可写成提案，也可作为社情民意反映。

第十二条 秘书长会议、专门委员会为本级组织的委员视察安排工作人员，负责视察活动的组织、协调和服务工作。

第十三条 委员视察的新闻报道工作，由政协宜宾县委员会办公室作出安排，并在本地新闻媒体作报道。

第十四条 委员视察的安全保卫工作，由政协宜宾县委员会办公室及相关单位负责。

第十五条 本规则经政协宜宾县委员会主席会议审议通过后实行。

（八）

政协宜宾县委员会反映社情民意工作规则

（2007年11月5日政协第八届宜宾县委员会第十次主席会议通过）

第一条 为发挥人民政协反映社情民意工作在履行政治协商、民主监督、参政议政职能中的重要作用，根据《中国人民政治协商会议章程》和全国、省政协关于反映社情民意信息工作条例，结合宜宾县实际，制定本条例。

第二条 反映社情民意信息工作，是政协各参加单位、专门委员会及政协委员，围绕国家大政方针和宜宾县的重大决策部署，针对我县政治、经济、文化和社会生活中的重要问题和人民群众普遍关心的问题，通过政协宜宾县委员会调研室《社情民意》简报，向中共宜宾县委、县政府以及上级政协反映重要情况，提出意见和建议的一项重要的经常性工作。

第三条 反映社情民意工作以邓小平理论和“三个代表”重要思想为指导，深入贯彻落实科学发展观，在推进我县经济建设、政治建设、文化建设、社会建设各个环节、各个方面发挥积极作用，为政协委员履行职责服务，为党政机关科学决策服务，为人民群众反映意见建议服务。

第四条 反映社情民意工作原则：

（一）突出重点。结合政协自身特点和优势，注意收集和反映那些从其他渠道不易了解和掌握的社会情况、民众呼声和各界人士的建议、批评。

（二）真实准确。原原本本地反映各种意见和建议。报送信息的内容要符合信息提供者的愿望。重要信息应认真核实，必要时可派人调查了解。

（三）讲求时效。做到收集快、整理快、报送快。对重大事件、重要情况一事一报，急事急报，必要时应跟踪连续报送。

第五条 反映社情民意工作内容：

（一）对国家和地方大政方针的制定与实施的意见、建议，特别是有关改革开放、经济建设和社会发展方面的重要决策、部署出台前后的反应。

（二）重要的社会动态和一些特殊性、敏感性的问题，特别是有识之士的警示性、批评性意见。

（三）对加强社会主义精神文明建设和民主法制建设的意见、建议，特别是对党政机关及其工作人员勤政廉政情况的反映。

（四）重大突发事件、严重自然灾害的情况，特别是消除隐患、维护稳定的意见、建议。

（五）群众较为关注、意见较大的热点问题，特别是有损人民群众利益的现象和问题。

（六）统一战线和人民政协工作中的重要情况，特别是保障政协委员正常履行职责的意见、建议。

（七）一个时期内各界人士的重要思想反映。

（八）各地在改革、发展、稳定工作中出现的新情况、新问题及对全局工作有指导意义的典型经验。

第六条 根据内容确定信息发送范围，采取措施保证信息安全，保护信息来源，维护信息提供者的合法权益。

第七条　反映社情民意是政协委员履行职责的重要方式。政协委员要密切联系人民群众，重点联系本界别群众，深入了解民情，充分体察民意，反映群众的愿望和要求，报送社情民意信息。

第八条　反映社情民意工作是各界别和专门委员会的重要职责。各界别和专门委员会要把反映社情民意工作与其他工作相结合，要在组织会议、委员视察、专题调研、委员提案、联系委员等项工作中，收集、整理政协委员反映的重要情况和意见、建议。

第九条　加强政协社情民意信息工作队伍建设。县政协各界别和专门委员会要明确专人负责社情民意信息工作，并根据需要在政协乡镇联系小组中确定社情民意信息工作兼职人员，要适时对社情民意信息工作人员进行业务培训。

第十条　政协宜宾县委员会调研室负责社情民意信息的收集、编辑、报送、反馈，以及有关组织、协调、服务工作。

第十一条　健全反映社情民意信息工作反馈机制，定期通报反映社情民意信息工作情况，以适当方式表彰反映社情民意工作先进单位和先进个人。

第十二条　加强与上级政协的工作联系，学习先进经验，提高反映社情民意信息工作水平。

第十三条　本条例自主席会议通过之日起实行。

（九）

政协宜宾县委员会文史资料工作规范

（2010 年 7 月 9 日政协第八届宜宾县委员会第 43 次主席会议通过）

一、为推进新世纪新阶段政协文史资料工作新的发展，根据《中国人民政治协商会议章程》精神，结合本县政协文史资料工作的实际，制定本规范。

二、政协文史资料是一种历史资料，是历史当事人和见证人对历史事件、历史人物的记述，具有“亲历、亲见、亲闻”的鲜明特色。政协委员及其联系的社会各界人士通过政协文史资料平台，从多个侧面反映社会历史进程及亲身感悟，既从真实性、细微性方面辅史学之证，以史为鉴；又从团结性、民主性方面争百家之鸣，促社会和谐。

三、政协文史资料工作是人民政协一项经常性、基础性工作，是人民政协履行职能的特有形式，具有“存史、资政、团结、育人”的重要作用。加强政协文史资料的征集、研究、宣传、出版工作，有利于巩固和发展最广泛的爱国统一战线，有利于繁荣社会主义史学文化，有利于推动经济社会科学发展。

四、政协文史资料工作的基本原则是：解放思想，实事求是，忠于史实；坚持“亲历、亲见、亲闻”特色，允许多说并存；坚持爱国主义和社会主义，遵守国家相关法律法规和政协章程；以史料征集、研究为主，注重宣传和利用。

五、政协党组和主席会议要把文史资料工作列入议事日程，并明确一名副主席分管此项工作。

政协成立文史专门委员会或指定相关专门委员会负责文史资料工作的安排部署和管理协调。

在政协机关设立“文史资料工作室”，明确专、兼职工作人员从事日常具体工作。

在政协委员、社会各界人士和相关文史机构中聘请“特约文史员”，开展文史资料收集、研究、编辑、撰写等工作。“特约文史员”任期与各届政协任期同步。

要支持和鼓励政协委员撰写文史资料，参与文史工作，并同其他履职活动一样纳入政协委员评价管理范畴。

六、文史资料须是具有一定历史价值和借鉴作用的史料，经过认真考证，恰当评估，集体审议后，即可征集。资料形态主要是文字的，亦可是实物的和音像的，按重要（A级）和一般（B级）两个等级收藏，并向提供者出具征集证书，付给征集费。

所征集的文史资料必须科学分类分级立卷归档，安全妥善保管，以利长期保存和使用。

七、加强文史资料的研究、利用和成果转化工作，努力提高政协文史资料工作水平。自觉接受上级政协文史资料工作部门的指导，负责地完成有关协作任务及交办课题；加强与本地党史、地方志工作部门及其他政协文史部门的联系，拓宽信息渠道，促进合作交流；紧密与相关史学部门、科研院所、团体和相关单位、企业的联系，积极参与史学研究和协作活动；要主动依托各种新闻媒介、杂志期刊和互联网络，充分展示文史研究成果，努力发挥政协文史资料的宣传教育功能。

八、在征集、研究的基础上，适时编辑出版《宜宾县文史资料选辑》。

编辑出版《宜宾县文史资料选辑》要弘扬主旋律，把社会效益放在第一位。入编稿件必须精心选择、认真审核，充分体现其真实性、典型性和时代性，力争出史料精品。

入编《宜宾县文史资料选辑》要充分尊重稿件提供者的意愿，及时给付稿酬，切实保护其知识产权。

《宜宾县文史资料选辑》的发行要面向任期内政协委员、特约文史员，本县科级以上党政部门、县级领导，上级及友邻政协，相关史学单位和机构。

九、切实保障有利于政协文史资料工作发展的物质条件。建好文史资料图书室，配备文史资料工作必须的基本器材和设施；文史资料日常工作经费纳入政协项目经费预算，并随着财力和社会发展而逐步提高；对《宜宾县文史资料选辑》等系列化文史资料的编辑出版及对全国、省、市政协的协作性文史资料征编工作申报政府提供专项经费。

十、加强政协文史资料工作队伍建设。要在政协机关中选择年富力强、具有相当学识水平和沟通协调能力、热爱文史工作的人员担任专、兼职文史工作员，并为其创造良好的工作条件和成长环境；要在政协委员和社会各界聘请有一定社会影响力和文学功底、有较强社会责任感的人士担任特约文史员，尽可能为他们开展工作提供帮助，形成较稳定的文史资料工作骨干力量。

要有计划、有步骤地开展经常性的文史资料学习培训、考察研讨、课题攻关等活动，努力提高文史工作者素质。

对在政协文史资料工作中表现好、贡献大的有关人员，要及时给予精神和物质奖励。

十一、本规范从通过之日起实行。

（十）

中共宜宾县委　宜宾县人民政府
批转《政协宜宾县委员会全体会议民主测评和协商意见通报办法》的通知

宜县委发〔2010〕25号

各乡镇党委，县委各部委，县级各部门，县属企事业单位党组织：

现将《政协宜宾县委员会全体会议民主测评和协商意见通报办法》批转给你们，请认真贯彻执行。

附件：政协宜宾县委员会全体会议民主测评和协商意见通报办法

中共宜宾县委　宜宾县人民政府

2010年12月9日

附件：

政协宜宾县委员会
全体会议民主测评和协商意见通报办法

为进一步贯彻落实《中共中央关于加强人民政协工作的意见》（中发〔2006〕5号）和《中共四川省委关于进一步加强人民政协工作的实施意见》（川委发〔2009〕18号）文件精神，使“政治协商、民主监督、参政议政”职能制度化、规范化、程序化，发挥人民政协人才荟萃、智力密集、联系广泛的独特优势，最大限度地调动一切积极因素，同心同德，群策群力，推进我县经济社会又好又快发展，为县政协委员在全体会议期间更好地履行职能，特制定本办法。

一、委员民主测评和协商通报的原则

（一）坚持党的领导的原则

坚持中国共产党领导，是多党合作和政治协商这一政党制度成功运行的首要政治前提。参加中国人民政治协商会议宜宾县委员会的单位和个人要自觉地接受中共宜宾县委的领导，提出提案、协商议政、建言献策、批评建议、民主测评、反映社情民意，都要有利于加强和改善中国共产党的领导，维护和发展安定团结的政治局面，在人民政协这一政治组织的范围内，富有成效地开展履职活动。

（二）坚持实事求是的原则

政协委员在民主测评和协商意见的反馈中，要以认真负责的态度，客观公正地行使权利和履行义务，尊重事实，不夸大其词，原原本本反映有关问题，做到知无不言，言无不尽，有理有节，有度有效，合法有序地向政府和有关部门提出意见建议和批评。

（三）坚持促进工作的原则

人民政协是联系社会各界人士、发扬社会主义民主的政治组织，是政协委员参政议政的重要平台。委员意见、建议和批评充分地表达和传递，有利于党委、政府集中倾听社会各界人士的合理诉求，为正确决策提供参考；有利于党政部门改进工作，不断促进全县各项事业向前发展。

（四）保护委员依章履职的原则

政协全国委员会《关于政治协商、民主监督、参政议政的规定》第九条规定：“政协委员的民主权利应受到保护。在政协的各种会议上，各种意见都可以发表。”委员因履行职能提出意见、建议或批评受到不公正的对待，政协组织有责任予以保护，组成调查组了解事情真相，据实提出建议，报同级党组织、纪检监察部门处理。

二、委员民主测评和协商通报的内容和方法

县政协全体委员会议期间，按照《政协宜宾县委员会全体会议工作规则》《政协宜宾县委员会提案工作条例》和《政协宜宾县委员会反映社情民意工作规则》等履职规定，政协委员要按时出席会议，认真审议和听取各项工作报告，阅读有关文件资料，积极参加分组讨论，提出提案，反映社情民意。同时，为进一步规范协商议政和民主监督履职活动，创新政协工作，探索政治协商领域，拓宽民主监督途径，全体政协委员要认真完成县政协布置的以下三项工作：

（一）对县政府、县政协、县法院、县检察院、发展和改革、财政预决算工作报告进行满意度测评

开展对县政府、县政协、县法院、县检察院、发展和改革、财政工作报告满意度的测评，是政协委员对其报告的工作真实性、客观性进行有效的协商和监督，是政协委员行使民主权利真实意图的表达，履职参政的具体体现。

满意度测评的档次：满意度测评分为“满意、基本满意、不满意”3个档次。

满意度测评的时间、方式：满意度测评时间安排在县政协全体会议最后一次分组讨论时，各小组以无记名方式同时进行。

满意度测评的结果运用：全体政协委员满意度测评结果，在当次全体会议闭幕式上予以公布；征得县委同意，也可适时向社会公开。

（二）对政府职能部门、直属事业、公用企事业单位满意度进行测评

鼓励政协委员充分发表意见和建议，增强委员履行职能的针对性和实效性。促进政府职能部门、公用企事业单位及其工作人员，正确执行国家的法律、法规和政策，依法行政，更好地为人民服务。

满意度测评的对象：政府各职能部门、直属事业单位、公用事业单位。

满意度测评的档次：满意度测评分为“满意、基本满意、不满意”3个档次。

满意度测评的时间、方式：满意度测评时间安排在县政协全体会议最后一次分组讨论时，各小组以无记名方式同时进行。

满意度测评的结果运用：全体政协委员满意测评结果，在当次全体会议闭幕式上予以公布，同时抄送纪检监察和组织部门参考。经县政协常委会议研究确定，征求县政府同意，报请县委批准，选择1～2个部门作为当年政协民主评议的单位。

（三）对县政府、县政协、县法院、县检察院、发展和改革、财政预决算工作报告协商意见进行通报

畅通民意表达渠道，引导公民有序的政治参与，既是政府各部门倾听参加人民政协

的各单位和各界人士的意见和建议，切实做好工作的需要，也是政协委员参政议政履行职能的重要形式。委员听取审议县政协工作报告，协商讨论县政府、县法院、县检察院、发展和改革、财政预决算工作报告，提出意见建议和批评，反映社情民意，不断促进政府、政协和“一府两院”及相关职能部门改进工作作风，提高工作效率。

意见建议的收集、梳理：政协全体会议期间，各委员讨论组记录员，对委员发言作好详实记录，经每组召集人签字认可后，当天交大会秘书处。大会秘书处负责完成委员发言资料的分类、整理工作，形成书面材料，提交政协主席会议审议。

意见建议的反馈、通报：经政协主席会议审议通过后，在政协全体会议闭幕式上，由大会秘书长向全体政协委员及列席人员反馈、通报委员的意见、建议和批评。闭会后，书面呈送县委、县人大、县政府和县法院、县检察院及有关部门领导决策参考。

（十一）

中共宜宾县委办公室

〔2018〕-54 号

中共宜宾县委办公室　宜宾县人民政府办公室
政协宜宾县委员会办公室
关于印发《宜宾县政协提案办理协商办法》的通知

各乡镇党委、政府，县级各部门，县属企事业单位：

经县委、县政府、县政协领导同意，现将《宜宾县政协提案办理协商办法》印发给你们，请认真贯彻执行。

中共宜宾县委办公室

宜宾县人民政府办公室

政协宜宾县委员会办公室

2018 年 5 月 22 日

宜宾县政协提案办理协商办法

第一章　总则

第一条　为切实发挥人民政协作为协商民主重要渠道和专门协商机构的作用，进一步加强县政协提案办理协商工作的制度化、规范化、程序化建设，根据《中共宜宾县委关于进一步加强政协工作推进人民政协协商民主建设的实施意见》（宜县委发〔2017〕28号）制定本办法。

第二条　提案办理协商是人民政协协商民主的重要形式，是提案者、提案承办单位（以下简称承办单位）、政协组织及有关方面为增进提案办理共识、推动提案建议落实开展的协商活动，贯穿于提案的提出、立案、交办、经办、督办、反馈各环节。

第三条　提案办理协商坚持围绕中心、服务大局、提高质量、讲求实效的提案工作方针，坚持民主协商、平等议事、注重实效、推动工作的原则。

第四条　提案办理协商的主体是提案者和承办单位，县督查目标办和政协提案联谊委员会是提案办理协商的协调方。提案者、承办单位和协调方均可提出提案办理协商要求。协商可以是提、办双方协商，也可以是多方协商。协调方可以召集多个提案或承办单位进行集中协商，承办单位可以召集多个提案者开展集中协商。

第二章　协商的内容、类型和形式

第五条　提案办理协商的内容包括提案选题协商、立案协商、交办协商、经办协商、督办协商和反馈协商等。由提案办理协商的组织者确定协商内容。

第六条　提案办理协商分为两种类型。第一种是承办单位和提案者双方参与的协商，第二种是承办单位、提案者和协调方三方参与的协商。当第一种类型的协商出现较大分歧时，由协调方组织第二种类型协商。涉及县委县政府重点工作、重大民生问题和办理难度较大的提案，协调方也可组织第二种类型的协商。

第七条　提案办理协商的形式包括电话联系、信函联系、登门走访、面商座谈、实地调研、情况通报和网络沟通等，具体协商形式由提案办理协商的组织者根据需要选择确定。采用面商座谈、实地调研等形式协商的组织者应在协商前5个工作日将包含议题、时间、地点、参加人员、协商形式、联系人等内容的协商方案通知有关单位和个人。

第三章　办理前协商

第八条　提案选题协商。提案者应围绕县委、县政府中心工作和人民群众关心的实际问题，通过走访座谈等形式与所联系界别群众沟通协商，增强提案选题的针对性和可行性。县级各部门和各乡镇应积极支持提案者就提案选题进行的前期调研和咨询协商，并适时向政协委员全面、客观地通报相关工作开展情况。县政协通过组织委员参加的政情通报会、协商会、视察调研等活动，就提案选题和内容与有关方面进行咨询协商。

第九条　提案立案协商。政协全体会议期间，邀请县委、县政府有关部门参与大会提案组工作，按照立案标准对收到的提案逐一审查，达成初审意见，形成审查报告提交全体会议审议通过。对作为并案、撤案、转为意见和社情民意信息处理的，应与提案者做好沟通解释工作。政协全体会议闭会期间收到的提案，由提案联谊委员会审查立案。

第十条　重点提案遴选协商。重点提案分为政协主席会议督办的重点提案和专门委员会督办的重点提案两类。对于主席会议督办的重点提案选题，由县政协提案联谊委员会在充分征求各方意见的基础上，协商提出选题建议，提交县政协主席会议审定。对于政协专门委员会督办的重点提案，由县政协提案联谊委员会会同各专门委员会从立案提案中协商确定。

第十一条　提案交办环节协商。县政协全体会议期间的提案，由县政协提案联谊委员会邀请县督查目标办参与现场办公，共同协商提出承办单位的建议，再由县督查目标办确定承办单位，并进行预交办，承办单位对交办有异议的，应在接件后5个工作日内提出调整申请并说明理由，经县督查目标办与相关单位协商一致后作相应调整。建立健全县政府和县政协共同交办机制，适时召开提案交办会议集中交办，明确办理时限、要求与责任。疑难提案、承办单位与提案者意向不一致的提案，由各方共同协商解决。政协全体会议闭会期间的提案，由县督查目标办与县政协提案联谊委员会及承办单位协商交办。

第四章　办理中协商

第十二条　提案经办环节协商。承办单位应把沟通协商作为提案办理的必要环节，在接受提案后，要与提案者沟通，准确了解提案者的真实想法，共同探讨提案办理；形成办理方案后，要与提案者协商，完善办理措施；形成办理复文后，要征求提案者反馈意见。未经沟通协商，重点提案未经面对面协商，提案复文不得进入报批程序。由两个以上单位联合办理的提案，主办单位要主动与协办单位沟通，共同做好办理协商，提案办理复文应体现各方意见；协办单位要积极配合，及时将办理意见书面告知主办单位。

第十三条 提案办理协商应把涉及地方经济社会发展和事关民生的重点难点提案作为重要协商内容。

（一）重点提案重点协商。政协主席会议督办的重点提案，经县委、县政府主要领导批示后进行交办；政协专门委员会督办的重点提案，经县委或县政府分管领导批示后进行交办。重点提案的办理方案由县督查目标办组织承办单位共同拟定，经领办提案的县委、县政府领导批准后实施。政协组织的重点提案督办活动，邀请提案者和提案承办单位代表参加，就提案中的意见和建议深入协商，形成办理共识，督办成果以视察报告、调研报告、重点提案摘报、政协信息等形式报送县委、县政府及有关部门。承办单位主要负责同志要具体负责政协重点提案和自选重点提案的办理工作，通过阅批重点提案、审查办理方案和办理复文、督促协商沟通、主持召开提案办理专题协商会等形式，确保重点提案办理取得实效。

（二）热点提案集中协商。承办单位或协调方要选择提案集中关注的问题，约请相关提案者开展同类提案办理集中协商，由承办单位通报提案办理情况，征求提案者意见，完善提案办理方案，办理结束后答复提案者。政协专门委员会在与县委、县政府部门开展对口联系工作中，要针对提案集中关注的问题进行研究协商，就办理方案交换意见，促进提案办理，推动部门工作。

（三）疑难提案专家协商。协调方要针对情况复杂、办理难度大的疑难提案和综合性提案，邀请该领域的专家学者与提案者、承办单位共同开展实地调研或专题视察，借助智力资源分析问题，完善提案办理方案，推动提案办理落实。承办单位也可视情况组织类似协商。

（四）争议提案评议协商。协调方可根据承办单位或提案者的建议，针对提案者对办理结果不满意的提案、反复提交的提案等，邀请政协相关界别和专门委员会等组成评议委员会，与提案者、承办单位共同开展评议协商，在充分听取意见的基础上，由评议委员会提出倾向性意见，力求各方达成共识。

第十四条 再次办理提案协商。对于办理结果不满意的提案须进行再次办理，由承办单位领导与提案者再次协商，在充分沟通基础上再次答复。

第十五条 承办单位和协调方要积极稳妥地扩大提案办理协商的参与面，视情况邀请市民代表、专家学者、新闻媒体等参与提案办理协商。

第五章　办理后协商

第十六条　督促检查环节协商。承办单位应建立和完善提案办理台账制度，把提案办理工作纳入部门工作同安排、同部署、同检查。县督查目标办与县政协提案联谊委员会共同开展提案办理工作督查，重点对办理复文中承诺落实但未落实的、提案者多年反复提出或提案者对办理结果不满意的提案，加强协商督办和跟踪落实；县政协要通过组织提案办理“回头看”、全体会议民主评议重点提案办理情况等活动，加大督查督办力度。重点提案民主测评中，满意率在85%～90%的提案，承办单位要开展“回头看”，将继续办理情况分别报送提案者和协调方；满意率低于85%（不含85%）的提案重新办理。县督查目标办与县政协办公室要协助承办单位全面推进提案内容与办理复文公开工作，接受社会监督。

第十七条　“B”类提案跟踪督办协商。对上年办理结果为“B”类（拟采纳或列入计划逐步解决）的提案，由县督查目标办会同县政协提案联谊委员会督促原承办单位继续办理，并报送进一步办理的结果，促进“B”类提案的转化落实。

第十八条　采纳反馈环节协商。承办单位应积极吸收采纳提案办理协商形成的成果，提案办理成效及时向提案者和协调方反馈。县领导对重点提案督办协商形成的报告、社情民意等作出批示的，承办单位应重点办理落实并反馈。每年年底，县政府对提案办理情况进行总结，并向县政协常委会议作通报。

第十九条　县督查目标办对提案办理协商工作进行目标绩效考核时，主要考核提案办理协商效果，对承办重点提案的单位的考核要结合全体会议重点提案民主测评结果。

第六章　组织领导

第二十条　健全提案办理协商的组织领导机制。建立健全县政协提案办理协商统筹协调机制，县委、县政府主要领导领办县政协主席会议督办的重点提案，县委、县政府分管领导领办专门委员会督办的重点提案，及时研究解决提案办理协商中的实际问题。县政协主席会议定期听取提案工作情况汇报，研究确定重点提案和督办工作。县领导要带队督办重点提案和走访承办单位，出席重点提案办理协商会议。

第二十一条　落实提案办理协商单位相关责任。承办单位主要负责提案办理过程中协商的组织工作，要严格执行提案办理相关制度，将提案办理协商贯穿于提案办理全过程；要尊重提案者的民主权利，与提案者进行深入沟通、充分协商，积极采纳并落实提案中的合理建议。提案者应积极参加提案办理协商活动，充分发表意见，提出办理建议，及时接受承办单位的办理回访，客观评价办理结果。协调方负责提案办理协商的协调、督查等工作，根据需要及时组织提案办理协商，研究解决提案办理协商工作中出现的新情况新问题，促进各方达成共识，增强提案办理协商实效。

第七章　附则

第二十二条　本办法自印发之日起执行。

第二十三条　本办法由县政协提案联谊委员会负责解释。

二、文件选编

（一）

函复川南区协商会

宜常字第〇一七二号

一九五二年八月十六日

事由：为函报我会人事、经费、会址等问题已协商解决，请予备查由。

前接你会七月十二日（52）协二字第一七七号通知，嘱进行协商迅速解决人事、经费、会址等问题以推动协商工作，前已得到解决如下：

一、人事：第三届常委会（自去年十月至本年六月）原设主席一人由县长兼任，副主席一人、驻会代表一人、秘书一人均系专任。自六月十五日改组选第四届常委会，不设副主席，主席仍由县长兼任；另设秘书长一人，由民政科长兼任；秘书一人，驻会代表一人，系专任。

二、经费：第三届常委会每月三个人的公杂费规定在十万元以内实报实销，工资由县府会计室拨发。第四届常委会每月两人公杂费按照科室办理，各为供应十二分；工资由民政经费项下开支，均由民政科按月拨发。

三、会址：原设喜捷镇南华宫内，自八月五日县府由喜捷迁回宜宾城，暂设在县府内。

以上解决办法是否适当尚希指示，以便改进为荷。

此致

川南区协商委员会

附名册一份（略）

常委会　涂克生

（二）

川南区各界人民代表会议协商委员会

川南协地（二）字第二四三号

一九五二年八月卅日

宜宾县常务委员会：

七月廿五日常字第一六〇号函附送总结报告二份、代表统计表二份均收到，现答复于下，供你会参考。

产生代表一般经过村的评选、乡的代表会选举（或说小组酝酿、大会通过）是对的。但有的代表说："我这次是来学习，学习后好回去搞工作。"代表把各代会看成普通的学习会，不知道自己作代表的重大责任与应起的作用，以此总可以说明，我们对代表的帮助和提高以及会前对中心议题的宣传还做得不够。我们的意见，最好是在会前就先将会议中应该解决的中心问题交给群众去充分酝酿，尽量提出他们的要求和意见由代表带到大会中来，会后再由代表把决议带回去传达给群众，动员他们为贯彻执行大会的决议而共同努力。因之传达工作，也必须要有详密的布置、指导和检查，否则有些代表"散会回去就无声无息的不起作用了"。更重要的，我们还要经常地紧密地联系代表，帮助他们提高光荣感、责任感，鼓动他们随时报告工作，反映群众意见，提出建议，并及时协商处理解决他们所提出的问题。这样，代表们就可以发挥其应有的作用，更进一步去联系与团结群众，共同来推动各种工作。

个别区乡干部对代表不重视的现象，协商政府民政部门，注意加强建政工作和协商工作政策的教育，予以克服。

川南区各界人民代表会议协商委员会
秘书处（章）

（三）

中国共产党宜宾县委员会统战部（报告）

总号 62

主送机关：县委、地委统战部
抄送机关：留底、政法党组
本件三页，共印五份，1955 年 10 月 5 日印发

关于撤销常委会工作的报告

我县第四届各界人民代表会议常务委员会已于 9 月 23 日的常务委员会议正式协商决定撤销机构，结束工作。

第四届常委会原有委员 44 人，因工作需要调离本县 5 人，这次到会 21 人。其中县、区工作人员 10 人，工商联主任 1 人，社会人士 1 人，西医 1 人，乡主要干部 2 人，农业社长、社委 3 人，互助组长 1 人，普通农民 1 人，煤厂工人 1 人。没有出席的 18 名常委中，有机关工作人员 7 人，乡脱产干部 3 人，乡主要干部 3 人，村代表主任 1 人，联组生产队长 1 人，苗族 1 人，煤厂工会主席 1 人，县农会 1 人，目前生活上都无困难问题。

常委中当选县人民代表 15 人，到会 5 人（包括 2 名人民委员会委员）。

这次常委会议是紧接着第一届人民代表大会第二次会议之后召开的。先组织他们讨论了政府工作报告、各项决议和人代会的关于粮食“三定”的重要发言，再由副县长吕名扬同志就解放几年来常委会协助政府，联系群众，推行政策法律，动员和组织全县各方面人士参加各项社会改革运动和各种爱国运动，推动各界人士的学习和思想改造，经常反映人民群众的意见和要求等主要工作成绩和今后努力方向作了报告。强调指出常委

会在党的正确领导下，依靠广大人民群众的支持，终于完成自己的光荣的历史任务，在各方面的人民群众中有了贡献。然后征求他们对撤销常委会机构的意见，了解目前生产生活上有无困难问题。

由于常委会中的两位上层民主人士在人代会上当选为人民委员会委员，情绪正高，到会机关工作人员占一半以上，又有相当多的县人民代表，通过他们积极响应和骨干作用，一致同意结束常委会工作。上层民主人士、县工商联主任肖少平说：“人民委员会同样是有各个阶层，非常广泛，同样能代表各阶层人民的意见，完全能代替。常委会结束是应该的，机构虽然撤销，工作仍应继续努力，在自己的工作岗位上，贯彻人代会决议……勤勤恳恳，老老实实，共同搞好人民的事业。”罗稻韭表示：“个人做得不够，今后在人民代表、人民委员岗位上，虽不敢说贯彻，总之有一份力量尽一份力量。”市管会干部、原常委会委员谢湘（农民）说：“人民代表大会已经召开，选出了人民委员会，撤销常委会机构是社会发展必须的。”

现在，随文送来42名常委登记表，缺农会、小教联代表2名。表中机关工作人员生活问题属内部解决范围，经济情况没有填写，只说明了现任职务。

中共宜宾县委统战部

1955年10月1日

（四）

宜宾县各界人士学习委员会一九五六年工作总结报告及一九五七年工作要点

（一九五七年宜宾县各界人士学习委员会第一次委员会议（扩大）通过）

（一）

一九五六年是社会主义改造形成高潮的一年，伟大祖国的面貌，起了根本的变化，建设社会主义已经成为全国人民当前的奋斗纲领。客观形势的迅速发展，各界人民迫切要求学习理论、时事、政策。为此，在中共宜宾县委的领导下，于八月十三日成立了县学委会，配备专职干部二人，赓即又在工商界、医务界和白花、横江、观音、蕨溪四大集镇成立学委会分会，各配专职干部一个。工商、卫协分会又按每一老区配专、兼职学习辅导员一人，共计36人。除文教界早已有领导学习的组织开展了系统的理论学习外，通过四个多月来的工作，各界人民的学习基本上已经开展，医务界比工商界开展迅速经常，上层代表人物比一般人民学习积极钻研，从而帮助他们提高了社会主义觉悟和发挥了工作积极性创造性，并初步起到了共产党联系各阶层人民的桥梁作用。

一、广泛地组织了各界人民学习。县学委会成立后，各界人民开展了系统的理论、时事、政策的学习，医务界首先开展，工商界到十月才正式开展学习。四个多月主要学习了全国人大一届三次会上李维汉副委员长的发言、周恩来总理发言、省政协一届二次委员会议主要精神，“八大”文件第一单元，匈牙利事件和英、法、以侵略埃及问题。在学习方法上，县学委会主要采取召开委员扩大会，组织各界人士学习座谈会和组织学习报告等形式。召开的两次扩大会都扩大到30余人，各界上层代表人物都有参加，一次学习座谈会多至109人，有各方面的代表人物，也有少数民族的上层代表人物参加。并组织县学委会委员、县人委委员，同时取得宣传部同意又组织机关学习辅导员深入场镇向工商界、医务界作“八大”文件与匈牙利事件、埃及问题的学习报告，听众达3000余人之多。四大集镇分会主要是组织各界上层代表人物的学习座谈会，各界上层代表人物有100余人参加了当地二至四次学习座谈会。工商、卫协两分会主要是训练学习辅导员和检查布置学习，两个分会在学习“八大”第一单元时都训练了学习辅导员，在他们学习的基础上向广大的工商业者和医务工作者作学习报告，工商联系组织工作干部下乡配合他们作学习报告。计参加学习的人数工商界达2250人，医务界达1295人。通过县学委会的组织学习，使全县中医、西医、兽医、工商界的上层代表人物和工商业者、文教界的代表人物和社会民主人士都参加了学习，把政治学习有组织地推向广泛。

二、通过学习，帮助各界人士和工商业者提高了社会主义觉悟，加强了团结，从而发挥了工作积极性和创造性。

四个多月来，各界人士和工商业者自觉地结合生产、工作、思想进行学习，提高了社会主义觉悟和政治思想水平，更加靠近党和政府，响应党和政府的号召，遵守政策法令，加强了团结，努力钻研技术，从事科学研究，积极改进生产和企业的经营管理，尽力为人民造福。八月的县各界人士学习会，在座谈调动一切积极力量为社会主义服务的基础上，不少老年医师自我批评了以往图名图利的思想，介绍了许多经若干实践证明疗效显著的秘方验方，不少搞生产的小业主介绍了准备生活无着时借以糊口的独特生产技术和企业管理的先进经验。从而工商界、医务界出现了“学习先进，发扬先进，打破陈规，改进技术”的新气象。医务界不少医师根据自己的经验积极研究别人介绍的秘方或从事新技术的钻研，目前许多医师正在研究刘晓光老师介绍根据黄济川的痔疮疗法改进的处方，金坪医师李 ×× 钻研结果疗效良好。最近刘晓光老师又从事治疗钩虫的处方的研究已收得初步成功。通过政治学习推动了业务学习，许多中医药剂师积极钻研医理。如柏溪杨绍伯、王树文二人已能正式处方，而且柏溪医务学习小组已由省中医进修学校作为我县函授重点小组。另外过去不愿带徒弟的保守现象已逐步克服，全县中医培训的新生力量已有 100 余人。突出表现是中医和兽医的团结加强了。如商州以前互不相关，现在互相帮助，共同进步。兽医郭秉均原不识字，得到联诊所的帮助，已能认写药名百余种，便利了处方。工商方面，通过学习总的是积极因素日益增加，消极因素日益减少。有的私方人员主动争取公股代表的领导，团结工人积极经营搞好生产经营管理；许多合营企业、合作商店、合作小组正在找生产窍门，积极改善经营管理，建立必要的制度，乐于接受国家计划生产。如双石合作食堂压缩粮食计划三分之一，以代用品——红苕作燕窝丝等八种食品，因而既增加了花色品种满足市场供应，又保证营业额上升节约了粮食供应。蕨溪合作食堂发现一斤面粉用作面卖只有五碗，用作抄手卖则有十五碗，于是改卖部分抄手，包心用部分豆腐，不但扩大了供应面，而且使消费者满意又节约面粉 30%。白花合作食堂出现五个好：团结好，清洁卫生好，服务态度好，质量口味好，因而群众反映好。营业额也逐步上升。高场丝烟合作小组，以往一人一月推烟 400 斤，通过学习发挥了劳动积极性，现在一人一月推烟 750 斤，提高劳动效率 87.5%。双石公私合营国药店私方经理邓文祥积极向外购回畅销货，经常保持品种 500 多种，使营业收入逐月上升。一般小商小贩积极送货下乡支援农业生产，进一步起到沟通城乡物资交流，搞好工商和农民团结关系的作用。而小手工业者通过学习后，在改造技术、提高质量、降低成本上都取得很大成绩，有的手工业社生产和改良农具达 70 多种。

三、初步起到了共产党联系各界人民的桥梁作用，扩大了民主生活，同时亦紧密了各阶层人民之间的关系。

我县无政协组织，各界人士学委会就起着共产党联系各界人民的桥梁作用，是各界人民说话的论坛和监督党政工作的又一机构。八月的县各界人士学习会上，学习了“长期共存，互相监督”的方针，各界人民本着有利社会主义的前提下积极监督政府工作，会上主要批评了对待知识分子的宗派主义、官僚主义等严重缺点，基本上做到了“畅所欲言，直言不讳”。针对这些主要问题，县委发了言表示接受并作了交待。这确是我县开展“互相监督，开展批评与自我批评”的良好开端。又在十一月学委会上敞开了意见，大胆批评了县委、县人委法制观点不强，（一九）五六年到十一月份一次人代会都未召开；个别县长集体领导观念薄弱的严重缺点。而广大的各界人民也积极通过学委会向党说知心话，四个月来县学委会收到各界人民来信和口头反映20余起，已全部转与县委，大部分已获解决。如蕨溪联诊所十月份口头反映黄山茶场雇用诊所一个医师三个月零二十日不给工资，也不照顾疾苦一事，经反映县委，十一月份该镇已主动联系诊所付给报酬。从而大大鼓舞了当地医师社会主义积极性。他们反映“各界人士学委会硬是各界人民说话的场所”。由于有了学委会的组织和广泛学习的开展，在为共同事业而奋斗的感召下，各阶层人民间的联系紧密了，不仅互相谅解化除了成见，而且互相帮助，互相关怀，有助于各项工作的推动。

（二）

四个月来的工作成绩是基本的、主要的。但是，一方面由于我们政治思想和理论水平落后客观形势的发展，新的工作无经验，对组织学习的具体要求不够明确，专职干部未专业化，加之面宽分散未决定学习基点，对指导联系分会亦差，实际情况了解亦不够，因而领导一般化；另一方面，是分会对本身的职责不够明确，专职负责人员忙于自己业务，主动组织具体活动少，因而发挥作用不够，形成我们去就组织学习，我们不去就停止学习，以致在工作中存在着以下主要的缺点：

一、学习质量不高，学习情绪低落。医务界、工商界自开展学习后，曾一度形成热潮，但由于政治水平低，文化水平差异大，居住分散，行业复杂等特殊情况，给学习带来不少困难和阻碍。学习文件一般都是“一读众听”，读后无所讨论，讨论往往会场冷落，发言难辨是非，讨论后仍是思想含混，感到收获不大影响了学习情绪。如横江诊所医师罗利生说：“党关心我们学习，就是学习后没有什么收获，每次学习都是念文件，念了就讨论，讨论一阵大家都不明确主要精神，所以大家不来学习。”该诊所开头学习有23人参加，后来人数逐减，中途停学一月之后仅有7人。在医务界中部分未参加诊所的专业医师未参加学习，半专业医生几乎都未参加学习。工商业者一般只是听学习报告，很少组织讨论，就是工商联分会干部也有一月仅学习二至三次的。

二、学习内容不全面，对各方面的重大政策布置学习不够，协助推动中心工作的作用不大。我们在布置学习时，有单纯学习理论时事的偏向，未与私改、工商、文教、卫生部门密切配合，组织工商业者和医务工作者学习每个时期的重大政策，致使通过学习积极推动中心工作不够。因而某些地方还出现了学习与工作的矛盾，政治学习与业务学习的矛盾。

三、对各界人民的联系不广泛，反映意见少，起共产党联系各界人民的桥梁作用不够。学委会委员13人中，各方面的人士仅6人，所占比例不大；县里的学习座谈会不可能经常召开，大集镇分会组织座谈少，因而联系面不广，各界人民四个多月来无论书面和口头反映的意见仍然不多；甚至有关方面的代表人物和各界人民还有不少的不知道学委会是各界人民说话的场所，起着共产党联系各界人民的桥梁作用。

（三）

社会主义革命已经基本完成，社会主义制度已经基本建立，当前全国人民的主要任务就是要集中力量把我国尽快地从落后的农业国变成先进的工业国，就必须团结国内外一切可能团结的力量，充分利用一切有利条件，大力开展增产节约运动，贯彻勤俭建国、勤俭办合作社、勤俭办企业、勤俭办一切事业的方针，为完成和超额完成第一个五年计划和积极为第二个五年计划作好各种准备而奋斗。为此，各界人士还需要进一步加强理论、时事和重大政策的学习。根据去年学习情况，特提出一九五七年组织学习的工作要点如下：

一、扩大联系面：加强与各界人民的联系。且学委会委员由13人扩大到19人，四大集镇分会委员由7人扩大到11人或13人，三月前完成增选工作；学委会和分会每季度召开委员会议（扩大）一次，座谈各界人民对党和政府的批评和建议；委员广泛联系各界人民经常向学委会反映他们的意见，学委会及时处理好人民来信，认真做好收转和答复工作。

二、加强学习领导。学习内容主要是政治、理论、时事和重大政策。具体内容根据每个时期国内外形势的变化确定；目前主要是继续学习“八大”文件，学习无产阶级专政的历史经验和开展增产节约运动的政策。学习方式方法：民主人士和各方面的代表人物，以自学为主辅以听取学习报告，组织讨论，写学习心得或个别联系、个别辅导的方法。广大的医务工作者、工商业者应以听学习报告为主，自学和组织讨论为辅，要求参加诊所的专业医生，各级工商联干部坚持经常学习，定期组织讨论。县学委会每季度组织委员和有关方面的人士学习一次，并组织他们辅导本地各界人民学习。工商界、医务界分会根据学习的需要在县学委会的具体指导下训练好专、兼职学习辅导员，以便向工商业者和医务工作者作学习辅导报告、解答问题和处理学习中的具体困难问题，认真做好辅导工作。

为了加强学习领导，学委会和分会组织委员学习时，应具体总结研究布置学习，学委会以横江镇为基点先学一步，以创造经验指导全面；为了提高工作效率，学委会和工商、卫协分会的专职干部统一使用，一人办理日常工作，一人搞点，二人巡回辅导。

三、加强汇报工作。各分会必须于每一学习阶段开始前拟订简单具体的学习计划报送县学委会，结束后必须向学委会作一次书面报告。平日学习中的疑难问题，应及时向学委会报告。分会召开座谈会后，应将座谈情况，批评、建议向学委会作专题报告。

（五）

中共宜宾县委文件

宜县委函（80）18号

中共宜宾县委
关于召开政协宜宾县第一届委员会
第一次全体会议的通知

各区委，县级有关单位党委、总支（支部）：

省委批准我县成立政协，县委于十一月下旬邀请各人民团体和各界代表、无党派人士，经过民主协商，决定了宜宾县政协第一届委员会委员。县政协首次会议将于十一月三十日在柏溪召开。为了开好这次会议，请你们抓紧做好以下工作：

一、各区委、各有关单位党委、总支（支部）负责同志，安排适当时候，召开一次座谈会议，宣传新时期统一战线和人民政协的性质和任务，增强政协委员的责任心和光荣感，并征求政协委员对本地区本单位各方面工作的意见，以调动他们的积极性，发挥他们的积极作用。

二、政协委员所在单位党组织，关心和帮助解决他们的实际困难，解决后顾之忧，支持和保证政协委员按时出席会议，开好会议。

三、政协委员所提出的重要意见和要求，请及时转告县委统战部。

附政协委员通知书和开会的通知，请迅转给本人。

中共宜宾县委

一九八〇年十一月廿六日

抄送：县委宣传部、统战部、组织部、办公室。

（六）

中国人民政治协商会议四川省宜宾县委员会文件

宜县政协发（82）19号

政协宜宾县委员会关于学习、讨论、修改《中国人民政治协商会议章程修改草案》意见的报告

四川省政协：

我县政协自报上发表全国政协关于将《中国人民政治协商会议章程修改草案》（以下简称《修改草案》）交付各级政协委员会提出修改意见的《决议》后，先后组织常委和县所在地柏溪镇委员，分别学习和讨论了《修改草案》的《总纲》。8月23日至24日，又根据全国政协《决议》和省政协《决议》与《通知》的精神，召开了常委扩大会议，召集全县委员一同参加《修改草案》学习，出席学习委员66人（学习《总纲》时人数32人次）。由主席主持，分组逐章逐条讨论。因事因病未参加学习委员，分别送给《修改草案》和有关学习讨论的《决议》与《通知》，要求他们学习讨论后，各自寄来讨论意见。

现在学习、讨论已经结束，特将我县政协常委和委员讨论意见，汇总报告于后。

附《修改草案》讨论修改意见一份。

政协宜宾县委员会秘书处

一九八二年九月二日

报：县委、地委统战部。

抄送：人大、政府、县委各部。

关于《中国人民政治协商会议章程修改草案》的修改意见

一、关于《总纲》部分

（一）第二自然段最后一句，有两位委员提议，在“今后在社会主义现代化建设、

维护国家的团结和统一以及保卫世界和平的斗争中”的“以及”之后，加上“加强各国人民友好合作”和“保卫世界和平”联起来，意义更全面些；有三位委员不同意加，意思是加个内容虽属重要，但它是达到保卫和平的手段，不应与八十年代的三大任务并列。

（二）第三自然段中，“知识分子的绝大多数已经是工人阶级一部分，同工人、农民一样成为社会主义事业的依靠力量”，三十二位委员提出与当前报刊上提法不一样，建议按照《关于建国以来党的若干历史问题的决议》的提法，写成“知识分子同工人、农民一样是社会主义事业的依靠力量”。

（三）第三自然段中，“作为阶级的地主阶级、富农阶级已被消灭……”，有三位委员提出“作为阶级的”五个字是多余的，后文明明写的是阶级，删去了不影响意思；一位委员认为要，不能删，因为它提示后边的文字是从“阶级”含义提出，有表示已成过去的历史和引起注意的作用。

（四）第三自然段中，“知识分子的绝大多数……已经改造成为自食其力的劳动者”一长段，有四位委员建议删去，理由有三：一是，那是党对知识分子状况的分析和估价，便于领导知识分子工作，不必在政协章程上写；二是，因“绝大多数”外还有“极少数”，如有这不利于落实知识分子政策，调动知识分子积极性；三是前文已经说了“我国社会阶级状况发生了根本的变化”，不必要再对地主、资本家阶级进行阐述了。一位委员认为那一长段是对“我国社会阶级状况发生了根本的变化”的具体阐述，可以帮助人们理解我国现状和党的统战工作，可以帮助委员认识政协的重要性，因而不能删。

二、关于《工作总则》部分

（一）第五条中，“在政治、法律、经济、文化、教育、科学技术、卫生、体育等方面……”中，四十四位委员建议在“卫生”之后加上“计划生育”一项，因为中央提出把“计划生育”订为国策，而人口控制在我国当前又那么重要，政协章程理应加上。

（二）第八条中，在“宣传和贯彻国家的知识分子政策”后，有四位委员建议加上“反映他们的意见和要求”。因为一是政协本来就有这项任务；二是第九条民族政策上有类似提法。

（三）第九条中，在“宣传贯彻国家的民族政策”后，有二位委员建议加上“尊重少数民族风俗习惯”，以利于加强民族团结；有一位委员认为不必加，因为“民族政策”包括了这个内容。

（四）第十五条最后，有五位委员提出，加上“地方委员会要向上级委员会反映情况，加强联系”一句，这样既有上情下达，又有下情上达，更利于政协工作的开展。

三、关于“组织总则”部分

（一）第二十七条的“以及在本会会议上发表意见”之后，十九位委员希望加上“不打棍子，不抓辫子，不戴帽子，不装袋子”的词句，以便广开言路，畅所欲言。

（二）第二十八条中，有十五位委员建议在“依据情节给以”后加上“批评、教育”等方式，表明立足于帮助，立足于拉。

（三）第二十八条最后，有一位委员希望加上“全国委员会对上诉的单位和个人所作的认定为最后决定”，这可避免不必要的纠缠。

（四）在本章里应增定一条，即对那些“对社会建设、民族团结、国家统一、人民生活、科学创造有卓越贡献的单位和个人给予表彰和奖励”。

四、关于“地方委员会”部分

（一）第四十条中的“地方委员会每届任期按当地情况决定”，有十九位委员认为改成“与当地人大任期相同”为好，因为县以下是直接选举，那样好作统一部署和安排；有两位委员认为由于县级情况相差较大，原文的提法灵活性大，便于考虑，可以不改。

此外，还有部分意见，如在“意见”前要加上“正确”，“要求”前要加上“合理”，“物质文化”要加上“生活水平”，政协委员要“模范”地贯彻执行，要学习“经营管理”，“经过三十多年的奋斗”要加上“解放前或解放后”等，在讨论时或讨论后已有所弄清，就不详报。

一九八二年九月二日

（七）

中共宜宾县委办公室文件

宜县委办〔2002〕28 号

中共宜宾县委办公室
关于印发《宜宾县政协机关机构改革方案》的通知

各乡镇党委，县委各部委，县级各部门、县属企事业单位党组织：

《宜宾县政协机关机构改革方案》经县机构编制委员会审定后，已经县委批准，现予印发。

中共宜宾县委办公室

2002 年 4 月 29 日

宜宾县政协机关机构改革方案

根据《中共宜宾市委宜宾市人民政府关于印发〈宜宾县县级党政机构改革方案〉的通知》（宜委〔2001〕63 号）和《中共宜宾县委宜宾县人民政府关于县级机关机构改革的实施意见》（宜县委发〔2001〕29 号）精神，宜宾县政协机关机构改革方案确定如下：

一、主要职责

县政协机关内设机构为县政协办公室，其职能配置是：

（一）机关服务和管理的主要职责

1. 负责政协全委会议、常委会议、主席办公会议和常委会组织的视察、考察的筹备、服务工作；

2. 拟定全年工作计划，分解任务到各岗位；

3. 负责秘书事务，起草常委会、办公室和各专委会文件资料及机关文件资料的打印、文件收发传阅、文书档案管理工作；

4. 负责政协机关行政事务、干部职工政治业务学习、劳资人事管理、安全保卫、后勤服务、公共财物的购买管理、基建修缮、车辆维修管理；

5. 负责与外县（市）政协间的联系、接待，负责与县委、县人大、县政府及其各职能部门的工作联系，负责政协专委会间的联系、协调、服务工作；

6. 承办“三会”交办的其他有关工作。

（二）承办县政协提案联谊委员会工作主要职责

1. 负责委员提案、意见、建议和来信来访工作的审查立案、交办督办、调查研究；

2. 组织委员学习，指导各委员联系组开展活动；

3. 负责政协各组成单位、各族各界人士的联谊工作；

4. 负责与政法系统开展对口协商、民主监督和专题调查研究，以及工作联系。

（三）承办县政协文卫科教委员会工作主要职责

1. 负责与县委、县政府有关文体、教育、宣传、卫生、计生、科技职能部门开展对口协商、民主监督和专题调查研究，以及工作联系；

2. 负责组织、编撰、出版文史资料专辑。

（四）承办县政协经济委员会工作主要职责

1. 负责与县委、县政府有关经济职能部门开展对口协商、民主监督和专题调研工作，以及工作联系；

2、根据县委、县政府改革、发展的工作中心，制定经济委员会全年工作计划和措施。

二、人员编制和领导职数

宜宾县政协机关行政编制为 12 名，其中：办公室主任 1 名，副主任 5 名。

机关工勤人员事业编制 2 名。

中共宜宾县委办公室

2002 年 4 月 29 日

主题词：职能　机构　编制　县政协　通知

抄　送：县人大办、政府办、政协办、人武部、纪委。

（八）

中共宜宾县委办公室文件

宜县办字〔2017〕60号

中共宜宾县委办公室
关于2016年县政协换届工作先进单位的通报

各乡镇党委，县委各部委，县级各部门、县属企事业单位党组织：

在2016年县政协换届工作中，各乡镇和县级相关部门在县委的坚强领导下，紧紧围绕“过程圆满、结果圆满、氛围圆满”目标，坚持党的领导，凝聚思想共识，充分发扬民主，严格遵守换届纪律，圆满完成了县政协换届工作，确保了换届工作风清气正。经县委同意，决定对双谊镇等55个县政协换届工作先进单位予以通报表扬。

希受表扬的先进单位珍惜荣誉，戒骄戒躁，再接再厉，再创佳绩。全县各级各部门要以先进单位为榜样，进一步解放思想，振奋精神，改革创新，努力开创工作新局面，为决战决胜全面小康，建设中国西部绿色经济强县作出新的更大的贡献。

附件：2016年县政协换届工作先进单位名单

中共宜宾县委办公室

2017年9月29日

附件

2016年县政协换届工作先进单位名单

双谊镇　永兴镇　孔滩镇　观音镇　柳嘉镇　合什镇　泥溪镇

蕨溪镇　古柏镇　古罗镇　高场镇　喜捷镇　柏溪镇　普安镇

横江镇　安边镇　复龙镇　双龙镇　凤仪乡

县委办　县人大办　县政府办

县政协办　县纪委　县法院

县检察院	县委组织部	县委宣传部
县委政法委	县委统战部	县公安局
县直机关工委	县总工会	县信访局
团县委	县妇联	县工商联
县科协	县残联	县委农工委
县扶贫移民局	县供销社	县发展改革局
县经济商务科技局	县交通运输局	县食品药品监管局
县财政局	县地税局	县国税局
县工商局	县教育和体育局	县卫生计生局
县文化广电局	县住建城管局	县人力资源和社会保障局

（九）

中共宜宾市叙州区委文件

叙委干〔2018〕7号

中共宜宾市叙州区委
关于钟建华等五名同志职务更名的通知

中共宜宾市叙州区政协党组：

四川省人民政府《关于同意调整宜宾市部分行政区划的批复》（川府函〔2018〕119号）同意，撤销宜宾县，设立宜宾市叙州区。根据市委《关于陈良云等二十七名同志任职的通知》（宜委干〔2018〕80号），区委同意：

钟建华同志的中共宜宾县政协党组成员、书记职务更名为中共宜宾市叙州区政协党组成员、书记，宜宾县政协主席职务更名为宜宾市叙州区政协主席；

曹益平同志的宜宾县政协副主席职务更名为宜宾市叙州区政协副主席；

邓良同志的中共宜宾县政协党组成员、副书记职务更名为中共宜宾市叙州区政协党组成员、副书记，宜宾县政协副主席职务更名为宜宾市叙州区政协副主席；

蔡宇同志的宜宾县政协副主席职务更名为宜宾市叙州区政协副主席；

文华同志的中共宜宾县政协党组成员职务更名为中共宜宾市叙州区政协党组成员，宜宾县政协秘书长职务更名为宜宾市叙州区政协秘书长。

中共宜宾市叙州区委（代章）

2018年9月12日

三、履职选辑

（一）

宜宾县各界人民代表会常务委员会
公　函

常字第14号　一九五〇年二月四日

收文者：军管会财经接管处

事由：函送妇女类决议案一件

兹随函送上妇女类决议案一件请酌情处理为荷。

宜宾县各界人民代表会常务委员会办公室（章）

提案人：妇女代表

提案：吁请政府扶助贫苦妇女家庭手工棉织业继续供纱销布由

理由：目前商业未恢复期，手工棉织业甚感纱无来源产品无销路之苦，势将被迫停工生活无着，此不特贫苦妇女棉织业工人之悲惨厄运亦抑社会秩序安宁之隐忧，亟待政府设法扶助救济，在政府恢复生产发展贸易原则下，目前已承贸易公司掉纱购布，今后恳祈继续维持。

办法：一、由政府以资金向渝厂商大批购运原料回宜，以畅纱源，成本品则由贸易公司收购或掉纱。

二、拟请政府转函贸易公司派员负责与妇联会洽谈以利工作进行，是否有当敬候指示。

审查意见：送财经接管处在可能范围内处理

宜宾县各代会常委会办公室（章）

（二）

宜宾县各界人民代表会议第二次会议关于克服困难突击完成征粮任务的决议

（一九五〇年三月三十一日）

宜宾县各界人民代表会议第二次会议，在听取了征粮指挥部关于征粮工作的报告后，完全同意这个报告，并认为宜宾的征粮工作，在任务已经确定的地区，业已大体上做到公平合理，故组织缴粮已为当务之急。至于新摊尚未摊好的地区，任务亦尚未确定，也应以缴粮作为中心工作。因为春耕在即，继续拖延缴粮时日，势必影响今年生产，并使征粮困难增多。为了争取时间，免误春耕起见，本会认为组织缴粮不但应为当前的中心工作，而且应以突击方式，在政府规定之期限内（四月十四日前）完成任务。本此精神，特作决议如下：

（一）在业已确定任务地区，各粮民即按榜示负担数目，限期缴纳。

（二）凡任务已经确定地区，如犹有个别粮民自认为负担畸重者（如以地主为例，一般地主超过其收获量百分之六十、大地主超过其收获量百分之八十者），可据实具文向区人民政府由请调整，但应先缴负担总数百分之八十至少七十，并经群众认可后始得由请。俟突击缴粮时期后，经人民政府审核属实，予以适当调整。

（三）新摊任务尚未确定地区，粮民应按旧派通知单所示数目缴粮，俟新摊摊好，任务最后确定后，多退少补。倘有自认为赋元畸重者，经群众认可，得先暂缴八成，最少不得低于七成。

（四）我们认为政府为了照顾实际困难，及时春耕生产，所以宣布公粮分两期缴纳。但其所规定的先缴七至八成，系指我县目前必须完成的总任务而言，而不是指每个粮民都只先缴七至八成——如果这样就不能保证目前完成总任务的七至八成。所以凡粮民都应当尽可能全部完纳，其有确实困难，经群众认可者，可先缴七至八成，小春后再补缴二至三成。

（五）为了完成突击缴粮任务，便利人民缴粮困难起见，大会决议：请求政府关于附征公柴可部分采取先粮后柴的缴纳办法，以利粮民优先运缴公粮，但附款仍应随粮缴纳。应完公柴，最迟也不得超过限期十天。

（六）凡业已实行减租的（凡因减产等原因而让租者，或明减暗不减，如表面减租，另一面又增加租额，使佃户并未真正获得减租利益者等，都不算减租），经佃户对质、群众证明属实者，应据中央政务院规定，其减去部分应缴之公粮，由佃户负责。但如有纠纷，应由群众评议，人民政府判决解决之。

（七）凡因佃户不向地主交租，因而地主未收得租谷者，地主应纳公粮，应由佃户负担。但地主须到田土所在地向区人民政府呈报，经佃主双方对质，并须经群众证明，情况属实者方可。同时地主本身也仍有协助区人民政府督促佃户缴纳公粮之责。

（八）为使突击征粮任务如限完成，大会决议组织区、乡缴粮动员委员会，一般的农民成分应占百分之五十，其他各方面人士（包括地主中表现开明、深明大义的人士）及乡保人员占百分之五十。

（九）缴粮动员委员会可设联络、宣传、劝缴、核算、服务等部门，把缴粮责任大家担负起来，并参考城关区、安阜乡等动员缴粮经验，以各种有效方式进行工作。在进行工作中，主要应是动员和劝缴，如劝说不听，可用公布名单等方式予以警告，再不听，则请求政府予以惩罚。对于带头缴粮的农民及缴粮积极的地主，应予适当表扬。

（十）我们知道目前的负担政策，还只能大体上做到公平合理的原因之一，在于地主未实行或未完全实行并户，因此议请政府彻底执行并户登记，并制定地主并户奖惩条例，我们号召尚未并户的地主们自动申请并户，对于继续维持化整为零，企图逃避负担的个别顽固分子，应予适当处罚。

（十一）加强城乡缴粮动员委员会的联系，使企图逃避负担的不法地主，无所隐藏。

（十二）解放后的民间借贷关系，应遵照中央政务院的规定“凡解放后成立之借贷关系，利率由双方自由协议，并应有借有还，此种新的借贷关系，政府应承认其为合法的。”广泛展开宣传，俾使深入民间，去除借贷中的顾虑。

最后，大会认为我县公粮负担是不重的，事实证明，即使地主的负担，普遍也没有超过他们的负担能力，也不会影响他们的生活。因此，我们对完成任务是有信心的。只要我们认识到了征粮任务如果不能完成，国家的建设和我们人民的生活都要蒙受莫大的损失，只要我们各界人民，在这样一个认识的基础上，紧急动员起来，加强团结，以百倍努力协助人民政府，就定可克服困难，完成征粮任务。

一九五〇年三月三十一日

（即为第一届宜宾县各代会第二次全体会议决议）

（三）

四川省宜宾县各界人民代表会议常务委员会关于协助推动“中苏友好月”的各项活动总结报告

一、宣传教育方面

我县“中苏友好月”的各项活动于11月7日全面展开，我会除于事前根据省协商会联合办事处关于推动“中苏友好月”各项活动的通知转请各区乡常务委员尽力协助各区举行有关中苏友好的活动外，并在县府所在地区协助中苏友协分会召开了两次会员大会及庆祝大会、座谈会等，宣传举行“中苏友好月”的重大意义，会员们对苏联及为什么要参加中苏友协的认识有了进一步的提高。同时，邀请参观苏联回来的代表龙海来、罗芝煜在农民训练班作了一次重要的报告，广大农民更充分地认识了苏联的一切先进经验，要积极向苏联学习，受了一次更好的前途教育。此外，各区都举行了庆祝大会，宣传中苏友好的精神。八区各学校教师及速成识字班教师学员和农村干部除在逢场天化装作街头宣传、夜间演剧外，又组织了金钱板、牛儿灯深入村组宣传，使群众对苏联给我国的无私的援助有深刻的良好印象。十二区在中苏友好月中成立了六个分会，结合发展了会员一百一十九人，并成立了两个宣传站，利用场期和黑板报等进行广泛的宣传。如蕨溪第四中学曾作了宣传十次，听众有四千八百二十人。

二、组织学习方面

我驻会人员除参加县府学委会对中苏友协分会发下的十一项文件进行深入学习外，各区乡则由常务委员协助发动小学教师和乡村干部等一起学习。并在十二月二十一日召集的各界人民代表会议中作了一次有关中苏友好的谈话，代表们更认识了苏联的今天就是我们的明天，对建设新中国的美好前途充满了无限的信心。

三、成绩和缺点

“中苏友好月”的各项活动，由于我会的协助推动，更广泛地使代表委员们和一般群众对苏联发生了好感，认清了苏联才是我们忠实的朋友，美国是我们凶恶的死敌，因而有了加紧学习苏联、彻底消灭美帝的决心。只是由于事先没有订出具体计划，没有组织代表小组深入边远乡村积极展开广泛的宣传和学习，未能做到“家喻户晓”，未能使中苏友好活动经常化，今后应认真改进。

一九五二年十二月二十八日

（四）

宜宾县学委会组织各界人士学习五届人大二次会议和五届二次政协会议文件的情况反映

在上级党委的领导下和关怀下，宜宾县学委会于7月6日和16日召开学习会议，组织驻柏溪镇的各界爱国人士，座谈讨论了五届人大二次会议和政协五届二次会议文件，到会的各界爱国人士解放思想，畅所欲言，会议开得生动活泼。大家畅谈了粉碎“四人帮”以来各条战线取得的巨大成就，认为整个国民经济形势已经发生根本变化，表示拥护中共十一届三中全会关于把全国工作着重点转移到现代化建设上来的伟大战略决策和所采取一系列方针政策，一致表示拥护邓小平副主席在政协的开幕词、叶剑英委员长在人大的开幕词和华国锋总理所作的政府工作报告，以及大会其它的报告，并决心在今后的工作中坚定不移地贯彻执行。到会同志以主人翁的姿态，对当前大好形势，调整国民经济的方针，发扬社会主义民主和健全社会主义法制的问题，新时期的统一战线和人民政协面临的新形势和新任务，进行了认真热烈的讨论。现根据会上讨论情况，分别整理如下：

一、对当前大好形势的认识

到会各界人士一致认为，从五届人大第一次会议闭幕，到现在已经一年零三个月了。这是团结战斗的一年零三个月，是波澜壮阔的一年零三个月，是成效卓著的一年零三个月，经过这段期间的继续努力，抓纲治国已经大见成效，各条战线都取得了一系列新胜利。工商联主任肖少平说，政治形势大好，全国范围大规模揭批林彪“四人帮”的群众运动已经基本上胜利完成，对林彪“四人帮”的极左路线，从各方面进行了深入的批判，对“四人帮”造成的冤、假、错案进行了大规模的平反工作，党的各项政策得到落实，出现了一个安定团结的政治局面。工商界爱国人士张克勋说，形势发展之快、之好出乎预料，充分证明党的十一大提出的路线和三中全会确定的方针政策是完全正确的，也说明了广大工人、农民、知识分子的社会主义积极性已经调动起来了。医务界爱国人士周珣说，大好形势喜人，展望四化征途，增强了革命信心，“四害”横行时，想用自己的技术，多为人民服务，早上班，迟下班，反而挨骂。工商界爱国人士张澄光说，党的三中全会关于农业的两个文件下达农村以后，受到广大农民和干部热烈欢迎，广大农村呈现出多年来未见的欢欣鼓舞的景象。医务界爱国人士胡良怀说，财贸战线形势大好，物价稳定，市场繁荣，人民生活得到了改善。总之到会各界人士都一致认为，经过粉碎“四人帮”以来的两年多的努力，我国各条战线都取得了巨大的胜利，整个国家形势已经发生了根本的变化，迎来了伟大的历史转变，把全国的工作着重点转移到社会主义现代化建设上来的时机已经成熟了。大家还一致认为，现在的形势同刚粉碎“四人帮”的严重局面相比，确实是成绩巨大，同时也是来之不易的，我们一定要十分珍惜和爱护安定团结的大好形势，团结起来向前看，团结起来搞四化，这是全国的大局，是当前和今后一个相当的历史时期最大政治。

二、对调整国民经济八字方针的认识

华国锋总理在政府工作报告中说，中共十一届三中全会以后，国务院全面地分析了我国经济建设的现状，认为必须在前两年多经济恢复和发展取得巨大成就的基础上，从今年起集中三年的时间，认真搞好国民经济的调整、改革、整顿、提高，把它逐步纳入持久的按比例的高速度发展的轨道。大家一致表示完全赞同，还认为，中央提出的八字方针，是一个保证我国现代化事业真正能够脚踏实地向前发展所必须采取的完全积极方针，而不是消极后退的方针，那种认为这个方针是消极后退方针的观点是完全错误的。工商联主任肖少平说，进行社会主义建设，必须按着客观经济规律办事，只有按比例才能高速度，八字方针是一个具有战略意义的决策，使国民经济逐步纳入持久的按比例的高速度发展的轨道，使我国向四个现代化进军的步伐更加扎实可靠。文教界黄毓奇说，这次调整与 1962 年的调整不同。1962 年的调整是在国家经济十分困难的非常时期，这次调整是经过两年恢复已经取得很大成就的新的历史时期；62 年的调整减少了大批职工，这次调整不减少人员，还要安排七百万人就业；62 年的调整是先退后进，先下后上，这次调整，从局部来看是有上有下，有进有退，但从总体上看，是在调整中前进，在调整中提高的。医务界周珣说，相信经过三年的调整工作，国民经济的发展速度将会大大加快，人民的生活水平将会有所提高，我国社会主义的优越性，将更能充分地显示出来。

三、对加强社会主义民主和加强社会主义法制的认识

加强社会主义民主和加强社会主义法制，是实现四个现代化的根本保证。只有充分发扬民主，才能使人民解放思想，发扬主人翁的责任感、积极性和首创精神。到会委员还一致认为，为了保证人民民主，必须加强法制，使民主制度化、法律化、秩序化、纪律化。“四人帮”所以能够猖獗十年之久，大搞封建法西斯专政，造成了大批冤、假、错案，根本教训在于我们过去缺乏民主，法制不健全。华主席关于加强社会主义民主和加强社会主义法制的论述，和提出的措施，总结了我国三十年来政权建设的经验教训，完全反映了全国人民的意志和愿望。

四、对党的统一战线政策的认识

大家认为邓副主席的开幕词言简意赅，用马列主义、毛泽东思想，科学地总结了三十年来统战工作的经验，精辟地分析了我国的社会阶级状况、发生的根本变化，提出了在新的历史时期中政协工作的方针、任务和政策，是新时期统一战线和人民政协的行动纲领，也是今后统战工作的理论根据，将会在国内外产生重大深远的政治影响。工商联主任肖少平说，党的领导、武装斗争、统一战线，是革命的三大法宝，四害横行时，取消了统一战线工作，打倒“四人帮”后毛主席统一战线又回来了，我们万分高兴。医务界周珣说，过去推翻三座大山，要统一战线，“四人帮”说，今天不要了，邓副主席的报告说，要发展壮大革命统一战线，我们感到放心。文教界黄毓奇说，邓副主席的报告说出了我们心里的话，解决了我们思想问题。大家一致认为，随着四个现代化建设和对外工作的开展，将有更多的人参加到统一战线队伍中来，我国革命统一战线，是一个兴旺发达的形势，我们感到欢欣鼓舞，精神振奋，非常高兴，更加坚定了跟着共产党，走社会主义道路的决心。

到会的各界爱国人士一致表示要反求诸已，做到名实相符，使自己的思想和行动，符合四个现代化的要求，符合四项基本原则，要活到老、学到老、改造到老，抓紧有生之年，把自己的智慧和精力，全部贡献给社会主义事业，绝不辜负党和人民的殷切期望。大家还一致认为，今后学委会要开展活动，组织和推动各界人士学习理论，进一步调动各方面人士为社会主义服务的积极性，为发展革命统一战线作出贡献。有不少各界人士还说，今后不仅要发挥学委会组织的作用，而且还要发挥委员本身的作用，密切联系更多的群众，倾听人民群众的呼声，宣传党的各项方针政策，经常向党反映情况和意见，协助政府做好工作，认真履行委员的光荣职责。

最后，大家共同表示，要紧密团结在华国锋同志为首的党中央周围，为贯彻五届人大五届政协第二次会议作出的各项决议，为打好工作重点转移到社会主义现代化建设上来的第一个战役，为加快我国的现代化建设的步伐，同心同德，群策群力，努力奋斗。

中共宜宾县委统战部

1979 年 8 月 9 日

（五）

中国人民政治协商会议
宜宾县第一届委员会第一次全体会议议程

一、传达五届全国政协三次会议精神。

二、列席宜宾县第七届人民代表大会第一次会议。

三、民主协商推荐宜宾县人民代表大会常务委员会、县长、副县长、县人民法院院长和县人民检察院检察长人选。

四、提出议（提）案。

五、选举政协宜宾县第一届委员会主席、副主席、常务委员和秘书长。

六、通过政治决议。

县政协第一届委员会第一次全体会议秘书处

一九八〇年十一月三十日印

（六）

中国人民政治协商会议
宜宾县第一届委员会第一次全体会议建议书

关于宜宾县人大、政府、法院、检察院候选人的建议

人大主席团：

我会全体委员根据段志华同志关于选举我县第七届人大、政府、法院、检察院领导工作人员候选人的讲话，本着德才兼备、照顾方方面面、全面考虑、统筹安排的原则，经过两天酝酿，反复讨论，再由主席团研究，一致同意推荐候选人名单。现将候选人名单向宜宾县第七届人民代表大会主席团推荐。

附：人大、政府、法院、检察院候选人名单

政协第一届委员会第一次全体会议主席团

一九八〇年十二月六日

推荐候选人名单

人大常委主任：

孙科玉　王恒义

人大常委副主任：

肖少平　万贤香（女）　钟骆南　范克武

人大常委委员：

赵光明　张阿维　甘智年　赵勋达　阳治国
邓隆英　罗北陵　谢家勋　吕仲和　李容声
王克斌　范方金　杨友珍（女）　肖大容（女）　代吉林
张光容（女）　袁德娟（女）

县　长：

彭铁肩　温巨成

副县长：

周正言　罗树君　马富春　陈南风　韩秀君（女）
胡开玉（女）　殷文介　何祖跃

法院院长：

骆德富　陈明德

检察院检察长：

林华均　郑明华

（七）

中国人民政治协商会议
宜宾县第一届委员会第一次全体会议政治决议

（一九八〇年十二月十日中国人民政治协商会议宜宾县第一届委员会第一次全体会议通过）

中国人民政治协商会议宜宾县第一届委员会第一次全体会议于十一月三十日至十二月十日在县文化馆礼堂召开。出席会议的委员共七十五人。会议是在生动活泼的民主、团结的气氛中进行的。到会委员听取了古远友同志的开幕词、段志华同志的讲话，听取和审议了高祥义同志关于宜宾县政协筹备工作的报告，听取和学习了陈南风同志关于五届全国政协三次会议精神的传达报告，选举了宜宾县第一届常务委员会，宣告宜宾县政协正式成立。

会议期间，全体政协委员列席了宜宾县第七届人民代表大会第一次会议，听取了政府工作报告和其他各项报告。通过学习讨论，一致认为粉碎“四人帮”以来，在党的领导下，宜宾县的工作取得了很大的成绩，发展现代化建设事业是大有希望的。大家对前途充满信心，以主人翁负责态度，敞开思想，畅所欲言，对政府工作提出了许多中肯的批评和有益的建议，生动地反映了与会同志高度的爱国主义热情和对社会主义事业的责任心，体现了人民政协的检查监督作用。

会议期间，全体委员经过充分的民主协商，按照中央提出的选拔干部的三条标准，全面考虑，统筹兼顾，推荐了第七届县人民代表大会常务委员会和人民政府、法院、检察院领导工作人员的候选人，在我县政治生活中，开始发挥了人民政协的民主协商的作用。

会议认为，宜宾县第七届人民代表大会第一次会议和政协宜宾县第一届委员会第一次全体会议的召开是我县人民政治生活中的一件大事，具有重要的历史意义。政府工作报告，实事求是地估价了粉碎“四人帮”以来我县各项工作取得的成绩和存在的问题，并给全县人民提出了今后的任务。我们坚信这次人民代表大会选出的人大常务委员会和政府领导工作人员，一定能够率领全县各族人民完成这次人民代表大会提出的各项任务，把宜宾县的事情办好，为祖国的社会主义现代化建设事业作出应有的贡献。

会议认为，原县各界人士学习委员会，在中共宜宾县委的领导下，对于推动我县各界人士的政治学习，促进社会主义改造和社会主义建设，做出了不少成绩，起到积极的作用。现在，根据新时期四化建设的要求，适应巩固和扩大革命的爱国的统一战线的需要，建立中国人民政治协商会议宜宾县委员会是完全必要的，它的建立，必将更广泛地团结各人民团体、各界、各方面的人士，促进政治生活民主化，广开言路，广开才路，把一切有用之才和可尽之力都调动起来为实现四化服务。

人民政协是中国共产党领导下实现各民族、各民主党派、无党派民主人士、各人民团体、各界爱国人士团结合作的重要组织，也是我国政治体制中贯彻社会主义民主，实行互相监督的重要形式。因此，我县政协要充分发挥民主协商互相监督的作用，对我县四化建设、群众生活和各方面工作等重要问题，进行调查研究和自由讨论，积极地提出意见和建议，共同把我县的事情办好。

人民政协要充分发挥检查监督作用，对宪法、法律、法令的实施，对政府工作和各级干部实行监督，揭露官僚主义现象，同违法乱纪行为开展积极的斗争，并在遵纪守法方面起到积极作用。

会议认为，促进台湾归回祖国，早日完成祖国统一大业，这是全中国人民普遍关心的大事。台湾人民是我们的骨肉同胞，台湾省是中国领土不可分割的一部分，委员们一致表示，要继续高举爱国主义的旗帜，积极开展对台宣传和团结工作，为台湾归回祖国，实现祖国统一，团结海外同胞关心祖国四化做出应有的贡献。

人民政协面临的光荣任务向我们提出了更高的要求。全体委员深感任务光荣，责任重大，我们一定要胸怀全局，以国家主人翁的高度责任感，把五届全国政协三次会议和我县政协第一届委员会第一次会议精神和确定的任务贯彻到各个方面去，积极地把人民政协的工作开展活跃起来，加强马列主义、毛泽东思想和时事政策学习，加强业务学习，进行文史研究，开展技术交流，以适应新形势、新任务的要求。

会议号召：全县各人民团体、各方面的爱国力量、全体政协委员，在中共宜宾县委的领导下，调动一切积极因素，巩固和发展革命的爱国的统一战线，加强各族人民的大团结，同心同德，坚定不移地贯彻党和政府的路线、方针、政策，积极拥护和参与各项制度的改革，为完成我县今后三年国民经济计划和各项任务而努力奋斗！

政协宜宾县第一届委员会第一次会议秘书处

一九八〇年十二月十日

（八）

政协简讯第一期

一九八一年五月二十日　宜宾县政协秘书处主编

宜宾县政协一届三次常委会议上常委提出的意见和建议

（根据记录整理）

一、为了充分发挥政协的民主协商作用和对宪法、法律、法令的实施的监督作用，今后人大常委会和政府提交政协协商的单行法规、条例和布告，希同时提供所依据的政策和法令文件，并由有关部门负责同志向政协作必要的说明。

二、人大常委会和政协学习中央和省的指示、决定时，不要照本宣科，要联系本县的具体情况，讨论提出贯彻执行的具体措施。

三、为什么乱砍乱伐、贩卖木材的情况制止不住，孔滩附近还有用汽车来装的？这与放得太宽，打击不力有关。区社写过不少处理报告，法院尚未大张旗鼓地对严重违法者依法严惩。基层干部和群众不敢管，怕报复、杀人、烧房子。公检法要管，刹住乱砍乱伐盗卖木材的歪风。

四、要监督税收，确保国家财政收入。有些社队企业卖百货，不上税。金坪缝纫社理发店不上税，把资金也分了。建议人大常委会和政协联合组织调查，国营和集体工商业、个体商贩，偷漏税的都要补。

五、社队企业应不准经营百货。社队企业经营百货，就挤了集体商业和个体商贩，增加安置待业人员的困难。

六、现在农村家家户户都在议论责任制，很有兴趣，有说好的，有说不好的，趋势是包产到户，阻挡不住。如何引导？许多干部心中无数，在观望。开会学文件，不要念完了事，要安排讨论消化，要研究出具体办法。

七、粮站新招青年职工多，要教育他们爱惜粮食，加强保管。观音粮站就出现了粮食收起来，管理不好，被雨淋湿的问题。

八、定计划、拨投资，要落在实处，讲求经济效果。有的地方说计划发展长毛兔多少，结果把钱拿去修房子。

九、要重视对社会青少年的教育，社会青少年对在校学生有直接影响。现在社会青少年中问题多，有些人耍流氓作风，安边女教师晚上就不敢上街。

十、要关心儿童，做好儿童工作。要通过“六一”儿童节的庆祝活动，引起社会对儿童的重视。人大常委会、政府和政协都要重视儿童工作。希望“六一”儿童节庆祝会，四大机构都参加。

十一、新职工多，业务技术水平低。中央要求抓培训，职工群众也愿意学，应立足我县实际情况，自己培训。当然困难多，只要树立全局观点，克服本位主义，问题不难解决。

十二、要宣传新婚姻法。有的干部喜新厌旧，这类问题违反婚姻法，司法局应管起来。

十三、通过深入调查，中、小学真正办得好的，要表扬，在全县推广他们的经验。同时，也可以从中发现人才、推荐人才。

十四、对技术革新活动要支持，不能企求一次成功。673厂刘永江搞革新，起初试验失败了，再试验，找厂领导要人，给了一个聋子，还有人散布说“试验方案不会成功”，泼冷水。

十五、人大常委和政协常委下区，都要注意了解政协委员的情况，找他们谈心，听听他们的想法、意见和要求。

十六、各部门都要建立岗位责任制，明确职责，分管范围的工作一定要搞好。

十七、宜宾市将军街仓库为什么会发生仓库堵塞东西霉烂这些问题，就由主管部门处理。

十八、供销社收购樟油，社队企业也在收购樟油。樟油是出口物资，要加强管理。

十九、我县计划和统计部门薄弱，要加强这两个部门的工作。计委要认真研究如何发挥对人大常委会和政府的参谋作用。订计划要从实际出发，如商业局的旅馆，原计划住五百至一千人，平时只有五十人。有的水库花了很大力气，投了很多资，天旱时究竟能起多少作用。

二十、统计和计划部门不宜搞在一起，应互相起监督作用。

二十一、现在供销社与百货公司扯皮，争做生意。要解决政策问题。建议分管领导同志深入调查研究，开小型座谈会，学外地经验，不回避矛盾，做好工作，把干部思想统一到政策上来。

二十二、财贸机构庞大，各搞各的，下面反映问题就踢皮球，你推我，我推你，解决不了。范克武主任的作风好，按照政策能解决的就解决，不能解决的就明说，不拖拖拉拉。

二十三、白马公社拐骗妇女的，情节严重，害人不浅，至今尚未处理，逍遥法外。

二十四、建议县人大常委会通知各区代表小组，各区人民代表小组学习党的方针政策，以及讨论大政方针、四化建设、群众生活的重大问题时，通知当地县政协委员参加，以便沟通情况，交换意见，提高认识，统一思想。

报：县委、地委统战部

送：县人大常委会、县人民政府

（此为县政协成立后首期工作简报）

（九）

宜宾县政协一届四次常委会议讨论县人大常委会关于整顿社会治安《告全县人民书》（讨论稿）的意见

（一九八一年八月二十二日上午）

一、当前，县人大常委会就整顿社会治安问题发布《告全县人民书》，是必要的，目的是动员全县人民立即行动起来，同各种违法犯罪活动和非法行为作坚决斗争，维持社会主义的生产秩序、工作秩序和生活秩序。政协常委会表示坚决支持。

二、这个文件，要写得有号召力和鼓动性，讨论稿的语言不够带劲，有点平淡。严重情况和危害性要讲够，强调整顿社会治安是广大人民群众的共同愿望和强烈要求。

三、文件的对象是全县人民，第二段，在“我县每一个公民”之后，就不必提“特别是全体县人民代表”了。

四、把号召全县人民和各单位行动起来，维护治安，制止犯罪的段落放在前面，把敦促坏人痛改前非，警告犯罪分子的段落放到最后面，主次才比较清楚。

五、动员人民起来检举揭发，表现好的要给予表扬和奖励，要写得有力，要强调。

六、拐骗和贩卖妇女的犯罪行为严重，《告全县人民书》要提一下。

七、更重要的，要采取切实有效的措施，动员和组织各级干部和广大群众，制止犯罪，打击犯罪，并且要经常化，不是热一阵冷一阵。

附：

宜宾县人民代表大会常务委员会告全县人民书（讨论稿）

当前，党的十一届六中全会精神正激励和指导着我县人民胜利前进。但是，在大好形势下也存在不少问题。一些受无政府思想影响的人，聚众赌博，乱砍滥伐森林和倒卖木材，打架斗殴，大搞封建迷信和诈骗活动，严重危害社会治安。一小撮杀人、放火、强奸、抢劫等犯罪分子，为非作歹，破坏社会治安，搅得人心不得安宁，使国家和集体经济遭受损失，人民的生命和财产得不到应有的保障，社会正常的生产秩序、工作秩序、教学秩序、科研秩序受到不同程度的破坏，经济建设受到严重影响。为此，必须坚决打击刑事犯罪分子的破坏活动，必须坚决制止聚众赌博、乱砍滥伐、打架斗殴、迷信和诈骗等非法行为，整顿好社会治安。这是广大人民的迫切要求，四化建设的迫切需要，急不可待，势在必行。

维护治安，人人有责。我县每一个公民，特别是全体县人民代表，都应有强烈的责任感和当家作主的精神，加强学习，弄懂什么是合法行为，什么是违法行为，增强法制观念，自觉地遵纪守法。同时，要提高警惕，擦亮眼睛，对各种犯罪活动，对各种非法行为，要挺身而出，大胆揭发，敢于斗争，做到人人都来维护社会治安，人人都来反对歪风邪气。极少数有违法乱纪活动的人，要勇于认错，停止活动，迷途知返，痛改前非。如果继续执迷不悟，一错再错，屡教不改，以身试法，必将被人民所唾弃。

政法部门要充分发挥专政的职能作用，坚决贯彻依法从重、从快的方针，打击敌人，保护人民，伸张正气，煞住危害社会治安的歪风。

机关、厂矿、企事业、学校、街道、社队，都要把维护社会治安作为一项重要任务，把抓生产、抓工作、抓科研同加强政治思想工作，开展学雷锋、树新风，“五讲”“四美”活动，贯彻厂规、厂法、学生守则和整顿社会治安结合起来，采取切实有效的措施，加强对青少年的教育引导，搞好治安防范工作。

全县人民立即行动起来，在各级党委和政府的领导下，实行政法机关同广大群众相结合，治标和治本相结合，人人动手，从各方面加强工作，整顿和维护好社会治安，以保障经济调整的顺利进行。

（十）

政协简讯第三期

一九八二年四月二十三日　宜宾县政协办公室主编

发动群众　广征博采
我会召开第一次文史资料座谈会

（一）

我们根据第一届第七次常委会的发动群众、广征博采、积极开展文史资料的收集和整编工作的要求，函请部分年岁较高、阅历较富的十三位同志，于四月二十二日，在工商联会议室，召开第一次文史资料座谈会。座谈会由魏长青副主席主持，常委谢家礼、杨志祥同志出席。会上，学习了周总理在政协第四届全国委员会常务委员第一次会议上关于文史资料工作的讲话，学习了王首道同志关于文史资料工作的答记者问。与会同志对我县文史资料工作的开展积极发表意见，对收集、整理文史资料的意义、内容和办法，作了认真的研究和探讨，并提供了一些文史资料。座谈会取得了较大的收获。

（二）

座谈会着重谈了如下三个问题：收集和整编文史资料的重要意义；文史资料的范围和内容；怎样写文史资料。

文史资料的收集和整编很重要。

首先，文史资料处于抢救阶段。文史资料是装在人们脑子里的东西，人老了，要见马克思，这是不可抗拒的自然规律。现在了解辛亥革命、护国运动、“五四”运动情况的人不多了，了解第一次国内革命战争、第二次国内革命战争的人也不很多。我们要趁他们还健在的时候，让这些历史的见证人、活字典，把头脑中珍贵的历史资料抢救下来，“把亲身经历记录下来，传之后代”。发掘这些东西比发掘黄金还珍贵。黄金不挖还在，脑子里的不发掘出来，长眠地下，就再也没有了。所以要抢救，这是迫切性。

其次是现实性。由于“十年内乱”，是非颠倒了，思想搞乱了，一些人不愿艰苦朴素，不继承党的革命传统了，“观今宜鉴古，无古不成今”，我们要通过文史资料的收集、整编、出版，教育青年，传诸后代，使他们继承光荣革命传统，树立爱国心和民族自尊心，培养共产主义情操，为祖国“四化”奋斗。

再次是历史性。通过文史资料的收集整理，一可以补充死资料的不足，二可以对证、核实死资料的正确与否，三可以帮助探讨历史存疑，四可以为县志等提供素材。

由于文史资料的迫切性、现实性和历史性，决定了它的重要意义，所以党很重视它。周总理（19）58年就提出搞文史资料工作，（19）65年又作了强调。我们要响应中央号召，积极收集和整理我县的文史资料。

文史资料的范围很广，内容多方面。凡是宜宾县的重大的文化史实都是我们收集和整理的范围；凡人文、山川、古迹、风貌都是收集整理的内容。就时间讲，自太平天国到现在各个时期的大事件都是题材；就空间讲，各时期的政治、经济、军事、文化、社会、民族、宗教都是史料。

我们宜宾县文史很多。比如文物古迹：有八百年的古柏，有上千年的荔枝，有丹山碧水，有青山、石城。历史事件：有石达开兵过横江，有护国军战横、安、宜等地，有大塔、古罗农民暴动，有喜捷、高场打伤兵，有横江、高场的二次解放。重要人物：郑佑之、赵一曼、吴锡凡、陈绍光、白毛女等。旧社会：有国民党拉丁，地主逼债，“六腊”战争……写的可多啦！

怎样来写文史资料呢？

写文史资料的标准，就是周总理说的“求实”“存真”。实事求是，忠实可靠，是撰写的要求。周总理说：只有忠实于实事，才能忠实于真理。就是我们写文史资料的方针。

文史资料是作者把自己亲历、亲见、亲闻的历史事件、历史人物的情况，如实地反映出来，所以作者一要写自己了解的熟悉的真实情况，二要秉笔直书，做到“求实”“存真”。

文史作品不计篇幅长短，不论体裁格式，不限笔记口述，也不要求作者用马列主义观点去分析和评价，只要有时间、地点、人物、事件，说明一个问题，记清一件事就行。决不“因人废文”或“因人选文”，而造成“人微言轻”“人显言贵”，致使宝贵资料遭受损失。

（三）

座谈会研究了我县文史工作开展问题。大家热情支持我会开展文史资料工作。我们收集文史资料，既要广征博采，又要抓住重点。当前要先把我县近代现代的重要事件、重要人物的史实抓起来。

由于历史的原因，由于左的思想的干扰，过去有的同志受过冲击，还心有余悸，对有的同志政策还落实得不够好。县政协要加强文史资料的宣传工作，要认真宣传和执行“三不”主义，认真解除写稿人的顾虑，让掌握文史资料者大胆地、真实地、踊跃地提供资料，为社会主义作贡献。

（四）

座谈会上同志们谈了许多情况，有的同志交了稿件，有的同志订了撰写计划，有的同志提供了文史资料线索，有的同志准备去信索取原始资料，积极地热情地支持我会文史工作。

发：政协委员、文史资料写作人，县委、人大、政府办公室。

（十一）

中国人民政治协商会议四川省宜宾县委员会文件

宜县政协办〔1991〕8号

建议推广"威24"大麦

县府：

"威24"大麦是省农科院1985年从国际玉米小麦中心引进选育的大麦新品种。近三年来，在中江县试验推广，促进了农业耕作制度改革，走出了农业生产连年增产的新路子。今年四月，经中国农业科学院的专家鉴定，"威24"大麦已连续三年出现亩产超过500公斤以上的田块，与小麦良种对比，亩产高21.8%。专家们认为，这项成果在麦类属国内领先水平，在中国麦类历史上揭开了大麦产量超过小麦的篇章。

在试验推广"威24"大麦途中，其效益受到有关领导的肯定。省委书记杨汝岱同志曾于1989年就指示在全省推广。现在全省已推广60多万亩，占全省大麦种植面积的50%。

为了促进我县生产，去年十月，县政协组织部分政协委员去中江考察，引回"威24"大麦种子30公斤，与农业局商议，安排在王场、长沙和高场三个乡试种，均取得较好的效果。王场乡有16户农民在红砂土上种了1.55亩，平均亩产336.71公斤，高的360公斤，低的也是310公斤，乡政府认为有推广价值。长沙乡有三户农民，利用冬水田搞厢式半旱式栽培，种了1.4亩，产量均优于小麦。其中长沙一组的赖登华，利用"威24"大麦与绵阳21号小麦搞同田块对比，"威24"大麦的最高苗、有效穗和着粒数都优于绵阳21号小麦，亩产达到211公斤，比小麦亩产100公斤，高一倍多，而且提早成熟五天，更有利于及时栽插水稻。我县初步试种证明，"威24"大麦的适应性强，具有耐肥、耐湿、抗倒、早熟、高产等性能，是开发冬水田，提高复种指数的一个好品种。种好"威24"大麦，还能促进养殖业的发展。如全县利用5万亩水田，搞水厢大麦（即半旱式栽培），以亩产200公斤计，即可增产饲料粮1000万公斤，对发展我县经济十分有利。

基于上述情况，经政协主席会议研究，建议县府立即作出安排，组织一定力量，安排相应资金，备齐种子，今冬进行多点试验示范，待取得经验后明年在全县组织推广。

1991年8月

抄报：省政协、政协地区工委、县委。

抄送：政协常委、各专门委员会、各区联系组，农业局、科委、科协、种子公司、有关领导同志。

（十二）

社情传真第一期

宜宾县政协办公室　2004年3月26日

“两会”期间政协委员反映强烈的九个问题

在今年3月初的县“两会”期间，参会的政协委员协商讨论了政府工作报告及计划、财政、法院、检察院工作报告，并对我县经济、社会中的热点、难点问题积极建言献策。根据讨论记录整理，综合起来，委员们反映强烈的主要有九个问题，但未经核实，仅供参考。

一、农网改造中的新矛盾

农网改造的进度慢，在农户中形成了严重的不平衡，已改造了的既享受了国家的补贴、优惠，又降低了电费，还有许多未改造的则既未享受优惠政策，又要多开支电费；城区网和县里的长源网电价差距大，县里长源网的电价高于城区网，群众想不通；泥南乡反映农网改造后电价反而比原来提高，群众意见大。

二、竹片垄断经营坑农

出售竹片是我县许多农户找钱的一大项目，但群众对目前的收购公司压价太狠反映大。原先收购价给农民是0.03元～0.04元/斤，后来农民闹起来后才提高到0.07元～0.08元/斤，每吨不到200元。纸厂给的价则是每吨300多到400元，中间环节每吨价差100多元，其中含了“两金”每吨20元和运费。目前全县获得竹片经营权的仅一家公司。

据反映樟油也是如此。

群众认为应采取以下措施，以增加农民收入：让农民直接卖给纸厂，“两金”可向纸厂收取，也收得到；不能把经营权只给一家公司，形成垄断，应让其他公司或私人进入经营，形成市场竞争。

三、乡镇兽医站重复收检疫费和搭售饲料

农民说，兽医站阉割小猪时每头已收了几元钱的检疫费，卖毛猪时又要收检疫费，是重复收费。

王场农民反映，兽医站的人在阉割小猪时搭售饲料。如果不买他的，所阉割的小猪就有些阉不好，要有一至二头，甚至多头过后要死。兽医站不应搞这类经营。

四、网吧管理问题

当前我县网吧管理不好，未成年人进网吧的情况比较严重，网吧经营者根本无视国家法令。网吧的不规范经营已严重地恶化了教育环境，影响到青少年的学习和身心健康，学校、家长深恶痛绝。建议一是严格依法管理，对违法的网吧业主重罚重处，甚至取消其经营资格。二是将网吧集中到规定地段，如文化苑区等，这样便于职能部门监管，也方便家长、社会监督。

五、教育负债问题

当前我县教育方面负债太大，大约上亿，而且面大。县属中学、乡镇中小学，大多不堪重负，许多校长因陷入债务纠纷，不能履行正常职务，有的在年关不得不外出躲避债主。委员担心这些债怎么还？也有委员建议办教育也要量力而行，加强管理，严格审批，实行责任追究，谁批准欠的钱谁来负责偿还，不能随心所欲。

六、金融环境差

与我县经济提速发展形成强烈反差的是金融对企业的支持不足，企业筹资困难。据了解，从全国来看，贷款都在增加，而我县则增加不足，甚至在减少，这样下去必定会制约我县的发展。其中的重要原因是金融部门把宜宾县评估为贷款的高风险区。委员们认为应进一步加强同金融界的联系，树立诚信形象，切实改善投资环境。

七、城市规划要公开、透明、严格

随着全县城镇化建设的推进，有的人为了多获取补偿，突击在可能的规划改造地段乱搭乱建，如原县浸出油厂的外面就较为混乱，这样既会加大今后开发成本，又存在着许多不安全隐患。为此，一定要提高规划的科技含量，同时加大规划的执行力度，严格按规划办事，不能乱开口子，放任自流。对规划要及早公开，增加透明度，让更多的人知情。

八、三轮车管理问题

县城环城公交车开通后，方便了中小学生上学和百姓出行，降低了交通费用，绝大多数群众是欢迎的。这当然对三轮车主是个挑战，即分流了客源，又拉低了服务价格，因而鼓动闹事。不少委员认为，政府应当支持合理的竞争，只要是合法的、有利于广大群众利益的，都要允许存在，并按市场经济原则公正处理。县城的三轮车实际上大多是有钱人购置的，并且被炒到三万多元一辆的不合理价位， 政府对他们不能过于迁就。有委员还建议，县城原有三轮车的营运权就要到期，到期后政府不要再用拍卖营运权的方式，而应当将营运权收回由政府部门管理，采用租用的方式再把车租给城市贫民或无地农民，这样不仅便于管理，而且还可较稳定地增加财政收入。

九、政府职能部门办事效率低问题

委员反映，我县政府行政服务中心运转后，虽然办事效率提高了许多，但在实际办理过程中与毗邻地区（ 如云南水富县）比还有不少差距，仍存在门槛太高、办事太难的问题。各职能部门办理手续费时太长，有盖不完的章。如房屋验收一事，至少要一个月以上才能完成，委员们希望行政服务中心不要形同虚设。

抄送：县委常委，县府正副县长，县政协主席、副主席、秘书长，县政协各专委主任。

（十三）

社情民意第四期

政协宜宾市委员会研究室　2011 年 3 月 29 日

领导批示：

请世刚并德勋同志酌。

杨冬生

2011.4.11

请卫生局认真研究，针对反映问题搞一次 10 区县面上的大检查。若有问题，要坚决及时地予以督促整改，确保制度健全、执行规范。请宜宾县政府酌研，于 4 月底前将调查处理结果报市政府。市府办 6 科收集整理后报杨书记和市政协。

景世刚

4.13

督促落实县乡医院常规收费管理制度切实防止乱收费

近期，宜宾县政协通过调查了解到，县乡医院在落实常规收费管理方面存在一些问题，需加强督促工作。

一、存在问题

较长时期以来，由于市场的趋利性，加上监管有缺位，医院在落实一些有效的常规收费管理制度方面不够自觉。据了解，“住院病人每日消费清单制”，国家规定已6年多了，只市级以上医院执行了，县、乡医院基本未执行；“非报销用药告知病人签字制”不具体实施；“病人出院即应打印给结账清单的常规消费制”也被医院操作为一周二周后才能随同病历复印给病人。使病人一次再次失去“识乱”“纠乱”的机会。

制度落实上的缺陷，致使：1. 住院病人的消费知情权被剥夺；2. 住院病人对医院、医生的监督权被忽略；3. 住院病人报销与非报销药品选择权被剥夺。

制度落实上的缺陷，致使医院有隙可钻，乱收费、过度医疗、用高价位药品成普遍现象。如乱收费方面：超时限收费；重复收取药品、耗材、检查费；计收未消费项目费；结账清单上自费药与报销药不分栏列出；甚至有时不顾药品有否过敏反应情况，也用于病人，产生过敏反应，又收大抢救费等。

这些现象，百姓有较多议论与反映。有农民慨叹：“国家新农合政策好，农民得实惠，实惠被医院拿走了。”近两三年，医疗纠纷增多，不能说与此制度的落实不好无关。

二、几点建议

上面种种问题，部门事后检查监督，是很难发现的，只有把监督权交给住院病人，让病人明明白白消费，才能抑制医院的乱收费与过度医疗现象，从根本上减少医患纠纷，构建和谐医患关系。

（一）责成有关职能部门督促县、乡医院（含民营医院）落实国家早已规定的“住院病人每日消费清单制”。县、乡医院都有条件，都有电脑（配上软件就行了），不能以增大投入、增大成本等种种理由拒不执行，也不能以有电脑可查询为理由（因绝大部分农民还查询不来电脑）拒不执行。没有每日消费清单和患者签字，新农合不予报销。

（二）出院结账即应打印结账清单是一般消费行为制度规范，应立即规范。再不能默认医院将此结账清单随同病历一二周后才打印给病人。

（三）落实“非报销用药告知病人签字制”。结账清单上分栏列出非报销用药。

（四）将以上制度的落实列入对县、乡医院的目标考核。

宜宾县政协

主送：市委常委，市政府副市长，市政协主席、副主席、秘书长、副秘书长。

（杨冬生，中共宜宾市委书记；景世刚，宜宾市副市长）

（十四）

宜宾县政协党组的《宜宾县历史文化传承调研报告》查证、引用资料翔实，对历史文化资源现状及存在问题分析透彻、具体，提出的意见建议具有一定的文化价值深度，具有可操作性，特别是关于挖掘油樟文化内涵、文化与产业齐发展的建议应引起县委、政府的进一步重视，让“油樟王国”这张名片走向全国，走向世界

吕晓莉

9.20

中共宜宾县政协党组文件

宜县政协党组〔2018〕7号　签发人：钟建华

中共宜宾县政协党组
关于报送《宜宾县历史文化传承调研报告》的报告

中共宜宾县委：

《宜宾县历史文化传承调研报告》经政协第十届宜宾县委员会第十次常委会议讨论通过，现呈送供工作参考。

中共宜宾县政协党组

2018年9月11日

宜宾县历史文化传承调研报告

根据中共宜宾县委批转《政协宜宾县委员会2018年工作要点》（宜县委发〔2018〕4号），在县政协主席会议的领导下，由县政协教科文卫委员会牵头，于今年3—8月组织部分政协委员和相关人员到县委党史研究室和地方志办公室、档案局、文广局等单位查阅资料以及走访了部分专家学者，对宜宾县历史文化传承情况开展了调研活动。现将调研情况报告如下。

一、宜宾县置县史简述

宜宾县是四川省古县之一，建县2200年，幅员面积3018平方公里。远古时期就有

人类生息，春秋战国时期，为僰人聚居地，史称“古僰国”。到秦惠文王后元九年（前316年）秦灭巴、蜀二国后，宜宾县地域属秦国蜀郡地。秦始皇灭六国建秦朝，仍隶属蜀郡地。从此宜宾县地域正式开始归属大一统的封建中央王朝管辖。

西汉高后年间（前187—前180年）建县，称为僰道，属蜀郡，治“马湖江会”，置县于今宜宾市城区。高后六年（前182年）“城僰道”，这是县地筑城的起始。汉武帝时期，为进一步开发“西南夷”地，于建元六年（前135年）置犍为郡，僰道改属犍为郡。

东汉复西汉旧制，犍为、僰道名称沿用，治所未变更。

北朝西魏于废帝元钦二年（553年），继梁统治今四川地。北周保定三年（563年）取岷江又称“外江”，将原僰道县地置为外江县，隶属戎州。这就是今宜宾县古称外江县的由来。戎州、外江治所同设在今宜宾市城区内。

隋朝开皇三年（583年），改郡为州，以州统县，外江县隶属戎州。州、县治所不变。

唐朝贞观元年（627年）全国分为十道，戎州属剑南道。贞观六年设戎州都督府，并将戎州治所由南溪迁还僰道县，都督府治所于今宜宾市城区。天宝元年（742年）改戎州称南溪郡，隶属剑南道。僰道县隶属南溪郡。郡、县治所未变。

宋朝乾德三年（965年）灭蜀，今四川地纳入宋王朝版图，戎州、僰道县及其治所不变。政和四年（1114年）以“戎”“僰”为州、县的名称不雅为由，取“西戎即叙”之义，改戎州为叙州，以宜宾镇名为县名称，改僰道名称为宜宾。这就是宜宾县名称的由来。

元朝至元十二年（1275年）叙州安抚使郭汉杰“挈城降元”。第二年元军毁登高山城，搬迁叙州、宜宾县治所回三江口（今宜宾市城内）。元朝地方政区实行省、路、府（州）、县四级制。至元十八年升叙州为叙州路，宜宾县隶属叙州路，治所不变。至元二十三年置四川等处行中书省，简称四川行省，叙州路、宜宾县隶属四川行省。

明朝洪武四年（1371年）灭“大夏”，四川版图归明王朝。明朝地方政区废路，实行省、府（州）、县三级制。洪武六年废叙州路，改称叙州府，宜宾县隶属叙州府。府、县治所都设在今宜宾市城区。

清朝顺治二年（1645年）改四川布政使司为四川行省，仍设宜宾县隶属叙州府。府、县治所未变。嘉庆七年（1802年），分四川行省为五道，叙州府属川南永宁道。道治所设泸州，府、县治所不变。光绪三十四年（1908年）改永宁道为下川南道，治所不变，叙州府、宜宾县隶属关系及治所不变。

民国元年（1912年）川南军政府及下川南道同时撤销，宜宾短期废县，存叙州府，隶属四川省。民国二年（1913年）“裁府改道”，以道辖县，宜宾县恢复，隶属下川南道。民国三年改下川南道为永宁道，宜宾县隶属该道。民国十八年又“废道”，以宜宾县直接隶属四川省。民国二十一年实行“行政督察区制”，宜宾县属四川省第六行政督察区。督察区、县治所同设今宜宾市城区，直至民国三十八年末。

中华人民共和国于1949年10月1日在北京成立，宜宾县于同年12月11日和平解放。1950年分四川为川东、川西、川南、川北4个行政区，以行政区辖专区，专区辖县。宜宾县属川南行政区宜宾专区。行政区治所设泸州，专区、县治所设今宜宾市城内。1951年6月19日分宜宾县城关区5镇及近郊4乡设置宜宾市（今宜宾市翠屏区）。县治所于同年10月15日迁宜宾县喜捷镇。1952年8月县治所又迁驻今宜宾市县府街。同年9月恢复四川省建制，宜宾县属四川省宜宾专区。1968年改宜宾专区为宜宾地区，宜宾县隶属四川省宜宾地区。地区治所仍设在今宜宾市，县治所于1965年7月迁驻宜宾县柏溪镇至今。

二、历史文化资源现状及存在问题

宜宾县建县早，人文璀璨，是四川省最早建立中国共产党地方组织的县（1926年1月30日建立中共宜宾特别支部，直属中央领导），2010年被四川省人民政府认定为革命老区县，其历史悠久，文化底蕴深厚，文物古迹众多，物质和非物质文化遗产（以下简称非遗文化）十分丰富。其中国家级文物保护单位就有黄伞崖墓群、石城山崖墓群，省、市级文物保护单位14处；还有书院文化、红色文化、油樟文化、古镇文化、非遗文化、茶文化、酒文化等，非遗文化中的宜宾小彩龙、关河船工号子、永乐古窖传统酿造技艺、合什手工面等源远流长。本报告仅对书院文化、红色文化、油樟文化、古镇文化、非遗文化的现状和问题进行分析，并提出建议供参考。

（一）书院文化发掘扬弃不够

书院是中国历史上的一种特殊教育形式，也是中国教育史上极具特色的一种制度。它萌芽于唐，兴盛于宋，延续于元，全面普及于明、清。清朝末年，教育改革，全国省、府、州、县书院纷纷改为新式学堂，书院成为历史。从北宋至清末，宜宾县书院有史可查的有蟠龙书院、翠屏书院、涪翁书院、三台书院、孝节书院、东山书院、文星书院、楚材书院、萃英书院、敷文书院、柏树溪书院、钦仁书院、白花寺共13所。其中，建立最早、影响最大的是蟠龙书院，该书院建于北宋咸平元年（998年），位于今观音镇合众村的越溪河边。蟠龙书院历时千年，以先进的办学理念、科学的办学模式、丰硕的育人成果名震三川，培养出了众多的人才，有北宋“三廖”（廖翰、廖琮、廖有衡）、南宋“三程”（程公许、程公说、程公硕）、明代“四尹”（尹伸、尹长庚、尹纫兰（女）、尹长祥）、清代“七樊”（樊垣、樊一衡、樊一若、樊泽达、樊曙、樊泽迥、樊星炜）。蟠龙书院德业并重的目标追求、自由活泼的办学风格、谨严纯正的治学精神、知行合一的践履理念等对后来的教育改革影响深远。

调研中发现，一是宜宾县对书院遗址保护不够，13 所书院均被损毁。二是对书院文化传承不够。书院德业并重的目标追求被虚化，仍然存在片面追求学习成绩，忽视学生思想品德，尤其是心理健康教育，知行合一的践履理念落实难。书院自由活泼的办学风格被淡化，应付各类检查较多，学校难以静心研究教学，没有适合本县学生的先进教育教学模式。书院谨严纯正的治学精神被弱化，仍存在部分教师不热爱教育事业，不珍惜教师岗位，备课抄教案、作业安排学生改、上课无激情、无偿辅导学生无热情等现象。

（二）红色文化宣传继承不够

宜宾县红色文化是在革命战争年代，由中国共产党人、先进分子和革命老区人民群众共同创造的先进文化，蕴含丰富的革命精神和厚重的历史文化。从第一次国内革命战争至新中国成立，宜宾县一大批热血男儿为了民族独立、人民解放、国家复兴，不惜牺牲，毅然走向为人民得解放、谋幸福的革命事业前沿，仅抗战时期我县就有 45185 名热血男儿血洒疆场，有名录牺牲的抗战将士达 777 人，不同时期英勇献身的革命烈士 826 人，先后涌现出了在全国具有影响力的中共早期工人运动领袖刘华、秋收起义部队总指挥卢德铭、四川早期革命活动家川南中共组织创建人郑佑之、抗日民族英雄赵一曼等一大批仁人志士。

近年来，为传承好红色文化，县关工委、县老促会开展了“一曼精神进校园”“践行三爱，放飞梦想”“阅读红色经典，抒发爱国情怀”“传承红色基因，争做时代新人”“切实加强红色资源挖掘保护，促进建设红色纪念设施，宣传革命老区知识，一曼精神、佑之精神进党校”等活动，试图促进红色文化精神在全县弘扬、落地，助力改革发展。但是，在调研中发现存在以下问题。一是弘扬红色文化精神宣传不够。如对“学习勤奋、信仰坚定、爱国奉献、气节高尚”的赵一曼精神知之甚少，知晓我县文化名片之一的“一曼故里”事迹的人不多。据调查，本县一所学校近 260 名学生，知道赵一曼的不足 10 人。二是弘扬红色文化精神广泛性不够。仅侧重于中小学生，而忽视了广大成年人，尤其对党员、干部、职工宣传教育不够。三是弘扬红色文化机制没有形成。主要局限于县关工委、县老促会开展活动，没有形成宣传部门主抓、相关部门配合抓的氛围，也缺乏弘扬红色文化的计划安排，随意性较强。

（三）油樟文化开发利用不够

宜宾县具有适宜油樟树生长的得天独厚的自然条件。樟树主要分布在柳嘉、合什、古罗、观音、隆兴、古柏、白花、永兴、双谊、泥溪、泥南、高场、蕨溪等乡镇一带，樟油年产量达到 11000 吨，占全省年产量的 90%，占全国年产量的 70%。宜宾县油樟具有世界性和唯一性，樟树林生态资源具有不可复制性，独具的宜宾县地域文化特征明显。

调研中了解到，一是对我县油樟文化的精神内涵挖掘不够，还没有提炼出什么是油樟文化，油樟文化在百万群众中入脑、入心难。二是我县在油樟种植技术、精深加工、樟树制材、樟雕工艺、樟油提取、产品利用、宣传推广等方面的开发利用不够，种植技术粗放、樟油加工简单，产品附加值难以体现。三是油樟树作为宜宾市的市树，用于城镇绿化使用量不够，还无法与“油樟王国”的外宣口号相呼应。

（四）古镇文化打造展示不够

横江古镇是社会历史发展的产物，其独有的民俗风情、饮食习惯、民居建筑、人物故事、遗迹遗存，有着别具一格的文化底蕴。秦“五尺道”、汉“南夷道”、隋唐“石门道”以及闻名遐迩的“南丝绸之路”穿过镇境。横江古镇始建于宋孝宗淳熙八年（1181 年），是宜宾县古镇中保护较好、建镇较早、底蕴厚重的古镇之一，其建筑风格具有川南古镇特色，是宜宾县古镇文化的代表。既有朱家大院、肖席珍公馆、周家大院、杨家大院等古建筑，又有川南民居木作技艺、砖砌工艺、外墙壁画、法式建筑、朱家大院沼气池建设（1932 年）等工艺，还有眉毛酥、五香糖、羊尾、春卷、油饼子、九大碗、土火锅等美食，它不但传承着数百年的乡村传统文化，还体现着各个历史阶段的政治、经济、文化、科技等历史风貌，具有社会学、历史学、文化学、建筑学等方面不可替代的价值。目前，横江古镇已获第六批“中国历史文化名镇”、第三批“四川省百镇建设行动”试点镇、四川省第一批特色文化乡镇、四川省民间文化艺术之乡、全市优先发展重点镇。2015 年，县政府筹资对古镇进行了保护性修缮。

但是，对标创建国家 4A 级旅游景区考核验收标准存在着较大差距。一是修缮标准不高。没有游客接待中心、停车场、星级宾馆、旅游公厕、智慧旅游服务、标识标牌、旅游配套产品、商品等，且有的地方没有充分体现古镇“修旧如旧”的效果。二是交通设施不完善。横楼大桥迟迟未动工，进出古镇不便捷；横双公路横穿场镇而过，经常造成车辆堵塞，易导致游客堵车又堵心，制约了古镇开发。三是对外宣传不够。知晓古镇文化底蕴的群众较少，不利于营造古镇保护和开发的良好氛围。

（五）非遗文化保护利用不够

宜宾县非遗门类众多，品种丰富。目前，根据申报级别来看，全县申报成功的非遗有省级 3 个，它们是宜宾小彩龙、关河船工号子、永乐古窖酒传统酿造技艺；市级 8 个，它们是王场豆腐干、合什手工面、横江眉毛酥、石城山花灯、石城山牛牛灯、石城山山歌、石城山说春、川南民居木作技艺；县级 6 个，它们是双龙刺绣、肖氏猕猴桃酒、宋旺贵灰水粑、双龙九大碗、宜宾富康芽菜、孔滩石工号子。

在调查中发现，我县非遗保护利用上存在以下问题：一是非遗文化传承后继乏人。由于一些非遗技能的传承人年岁已高，而这些技能经济效益较低，年轻人不愿学习，如合什手工面、王场豆腐干等。二是非遗与产业融合发展不够。农产品方面的非遗占比较大，存在为申报而申报，没有与当地农业产业发展结合起来，多数没有与旅游产业结合起来，包装为旅游产品，且与外界交流不够，一些非遗与时代发展不同步，面临发展瓶颈。三是规划保护开发不够。全县对非遗保护、开发没有统一的详细规划，且财政投入严重不足，致使一些非遗面临自生自灭，如川南民居木作技艺、横江五香糖等。

三、历史文化传承的对策建议

党的十九大报告指出，要深入挖掘中华优秀传统文化蕴含的思想观念、人文精神、道德规范，结合时代要求继承创新，让中华文化展现出永久魅力和时代风采，让传统文化散发出时代光芒。在传承宜宾县优秀历史文化的同时，应赋予它新时代的内涵，弘扬社会美德，宣传正能量，树立新风尚，加快经济社会发展，让广大群众享受到更多文化改革红利。

（一）继承书院文化精髓，打造魅力人文教育

书院作为一种具有相对自治权的教育组织制度，在教学内容、方式方法、内部管理等方面均表现出相对独立性和先进性。一是坚持蟠龙书院建设与内涵挖掘并举。建议从尊重历史的角度出发，认真挖掘蟠龙书院的人文历史和书院文化的精髓，聘请专门文物保护规划单位在蟠龙书院遗址上规划设计蟠龙书院原貌，组织文物保护专业队伍进行建设，加强文物收集保护，重现蟠龙书院教书育人的繁荣景象。二是坚持将书院文化与现代教育相融合。传承好书院德业并重的目标追求，做到知行合一、表里如一，既注重教师的学识水平、教学能力，更注重教师师德师风建设，并把教师身心健康摆在重要位置；既注重学生的学习能力，更注重学生品德教育，尤其把学生心理健康教育真正落到实处。传承好书院文化自由活泼的办学风格，配齐配优教师队伍，不断探索适合宜宾县县情的先进教育模式，将素质教育落地生根，进一步优化教育资源配置，为办学提供必要的场地、器材，使学校有条件创新教育教学模式。传承好书院文化谨严纯正的治学精神，进一步完善教育教学管理制度，使其实用又便于操作，激发教师严谨的教学态度和学生积极向上的求学精神。

（二）传承红色文化基因，营造干事创业氛围

以坚定不移的理想信念、舍生忘死的顽强斗志、无私奉献的博大胸怀、艰苦奋斗的优良作风、求真务实的科学态度为主的革命老区精神，就是宜宾县当代红色文化精神的精髓和内涵。敢于先想、勇于先试、善于先成的“三先”精神，就是宜宾县红色文化精神的继承和发展。要践行“三先”精神，就必须弘扬好红色文化精神，传承好红色文化基因。一是将传承红色文化与全县文化发展规划相统一，使红色文化成为全县主流文化。将红色文化与自然景观和红色旅游发展规划相结合，使红色文化的传承有规划、有载体、

有成效。二是着力打造红色元素，进一步挖掘整理英烈事迹和精神。应切实加快郑佑之故居红色文化园区和刘华故居红色记忆建设步伐，完善红色文化传承载体，扩大宜宾县红色历史文化影响力。三是积极开展红色文化“六进”活动，营造浓厚的传承氛围。建议将每年9月作为宜宾县红色文化宣传月，不忘初心，以阅读红色经典、走近红色人物、传承红色基因、争当时代新人为主题，开展进机关、进学校、进社区、进企业、进家庭、进景区活动，形成从小学生到老人、从党员干部到普通群众均能受到红色文化熏陶，进一步形成“说正话、干正事、交正友、树正气、走正道”的良好政治生态，为新时代宜宾县新发展激发原动力、增强鲜活力、凝聚战斗力。

（三）挖掘油樟文化内涵，文化与产业齐发展

作为“一曼故里，油樟王国”的宜宾县，油樟是我县的支柱产业之一，油樟文化更应成为我县对外宣传的一大名片。一是组建专门团队，深度挖掘、提炼具有本土特色的油樟文化内涵和精髓，并广泛宣传，使各界群众知晓油樟文化。二是广泛宣传油樟科普文化，主要内容包括油樟的形态特征、生长习性、栽培技术、经济价值、药用价值等。三是加快成立“宜宾油樟”科研管理机构，引进高端人才，加大油樟产品研发力度，引进有实力的精深加工企业，延伸产业链，增加油樟经济效益，促进一二产业融合发展；科学规划油樟种植面积，推进油樟种植与文化旅游产业共襄发展，发展油樟康养旅游，打造“油樟小镇”景区，促进一三产业融合发展。

（四）保护开发交相融合，促使古镇良性发展

横江古镇作为曾经的宜宾县西南的军事、政治、商业中心，发挥着重要的纽带作用，对当地乃至周边地区的经济文化等活动产生了非常重要的影响。目前，横江古镇一方面面临保护的要求，另一方面也存在发展的需求。一是坚持旧建筑的翻新与复古相统筹。老宅翻新应遵循“修旧如旧”的原则，尽量恢复原有的古朴风貌。二是加快横楼大桥建设，科学规划古镇过境道路，使古镇道路适应旅游发展需要。三是坚持古镇的保护与开发相结合。以保护性开发为主，尊重历史真相，坚守古镇的原有风格和特色，做到传承性保护与市场性开发相统一，兼顾特色保护与整体开发相协调，巧妙设计具有本地特色和文化标志的旅游商品，既满足古镇与群众当前利益诉求，又要符合长远发展目标，使古镇走上良性发展之路。

（五）延续民族文化血脉，充分彰显非遗价值

非遗文化是一种无形的、不可重复的文化现象，是我们民族的血脉。对此，我们应充分认识保护和传承非遗文化的紧迫性和重要性，使之再现生机与活力。一是加大非遗项目申报工作。在非遗申报上，突破国家级，增加省级项目，加大县级项目的挖掘审批，

使我县非遗项目成宝塔式结构，并通过新建文化展示中心充分展示我县丰富的非物质文化遗产，让更多的人了解我县非遗文化，不断提升宜宾县的美誉度和知名度。二是完善保护传承激励机制。对申报成功的非遗项目按级别给予补助，对各级非遗继承人每年给予传习补助（纳入财政预算），推动非遗传承保护与创新发展相协调。三是促进非遗文化与一二三产业相融合。完善非遗保护、开发、利用规划，加大扶持、培育我县非物质文化遗产产品龙头企业力度，促进非遗与一二三产业竞相发展，既体现非遗的文化价值，又能彰显非遗的经济价值。

（批示人吕晓莉为宜宾市政协主席）

四、文存

（一）

中国人民政治协商会议
宜宾县第一届委员会第一次全体会议开幕词

（一九八〇年十一月三十日）

古远友

各位委员：

中国人民政治协商会议宜宾县第一届委员会第一次全体会议，现在开幕了。

在中国共产党领导下，人民政协作为团结全国各民族、各民主党派、各人民团体和各界爱国民主人士的人民民主统一战线的组织，在活跃国家政治生活，贯彻执行“长期共存，互相监督”的方针，促进社会主义改造和建设等方面，起了很好的作用，在我国各族人民中有很高的威信。十年浩劫期间，由于林彪、“四人帮”两个反革命集团的破坏，人民政协的活动陷于停顿。粉碎“四人帮”以后，在党中央的领导下，拨乱反正，人民政协的工作才得到恢复和重建。党的十一届三中全会以来，随着国家工作着重点转移到社会主义现代化建设上来，国内阶级状况的根本变化，使得新时期统一战线的性质、任务、方针和基本政策都发生了新的重大变化。我国统一战线已经转变成为全体社会主义劳动者、拥护社会主义的爱国者和拥护祖国统一的爱国者的最广泛的政治联盟。人民政协是巩固和扩大我国革命的爱国的统一战线的重要组织，也是我国发扬社会主义民主和实行互相监督的重要形式，在坚持社会主义道路，坚持无产阶级专政，坚持共产党的领导，坚持马克思列宁主义、毛泽东思想这四项基本原则的政治基础上，人民政协应当在我们国家政治生活中发挥重要的作用。

五届全国人大二次会议以来，全县人民在县委县革委领导下，经过一年多的努力，贯彻执行调整、改革、整顿、提高的方针，落实党中央关于加快农业发展的一系列重大决策，各方面工作取得了新的成绩，农村经济大大活跃，城乡人民生活有所改善。现在，五届全国人大三次会议又作出了许多重大决定，不仅要继续进行经济体制的改革，还要进行国家领导制度和干部制度的改革，除弊兴利，充分发挥社会主义制度的优越性，把四化建设不断推向前进。在这样鼓舞人心的形势下，成立政协宜宾县委员会，对于巩固和发展革命的爱国的统一战线，发展和完备社会主义民主制度，对各级政府机关及其工作人员进行经常的严格的监督，对国家大政方针进行充分的民主协商，发展安定团结、生动活泼的政治局面，具有重要的意义。

我们这次会议，要传达贯彻五届全国人大三次会议和五届全国政协三次会议精神；全体委员还要列席第七届县人民代表大会第一次会议，对我县政府工作、财政预决算，以及各方面的工作，提出意见和建议，推荐县人大常委、县人民政府、县人民法院和县人民检察院的领导人选；这次会议还要选举本届县政协主席、副主席、常务委员和秘书长。我们相信，全体委员一定会珍惜党和人民给予我们的信任和荣誉，以主人翁的态度，实事求是，畅所欲言，发扬民主，立志改革，把我县首次政协会议，开成一次民主的会议，改革的会议，团结的会议，全县人民满意的会议。

预祝会议圆满成功！

中国人民政治协商会议宜宾县第一届委员会
第一次全体会议秘书处整理

（古远友，宜宾县政协筹备领导小组组长）

（二）

在中国人民政治协商会议宜宾县第一届委员会第一次全体会议开幕式上的讲话

（一九八〇年十一月三十日）

段志华

各位委员、各位同志：

中国人民政治协商会议宜宾县第一届委员会第一次全体会议今天正式开幕了，我代表中共宜宾县委表示热烈祝贺，并向全体政协委员致以亲切的问候！

人民政协是一个最广泛、很重要的统一战线组织。是我国政治体制中贯彻社会主义民主、实行互相监督的重要形式，也是党与非党联盟长期合作的组织形式。共产党员永远只占全国人口中的很少数，无论何时何地都必须同党外的广大群众和各界人士亲密合作，使任何一个爱国者都能够充分发挥自己的聪明才智，进行积极的创造性的劳动，使我们的社会主义祖国一天天富强起来。现在我们国家正处在一个新的历史发展的重要时期，国内的阶级关系发生了根本变化。除台湾省外，地主富农阶级已经消灭，资本家阶级已不存在，工人、农民、知识分子，还有从剥削阶级改造过来的人，都是国家的主人。现代化建设事业，需要团结一切可以团结的力量，调动一切积极因素，同心同德，共同奋斗；需要人民政协这个统一战线组织，就有关国家的大政方针、政治生活和四化建设中的各项社会经济问题，进行协商讨论；对宪法、法律、法令的实施，对政府工作和各级干部实行监督，揭露官僚主义现象，同违法乱纪行为开展积极的斗争；协助党和政府进行经济体制和领导管理制度、干部制度的改革，充分发挥社会主义制度的优越性，促进现代化建设事业的发展。在新的形势下，人民政协要发挥更大的作用。因此，宜宾县政协的成立，是全县人民政治生活中具有重要意义的一件大事。

最近，小平同志在中央政治局扩大会议上指出，我们发展社会主义现代化建设，是要在经济上赶上发达的资本主义国家，在政治上创造比资本主义国家的民主更高更切实的民主，并且造就比这些国家更多更优秀的人才。这是非常振奋人心的伟大目标，是中华民族百多年来梦寐以求的伟大理想。为了实现这样宏伟的前景，我们在当前和今后的一个时期，主要应当努力实现以下三个方面的要求：（一）经济上，迅速发展社会生产力，逐步改善人民的物质文化生活；（二）政治上，充分发扬人民民主，保证全体人民真正享有通过各种有效形式管理国家，特别是管理基层地方政权和各项企业、事业的权力，享有各项公民权利，健全革命法制，正确处理人民内部矛盾，打击一切敌对力量和犯罪活动，调动人民群众的积极性，巩固和发展安定团结的政治局面；（三）为实现以上两方面的要求，组织上，迫切需要大量发现、培养、提拔使用坚持四项基本原则的、比较年青的、有专业知识的现代化建设人才。五届全国人大三次会议，根据党中央的建议，对很多关系着我们国家前途命运的非常重大的问题作出了决定。五届全国政协三次会议也通过了相应的政治决议，阐明了人民政协面临的光荣任务。我们这次会议，通过传达学习全国五届人大三次会议和五届政协三次会议精神，结合我县实际情况，采取切实可行的措施，认真贯彻落实，一定会使我县政协工作有一个良好的开端。

对重大问题进行民主协商，是毛主席和周总理为我们树立的优良传统，是我们党的群众路线的生动体现。在十年浩劫中，由于林彪、“四人帮”疯狂推行极左路线，诬陷迫害广大干部和各界人士，镇压广大群众，这个优良传统被破坏了。粉碎“四人帮”后，党中央恢复和发扬了党的这一优良传统，多次举行同各民主党派、各人民团体、各界代表和无党派人士的民主协商会，为全党作出了表率。为了搞好我县的工作，很多重要事情都需要进行民主协商，并且接受来自各方面的批评和监督，以利集思广益，取长补短，克服缺点，少犯错误，推动我县各项事业向前发展。县委最近召开民主协商会，协商决定了县政协的组成。今后我们将根据实际情况，继续不断地举行民主协商会，就我县工作的大政方针，重大的社会、经济、文化教育问题，同大家进行协商讨论。除了开会进行民主协商外，各级党政机关和有关部门的领导干部，也要同各方面的同志和朋友，建立更多的接触，保持经常的密切的联系，发扬民主、广开言路、广开才路，促进政治生活民主化，加速现代化建设的步伐。

我们的一切国家机关和各级干部，都是人民的公仆，而不是人民的主人。我们要创造比资本主义国家的民主更高更切实的民主，就要使人民对公仆行使监督、批评和任免的权力。人民政协要充分发挥检查监督作用，并在工作实践中，协助党和政府，探索与创造出更多更便利更有效的检查监督制度，以利于真正按照人民的愿望，及时表扬、奖励、提拔那些对社会主义现代化事业作出显著贡献的干部，及时揭发和纠正那些有过失错误的干部，以及撤换罢免严重失职的官僚主义者。全体政协委员将列席我县百万人民直接选举产生的第七届人民代表大会第一次会议。希望大家以主人翁的高度负责精神，实事求是，解放思想，畅所欲言，对改善和加强我县党政机关的领导，改进各方面工作，提出宝贵的意见、批评和建议。

全体政协委员列席县人民代表大会期间，还要通过民主协商，向人民代表大会推荐县人大常委、县长、副县长、县人民法院院长和县人民检察院检察长候选人，这是新形势下人民政协的新任务，也是全体委员的光荣责任。现在，党的工作和政府的工作要分开，各级政府直接担负着组织人民群众从事现代化建设的繁重任务。我们要按照党中央提出的选拔干部的三条标准，把坚持社会主义道路，坚决执行党的路线、方针、政策，具有一定专业知识和组织领导能力、年富力强、能胜任繁重的工作任务的同志推荐出来，充实和加强政府领导班子，逐步实现领导人员的年轻化、专业化、知识化。我们要把那些经过长期斗争考验、有丰富的实践经验，善于识别、选拔和培养人才的干部推荐进领导班子，成为我们的领导骨干，保证正确领导的稳定性、连续性；我们还要注意推荐适当名额的、同我们党长期合作共事、坚持四项基本原则、为社会主义事业作出了显著贡献的爱国人士代表进入领导班子，使我们的领导班子能够充分反映和集中最广大人民群众的意志和愿望，增强各族人民和各界人士的团结，有利于调动各方面的积极因素，推进现代化建设事业。我们一定要对人民负责，出以公心，坚持党性，反对派性，坚持任人唯贤，反对以个人好恶为“标准”，推荐出合乎选拔干部要求的、全县人民满意的领导班子，才能保证党的路线、方针、政策的贯彻落实，带领全县百万人民，坚定不移地奔向四化。

各位委员，各位同志：

二三十年来，在座的同志都为社会主义改造和社会主义建设做了许多有益的工作，经受了严峻的考验和锻炼。在十年浩劫中，仍然没有动摇对党和社会主义制度的信赖。当时许多同志在受到歧视和挨整的艰难处境下，勤奋学习，努力工作，守职尽责。对“四人帮”的倒行逆施是深恶痛绝的。粉碎了“四人帮”，大家欢欣鼓舞。拥护党的十一届三中全会以来的路线、方针、政策，满腔热情地为现代化建设贡献力量，做出了可喜的新成绩。有些同志成了本单位本系统的业务技术骨干，担任了一定的领导职务，评选为先进生产（工作）者，受到表扬和奖励。有的同志还向住在香港、澳门、台湾和海外的亲属写信，鼓励他们为祖国四化建设和促进台湾归回祖国贡献力量，表现了高度的爱国主义热情和社会主义事业心。在召开这次会议和成立县政协以后，希望各位委员进一步解放思想，开动机器，以国家主人翁的态度满怀信心，立志改革，把县政协的工作全面开展起来，把各方面的工作做好，实现我县第七届人民代表大会第一次会议提出的各项任务，为社会主义现代化事业的发展，为台湾早日归回祖国、完成祖国统一大业，为反对霸权主义、维护世界和平，作出新的更大的贡献！

祝县政协首次会议圆满成功！

政协宜宾县第一届委员会第一次全体会议秘书处整理

（段志华，中共宜宾县委书记）

（三）

政协简讯第三期

宜宾县政协办公室 2005 年 1 月 31 日

县委常委会听取县政协及其组成单位集体汇报

1 月 26 日下午，全体县委常委专门听取了县政协及组成单位集体汇报。

汇报会由政协主席陶天华主持。陶主席首先介绍了政协的基本情况，然后简要汇报了 2004 年工作情况：一是坚持学习，团结民主，班子建设得到加强；二是围绕中心，积极履职，政协职能充分发挥；三是健全制度，廉洁自律，党风廉政建设取得实效。陶主席同时提出了 2005 年工作思路：一是狠抓四个专委会工作；二是进一步激发政协委员活力；三是努力推进“三化”建设；四是进一步深化履职工作。陶主席还对今后工作提出建议：一是希望党委政府继续重视政协及组成单位工作；二是县委、县政府坚持一年听取一次政协工作汇报，一年研究一次政协工作，一年解决 1 ~ 2 个实际问题；三是加大政协机关干部的交流力度，进一步加强政协干部队伍建设；四是解决好委员的活动经费；五是加强政协理论的宣讲，在中心组学习会和党校培训中融入政协理论知识。

县长李世华充分肯定了县政协认识、学习、工作三到位所取得的成绩。同时指出，2004 年政府工作成效明显，离不开政协的建言献策和民主监督。李县长表示：下一步要专门研究政协提出的意见和建议，进一步加强与政协的沟通联系，促进政府工作，争取更大成绩。

县委书记赖青充分肯定了政协新班子在队伍建设、基础设施建设和为民服务等方面取得的突出成绩。赖书记指出，2004 年全县综合考核情况良好，离不开政协所做出的努力。今后，县政协要在总结经验的基础上，发扬好的优势，确定新的目标，争取新的成绩：一是加强理论学习，提高综合素质；二是加强民主团结，保持良好作风；三是增强责任意识，发挥更大作用。赖书记强调：对于政协方面提出的建议，人大、政府要纳入工作目标，合理安排，逐项落实，为政协工作营造一个良好的氛围和环境，

抄送：中共宜宾县委办公室，县级机关各部委局，联系政协工作的县领导，县政协主席、副主席及各专委会，市政协研究室、办公室，省政协地方政协联络处。

（四）

政协工作要在政协状态

陶天华

2003年1月，县级四套班子同时换届，我从县政府副县长岗位安排作第七届县政协主席。消息传开后，关心我的好心人可多了，有的关切地问我："你怎么被整到政协去了？"有的甚至说："你怎么没到上面去活动活动？"人们的印象好像到政协是"挨整"了。一些熟悉的离休老领导开导我"年龄大了不要怕，不到政协到人大"，这又好像是组织安排干部"软着陆"的办法。组织谈话到开政协全委会还有一个月，趁机到政协看一看。因为县级财政太穷，各种陈旧简陋的办公设备据说还是20世纪80年代购置的。政协机关的同志听说来了新主席，围着我问这问那："你这么年轻怎么跑到政协来了？"一个老同志说了一段顺口溜，政协是"一座破庙子、几个老头子、上班看报纸、喝茶扯把子"。朋友认为我委屈了，组织上看我年龄大了，政协同志认为我年轻了（这年我刚好47岁），从事多年政协工作的同志觉得政协没事干，听了看了这些，我心里真不是滋味。

政协工作的切入点在哪里？我向机关的同志要了一套资料，近两年来我一边学习一边作笔记、一边思考一边实践，终于有了初步答案：政协工作就是要在"政协状态"，切入点就是用"心"去做事。

一、准确定位，履行职能要有所为

在国家施政格局中的定位。中国共产党在建国55年的执政实践中，逐步形成了党委领导、政协协商、人大决策、政府实施的施政格局，将政协作用定位为协商监督。政协工作者应当根据这一定位，把自己的工作思路、方法、重点调整到符合这一定位的"状态"上来。

在组织人事安排中的定位。政协领导班子应是有一定从事社会管理资历，有较丰富的工作经验，不计名利，甘耐寂寞，心态平和，淡泊名利，能广交朋友、善交朋友的同志组成。丰富的阅历和管理经验，是把握团结、民主两大主题，搞好协商监督，保证政协工作的广泛性、包容性、统战性的基础条件。

政协的中层班子，应是年富力强、充满活力、知识面广、积极向上、热爱政协、有一定协调能力的同志。本届宜宾县政协改变了过去的过渡性、照顾性，甚至对在党政部门不称职的人"惩罚性"地安排进政协中层情况。三名中层干部平均年龄40岁，均为大学以上文化，主要是从乡镇主要领导、党委宣传部门、政府综合部门等岗位选调、选拔而来的。

在社会公众心目中的定位。人民政协应当由社会贤达、各界名流组成，应当是智囊团、人才库，政协委员要代表性强、影响力大，要有观察社会热点、难点、焦点的敏锐性，能反映社情民意，具有参政议政能力。宜宾县政协换届时的230名委员中，新委员178名，占78%；大专以上文化程度占60%，比上届高7个百分点；39岁以下的委员占55%；具有高中级以上专业职称的委员占32%；曾经获得各级表彰的“优秀共产党员”“劳模”“先进个人”等荣誉称号的委员占52%。体现出了年轻化、知识化、专业化和先进性的特点，整体素质较高。

政协履行职能要有所为。人民政协定位是在长期的革命和建设实践中形成的。如此高的定位，怎样做到履行职能有所为？

我的体会是：要选准协商的角度，把握监督的力度，力求参政的深度。协商是政治协商，要对涉及政治、经济和社会发展中的重大问题进行协商，把各族各界、各党派团体的人心和力量凝聚到促进经济和社会发展上来；监督是民主监督，要通过例会、提案、评议、视察等提批评和建议达到支持党政工作的目的；参政是建言献策，要通过深入调查研究和知情参政，为执政者关注民主、关注民情、关爱民众献智出力。

二、位置超脱，履行职能要有所不为

为党委、人大、政府决策献计献策，但不直接拍板决策。施政格局中的定位，决定了政协要为党政和人大献计献策，对党政和人大的决策进行协商监督，以促进决策的科学化和民主化。从事政协工作的领导同志多是从党政领导岗位上调整来的，要及时调整心理状态，只能对党政及部门的决策提参考建议，不能拍板决策。超脱的位置在决策建议中可以达到“旁观者清”的效果，拍板上“不为”正是政协的优势和特点。

参与并支持党委和政府中心工作，但不与党政工作重叠。政协不是决策和权力机关，也不是执行机关，但要围绕党委政府中心开展工作。这种参与工作不能与党政工作重叠，是支持而不是干扰、是服务而不是添乱、是辅助而不是拆台。

支持帮助党政部门履行职责，但不介入具体事务。政协与党政部门没有隶属关系，也不是党政的工作部门。《中国人民政治协商会议章程》是包括中国共产党在内的各党派共同遵守的行为准则，也是政协开展工作的依据。章程赋予了政协对部门的民主监督职能，因此要在监督中支持党政部门的工作，但不能介入党政部门的具体事务。

三、创新机制，履行职能才有为

（一）观念创新

保持良好的精神状态，树立政协领导的信心。政协工作是全党事业、全局工作，坚持共产党领导的多党合作和政治协商这一基本政治制度，是保持中国共产党长期执政的统战需要，因此到政协工作是受中共党组织的安排从事政协统战的重要工作。在建设社会主义政治文明的新时期，政协工作凸显重要，那种认为政协是“喝茶”“矮半截”“软着陆”的观点，实际上是不在“政协状态”。作为政协领导班子的班长，我始终保持良好的精神状态，以此去感染、带动政协领导班子其他成员及时调整心态，树立起干好政协工作的信心。通过近三年来的实践，整个政协常委班子和政协机关工作人员认为，从事政协工作既是组织的政治安排，又是能够实现个人价值的良好选择。

营造良好的工作环境，凝聚政协委员的人心。主动争取党委领导，人大、政府及其部门的支持，营造良好的工作环境，是本届政协着力抓好的一项工作。政协领导班子成员各自发挥作用，重大问题及时向县委汇报，每年工作要点报县委批转，与人大政府及其部门经常沟通，主动与组织人事部门协商充实调整机关工作力量，把政协组织各种履职活动纳入财政预算保证工作经费，宣传部门对政协工作同党政工作一视同仁加强舆论引导，党委、政府和政协领导督办委员重要提案，为委员履职营造了较好的外部环境，增强了政协组织的凝聚力，激发了委员履职的热情。

树立良好的社会形象，培养政协干部的进取心。政协章程规定各级政协是指导关系，没有隶属的领导关系，政协工作没有上对下的责任目标考核，形成了工作环境宽松这一特点。但过去在政协机关工作的一些同志把这种宽松当成了不要工作纪律想来就来、想走就走的宽松，一手拿国家工资、一手做自己的生意的自由自在的宽松。为了纠正这些错误倾向，我们开展了机关形象大讨论，大家一致认为，政协宽松主要体现在讨论问题和议政建言环境宽松，决不是不要工作纪律而自由散漫的宽松，政协的形象和影响在机关。要求政协机关也要像党政机关一样严格管理，树立起良好的机关形象。严格的机关管理，严谨的工作作风，才能激发政协干部的工作热情，消除混日子的想法，培养奋发有为的进取心。

创造良好的工作业绩，为党争取更多的民心。检验政协工作的标准是看工作质量和履行职能的效果。我们对专题调研、视察考察、提案的提出与办理、民主评议、反映社情民意等各项工作都有明确的工作标准和质量要求。今年政协全委会还提出了“质量年”的要求。近年来，通过做出良好的工作质量，对党委政府工作中的难点、热点问题予以关注，对宜宾县的民营经济发展环境、城北新区建设等工作起到了争取民心、化解矛盾、减少阻力、形成合力的促进作用。

（二）制度创新

建立健全了机关工作制度。本届政协在上届工作的基础上，建立健全了文秘、后勤、纪律等12个机关管理制度，通过建章立制，提高了机关管理水平和为政协履职服务的能力。

探索建立了专门委员会与部门对口协商制度。探索并建立了政协专门委员会与部门的对口协商制度，以县委文件的形式明确了县级部门的文件、资料要送政协相关专门委员会，重大问题要主动与政协的专门委员会对口协商。

制定委员、常委履职规范。政协常委会研究制定了《宜宾县政协委员、常委履职规范》，明确了委员、常委履职的基本要求，落实了委员履职考核办法，建立了委员履职档案，对考核结果的使用和兑现奖惩作了规定。

（三）工作创新

以抓学习增强政协机关干部和委员素质。学习是人民政协的光荣传统，也是一项重要任务。县政协为创建学习型机关，提高委员素质，增强履职能力，坚持把学习放在工作的首位。除日常学习外，县政协分别举行了“以三个代表为指导，为全面建设小康县积极履职”和宪法、政协章程、提案工作等专题学习会；组织部分委员到港澳等地参观学习，开拓视野；县政协领导和中层干部全部分期分批到全国政协北戴河培训中心学习。通过学习，使机关干部懂得政协是什么、干什么、怎么干，为履职打下良好的基础。

以视察调研督办提案扩大政协影响。围绕人民群众普遍关注、党委政府非常重视的“三个文明”建设中的重大问题，组织委员视察调查、撰写提案是政协工作的重要方式。近年来，组织政协委员先后对非公有制经济发展环境、行政审批制度改革、高中教育、城北新区建设、“非典”留验站等近 20 个方面的工作进行了视察考察，200 余件提案件件办复，90% 以上的委员参加履职活动，扩大了政协的影响力。

以组织精品会议激发政协委员和参会领导热情。例会是政协履行职能的主要方法。每次会议我们都在做好会前准备、会中的服务与调控、会后的成果转化和宣传报道方面下功夫，力争开成精品会议。在已召开的七次常委会中，常委参会人数都在 80% 以上，由于议题集中，发言精彩，县委、人大、政府及相关部门领导都全程参加会议；在今年的全委会期间增加了“农民增收”专题讨论，丰富了例会内容，提高了会议质量。参会的县级领导和政协委员感慨地说：“政协的会议要参加，因为每次都有新的东西”。

四、服务大局，履行职能才有位

（一）党政和人大支持政协事业

坚持了政协领导与党政人大领导的相互参会制度。坚持和完善了主席列席县委书记办公会、县委常委会，副主席列席县人大常委会、县政府常务会以及有关工作会议的制度；坚持了县委、县人大、县政府分管和联系政协的领导应邀列席县政协常委会的制度；坚持了县委常委全体出席政协全委会，县委、县政府主要领导在全委会上讲话的制度。

党政领导阅批重要调研报告和督办重要提案。县委、县政府高度重视政协的专题调研报告，主要领导亲自阅批重要报告和重点提案，已经成为程序化的规范。2003 年向县委、县政府提交《关于加快我县城镇化进程的调查和建议》后，县委书记和联系政协的副书记当即作了批示，认为建议很有见地，以县委《调查研究》的形式转发各乡镇和部门，要求各地参考借鉴。今年县委、县政府主要领导对抓住金沙江水电开发机遇、加强农民技术培训促进向非农产业转移、农网改造等三件提案作了批示，提出了办理要求，目前正在逐项落实。

改善了政协的交通工具和办公条件。县委、政府对改善县政协的工作条件十分重视，县委常委会议专题研究落实了县政协办公楼的维修和 2 台工作用车的购置经费，政协机关干部倍受鼓舞。通过两年的建设，宜宾县政协办公条件大为改善，基本实现美化、绿化、亮化，办公自动化系统比较完备，政协委员们也大加赞赏。

（二）党政部门尊重政协

政协通过自身的建设和积极履职，围绕发展不断帮助、支持部门改进工作，赢得了党政部门的尊重。部门普遍认为，人民政协是一支有为的政治力量，能够营造良好环境、化解矛盾、凝聚人心、团结更多的力量更好地实现党政部门的工作目标，主动向政协汇报工作、介绍情况的党政部门增多了。主动邀请政协参加部门会议、视察调研部门工作，帮助总结经验，查找问题，参谋出点子已蔚然成风。

（三）政协委员充满自豪感

为充分发挥委员主体作用，县政协领导主动走访委员，组织和动员委员广泛参与各项履职活动。除日常的学习培训、视察调研、对外联谊外，2003 年组织 40 名政协委员到港澳等地考察，大大激发了委员们的履职热情。提案办复程序的规范和质量的提高，使委员们感到呼声有人倾听、建议有人采纳、意见有人整改，体现了委员职务的分量。因此，广大委员充满自豪感，认为政协委员不是可有可无的政治摆设，而是一个有影响力的职务，是一份有含金量的荣誉，是一项履职为民的责任。

五、促进发展，履行职能更有为

协商求实效。在县委的领导下，着力把“三在前”“三在先”的原则落到实处，不断创新政治协商思路，增强政治协商实效。2003 年以来，先后召开了两次专题对口协商会，对全县未来五年发展目标和“工业强县，农业稳县，科教兴县，开放富县和可持续发展”五大战略的实施，加快工业化、城镇化、农业产业化进程，城北新区建设、县二中搬迁、文化园区建设进行了充分的专题协商，取得了实效。

监督强力度。在抓好例会监督、提案监督等日常监督的基础上，广泛参加各类测评考核、积极反映社情民意、重点开展部门行风评议调查，加大监督力度，促进了经济和社会发展环境的优化。一是县政协领导、常委、委员参加各类民主测评、评议，60 余名政协委员受聘县级相关职能部门的行风义务监督员。二是创办《社情传真》，反映委员的意见、建议、批评和呼声，在顾全大局的前提下，将社情民意按一定范围送达党委政府及相关部门领导。今年对两会期间委员反映强烈又没有列为提案的9个问题，以及我县参与省政协组织的“民营经济发展环境民主评议”测评的10户民营企业集中反映影响民营企业发展的7个问题送达县委县政府后，相关部门逐项整改落实并及时予以了回复。三是进行了电力、国土、工商、建环系统的行风跟踪调查工作，通过调查并向部门“原汁原味、不加修饰”地反馈意见后，部门迅速整改取得了实效。目前按市政协部署正在开展全市药监系统民主评议。

参政有点子。通过专题调研建言献策，是政协参政议政的最佳途径。2003年以来，重点开展了4个专题调研。一是就我县农村税费改革后出现的新情况、新问题进行了专题调查研究，形成了《宜宾县农村税费改革后新情况新问题的报告》，就防止农民负担反弹、解决财政缺口保证基层运转、规范一事一议、化解乡镇不良债务等提出了建议。二是配合“工业强县”战略的实施，就加快推进城镇化进程进行了专题调研，形成了向县委、县政府提交的《关于加快我县城镇化进程的调查和建议》，提出了强力推进工业化进程、增加国有土地储备量、落实完善小城镇配套政策以及切实保护进城农民工的合法权益等措施。三是开展了“民间资金向民间资本转变”的专题调研，向县委、县政府报送的《关于加快民间资金向民间资本转变的调查与建议》，提出了打造诚信社会、优化政务环境、找寻资金转变平台、加快金融改革等建议。四是开展了“农民工维权”专题调研，提出提高党政维护农民工合法权益的认识、清理和落实政策法规、采取综合措施解决突出问题、建立农民工维权长效机制和农村劳务开发运行机制的建议。这些建议得到了县委、县政府的高度重视，纳入党委政府决策程序，有的已经转化为党委政府的政策和措施。

在两年多的政协工作实践中，我经历了“政府领导——政协领导”的角色转变、“位置靠前了——权力没有了”的心理转变、“决策拍板发号施令——协商监督参政议政”的工作转变过程。也是有得有失，失去了项目资金的审批权，得到了广泛民主的监督权；失去了前呼后拥的热闹场面，得到了推心置腹的真诚朋友。初步显现的工作成效，激发了我对政协工作的极大兴趣，使我对政协工作更加热爱，也更加坚定了我对干好政协工作的信心。宪法规定中国共产党领导的多党合作和政治协商制度将长期坚持下去，我坚信，只要在政协工作的领导和同志们保持精力、认识、履职在政协状态，坚持“有所为有所不为”的工作方法，用“心”去为党做团结民主的工作，政协工作就一定大有可为。

（原载《情倾政协五十年》，四川出版集团、四川人民出版社2005年1月出版。作者时任宜宾县政协主席）

（五）

邓小平人民政协理论基本观点之我见

廖运宜

邓小平同志在长期的中国革命、建设，尤其是改革开放的实践基础上，运用辩证唯物主义和历史唯物主义的立场、观点和方法，以一个马克思主义政治家的世界眼光、战略思维和宏大气魄，形成了比较完整的政协理论体系。本文认为，邓小平整个政协理论体系是以三个基本观点为支柱的。

一、统一战线观点是邓小平政协理论的基石

统一战线是工人阶级及其政党团结一切可以团结的阶级、阶层、党派和集团，为实现一定的共同目标而组成的政治联盟。中国共产党领导的统一战线，被誉为取得中国新民主主义革命胜利的三大法宝之一。中华人民共和国成立以来的革命和建设的经验教训也反复证明：党和国家的状况与统一战线的状况休戚相关。一个巩固的、广泛的、生气勃勃的统一战线，是中国革命和社会主义建设不断取得胜利的重要政治条件。

在改革开放、建设中国特色社会主义的新的历史条件下，随着国内阶级关系的根本变化、工作重点的战略转移和国际政治关系的重新整合，统一战线的内部结构、目标任务也随之发生了深刻变化。但是，中国共产党所领导的统一战线的性质、地位和作用并没有改变，反而更加具有空前的广泛性和紧迫的现实性。在我国实行改革开放后不久，邓小平就指出："统一战线仍然是一个重要法宝，不是可以削弱，而是应该加强，不是可以缩小，而是应该扩大。"

邓小平坚持和发展了我们党关于统一战线的理论，创造性地解决了新时期统一战线的性质、方针、任务等一系列重大问题。他指出，我国广大的知识分子已经成为工人阶级的一部分，各民主党派已经成为各自所联系的社会主义劳动者和拥护社会主义的爱国者的政治联盟，都是在中国共产党领导下为社会主义服务的政治力量。以后，他又补充指出，为了实现祖国统一，对于那些即使不热爱社会主义但热爱祖国的人们，也要加以团结。他说："统一战线的对象，清楚得很，顾名思义，是把一切能够联合的都联合起来。范围以宽为宜，宽有利，不是窄有利。"据此，党的十一届六中全会通过的决议中，不再沿用"革命统一战线"的传统提法和1979年提出的"革命的爱国统一战线"的提法，将新时期统一战线确定为"爱国统一战线"。以爱国为底线，形成了大陆范围内以爱国主义和社会主义为政治基础的团结全体劳动者、爱国者的联盟；大陆范围外以爱国和拥护祖国统一为政治基础的团结台港澳同胞和海外侨胞的联盟。联盟的核心是中国共产党。新时期爱国统一战线的建立，高举爱国主义、社会主义旗帜，团结一切可以团结的力量，调动一切积极因素，对巩固和发展安定团结的政治局面，深化改革，扩大开放，推进物质文明、政治文明和精神文明建设，促进“一国两制、和平统一”，都起到了不可替代的作用。

中国共产党领导的多党合作和政治协商制度，是中国特色的政党制度，是社会主义中国的一项基本政治制度。产生这一制度的先决条件，则是中国共产党的领导、人民民主专政和人民当家作主，其组织形式即为中国人民政治协商会议。统一战线、多党合作和政治协商制度是内容，人民政协是反映这一内容的形式、载体，人民政协是党所领导的统一战线、多党合作和政治协商制度的必然产物。中国共产党及我国各民主党派、无党派人士、人民团体、全体社会主义的劳动者和建设者、拥护社会主义的爱国者和拥护祖国统一的爱国者，代表各自群体的利益，在人民政协组织中参与国是、建言献策、相互监督，通过合作，共同致力于社会主义现代化建设和中华民族的伟大复兴。

邓小平的统一战线观点和政协理论既密不可分，但又有内容和形式、源和流、因和果的区别。统一战线观点是其政协理论的逻辑起点和基石。

对于我们党和从事政协工作的同志来讲，正确把握统一战线观点在邓小平政协理论中的基石地位，有助于增强搞好政协工作的责任感和自觉性，掌握政协工作的特殊性和规律性，不断改进统战和政协工作方法。例如，摆正自己在政协组织中的位置，善于从大局出发观察和思考问题，养成平等待人、虚心学习、合作共事、以理服人的习惯，增强服务意识，在语言上、作风上和工作上彻头彻尾、彻里彻外地贯彻民主精神，以团结更多的人一道工作，巩固和发展最广泛的统一战线。

二、团结和民主观点，是邓小平政协理论的主题

关于新时期人民政协的任务，邓小平提出：“就是要调动一切积极因素，努力化消极因素为积极因素，团结一切可以团结的力量，同心同德，群策群力，维护和发展安定团结的政治局面，为把我国建设成为现代化的社会主义强国而奋斗。”将政协组织的全部作用和目标任务凝练在“团结”二字上，指明了政协工作的着力点，回答了政协“干什么”的问题。

其含义，一是以团结为目的，从团结的愿望出发，与人为善，通过各个方面、多种形式的努力，甚至是相互批评和斗争，促进共同进步，达到联盟成员间在共同政治基础上的团结，从而实现共同的政治目标。二是以团结为手段，求大同、存小异，最大限度地争取同盟者，从而最大限度地集中力量完成特定的政治任务。从这个意义上讲，团结既始终是政协工作的目标任务，又始终是政协组织存在的充分必要条件。刚刚通过的政协章程修正案中把团结作为政协的两大主题之一写进章程，并且在总纲中将政协任务之一明确为促进政协内部的“团结合作”，使政协的任务和作用更加鲜明。现阶段，我国正处于全面建设小康社会的关键时期，通过各党派、各团体、各阶层、各民族及全体人民的大团结必将促进大稳定、大发展，必将为祖国更加繁荣富强、人民生活更加幸福美好作出更大的贡献。

邓小平在1979年《新时期的统一战线和人民政协的任务》一文中指出：“为了实现四个现代化，必须发扬社会主义民主和加强社会主义法制。人民政协是发扬人民民主、联系各方面人民群众的一个重要组织。中国的社会主义现代化建设事业，继续需要政协就有关国家的大政方针、政治生活和四个现代化建设中的各项社会经济问题，进行协商、讨论，实行互相监督，发挥对宪法和法律实施的监督作用。”这一段话，突出了民主主题，指出了政协工作与人民民主的内在联系，提出了政协工作的内容和方式，实际上回答了政协“怎么干”的问题。此前，邓小平就阐述了“没有民主就没有社会主义，就没有社会主义的现代化”的社会主义民主理论中最为基本的观点。民主是社会主义的本质要求，是社会主义现代化的一个重要目标，又是实现社会主义现代化的基本条件，因此，民主主题应当是人民政协的灵魂。

可以这样说，团结和民主是人民政协性质的集中体现，是人民政协产生和发展的历史依据，是人民政协继往开来的方向和使命。团结和民主相伴相随，相辅相成，融合在政协工作的各个方面、各个环节和全部过程之中，体现在政协精神和作风之中。团结和民主不仅是政协工作的基本方法和手段，更是政协工作的基本目标。

邓小平关于团结和民主的观点还有两个显著特征。

一是与健全法制联系在一起。他说:“不要社会主义法制的民主,不要党的领导的民主,不要纪律和秩序的民主，决不是社会主义民主。”“我们的民主制度还有不完善的地方，要制定一系列的法律、法令和条例，使民主制度化、法律化。”他认真总结我们党在推行民主制度方面的经验教训，以解放思想、实事求是的态度阐释民主。1962年，邓小平在7000人大会上说：“这几年，我们搞了许多大运动，差不多是把大运动当作我们群众路线的唯一的形式，天天运动，这是不好的。”在饱尝“文化大革命”之苦后，邓小平更认为实现民主“不能用大跃进的做法，不能用‘大鸣大放’的做法……应该让群众有充分的权利和机会，表达他们对领导的负责的批评和积极的建议，但是‘大鸣大放’这些做法显然不适宜于达到这个目的”。因此，邓小平一贯坚持法制和制度建设，让团结和民主有法律和制度保障，在法律和制度的框架内调整，有领导、有秩序地发展。

二是同对党的监督联系在一起。在共产党执政的情况下，要提高党的执政能力和水平，遏制腐败，掌握社会主义建设的规律，没有来自党内外的监督是不行的。1957年邓小平就讲过："有监督比没有监督好，一部分人出主意不如大家出主意。共产党总是从一个角度看问题，民主党派就可以从另一个角度看问题，出主意。这样，反映的问题更多，处理问题会更全面，对下决心会更有利，制定的方针政策会比较恰当，即使发生了问题也比较容易纠正。""长期共存、互相监督、肝胆相照、荣辱与共"是中国共产党领导的多党合作和政治协商制度所坚持的基本方针，这一方针原本对中国共产党及其他民主党派、无党派人士、各界群众来讲，是相互的、平等的。但是，因为共产党是执政党的特殊位置，这一方针在实践上成为中国共产党对自身的约束，互相监督也主要是指对共产党执政的监督，鼓励和支持民主党派、无党派人士和各界群众对党和国家的方针政策、各项工作提出意见、批评、建议，发挥监督作用。中共则要自觉地接受监督。

对执政党的监督是多方面的，但是来自政协的监督是一种政治的、民主的、广泛的、组织的和特殊的监督，是在我国社会中除法律监督之外最重要的一种民主监督。在现阶段，充分发挥政协民主监督职能，扩大政协民主监督领域，对消除官僚主义，遏制腐败，科学决策，依法行政，推进民主政治建设，都有着极其重大的意义，也是贯彻团结、民主两大主题的实现形式。

三、不要把政协搞成权力机构的观点，是邓小平政协理论的要义

政协是中国特有的一个政治组织，它不是西方国家的议会，没有立法权和执法权，这是由中国的国情和现存的国体、政体所决定的。当前，认真学习、深刻领会邓小平关于政协不要成为权力机构的观点，对于我们正确地把握政协事业的发展方向，正确履行政协职能，规范有序地促进社会主义民主政治建设，十分重要。

1980年9月，邓小平在一个有关全国《政协章程》修改的文件上批示："在修改章程上，不要把政协搞成一个权力机构。政协可以讨论，提出批评和建议，但无权对政府进行质询和监督。它不同于人大，此点请注意。"同年11月，他再次作出批示："原来讲的长期共存，互相监督，是指共产党和民主党派的关系而言。对政府实施'监督'权，有其固定的含义，政协不应拥有这种权限，以不写为好。"这里所说的"监督"，不是指广义的监督，也不是指政协的民主监督，而是指法律监督、程序监督。这一观点，是我们加强、规范政协工作的一条重要原则，是邓小平政协理论的精要之处，是政协的性质使然，绝不能含糊。

首先，从法律角度看。我国的国体是工人阶级领导的、以工农联盟为基础的人民民主专政，即无产阶级专政。我国的政体是人民代表大会制度，这是我国的根本政治制度。《宪法》规定：“中华人民共和国的一切权力属于人民”“人民行使国家权力的机关是全国人民代表大会和地方各级人民代表大会”，确定了我国权力机关的唯一性。邓小平说：“我们实行的就是全国人民代表大会一院制，这最符合中国的实际。”“西方的民主就是三权分立，多党竞选，等等。我们并不反对西方国家这样搞，但是我们中国大陆不搞多党竞选，不搞三权分立、两院制。”从这个角度看，《宪法》和《政协章程》并不在一个范畴，二者产生的程序和发挥的效力也大相径庭。法具有国家意志性、国家强制性、普遍适用性和整体规范性的特征，宪法是国家的根本大法，也是人民政协一切活动的根本准则。《政协章程》只是参加人民政协的各党派团体（包括中共）、各族各界人士和各级政协组织共同的行为规范。因此，《政协章程》不属于我国的法律体系，只是政协组织内部的规章制度。政协委员的产生程序也不是法定程序，其人民性差于人大代表。政协的活动是靠中国共产党来领导和协调的。

其次，从政协职能看。人民政协在第一届全国人民代表大会召开前，代行全国人民代表大会的职权。第一届全国人民代表大会召开之后，人民政协仍对国家建设事业的根本大计及其他重要措施起协商、参谋和推动作用。现行的《政协章程》，对政协的职能界定就更清楚了。

再次，从政协优势看。政协具有人才荟萃、联系面广、位置超脱等多种优势，但其中只有位置超脱才是政协所特有的，与其他组织、群体所不同的独特优势。位置超脱能做到“旁观者清”，可以摆脱部门、群体利益的束缚，畅所欲言，及时反映社情民意，便于各种思想意识的表白、交流，客观公正地对党政机关、包括人大实施监督，就国家大政方针政策提出合理化建议，帮助政府实现科学决策等。不把政协搞成权力机构，才能保持政协的特有优势，更有利于充分调动政协组织、政协组成单位和政协委员参与国是的积极性，为社会主义民主政治建设、现代化建设和祖国统一创造良好的政治环境。

最后，从工作制度看。人大和政府机构实行的是民主集中制，即通过票决，采纳大多数人的意见，保护大多数人的利益。这种机制可以在很大程度上保证“大多数人的意见”得以实现。但民主集中制不是政协的工作原则。政协的内部构成天然地决定了其利益的多元性和意见的分散性，政协不仅要反映大多数人的意见，而且要反映少数人、甚至个别人的意见，不仅要反映正确的意见，而且要反映错误的意见，百花齐放，百家争鸣。虽然这种机制使政协能“海纳百川”，但是难以集中，更难以据此立法、执法。

深刻理解不要把政协搞成权力机构的观点，有助于消除“无权即无位、无为、无事”的错误思想，避免一讲到发展人民政协事业就在争夺权力空间上打主意等错误倾向，使政协工作制度化、规范化、程序化建设健康发展。政协工作中经常辩论“有为和有位”，也有不少文章阐述二者的内在联系，但在这里需要强调的是：政协所讲的“位”，不是实体的位置、地位、官位、权位，而是一种非权力因素的“位”，是一种被各个方面所公认的民主政治方面的权威。

邓小平政协理论内容广泛、含义深邃，需要我们全面把握、深刻理解。而其统一战线、团结和民主、不要把政协搞成权力机构的观点则是构成邓小平政协理论体系的基本观点，是邓小平政协理论不同于邓小平其他理论的显著特征。

（原载《邓小平人民政协理论研究》，政协四川省委员会办公厅编辑，四川人民出版社 2005 年 1 月出版。作者时任宜宾县政协秘书长）

（六）

充分发挥政协优势　促进和谐宜宾建设

邓　良

近年来，我们在中共宜宾县委的正确领导和上级政协的精心指导下，牢牢把握团结和民主两大主题，围绕中心，服务大局，切实履行政协职能，为推进和谐宜宾县建设作出了积极贡献。政协第八届宜宾县委员会根据新的形势和任务，对县政协促进和谐宜宾县建设提出了新的要求，也为政协履职提供了更为广阔的舞台。为此，我们认为应抓好以下几个方面的工作。

一、坚持“四个突出”，促进和谐宜宾县建设

（一）突出第一要务，做促进和谐宜宾县建设的“智囊团”

构建和谐宜宾县的关键在于发展。我们应联系宜宾县经济社会发展中的实际，始终坚持把促进发展、服务发展作为履行职责的第一要务。应充分发挥政协组织智力密集、人才荟萃的优势，着力寻求政协履行职能和促进发展之间的最佳结合点和切入点。应紧紧围绕“建设西部经济强县、构建和谐宜宾县”的奋斗目标和“重农”“强工”“活商”“兴教”“夯基”“建小康、构和谐”的战略思路，重点就常旱区农机水利建设、城镇供水问题、规模工业企业发展、职业教育发展、《兵役法》贯彻落实情况等问题，组织委员视察，提出意见和建议，推动工作的开展和有关问题的解决。应选择全县经济社会发展中具有全局性、战略性、前瞻性的问题和群众关心的热点、难点问题，重点就我县新型农村合作医疗制度运行情况、工业发展软环境、促进低层次就业情况开展专题调研，形成有分量的调研报告。应就推进蚕桑、肉兔产业化，企业科技创新等议题开展对口协商。

（二）突出两大主题，做促进和谐宜宾县建设的“润滑剂”

县政协应继续突出团结和民主两大主题，巩固和发展大团结、大联合的良好局面，保持和发扬政协的民主特色，体现各界别和大多数人的共同意愿，充分发挥联系面广、包容性强的独特优势，把我县各党派、团体、阶层、界别人士的积极性、主动性、创造性充分调动起来、激发起来，形成人心凝聚、共谋和谐的良好局面。

（三）突出三大职能，做促进和谐宜宾县建设的“推进器”

应以贯彻落实去年中央 5 号文件精神为契机，进一步推动政协履行政治协商、民主监督、参政议政三大职能的制度化、规范化、程序化建设。在政治协商方面，应积极争取县委的领导，加强同县政府的协商衔接，努力提高协商质量；在民主监督方面，应加大提案办理力度，确保提案办理落实；在参政议政方面，应认真做调研、视察工作，为县委、县政府正确决策提供科学依据。

（四）突出“四个良好”，做促进和谐宜宾县建设的“服务队”

坚持“四个良好”，即保持良好的精神状态，营造良好的工作环境，树立良好的社会形象，创造良好的工作业绩，努力建设学习型、服务型、创新型、和谐型政协机关。应加强统战和政协理论的学习，对政协委员特别是新委员开展学习培训，促进委员提高自身素质，遵守《政协章程》，履行委员职责，密切联系群众，积极参加政协组织的会议和活动，形成对县委重要战略决策的广泛共识，形成全体委员抓发展、促发展的合力。加强领导班子和干部队伍建设，努力造就一支政治坚定、作风优良、学识丰富、业务熟练的高素质政协干部队伍。

二、不断开拓创新，促进和谐宜宾县建设

（一）用心汇集力量

整合合作资源，促进政治文明。中国共产党领导的多党合作和政治协商制度是我国的基本政治制度，全国人民代表大会制度是我国的根本政治制度。二者相互补充、相互配合，形成富有中国特色的社会主义民主政治制度。应配合县委邀请民主党派、工商联、无党派代表人士搞好重大问题的协商，畅通利益诉求渠道，及时化解社会矛盾。应鼓励支持各民主党派、工商联、无党派人士深入基层、深入实际、深入群众进行调查研究，通过提案、视察调研等形式触热点、解难点、释疑点。应及时通报党政的重大决策，扩大知情权，引导参加政协的各党派、团体和代表人士协商重大问题，使参政参到点子上、议政议到关键处，提高参政议政的质量和民主监督的实效。

整合文史资源，促进社会文明进步。强化对特约文史研究人员的培养，通过有计划、有组织、大规模地对文史资料的开发利用，去其糟粕，取其精华，为不断丰富中华民族传统文化的精神内核充实素材。同时，大力贯彻胡锦涛总书记倡导的社会主义荣辱观和“八个良好”作风。应突出文史资料的“三亲”（亲闻、亲见、亲历）特色，选好主题，适时征集、编撰、出版，充分发挥文史资政育人、存史存真的作用，为构建和谐宜宾县提供精神动力和智力支持。

整合信息资源，营造良好社会氛围。应广泛发动政协通讯员、政协委员和社会各界人士，积极开展政协基本理论宣传、政协及委员的履职活动宣传。应成立县政协宣传工作领导小组负责宣传工作，制定新闻稿件采用奖励办法，激发大家的写稿热情。应及时向上级政协、县委和各种新闻媒体报送政协工作信息，让全社会都了解政协工作，从而理解政协工作，支持政协工作，为政协工作的开展营造良好的社会氛围。

（二）用力促进发展

整合智力资源，促进物质文明建设。人民政协作为中国人民爱国统一战线组织，人才荟萃，智力密集，整合这种资源优势，促进经济又好又快发展，是人民政协履行职能的第一要务。应积极引导、有序吸纳政协委员中的专家、学者参与地方经济社会发展规划，重大工程项目的论证、立项，从而降低决策成本，提高决策效益。应充分利用政协联系面广的优势，为智力成果转化成现实生产力服务。

整合界别资源，促进社会安定有序。随着改革开放的不断深化，市场经济体制的建立和完善，出现了新的社会阶层，加强对新的社会阶层人士的工作，是构建和谐社会中面临的新课题。应根据界别特点和要求开展活动，充分调动各界别参政议政的积极性；充分发挥界别渠道的作用，通过界别渠道密切联系群众，协调关系，化解矛盾，理顺情绪，增进社会各阶层和不同利益群体的和谐；运用政协包容各界、联系广泛、人才聚集的有利条件，了解和反映社会不同阶层、不同群体的愿望和要求，反映社情民意，维护社会的和谐稳定。

（三）用情构建和谐

整合协商资源，促进社会诚信友爱。所谓诚信友爱，就是全社会互帮互助、诚实守信，全体人民平等友爱、融洽相处。诚信友爱是构建和谐社会的基础。而政协民主监督的力度、广度、深度如何，直接关系到社会诚信体系的建设。通过政协信息来源广泛的优势，可以及时反映出社会诚信度的高低，通过对诚信度的监督、评判，增强社会诚信的透明度。所以，政协应宣传诚实守信、守法经营，促进个人、团体、阶层按社会秩序、道德规范行事，从而促进人与人、人与自然的和谐相处。

整合群众资源，促进政协积极为民。为民立言，就是为群众说话。要为群众说话，我们就应深入基层，与群众打成一片，了解他们最关心、最直接、最现实的问题，然后分门别类地归纳整理，使之条理化、理性化。在为民立言的基础上，我们还应为民建言，把从群众那里了解到的问题，代表群众向党和政府建言献策。为民办事，就是从政协工作的实际出发，实实在在地为群众办实事、好事，给人民群众带来实惠。政协应充分发挥民主监督职能，关注党的惠民政策、惠民行动的落实情况，及时提出建议、意见，鼓励民营企业家、工商联人士参加慈善事业，奉献爱心，实实在在地为社会、为群众做点实事。

总之，新形势、新任务对政协促进和谐社会建设提出了新的要求，我们要以邓小平理论和“三个代表”重要思想为指导，全面贯彻落实科学发展观和十六届六中全会精神，在县委的领导下，围绕中心，服务大局，凝心聚力，开拓进取，进一步开创政协工作新局面，为建设西部经济强县、促进和谐宜宾县建设作出更大的贡献。

（原载《全国政协培训中心学员总结论文选辑》，2008年5月出版。作者时任宜宾县政协秘书长）

（七）

关于政协民主评议工作的实践与思考

黄春祥

政协的民主评议是民主监督的重要形式。通过民主评议，可以让政府和部门的工作在阳光下运行，在监督中开展，在服务中推进。近年来，宜宾县政协着力于民主评议的实践与探索，赢得了县委、县政府的高度重视，支持政协对重点部门和单位开展民主评议，督促相关党政部门支持配合，创造良好的评议条件和工作环境。通过边评边改、以评促改、以评促管，促进了部门工作作风转变、工作效率提升，为全县科学发展、加快发展营造了良好的服务环境。

一、党政重视是保障

制度保障给力。中共宜宾县委专门制发了《关于贯彻落实加强政协工作的实施意见》（宜县委发〔2006〕41号），县政府制定了《关于进一步支持人民政协履行职能的意见》（宜县府发〔2007〕26号），对政协开展民主评议工作提出了明确要求，使工作开展有了制度保障。同时，为了促进民主评议成果及时得到转化，中共宜宾县委印发了《政协参政议政成果转化和反馈试行办法》的通知（宜县委发〔2011〕11号），对民主评议报告的交办、督办、转化、反馈、追踪问效等建立了保障、约束机制。

组织保障添力。按照县委、县政府相关制度规定，分管、联系政协的县委、人大领导和分管被评单位的县委、县政府领导出席每次民主评议的动员大会、情况反馈会议和民主评议大会，广泛听取评议小组深入基层调研掌握的第一手资料，县委专题研究政协呈送的民主评议报告的落实，为评议工作提供了强有力的组织保障，增添了评议的活力，促进了政协民主评议成果的转化。

后勤保障助力。为确保政协民主评议工作的顺利开展，县政府及时划拨所需工作经费，并提供相应人力、物力等保障。

二、充分准备是基础

合力选好评议对象。2010 年 12 月，宜宾县委、县政府批转了《政协宜宾县委员会全体会议民主测评和协商意见通报办法》，明确规定在政协全体会议期间，全体政协委员对政府职能部门、直属事业单位、公用事业单位的年度工作进行民主测评，县政协常委会议根据测评结果和广大群众普遍关注的热点问题专题协商，征求县政府同意，报请县委批准，选择 1 ~ 2 个部门作为当年政协民主评议的单位。通过聚合政协委员力量确定民主评议对象，使评议对象确定更具有广泛性、代表性，更贴近基层群众的呼声，也更利于被评议单位所接受。

真诚加强协商沟通。被评单位确定后评议工作开展前，县政协相关领导和负责评议工作牵头的专门委员会与被评议单位进行协商沟通，讲明评议的目的、意义和原则，使被评议单位认识到政协民主评议工作是为了帮忙而不是添乱，是为了推动工作而不是故意找茬，从而在思想上想通，认识上提高，态度上端正，行动上支持，积极主动地同参加的委员面对面协商、讨论、查摆问题，研究对策，搞好评议。

精心组建评议队伍。参评人员的素质直接关系到民主评议的质量，县政协注重选取那些敢于讲真话、谏诤言、献良策，不怕得罪人，不怕伤感情的委员和专业人士 15 ~ 25 人组成评议队伍，共同制定工作方案，明确分工和职责。与此同时，在评议工作开展前，县政协还加强了委员培训，做到让委员先知情后议政。首先，县政协在每次民主评议动员大会上向政协常委、乡镇政协委员联系小组组长、各界别召集人部署评议工作，明确评议原则、要求、主要内容及方法步骤等，使委员懂得评什么，怎么评。其次，牵头负责评议工作的政协专门委员会召集参评人员进行培训，由有关部门的领导和业务骨干讲课，系统了解与评议相关的政策法规和业务知识，掌握被评议对象的历史现状、机构设置、职责范围、运作程序、管理制度等基本情况。

三、调查研究是根本

调研形式求多。在调研过程中，县政协采取听、看、访、谈的形式，做到“面对面”与“背靠背”相结合，边评边改与督促整改相结合，个别约谈与问卷调查相结合，会议督办与舆论督办相结合，多策并举助推评议工作。具体工作中，各乡镇政协委员联系小组组织委员在本辖区开展调查研究，报送调查报告，为政协评议组评议报告的撰写和评议大会的召开提供来自基层群众的第一呼声。同时，县政协评议组组织政协委员有针对性地选择不低于全县三分之一的乡镇和所有相关的县级部门重点调研，通过走访、视察、问卷调查、座谈会、查阅相关资料等灵活多样的形式，使掌握的第一手资料全面、真实，弄清广大群众反映强烈的突出问题，摸清被评议对象存在的主要问题，为开展评议打下坚实的基础。

调研内容求深。评议小组充分调动社会各方面参与评议工作的积极性，按照拟定的调研提纲，围绕被评单位哪些方面存在问题，这些问题的主要表现是什么，如何解决这些问题，放下身段，沉下心来，深入基层中，走进群众家，与基层群众面对面交流，问计于民，求智于民，充分听取基层群众的意见。认真查找最突出的问题，群众最不满意的地方，在弄清根源的基础上，把问题理清，把相关人找准，把措施定实，力争被评单位达到“照镜子，正衣冠，洗洗澡，治治病”的效果。

反馈意见求真。按照《政协宜宾县委员会关于政协民主评议工作的实施细则》，经归纳分析，初步梳理出被评单位存在的问题，形成反馈意见，经评议组协商讨论，按照“客观真实，原汁原味，不加修饰”原则形成共识，书面向被评单位通报。

四、建言献策是关键

批评把握有度。民主评议的目的是“在参与中服务，在服务中监督，在监督中支持。”为此，在评议报告中，我们坚持做到对被评单位不恶意刁难，不纠缠细节，做到言之有据，言之有理，言之有度，不说假话、空话、套话。坚持做到正视问题而不回避，批评中肯而不中伤，措辞适当而不过激，把成绩讲实，问题讲准，根源讲透，使评议对象心服口服，乐于接受。

建议具体可行。民主评议活动能不能取得实效，主要在于评议意见是否客观公正、建议是否具有操作性。报告中，我们坚持认真分析被评对象存在问题的根源，把握病根，找准问题，多提针对性建议；突出重点，多提建设性建议；着眼落实，多提可操作性建议；坚持把被评单位那些没有考虑但应该考虑，没有做到但应该做到，没有做好但应该做好的有效建议提出来，使被评对象乐意采纳，有利于取得实效。

报告提炼有方。对情况分析和对策建议反复提炼，力求经得起实践和历史的检验。

撰写过程中，我们做到精心谋篇布局，把对策和建议作为“重头戏”，用事例佐证。做到既肯定工作，也不回避存在的问题和不足，去粗取精，去伪存真，由表及里，突出重点，以求评议的准确性、科学性和严肃性。

五、整改落实是目的

整改加强联系。一是在评议中加强联系，边评边改。针对评议中发现的被评单位能立即整改的问题，及时反馈给被评单位，促使其在评议中加以整改。如2012年在民主评议燃气系统过程中，县政协评议组及时将调查了解到的“群众反映每月排队缴费难问题”反馈给燃气系统，该部门立即整改，建立多渠道缴费办法，使用户可以通过窗口、银行、网上等形式缴费，方便了群众。2013年，在对卫生系统的民主评议中，了解到住院报销门槛低、比例高，影响了全县“新农合”基金安全。为此，政协建议提高住院报销门槛、降低县级及以上医疗机构报销比例。目前，县卫生局已作出“新农合”报销方案调整，适当提高了住院报销门槛费，降低了县级以上住院报销比例，有效控制了“新农合”基金风险。二是在评议后全程参与，督促整改。评议大会召开后，评议小组与被评单位建立和完善对口协商联系机制，督促制定整改方案，落实整改措施，做到全程参与，甚至派委员参与指导整改，监督整改行为，无论是整改计划制定，还是整改行为实施，到存在问题的纠正，问题的责任追究，都直接参与。

督查重在落实。根据县委、县政府主要领导的批示，安排对口联系专门委员会以回访复查等方式，联合县委、县政府督查室进行督办检查，就被评单位落实民主评议意见进行跟踪问效，力促被评单位对存在的问题认真加以整改，要求将整改问题分解到科室、落实到个人，督促各级部门结合自身工作实际，围绕提高工作质量和效率，推进规范化管理，建立健全业务和内部管理的各项规章制度。

反馈及时到位。评议结束一段时间后，评议小组组织政协委员通过视察、走访等形式，对被评单位整改情况进行“回头看”，确保办理措施的落实，办理效果的持久性。以群众反映强烈的热点难点问题是否解决，部门政风行风建设水平是否提高，部门的办事环境是否进一步优化，作为检验被评单位整改是否落实到位、民主评议活动是否取得成效的标准。注意听取各界对整改成效的反映，及时向县委、县政府和被评单位反馈，促被评单位深入整改，以巩固民主评议的成果。

六、创新评议是活力

评议内容应更深入。民主评议作为政协监督职能的创新形式，尚处于探索阶段，还存在诸多不完善之处。现在多数地方政协开展的民主评议工作主要针对某一部门的工作业绩、职业道德、团体作风等方面进行，重点不突出，针对性不强；同时，也存在评议一个部门职能的工作多，而评议涉及多部门职能的民生热点问题少的现象。建议在对同一单位评议时，去掉一些不痛不痒的内容，针对其部门工作中 1 ~ 2 件群众关注的热点问题进行评议，就某一方面的问题帮助被评单位提高工作；选择 1 ~ 2 个党政重视、社会关注的全局性重大决策问题作为议题，对议题涉及的单位开展民主评议，促使党政监督各部门履行职能，推动重大工作的开展。

评议方法应更灵活。评议的最基本核心是召开评议大会。但是，实际上参加评议大会的人员有局限，一般是政协常委，分管和联系政协、分管被评单位的县委、人大、政府领导，被评单位领导，而且多数地方的惯用程序仍是评议组通报评议报告内容、政协常委发言、领导讲话，缺少委员与被评单位的咨询、沟通交流等互动环节，单向发言难转化为协商共识。应扩大评议主体，对一些与群众联系广泛的民生部门的评议，适当扩大参加评议大会的人员层次、范围、数量，提高评议大会的影响力。同时，建立互动平台，让政协委员与被评单位领导和人员适度沟通，促进共识，推动被评单位正视问题，提出措施，解决问题，实现评议成果的自觉转化。

评议效果应更持久。由于政协的民主监督是柔性监督，缺乏约束力，有的单位对待评议成果敷衍了事，容易流于形式，被评单位的整改方案报送政协、政协报告党委后，整改不整改，整改多少没有下文，影响了民主监督功能的发挥。为此，应进一步完善、落实好跟踪问效机制，不能将评议工作流于评议阶段，要确保评议效果的持久性，强化舆论监督，充分利用民众的知情权，各种新闻媒体的传播宽度，让被评单位向社会公开承诺整改，通过网络等不同形式测评被评单位整改情况，对被评对象采纳建议情况形成强大的舆论监督，让整改落实置于社会舆论的监督下，确保评议效果。

（原载《中国政协理论与实践汇编 2014》。作者时任宜宾县政协调研室副主任）

（八）

不忘初心　履职尽责

钟建华

习近平总书记在庆祝中国共产党成立 95 周年大会重要讲话中，反复告诫我们，一定要“不忘初心，继续前进”。对于政协委员来说，不忘初心，就是要始终不忘人民政协的性质和地位，始终不忘政协委员的身份和使命，就是要始终坚持和维护党的领导，切实发挥好在政协工作中的主体作用、界别群众中的代表作用、本职工作中的带头作用，树立新形象、提升新能力、彰显新作为。

一、珍惜荣誉，为委员形象树正气

荣誉承载人民期盼。在政协组织中，委员可以主张群体利益，反映共性要求；在参政议政上，委员可以充分发表意见，开展协商讨论；在社会生活中，委员能够赢得广泛认可，得到社会尊重。可以说，政协委员是人民赋予的一项很高的政治荣誉，一定要倍加珍惜。应始终坚守理想高线、紧扣为民主线、不碰法纪红线、筑牢清廉底线，做到政为民所议、言为民所建、策为民所谋、力为民所出。应力求在社会上做个好公民，在单位做个好职工，在家庭做个好成员，在政协做个好委员。应始终充满对政协组织的反哺之情、对同事的敬重之情、对委员身份的惜护之情，多想给老百姓解难的事，多干给致富较劲的事，多做给人民政协添彩的事。

担当体现委员正气。决战决胜全面小康，召唤政协委员要坚守勤于担当之德，提升善于担当之能，砥砺敢于担当之勇。勇于担当是一种精神。既需要一往无前的勇气，也需要能干事干成事的智慧；既要在关键时刻豁得出来，还应拿出科学思路真正解决问题；既要有迎难而上不退缩、不达目的不罢休的魄力，也要有脚踏实地、真抓实干的务实精神。敢于担当是一种气魄。只有敢于承担自己所应承担的责任，敢于破解困难和矛盾，敢于跟不正之风作斗争，才能真正做一名敢于担当的好委员。善于担当是一种能力。敢于担当不是乱担当，要善于担当。急躁蛮干不行，束手无策不行，要吃透上情，摸清下情，按规律办事，尊重人民群众意愿，尊重上级的决策部署，讲究方式方法。

二、提升能力，为履职尽责强底气

学习夯实履职基础。勤于学习、善于学习是政协委员的基本功和看家本领。不重学习，献不出务实之策；心浮气躁，道不出客观之言。应把学习作为履职之本，通过学习保持政治上的清醒和坚定；把学习作为品德之梯，通过学习修身养性、陶冶情操；把学习作为才能之源，通过学习掌握新知识、新事物、新经验。在勤学中增长知识，在慎思中提高见解，不断提高做好政协工作的能力和水平，努力成为勤于学习、善于思考、学以致用、用有所成的政协人。应向书本学，让一切有益的知识入脑入心；应向实践学，勇于在完成重大任务中、在破解难题中、在不同岗位上加强磨炼；应向群众学，诚诚恳恳向群众请教，老老实实向群众学习，依靠群众解决发展中的困难和问题。

能力确保履职成效。政协委员是人民政协履行职能的主体，其履职的能力和水平决定了政协工作的成效。广大政协委员应着力提高政治把握能力，把忠诚献给党的事业，把真情献给人民群众，把智慧献给政协组织，把执着献给本职工作，努力赢得社会的认可和尊重。应着力提高调查研究能力，多到改革发展的前沿、乡镇农村最基层、矛盾问题最集中的地方，真正掌握切实可靠的第一手资料。应着力提高建言献策的能力，坚持做到在调研建言上有深度，在协商建言上有力度，在信息建言上有准度。应着力提升联系群众的能力，把对群众的爱融入到实际工作中，转化为替群众办实事、做好事、解难事的责任和动力。应着力提升合作共事的能力，坚持大事讲原则，小事讲风格，求大同，存小异，在合作共事中各展所长、各有建树。

三、发挥作用，为民生发展出力气

全心全意为民履职。政协工作植根于群众，活力源于群众；政协委员来自于群众，产生于群众。坚持以人为本、为民履职，是每一位政协委员的应有情怀；维护群众利益、促进民生改善，是每一位政协委员的应有之义。应俯身接地气，躬行连民心，做关心民生的“有心人”、保障民生的“知心人”、改善民生的“热心人”。应通过调研视察、提案等形式，多谋富民之策，多支惠民之招，多呼顺民之声。积极在提案中反映民情，在发言中反映民心，在批评中反映民意，在建议中反映民智，做一个尽职尽责的政协人、顾全大局的有心人、界别群众的代言人、会协商善议政的内行人。应积极投身“我为扶贫攻坚做件事”活动中，争当扶贫攻坚支持者、推动者和实践者，把群众脱贫致富的鲜活经验提炼出来，把贫困群众对脱贫攻坚的真实想法了解清楚，把脱贫攻坚中的问题反映上来，在扶贫攻坚中充分展现政协作为。

尽心尽力助推发展。广大政协委员应明确自身所担负的使命和责任，心中有大局，工作谋大局，履职为大局，在大局中明确定位、发挥作用，努力做到在履职中紧扣县委决策部署，在建言献策中助力全县发展。应找准服务中心的结合点、履行职能的切入点和发挥作用的着力点，多为创新献计，多为协调谋策，多为绿色出力，多为开放探路，多为共享聚智。广大政协委员是界别群众的代表，应积极引导所联系的群众，形成齐心协力抓发展的干事氛围；政协委员是行业骨干，应充分发挥政协“人才库”“智囊团”的作用，多建有用净言、多献务实妙计、多谋发展良策；政协委员是政协工作的主体，应为助推发展凝心聚力，在推动全面建成小康中敢于先想、勇于先试、善于先成，真正做到融入发展有韧劲，谋划发展有思路，推动发展有贡献。

（原载中共中央党校出版社 2017 年《党的建设与思想政治工作优秀成果汇编》（上卷）。作者时任宜宾县政协主席）